儒家　道家　陰陽家

法家　名家

諸子百家の事典

江連　隆著

大修館書店

墨家　縦横家　農家

雑家　兵家　小説家

如《も》し我《われ》を用《もち》ゐる者《もの》有《あ》らば、
吾《われ》は其《そ》れ東《とう》周《しゅう》を為《な》さんか。（論語、陽貨）

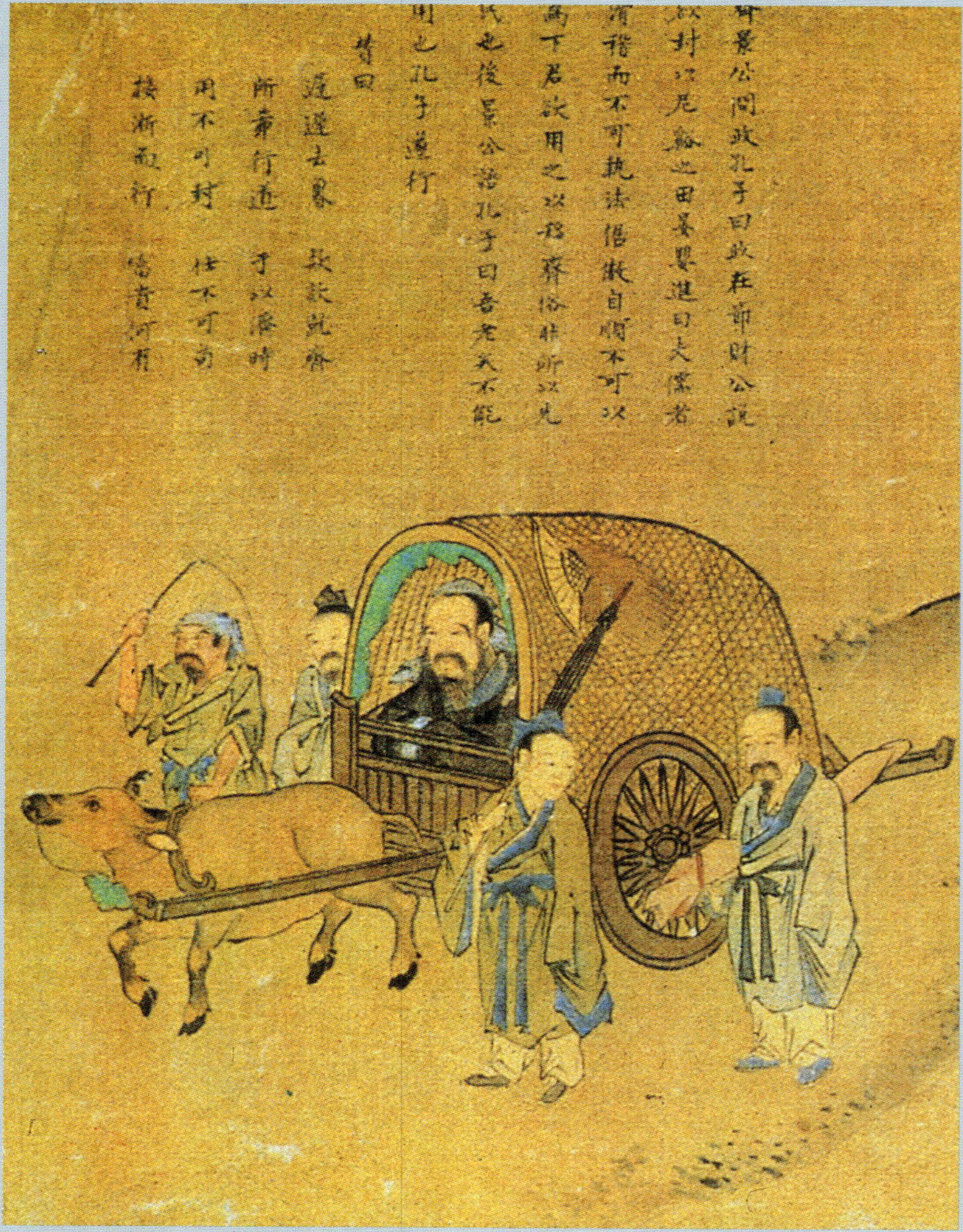

任官を阻まれ、斉《せい》から魯《ろ》に帰る孔子（『孔子画伝』から）

諸子百家のゆかりの地

【春秋時代】

泰山（山東省）

曲阜故城の北門（山東省）

魯《ろ》の都であった曲《きょく》阜《ふ》故城の南門（山東省）

斉《せい》の桓公台(山東省)

臨淄にある斉の晏嬰《あんえい》の墓(山東省)

臨淄《りんし》にある斉の管仲の墓(山東省)

曲阜・孔廟《こうびょう》の大成殿(山東省)

【戦国時代】

孟廟《もうびょう》の亜聖殿（山東省）

魏《ぎ》（梁《りょう》）の都であった開封（河南省）

孟廟の孟府（山東省）

趙《ちょう》の都であった邯鄲《かんたん》の城壁(河北省)

楚《そ》の都であった郢《えい》・紀南城故址(湖北省)

秦《しん》の都であった咸陽《かんよう》の旧市街(陝西省)

【秦漢時代】

秦始皇帝陵（陝西省）

『老子』『孫子』などの竹簡が発掘された馬《ま》王《おう》堆《たい》漢墓
（湖南省）

『孫臏《そんぴん》兵法』などの竹簡が発掘された銀雀山《ぎんじゃくざん》一号、二号
漢墓を収める館（山東省）

口絵 写真撮影
川田秀文
斉藤由紀夫

諸子百家の事典　目次

I　諸子百家の歴史

II 諸家の概観

III 諸子の名言

（配列は五十音順・電話帳方式による）

IV 諸子の人物

（配列は五十音順・電話帳方式による）

V 戦いの歴史

付録

〔凡　例〕

一　諸子百家と称される諸家の思想書の中には、異本が存在するものも少なくない。本書においては、主として新釈漢文大系・新編漢文選（共に明治書院）をテキストに用いた。また随時、漢文大系（冨山房）や四部叢刊（商務印書館）を参照し、その他の注釈書を利用した。

一　引用した漢文は、原則として常用漢字字体のある漢字はそれを用いた。

　送り仮名は、本書の方式によって統一して送った。

　書き下し文は、慣習に従って歴史的仮名遣いを用いた。ただし「III　諸子の名言」の見出し文は、その性格上、振り仮名とともに、現代仮名遣いとした。

一　引用した漢文は、読みやすさを考慮して、煩をいとわずすべての漢字に振り仮名を付した。書き下し文についても、原則として同様にした。

　振り仮名のうち、音読みの場合に限って現代仮名遣いを用いた。音読みに歴史的仮名遣いを用いる必然性は薄いからである。

一　出典の編名を記す場合、例えば〝『論語』学而編〟のように、原則として「編」の字を添えて示した。本文中に用いるとき、普通名詞などと紛れる恐れがあるからである。なお本来は「篇」を用いるべきだが、本書では「編」に統一した。

一　解説文中の（　）内は主として補説、〔　〕内は意味の説明に用いている。

一　本書には、同じ人物・語句・地名などが頻出する。本文中にできるだけ参照頁を付して、便を図った。

　人物や語句については、巻末の「事項索引」「章句索引」を利用して、他の箇所も参照いただきたい。

　地名が現在のどの地に相当するかは、本文中に記していくと煩雑になるので、一括して付録の「地名対照表」に掲げた。

一　登場する人物の生没年や、事件のあった年代などについては、諸説のあるものが多いことをご承知おきいただきたい。

　王侯などの在位年代は、主に次の資料を利用した。

　中国歴史大辞典・先秦史巻編纂委員会編『中国歴史大辞典・先秦史巻』（上海辞書出版社、一九九六）附録三「十二諸侯（西周晩期至春秋）紀年表」、附録四「戦国紀年表」

　また、本書に引用した川柳や狂歌の主な出典は次のとおり。

　『誹風柳多留』『徳和歌後万載集』（共に杉本長重・浜田義一郎校注『川柳狂歌集』〈日本古典文学大系五七〉岩波書店、一九五八・一二に所収）。浜田義一郎編『江戸川柳辞典』東京堂（一九六八・五）。鈴木棠三『狂歌鑑賞辞典』角川書店（一九八四・八）。粕谷宏紀編『新編川柳大辞典』東京堂（一九九五・九）など。

　内容上、多くの研究書や解説書を参照させていただいた。

I

諸子百家の歴史

1　諸子百家の誕生

いわゆる「諸子百家」は、どのようにして誕生したのか。そして、どう変遷していったのか。その経過を展望していこう。

1　時代背景

1　同族封建《ほうけん》

周王朝が成立する（前一〇二〇ころ）と、全国各地に王の一族を派遣して治めさせる、同族封建の形をとった。一族に土地を分け与えて〔封〕、国を建て〔建〕治めるのである。例えば孔子の生まれた魯《ろ》国は、周王朝を建てた文王の子の武王の弟・周公旦が与えられている。同じく周王朝創建の功労者・太公望は、斉《せい》に封建されている。

2　王権の衰退

文王・武王や周公旦の時代は、孔子が理想と仰ぐ平和な世であった。しかし、天子の直轄地である畿内《きない》でも、次第に民衆の離反が続いて、厲《れい》王は国外に亡命したりする（前八四一）。各地の諸侯も、年の経過とともに血縁は薄れ、初めから薄い者もおり、そしてそれぞれの土地で勢力を蓄えてくる。

こうして、王朝の権威は、徐々に失われていくことになる。

なお、同族封建から周王朝の衰退までのあらましは、四二六・四二七頁も参照されたい。

文王・武王
（『三才図会』）

3　西周の滅亡

周王朝は早くから、西方や北方の異民族の侵攻に頭を痛めていた。暗愚な幽《ゆう》王は、愛人から正妃とした褒姒《ほうじ》にうつつを抜かす。褒姒を溺愛するあまり、幽王は次第に諸侯の信頼を失っていく。

一方、正妃を追われた申后《しんこう》の父・申侯は、北方の異民族・犬《けん》戎《じゅう》などをそそのかして都・鎬京《こうけい》に攻め入って、幽王を殺してしまう（前七七一）。

幽王と褒姒

4　周室の東遷

翌年、幽王の子の平王は、東方の洛邑《らくゆう》で即位する。いわゆる「周室の東遷」である（遷は、移る）。これは、異民族（四二四頁）の侵入から逃れる遷都でもあった。旧都があった陝西《せんせい》の地は、秦《しん》の天下統一まで異民族が支配していた。また東方の諸侯も、侵入する異民族と何度も戦っている。

5　春秋時代

周室の東遷までを西周、それ以後を東周と呼ぶ。

また東周は、大きく春秋時代と戦国時代に分ける。春秋時代という名称は、孔子が魯《ろ》の国の記録をもとにして著した『春秋』という書名（九〇頁）に基づいている。この『春秋』は、魯の隠《いん》公元年（前七二二）から、哀《あい》公十四年（前四八一）まで、十二代二百四十二年間の歴史を記している。

しかし、春秋時代と言えば一般に、平王の即位から、晋《しん》国の貴族だった韓《かん》・魏《ぎ》・趙《ちょう》の三家が晋を三分して独立した時（前四〇三）までを言っている。以後秦帝国が天下を統一する（前二二一）までが、戦国時代である。

6　春秋の五覇

司馬遷は『史記』において、この時代の主要な国として次の

◆春秋の五覇

春秋時代の五人の覇者。

『荀子』王覇編は、大要次のように記している。

賞罰や約束、政令や協定が、利害にかかわらず守り通されれば、人民の心は安定する。こうして、内外に対する信頼が確立されれば、軍隊は勇敢になり守備は堅固になり、同盟国は信じ合い敵対国は恐れ、たとえ辺鄙な地に離れている国であっても、その威力は天下を動かし、諸侯を脅かすのである。これを「信立ちて覇たるなり」という。次の「五伯」が、それである。（「伯」は、かしら。長男。また諸侯の長で、「覇」と同じ。）

斉《せい》の桓《かん》公　晋《しん》の文《ぶん》公　楚《そ》の荘《そう》王　呉《ご》の闔閭《こうりょ》　越《えつ》の句践《こうせん》

なお、次の説もある。

斉の桓公　晋の文公　秦《しん》の穆《ぼく》公　宋《そう》の襄《じょう》公　楚の荘公（白虎通、号）

斉の桓公　晋の文公　宋の襄公　秦の穆公　呉《ご》の夫差《ふき》（漢書、諸侯王表序）

十三を挙げている。

魯《ろ》　斉《せい》　晋《しん》　秦《しん》　楚《そ》　宋《そう》　衛《えい》　陳《ちん》　蔡《さい》　曹《そう》　鄭《てい》　燕《えん》　呉《ご》

中でも斉《せい》国は、襄《じょう》公（在位、前六九七―前六八六）の治世から頭角を現す。次の桓公（在位、前六八五―前六四三）は、管仲（三九二頁）の補佐によって、諸侯の覇者（リーダー）となる。

はじめ、周の釐《り》王の名によって、宋《そう》・魯《ろ》・陳《ちん》・蔡《さい》・衛《えい》・鄭《てい》・邾《ちゅ》などの諸侯を北杏《きょう》に集めて会盟（諸侯が盟約を結ぶ会合。次頁参照）した（前六八一年。魯は不参加、宋も中退）。

その二年後の前六七九年、桓公は改めて右の七国（鄭の代わりに曹《そう》）を集め、自分が盟主となることを承認させる。

諸侯を一堂に集めた、宋国の地・葵丘《ききゅう》での会盟（前六五一）が、

春秋の五覇
（『絵画本　中国古代史』）

もっとも有名である。この時桓公は、周王朝の襄王の顔も立てており、諸侯も周王朝に代表される中国の封建制度を守って平和を保つ、という理念に賛同したのである。

7　実力の時代

春秋時代も後半に進んでくると、周王を頂点とした「諸侯《しょこう》―卿《けい》・大夫《たいふ》―士《し》―庶人《しょじん》」という階層が、ゆらぎはじめる。

大夫は、高級官吏。諸侯一族の主な者で、分家として領地を分け与えられている。大夫の中の大臣クラスが卿。他に、もとからその土地の豪族などもおり、諸侯に承認されれば、大夫である。

ここまでが領地の所有者で、いわゆる貴族であり、そして、支配階級である。

士は、下級官吏。そして、多くの庶民。

卿大夫の実力は、しばしば諸侯をおびやかすようになる。晋《しん》国から韓《かん》・魏《ぎ》・趙《ちょう》の三家が晋を三分して独立したのが代表的であり、ここから戦国時代に入るのである。孔子時代の魯《ろ》の国でも、三桓氏〔孟孫・叔孫・季孫の三家〕の横暴が魯公を悩ませており、孔子失脚の原因にもなったのだった。

下級官吏として実務に強い士も、領地に不在がちだったりする大夫に代わって、次第に実力を持つ者も出てくる。魯国の季孫氏をおびやかしたのは部下の陽虎《ようこ》で、一時は孟孫氏や叔孫氏も抑えて、魯国の政権まで手中に収めてしまう（のち孟孫氏に敗れて、斉《せい》に亡命する）。

8　孔子の登場

孔子の父・叔梁紇《しゅくりょうこつ》も、魯国の士。孔子は、学問によって身

◆会　盟

諸侯や、その下に仕える大夫《たいふ》たちは、お互いの掛け引きのもとに、頻繁に会合を開き、また、盟約（会盟での約束）を結んでいる。

主として政治や軍事の状勢の安定や解決のためである。しかし、主張を通すために、軍隊を率いて参加しては、無言の圧力をかけることも多い。

会盟のリーダーに推された諸侯が、盟主。

春秋時代には、その会合が九十二回、盟約は百二十八回行われたという。

◆天下国家

正式には、周王朝として君臨する、たった一人の王が支配するのが「天下」。王に忠誠を誓う諸侯が、王から分け与えられて治める領地が「国」。諸侯は、正式には「公」である。

それぞれの諸侯に仕える卿・大夫が分け与えられた領地を「家」という。以上を合わせて「天下国家」となる。

を立て、一時は魯の司空《しくう》（土木や厚生を担当する長官）、次いで大《だい》司寇《しこう》（司法長官）となり、外交官としても活躍して、近隣の諸国にも恐れられる存在となった。

学問や思想という形而上の特技を持つことによって、下級官吏の息子が諸侯に名を知られる人物になることもできる、という時代を迎えたのである。孔子については五〇頁以降を参照。

9　戦国時代

世は戦国時代となる。諸侯も卿大夫《けいたいふ》も、自分の領地を豊かに富ませ（富国）、他の諸侯や卿大夫に、時には士に負けぬよう、そしてあわよくば他に侵攻できるように、軍備を強くする（強兵）方法を、争って求めるようになってきた。

こうした世相に敏感に反応して、士でも時には庶民でも、知識、戦闘、経済……一芸に秀でた人物が自国の支配者に、あるいは各国を渡り歩いて、自説を説いては任用してもらう時代を迎える。

10　稷下《しょっか》の学

斉国の都は臨淄《りんし》。当時の中国で最大の都市で、戸数は七万、人口は六十万は下らないと推定されている。

そして、斉の宣王《せんのう》は、都・臨淄の稷門《しょくもん》という城門のそばに高級住宅地を作り、各国から学者や思想家を招いて住まわせた。

◆戦国の七雄

戦国時代の七大強国。秦《しん》・斉《せい》・楚《そ》・燕《えん》・韓《かん》・趙《ちょう》・魏《ぎ》。

後漢・班固《はんこ》の「答《フ》二賓《ひんノ》戯《たはむレシニ》一」（『文選《もんぜん》』四十五巻）に「戦国は横《ほしいまま》に鶩《は》せ……七雄は虓闞《こうかん》にして……竜のごとく戦ひ、虎のごとく争ひ」とある。戦国の七雄は、思いのままに駆けめぐり、怒り叫び、竜虎のように戦い争った、ということ。

なお、戦国時代の二百五十余年間の、遊説家《ゆうぜい》の言行を中心に収めた『戦国策』（次頁）には、右の七か国のほかに、東周・西周、それに、宋《そう》・衛《えい》・中山《ちゅうざん》の諸国が記されている。

彼らは、高給をもらいながら、自由に学問に励み、思想を深めていればよいという、現在の大学教官より、はるかに厚い待遇を受けた。このうち、上大夫《じょうたいふ》の官位を与えられた七十六人の学者思想家を「稷下の学士」と呼んでいる。四四九頁を参照。

孟子をはじめ、宋鈃《そうけん》、環淵《かんえん》、慎到《しんとう》、荀子《じゅんし》など、また墨子《ぼくし》、楊《よう》朱《しゅ》、あるいは弁論家の淳于髡《じゅんうこん》、道家系の田駢《でんべん》・接予《しょうよ》など、各国から数百人から数千人が集まっていたという。

諸子百家の百花斉放《ひゃっかせいほう》は、稷下から始まったということができよう。

11　百花斉放《ひゃっかせいほう》

多くの花が、いっせいに開くこと。諸子百家のさまざまな思想が、いっせいに出現したことをいう。

12　百家争鳴《ひゃっかそうめい》

思想家たちは、他の系統の思想家と討論したり、時には政治家に自説を展開したり問答したりして、思想をより深めていった。この主張や討論などを「争鳴」と言っている。

こうして、中国史上空前の、学問思想の黄金時代が到来した。そしてこれら諸子百家の思想は、当時の社会はもちろん、以後二千年以上に及ぶ中国のさまざまな思想の原形を、ほとんど内包していた、ということができる。

ただし、この時代から、いわゆる「諸子百家」としてのグループ分けがあったわけではない。そこで次に、どんな形でそれらが整理されていったのかについて、文献によってその跡をたどっていくことにしよう。

◆戦国策

前漢の劉向《りゅうきょう》（前七七―後六）がまとめたもの。この時、司馬遷《しばせん》（前一四五―前八六）は既に没しており、従って、司馬遷が『戦国策』を参照することはできず、『戦国策』が基にしたのと同じ資料を（多く）利用した、と言ったほうが正しい。

劉向は、多くの書物を整理した（二八頁）。そのうち、秘府《ひふ》（宮中の書庫）にあった、戦国時代の遊説家の国別の記録「国策」「国事」「短長」「事語」「長書」「脩書《しゅうしょ》」などを編集しなおし、国別に、そして王公ごとに整理した。これが、現行の『戦国策』三十三編である。

内容は、晋《しん》国が韓《かん》・魏《ぎ》・趙《ちょう》の三家に分かれる、周の貞定王の十六年（前四五三）から、秦《しん》国の二世皇帝・胡亥《こがい》の元年（前二〇九）に楚と漢とが立ちあがるまでの、二百四十五年間のことを、国別に、そして王公順に記したもの。その十五国は、次のとおり。数字は、編数。

東周1　西周1　秦《しん》5　斉《せい》6　楚《そ》4　趙《ちょう》4　魏《ぎ》4　韓《かん》3　燕《えん》3　宋《そう》・衛《えい》1　中山《ちゅうざん》1

『戦国策』の名称について、劉向はこう記している。「戦国の時の游士《ゆうし》（遊説家）、用ゐらるる所の国を輔《たす》けて、之《これ》が為《ため》に策謀す。宜《よろ》しく戦国策と為《な》すべし。」戦国時代の遊説家たちの、策謀を集めたもの、ということ。

ただし、記述内容の時代が明示されていないので、分類では「史」（歴史）の、それも「雑史類」に入れられたり、「子」（諸子）の「縦横家類」に入れられたりしている。「四庫全書」（四一頁）では「史部・雑史類」。

しかし最近では、『戦国策』の記事の年代も明示されず、記事内容にも虚構があるので、これはむしろ「子」部の「小説家」（二六九頁）に属させるべきだ、という強い意見も出されている。

2 諸子百家の分類

《1 『論語』

諸子百家のそれぞれの思想の原形は、もちろん孔子（前五五一—前四七九）以前から存在していた。しかし、それらが明確な形をとりはじめるのは、孔子の始めた儒教的な思想が契機あるいは刺激になっている、と言ってもよい。

しかし後世、諸子に挙げられる人物は、『論語』にはあまり登場しない。そして『論語』が今日のような体裁をとるようになったのは前漢の時代、とされているのを考え合わせると、なおさら少ない印象である。ここでは、次の三人を紹介しておく。

1　管仲《かんちゅう》（?—前六五四）

『論語』には、計四章に登場。後出二三頁の『淮南子《えなんじ》』にも取り上げられている。

管仲は、斉《せい》国の大夫。孔子は「大人物である」（憲問編）、「器が小さい男だなあ」（八佾《はちいつ》編）と、相反する評価をしている。

しかし、斉国の桓公を助けて諸侯のリーダーとさせた功績は、憲問編の二つの章で、高く評価している。

「桓公、諸侯を九合するに、兵車を以てせざりきは、管仲の力なり」——（攻め込もうとする西方北方の異民族に対抗するために）諸侯を呼び集めた時、武力を用いなかった（諸侯が一つにまとまって周王朝を盛り立てることにより、異民族を追い払った）。

これは、すぐれた仁者の証明である、と孔子は言う。

「管仲、桓公に相として、諸侯に覇たらしめ、天下を一匡《いっきょう》す。民、今に到るまで其の賜《たまもの》を受く。管仲微《な》かりせば、吾其《そ》れ被髪《ひはつ》左衽《さじん》せん」——管仲は桓公の大臣として、諸侯のリーダーにさせることで、天下を一つにまとめた（そして異民族の侵入を防いだ）。人民は今に至るまで、その恩恵を受けている。もし管仲がいなかったとしたら、我々はざんばら髪で着物を左前に着ていたことだろう（ともに異民族の風俗）。

なお、桓公が諸侯の覇となったのは、前六五一年のこと。

2　子産《しさん》（前五八五？—前五二二）

法家に属する人物（一七一頁）。子産は鄭《てい》国の大夫で、『論語』には三章に登場。孔子は「彼は君子たるの四つの徳を備えている」と、褒めたたえている（公冶長《こうやちょう》編）。その四つは次のとおり。

自身の行動は慎み深い（恭）。君に仕えてはうやうやしい

〔敬〕。人民を育てるには恵み深い〔恵〕。人民を使うには道理にかなっている〔義〕。

3　晏嬰《あんえい》（？―前五〇〇）

『論語』には一回登場。管仲《かんちゅう》と同じく『淮南子《えなんじ》』（一二三頁）にも紹介されている。

晏嬰は、斉《せい》国の大夫で、霊公・荘公・景公に仕えた。孔子は「人と良く交際する。長く交わるほど、人は彼を尊敬する」（公冶長編）と褒めている。しかし、孔子が斉に仕えるのを妨げたのも、この晏嬰であるという（一〇頁）。

以上、当然のことながら、孔子はこの三人の人柄について褒めているのである。

七五頁の『孟子』でも、孟子の門人の公孫丑《こうそんちゅう》は「管仲・晏子の功」と言っており（公孫丑上編）、名補佐役としてのこの二人の功績は、高く評価されて語りつがれていることがわかる。

2　『墨子』の「非儒」編

1　儒《じゅ》を非《そし》る

『墨子』五十三編のうち、三十八編と三十九編とのタイトルは「非儒」上・下――儒家の言行を非《そし》る。ただし現存するのは、下の三十九編だけである。

内容的には、十五の話から成っている。しかし、儒家や孔子の言動の一部分を取り上げて、誇張したり感情的になったりして非《そし》っている話が多い。

たとえば、五節は「言葉じりをとらえているに過ぎない」し、六節は「いささか強弁に失する」。九節と十節は「述べられている事柄が事実ではない」。十一節は「事柄も事実かどうか疑わしい」し、十三節も「記事の信憑性は疑わしい」。また、十二節は「いささか大人気ないそしりよう」だし、十四節のそしり方は「悪意が露骨である」と評されている（山田琢『新釈漢文大系・墨子上』一九七五・八、明治書院）。

2　妄取《ぼうしゅ》して身《み》を活《い》かす

では、その中からまず十二節の内容をご紹介。

孔子が、陳《ちん》と蔡《さい》の二国の間で、誤解から両国の軍隊に包囲され、十日間も食糧が尽きる、という事件があった。いわゆる「陳蔡の厄《やく》」である（論語、衛霊公編。六〇頁）。

その間、門人の子路《しろ》が豚肉を持ってきた。孔子は、その出どころも聞かずに食べた。子路はまた、他人の衣服を奪い取り、酒に換えて持ってきた。孔子はまた出どころも聞かなかった。

のち孔子は、魯《ろ》国の哀公に呼びもどされる。会見の折に孔子は、敷物がきちんと敷かれていないと座らず、肉がきちんと揃って切れていないと食べなかった（論語、郷党編。ただしこれは孔子のふだんの姿であって、哀公との会見の場でのことではない）。

そこで、子路が孔子に尋ねた。「どうして陳蔡の厄の時と違うのですか。」孔子は答えた、「あの時は、お前とともに、ともかくも生きることが先決だった。しかし今は、お前とともに、ともかくも義を行うことが先決なのだ。」ともかくも義を行って、哀公に認めてもらおう、というのである。

この話を挙げておいてから、墨子の批評。

「飢え苦しむ時は『妄取《ぼうしゅ》して身《み》を活《い》かす』——盗み取ってでも生きようとする。しかし、満ち足りている時は『行《おこな》ひを偽《いつは》りて自《みづか》ら飾《かざ》る』——心にもない行為で飾ろうとするのだ。『汙邪《おじゃ》詐偽《さぎ》』——汚らわしい偽りごととして、これより大きなものはあるまい。」

3　楽《がく》を好《この》みて人《ひと》を淫《いん》す

もう一つ、十節での話。これは晏嬰《あんえい》に仮託することによって、墨子の批判を述べる、という形をとっている。

孔子が斉国《せい》に行って、景公に会見する。景公は、孔子に尼谿《じけい》という土地を与えて臣下にしようと考え、晏嬰に諮る。晏嬰は「不可《ふか》なり」と反対して、その理由を述べる。以下はその要約。

儒者は、傲慢《ごうまん》で我儘《わがまま》だ。だから人民を教化することはできない。

「楽《がく》を好《この》みて人《ひと》を淫《いん》す」——音楽を好んで、人民を派手にする。だから人民を治めることはできない。

天命であると称して、仕事を怠ける。だから職分を守らせることはできない。

親の喪を丁重にして悲しみを尽くす。だから人民をいつくしむことはできない。

特有の妙な服装をして飾っている。だから人民を先導することはできない。

あの孔子自身はと言えば、

容儀を飾り立てて、世を惑わす。

音楽と舞踊で、人々を駆り集める。

一挙一動、立ち居振る舞いを、複雑に厳格にして、人々の手本とする。

その他その他。従って彼の道は、社会にはそぐわないし、彼の学は、人民には教えられない。

晏嬰からこれだけ言われれば、景公も土地を与えるわけにはいかない。孔子を手厚く礼遇するにとどめた。

このことを知った孔子は、門人の子貢《しこう》に命じて画策し、斉国《せい》に呉国《ご》を攻めさせ、かつ越国《えつ》に呉国を攻めさせた。三年に及ぶ戦いの間に、斉も呉もすっかり疲弊し、死者は数えきれないほどだった。これは、孔子の罪である——と墨子は結んでいる。

以上、もちろん墨子から見ての孔子や儒家批判ではあるが、儒家の実態も、ある程度は想像できる。

《3 『孟子《もうし》』の「禽獣《きんじゅう》の道」

孟子（前三七二―前二八九）は、戦国時代の思想家。孔子の道を受け継いで広める第一人者と自任していた。

しかし「処士横議《しょしおうぎ》」――民間の学者たちが、勝手気ままに議論する時代に入っていた（孟子、滕文公《とうぶんこう》下編）。その中で特に活発だったのは、楊朱《ようしゅ》（楊子、四一七頁）と墨翟《ぼくてき》（墨子、二二二頁）である。

「楊朱《ようしゅ》・墨翟《ぼくてき》の言《げん》・天下《てんか》に盈《み》つ。天下《てんか》の言《げん》、楊《よう》に帰《き》せざれば即《すなは》ち墨《ぼく》に帰《き》す」（同右）、天下の言論は、楊子に賛成しなければ墨子に賛成している状態で、天下を二分していた、というのである。二一五頁も参照。

では、楊墨の主張を『孟子』から見てみることにしよう。

1　楊《よう》　朱《しゅ》

「楊氏《ようし》は我《わ》が為《ため》にす。是《こ》れ君《きみ》を無《な》みするなり」――楊子は、自分のためにする。これは、君主を無視することである（滕文《とうぶん》公《こう》下編）。

「楊子《ようし》は我が為《ため》にするを取《と》る。一毛《いちもう》を抜《ぬ》いて天下《てんか》を利《り》するも、為《な》さざるなり」――楊子は、自分のためにすることだけを主張する。たとえ、一本の毛を抜けば天下の利益になるような場合でも、自分のためではないから、そうはしない（尽心《じんしん》上編）。

つまり楊朱は、極端な利己主義、為我《いが》主義なのである。

2　墨《ぼく》　翟《てき》

「墨氏《ぼくし》は兼愛《けんあい》す。是《こ》れ父《ちち》を無《な》みするなり」――墨子は、無差別平等に人を愛する。これは、父親を無視することである（滕《とう》文公《ぶんこう》下編）。

「墨子《ぼくし》は兼愛《けんあい》す。頂《いただき》を摩《ま》して踵《きびす》に放《いた》るも、天下《てんか》を利《り》するは之《これ》を為《な》す」――墨子は兼愛、たとえ頭の先からすりへらしていって踵《かかと》まで減ってしまっても、天下の利益になるような場合は、そうする（尽心《じんしん》上編）。

つまり墨翟は、極端な兼愛（博愛平等）主義（二二四頁）である。

3　禽獣《きんじゅう》の道

孟子は、右の「滕文公《とうぶんこう》下」編で二人を批判したあと、まとめてこう断じている。

「父《ちち》を無《な》みし君《きみ》を無《な》みするは、是《こ》れ禽獣《きんじゅう》の道《みち》なり」――父や君を無視するのは、鳥獣のやり方である。

君臣や父子の間の秩序は、仁義の道の現れである。しかし、「楊《よう》・墨《ぼく》の道《みち》息《や》まずんば、孔子《こうし》の道著《みちあらは》れず。是《こ》れ邪説民《じゃせつたみ》を誣《し》ひ、仁義《じんぎ》を充塞《じゅうそく》すればなり。仁義充塞《じんぎじゅうそく》すれば、即《すなは》ち獣《けもの》を率《ひき》ゐて人《ひと》を食《は》ましむ。人《ひと》、将《まさ》に相食《あひは》まんとす」――楊朱や墨翟の誤った考えが人々をだまし、孔子以来の仁義の道をふさぎ止めているのである。仁義の道がふさぎ止まれば、獣を引き連れて人間を食わせるようになる。そして今、人と人とが食い合おうとしている……。

激しい意見であるが、三聖〔次項を参照〕を受け継いだ自信にあふれる孟子としては、現在の世相は、とても正視できるものではなかったのである。

4　楊墨《ようぼく》を距《ふせ》ぐ

こうして孟子は、楊朱や墨翟に対して「邪説《じゃせつ》〔正しくない説〕、詖行《ひこう》〔偏った行為〕、淫辞《いんじ》〔とりとめのない論〕」と決めつけ、これらを世の中から追放して、三聖人〔禹《う》・周公・孔子〕の道を広めることこそ、聖人の仲間である、とした。もちろんその仲間は、孟子自身である。

そのためやむをえず、自分は弁論をもって彼らの非を指弾し、聖人の道を宣揚しているのだ、と述べている〔以上、滕文公《とうぶんこう》下編〕。

孟子の活躍が大きくあずかって、楊朱も墨翟も、以後は振るわなくなって、その思想も消えてゆく。

なお二一五頁以降も参照。

4　『荘子』の「百家の学」

中国に多くの思想家が登場したこと、そして、その主張するところによって幾つかのグループに分けられること、この点についてのまとまった記述は、『荘子』〔天下編〕が最初である。

1　百家の学

『荘子』では、次のように説明する。

古代は、「道」という宇宙の根本原理に従って聖王が治める、統一された世であった。そして、理念としての「道術」〔真実を追究する学問法〕が世の隅々にまで浸透していた。しかし時代が移るにつれて、「道」の一部分を採って自分の考えとするようになり、ここに「百家の学」が起こってきたのである。

2　一曲《いっきょく》の士

荘子は、この状態はちょうど、耳や目や鼻や口が、それぞれの役割は果たすけれど、他の役割や、まして全体についてはわからないのと同じだ、とする。

これはまさに「一曲の士」〔一部分には詳しいが、全体のわからない人〕である。そして今や、「悲しいかな、百家往《ゆ》きて反《かえ》らず、必ず合《がっ》せず」〔多くの思想家は自分の道だけを進んで、古代の純粋な道を振り返ろうともしないし、皆が必ず一致するということもなくなった）。もはや「道術」は、天下に分裂しようとしている、と分析するのである。

3　旧法の伝

ただし、古代の道術の一端を守っているグループもある。その一つは、古代の法を守って、それを代々伝えてゆく「旧法世伝」の官吏。これは、法家的な役人、法家の立場、と見ることができる。

4　鄒魯《すうろ》の士

もう一つは、「詩・書・礼・楽」の経典を守って、それを学び明らかにしている「鄒魯《すうろ》の士」や「搢紳《しんしん》先生」たち。これは、儒家に属する学者である。

「鄒魯《すうろ》の士」の「鄒」は、孟子の故郷の地名。昔は邾《ちゅ》の国と言い、戦国時代に鄒と改めた。今の山東省曲阜《きょくふ》市の東南にあたる。また「魯」は、孔子の生まれた国の名。周王朝創建の武王の弟である周公旦《たん》が与えられた土地で、周王朝の文物制度をよく受け継いでいる。今の山東省西南部にあり、都は今の山東省曲阜《きょくふ》市。

「搢紳《しんしん》」の「搢」は、「縉」とも書く。挟む、さしはさむ意味。「紳」は、幅の広い帯。大帯。「搢紳」で、笏《しゃく》を大帯にさしはさむこと。儀礼の時の服装で、朝廷に仕える高官などをさす。ここでは、いかめしい礼服を身につけた儒者のこと。

この二つの学問は天下に広まっており、百家の人たちの中にも、これらを称《たた》え説く者がいる。

体制を維持するための統治の方策として、法令制度を守っている、いわゆる法家。世を平和に保ち、世におだやかに処してゆくための方法として、文化制度を守っている、いわゆる儒家。この二家に対しては、荘子は別格に扱っている。

5　当時の学者

荘子は続けて、当時の主な学者をグループごとに取りあげて、その長所と欠点とを分析している。

ここまでの部分を含め、『荘子』のこの「天下」編は、次のように言われている。

「（この編は）先秦諸学派の思想を具体的に解説する資料としては現存最古のものであり、また内容的にも第一等の価値をもつ貴重な思想史研究資料である。」（福永光司、新訂中国古典選・第9巻『荘子、外篇・雑篇』一九六七、朝日新聞社）

そこで以下、荘子の挙げる思想家（のグループ）ごとに、原文の大意または要旨を紹介する。

(1) 墨翟《ぼくてき》・禽滑釐《きんかつり》

古代の道術の一傾向として、次のようなものがあった。「後世に贅沢《ぜいたく》を教えず、万物を飾らず、法制を明らかにせず、仁義を身につけ、財物を貯《たくわ》えては、世の危急に備える。」そして、墨翟（二二一頁の墨子）や禽滑釐（三九五頁）は、これを受け継いだ。しかし、あまりに強調しすぎて、世間から離れていってしまった。

たとえば、音楽を否定して、「節用」と名づける。「兼愛」「兼利」を説き、「非戦」を主張する。決して怒らない。学問を好んで異説を立てない。喪礼も簡単にと「薄葬」を守る。

これらは、伝統文化を否定し、また、人々の心情にそむくことである。それは、王道と遠く隔たることである。

(2) 相里勤《そうりきん》・苦獲《くかく》・己歯《きし》・鄧陵子《とうりょうし》

みな南方の墨者。ともに墨翟を尊びながら、その説は異なり、お互いに墨学の別派と呼んでいる。かつ、偉大な墨翟の形だけをまねては、後世の墨者を苦しませ、駆けずり回らせているのだ。世を乱すには最上の方法、世を治めるには最低の方法である――と、荘子の評。

墨翟や禽滑釐は、それなりに偉かったのだが、亜流、特に南方のそれは、どうしようもない、というのである。

(3) 宋鈃《そうけん》・尹文《いんぶん》

古代の道術の一つとして、次のようなものがあった。「俗事にわずらわされず、物事を飾りたてず、他人をないがしろにせず、大衆にさからわず、天下の平和と人民の安楽を願い、他人も自分も満足に生活できる。これらを願って、自分の心を潔白にする。」

宋鈃や尹文は、これを受け継いだ。そして、天下をあまねく回ってはこの説を広めていった。人々は賛成も反対もせず、「君主からも人民からも嫌われながら、無理やり説得している」と述べている。そして結局、その程度のものであろう――と、荘子の評。なお一八九頁を参照。

(4) 彭蒙《ほうもう》・田駢《でんべん》・慎到《しんとう》

古代の道術の一つに、次のようなものがあった。「公正であって偏ることがなく、平易であって一人よがりではない。思慮を用いず、知恵を働かせず、万物を平等に扱って、これとともに行動する。」

彭蒙《ほうもう》・田駢《でんべん》・慎到《しんとう》は、この教えを聞いて喜び、「万物を等しいものと見て差別しない」ことを第一とした。

彼らは言う、「天は万物を覆うが、万物を載せることはできない。地は万物を載せるが、万物を覆うことはできない。同様に、大道は万物を包むが、万物を区別することはできない。」つまり、すべての物には、可能なことと不可能なこととがある、と知ったのである。

慎到《しんとう》は「知るとは、道を知らないことだ」と言い、「無知の物体のようになれば、それでよい。あの土くれは無知であるから道を失わないでいるのだ。賢人聖人の知恵などは無用」と言う。その結果、「慎到のいう道は、生きた人の行為ではない。あれは死んだ人の道理である」と嘲笑された。

荘子は「まさに、人に怪しまれるだけの説だ」と評する。

田駢《でんべん》は、彭蒙《ほうもう》を師として学んだが、考え方は右の慎到《しんとう》と同じである。彭蒙は言う、「昔の道を身につけた人は、是とも非ともしない境地に到達したのだ。その教えは一瞬のものであって、説明はできない。」しかしそれも、自分の判断である。だから、彼の言う道は真の道ではなく、彼の説く是《ぜ》は結局は非《ひ》とされるのである。

というわけで、荘子のまとめ。「この三人は、道を知らない。しかし、道の概略は知っている人たちである。」

(5) 関尹《かんいん》・老聃《ろうたん》

古代の道術の一つに、次のようなものがあった。「万物の根源〔無〕を精とし、万物〔有〕を粗とする。いくら積み重ねても足りないのだから、むしろゆったりと一人で神明の境に安んじる。」

関尹《かんいん》と老聃《ろうたん》〔老子のこと〕は、この教えを聞いて喜び、「常無《じょうむ》有《ゆう》」〔虚無〕の立場に立ち、「太一《たいいつ》」〔絶対の道〕を第一とした。また「濡弱謙下《じゅじゃくけんか》」〔柔弱と謙虚〕を表明し、自分を空虚にして万物を傷つけないことを信念とした。

関尹は言う、「自分は在るが固定せず、外物に形を借りて現れる。水のように動き、鏡のように静かに、反響のように応《こた》える。ぼんやりとして存在しないようであり、ひっそりとして清み切っているようである。こういう境地に、同化しようとするなら和合できるが、理解しようとするなら見失ってしまう。」

そういえば、と荘子の評、「関尹は今まで一度も人の先に立ったことはなく、いつも人の後ろに従っていた。」

老聃《ろうたん》は言う。「雄《ゆう》〔剛強〕を知って雌《し》〔柔弱〕を守るなら、天下の人はみな集まる。また、白《はく》〔潔白〕を知って辱《じょく》〔汚辱〕を守るなら、天下の人はみな集まる。」つまり、他人がみな先を取ろうとする時、自分はひとり後を取るのだ。だから「天下の恥辱を引き受ける」とも言う。

また、他人はみな実を取るが、自分はひとり虚を取る。そこで、貯えはない、だから、あり余っている。一人で立ち一人で足りているから、余裕があるのだ。

また、自分が行動する時は、ゆったりとして、心身を浪費しない。無為にいて人為を笑っている。他人はみな幸福を求めるが、自分ひとりは自身を安らかに保っている。そして「わざわいさえ免れればいい」と言っている。

また、根本を深遠さに置き、大綱を簡約さに置く。そして「堅ければこわれるし、鋭ければ折れる」と言っている。

なお、いつでも物には寛容であり、人には薄情にしない。これこそ、最高の立場であろう。

という次第で、荘子は関尹と老聃を「古《いにしへ》の博大真人《はくだいしんじん》なる哉《かな》」と、手放しで賞賛している。まあ、後継者の荘子としては、当然のことだろう。なお老子は一一五頁を参照。

(6) 荘《そう》周《しゅう》

傑作なのは、関尹と老聃とを絶賛した文章に続いて、荘子が自分の立場を明らかにしていることである。

古代の道術の一つとして、次のようなものがあった。「芴漠《こつばく》〔ぼんやり・ひっそり〕としていて形がなく、たえず変化して一定しない。死んでいるのか生きているのか。天地と並んで立っているのか、神明とともに移って行くのか。とらえどころのないままに、どこへ行って落ち着くのだろうか。万物を包括しながら、帰るべきところもない。」

荘周は、この教えを聞いて喜んだ。そして「謬悠《びゅうゆう》の説」〔とらえどころのない、広遠な思想〕、「荒唐《こうとう》の言」〔とりとめのない、広大な意見〕、「無端崖《むたんがい》の辞」〔無限に広大な議論〕を基とした。時には、思いのままに振る舞って片寄らず、一端を表して自分を見せることもない。

この世界は沈滞し汚濁しているから、正論は述べられないと考えた。そこで、つじつまの合わない言説によって束縛から解放された境地に誘い、一方では、他人が重んじる古老の言葉を説いて真実に気づかせ、他の物事に仮託した意見を述べて広大な世界を知らせた。

自分ひとりは、天地の精神と行き来しながら、万物を見下すこともせず、是非を明らかにして責めることもせず、ただ世俗と同化しているのである。

さて荘周の著書は、内容は風変わりで独特のものだが、軽妙であって人を傷けない。文章は虚と実が入りまじっているが、奇抜であって読む値うちがある。これは、彼の思想が充実しきって溢れ出ているからである。

つまり彼は、上は造物主と遊び、下は生死を忘れて終始のない人と交わっているからである。

——以上、荘子の描いた自画像。なお荘子は一二三頁を参照。

(7) 恵施《けいし》、桓団《かんだん》・公孫竜《こうそんりゅう》

「天下」編は、ふつうここまでを前編、以後を後編と便宜上わけている。記述内容が、ここまでは「百家の学」として多くの思想家を評してきたのに対して、以下は恵施一人についての叙述だからである。かつ、その記述も詳細である。

恵施は荘子とも交際があり、『荘子』にも荘子の論客として何度も登場する。また、恵施の著『恵子』があったとされるが、今は失われており、その思想内容を具体的に知るにはこの部分が最適、とされている。それほど記述が詳細なのである。論客である恵施は、荘子にとってはたいへん魅力的な人物だったのだろう。

以下には、これまでと同じスタイルでの記述の部分を紹介し、その学説の中心である、いわゆる「歴物十事」と「弁者二十一事」とは、恵施の項（一九二頁）に記すことにする。

恵施は多才であり、蔵書も車五台分あった。説く道は雑駁《ざっぱく》であり、発言も的はずれである。

しかし恵施は「歴物十事」（一九二頁）を説いては天下を知り尽くしたと考え、弁論家たちに教えた。天下の弁論家たちも、お互いにこうした議論を楽しんだ。

また弁論家たちは「弁者二十一事」（一九四頁）などの命題を立てて恵施と論じ合い、生涯を費やした。

桓団《かんだん》や公孫竜《こうそんりゅう》は、この弁論家たちの仲間である。これらの議論によって、人々の心を飾り立て、人々の考えを変えさせた。しかし、弁論に勝つことはできても、心から感服させることはできなかった（言葉による理屈はそのとおりだが、実際は違うよ、ということ）。これが弁論家たちの限界である。

恵施も、毎日知恵を傾けては人と弁論を闘わせ、弁論家たちと共に、ひたすら怪しげな説を立てていた。

以上が、弁論家たちの概要である。

「恵施の論から言えば、自分がもっとも賢いことになる。しかし彼は、世の人々の反対側に真実があると論じて、人々に勝つことで名声を得ようとしている。だから人々に受け入れられないのだ。

だいたい、人格を高める努力は弱く、事象を追う努力に強いので、その説く道は入り組んでいて暗い。天地の大道から恵施の才能を見れば、一匹の蚊《か》や虻《あぶ》が頑張っている程度であって、現実には、何の役にも立たないのだ。

恵施の才は、響きを止めるために自分で声を挙げたり、形が影を追い越そうと走ったりしているようなものである。悲しいことだなあ。」

――荘子は最後に、恵施が用いるような比喩によって、鋭く批評している。

5 『荀子』の「非十二子」編

1　六説《りくせつ》十二子

荀子は、その著『荀子』非十二子〔十二子を非《そし》る〕編において、次のように述べる。

まず、今の世に邪説を飾って世間を乱し、愚かな人々を欺き迷わせて、天下を混乱させている人物がいる、とする。そして、以下の十二人を二人ずつ合わせて六グループとし、それぞれ「愚衆《ぐしゅう》を欺惑《ぎわく》す」と非難攻撃するのである。

① 它囂《たごう》 魏牟《ぎぼう》〔名家?〕
② 陳仲《ちんちゅう》 史鰌《ししゅう》〔?〕
③ 墨翟 宋鈃《そうけん》〔墨家〕
④ 慎到《しんとう》 田駢《でんべん》〔法家〕
⑤ 恵施《けいし》 鄧析《とうせき》〔名家〕
⑥ 子思《しし》 孟軻《もうか》〔儒家〕

2 理想の世

右の⑥では、孔子の後継者と称する愚痴蒙昧《ぐちもうまい》な俗儒が、孔子の言葉をわけもわからず論じており、そして、その孔子や子游《しゆう》をまつりあげたのは、子思《しし》と孟軻《もうか》の罪である、という論旨から、この二人を非難しているのである。

しかし、少し後の部分では、次のように述べて、孔子を称《たた》えている。

優れた人物が現れて、先王の道を説き至順の道を教えたなら、六説十二子のつけ入る隙はなくなる。しかしこういう人物は、聖人でありながらまだ勢権を得ていない。仲尼《ちゅうじ》〔孔子のこと〕と子弓《しきゅう》〔孔子の門人か?〕が、その人である。

聖人であり勢権を得た人は、舜《しゅん》帝と禹《う》王、と続けている。

そして、荀子のまとめ。

現在の仁者は、古くは舜・禹の制度を、近くは仲尼・子弓の道義をモデルとするべきだ。そうすれば十二子の議論は滅び、天下の害悪は除かれる。ここで仁者の任務は終わり、聖王の功績が世に明らかになるのだ。

3 荀子の意図

孔子の没後は、曾参《そうしん》は別格として、有若《ゆうじゃく》・子貢《しこう》、そして子《し》游《ゆう》・子夏《しか》・子張《しちょう》たちがその思想を受けついでいた。孟子ももちろん孔子の思想を継ぐのだが、荀子の客観的な礼至上主義に対して、主観的な修養主義の立場をとっていた。そこで荀子は、自分に近かった子游たちの末流と、自分とは反対の雄である孟子との考え方を非難攻撃したのである。

4 王の道に遵《したが》え

荀子はまた「天論編」で、本人は十分に道を知っていると思っているが、実は何も知らない愚者、と決めつけて、次の四人を挙げている。

① 慎到《しんとう》 後《のち》に見《み》る有《あ》りて、先《さき》に見《み》る無《な》し。則《すなは》ち羣衆門《ぐんしゅうもん》無《な》し

——過去はよく見るが、将来にビジョンがない。だから、

人々の進み入る門がない。

② 老聃《ろうたん》　詘《くつ》に見る有りて、信《しん》に見る無し。則《すなは》ち貴賤《きせん》分かたず――卑屈で柔弱な面は良いが、進歩向上の面がない。だから、身分の上下を区別しない。

③ 墨翟《ぼくてき》　斉《せい》に見る有りて、畸《き》に見る無し。則《すなは》ち政令施《せいれいほどこ》さず――斉一は良いが、差別がない。だから、政令（を出す人も受ける人）もない。

④ 宋鈃《そうけん》　少《しょう》に見る有りて、多《た》に見る無し。則ち羣衆化《ぐんしゅうか》せず――少ないほうばかり見て、多いほうは見ない。だから、人々は（多を見なければ）教化されない。

そこで荀子は『書経』〔周書・洪範編〕を引いてまとめる。「偏って狭い考えから、自分の説を好んだり他人の説を憎んだりしないで、聖王の正しい道に従いなさい。」

5　乱　家

もう一つ『荀子』から。その解蔽編《かいへいへん》では、次の六人を「心の蔽《おお》われた遊説家《ゆうぜいか》」「乱家」〔心の乱れた思想家〕として挙げている。

① 墨翟《ぼくてき》　用《よう》に蔽《おほ》はれて文《ぶん》を知《し》らず――実用性に心が蔽われて、礼義文化を知らない。これは、利益に尽力しているだけ。

② 宋鈃《そうけん》　欲《よく》に蔽《おほ》はれて得《とく》を知《し》らず――欲（を少なくすること）に心が蔽われて、（生産することによる）得を知らない。これは、人を満足させることに尽力しているだけ。

③ 慎到《しんとう》　法《ほう》に蔽《おほ》はれて賢《けん》を知《し》らず――法律万能に心が蔽われて、賢者（への優遇）を知らない。これは術数に尽力しているだけ。

④ 申不害《しんふがい》　埶《せい》に蔽《おほ》はれて知《ち》を知らず――権勢主義に心が蔽われて、才知（の重要さ）を知らない。これは、利便に尽力しているだけ。

⑤ 恵施《けいし》　辞《じ》に蔽《おほ》はれて実《じつ》を知《し》らず――言葉に心が蔽われて、実質を知らない。これは、弁論に尽力しているだけ。

⑥ 荘周《そうしゅう》　天《てん》に蔽《おほ》はれて人《ひと》を知《し》らず――（無為自然の）天に心が蔽われて、人（の生きる価値）を知らない。これは、自然に任せることに尽力しているだけ。

前節と合わせて、当時勢力を振るっていた諸子は、次の人たちであることがわかる。

「墨翟《ぼくてき》・宋鈃《そうけん》・慎到《しんとう》・申不害《しんふがい》・老聃《ろうたん》・荘周《そうしゅう》・恵施《けいし》。」

しかしまだ、明確なグループわけは、されていない。

6　周道《しゅうどう》を得る

この節の最後に、荀子は孔子を高く評価している。孔子は、多くの学問を学んで「周道」〔普遍的な道〕を会得した。その人徳は周公旦《たん》と同じであり、その名声は三王〔夏《か》の禹《う》王・殷《いん》の湯《とう》王・周の文王〕と併称されている、と称《たた》えている。

6 『呂氏春秋』の「十人の豪士」

1　天下の豪士

『呂氏春秋《りょししゅんじゅう》』は、「八覧・六論・十二紀」に分けられているところから、また『呂覧《りょらん》』とも呼ばれる。秦《しん》国の宰相・呂不韋《りょふい》（？－前二三五）の編。『呂氏春秋』は二六一頁、呂不韋についても二六一頁を参照。

『呂氏春秋』の「十七、審分覧編」中の「七、不二」には、「天下の豪士」として次の十人を挙げている。以下の括弧内が本文（の書きくだし文）、それ以外は、その解説。

①「老耽《ろうたん》は、柔《じゅう》を貴ぶ。」
老耽は、老聃《たん》。老子（二一五頁）のこと。

②「孔子は、仁を貴ぶ。」
孔子は、五一頁。

③「墨翟《ぼくてき》は、廉《れん》を貴ぶ。」
墨翟（墨子）は、二二二頁。「廉」は、ここでは「兼」と同じで、墨子の兼愛《けんあい》説（二二四頁）をさす。

④「関尹《かんいん》は、清《せい》を貴ぶ。」
関尹は、老子に請うて『老子道徳経』を書いてもらった人。三八八頁を参照。

⑤「子列子《しれっし》は、虚《きょ》を貴ぶ。」
子列子は、列禦寇《れつぎょこう》（列子）の尊称で、老子・関尹とともに道家に属する。一三二頁を参照。

⑥「陳駢《ちんぺん》は、斉《せい》を貴ぶ。」
陳駢は、田駢《でんべん》とも記す。四一二頁を参照。「斉」は、斉《ひと》しい。

⑦「陽生《ようせい》は、己《おのれ》を貴ぶ。」
陽生は、楊朱《ようしゅ》（楊子）のことで、四一七頁を参照。自身を貴ぶ「為我《いが》」を説いた。

⑧「孫臏《そんぴん》は、勢《せい》を貴ぶ。」
孫臏（二九八頁）は、兵家。「勢」は、戦闘における「形勢」。

⑨「王寥《おうりょう》は、先《さき》を貴ぶ。」
王寥も、兵家。戦闘に先立って計略を重視するのが「先を貴ぶ。」

⑩「兒良《げいりょう》は、後《のち》を貴ぶ。」
兒良《げいりょう》も、同じく兵家。計略よりも、後の戦闘を重んじる。

以上の十人を、改めて分類しておこう。

儒家が一人（孔子）。墨家も一人（墨子）。道家は、老子・関尹・列子。陳駢は、道家と法家とを兼ねているが、右の「斉を貴ぶ」から見れば、ここでは明らかに道家に属している。楊朱は一匹狼だが、広く言えばやはり道家。結局、道家は五人となる。そして、兵家は三人（孫臏・王寥・兒良）。

結局、儒家・墨家各一人、兵家三人、道家五人が挙げられていることになる。

2　呂不韋の意図

呂不韋《りょふい》は、多くの人々の意見を聞いて国を治めていたら、国は日ならずして危うくなってしまうとして、右の十人を挙げる。「此《こ》の十人の者は、皆天下の豪士なり」。しかし、いちいち聞いているわけにはいかない。

「必ず法令を同じくするは、心を一《いっ》にする所以《ゆえん》なり」

――法令を一つにするのは、人々の心を一つにするためである。「一なれば則《すなは》ち治まり、異《い》なれば則ち乱《みだ》る。一なれば則ち安《やす》く、異なれば則ち危《あやふ》し」なのである。

『呂氏春秋』は、多くの思想を集めた雑家（二六〇頁）の代表、とされている。しかし、右の「不二」編の記述に見る限りでは、法家こそが国家の統一にもっとも重要なのだ、と説いているのである。

7　『韓非子』の「顕学」編

1　韓非子の本旨

『韓非子』は五十五編から成る。ただし各編の内容を検討すると、韓非子の立場から見れば言うはずがないもの、他の編と矛盾する意見が記されているもの、はては、韓非子の没後の事件が書かれているものなども混じっている。従って古くから、韓非子自身の手になる編はどれか、という考察がなされてきている。

民国の学者・容肇祖《ようちょうそ》は、韓非子の著作と認められるものとして「五蠹《ごと》・顕学《けんがく》」の二編のみを挙げている。

そしてこの二編、特に後者は、種々の学者に対して批判したもの。となると、韓非子の本旨は、他の学者への論難にあったか。

2　五蠹《ごと》編

「蠹」は、木食い虫。寄生虫である。寄生しているならまだしも、寄生先を乱し、危うくするかもしれない存在である。君主は、彼らに耳を貸してはいけない、というのが、この編の主旨。

韓非子の挙げる五蠹は、次のとおり。

①学者。②言談する者。これは、遊説《ゆうぜい》家のこと。③剣を帯ぶる者。これは、侠客。④御《ぎょ》を患《わずら》う者。これは、国家の労役（土木工事や戦争など）を忌避する人。⑤商工の民。これは、商人や職人など。

うち、①で取り挙げたのは、儒者と墨者。彼らは皆「先王《せんのう》、天下《てんか》を兼愛《けんあい》し、則《すなは》ち民《たみ》を視《み》ること父母《ふぼ》のごとし」と言う。たとえば「司寇《しこう》〔法律・刑罰の担当官〕刑《けい》を行《おこ》なふときは、君《きみ》、之《これ》が為《ため》に楽《がく》を挙《あ》げず〔音楽をやめ〕、死刑《しけい》の報《ほう》を聞《き》くときは、君《きみ》、為《ため》に流涕《りゅうてい》す〔涙を流す〕」。

これは「仁」だが、政治ではない。処刑するのは「法」である。先王も、結局は「仁」を捨てて「法」に従ったのだ。従って「仁」で政治はできないのだ。

まあ、確かに韓非子の言うとおりではある。

3　顕学《けんがく》編

世に顕《あき》らかな、つまり有名な、偉い学者、の意味。韓非子がこの編で取り上げた「顕学」は、儒家と墨家である。当時、大きな力を持っていたことがわかる。

ただし、ここでもまだ「儒家・墨家」という言葉は使われていない。「世の顕学は、儒・墨なり」と書いている。以下の記述の中に「儒者、墨者」という言い方は出てくる。

4　儒家の八派

儒家が祖と仰ぐのは、もちろん孔子である。ところが『韓非子』はこの編で、孔子の死後、儒家は八派に分かれた、とする。そして、それぞれ主義主張が違うのに、「自分こそ真の孔子を伝えている」と言い合っている、というのである。この「八派」については、六八頁を参照。

5　墨家の三派

同じく、墨者の理想とするのは、墨子である。『韓非子』は、墨子の死後、墨家も三派に分かれたという。そしてやはり、主張はみな違うのに、「自分こそ真の墨子を伝えている」と言っている、とする。なお二一六頁の「分裂」を参照。

6　愚《ぐ》・誣《ふ》の道

韓非子はさらに、孔子も墨子もともに、尭・舜の道を受けついでいるのだと称しながら、その主張は大きく異なっている、と批判する。

尭・舜は、今から（韓非子から）三千年も前の人。もはや、尭舜の道を確かめるすべもない。

確かめる証拠もないのに、それを根拠とする人は愚《ぐ》〔おろか〕、根拠がないのに、それを守っている人は誣《ふ》〔でたらめ〕。孔子も墨子も、愚か誣のどちらかであり、明君はそんなものは相手にしない。

韓非子は以下に、儒家や墨家の思想を具体的に幾つか取り上げては批判あるいは否定し、そして自分の思想の利点を述べている。

7　縦横家《じゅうおう》

なお「顕学」に続く「忠孝」編は、儒家の主張する忠・孝や仁・義を、法治の立場から批判したもの。

その最後の段落には「従横《じゅうおう》を言《い》ふ。従《じゅう》を言ふ者、横《おう》を言ふ者」などと出てくる。これは、遊説《ゆうぜい》家つまり後の縦横《じゅうおう》家（二四〇頁）のことである。

従《じゅう》〔合従《がっしょう》策。六国《りっこく》が縦（南北）に連合して秦《しん》国に対抗する策〕や横《おう》〔連衡《れんこう》策。秦国が六国を一国ずつ破っていく策〕を説く者はみなそれぞれ、覇者になれるから、天下の王になれるから、と言っては、一日もおかず騒ぎ立てている。しかしまだ、覇者も王者も出現しない。これは、

「虚言《きょげん》は治《ち》を成《な》す所以《ゆゑん》に非《あら》ざるなり」――空論は政治に役立つものではないのだと、これも韓非子の立場からの批判だが、なかなか手厳しい。

しかし、韓非子の思想を基にして、結局は秦国が「天下の王」となったのだから、韓非子の思想は、時勢をよく把握したうえでのもの、ということができるだろう。

8　『淮南子《えなんじ》』の「成立論」

『淮南子』は、前漢の淮南《わいなん》王・劉安《りゅうあん》（前一七八？―前一二二）の編。二六二頁を参照。『漢書』（芸文志《げいもん》）（三二頁）では、雑家に分類されている。

『淮南子』の最後に置かれた「要略編」は、全二十編の要旨を略述したもの。その最後に六人ほどの思想家たちと縦横《じゅうおう》家との計七種を挙げ、それぞれの思想などがどういう経過で成立したかを略述している。そしてその末尾には、自分のこの『淮南子』はすべてを網羅していて、いちばんいい、と宣伝している。逆にこの網羅が、『淮南子』が雑家に分類される原因でもあろう。

以下、劉安の説く成立の経過をまとめておこう。

1　七種の「成立」

(1)　孔　子

周の全盛期である成王・康王の道を修めて周公〔魯国の開祖〕の教えを説き、七十人の門人に教えて、彼らの衣冠を着けさせ、彼らの典籍を学ばせた。ここに「儒者の学」が生じたのである。

(2)　墨　子

儒者の業を学び孔子の学を受けたが、礼があまりにも繁雑であり、また家財を傾けて葬式を派手にすることで人々を貧しくするのは、世を損なうことだと考えた。そこで、周王朝の道に

背を向けて夏《か》王朝の政を受け入れたのである。

夏王朝の祖・禹《う》王の、我が身を顧みずに黄河の治水などに当たって成功したのに倣い、出費を節約し、葬儀を簡略にし、服喪期間を短くしたのである。

(3) 管仲《かんちゅう》

斉国の桓公の時、諸侯は争い、周辺の異民族は次々に中国に侵攻し、中国の命運は糸一本の危うさ、という状態だった。この中国を存続させ、天子を重んじ、文武の業を広めるために「管子の書」が生まれたのである。

(4) 晏嬰《あんえい》

斉国の景公は、内には女色に溺れ、外には遊楽に耽って、節度をわきまえなかった。正殿を築くと、国中の銅を集めて大鐘を鋳造させ、莫大な賞を与えたりした。晏嬰をはじめ、臣下の梁丘拠《りょうきゅうきょ》や子家噲《しかかい》がこれを諫《いさ》めたので、ここに「晏子の諫《かん》」が生まれたのである。

(5) 縦横《じゅうおう》

六国《りっこく》の諸侯は、それぞれ自分の領内を治めつつ他国と争い、上には天子なく、下には地方官なく、自国を守るのに努めていた。ここに「縦横《じゅうおう》長短の術」が生じたのである。

他は人物についての記述だが、ここだけはいわゆる「縦横家」（二四〇頁）の記述。蘇秦《そしん》や張儀《ちょうぎ》の「合従連衡説《がっしょうれんこう》」をつづめて「縦横《しょうおう》」ともいう（「縦」は、「従」とも、「横」は「衡」とも書く）。「長短」も、彼ら遊説家の使う術語。合従連横の、一長一短の得失を考えるのである。

『史記』田儋《でんたん》伝に「蒯通《かいとう》は善く長短の説を為《な》す」とある。蒯通は、秦末・漢初の遊説家《ゆうぜいか》で、戦国時代の遊説家たちの説を論じた『雋水《しゅんすい》八十一首』を著したという。

(6) 申不害《しんふがい》

晋《しん》国から分かれた韓《かん》国の大臣。晋と韓との法令が入り乱れたために、役人たちはみな混乱していた。そこで「刑名の書」が生まれたのである。

(7) 商鞅《しょうおう》

秦《しん》国に仕える。秦の孝公は、虎狼の勢いで諸侯を併呑しようとしていた。しかし、秦国の風俗は貪欲《どんよく》、義は少なく利に走る。そこで「商鞅の法」が生まれたのである。

2　劉安の意図

劉安は、右の「学術」はみな、時代や場所との関係から生じたものである、とする。だから、それぞれの背景が移ってしまえば、通用するものではない、と考える。

しかし、自分のこの本『淮南子』は違う。「之《これ》を尋常《じんじょう》に置《お》けども塞《ふさ》がらず、之《これ》を天下《てんか》に布《し》けども窕《くつろ》がず」——狭い空間に置いても、ふさがることはない。広い天下に敷いても、ゆるすぎることはない（それは「道」と同じなのだ）。

これが「要略編」の末尾、つまり『淮南子』の最後の文章であり、ちゃんと自画自賛で結んでいる。

9 『史記』の「六家の要旨」

1　太史公自序

前漢・司馬遷《しばせん》（前一四五？—前八六？）の『史記』は、前一〇四年に執筆を開始、前九一年ころに完成した、全百三十巻から成る中国最初の正史である。

その最後の第百三十巻「太史公自序」は、司馬遷自身の自伝と、『史記』の全巻の目次を兼ねた各巻の概要とから成っている。

「太史公」は、「太史」（歴史を記録する官）の長官で、「太史令」ともいう。司馬遷と、その父・司馬談《たん》とが、ともに太史令になったので、ふつうこの二人をさして「太史公」と言っている。『史記』も、はじめは「太史公、太史公書、太史公記、太史記」などと呼ばれていた。『隋書《ずい》』（経籍志）（三六頁）から『史記』と称されるようになったのである。

2　個人から「家」に

その「太史公自序」の、自伝の部分に、司馬談が「六家の要旨」を論じたものを引いている。ここには「儒者・墨者」と並んで、「法家・名家・道家」と、学派としての名称が使われており、反対に、今まで見てきたような個人名は出てこない。つまり、ここではじめて、種々の思想を学派別にまとめて扱うようになったのである。

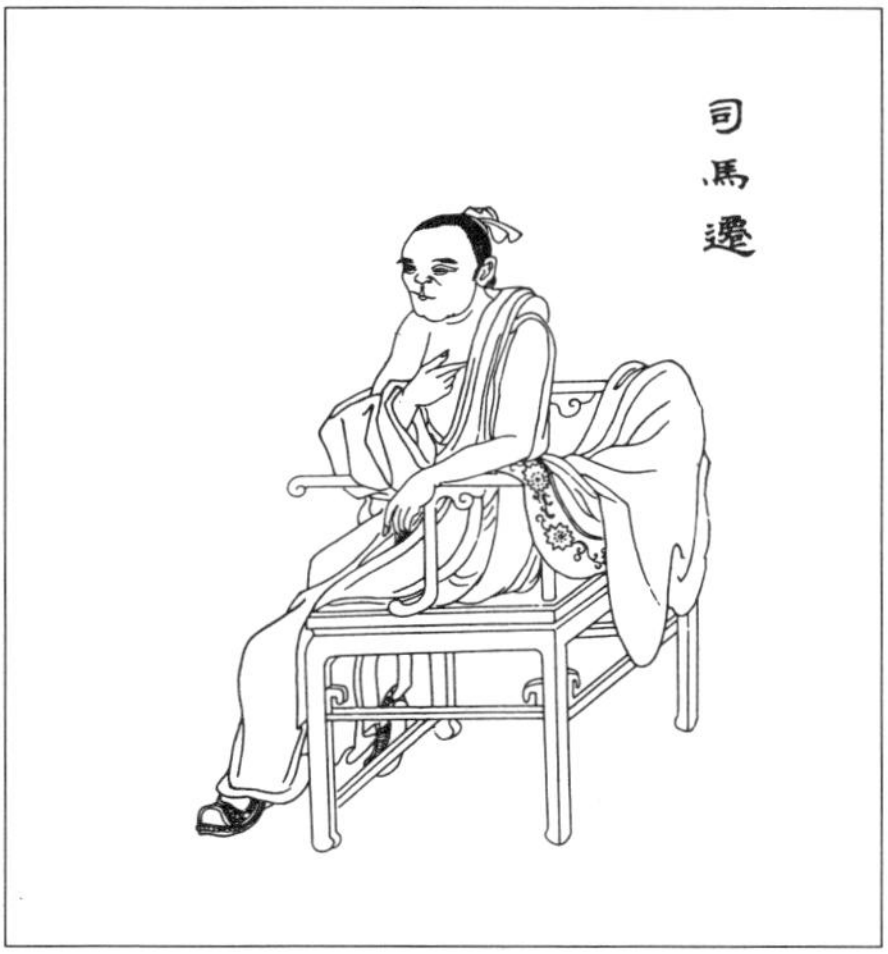

司馬遷
（『中国五百名人図典』）

なお「諸子百家」という語も、『史記』ではじめて用いられている。その「屈原《くつげん》・賈生《かせい》列伝」に、次のようにある。

「賈生《かせい》、年少《としわか》くして、頗《すこぶ》る諸子百家の書《しょ》に通《つう》ず。文帝、召《め》して以《もっ》て博士《はかせ》と為《な》す。是《こ》の時《とき》、賈生は年二十余、（博士の中で）最《もっと》も少《わか》しと為《な》す。」

賈生は、賈誼《かぎ》（前二〇一―前一六九）のこと。詩文に巧みで、辞賦にすぐれていた。文帝（在位、前一七九―前一五七）は、前漢第五代の帝。

3　六家の要旨

司馬遷の父で、同じく太史公だった司馬談《たん》は、建元《けんげん》から元封《げんぽう》年間（前一四〇―前一一〇）仕官していた。その間、「学者の其《そ》の意《い》に達《たっ》せずして、師に悖《まど》ふを愍《あはれ》む」――学ぶ者たちが学問の本旨にまで到達できないままに、先生選びに惑っていることを、あわれんだ。

「そこで以下に『六家の要旨』を記しておく。六家それぞれ、国を治めることを任務としているが、どこから出発したかの路が異なり、深く考えるか考えないかが違っているだけなのだ。」

(1)　陰陽《いんよう》の術

たいへん細かく、また忌諱《きき》〔タブー〕が多い。これが人を拘束し、また恐れさせる。

しかし、四季の順序を秩序だてている点は、見逃せない。

(2)　儒　者

博学だが、要点は少ない。身につけるための苦労ばかり多く、得るところは少ない。だから、全部に従うのは難しい。

しかし、君臣・父子の礼、夫婦・長幼の別をきちんとしている点は、他に代えられない。

(3)　墨　者

倹約に過ぎて、ついていけない。だから、すべてに従うことはできない。

しかし、国の本〔農業〕を強くし、費用を節約する点は、やめるべきでない。

(4)　法　家

厳格であり、愛情に乏しい。

しかし、君臣・上下の区別をきちんとした点は、改めてはいけない。

(5)　名　家

言葉で人を縛り、真の姿を見失わせる。

しかし、言葉と物事との関係を正す点は、考えるべきである。

(6) 道 家

人の精神を純一にさせ、行動は無形の「道」に合致して万物にゆきわたる。その方法は陰陽家の秩序に基づき、儒家と墨家の長所を採り入れ、名家と法家の要点をとらえている。時に応じて移り、物に応じて変わる。主旨は簡潔で実行しやすく、行為は少ないが効果は多い（以上、出典は史記、太史公自序）。

名家までの五家は、それぞれ欠点と長所とを併記しているが、最後の道家は、その五家の長所を総合しているとして、長所だけを挙げており、記述もいちばん長い。

これに続いて本文は「儒家は則ち然《しか》らず」と儒家を批判する。そして再び、陰陽、儒者、墨者、法家、名家の順に主として批判を繰り返し、最後にまた道家を置いて、その利点を強調する、という構成になっている。この、二回めの繰り返しの要旨は、「II 諸家の概観」の六家それぞれの「評価」の項に掲げる。

10 「六経《りくけい》」（五経《ごきょう》）の確立

1 焚書坑儒《ふんしょこうじゅ》

秦の始皇帝（前二五九―前二一〇）が天下を統一する（前二二一）と、大臣・李斯《りし》の進言を受けて、焚書坑儒《ふんしょこうじゅ》を断行した。焚書（前二一三）は、医薬・卜筮《ぼくぜい》（占い）・種樹（農業技術）以外の書物を焼き捨てたこと（七二頁）。坑儒（前二一二）は、儒者を穴埋めにしたこと（七〇頁）。焚書を批判した学者四百六十余人という。また、挾書の律《きょうしょ》（民間での蔵書を禁じる法令）を示した。

いずれも、戦国時代のさまざまな議論を封じ、人民の心を統一するための、いわば思想統制である。

2 書物の収集整理

漢王朝に入る（前二〇六）と、秦《しん》の失敗に懲りたこともあり、学問復興の気運が盛んになる。恵帝の四年（前一九一）には挾《きょう》書《しょ》の律が除かれて、蔵書が自由になる。文帝（在位、前一七九―前一五七）の時には、論語・孝経・孟子・爾雅《じが》の博士が置かれる。

書物も積極的に収集整理されるようになった。武帝（在位、前一四〇―前八七）は、書物が脱落・散逸し、礼楽の拠りどころがなくなって崩壊してゆくことを「朕《ちん》、甚《はなは》だ閔《うれ》ふ」として、「蔵書《ぞうしょ》の策《さく》を建《た》て、写書《しゃしょ》の官《かん》を置《お》き、下《しも》、諸子《しょし》・伝説《でんせつ》に及《およ》ぶまで、皆秘府《みなひふ》に充《み》つ」――蔵書目録を作り、写書の官を置いて（書物を収集整理したので、上は経書《けいしょ》（儒家の書）から）下は諸子百家、雑俗の書にいたるまで、みな朝廷の書庫に充ちるようになった（漢書、芸文志《げいもんし》・序）。

前項の『史記』を著した司馬遷は、まさにこの武帝の世に生きた人で、かなり豊富な資料を利用することができただろう。

3　劉向《りゅうきょう》『別録』（『七略別録』）

同じく前漢の成帝（在位、前三二－前七）の時、朝廷の書庫の蔵書が散逸したので、劉向《りゅうきょう》（前七七－前六）をはじめ何人かの者に蔵書の校訂を命じた。そして、校訂を終えた書ごとに目次を定め、解説して天子に献上した。その、書物ごとの目次と解題とを集めて一冊としたのが、『別録』二十巻である（今は散逸している）。

4　劉歆《りゅうきん》『七略』

劉向《りゅうきょう》は、書物の校訂に二十余年間没頭して世を去った。そこで、成帝の後を継いだ哀帝《あいてい》（在位、前六－前一）は、劉向の子の劉歆《りゅうきん》（?－二三）に、父の仕事を継がせた。これが『七略《しちりゃく》』である（この『七略』は、右の『別録』を受けているので、『別録』を『七略別録』とも呼ぶのである。なお『七略』の原本も散逸している）。その七巻（七部門）は、次のとおり。

輯略《しゅうりゃく》　六芸《りくげい》略　諸子《しょし》略　詩賦《しふ》略　兵書《へいしょ》略　術数《じゅっすう》略　方技《ほうぎ》略

「輯略」は、一部門に限らない諸書の総論。「略」は、簡略の意味（以上、主として漢書、芸文志《げいもんし》・序による）。

5　六経《りくけい》（六芸《りくげい》）

(1)　六《りく》　経《けい》

儒家で重んじる六種の経典《けいてん》、「詩、書、易、春秋、礼、楽」をさす。のち『楽記』が亡んだ（一部分は『礼記』中に収められる）ので、「詩、書、易、春秋、周礼《しゅらい》、礼記《らいき》」をいうようになった。この「六経」を「六芸」ともいう。

「六経」の語は『荘子』に登場する。

「孔子《こうし》、老聃《ろうたん》に謂《い》ひて曰《い》はく、『丘《きゅう》は詩《し》・書《しょ》・礼《れい》・楽《がく》・易《えき》・春《しゅん》秋《じゅう》の六経《りくけい》を治《をさ》め、自《みづか》ら以《もっ》て久《ひさ》しく、其《そ》の故《ゆゑ》を熟知《じゅくち》すと為《な》す』」

――孔子が老子に言う、丘〔孔子の名〕は六経を長い間学んで、内容を熟知していると自任しています。

すると、老子は言う、「夫《そ》れ六経《りくけい》は先王《せんのう》の陳迹《ちんせき》なり。豈《あ》に其《そ》れ迹《せき》する所以《ゆゑん》ならんや。今《いま》、子《し》の言《い》ふ所《ところ》は猶《な》ほ迹《あと》のごときなり。夫《そ》れ迹《あと》は、履《くつ》の出《い》だす所《ところ》にして、迹《あと》は豈《あ》に履《くつ》ならんや」

――だいたい、六経は古代の聖王たちが述べた跡だ。どうして跡の源（を学ぶこと）になろうか。しかし今、あなたが発言している内容は、跡のようなものだ。だいたい跡は履物《はきもの》が生んだもの。跡がどうして履物であろうか（荘子、天運編）。

(2) 六《りく》芸《げい》

「六経」を、また六芸ともいう。次の文は『史記』から。

「夫《そ》れ学《がく》は載籍《さいせき》極《きは》めて博《ひろ》きも、猶《まさ》に信《しん》を六芸《りくげい》に考《かんが》ふべし」——そもそも、(過去を)学ぶのに、書物がたいへん多いのだが、信頼できるという点では、六芸によって考えるのがよい(史記、伯夷《はくい》伝)。

『別録』にいう「六芸」も、この六芸を受けている。

(3) 六《りく》芸《げい》(周代)

ただし、周代の「六芸」は、知識人・教養人として身につけるべき六種の学芸をいう。

「六芸、礼・楽・射・御・書・数」(周礼《しゅらい》、地官・大司徒)など。

また『史記』には、次のように言う。

「孔子、詩《し》・書《しょ》・礼《れい》・楽《がく》を以《もっ》て教《をし》ふ。弟子《ていし》蓋《けだ》し三千、身《み》、六芸《りくげい》に通《つう》ずる者《もの》、七十有《ゆう》二人あり」——孔子は、詩・書・礼・楽をもって教育した。門人はおよそ三千人、そのうち、六芸を身につけた者は七十二人(史記、孔子世家)。

「礼」は、そのまま礼。「楽」は音楽で、詩を伴うのがふつう。「射」は、弓術。「御」は、馬術。「書」は、読み書き。「数」は、算数。

六芸の構造は、『論語』とそこで言う「学・習」とに当てはめると、次のようになろう。

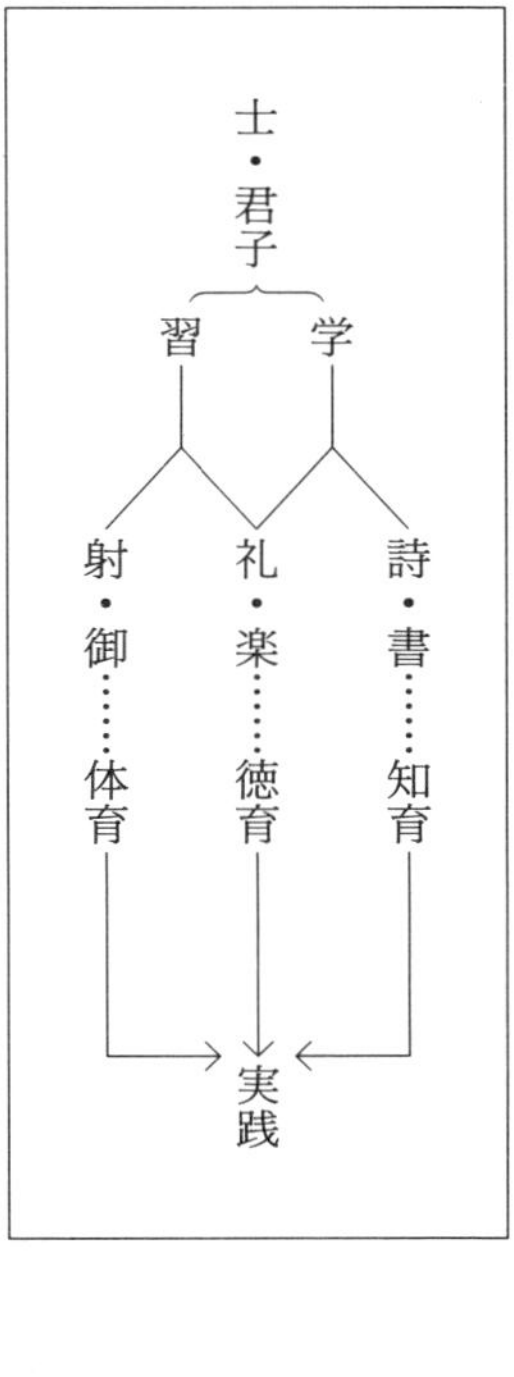

6 五《ご》経《きょう》

六経《りくけい》(六芸《りくげい》)のうち「楽」は、秦《しん》の焚書《ふんしょ》によって失われてしまった。そこで、残った「詩、書、易、春秋、礼」を「五経」と呼ぶようになった。これは、漢の武帝の建元五年(前一三六)、御史大夫《ぎょしたいふ》(官吏を監督し裁《さば》く官の長官)である公孫弘《こうそんこう》(前一九九—前一二〇)の建議によって置かれた「五経博士《ごきょうはかせ》」から始まっている(漢書、武帝紀)。

その背景には、この年に武帝の諮問に応じ、董仲舒《とうちゅうじょ》(前一七九—前一〇四)の建言によって、儒教を国教としたことがある。武帝は董仲舒《とうちゅうじょ》の「六芸《りくげい》の科《か》、孔子《こうし》の術《じゅつ》に在《あ》らざる者《もの》は、皆《みな》其《そ》の道《みち》を絶《た》ち、並《なら》び進《すす》めしむること勿《な》かれ」——六芸や孔子の道でないものは、すべてやめさせて学ばせてはいけない(漢書、董仲舒伝)と建言する。武帝はこれを受けて「百家を罷黜《はいちゅつ》し

董仲舒《とうちゅうじょ》
（『中国五百名人図集』）

董仲舒と武帝
（『画説陰陽家』）

（やめ退け）」、六経を表章《ひょうしょう》す（表し明らかにする）」（漢書、武帝紀）、とする。

ただし、儒教を国教としたことに関する、明確な資料はない。わずかに「五経博士を置く」という記述だけである。『史記』にも「国教」に類する記述はないし、董仲舒が上奏したとされる文章も残っていない。ただ『漢書』董仲舒伝には、武帝の諮問と董仲舒の答申とが三回にわたって繰り返された文章が収められている。

7　五経《ごきょう》博士

さて、その五経博士は、五経の一種ごとに博士一人が担当して研究する。なお、五経のうちの「礼」は、漢代には『儀礼《ぎらい》』をさし、その後は『礼記《らいき》』をさしている。

また五経博士は、梁《りょう》の天監四年（五〇五）には一人となった。唐代には五経をそれぞれに二人ずつ、明《みん》代には一人ずつなど、時代によって変わっている。

しかし、五経博士が置かれた当初は、学者たちはまだ「六経」にこだわっていた。後漢の班固《はんこ》（次項）に至って「五経」の呼び方が広まるようになる。

後漢の章帝・建初四年（七九）、学者たちを白虎観《びゃっこかん》（宮殿の名）に集めて、五経の異同を講義させ、「白虎通徳論」にまとめさせた（後漢書、章帝紀）。班固は、これを編集して『白虎通義《びゃっこつうぎ》』（略して『白虎通』）を著した。ここで班固は「五経」の語を用い、以後これが普及していくのである。

後漢の霊帝《れいてい》・熹平《きへい》四年（一七五）には、学者たちに命じて五経の文字を校訂させ、正しいテキストを石に刻んで、大学（学問による官吏養成所）の門外に建てている。

なお、唐代の五経は「周易《しゅうえき》、尚書《しょうしょ》、毛詩《もうし》、春秋左氏伝《さしでん》、礼《らい》記《き》」としている。唐の太宗・貞観《じょうがん》十二年（六三八）に、学者の孔《く》穎達《えいだつ》（「くようだつ」とも読む。五七四―六四八。孔子の三十二代の子孫）らに命じて整理し編集させ、「五経正義《ごきょうせいぎ》」としたもの。高宗の永徽《えいき》四年（六五三）に世に広められ、以後これが「五経」の決定版となった。

日本でふつうに「五経」という場合も、この「五経正義」をさしている。

11　『漢書《かんじょ》』芸文志《げいもんし》

1　芸文志

『漢書』は、後漢の班固《はんこ》（三二―九二）の撰、妹の班昭《はんしょう》が補っている。『史記』に続く二番目の正史（中国で基準と認められる、紀伝体による歴史書）。前漢・初代の高祖（在位、前二〇六―前一九五）から、平帝（在位、一―五）までの歴史を記している。十二代の皇帝の伝記・十二本紀のほか、八巻の表《ひょう》（年表）、十巻の志《し》（諸制度など）、七十巻の列伝（個人の伝記）の、計百巻から成る。

「芸文志《げいもんし》」は、志十巻のうちの最後の巻。班固《はんこ》は、その「序」の最後に「劉歆《りゅうきん》の『七略』の要点を選んで「芸文志」を作り、

班　固
（『中国五百名人図典』）

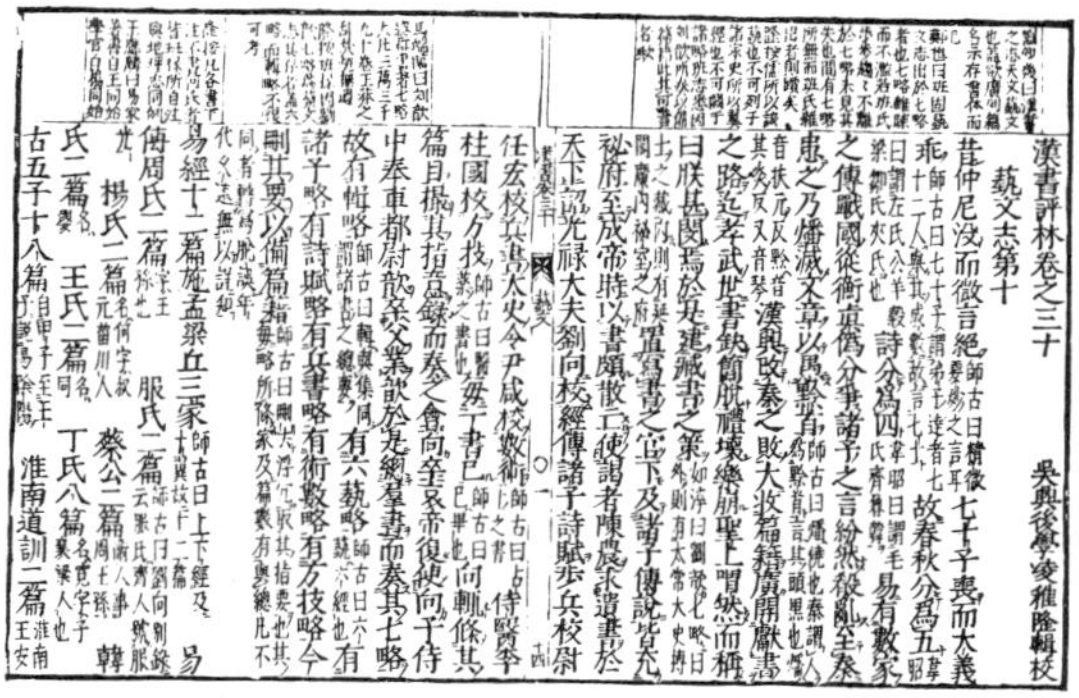

漢書評林卷之三十　呉興後學凌稚隆輯校

藝文志第十

昔仲尼沒而微言絕七十子喪而大義乖故春秋分為五詩分為四易有數家之傳戰國從衡真偽分爭諸子之言紛然殽亂至秦患之乃燔滅文章以愚黔首漢興改秦之敗大收篇籍廣開獻書之路迄孝武世書缺簡脫禮壞樂崩聖上喟然而稱曰朕甚閔焉於是建藏書之策置寫書之官下及諸子傳說皆充祕府至成帝時以書頗散亡使謁者陳農求遺書於天下詔光祿大夫劉向校經傳諸子詩賦步兵校尉任宏校兵書太史令尹咸校數術侍醫李柱國校方技每一書已向輒條其篇目撮其指意錄而奏之會向卒哀帝復使向子侍中奉車都尉歆卒父業歆於是總羣書而奏其七略故有輯略有六藝略有諸子略有詩賦略有兵書略有術數略有方技略今刪其要以備篇籍

易經十二篇施孟梁丘三家

易傳周氏二篇　服氏二篇　楊氏二篇　蔡公二篇　韓氏二篇　王氏二篇　丁氏八篇　古五子十八篇　淮南道訓二篇

『漢書』芸文志

『漢書』の中に加えて、歴史書としての体裁を整える」と記して、その出典を明らかにしている。

「芸文志」の記述は、二八頁の『七略』の『輯略』を省いて「序」を置くほかは、「六芸略」以下「方技略」まで、まったく同じ順に並んでいる。

2　六芸《りくげい》略《りゃく》

本文の最初の「六芸略」は、六経《りくけい》に「論語」「孝経」「小学」を加えたものを言っている。ここに載っている書物の数を中心に整理すると、次のとおり。

1　易　『易経』ほか計十三家・二百九十四篇。

〔注〕「家」は、易について著述した人。たとえば『易経』に続いて『易伝周氏二篇』とあり、これは、周王孫の著した『易伝』〔易の解釈書〕二篇がある、ということ。それら篇数の合計が二百九十四篇という意味である。

2　書　『尚書』ほか計九家・四百十二篇。

3　詩　『詩経』ほか計六家・四百十六巻《ママ》。

4　礼　『礼』古経ほか計十三家・五百五十五篇。

5　楽　『楽記』ほか計六家・百六十五篇。

6　春秋　『春秋』古経ほか計二十三家・九百四十八篇（ここには「左氏《さし》伝」「公羊《くよう》伝」「穀梁《こくりょう》伝」の三伝のほか、『国語』『戦国策』『太史公』〔現在の『史記』〕なども、それぞれ一家として含まれている）。

7　論語　『古論語』ほか計十二家・二百二十九篇（ここには『孔子家語』も含まれる。ただし、現存のものとは別）。

8　孝経　『孝経』ほか計十一家・五十九篇（ここには『爾《じ》雅《が》』も含まれる）。

9　小学　『史籀《しちゅう》』ほか計十家・四十五篇（小学は、字書のこと）。

計　以上、六芸計百三家・三千百二十三篇。

3　諸子略

1　儒家　『晏子《あんし》』・『子思《しし》』・『曾子《そうし》』・『孟子』・『孫卿子《そんけいし》』（『荀《じゅん》子《し》』のこと）・『賈誼《かぎ》』（『新書《しんじょ》』のこと）・『塩鉄論《えんてつ》』・『劉向《りゅうきょう》所序』（『新序』『説苑《ぜいえん》』『列女伝』などを含む）など、計五十三家・八百三十六篇。

2　道家　『伊尹《*いいん》』・『老子』・『関尹子《*かんいんし》』・『荘子』・『列子』・『老萊《*ろうらい》子《し》』・『鶡冠子《*かつかんし》』・『黄帝《こうてい》』など、計三十七家・九百九十三篇。

3　陰陽家　『宋司星子韋《*そうしせいしい》』・『公檮生《*こうちゅうせい》終始』・『鄒子《*すうし》終始』・『公《*こう》孫渾邪《そんこんや》』など、計二十一家・三百六十九篇。

4　法家　『李子《*りし》』（李悝《りかい》の著）・『商子』（商鞅《しょうおう》の著）・『申子《*しんし》』（申不害の著）・『慎子《しんし》』（慎到《しんとう》の著）・『韓子《かんし》』（韓非《かんぴ》の著）など、計十家・二百十七篇。

5　名家　『鄧析《*とうせき》』・『公孫竜子《こうそんりゅうし》』・『恵子《*けいし》』（恵施《けいし》の著）など、計七家・三十六篇。

6　墨家　『*尹佚《いんいつ》』・『*田俅子《でんきゅうし》』（田鳩《でんきゅう》の著）・『*隋巣子《ずいそうし》』・『墨子』など、計六家・八十六篇。

7　縦横家　『*蘇子《そし》』（蘇秦《そしん》の著か）・『*張子《ちょうし》』（張儀の著か）・『*蒯子《かいし》』（蒯通《かいとう》の著）など、計十二家・百七篇。

8　雑家　『*伍子胥《ごししょ》』・『*尉繚子《うつりょうし》』・『*尸子《しし》』・『呂氏春秋《りょししゅんじゅう》』・『淮南内《わいなんない》』（『淮南子《えなんじ》』のこと）など、計二十家・四百三篇。

9　農家　『*神農《しんのう》』・『*野老《やろう》』など、計九家・百十四篇。

10　小説家　『*伊尹説《いいんせつ》』・『*宋子《そうし》』（宋鈃《そうけん》の著）など、計十五家・千三百八十篇。

〔注〕書名右肩の＊印は、今は亡んで伝わらないもの。または後人の偽作などによる同書名のもの。

計　以上、諸子百八十九家・四千三百二十四篇（ただし、右の数字を合計すると、百九十家・四千五百四十一篇となる。しかし普通には、この記述どおり「百八十九家」の数字を用いている）。

4　諸子九流

『漢書』芸文志では、以上の紹介の後に、次のように記している。

「諸子十家、其《そ》の観《み》るべき者は、九家のみ。」どの一家を除くかは明示されていないが、ふつう「小説家」を除く、と理解している。これは『漢書』（叙伝）の「九流」の注に「儒・道・陰陽・法・名・墨・縦横・雑・農、凡九家」とあることなどにもよる。（兵家は三六頁の『隋書』から登場する。）

数が多いということで「諸子百家」と呼ぶのがふつうだが、ここに右の「九流」を付して「九流百家」とも言っている。

なお「家」は、「儒家、道家」などと、その思想家のグループそのものをさす。この場合は、右の「流」と同じ意味になる。同時に『漢書』で見れば、たとえば儒家系統の書を著した人そのものをもさしている（前頁の「易」の〔注〕を参照）。「諸子百家、九流百家」などという場合の「家」がそれ。すると『漢書』でも百八十九家はいるのだから、「百家」では足りない（もちろん、「百」に「多くの」の意味を持たせた用法で、実数を言ったわけではないが）。

以上、「家」が「流」（グループ）と「人」（本を著した思想家）との意味に使われていることに、ご注意。

12　『文心雕龍《ぶんしんちょうりゅう》』の「諸子」編

『文心雕龍』は、六朝《りくちょう》・梁《りょう》の劉勰《りゅうきょう》（四六五？－五三二？）の著した、中国最初の文学理論書。十巻・五十編。

「文心」は、文章を創作する時の心の用い方。「雕龍」は、竜の鱗《うろこ》の一つ一つを雕刻《ちょうこく》〔彫刻〕して美しく飾ること。「古来、文章とは彫刻のように美しく飾ることによって成立するものである」という、劉勰の文学観に基づいた書名である（以上「序志編」）。

劉勰《りゅうきょう》は、その第十七「諸子」編において、大要次のように記している。

「狂暴な秦《しん》の焚書（七〇頁）は、山を焼き尽くすほどだったが、諸子の書には及ばなかった。

漢代になると、成帝は古典の収集整理を思い立ち、劉向《りゅうきょう》は古典を校合して『七略』を著したので、九流百家の書がきちんと整理された。」

『七略』は、前述（三一頁）のとおり、『漢書』芸文志《げいもんし》が拠りどころとした本。しかし劉勰《りゅうきょう》は、そこに見られる「儒家・道家・陰陽家……」などのグループ分けは採用せず、個々人及びその著作について、紹介し批評している。

その「諸子」編は、戦国時代から漢代を経て、魏晋《ぎしん》時代に至る間の、諸子の思想を述べたもの。今から見ると貴重な見解も少なくないので、以下その要点を紹介しよう。

1　諸子の書の起源

鬻熊《いくゆう》の『鬻子《いくし》』　鬻熊は、周の文王の臣で、友人。黄帝《こうてい》の臣である風后《ふうこう》や力牧《りょくぼく》の著した『風后』『力牧』、殷《いん》代の湯王《とうおう》の臣である伊尹《いいん》の著した『伊尹』などを基にして『鬻子』を著した。これが、諸子の書の最初である。

『漢書』芸文志《げいもんし》には、兵書略に『風后』十三編、『力牧』十五編・諸子略（道家類）には二十二編、同じく諸子略（道家類）に『伊尹』五十一編・小説家類に『伊尹説』二十七編、そして、同じく諸子略（道家類）に『鬻子』二十二編・小説家類に『鬻子説』十九編、とある。今はいずれも散佚している。

老子の『老子道徳経』　伯陽《はくよう》（老子の字《あざな》という）は礼をよく知り、孔子が老子を訪れて礼を問うたので、老子は『道徳経』を著した。これが、諸子百家の最高の書となる。

（『老子』は、上編を「道経」、下編を「徳経」ともいうので、合わせて「道徳経」と呼ぶ。儒家などでいう「道徳」とは、まったく意味が違う。）

「経」と「諸子」　賢人鬻熊《いくゆう》は文王の友人、老子は孔子の先生。聖人（文王・孔子）と、賢人（鬻熊・老子）とが、それぞれ同時代に登場した。この聖人の書が「経」、賢人の書が「諸子」となって、二つの流派に分かれたのである。

2　戦国時代の俊乂《しゅんがい》

才徳が千人に勝れる人を「俊」、百人に勝れる人を「乂」という。劉勰《りゅうきょう》は、戦国時代には「俊乂蠭起《ほうき》（蜂起《ほうき》）す」として、次の人々を略述する。

○孟軻《もうか》（孟子）　儒家を恭しい態度で受け継いだ。

○荘周《そうしゅう》〔荘子〕　道家を祖述して空高く舞い上がった。
○墨翟《ぼくてき》〔墨子〕　倹約節約の教えを実行した。
○尹文《いんぶん》　名実の一致を説いた〔注、名家〕。
○野老《やろう》　土地の効果的な利用により国を治めよと主張した〔注、「野老」は、農耕に従事する人という普通名詞が、固有名詞となったものか。『漢書』芸文志《げいもんし》の諸子略・農家類には『野老』十七編とある。農家の人〕。
○騶子《すうし》〔騶衍《すうえん》〕　天文学によって政治を充実させた〔注、陰陽家の人〕。
○申不害《しんふがい》・商鞅《しょうおう》　刑罰によって道理を統一した〔注、法家〕。
○鬼谷《きこく》　弁論によって功績を記された〔注、縦横家の祖〕。
○尸佼《しこう》　種々の理論実践を総合した〔注、雑家に属する。『漢書』芸文志《げいもんし》の諸子略・雑家類に『尸子《しし》』二十編、とある〕。
○青史《せいし》　民間の話をこまごまと書き綴《つづ》った〔注、小説家。『漢書』芸文志《げいもんし》の諸子略・小説家類に『青史子《せいしし》』五十七編、とある〕。
　そして劉勰《りゅうきょう》は「彼ら及びその末流たちはみな、弁舌を振るい術策を巡らせて、飽きるほどの俸祿を受け、身に余る栄誉に浴した」と記している。

3　著作に対する論評

劉勰《りゅうきょう》は〝文心雕龍《ぶんしんちょうりゅう》〟という書名のとおりに、諸子の著作に対して、主として文章表現上から論評している。興味深い分析なので、その要点を紹介しよう。
○『孟子』・『荀子』　理論は立派で、文辞は古雅である。
○『管子《かんし》』〔管仲《かんちゅう》〕・『晏子春秋《あんししゅんじゅう》』〔晏嬰《あんえい》〕　内容は正確であり、言葉は洗練されている。
○『列子《れっし》』〔列禦寇《れつぎょこう》〕　意気は大きく、文彩は意表を突いている。
○『騶子《すうし》』〔騶衍《すうえん》〕　思考は誇大で、文辞は壮大である。
○『墨子《ぼくし》』〔墨翟《ぼくてき》〕・『随巣子《ずいそうし》』〔随巣《ずいそう》〕　意味は明瞭だが、表現は素朴である〔注、随巣は墨子の門人。『随巣子』は散逸した〕。
○『尸子《しし》』〔尸佼《しこう》〕・『尉繚《うつりょう》』〔尉繚《うつりょう》〕　方法論はよくわかるが、文章の切れ味は鈍い〔注、ともに雑家。兵家の『尉繚子』とは別〕。
○『鶡冠子《かつかんし》』〔鶡冠《かつかん》〕　長々と続き、しばしば深遠な表現を加える〔注、道家に属する〕。
○『鬼谷子《きこくし》』〔鬼谷《きこく》〕　果てしなく続き、常に深遠な意味を展開している。
○『文子《ぶんし》』〔文子〕　心情が明確でかつ潤いがある点では、才能をほしいままにしている〔注、文子は老子の門人で、孔子と同時代の人かとされている〕。
○『尹文子《いんぶんし》』〔尹文《いんぶん》〕　表現が簡潔でかつ精しい点では、もっとも要領を得ている。
○『慎子《しんし》』〔慎到《しんとう》〕　綿密な理論を巧みに分析している。
○『韓非子《かんぴし》』〔韓非〕　多くの比喩を豊富に用いている。
○『呂氏春秋《りょししゅんじゅう》』〔呂不韋《りょふい》〕　先々までを見通しており、内容も広くゆきとどいている〔注、これは雑家〕。

○『淮南子《えなんじ》』（劉安《りゅうあん》）　題材を広く取って、文章も華麗である〔注、これも雑家〕。

そして劉勰《りゅうきょう》は、こうまとめる。

「以上が、百氏〔諸子百家〕の中の『華』であり、その文章の雰囲気の概要である。」

13 『隋書《ずいしょ》』経籍志《けいせきし》

1　経籍志

『隋書』は、唐の魏徴《ぎちょう》（五八〇—六四三）らの編。二十四史の一つ。全八十五巻で、うち「志」三十巻は長孫無忌《ちょうそんむき》（？—六五九）の編。

「経籍志」は、「芸文志《げいもんし》」と同じで、この『隋書』と、次の『旧唐書《くとうじょ》』だけが経籍志と称している。なお『隋書』経籍志は、「隋志」とも略称される。

2　経史子集《けいしししゅう》

先の『漢書』芸文志などは、「七略」として書物を内容によって七分類していた。晋《しん》の荀勗《じゅんきょく》（？—二八九）は、宮中の蔵書の目録『中経新簿《ちゅうけいしんぼ》』を著した。ここでは、内容によって、甲部（六芸・小学など）、乙部（諸子・術数など）、丙部（史書など）、丁部（詩賦など）に四分類している。

『隋書』では、これを基にして「経・史・子・集」の四分類法をとった。これが、今日まで受け継がれている。『隋書』の「志」三十巻のうち「経籍志」は四巻を占め、それぞれ「経・史・子・集」の巻になっている。

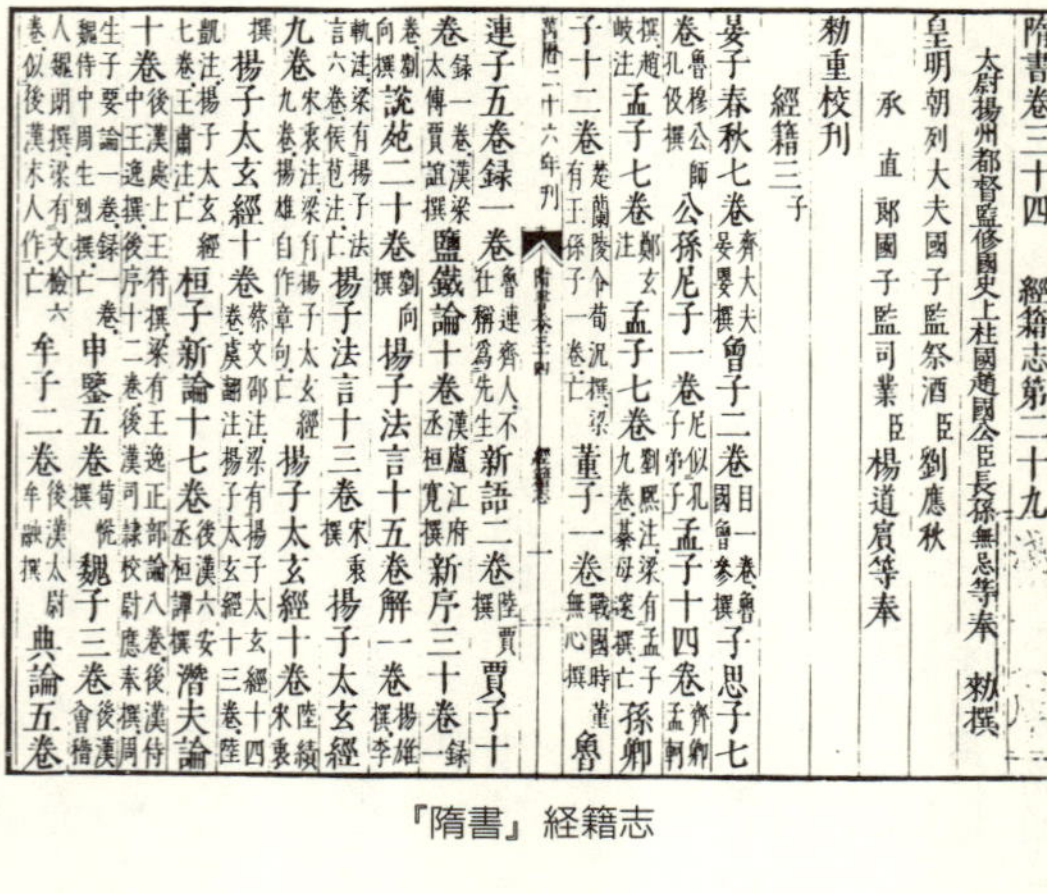
隋書巻三十四　經籍志第二十九
太尉揚州都督監修國史上柱國趙國公臣長孫無忌等奉　勅撰
皇明朝列大夫國子監祭酒臣劉應秋
承直郎國子監司業臣楊道賓等奉
勅重校刊
經籍三　子
晏子春秋七卷齊大夫晏嬰撰　曾子二卷目一卷魯國曾參撰　子思子七
卷魯穆公師孔伋撰　公孫尼子一卷尼似孔子弟子　孟子十四卷齊卿孟軻
撰趙岐注　孟子七卷鄭玄注　孟子七卷劉熙注梁有孟子九卷綦母邃撰亡　孫卿
子十二卷楚蘭陵令荀況撰梁有王孫子一卷亡　董子一卷戰國時董無心撰　魯
萬暦二十六年刊　隋書卷三十四　經籍志　一
連子五卷録一卷魯連撰連齊人不仕稱爲先生　新語二卷陸賈撰　賈子十
卷録一卷漢梁太傅賈誼撰　鹽鐵論十卷漢廬江府丞桓寬撰　新序三十卷録一
卷劉向撰　說苑二十卷劉向撰　揚子法言十五卷解一卷揚雄撰李
軌注梁有揚子法言六卷侯苞注亡　揚子法言十三卷宋衷撰　揚子太玄經
九卷宋衷注梁有揚子太玄經九卷揚雄自作章句亡　揚子太玄經十卷陸績宋衷
撰　揚子太玄經十卷蔡文邵注梁有揚子太玄經十四卷虞翻注揚子太玄經十三卷陸
凱注揚子太玄經七卷王肅注亡　桓子新論十七卷後漢六安丞桓譚撰　潛夫論
十卷後漢處士王符撰梁有王逸正部論八卷後漢侍中王逸撰後序十二卷後漢司隷校尉應奉撰周
生子要論一卷録一卷魏侍中周生烈撰亡　申鑒五卷荀悅撰　魏子三卷後漢會稽
人魏朗撰梁有文檢六卷似後漢末人作亡　牟子二卷後漢太尉牟融撰　典論五卷

『隋書』経籍志

○経　六芸の経書《けいしょ》。計六百二十七部・五千三百七十一巻（失われたものも加えて、計九百五十部・七千二百九十巻）。

〔注〕「部」は、いわば書名。ただし、たとえば『周易』という書名でも、注釈者や編集者、校訂者などが違えば一部と数える。従って、単に『周易』だけでも二十部を数える。他に『周易繋辞』『周易論』『周易大義』等々、同名の書が数部あるものが多く、『周易』系だけでも、六十九部・五百五十一巻（佚書を加えると、九十四部・八百二十九巻）もある。また「巻」は巻数であり、ここではあまり意味はない。

○史　歴史書。計八百十七部・一万三千二百六十四巻（佚書を加えると、計八百七十四部・一万六千五百五十八巻）。

○子　後述。

○集　詩文集。計五百五十四部・六千六百二十二巻（佚書を加えると、計千百四十六部・一万三千三百九十巻）。

3　子（諸子）

諸子のグループは、単に「儒者、道者、法者……」という呼び方をするだけで、「儒家、道家、法家……」という呼び方はしていない。しかし当然に、同じものと見ることができる。

そしてここでは、「芸文志」の十家から陰陽家を除き、代わりに「兵、天文、暦数、五行、医方」の五家を設けて、計十四家としている。

儒　六十二部・五百三十巻。（六十七部・六百九巻）

〔注〕括弧内は亡佚の書を加えた合計数。

道　七十八部・五百二十五巻。

法　六部・七十二巻。

名　四部・七巻。

墨　三部・十七巻。

従横《ママ》　二部・六巻。

雑　九十七部・二千七百二十巻。

農　五部・十九巻。

◆儒家と諸子百家

『隋書』に至るまでは、儒家も「六経《りくけい》」の他に「諸子」の中にも入っていた。『隋書』以降、「経《けい》」と「子《し》」とが分離されてから、儒家の存在も経と子とに分かれてしまう。

そこで、儒家と、儒家以外の諸子とを分けるか、それとも、諸子百家といえば儒家を含めるのか、という問題が出てくる。また、その場合の儒家も、六経《りくけい》だけを除くかどうか、という問題もかかわってくる。

正確に言えば、一、六経を別格とし、それを除いた儒家（たとえば『孟子』や『荀子』）と諸子とを含めて「諸子」と呼ぶ、というのが妥当。「諸子」の専門的な研究書や解説書は、これに拠っている。

高校生ていどまでの一般論としては、二、儒家と、それ以外の諸子、と分けておくのも、止むをえないだろう。

小説　二十五部・百五十五巻。
兵　百三十三部・五百十二巻。
天文　九十七部・六百七十五巻。
暦数　百部・二百六十三巻。
五行　二百七十二部・千二十二巻。
医方　二百五十六部・四千五百十巻。

4　四　庫

唐の玄宗《げんそう》（在位七一二―七五六）は、宮廷内に四つの建物を建て、それぞれに経（甲）部・史（乙）部・子（丙）部・集（丁）部の書を収めた。正副の二部ずつを作り、それぞれ色を変えたという（新唐書、芸文志《げいもんし》序）。

以後「経史子集」の分け方が定着することになる。

5　「家・類」から目録に

四庫が完備して、書物も四庫のそれぞれに経史子集と分類して収めるようになってから、『隋書』の「儒家・道家」など思想家グループの分類によるほかに、書物の内容によって「類」として分類していく方法がとられるようになる。

それでも『隋書』には、諸家のそれぞれ冒頭に、その特徴を略記するという、『漢書』の方針が残されていた（その特徴は、諸家の部分にそれぞれ引用してある）。

しかし、次の「唐書」になると、経史子集の分野ごとに書名等を列挙していくだけという、いわば完全な「図書目録」の体裁をとるようになる。そしてこの体裁は、以後『清史稿《しんしこう》』まで続いている。

「四庫」の性格から止むをえないことではあるが、その時代ごとに、たとえば法家や墨家などがどう見られていたか、を知ることができなくなったのは、残念である。

◆四　書

「四子書」ともいう。『大学』『論語』『孟子』『中庸』の四書をさす。はじめ、北宋の儒学者である程顥《ていこう》（一〇三二―一〇八五、明道《めいどう》先生と称される）と程頤《ていい》（一〇三三―一一〇七、伊川《いせん》先生と称される）の兄弟が、儒学を学ぶには六経《りくけい》の先に読むべきものとして、四書を定めた。『大学』と『中庸』は、『礼記』中から取り出して、それぞれ一編としたもの。冒頭の順に重んじられる。

門人の朱熹《しゅき》（一一三〇―一二〇〇）が、この四書に注釈を加えて『四書集注《しっちゅう》』を著してから、世に広く知られるようになる。元代の仁宗・皇慶二年（一三一三）から、科挙の試験に取り入れられて、いっそう尊ばれることになる。なお九五頁を参照。

14　「唐書」と『宋史』

1　『新唐書』

「唐書」ははじめ、五代・後晋の劉昫《りゅうく》（八八七―九四六）らが編集、刊行。ところが、宋代の欧陽脩《おうようしゅう》（一〇〇七―一〇七二）らはこの内容を不満として改修し、新たに「唐書」を編集した。前者を『旧唐書《くとうじょ》』、新しいほうを『新唐書《しんとうじょ》』と呼んで区別している。

内容的にはそれぞれ長短あり、今は両方とも正史として扱われている。

『新唐書』芸文志では、『隋書』の九家のほかに、八種の「類」を加えている。

兵書類・類書類・天文類・暦算類・五行類・雑芸術類・明堂経脈《けいみゃく》類・医術類

2　『旧唐書《くとうじょ》』

『旧唐書』は『隋書』を受けて「経籍志」としている。ここでも『隋書』の九家を挙げ、ほかに七種の「類」を加えており、『新唐書』と同じ（『新唐書』が『旧唐書』を受け継いだ）。

その十七家も、『旧唐書』では「経籍下」巻の冒頭で「経脈類」「事類」と記しているが、本文では前者は「明堂経脈類」としていて『新唐書』の「明堂経脉類」と同じ。後者は同じく本文では「類事」としており、『新唐書』の「類書類」とほぼ同じ（内容も、ほぼ同じ）である。

なお『旧唐書』は「経籍志」の初めのほうに「甲乙丙丁」の「四部」について簡潔に説明している。その中で「内部は子類

◆諸子の特徴（旧唐書）

一　儒家　仁義教化《じんぎきょうか》。
二　道家　清浄無為《せいじょうむい》。
三　法家　刑法典制《けいほうてんせい》。
四　名家　循《したがヒ》レ名《な》ニ責《せム》レ実《じつヲ》。
五　墨家　強《つよクシ》レ本《もとヲ》節《せっス》レ用《ようヲ》。
六　縦横家　弁説詭詐《べんぜつきさ》。
七　雑家　兼《かネテ》叙《のブ》二衆説《しゅうせつヲ》一。
八　農家　播植種芸《はしょくしゅげい》。
九　小説家　芻辞輿誦《すうじよしょう》。
十　兵法　権謀制度《けんぼうせいど》。
十一　天文　星辰象緯《せいしんしょうい》。
十二　暦数　推歩気朔《すいほきさく》。
十三　五行　卜筮占候《ぼくぜいせんこう》。
十四　医方　薬餌針灸《やくじしんきゅう》。

で、その類は十四」と述べ、その十四の特徴をそれぞれ四字で記している。この記述は珍しいので、表にして掲げておく（この十四類と、「経籍下」の十七家とでは、掲げる順序も幾つか異なり、名称も三つほど違っている。次に名称の異同だけ挙げておく。上が十七家、下が十四類。「暦算類・暦数。兵書類・兵法。医術類・医方」）。

3　『宋史』

元代の托克托《たくこくたく》（？―一三五四）らの編集。托克托はモンゴルの人で、脱脱ともいう。他に、正史の『遼《りょう》史』『金《きん》史』も編集している。

『宋史』芸文志では、九家はこれまでどおり。「類」も『新唐書』とほとんど同じ八類が挙げられている。異同は、「医術類」が「医書類」となったこと。「明堂経脈類」が消え、代わりに「蓍《し》亀《き》類」が加わったこと（「蓍」は、占いに用いるメドキグサ。「亀」も、その甲を占いに用いる。「蓍亀」で、占卜《せんぼく》のこと）。

15　『明史《みんし》』と『清史稿《しんしこう》』

1　『明史稿』と『明史』

『明史』三百三十六巻は、清《しん》の世宗の勅命によって、張廷《ちょうてい》玉《ぎょく》（一六七二―一七五五）らが選述したもの。康熙《こうき》十八年（一六七九）に開始され、六十年を費して乾隆《けんりゅう》四年（一七三九）に完成。

これに先だって、王鴻緒《おうこうしょ》（一六四五―一七二三）が『明史稿』を選述していた。これも正史だが「帝紀」（皇帝ごとの記録）が未完成で、勅定（皇帝の認定）を受けていないため、「稿」の字がついている。

2　『明史』の十二類

張廷玉は『明史』を撰するとき、この書に基づいている。その「芸文志」は、九十六巻から九十九巻までの四巻。巻ごとに「経・史・子・集」を当てているのは、『隋書』『唐書』と同じ。

その「子」類は、次の十二類。

儒家類　雑家類　農家類　小説家類
兵書類　天文類　暦数類　五行類　芸術類
類書類
道家類　釈家類

「家」がつくのは、最初の四家と最後の二家の、計六家。ただし、次の注がある。

○前代の「芸文志」（注、『新唐書』をさす）に名を列ねていた「名家・法家」は、数が極めて少ないので、ともに「雑家」に入れる。

○「医書」は、「芸術類」に入れる。

記述は、いたって簡略であり、類ごとに選著者名・書名・巻数を記していくだけ、類の終わりごとに「右儒家類、一百四十部、一千二百三十巻」のように合計を記すだけ、という体裁である。

　なお「経」類については、九七頁のコラムを参照。

3　『清史稿』の十四類

　この体裁は、続く『清史稿』も同様である。ただし『明史』が「子類十二」というのに対して、『清史稿』は「子部十四類」と記している。以下がその十四類。

儒家　兵家　法家　農家　医家
天文算法　術数　芸術　譜録
雑家
類書　小説
釈家　道家

　なお『清史稿』は、民国三年（一九一四）に趙爾巽《ちょうじそん》・柯劭忞《かしょうびん》・繆荃孫《びゅうせんそん》らが編集を始め、同十六年から十七年にかけて刊行された。しかし、内容に誤りがあったりして発行が禁止される。いま三種類のテキストが出ている。

16 『四庫全書総目提要』

1　『四庫全書』

清《しん》朝の高宗乾隆帝《けんりゅう》（在位一七三六―一七九五）は、乾隆三十七年（一七七二）に四庫全書館を置き、天下の書物を収集した。一万余種・十七万余巻が集まったという。

　これを、紀昀《きいん》（一七二四―一八〇五）・陸錫熊《りくしゃくゆう》（一七三四―一七九二）・孫士毅《そんしき》（一七二〇―一七九六）らを中心に、三百六十余人が修繕・校訂し、形式を統一するために楷《かい》書で筆写した。筆写したものを「著録」、目録だけにとどめたものを「存目」と区別している。写本は七部ずつ作っている。

　十余年かかって完成した一大叢書は、経史子集に四分し、表紙の色を経は緑、史は黄、子は赤、集は青と区別した。また七部は、宮廷及び別荘の四庫（文淵《ぶんえん》閣・文溯《ぶんさく》閣・文津《ぶんしん》閣・文源《ぶんげん》閣。内廷の四庫と称する）、並びに地方の文匯《ぶんわい》閣・文宗《ぶんそう》閣・文瀾《ぶんらん》閣のそれぞれに納めた。

　この叢書が『四庫全書』である。

2　『四庫提要』

同じく紀昀《きいん》らが勅命によって編集した目録。四庫全書をもと

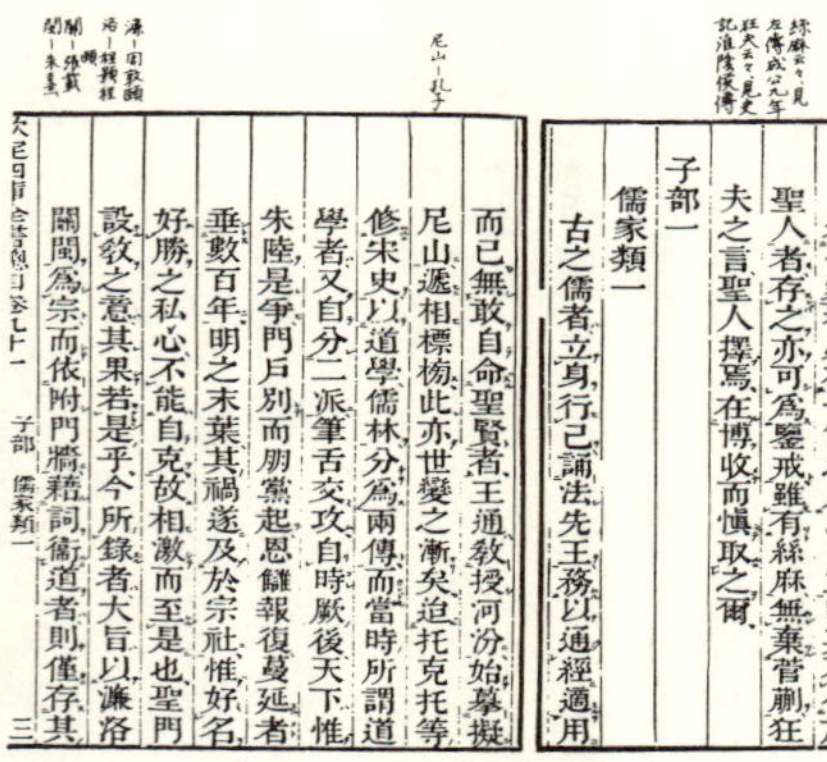
也然儒家本六藝之支流雖其間依草附木不能免門戶之私而數大儒明道立言炳然具在要可與經史旁參其餘雖眞僞相雜醇疵互見然凡能自名一家者必有一節之足以自立卽其不合於聖人者存之亦可爲鑒戒雖有絲麻無棄菅蒯狂夫之言聖人擇焉在博收而愼取之爾

絲麻云々見左傳成公九年
狂夫云々見史記淮陰侯傳

子部一

儒家類一

古之儒者立身行己誦法先王務以通經適用而已無敢自命聖賢者王通教授河汾始摹擬尼山遞相標榜此亦世變之漸矣迨托克托等修宋史以道學儒林分爲兩傳而當時所謂道學者又自分二派筆舌交攻自時厥後天下惟朱陸是爭門戶別而朋黨起恩讎報復蔓延者垂數百年明之末葉其禍遂及於宗社惟好名好勝之私心不能自克故相激而至是也聖門設教之意其果若是乎今所錄者大旨以濂洛關閩爲宗而依附門牆藉詞衛道者則僅存其

尼山—孔子
濂—周敦頤　洛—程顥程頤　關—張載　閩—朱熹

欽定四庫全書總目卷九十一　子部　儒家類一　三

『四庫全書総目提要』

に、経史子集に分け、書籍ごとに解題した目録。子部は十四に分かれ、それぞれの冒頭にはそのグループの総論もついている。これは『隋書』以来のこと。

正式には『四庫全書総目提要』と称し、略して『四庫提要』と呼んでいる。

いま、この訓読に二十六年を費やした「畢生の業」（著者「あとがき」から）である次の本で、その全貌を容易に知ることができる。表紙の色も原書に倣って四種に分ける、という凝りようである。

原田種成・編『訓點本四庫提要』経部七冊・史部五冊・子部七冊・集部八冊（一九八一―一九九二、汲古書院）

その内訳は、次のとおり。括弧内は「存目」の数で、外数。

経　六百九十三部・一万二百六十巻（千八十部・一万百六十九巻）

史　五百六十四部・二万千九百五十二巻（千五百六十四部・一万六千三百四十二巻）

子　九百二十四部・一万七千八百三十二巻（千九百九十五部・四万千三百八十七巻）

集　千二百七十六部・二万九千二十六巻（二千百二十七部・二万五千六百五十八巻）

計　三千四百五十七部・七万九千七十巻（六千七百六十六部・九万三千五百五十六巻）

合計　一万二百二十三部・十七万二千六百二十六巻

ただし数字は人によって数え方が異なり、幾つかの説がある。いちおうの目安として、次に「経」と「子」とを掲げておく。

3　経　類

「易」類（百五十九部・千七百四十八巻）

「書」類（五十六部）

「詩」類（六十二部・九百四十一巻）
「礼」類（*七十九部・二千二十二巻）
「春秋」類（百十四部・千八百三十八巻）
「孝経」類（十一部・十七巻）
「楽」類（二十二部・四百八十三巻）
五経総義類（三十一部・六百七十五巻）
四書類（六十二部・七百二十九巻）
小学類（*八十一部・六百十三部）

〔注〕1　「書」の巻数は、本文に欠。
2　*印の数は、それぞれ小項目ごとに記してある数を加えたもの。
3　以上それぞれの数には、本文自体にも多少の誤りがある。
4　「孝経」を除いたカギ括弧の六種が、六経《りくけい》。
5　「五経総義」は、五経や六経を中心とする書の、文字や内容の解説や研究の書。
6　「四書」は、三八頁のコラムを参照。
7　「小学」は、訓詁《くんこ》、字書、韻書など。

4　子類

儒家類（百十二部・千六百九十四巻）
兵家類（二十部・百五十三巻）
法家類（八部・九十四巻）
農家類（十部・百九十五巻）
医家類（九十七部・千八百十六巻）
天文算法類（*五十六部・六百三十九巻）
術数類（*四十五部・三百八十九巻）
芸術類（*八十一部・千百十五巻）
譜録類（*五十五部・三百六十三巻）
雑家類（*百九十部・二千二百三十一巻）
類書類（六十五部・七千四十五巻）
小説類（*百二十三部・千三百五十九巻）
釈家類（十三部・三百十二巻）
道家類（四十四部・四百三十二巻）

〔注〕*印の数は、それぞれ小項目ごとに記してある数を加えたもの。
しかし、以上それぞれの数には、本文自体にも多少の誤りがある。

この『四庫提要』について、諸橋轍次氏は次のように記す。
「十四類に分つてより、諸家多く之に據てゐる。」（『大漢和辞典』十巻・五三九頁）
分類は、これによって落着したのである。ただしこれは専門家用であり、これを含めて『明史《みんし》』以降は、高校生にもなじみのある「墨家・法家・縦横家・名家」などが消えてしまっているのは、いかにも残念。みな、書籍数が少ないので、他の類に編入されたのである（「目録」としては、それもやむをえないが）。
「諸子百家」としては、『漢書』芸文志《げいもんし》の十家プラス兵家あたりが、妥当なところだろう。

〈表1〉諸子百家変遷表

名称＼出典	儒		道	陰陽	法	名	墨	縦横	雑	農	小説	兵	天文	暦数	五行
史記 太史公自序	2者		6家	1	4家	5家	3者								
漢書 芸文志	六芸略	1家者	2家者	3家者	4家者	5家者	6家者	7家者	8家者	9家者	10家者				
隋書 経籍志	経	1者	2者		3者	4者	5者	6者*①	7者	8者	9者	10者	11者	12者	13者
旧唐書 経籍志	経	1家類	2家類		3家類	4家類	5家類	6家類	7家類	8家類	9家類	12書類	10類		13類
新唐書 芸文志	経	1家類	2家*②類		3家類	4家類	5家類	6家類	7家類	8家類	9家類	12書類	10類		13類
宋史 芸文志	経	1家類	2家類		3家類	4家類	5家類	6家類	8家類	7家類	9家類	14書類	10類		11類
明志 芸文志	経	1家類	11家類		(2)*③	(2)			2家類	3家類	4家類	5書類	6類	7類	8類
四庫全書 総目提要	経	1家類	14家類		3家類				10家類	4家類	12家類	2家類			
清史稿 芸文志	経	1家類	14家類		3家類				10家類	4家類	12類	2家類			

〔注〕①「従横者」とする。

②中を「神仙・釈氏・道家」に小区分する。以下各出典にこうした下位区分が幾つか見られる。

③「子類」の冒頭に、(2)は書物がほとんどないので2に含める、(9)は9に加える、との記述がある。

医方——			14者				(9)		
暦算——				11類	11類	11類			
雑芸術——				14類	14類	14類			
事——				15類					
経脈——				16類					
医——				17術類	17術類	17書類		5家類	5家類
類——					15書類	16事類	10書類	11書類	10書類
明堂経脈					16類				
蓍亀——						12類			
芸術——							9類	8家類	8類
釈——							12家類	13家類	13家類
天文算法——								6類	6類
術数——								7類	7類
譜録——								9類	9類

出典ごとの数字は、その出典における登場の順を示す。

数字下は、出典における呼称。たとえば「兵——」は、「兵者、兵書類、兵家類」などと変わっている。

なお名称は、類似の内容ごとにまとめることもできるが、ここではあえて原文のまま記し、その当時の状況がうかがえるようにした。

＊

『漢書』芸文志の分類は『七略』（二八頁）を受けているが、「諸子略」で諸子十家を挙げるほか、次の分類を設けている。

兵書略……兵権謀・兵形勢・兵陰陽・兵技巧（二七六頁以降）

数術略……天文・暦譜・五行・蓍亀《しき》・雑占・形法（三〇八頁）

方技略……医経・経方・房中・神僊《しんせん》（三一一頁）

II 諸家の概観

1 儒家

1 儒

1　需

(1) ぬれる〔濡《じゅ》〕

「雨」が意味を、「而《じ》」が音を表す形声文字。「而」は「柔《じゅう》」と同じで、「需」で、雨に濡《ぬ》れて柔かくなること。

(2) やわらか

右と同じだが、「而」を鬚《ひげ》の象形文字と見て「需」を会意文字とする。「而」は「耎《ぜん》」と同じで、柔かく弱い。「人＋需」で、雨に濡れて柔かくなること。

(3) 雨乞いする

「而」は、髠頭《こんとう》〔髪をそり落とした頭。坊主頭〕の人の形と見て、同じく「需」を会意文字とする。髠頭の人は、雨乞いの儀礼にたずさわる。従って、「需」は、雨乞いする巫祝《ふしゅく》〔神に仕えて儀式を行う人〕。

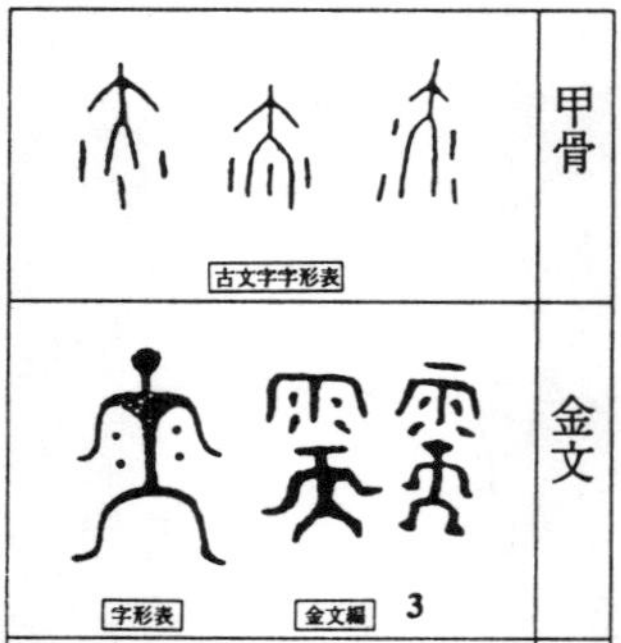

古代の文字「需」
（水上静夫『甲骨金文辞典』雄山閣）

他に幾つかの意味があるが、以上の説明をする解字の文献の主なものを挙げておく。

① 水上静夫『甲骨金文辞典』下巻（一九九五・六、雄山閣）
② 藤堂明保『漢字語源辞典』（一九六五・九、学燈社）
③ 白川静『字統』（一九八四・八、平凡社）

2　儒

(1) 先王の道

『説文解字』（二一〇頁）は、「儒は濡《じゅ》なり」として、「先王の道を以《もっ》て能《よ》く其《そ》の身《み》を濡《うるほ》す」と説明している。

(2) 人を安んじ服す

同じく『説文解字』では、「儒とは、優であり、柔である」として、「能《よ》く人を安《やす》んじ、能く人を服す」と説明している。人々を安らかにし、人々を教え導いていく、ということ。その態度が優和で柔軟なのである。

(3) 巫《ふ》祝《しゅく》

前頁の文献③で、白川静氏は次のように記している。

「需は雨請いする下級の巫祝。儒はその階層から起ったものであるから、儒という。（中略）墨子学派からみた当時の儒学は、その〈節葬篇〉に指摘するように、富家の喪をあてにする葬儀屋であった。儒家の経典に喪葬儀礼に関するものが多いのも、そのゆえである。」

『墨子』節葬下編では、もっぱら儒家の説く「厚葬久喪《こうそうきゅうそう》」を批判している。厚葬久喪は、手厚い葬儀と長い喪服期間で、二三三頁を参照。また「節葬」編の大要は、二三一頁を参照。

〝葬儀屋〟の件については、同じく『墨子』非儒下編に、次のように言う。

「夏の間は食糧を物乞いし、秋の収穫が済むと大きな葬儀の手伝いに行く。この時は、一族がみな付き従っていって、飲食の十分な接待を受ける。こんな葬儀が幾つか続けば、生活が成り立つ。つまり儒家は、他家の収入に頼って生活しているのである。」

そして、「富人《ふじん》に喪《そう》有《あ》れば、乃《すなは》ち大《おほ》いに説喜《えつき》して曰《い》はく、『此《こ》れ衣食《いしょく》の端《たん》なり』」と――富裕な家で葬儀があると、なんと（不幸を）大いに喜んで言う、「これが衣食の基になる！」。

(4) 術 士

『説文解字』では、「術士の称」とも説明する。そしてこの「術」を、「邑中《ゆうちゅう》」――諸侯や大夫の領地、と見る。そして、ここで六芸《りくげい》（二九頁）を教える人を「術士」という、とするのである。

この場合の「邑」は、周代の制度の一つである。従って、「術士」は、いわば公務員の待遇であり、教師、学者などの意味になる。広く、教える人・学ぶ人も「儒」という。

しかし、加藤常賢『漢字の起源』（一九七〇・一二、角川書店）では、「この『術士』の意は、多くの説文学者は正しく理解していない」として、次のように記す。

「『儒』は「柔軟な小人の意である。柔軟なる小人が、礼・楽・天文・卜筮《ぼくぜい》の諸方術を支配していた。であるから説文には『術士の称なり』と説明してある。（ここに右の引用が入って）儒者の意味の『儒』も、民族宗教人たる柔弱な小人の意で別義ではない。」

この意味に解すると、右の(3)と重なることになる。また「柔弱」もこの意味に解すれば、前出の(1)・(2)とも重なるだろう。

(5) 儒者

以上の字解などから総合すると、少なくとも孔子以前の「儒」は、主として喪葬の儀式にたずさわる巫祝《ふしゅく》、ということができる。うち、知識が豊かで人格も優れた者が、郷里〔地域の単位〕の教師となる。広義には、教える人・学ぶ人の意味を持ってくる。

2　孔子と儒家

1　理想の社会

(1) 周王朝

殷《いん》王朝に代わった周王朝は、それまでの鬼神に頼る文化から、人間中心の文化に転換することに努力を重ねていく。

特に、周王朝の基礎を確立した文王とその子の武王、功臣の周公旦らは、孔子が理想として仰ぎ慕った人たちだった。孔子はまた、その人物とともに、彼らの時代の制度や文化を、目標としたのである。

(2) 西周の規範

周王朝の前半である西周時代には、次の諸点が思想や文化の拠《よ》りどころとなっていった。

(i) 天に対する意識

殷代までは、絶対的な存在だった天に対して、周代になると、天は人間の意志も理解してくれるもの、と考えるようになる。たとえば「天命」によって暴虐な殷王朝が滅び、また「天命」によって有徳者である文王・武王が新たなる王位に就いた、などである。

(ii) 祖先に対する崇拝

祖先の霊を神として敬うのは、古代から見られることである。周代になると、その敬いの心を具体的に現すようになる。祖先の霊を祀《まつ》る宗廟《そうびょう》の制度を整え、そして、祀るための儀式を細部にまで定めていくのである。

(iii) 礼楽を規範とする社会

祖先を祀る儀式には、種々の〝約束ごと〟が必要である。これが「礼」であり、その礼は、必ず、「楽」〔音楽〕を伴う。そこで「礼楽」ともいうし、単に「礼」という時にも「楽」を含んでいることが多い。

この「礼」は、宗廟に限らず、宮廷や貴族の諸儀式から他国との折衝など、さまざまな場面において、それぞれの「礼」として規定されていく。

また、その「礼」を行い、その儀式に参加する個々人の〝人格〟にも、それにふさわしいものが要求されるようになる。礼としての形式と精神とである。

さらに、この形式と精神とは、身分や地位の上下関係から、日常生活の人間関係にまで及んでいく。こうして「礼」を規範とする社会こそが、あるべき文化の理想である、という通念が普遍化していくのである。

2 孔子の登場

(1) 誕生

孔子が生まれた年については諸説があるが、現在では、魯《ろ》の襄《じょう》公の二十二年（前五五二）、今の中国の暦法で九月二十八日とする、ということで落ち着いている。

生まれた所は、魯国の昌平郷《しょうへいきょう》・陬邑《すうゆう》。今の山東省曲阜《きょくふ》市東南の鄹城《すうじょう》にあたる。

孔子、名は丘《きゅう》、字《あざな》は仲尼《ちゅうじ》。母が、子を授かりたいと尼丘という山に禱《いの》って生まれたので、この名と字がつけられた（史記、孔子世家）。

なお、「仲」は、二男。長男の名は孟皮《もうひ》、字は伯尼《はくじ》。「伯」も「孟」も、長男の意味。

孔子の父の叔梁紇《しゅくりょうこつ》は、妻の施氏との間に、孟皮のほかに九人の女の子をもうけていた。ところが孟皮は足が不自由で、その当時は家の跡継ぎを任せられなかったため、新しい妻（孔子の母）をもらうことにしたのである。孔子の誕生にも、いくつかの偶然がはたらいている。

(2) 両親

孔子の父は、孔紇《こつ》、字《あざな》は叔梁《しゅくりょう》。ふつう、叔梁紇と呼ばれている。魯国の陬《すう》地方の武士で、大力と武勇の人として知られていた。

孔子の母は、顔徴在《がんちょうざい》。叔梁紇に乞われて結婚した時は、ま

尼丘に禱《いの》る
（『孔聖家語図』）

だ十代だった。一方の叔梁紇は、六十五歳ころ。顔徴在は、跡継ぎの男の子が欲しいという叔梁紇の気持ちも、十分にわかっていたから、子を授かるように尼丘に禱《いの》ったりしたのである。

孔子が生まれて間もなく、父が亡くなる。孔子は、母に連れられて母の実家に行く。長男の孟皮も、九人の女の子たちもみな、ぞろぞろついていったのだろうか。

(3) 祈禱師《きとうし》

母方の顔氏は、前出（四九頁）の巫祝だった。葬儀の折に、その家の長が主催する儀式を、具体的に運営するのである。死んだ人の霊や、残された人の心を安らかにするために、さまざまな呪術的行為を伴う儀式である。祈禱《きとう》師とも呼べるか。つまり「儒」である。

孔子の母の顔徴在が、跡継ぎが生まれるように尼丘に禱《いの》ったというのも、祈禱師だったから。

孔子は幼い時に「常《つね》に俎豆《そとう》を陳《つら》ね、礼容《れいよう》を設《もう》く」などして遊んだという（史記、孔子世家）。俎も豆も、神に供える物を載せる祭器。俎は、脚つきのお膳《ぜん》。豆は、高い足のついた、蓋《ふた》つきのお碗《わん》。高杯《たかつき》。使い古した俎豆などが、庭にごろごろ転がっていたのだろう。

また、「礼容」は、礼儀正しい容姿。家の職業を見よう見まねで自然に受け入れて、身につけていったのである。

俎豆《そとう》を陳《つら》ね、礼容を設く
（『聖廟祀典図考』）

(4) 理　想

ただし、儀式の方法は、それを運営する「儒」によって、まちまちである。儒集団の規模によっても、根拠とする地域によっても、違いがある。

儀式を主催する側、いわゆる喪主も、上は朝廷や諸侯から、明日の生活にも困る庶民に至るまで、式次第がそれぞれ大きく違っている。

儀式そのものや、それを執行する時の礼（作法）の違いに、孔子は恐らく早くから気づいたのだろう。〝知的好奇心〟である。いや孔子の生涯は、この知的好奇心に支えられていた、と言ってよい。

孔子は、では本物の「礼」は、どういう姿だったのか、現代ではどうあるべきかを、追究しはじめる。可能な限り多くの人に聞き、実際を見たりしているうちに、行きついたのは、周王朝の初期、文王や武王、周公旦たちの時代の礼制だったのである。五四頁の「(6)　礼」の項を参照。

(5)　学　習

「儒」は、ある意味では知識集団でもあるから、孔子も次第に文字も覚え、知識も豊かになっていく。

「学《まな》びて時《とき》に之《これ》を習《なら》ふ、亦《ま》た説《よろこ》ばしからずや」（論語、学而《がくじ》編）

『論語』冒頭のこの一文で、「学ぶ」とは何を学ぶのか。「習う」は、朱熹《しゅき》が「鳥の数《しばしば》飛ぶなり」——雛《ひな》鳥が何度も羽ばたきの練習をすること、とあるように、学んだことをまねて自分で何度も練習する意味。これはまさに、「礼」の作法を学んで、その動作を自分で繰り返して身につけようとすることではないか。「学習」という語は、この章から生まれた。

また「学ぶ」は、文字を学ぶこと、という解釈もある。

孔子は、礼を身につけて知識人として生きていこう、と決意する。これが、晩年になって自分の生涯を略述した章の最初の文、

「吾《われ》　十有五《じゅうゆうご》にして学《がく》に志《こころざ》す」（論語、為政《いせい》編）

という回顧になったのである。

『史記』によると、魯国の大夫・孟釐子《もうきし》が死の床にあって、子の孟懿子《もういし》を呼び、「孔子は年若いが、礼を好んで学んでいる。彼はきっと、礼の『達人』になるであろう。私が死んだら、彼に師事しなさい」と遺言している。孔子はこの時、十七歳だった（孔子世家）。ただしこれは、孔子が三十四、五歳の時のこと、ともいう。

孔子は、十九歳の時に宋の幵官《けんかん》氏の娘と結婚、一年後に長男が生まれた。名は鯉《り》、字《あざな》は伯魚《はくぎょ》。お祝に鯉《こい》をもらったという。その後、娘も生まれたようで、門人の公冶長《こうやちょう》に嫁がせている。

二十歳を過ぎたころ、村の委吏《いり》（倉庫の出納係）に、続いて司《し》職《しょく》の吏（犠牲《いけにえ》に供える家畜を飼育する役人）になる。

長男の誕生
（『孔聖家語図』）

(6) 礼

周王朝初期の、政治・社会、及び人倫における普遍的な文化

委　吏
(『孔聖家語図』)

司職の吏
(『聖廟祀典図考』)

規範とされた「礼」の具体的な内容について、『論語』を基に整理しておこう。

(i) 国家の社会文化制度そのものとしての礼

門人の子張《しちょう》が「十世代あとの世がどうなっているか、わかるのでしょうか」と、孔子に質問した。

孔子「殷《いん》は夏《か》の礼《れい》に因《よ》る。損益《そんえき》する所《ところ》知《し》るべきなり。周《しゅう》は殷《いん》の礼に因る。損益する所　知るべきなり。其《そ》れ周を継ぐ者或《あ》らば、百世と雖《いへど》も知るべきなり」――殷王朝は、夏王朝の礼に基づいているから、その間の増減はわかる。また、周王朝は殷王朝の礼に基づいているから、その間の増減もわかる。こう見ていけば、周王朝を継いでいくなら、百代の先までわかるよ（論語、為政《いせい》編）。

これは、国家としての礼〔社会文化制度〕について述べたもの。

(ii) 祭祀《さいし》の儀式としての礼

五〇頁の「西周の規範」に記したとおり、宗廟《そうびょう》、祖先を祀るための儀式としての礼。

「楽」を伴うこの「礼」は、繁瑣《はんさ》でかつ贅沢《ぜいたく》だとして、特に墨家から批判される的となる（二三四頁）。

(iii) 上下関係としての礼

上に立つ者が礼を身につけていれば、下の者も自然に尊敬して従うようになる。

逆に言えば、人の上に立とうと思ったら、礼を身につけるよ

う努力せよという、孔子の掲げる「修己《しゅうこ》治人《ちじん》」(六二頁)なる大目標となる。

(iv) 社会規範としての礼

礼を身につけることによって、社会人として、いちおう一人前の人間として認められることになる、というのである。教養人の仲間、といってもよい。

「詩《し》に興《おこ》り、礼《れい》に立《た》ち、楽《がく》に成《な》る」(論語、泰伯《たいはく》編)。

「詩に興る」――詩(八五頁)を学んでいくことによって、心がふるい立っていく。詩には、さまざまな時代の、さまざまな環境や年代の人たちの、さまざまな感情や思想が表現されている。これらを読んでいくことによって、人間とはすばらしい存在なのだなあと、〝人間〟として自覚し、〝興奮〟する。こうして、人間や人間社会に感動していくことが、教養人としての出発点なのである。

「礼に立つ」――礼(九三頁)を身につけていくことによって、社会に出て一人立ちしていくことができる。社会生活にスムーズにとけ込んでいくことができるのである。従って「礼」は、社会生活の規範である。

孔子が「三十にして立つ」――三十歳ころに、自立した(論語、為政《いせい》編)と回顧した時の「立つ」も、同じく、「礼に立つ」である。

「楽に成る」――音楽によって、人として完成する。

「詩」は主として内面的、「礼」は主として外面的。この両面を兼ねているものが「楽」。音楽を理解できるようになったら、教養人として完成するのだ、ということ。

また前頁に記したように、大きな礼はほとんど楽を伴うので、「礼楽」と併称することが多い。

(v) 人格確立のための礼

孔子の最愛の門人である顔淵《がんえん》(三九四頁)が、孔子に正面から「仁とは何ですか」と質問した。孔子は、次のように答える。

「己《おのれ》に克《か》ちて礼《れい》に復《かへ》るを仁《じん》と為《な》す」――自分自身(の欲望など)に打ち勝って、礼に立ち戻っていくことを、仁という(論語、顔淵編)。

自分を抑えて社会規範に従うこと、それが「仁」である、ということ。ここから「克己復礼《こっきふくれい》」という熟語が生まれた。

また「復」は、ここでは「履《り》」と同じで、履行する、つまり、実践すること、と解釈することもできる。

(vi) 行儀作法としての礼

日常生活における、こまごまとした礼儀作法。たとえば「食《く》らふときは語《かた》らず。寝《い》ぬるときは言《ものいは》ず」――食事の時は話をしない。寝る時は喋《しゃべ》らない(論語、郷党《きょうとう》編)。

「車《くるま》の中《なか》にては、内顧《ないこ》せず、疾言《しつげん》せず、親指《しんし》せず」――(車に乗ったら)その中では、車内をあれこれ見回さない。早口で言ったりしない。指さすことをしない(同)。

現代には当てはまらない事柄もあるが、車に乗ったら……の事柄は、興味深い。

なお、この『論語』郷党編には、以上の(ii)から(vi)にいたる、さまざまな「礼」が、断片的に語られている。貴重な資料となる編である。

＊

孔子は、この礼楽と、それを支える道徳とをこの世に実現しようとしたのである。そのためには、為政者にこの理想を説き、みずからも政治に参画しようとした。

この礼楽の重視はそのまま、五四頁に記したとおり、西周初期の精神を受け継ぐことにもなる。

なお、孔子が老子に礼を問うたという話があり、一一七頁のコラムを参照。

(7)　仁

礼を行うには、それにふさわしい人格が要求される。孔子は、その内面の教養——人間らしさを「仁」という概念の中に置いた。

孝　まず、喪葬をつかさどる巫祝《ふしゅく》としての「儒」は、祖先を祀《まつ》る心を重視しようとする。これも五〇頁に記したとおり、西周初期の文化にも即する心である。この、祖先を祀ってその志を継ぐこと、また、父母によく仕えることが「孝」。

この心を、弟が兄によく仕える従順さに広めたものが「悌《てい》」。「弟」とも書かれる。

「孝悌」という熟語として、年長者や目上に対する尊敬や従順、という意味に広がっていく。孔子は、この「孝悌」の心を「仁」の根本に置いた。

「孝弟《こうてい》なる者《もの》は、其《そ》れ仁《じん》の本《もと》為《た》るか」——孝弟（悌）こそは、仁の根本だろうな（論語、学而編）。

忠・恕　「忠」は「心＋中」で、心の中心、つまり偏らない心。まごころである。

君主に対する臣下としては、仕えるべき正しいありかた、忠義となる。

「恕」は「心＋如」で、自分の心のように相手の心を思う。思いやり、いつくしみ、あわれみの意味である。

「忠恕」という熟語になって、まごころと思いやり。また、まごころ込めた思いやり。孔子は、この「忠恕」をも「仁」の根本とした。

孔子が、門人の曾子《そうし》に「私の道は、一つのことで貫き通しているのだよ」と言った。あとで他の門人たちが「どういう意味ですか」と曾子に聞いたので、曾子は説明する。

「夫子《ふうし》の道《みち》は、忠恕《ちゅうじょ》のみ」——先生の道は、忠恕だけなのだよ（論語、里仁《りじん》編）。

孔子の信念を貫いているのは、たった一つ「忠恕」だけ、というのである。孔子の信念は「仁」、その中心は「忠恕」。この章を「一貫の章」と呼んでいる。

「仁」はふつう「いつくしみ、思いやり、あわれみ」などと訳されている。それを支えるのが「孝悌」であり、「忠恕」なのである。

(8) 学

学団（儒家） 〝教養人〟としての孔子の名が広まってくると、教えを乞う人たちが集まってくる。孔子も、魯国の都・曲阜《きょくふ》に、学問の場を設けて、学園を開いた。孔子と同じような下級役人や、一般の人たちが、年齢を超えて集まってきた。孔子が三十歳の半ばを過ぎたころ以後のこととされる。

曾子
（『孔子七十二弟子図譜』）

門人たちは、ここで学んでから役人になっていく。子張《しちょう》のように「どうやったら役人になれますか」と質問し、孔子に「人間性次第だ」とさとされる話も、『論語』に出てくる（為政《いせい》編）。また、学ぶことそのものを好んで、孔子のそばを離れようとはしない門人もいた。

門人 『史記』孔子世家編では、孔子の門人は三千人、そのうち六芸《りくげい》（二九頁）を身につけていた者は、七十二人。同じく、仲尼《ちゅうじ》弟子《ていし》列伝では、七十七人の門人を挙げている。ただし、姓名と逸話などとが記されている門人は、二十九人。姓名と、孔子との年齢差だけが記されている門人が、六人。残りの四十二人は姓名だけが記されているにすぎない。

なお『論語』に登場する門人は、全部で二十八人である。このうち、右の『史記』に姓名も逸話も記されている二十九人と重なるのは、二十六人である。

では、孔子と門人たちとの年齢の差を見てみよう。年齢差のわかっている者、ほぼ推定できる者は、二十八人である。九歳以内の違いの門人は、六人。顔路《がんろ》が六歳違いで、孔子にもっとも近い年齢。顔路は顔淵《がんえん》の父であり、孔子の最初の門人の一人だったとされる。冉伯牛《ぜんはくぎゅう》が七歳、子路《しろ》（季路《きろ》）が九歳違い。

十歳から十九歳若い門人は、二人。二十九歳違いと三十歳違いとが、それぞれ四人と、この年代の門人が多い。三十一歳違いも、一人。
三十六、七歳違いが、計三人。四十二歳から四十八歳違いが、計七人。五十歳違いが、三人。もっとも若い門人は、五十三歳の年下で、公孫竜《こうそんりゅう》（字《あざな》は子石《しせき》）。名家《めいか》（一八七頁）で活躍する人物（二九八頁）と同姓同名だが、恐らくは別人だろうとされている。
いかに、はば広い年齢層の人たちが、門人として集まってきたかが、わかるだろう。もっとも、これらの人たちが、同じ時期に孔子の門人だった、とは言えないが。


先進派・後進派　門人の中で、次に掲げる「十哲」のうち、最後の子游《しゆう》・子夏《しか》の二人が、孔子より四十歳以上年下である。

孔子の門人たちを、孔子と大きく四十歳違いあたりで区切って、四十歳以内の違いの〝年長組〟を「先進派」、それ以上の違いの〝年少組〟を「後進派」とすることもある。

先進派は、次項の「十哲」のうち、最初から八人あたりが代表。孔子から直接に学ぶ機会が多い。

後進派は、その「十哲」の最後の二人である子游《しゆう》・子夏《しか》や、子張《しちょう》・曾子《そうし》らが代表的。彼らは、孔子から直接に学ぶことと同時に、先進派から教えを受けることも多かった。

十哲　孔子は、次の四つの専門分野を重視した。これを「四科」と言っている。
また、それぞれの分野に通じている門人を、計十人挙げており（論語、先進《せんしん》編）、唐代の玄宗《げんそう》皇帝は、これを「十哲」と呼んでいる。あわせて「四科十哲」とも言う。

○徳行　仁徳を身につけ、礼を実践していること。
顔淵《がんえん》　姓は顔、名は回《かい》、字《あざな》は子淵《しえん》。孔子より三十歳（一説に三十七歳）若い。三九四頁。
閔子騫《びんしけん》　姓は閔、名は損《そん》、字は子騫。孔子より十五歳若い。四一五頁。
冉伯牛《ぜんはくぎゅう》　姓は冉、名は耕《こう》、字は伯牛。孔子より七歳若い。四〇七頁。
仲弓《ちゅうきゅう》　姓は冉《ぜん》、名は雍《よう》、仲弓は字。孔子より二十九歳若い。四一〇頁。

○言語　言語能力に巧みであること。特に、コミュニケーション能力。
宰我《さいが》　姓は宰、名は予《よ》、字《あざな》は子我《しが》。孔子より三十歳ほど若い。四〇〇頁。
子貢《しこう》　姓は端木《たんぼく》、名は賜《し》、子貢は字。孔子より三十歳以上若い。四〇〇頁。

○政事　政治的な能力のあること。内政や外交である。
冉有《ぜんゆう》　姓は冉、名は求《きゅう》、また有《ゆう》。字《あざな》は子有《しゆう》。孔子より二十九歳若い。四〇七頁。
季路《きろ》　姓は仲《ちゅう》、名は由《ゆう》、字は子路《しろ》、また季路。孔子より九歳若い。三九五頁。

○文学　詩・書、礼・楽に通じていること。

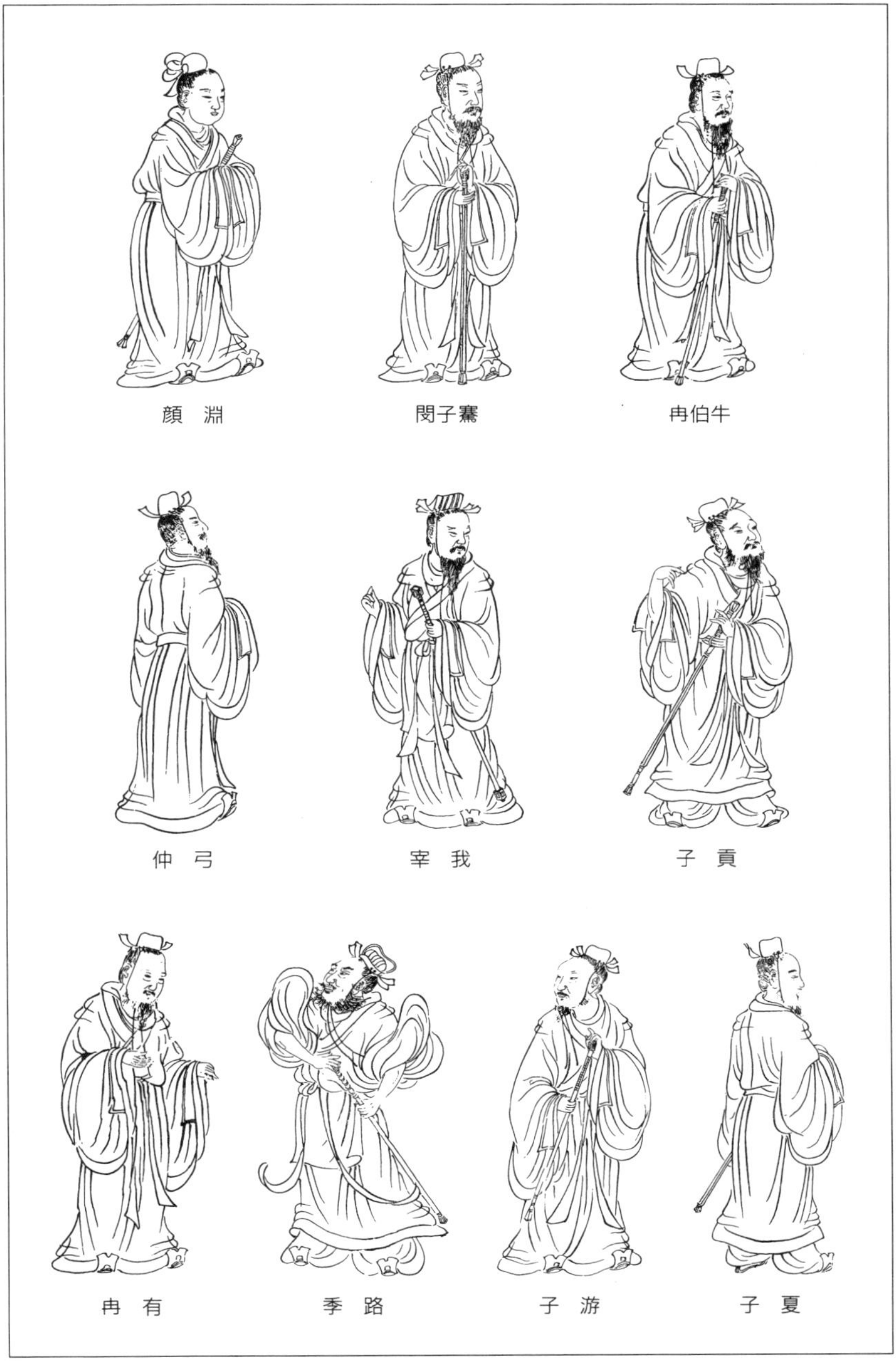

孔門の十哲（『孔子七十二弟子図譜』）

子游《しゆう》　姓は言《げん》、名は偃《えん》、子游は字《あざな》。孔子より四十五歳若い。四〇二頁。

子夏《しか》　姓は卜《ぼく》、名は商《しょう》、子夏は字。孔子より四十四歳若い。四〇〇頁。

右の十哲には、孔子の学問を伝えた第一人者であり、また、孔子の孫・子思《しし》を教えた人である曾子《そうし》（名は参《しん》、字《あざな》は子輿《しよ》）が入っていない、などの異論もある。

陳蔡《ちんさい》の厄《やく》　しかしこれは、孔子の遊歴中に、陳蔡《ちんさい》の厄《やく》（九頁）に遭った時に孔子とともに苦しんだ門人、として挙げられているもの（論語、先進《せんしん》編）。

孔子の一行が楚《そ》国の昭王に招かれて、そこに向かっている時、途中の小国である陳《ちん》と蔡《さい》との大夫たちが、これを阻止しようと兵を出し、孔子の一行を包囲してしまったのである。食糧も尽き、病人も出て、孔子遊歴中の最大の危機だった。これを、「陳蔡《ちんさい》の厄《やく》」と呼んでいる。魯《ろ》の哀公六年（前四八九）、孔子六十三歳の時だった。

結局、門人の子貢《しこう》が楚国に連絡して、救援軍が駆けつけ、孔子の一行は楚の昭王に迎えられたのである。

六芸《りくげい》　「四科」とは別に、孔子の時代の教養人が身につけておくべき、六つの科目があった。これを「六芸《りくげい》」と言っている。西周時代の、学校における教育内容でもある。

礼《れい》＝五種の重要な礼。

楽《がく》＝六種の重要な音楽。

射《しゃ》＝弓を射る五種の方法。

御《ぎょ》＝馬を馭《ぎょ》する五種の方法。

書《しょ》＝漢字の成り立ち四種と、特殊な用法二種、計六書《りくしょ》の理解。

　また、文章の読解。

数《すう》＝九種の計算法の理解。

うち、「礼・楽」は今の徳育、「射・御」は体育、「書・数」は知育に、それぞれ相当するだろう。この六芸は、儒教の普及とともに、内容を少しずつ変えながらも広まり、大きな影響を与え続けてきている。なお二九頁を参照。

陳蔡《ちんさい》の厄《やく》
（『孔聖家語図』）

(9) 君 子

原儒　孔子はこのようにして、教養人としての巫祝《ふしゅく》を目ざして修養したのである。

巫祝――といっても、国家の宗廟の祭祀《さいし》を取りしきっていく人から、隣り近所の葬儀を受け持っている人まで、さまざまである。孔子は、六芸《りくげい》を身につけることによって、人格ゆたかな〝儒〟となることを目標としたのである。

弓射の練習

孔子以前の、巫祝を主とした〝儒〟を「原儒」――原形としての儒と呼ぶ。そして、孔子からはじまる〝儒〟を「儒家」として区別する。

君子の儒　孔子は、門人の子夏《しか》にこう言っている。

「女《なんぢ》、君子の儒と為《な》れ、小人《しょうじん》の儒と為ること無《な》かれ」――おまえは、君子としての〝儒〟となれ。小人の〝儒〟になってはいけないぞ（論語、雍也《ようや》編）。

「君子」は、次に述べるとおり。「小人」は、その反対語。

「君子の儒」は、君子としての儒者、ということ。また、君子を相手とする儒者、という意味にもとれる。

反対に「小人の儒」は、つまらぬ儒者、教養の乏しい、教養のない儒者。また、小人を相手とする儒者、とも解せる。

君子　『論語』には、「君子」という語が九十章・計百九回も使われている。

六芸《りくげい》などを身につけ、人格も豊かな人、つまり、学徳のある人をいう。

また、そういう人間を目ざして努力している人をも、君子と呼ぶこともある。

学徳のある人は、役人、政治家として登用されることが多い。

◆君

「君」は「尹《いん》＋口」。「尹」は、下図に見るとおり「又《ゆう》」の形に「丨《こん》」を持っている象形文字。「又」は手、「丨」は棒の象形で、「尹」で「手に棒を持っている」形。「君」の「口」は、口で命令する意味を表す。

水上静夫氏は、「君」は「口から号令を発して衆人を率いる。衆人に号令を発して上下を調和しておさめる。引いて、その人。きみ。」と説明する（『甲骨金文辞典』上巻、一九九五・六、雄山閣）。

白川静氏は、この棒を「神杖」とする。神杖は「神霊の憑《よ》りつくもの」、これを持つ人は「聖職者」。

また「口」は、「祝禱《しゅくとう》の器」であり、「君」は「祝禱して祈る聖職者をいうのが原義である。」とする。聖職者は「同時に政治的な君長たるもので、古くは氏族長が君とよばれた。」のち「君子とはもと位に在るものをいう」ようになる（『字統』一九八四・八、平凡社）。祈禱《きとう》師であれば、そのまま「儒」に結びつく存在。ここに「学徳」を結びつけたところに、孔子――儒家の本領をみることができる。

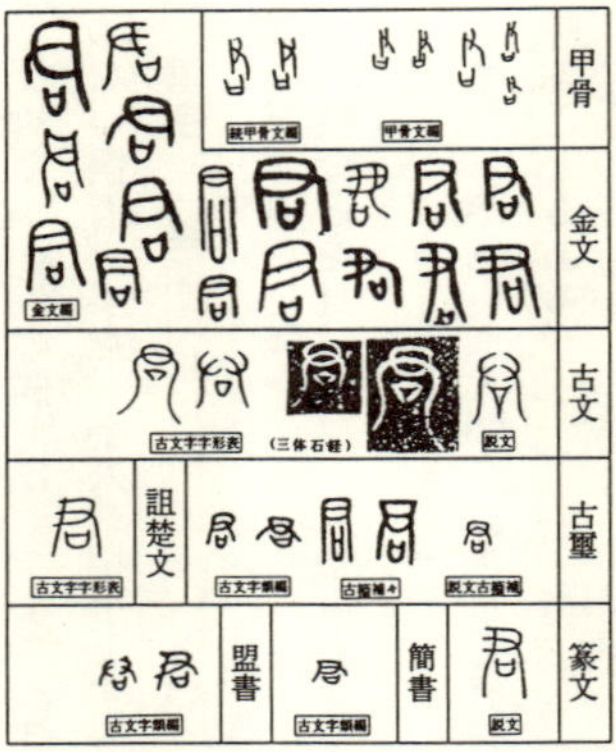

古代の文字「君」
（水上静夫『甲骨金文辞典』雄山閣）

そこで、官職についている人、為政者《いせいしゃ》〔政治家〕もまた、君子と呼ぶ。

為政者の最高の地位は、君主。天子から、広く諸侯・卿《けい》・大《たい》夫《ふ》なども君主と呼び、単に「君」とも呼ぶ。

これが一般化して、他人に対する敬称にもなり、日本では「きみ、ちょっと手伝って！」など、対等または目下の人を、親しみを込めて呼ぶ言葉にもなっている。

⑽ 修己治人《しゅうこちじん》

「原儒」を、君子の地位にまで高めてゆき、そして政治にも直接にかかわってゆく。それによって、礼楽を重んじて精神文化の支えとした西周の理想の世を、ふたたび現代に実現する。これが孔子の目標となった。

簡潔に言えば、「修己《しゅうこ》」……己《おのれ》を修《おさ》める――学問修養に励んで〝教養人〟となる、その人格によって、「治人《ちじん》」……人《ひと》を治《おさ》める――人民を平和に治めてゆく、ということ。

この「修己治人」が、儒家の目標となったのである。この語の出典は、南宋の大儒者・朱熹《しゅき》の『大学章句』序。九九頁を参照。昔は十五歳で大学に入り、「窮《きはメ》レ理ヲ正シレ心ヲ、脩《をさメ》レ己ヲ治《をさムル》レ人ヲ之《の》道」を教わった、とある。

3 孔子の生涯

『論語』には、孔子が生涯を回顧して簡潔に記した章がある。

子曰《ハク》、「吾十有五《ニシテ》而志《ス》二于学《ニ》一。三十《ニシテ》而立《ツ》。四十《ニシテ》而不レ惑《ハ》。五十《ニシテ》而知《ル》二天命《ヲ》一。六十《ニシテ》而耳順《フ》。七十《ニシテ》而従《ヘドモ》二心《ノ》所《ニ》一レ欲《スル》、不レ踰《エ》レ矩《ヲ》。」

子曰《しい》はく、「吾《われ》十有五《じゅうゆうご》にして学《がく》に志《こころざ》す。三十《さんじゅう》にして立《た》つ。四十《しじゅう》にして惑《まど》はず。五十《ごじゅう》にして天命《てんめい》を知《し》る。六十《ろくじゅう》にして耳順《みみしたが》ふ。七十《しちじゅう》にして心《こころ》の欲《ほっ》する所《ところ》に従《したが》へども、矩《のり》を踰《こ》えず」と（論語、為政《いせい》編）。

以下、右の記述を基にしつつ、孔子の生涯を振り返っていこう。

(1) 志学《しがく》――十五歳

「十有五《ニシテ》而志《ス》二于学《ニ》一。」の文から、十五歳を「志学」というようになった。

孔子の誕生から結婚までは、五一頁以降に記しておいた。幼少期の環境から、〝教養人〟として世に処してゆこうと決心したのが、この十五歳のころだったのである。現在なら、中学校から高等学校に進むころ。自分の人生の進路を決定する、一つの重要な時期である。

(2) 而立《じりつ》――三十歳

「三十《ニシテ》而立《ツ》。」の文から、三十歳を「而立」というようになった。

孔子は、五六頁に記したとおり、「礼楽と、それを支える道徳とをこの世に実現しよう」と決意する。これが、孔子が社会に自立していくための指針である。この信念が確立したのが、三十歳ころのことだった。

(3) 不惑《ふわく》――四十歳

三十歳前には、孔子は魯《ろ》国の祭祀《さいし》に参加するようになる。三十歳を過ぎたころ、大国の斉《せい》の景公が、晏嬰《あんえい》（九頁）とともに

孔子
（『聖廟祀典図考』）

魯国に来て、孔子に政治の在り方について質問したりしている（前五二一、孔子三十一歳のころ）。

しかし魯の国には内乱が起こり、魯の昭公は斉国に亡命（前五一七）。孔子もこれに随って行ったが、数年後に帰国する。しかし昭公は帰国する機会が見いだせず、そのまま異国で生涯を閉じた。孔子四十二歳（前五一〇）ころのことである。

孔子の理想には、あまりにも掛け離れた社会である。激動の世にも、孔子は、自分の信念を変えることはなかった。しかし信念に惑《まど》いを持つ、つまり信念が揺らぎ動かされることはなかったのである。これが「惑わず」。

(4) 知命《ちめい》——五十歳

反乱軍の誘い　魯国の内乱は続く。孔子が四十七歳（前五〇五）のころ、魯の大夫の陽貨《ようか》が、自分のところに仕官せよと孔子を招いた（論語、陽貨《ようか》編）。陽貨は、評判の悪い人物。

同じころ、晋《しん》国の佛肸《ひっきつ》が、領地の中牟《ちゅうぼう》を根拠地として、反乱を起こし、孔子を招いた（同）。

その数年後、魯国の公山弗擾《こうざんふつじょう》（不狃《ふちゅう》ともいう）が、領地の費《ひ》の人民を率いて反乱を起こし、またも孔子を招いたのである（同）。

なんと、どの招きにも、孔子は「行こう」と返事をしているのである。

陽貨《ようか》の場合は、具体的には実現せず、佛肸《ひっきつ》と公山弗擾《こうざんふつじょう》との場合は、門人の子路の反対によって、どちらも実現しなかったのだが。

匏瓜《ほうか》ならんや　佛肸の場合、孔子は子路に、心境を次のように説明している。

「吾《われ》豈《あ》に匏瓜《ほうか》ならんや。焉《いず》くんぞ能《よ》く繋《か》かりて食《く》らはれざらんや」——私は、どうして瓢箪《ひょうたん》であろうか。どうして、木にぶらさがっているだけで、人に食べ味わわれないままでいられようか。

私は、飾り物ではなく、何とか人々の役に立ちたいのだ、というのである。

東周を為《な》さんか　そして公山弗擾《こうざんふつじょう》の招きの場合、孔子は子路に、自分の信念を次のように語っている。

「如《も》し我《われ》を用《もち》ゐる者《もの》有《あ》らば、吾《われ》は其《そ》れ東周《とうしゅう》を為《な》さんか」——もしも私を採用する人がいたら、私は（どこにでも出かけて行って）、東周を作りあげようか。

「東周を為す」は、西周初期の理想の社会（五〇頁）を、この東周の世に再興する、ということ。

知命　「命」は、天命。天命については五〇頁を参照。孔子は、天からの使命を与えられたと自覚する。これが「命を知る」であり、その「命」の内容が、右の言葉なのである。

(5) 耳順《じじゅん》——六十歳

仕官　孔子が五十一歳（前五〇一）のころ、魯の定公は孔子を中都《ちゅうと》という町の宰《さい》（長官）に抜擢《ばってき》した。孔子の、最初の大出世である。

その翌年、孔子は魯国の司空《しくう》となる。これは、土地の土木や人民の福祉を担当する長官だったようである。

さらにその翌年には、大司寇《だいしこう》（単に司寇ともいう）に任命された。これは、警察や裁判を管理する、司法の最高責任者である。

孔子は、国内の政権を統一して、魯国の定公が実権を持てるよう努力し、着々と成功しつつあった。

女楽《じょがく》に耽《ふけ》る　魯国が強大になることを恐れた斉《せい》国は、魯国に女楽《じょがく》——美女八十人の歌舞団などを送り込んで、大夫や定公の歓心を引きつける。

斉国の作戦は成功し、朝廷は三日にわたって開かれなかった。「三日《みっか》朝《ちょう》せず。孔子行《さ》る」——孔子は、国を離れたと、『論語』はあっさり記すだけである（微子《びし》編）。孔子五十五歳（前四九七）のころのことだった。

「礼楽」は、しょせん「女楽」には対抗できないと、孔子は悟ったのだろうか。それとも孔子が国を捨てる姿勢を見せれば、魯国も反省し、慌てて自分を呼び戻すと、孔子は考えたのだろうか。

しかし、異郷を放浪していた孔子が、魯国に呼び帰されるのは、孔子六十八歳（前四八四）ころのことになる。

中都の宰
（『聖廟祀典図考』）

諸国を周遊
（『聖廟祀典図考』）

放浪の旅　孔子は、門人たちを連れて、全国放浪の旅に出る。衛《えい》国に行き、陳《ちん》国との間を行き来したり、鄭《てい》国に足を運んだり、宋《そう》、陳《ちん》、蔡《さい》、葉《しょう》などを回ったりと、その足跡には、はっきりしない部分もある。しかし、いずれも〝就職〟を求めての旅であったことは確かである。

六〇頁に記した「陳蔡《ちんさい》の厄《やく》」など、危機にさらされたことも何度もあったが、ともかくも十四年間の放浪が続いたのである。

理想と現実　孔子の訪問を受け、あるいは孔子を招いた諸国の公や大臣たちの反応は、どこでも大きく次のようにまとめることができる。

孔子は、有名人である。その理念も立派なので、自分の所で何とか採用し活用したい——。

孔子を任用することで、他国や他人から反発を受ける。またその理念も立派だが、迂遠《うえん》（遠まわし、まわりくどい）に過ぎて、現実に対応する即効性に乏しい——。

結局、後者の思惑《おもわく》がまさって、孔子の一行は、どこに行っても、当たらず触らず、適当に歓待され、また適当にあしらわれたのだった。

耳順う　人それぞれの立場があり、考えがあり、気配りがある。

就職活動のさなかにあった六十歳ころの孔子は、このことを痛切に感じたのだろう。だから、どんな人のどんな言葉も、耳にすなおに入ってきた、そのままに聞くことができるようになった——これが「耳順う」である。

思えば、心身ともにたいへんな苦難を経験し続けてきた果ての述懐である。

六十歳は、現在なら定年の歳。その時になって実感できる言葉か。

(6) 従心《じゅうしん》——七十歳

六十八歳（前四八四）ころに魯国に帰った孔子は、もはや政治には直接には参与せず、相談役という形だった。

そしてもっぱら、門人たちの教育に当たり、また、文献の整理編集に打ち込んだ。

文献の整理
（『孔聖家語図』）

六十九歳ころに、孫の孔伋《こうきゅう》が生まれ、また、子の孔鯉《こうり》が亡くなっている。

「七十にして心の欲《ほっ》する所に従へども、矩《のり》を踰《こ》えず」は、心の望むままに振る舞っても、礼の規律を踏み越えることがなくなった、ということ。

「矩《く》」は、直角に曲がった定規。かねざし、曲がりがね。広く、基準・決まり・法度・法則などの意味に使われる。「踰《ゆ》」は、ある範囲などを越える意味。

孔子は、紀元前四七九年四月十八日に没し、魯城の北、泗水《しすい》のほとりに葬られた。現在の山東省曲阜《きょくふ》市の北、泗河《しが》にあたる。今は、孔子を祀《まつ》る孔廟〔文廟・孔子廟・夫子廟《ふうし》などとも〕、孔子直系の子孫の住む邸宅と役所とを置く孔府、孔子と子孫の墓地である孔林があり、三孔と呼ばれる名所になっている。

泗水《しすい》に葬られる
(『孔聖家語図』)

3 分裂と統合

1 二派

孔子の門人たちは、各地で仕官しては、それなりに政治に参加し、また社会で活躍していった。孔子の晩年、戦国時代の初期あたりから、「儒家」としての大きな集団、精神的・信念的なつながりを持った集団として、その存在を天下に示すほどに、成長していったのである。

その祖・孔子は、それとともに次第に「聖人」として尊ばれるようになっていく。

一方、門人たちは、大きく次の二派に分かれて、展開していく。

○曽子《そうし》学派　忠恕の心に基づく「仁」を中心に置いて、内面の充実を重視する立場。曽子は四〇九頁も参照。

○子游《しゆう》・子夏《しか》学派　仁の心の具体的な現れである「礼」を尊んで、制度の普及を重視する立場。政治や社会に積極的に参加していく。

そして子夏などは、魏《ぎ》の文侯〔在位、前四四五−前三九六〕に仕えて、その子弟や門人たちに礼学を教えた。その中から李悝《りかい》

（四一九頁）が育ち、これは法家につながっていく。また、礼の重視は荀子《じゅんし》（八一頁）にも続いていく。

　孔子の思想や礼楽、文献などは、具体的には子夏の一派によって伝えられた、と言ってもよい。子游は、四〇二頁、子夏は四〇〇頁も参照。

2　八　派

また『韓非子』では、まず次のように述べている。

「今の世に有名な学者は、儒家と墨家とである。儒家の理想は孔丘であり、墨家の理想は墨翟《ぼくてき》である。」（顕学《けんがく》編）

そして、孔子の没後、儒家は次の八派に分かれた、という。

○子張《しちょう》　姓は顓孫《せんそん》、名は賜《し》。子張は字《あざな》。孔子より四十八歳ほど若い。四〇二頁も参照。

○子思《しし》　孔子の孫。名は伋《きゅう》。子思は字。孔子より七十歳ほど若い。四〇一頁も参照。

○顔氏《がんし》　孔子の門人には、顔路《ろ》、顔淵《えん》（ともに三九四頁を参照）、顔噲《かい》・顔幸《こう》・顔高《こう》・顔之僕《しぼく》など、顔氏が多い。顔淵が有名。

○孟《もう》氏　まず七五頁の孟子のことだろう。

○漆雕氏《しっちょう》　漆雕（漆彫）は姓。名は開《かい》、また啓《けい》。字は子開《しかい》、また子啓《しけい》。孔子より十一歳若い。四〇三頁も参照。

○仲良氏《ちゅうりょう》　仲梁《ちゅうりょう》ともいう。紀元前三世紀前半の人か。

○孫《そん》氏　八一頁の荀子のこと。荀子は漢代には、孫卿子《けいし》と呼ばれた。

○楽正氏《がくせい》　孟子の門人の楽正子か、曾子の門人の楽正子春《ししゅん》のことか。

　韓非子は、この八派は、主義主張があい反しているのに、みな「自分こそ真の孔子を伝えている」と言っている、というのである。そして、「愚《ぐ》に非《あら》ざれば則《すなは》ち誣《ふ》ならん」——愚かなのか、嘘つきなのかのどちらかだろう、と断じている。

　愚か誣かは別として、儒家が多くの学派に分かれていたことは確かであろう。ただし、孔子に直接に教わった門人から、荀子のように孔子の二百年も後の人まで、まとめて扱っているのも、気になるところだが。

思想集団　ともかくも、孔子の思想を受け継いだ門人たちが、各地に分散していっては、それぞれの思想を展開し——『史記』には「儒者は師を一にするも、俗異なり」と記している（趙《ちょう》世家編）——またそれぞれの集団を作って活躍していくのである。

　こうして、仲間たちが一つの思想のもとに各地に結束して活動を展開していくのは、この儒家と二一一頁の墨家とだけである。

3　容姿・態度

　韓非子が儒家を八派に分類した、その一派である荀子は、その著『荀子』非十二子編の中で、儒家の容姿や態度を次のように記している（なお「非十二子」は「十二子を非《そし》る」意味。同時代の思想家たちを二人一組にして、計十二人を批判しており、一七頁に紹介した。以下は、それに続く部分である）。

服装　冠は高く、衣服はゆったりとしている。

容姿　表情は、おだやか。態度は、おごそかで、重々しく、安らかで、ゆったりとし、度量が大きく、明るく、おだやかである。

では、これら儒家の君子につき従って学ぶ門人たちのようすは、どうか。

冠は前に垂れ下がる。冠の紐《ひも》はだらしなくゆるんでいる。

態度　態度は傲慢《ごうまん》であり、塡塡然《てんてんぜん》〔満足している〕、狄狄然《てきてきぜん》〔横《おう》柄《へい》である〕、莫莫然《ばくばくぜん》〔黙りこくる〕、瞡瞡然《ききぜん》〔堅苦しい〕、瞿瞿然《くくぜん》〔落ち着きがない〕、尽尽然《じんじんぜん》〔しょんぼりする〕、盱盱然《くくぜん》〔うれえる〕など、まことにせわしない。

さて、酒食や音楽や美人が伴う宴席となると、瞞瞞然《まんまんぜん》〔よく見ない〕、瞑瞑然《めいめいぜん》〔目を閉じる〕としている（本当は好きなのに……）。

また、儀式の時には、疾疾然《しっしつぜん》〔相手を憎んでいる〕、訾訾然《ししぜん》〔悪口を言い批判する〕としている。

それに、苦しい労働をする際には、儢儢然《りょりょぜん》〔怠ける〕、離離然《りりぜん》〔さぼる〕として、だらだらしていて言うことを聞かず、恥知らずで何と非難されても平気である。なお一〇頁の『墨子』の描く姿も参照。

以上が、儒家の門人たちの奇妙な姿である。

4　三　派

荀子はこれに続いて、孔子の優れた三人の門人の、その末流の姿を、次のように描写する。

この三人の門人は、孟子の門人の公孫丑《こうそんちゅう》が、聖人の一面を持っていると言われている、とたたえた人物。

（公孫丑が）昔、窃《ひそ》かに之を聞けり、「子夏《しか》・子游《しゆう》・子張《しちょう》は、皆、聖人の一体《いったい》有り」と（孟子、公孫丑上編）。

「一体」は、一部分、一面。聖人の要素を備えている三人の門人の末流たちを、荀子は次のように批判するのである。

(1)　子張《しちょう》氏の賤儒《せんじゅ》

「賤儒」は、落ちぶれた末流の学者、くらいの意味。子張《しちょう》（四〇二頁）の末流は、次のように描かれる。

冠は低くだらしなくかぶり、発言の内容は薄く乏しく、動作だけは聖人のまねをして、禹《う》王のように歩き回り、舜《しゅん》帝のように走り回っているのである。

(2)　子夏《しか》氏の賤儒

衣冠を正しく着け、表情態度をきちんとして、得々として一日中何も言わないで、気取っている。これが、子夏《しか》（四〇〇頁）の末流である。

(3)　子游《しゆう》氏の賤儒

子游《しゆう》（四〇二頁）の末流は、次のようである。

怠けていて仕事を嫌い、恥じる心もなく飲食の接待を喜び、何かというと「君子というものは力仕事はしないものだ」と威張っている。

＊

しかし荀子は、儒家の末流の堕落ぶりを批判した上で、本来の君子に帰ってほしいと願って、この部分を書いたのである。

5　諸子の中心

儒家は、各地に分散して、時には賤儒《せんじゅ》と批判されながらも、民間や地方の役所の冠婚葬祭を主に担当して、勢力を広げていく。

その間、思想面の充実も図られてゆき、特に、後に紹介する孟子《もうし》（七五頁）や荀子《じゅんし》（八一頁）らの活躍が目ざましい。

『孟子』には、縦横家の景春《けいしゅん》、墨家の夷子《いし》、農家の許行《きょこう》、道家的な楊朱《ようしゅ》などが登場して、孟子と討論したり話し合ったり、また孟子に批判されたりしている。法家の『韓非子』では孟子が攻撃され、先に見たとおり、儒家の『荀子』にまで賤儒《せんじゅ》と批判されたりしている。これらは儒家が、諸子の中心的な位置にあったことを示すものでもあろう。

儒家は、いわゆる諸子百家の中でも、仲間で教え合い、師弟で伝え合っていく〝学団、教団〟であった。戦国時代から秦《しん》国の天下統一に至る混乱の時代においても、広く浸透していっている。

始皇帝
（『中国五百名人図典』）

6　焚書《ふんしょ》・坑儒《こうじゅ》

(1)　焚　書

淳于越《じゅんうえつ》　秦《しん》の始皇帝《しこうてい》が天下を統一（前二二一）してから八年後の紀元前二一三年、斉《せい》の人で学者の淳于越が皇帝にこう進言しようとした。

「殷《いん》・周《しゅう》の時代の方法を手本として、皇帝の子弟や功臣を優遇し、補佐役・相談相手として用いるべきです。」

李斯《りし》　丞相《じょうしょう》の李斯（?―前二〇八）は、多くの人材が登用されてくると、これまでの自分の独占的な立場が脅かされると考えて、皇帝に次のように訴え出た。

いま、種々の学問を勝手に学んでは、「主《しゅ》に夸《ほこ》りて以《もっ》て名《な》と為《な》し、取《おもむき》〔趣〕を異《こと》にして以《もっ》て高《たか》しと為《な》し、羣下《ぐんか》を率《ひき》ゐて以《もっ》て謗《そし》りを造《な》す」――君主に自分を誇示することを名誉と思い、主張を異にすることを高級と思い、門人を率いて国家の方針を非難しています。

焚　書
（『絵画本・古代中国史』上巻）

そこで、と以下の七項を提案する。

1、史官の所蔵している秦《しん》国以外の記録は、すべて焼き捨てる。

2、博士官の所蔵する以外の、儒家の経典〔詩・書〕と諸子百家の書とは、郡守に差し出させて、すべて焼き捨てる。

3、儒家の経典に関して議論する者は、みな死刑にして、死体は町なかにさらす。

4、昔のことに基づいて今のことを批判する者は、一族を皆殺しにする。

5、これらに違反した者を知りながら検挙しない官吏も、同罪とする。

6、この命令以後、一か月たっても書物を焼き捨てない者は、黥《いれずみ》の刑に処して、城旦《じょうたん》〔毎月、万里の長城の築城に従事する刑〕に服する。

7、残してもいい書物は、医薬・卜筮《ぼくぜい》〔占い〕、種樹《しゅじゅ》〔農業〕関係のみとする。

始皇帝は、李斯《りし》の進言を認めた。これが、焚書《ふんしょ》――書を焚《や》く事件である。

従って、焼かれたのは儒家の書物だけではない。ただ、発端となった淳于越《じゅんうえつ》の提案は、反儒家の立場からのものであった。

坑　儒
（『絵画本・古代中国史』上巻）

(2)　坑《こう》儒《じゅ》

その翌年（前二一二）、始皇帝の命を受けて、不老不死の薬を捜していた、燕《えん》の盧生《ろせい》という者が、始皇帝の剛戻《ごうれい》（剛情で暴戻。強情、乱暴、道理にそむくこと）ぶりにたまりかねて逃亡する、という事件が起こった。

これを知った始皇帝は、盧生の誹《そし》りを拡大させて、自分を非難し批判する学者はだれかを調べさせた。これを知った学者たちは、他人のことを密告して、自分は逃れようとし合った。

立腹した始皇帝は、学者四百六十余人を捕らえ、咸陽《かんよう》で穴埋

川柳コーナー――焚書《ふんしょ》・坑儒《こうじゅ》

書林ども秦の役所へ皆呼ばれ
一冊たりとも隠すな。「書林」は、本屋。
きついもの四百余州に本がなし
ひどいものだ。国中に本が一冊もない。
国中の書を捲《ま》きあげて秦《しん》の闇《やみ》
国中から書物がなくなって、文化面では真の闇。

＊

詩の語のと言はせず始皇みんな埋《う》め
四の五の（あれこれ）言わせず、全員生き埋め、儒家の『詩経』と『論語』とをかけている。
始皇帝口がいやさに生き埋《う》め
学者たちに批判されるのが、いやだから。
生きながら土葬にされる秦の儒者
真の儒者だけに、あわれ。

めにして、天下に見せしめとした。
これが坑儒《こうじゅ》——学者を坑《あな》埋めにする事件である。「儒」は、学者の意味であって、必ずしも儒学者だけとは限らない。実際には、次の扶蘇《ふそ》の言葉どおり、儒学者が多かったのだが。

以後も始皇帝は、学者の摘発を強化し、辺境に流罪に処していた。そこで、始皇帝の長男である扶蘇《ふそ》は、父に進言した。
「学者たちはみな、孔子を手本としています。その学者たちを糾弾したら、天下はますます混乱するでしょう。」

◆偽造された遺言状

始皇帝の死　紀元前二一〇年、巡幸先の沙丘《さきゅう》で病没する。皇帝は、「長男・扶蘇《ふそ》が跡を継ぎ、葬儀は都の咸陽《かんよう》で行え」と遺言した。天子の印鑑を預かるのは、側近の趙高《ちょうこう》。彼は、宰相の李斯《りし》と諮って、遺言状を偽造することにする。

胡亥《こがい》　始皇帝の二男。扶蘇の弟である。趙高は遺言状を「胡亥を太子とする」と書き改めた。胡亥は趙高と親しく、かつ、まだ若かった。胡亥が即位すれば、政治は趙高（及び李斯）の言いなりにできる。もう一通、辺境の長男・扶蘇《ふそ》と、傍にいる将軍・蒙恬《もうてん》とに充てたもの。「扶蘇は不孝者、蒙恬は不忠者。両名に死を賜う」。自殺せよ、という内容である。

扶蘇《ふそ》　遺言状を受け取った扶蘇は、その場で自殺しようとした。しかし蒙恬は、使者は贋者《にせもの》かもしれないと、とどめる。使者は、早く自殺せよと繰り返す。扶蘇は結局、その場で自決した。

蒙恬《もうてん》　蒙恬は最後まで自殺を承知せず、使者は蒙恬を捕らえて連れ帰り、投獄した。

胡亥《こがい》は、彼を釈放しようとしたが、趙高は蒙恬に罪を着せ、さらに自殺を命じる。蒙恬は、獄中で服毒自殺した（前二一〇）。

二世皇帝・胡亥《こがい》　胡亥は、紀元前二一〇年に二世皇帝として即位、二十一歳だった。

政治の実権は、すべて趙高が握っていた。即位後間もなく、反乱軍が各地に起こり、趙高はその責任を追求されるようになる。

そこで趙高は、一転して「罪は二世皇帝にあり」として、一千余人の兵を率いて二世皇帝を攻めた。二世皇帝は自殺し、在位わずか四年、紀元前二〇七年に世を去った。

三世皇帝　跡を継いだ三世皇帝・子嬰《しえい》は、扶蘇の子。趙高が二世皇帝を死に追い込んだこと、いずれ帝位に就きたいという野心を持っていることを、見抜いていた。

そこで、自分は朝廷に出ず、心配して見舞いに来た趙高を刺殺してしまった。あわせて、趙高の家族や親族も皆殺しにして、天下への見せしめとした。

しかし、即位して四十六日め、咸陽《かんよう》の近くまで攻め込んだ楚の沛公《はいこう》（劉邦《りゅうほう》）の軍に降伏した。その一か月後、漢の項羽《こうう》の率いる諸侯の軍が進攻してきて、三世皇帝とその一族はみな、殺されてしまった。

時に紀元前二〇六年、秦帝国は、わずか三世・十五年にして滅亡するのである。

始皇帝は怒り、我が長男を上郡《じょうぐん》の地に流してしまい、将軍の蒙恬《もうてん》に監督させた。

始皇帝はこの時四十八歳、この二年後、巡幸中に沙丘《さきゅう》で病没した。紀元前二一〇年、秦王として即位してから三十七年の治世であった。

坑儒谷《こうじゅこく》　唐代の玄宗《げんそう》皇帝（在位、七一三―七五六）は、このとき生き埋めになった儒者たちを憐んで、その跡（坑儒谷）に旌儒《せいじゅ》廟《びょう》を建てた。そして、儒者たちの石像を置き、この一帯を旌儒郷と呼んで追悼した。

「旌」は、儒者たちを表彰する趣旨を書き、村里の入り口の門に掲げること。現在は、石像の断片だけが残っている。

7　百家の罷黜《はいちゅつ》

漢王朝（前二〇六～）は、学問の復興に力を注いだ。その様子は、二七頁以降の「10、六経《りくけい》（五経《ごきょう》）の確立」に詳述したので、参照されたい。

特に、武帝の時に「五経博士」が設けられ（三〇頁）て以降、儒家の地位は確固たるものとなった。その背景には、武帝の諮問に対する董仲舒《とうちゅうじょ》（前一七九―前一〇四）の答申（二九頁）が、大きく影響している。

董仲舒が、六芸《りくげい》（二九頁）や孔子の道以外の学はすべて絶つべきだと建言したのを受けて、「百家を罷黜《はいちゅつ》」――儒家以外の諸子百家を罷《や》め黜《しりぞ》ける、「六芸《りくげい》を表章」――六経（三〇頁）を表し明らかにする、ということになったのである。

4　評　価

1　『史記』の評

短所　六芸《りくげい》（二八頁の六経《りくけい》のこと）を規範としている。しかし、六芸の本文も注釈も、千や万を単位とするほど数が多く、世代を重ねていっても理解することはできない。「礼」だけでさえ、一代で究めることはできない。

そこで、「儒家は範囲は広いが要点は少なく、苦労は多いが得るものは少ない」と評するのである。

長所　君臣や父子の礼、夫婦や長幼の別を秩序づけている点は、他の百家でも代わることはできない（太史公自序）。

2　『漢書』の評

司徒《しと》の官（教育を担当する官）から出ている。君主を助け、天地の推移に従い、教化を明らかにするものである。

六経《りくけい》（二八頁）を学び、仁義を主とする。また、尭《ぎょう》・舜《しゅん》を祖としてこれに従い、文王・武王を範としてこれを明らかにして、孔子を師と仰いでその言葉を重んじる。諸子の中では、最高の道である。

孔子は言う、「もし誉《ほ》める点があっても、その資格があるかどうかを試してから誉める」（論語、衛霊公編）。儒家の道は、堯《ぎょう》・舜《しゅん》・夏《か》・殷《いん》・周の各時代の隆盛と、それを受け継いだ孔子の功績として、すでに試されているものである。

しかし後世になると、道に暗い者は、その精緻《せいち》さ深奥さを見失ってしまい、心の正しくない者は、時勢に合わせて誉めたり誹《そし》ったりして、道は次第にその本来の姿を失っていった。

そして、せめて大衆に大声で呼びかけては、こびへつらっていく、という方法が主流になってしまった。

このため、五経《ごきょう》（二九頁）はその本旨を離れて、儒学も次第に衰えていった。これは、亜流の儒者たちの欠陥である（芸文《げいもん》志《し》）。

3 『隋書《ずいしょ》』の評

君主を助け、教化を明らかにする人たちである。聖人の教えは、家ごと人ごとに理解しているわけではないから、儒者がこれを説いて、明らかにするのである。

その根本は「仁義」と「五常」〔注〕の道にある。そして、黄帝から堯《ぎょう》・舜《しゅん》・禹《う》、湯《とう》王、文王・武王たちの先聖は、みなこの道にのっとっている。

この道は、一時は衰え廃《すた》れたが、孔子がこれら先聖の道を受け継いで、六経《りくけい》を修正し、三千人の門人がこれを学んだ。

戦国時代の孟軻《もうか》（次項）・子思《しし》（四〇一頁）・荀卿《じゅんけい》（八一頁）たちは、孔子を師と仰ぎ、それぞれ著述によってその道を明らかにした。特に「中庸《ちゅうよう》」の教え（二〇〇頁）は、百代後の王でも変えるものではない。

ところが俗儒は、その根本を顧みず、多くの人々に学んでもらいたいと思っているのに、多くの難問を出したり、弁舌巧みに説いたりして、その本質を乱している。そのため、学ぶ人も理解しにくくなっている。だから「博《ひろ》くして要寡《ようすく》なし」（範囲は広いが要点は少ない）というのである（経籍志）。

〔注〕五常＝人が常に守り行うべき五つの道。五教。
父の義、母の慈、兄の友、弟の恭、子の孝（春秋左氏伝、文公十八年）。
父子の親、君臣の義、夫婦の別、長幼の序、朋友の信（孟子、滕《とう》文公《ぶんこう》上編）。

5 孟子

1 人物

戦国時代、魯《ろ》国の騶《すう》〔鄒《すう》〕の人（前三七二―前二八九）。名は軻《か》、字《あざな》は子輿《しよ》。また、子車《ししゃ》・子居《しきょ》ともいう。

孟　子
（『中国五百名人図典』）

幼いうちに父を失い、厳格な母に育てられたとされて、幾つかのエピソードが残されている。三三九頁・三五四頁を参照。

孔子の孫である子思《しし》（孔伋《こうきゅう》。四〇一頁）に教えを受けて、儒家の思想を身につけた。また、孟子の生まれた鄒《すう》は、孔子の生まれた魯国に近く（約三十～四十キロか）、孟子も孔子の思想の後継者であると自覚するようになる。

また、斉《せい》国の稷下《しょっか》（六頁）に学んで、他の思想家たちと討論し論争しながら、自分の思想を確立していく。孟子は、たいへんな雄弁家としても有名であった。

のち、斉の宣王（在位、前三一九－三〇一）に仕えた。しかし宣王は、孟子の思想は理想的に過ぎて現実には即さないとして、実行することはなかった。世は、まさに戦国時代、秦《しん》国では商《しょう》鞅《おう》（四〇四頁）、楚《そ》や魏《ぎ》の国では呉起《ごき》（三〇五頁）、斉国でも孫子（二八五頁）らを用いて、それぞれ富国強兵に力を注いでいる。

門人の教育
（『孔聖家語図』）

孟子は斉国を離れ、梁《りょう》（魏《ぎ》）、滕《とう》・宋《そう》・薛《せつ》などの諸国を遊歴して、十数年ののち、故郷に帰る。そして「詩」・「書」を整理したり、門人を教育したりしながら、門人の万章《ばんしょう》たちと、体験に基づいた『孟子』七編を著した（『孟子』は、一〇三頁を参照）。

孟子は、唐代の韓愈《かんゆ》が尊んで（一〇三頁）から再認識され、宋代の朱熹《しゅき》が、『孟子』を四書の一つとして位置づけてから、『論語』と並んで儒家の経典《けいてん》となった。

孟子は、宋代の神宗の元豊《げんぽう》年間（一〇七八－一〇八五）に鄒《すう》国公に封ぜられ、孔子の廟に併せ祀《まつ》られることになる。また、元代の至順《しじゅん》年間（一三三〇－一三三二）には、聖人・孔子に次ぐとして亜聖《あせい》と称せられ、鄒国亜聖公となった。「亜」は「次」で、「亜聖」は、聖人・孔子に次ぐ聖人、の意味。

2 思 想

(1) 仁 義

孟子は、孔子の「仁」に「義」を加えて、「仁義」という概念を強調した。「義」は「宜《ぎ》」で、よい・よろしい、正しい・道にかなっている意味。広く「人の実践するべき正しい道、道理」をいう。

孟《もう》子《し》曰《いハク》、「仁《じんハ》、人心《ひとノこころ》也《なり》。義《ぎハ》、人路《ひとノみち》也《なり》。
舎《すテテ》㆓其《そノ》路《みちヲ》㆒而弗《ず》㆑由《よラ》、放《はなチテ》㆓其《そノ》心《こころヲ》㆒而不《ず》㆑知《しラ》㆑求《もとムルヲ》。哀《かなシイかな》哉。
人《ひと》、有《あレバ》㆓鶏《けい》犬《けんノはなルル》放㆒、則《すなはチ》知《しル》㆑求《もとムルヲ》㆑之《これヲ》。有《ありテ》㆓放《ほう》心《しん》㆒、而不《ず》㆑知《しラ》㆑求《もとムルヲ》。
学《がく》問《もん》之《の》道《みちハ》無《なシ》㆑他《た》、求《もとムル》㆓其《そノ》放《ほう》心《しんヲ》㆒而已《のみ》矣《ト》。」

——孟子「仁は、人が本来持っている心である。義は、人が本来進んでいく道である。

しかし今や、人は本来の道〔義〕を捨ててしまって、戻ろうともせず、本来の心〔仁〕を逃してしまって、捜し求めようともしない。哀《かな》しいことだなあ。

人は、自分の家の鶏や犬が逃げ出せば、それを捜し求めることはわかっている。しかし、自分の本来の心や道が逃げていってしまっても、それを捜し求めよう、とはしない。

学問の道というのは、ほかではない、この逃げていってしまった本来の心や道を取り戻そうとすることだけなのだ」（告子《こくし》上編）。

互文《ごぶん》 孟子は「仁、人心也。義、人路也。」と分けて記す。しかしこれは「仁義《ハ》、人《ノ》心与《トと》㆑路也。」と言うべきところを、表現上の効果を考えた結果なのである。分ければ歯切れがいいし、訴える力も強いではないか。これを、互いに分けて述べる——互文と言っている。

従って、後ろの二つの「放心」の「心」は、「仁」の心だけではなく、「仁・義」の心を言っているのである。

為政者の道 孟子が、梁《りょう》〔魏《ぎ》〕の恵王《けいおう》に会見した時のこと。恵王は、これまでの多くの遊説家たちと同じように、わざわざ遠方からやって来た孟子もまた、わが国を広げ、豊かにし、軍備を強くするアイデア、富国強兵の案を持ってきたかと思って、亦《ま》た将《まさ》に以《もっ》て吾《わ》が国《くに》を利《り》する有《あ》らんとするか——他の人たちと同じく、私の国に利益をもたらす方法をお考えか？

と聞いた。

すると、孟子はお答えして言った。

「王《おう》、何《なんゾ》必《かならズシモ》曰《いハン》㆑利《りト》。亦《まタ》有《あル》㆓仁《じん》義《ぎ》㆒而已《のみ》矣。」

——王よ、利益利益とだけ言うことはありません。王にもま

孟子、梁《りょう》の恵王に会見
（『孔門儒教列伝』）

た（昔の聖王と同じく）仁義の道だけが必要なのです（梁恵王《りょうけいおう》上編）。

これは、『孟子』開巻冒頭の文章。

孟子はこのように、仁義こそが人の道であり、また為政者が政治を実践していく道である、と主張するのである。

(2) 王道

仁政　王（為政者）にもっとも必要な条件は、仁義による政治――仁政を行うことである。右の『孟子』冒頭の文章には、孟子の思想の中心が、端的に表れている。

為政者が仁義を重んじる政治を行えば、どうなるか。

恒産恒心《こうさんこうしん》　人民の生活が困窮しているのを見れば、かわいそうに、と思うだろう。この心を「惻隠《そくいん》の心」（七九頁）と言い、これこそ「仁」の心の表れである。

人民というものは、一定の生業（恒産）がなければ、不変の道義心（恒心）を持つこともできない。生きるためには、盗みでも殺しでも、何でもやってしまうものだ。

そこで優れた君主は、まず人民に生業を持たせて生活を安定させ、家族一同が毎日安心して食べていくことができるようにする。そういう政治を行うことが先決である。

恒産を安定させた上で教育をしていくなら、人民も喜んで付き従ってきて、恒心を持つようになってくる。

これが、孟子が斉《せい》の宣王に説いた「王道」のポイントである（梁恵王《りょうけいおう》上編）。

この「恒産無《こうさんな》ければ、因《よ》りて恒心無《こうしんな》し」という句は、滕文公《とうぶんこう》上編にも繰り返されており、孟子の思想の大きな特徴になっている。

井田法《せいでんほう》 人民の生業といえば、基本は農業。そこで孟子は、「井田法」という政策を提案し、実施する。

具体的には、正方形の土地を「囲」形に九等分する。一区画（一井《いちせい》）は、百畝（今の一・八アール余）。周囲は、一井ごとに一家に与える。計八家の私有地となる。中央の一井は、周囲の八家が共同で耕作する公田とする。ここからの収穫は、租税として納める。

こうして、公私を区別するのは、君子と庶民、身分の上下・尊卑をはっきりさせるためである――。

これは、孟子が滕《とう》の文公に国を治める方法を問われた時に教えた方法の一つ。

ただし、井田法に近い考えは殷《いん》代から見られる。孟子は、儒家の理念である礼秩序を維持する立場から、改めてその理想的な在り方を強調した。

井田法は、農業技術の発達とともに次第に崩壊しはじめ、秦の孝公十二年（前三五〇）、商鞅《しょうおう》（四〇四頁）の提案によって、廃止される。

(3) 性善

人《ひと》に忍《しの》びざるの心《こころ》 孟子は、人はだれでも「人に忍びざるの心」――他人の不幸を平気で見過ごすには耐えられない心を持っている、という。

たとえば、幼児が井戸に落ちそうになっているのを見れば、だれでも怵惕《じゅってき》〔驚いて、はっとする〕・惻隠《そくいん》〔かわいそうに思う〕の心を起こすだろう。

四端《したん》 このことから、次のように言うことができる。

惻隠《そくいん》の心無きは、人に非《あら》ざるなり。
羞悪《しゅうお》〔恥じ、憎む〕の心無きは、人に非ざるなり。
辞譲《じじょう》〔遠慮し、譲り合う〕の心無きは、人に非ざるなり。
是非《ぜひ》〔是＝善と、非＝悪とをわきまえる〕の心無きは、人に非ざるなり。

そして、こう続ける。

惻隠の心は、仁《じん》の端《たん》なり。
羞悪の心は、義《ぎ》の端なり。
辞譲の心は、礼《れい》の端なり。
是非の心は、智《ち》の端なり。

「端」は、芽生え。また、端緒、糸ぐち。人には四体があるとおり、だれにでもこの「四端」がある、と孟子はいうのである。

まとめると、人は本性として惻隠の心を持ち、これがまた「仁」の芽生え（端緒）となるのだ、ということ。これが、孟子の「性善説」の根拠である。

ただし、惻隠の心については、幼児の例を挙げて説明しているが、他の「羞悪・辞譲・是非」の三つの心については、その裏づけ・根拠を説明していない。論の展開としては弱くなっており、やや残念である。

以上は「公孫丑《こうそんちゅう》上」編に記された四端。「告子《こくし》上」編では、「辞譲の心」を「恭敬《きょうけい》の心」と言い換えて、四端を挙げている。「恭敬」は、自身を慎み、他人を敬うこと。またここでは、「惻隠の心は、仁なり」のように、「端」を省いて、直接に結びつけて断じている。

これが、孟子の「性善説」を主張する、直接の文章である。次の荀子は「人の性は悪なり」と、はっきり断定している（八二頁）が、孟子自身は、そういう表現はしていない。

しかし、『荀子』では、

孟子《もうし》曰《い》はく、「人《ひと》の性《せい》は善《ぜん》なり」と（性悪《せいあく》編）。

孟子曰はく、「人の学ぶ者は、其の性 善なればなり」と（同）。

などと記している。

(4) 異端《いたん》・邪説《じゃせつ》の攻撃

儒家は、上下身分の差を秩序の維持のためには不可欠のものとし、そのための礼義道徳を重んじる。

従って、自分だけを守ればよいとする楊朱《ようしゅ》の「為我《いが》」説（四一七頁）や、無差別の愛を主張する墨子《ぼくし》の「兼愛《けんあい》」説（二二五頁）に対しては、父を無視し君をないがしろにする「禽獣《きんじゅう》の道」であるとして、激しく非難攻撃した。なお二一五頁も参照。

(5) 雄弁・名文

雄弁　孟子は、弁論に巧みな人として有名である。『孟子』の中で、門人の公都子《こうとし》が孟子に直接に尋ねている。

「外人《がいじん》　皆《みな》　夫子《ふうし》弁《べん》を好《この》むと称《しょう》す。敢《あ》へて問《と》ふ、何《なん》ぞや」

——門人以外の人々はみな、先生は弁論が好きだ、と言っています。お聞きして悪いのですが、どうしてですか（孟子、滕文《とうぶん》公《こう》下編）。

孟子は「いや、私は弁論好きではない。楊朱《ようしゅ》や墨翟《ぼくてき》の〝邪《じゃ》説《せつ》・淫辞《いんじ》〟を防ぎ追い払うために、やむを得ず弁じ立てているのである」と説明する（具体的には二一六頁を参照）。

儒家を守るため、防御のための雄弁であり、レトリックであるようだ。

名文　弁論のレトリック（修辞）の具体的な内容は、知ることもできないが、残された『孟子』の文章からは、その内容が推察できる。そして、これらのレトリックのおかげで、昔から『孟子』は名文であると称《たた》えられてきているのである。その概要だけを記しておこう。

○構成　段落の区分が明快であり、その展開も論理的である。

○比喩　比喩や例えの内容と、その挙げる位置とが、それぞれ巧みである。

○主題　テーマの提示のしかたが、明確である、など。

6　荀《じゅん》子《し》

1　人物

荀子（前三一三〈二九八？〉－前二三八）、名は況《きょう》、字《あざな》は卿《けい》、荀卿とも孫卿《そんけい》とも呼ばれた。

趙《ちょう》国の人で、孫卿とも呼ばれるのは、周の文王が封ぜられた郇《しゅん》国の公室の子孫で、趙の上卿《じょうけい》（上席の大臣）だったから、とも言われる。

五十歳の時に斉《せい》国に遊学し、稷下《しょっか》の学（六頁）に加わる。ここでは最年長だったので、祭酒《さいしゅ》に推薦された。祭酒は、会議や宴会の時に、まず神に酒を捧げて祭る儀式があり、それを担当する役。最年長者が受け持つ。稷下の祭酒なら、いわば国立大学の学長、というところ。

その間、秦《しん》や趙《ちょう》の国に遊説しては戻り、祭酒を三度つとめる。間もなく斉《せい》の国で讒言《ざんげん》され、楚《そ》国の春申君《しゅんしんくん》（？－前二三八）に招かれて行き、その蘭陵《らんりょう》の令《れい》（長官）となった（前二五五）。春申君の死後は、令を辞して学問や教授に専念した。韓非子《かんぴし》（二七五頁）や李斯《りし》などは、その門下生である。

著作　『荀子』、また『孫卿子《そんけいし》』ともいう。三十二編。

荀子が書を著した意図について、『史記』荀卿伝は次のように記している。

「この濁りきった政治は、国家の滅亡や無暴な君主を次々に招いている。正しい道は行われず、巫祝《ふしゅく》（呪術《じゅじゅつ》師。四九頁）に頼り、吉凶の前兆に惑わされているためである。形だけの儒者は小事にこだわり、制約を嫌う荘周《そうしゅう》（一二三頁）は口先だけで世間を乱している。そこで荀子は、儒家・墨家・道家（などの古代思想）の業績と興亡との跡をたどって位置づけ、数万字の書を著して死んだのである。」

前漢の劉向《りゅうきょう》が、諸本を校訂して『荀卿新書』三十二編とした。唐代の楊倞《ようりょう》『荀子注』が、もっとも古い注釈。以後あまり顧みられず、清《しん》代の王先謙《おうせんけん》『荀子集解《しっかい》』などが現れるまで、重んじられることが少なかった。

荀　子
（『中国五百名人図典』）

2 思想

(1) 性悪

偽《ぎ》　荀子といえば、まず「性悪説」が連想される。荀子は、『荀子』性悪編の冒頭で、次のように断定している。「人《ひと》の性《せい》は悪《あく》なり、其《そ》の善《ぜん》なる者《もの》は偽《ぎ》なり」——人の本性は、悪であり、善である要素は（すべて）後天的な作為《さくい》によるものである。

「偽《ぎ》」は「人＋為」で、人為《じんい》、作為の意味。

荀子はその根拠として、右に続けて次の例を挙げる。

人は生まれつき、利益を好むものである。↓その結果、争い奪い合いが起こって↓譲り合い〔辞譲〕などが失われる。

人は生まれつき、妬《ねた》み憎む心を持っている。↓その結果、傷つけ合い殺し合いが起こって、↓真心や誠実さ〔忠信〕などが失われる。

人は生まれつき、耳や目を満たす欲望、つまり、美しい音や色を好むものである。↓その結果、節度を失い混乱が起こって、↓礼義や秩序〔礼義文理〕などが失われる。

師法・礼義　そこで、先生による教化と、礼義による導きとがあってはじめて、世はうまく治まっていくのである。

(2) 勧学

つまり荀子は、人間の生まれ持った「性」は悪であり、その「性」は、好悪《こうお》・喜怒《きど》・哀楽《あいらく》などの「情」を生じる、とする。その一方、人間は「情」を制御しコントロールする「知」を働かせる、理性〔慮〕と能力〔能〕とを持っている。その働きの代表が、右の「先生による教化と、礼義による導き」である。これは人為〔偽〕の代表でもある——。

そこで、『荀子』の開巻冒頭は「勧学」編であり、つまり「学問の勧め」なのである。学問は、「性」を抑制する「偽」の代表である。

出藍《しゅつらん》　「勧学」編は、次の文章から始まる。

君子《くんし》曰《いハク》、学《がくハ》不《ず》レ可《べカラ》二以《もつテ》已《やム》一。——君子の言葉、学問は、途中で止めてはいけない。

青《あをハ》取《とリテ》二之《これヲ》於藍《あゐヨリ》一、而青《あをシ》二於藍《あゐヨリモ》一。——青い色（の染料）は、アイグサ（という植物）から抽出するが、（原料の）アイグサよりも青い色をしている。

原料よりも製品のほうがすばらしい、という次第で、生徒・門人のほうが、先生よりもすぐれる、というたとえに使われるようになった。

偉くなった後輩は「出藍《しゅつらん》の誉《ほま》れ」と称《たた》えられる。単に「出藍」ともいう。

「青取之於藍……」は、後漢の桓譚《かんたん》『新論』や、『荀子』の元《げん》代の本などに、「青出之於藍……」となっていることから、ふつう「出藍」として使っている。

(3) 礼

「礼」は、五四頁に記したように、孔子が理想とした、政治・社会、そして人倫における文化規範である。

荀子は、礼は人の欲望を満たし、また欲望を抑《おさ》えるもの、と規定する。従って、欲望と、それを適宜に満たす物とのバランスを取りながら、欲望を伸ばし物を増やしていくことが重要であり、ここから「礼」が生まれたのだ、とする（礼論《れいろん》編）。

法　「礼」はここから、社会・制度の規範、学習の最終目標に広がっていく。

「礼」が規則化されると、「法」としての力を持ってくる。「法」として確立されると、法に外れたものには「刑・罰」が加えられる。

荀子は、礼義を重視してはいるが、刑罰（及び恩賞）も採り入れて、韓非子の信賞必罰主義（一七七頁）と同様の政策を説いているのである（議兵《ぎへい》編など）。

(4) 天人の分

天行常《てんこうつね》有り　天の現象には、一定の法則性がある。天子が聖人だから運行するというわけでもないし、暴君だから運行しないというわけでもない（天論編）。

自然界の種々の現象、四季の推移が乱れて凶作になったり、雨が降らなかったり降り続いたり、流星が飛んだり強風が吹いたり、日食月食や地震洪水が起こったり……の、もろもろの自然現象と、人間社会の吉凶禍福とは、何の関係もない、ということ。

自然現象と吉凶禍福とは密接に結びついているというのが、当時の考え方の主流だった。荀子はこれを、科学的・合理的に判断しようとしたのである。荀子のこの主張については、一四三頁に詳しく紹介したので、参照されたい。

従って荀子は、天と人とはそれぞれ別個の役割を担っているのであって、人は人として――為政者から農民に至るまで、それぞれの最善を尽くして努力するべきである、と主張するのである。

努力する人に対しては、天も災いをくだすことはできない。反対に、努力しない人に対しては、天は幸せをくだすこともできないし、そのまま自ら悪い結果を招くだろう。こうした「天人の分」（天と人との役割分担）を明確に自覚している人を、至人《しじん》（道を修めた最高の人）、というのである（天論編）。

陰陽から吉凶を判断するのが主流だった時代としては、荀子のこの解釈は、革命的なものだった。荀子はこれによって、人間の努力と責任とを自覚するべきことをうながしたのである。

(5) 正《せい》名《めい》

社会のこの混乱は、名家《めいか》(一八七頁)に代表される言葉の使い方の乱れに起因するとして、言葉の本質と混乱の原因とを指摘する(正名編)。この詳細は、二〇二頁に記したので参照されたい。

7 四書《ししょ》・五経《ごきょう》

1 五経

四書 儒家の思想がよく表れている主要な書物を「経書《けいしょ》」という。その中で、『大学《だいがく》』・『中庸《ちゅうよう》』・『論語《ろんご》』・『孟子《もうし》』の四種の書を、「四書《ししょ》」と呼んでいる。「学庸論孟」、また「学庸語孟」とも併称した。

四書の成立と、それぞれの書については、九五頁以降に詳述する。

五経《ごきょう》 前漢の武帝が儒家を国教とし、五経《ごきょう》を専門に研究する五経博士を置いた(三〇頁)。『周易《しゅうえき》』・『尚書《しょうしょ》』・『詩経《しきょう》』・『儀礼《ぎらい》』・『春秋《しゅんじゅう》』の五種であり、唐代の太宗は、孔穎達《くえいだつ》(五七四―六四八)らに命じて『五経正義』を作らせた(三一頁。『儀礼』は、『礼記《らいき》』となる)。

漢の武帝
(『中国五百名人図典』)

孔穎達
(『中国五百名人図典』)

六経《りくけい》 これに『楽経《がくけい》』を加えれば「六経」(二八頁)となるが、これは早く散佚してしまっている。

七経《しちけい》 『後漢書』張純《ちょうじゅん》伝での、唐代の李賢《りけん》の注では、右の六経に加えた『論語』の七種を「七経」としている。

また、『楽経《がくけい》』を除いて『孝経《こうきょう》』を加えたものを、「七経」とすることもある。

北宋の劉敞《りゅうしょう》は、『詩経《しきょう》』・『書経』・『周礼《しゅらい》』・『儀礼《ぎらい》』・『礼記《らいき》』・『春秋公羊伝《くようでん》』・『論語』を七経としている（七経小伝による）。なお、清の康熙帝《こうきてい》（在位、一六六二―一七二二）は、『易経』・『詩経』・『書経』・『周礼』・『儀礼』・『礼記』・『春秋』を、七経としている（御纂《ぎょさん》七経による）。

十三経《じゅうさんぎょう》　儒家で重んじる十三種の経典。その成立や書名などについては、一〇四頁以降に述べる。

2 詩

(1) 成立

周王朝の初期・紀元前十一世紀ころから、春秋時代の孔子の時代・前六世紀ころまでの、約五百年間の詩を集めたもの。三千余編あったものを、孔子が編集して三百五編にまとめたという（史記、孔子世家）。なお題名だけのものが、他に六編ある。

(2) 内容

『史記』などでは、孔子が編集したと記している。しかし、正確なところは不明。

古典には、単に「詩」と出てくるので、これが作品集なのかどうかはわからない。孔子は「詩」を重視していたので、ある程度は編纂にたずさわったのではないだろうか。

毛詩《もうし》　前漢時代には既に、魯詩《ろ》（魯の申培《しんぱい》の編）・斉詩《せい》（斉の轅固生《えんこせい》の編）・燕詩《えん》（燕の韓嬰《かんえい》の編）の三家の「詩」が存在した。

また別に、魯の毛亨《もうこう》と趙《ちょう》の毛萇《もうちょう》とが伝える「毛詩」があった。これに後漢の大学者・鄭玄《じょうげん》（一二七―二〇〇。「ていげん」とも読む）が注釈を施して『毛詩鄭箋《ていせん》』を著して以後、「詩」といえば「毛詩」をさすようになった。

毛萇
（『聖廟祀典図考』）

(3) 六義《りくぎ》

『毛詩』の冒頭にある序文「大序」に、「詩に六義有り」として、「風《ふう》・賦《ふ》・比《ひ》・興《きょう》・雅《が》・頌《しょう》」と列挙する。

これは「風」というジャンルに、「賦・比・興」という三種の表現法があり、「雅・頌」というジャンルにも、それぞれこの三種の表現法がある、という意味である。

風《ふう》　諸国の民謡。周代には、各国の民謡を集める採詩《さいし》官がいて、王は集めた詩によって各地の風俗人情を知り、政治に役立てていたという（漢書、芸文志《げいもんし》）。

現存する詩の国名と詩数とは、次のとおり。

周南《しゅうなん》十一編　召《しょう》南十四編　邶風《はいふう》十九編　鄘《よう》風十編
衛《えい》風十編　王《おう》風十編　鄭《てい》風二十一編　斉《せい》風十一編
魏《ぎ》風七編　唐《とう》風十二編　秦《しん》風十編　陳《ちん》風十編
檜《かい》風四編　曹《そう》風四編　豳《ひん》風七編

合計十五風・百六十編。

雅《が》　朝廷での歌。「大雅」七十四編（他に題名だけのもの六編）、「小雅」三十一編に分かれ、合計百五編。

頌《しょう》　神前での祭りの歌。周《しゅう》頌三十一編、魯《ろ》頌四編、商《しょう》頌五編、合計四十編。

賦《ふ》　以下の「比・興」とともに、表現法・修辞技巧の面からの分類である。

賦は、ありのままに述べる方法。

比《ひ》　直喩《ちょくゆ》の技法。他の物に比べながら述べる方法。

興《きょう》　隠喩、また象徴の技法。主題を、風物などを借りて述べ始める方法（ただし「比」と区別しにくいものも多い）。

3　書

(1) 成立

唐虞《とうぐ》三代の政治の心得や実際などを記した書物。唐は尭《ぎょう》帝（姓は陶唐《とうとう》氏）の時代、虞は舜《しゅん》帝（姓は有虞《ゆうぐ》氏）の時代。三代は、夏《か》・商《しょう》（殷《いん》）・周《しゅう》の三王朝の時代。

全体は「虞書」「夏書」「商書」「周書」の四書に分かれ、尭・舜の時代から、春秋時代の秦《しん》の穆《ぼく》公（在位、前六五九―前六二一）までの政道を記している。

(2) 内容

『史記』（孔子世家）では、孔子が編集したものという。『論語』や『孟子』などには、単に「書」と出てくる。これは「詩」の場合と同じで、儒家では「詩書」と並称して、教養人の必修とされた。

恐らく、夏・殷・周の歴史官が記録していたものが個々に伝わってきており、孔子がこれらを編集したものだろう。この時は百編あったという。

孔子が編集した尚《たっと》ぶべき書、古代の政治思想を記した尚い書ということから、『尚書《しょうしょ》』と呼ばれるようになった。また、儒家の経《けい》典の一つとして『書経』とも呼ばれる。

今文《きんぶん》尚書　秦の始皇帝の焚書《ふんしょ》（七〇頁）をのがれようと、壁の中に書物を塗り込めて隠した人がいた。

秦の博士だった、済南《さいなん》の伏生《ふくせい》も、その一人。壁に隠しておいた『尚書』の二十九編を取り出して、門人たちに教えていた。前漢の文帝（在位、前一七九－前一五七）の時代である。伏生は、この当時使われていた隷書《れいしょ》体で書き写したので、これを「今文尚書」と呼ぶ。

文 帝
（『中国五百名人図典』）

古文尚書　こちら儒家グループも、焚書を避けて、孔子の旧宅の壁に本を塗り込めておいた。文帝の次の景帝（在位、前一五六－前一四一）の時、魯《ろ》の恭王（景帝の第五子）が、孔子の旧宅を改築しようとしたところ、壁の中から『論語』『孝経』『礼記』などとともに『尚書』が現れたのである。しかも「今文尚書」より多く、五十八編。

戦国時代の蝌蚪《かと》文字で書かれていたので、「古文尚書」と呼んで区別する。孔子旧宅の壁の中から出てきたので「孔壁《こうへき》古文」とも言い、次の「偽《ぎ》古文尚書」に対して「真古文尚書」とも言う。

前漢の武帝（在位、前一四〇－前八七）の時に、学者の孔安国《こうあんこく》（孔子の十三代の子孫）がこれを読み解いて、小篆《しょうてん》文字に書き改めた。しかし残念ながら、早く西晋時代の末ころには、散逸して

景 帝
（『中国五百名人図典』）

しまう。

偽古文尚書　前漢の成帝（在位、前三二―前七）ころには既に、「古文尚書」と称する偽書が現れはじめている。

東晋の元帝（在位、三一七―三二二）の時、梅賾《ばいさく》が孔安国の伝える『尚書』を見つけたとして、献上する。これも偽作で、「偽古文尚書」の代表になっている。

しかし、唐代の孔穎達《くえいだつ》は、太宗《たいそう》の時にこの書に基づいて『尚書正義』二十巻を著す。また、尚書を含む五経をそれぞれ整理したものを『五経正義』と呼んでいる。

「偽」とは言っても、その内容は戦国時代までの種々の「書」などに基づいており、「今文」より参考になる記述も多い。現在の『書経』（尚書）は、大部分がこの『尚書正義』に拠《よ》っている。

4　易《えき》

(1)　成　立

占筮《せんぜい》の方法と、その判断の言葉とを記した書。単に「易」と出てくることもあり、周初に判断の言葉が書かれたという説から『周易《しゅうえき》』とも言う。ふつう『易経』と呼ばれ、儒家の経典《けいてん》である五経《ごきょう》の一つ。

経《けい》　はじめ、五帝の最初の帝である伏羲《ふくぎ》氏（包犠《ほうぎ》氏）が八卦《はっか》（次頁）を作った。

次いで、神農氏が八卦をそれぞれ重ねて、六十四卦（重卦）を作る。

これらに対して、周の文王が卦辞《かじ》を作る。六十四卦のそれぞれの卦について、その意味を説明した言葉である。

また、周公が爻辞《こうじ》を作る。これは、六十四卦の一つの卦（六つの爻《こう》から成る）を構成する一つずつの爻について、それぞれの意味を説明した言葉である。

翼《よく》　以上の経を解釈した部分で、十編あるので「十翼」と称する。「翼」は「助ける」意味で、「経」の理解を助けるもの、ということ。

「十翼」は、「彖《たん》」（上下）・「象《しょう》」（上下）・「文言《ぶんげん》」・「繋辞《けいじ》」（上下）・「説卦《せっか》」・「序卦《じょか》」・「雑卦」の十編。

また「伝」とも呼び、「十翼」を『易伝《えきでん》』ともいう。

編者　「十翼」は、孔子が著したものとされている。しかし実際は、孔子の門人たちが戦国時代になって作ったものか。孔子が「易」を好んだことは有名で、『史記』には次のように記す。

「孔子、晩《ばん》にして易《えき》を喜《この》み、序《じょ》・彖《たん》・繋《けい》・象《しょう》・説卦《せっか》・文言《ぶんげん》あり。易《えき》を読《よ》みて、韋編《いへん》三たび絶《た》つ」（孔子世家）。

晩年に「易」を好んで、今にいう「十翼」を著した、とするのである。また「易」を愛読したので、「韋編」――木簡を綴《つづ》り合わせていた韋《なめしがわ》の紐《ひも》が、三度も絶《き》れてしまった、という。

「三」は、何度も、と解釈してもよい。

(2) 内 容

卜筮《ぼくぜい》 「卜」は、亀甲《きっこう》や獣骨《じゅうこつ》を焼いてできた割れ目によって占う方法。

「筮《ぜい》」は、蓍《し》〔めどぎ〕の茎を用いて占う方法。蓍《めどぎ》は、マメ科の多年草で、その茎を占いに用いた。のちの筮竹《ぜいちく》である。亀の甲などを用いる卜と合わせて、占いのことを「蓍亀《しき》」ともいう。三〇九頁も参照。

明《みん》代の哲学者・王陽明《おうようめい》『伝習録』には、「蓍《し》は固《もと》より是《こ》れ易《えき》なり。亀《き》も亦《ま》た是《こ》れ易《えき》なり」とある。

陰陽 筮は、何本も用いることで、一種の数理的な色彩を帯びるようになってきたと思われる。ここに、一三六頁以降に記す陰陽思想が加わって、陽の爻《こう》〔⚊〕と、陰の爻〔⚋〕との組み合わせによって判断する方法になってきた。この〔⚊・⚋〕という横画が、爻である。これに筮を用いるのである。現在の筮は竹製を使うので、「筮竹《ぜいちく》」と呼ぶ。
万物の現象は、すべてにこの陽爻と陰爻との組み合わせや相互関係によって判断できる——陰陽思想は、儒家が敬遠していたものだったが、孔子がこれを積極的に利用することによって、陰陽家とは性質を異にする「易」が、思想的な意味あいを持つようになってきたのである。

四象 爻を二つずつ組み合わせると、次の四種類となる。
⚎＝少陽 ⚌＝老陽
⚍＝少陰 ⚏＝老陰
それぞれ、春・夏・秋・冬を象徴している、などとする。
しかし、これだけで万物の現象を説明するには、とても足りない。そこで、陰陽の爻を三つずつ組み合わせてみる。古代中国では、「三」は多数の象徴でもあった。

八卦 陰と陽を三つ組み合わせれば、2^3で八通りとなる。それぞれに名前をつけて、種々の意味づけをしていく。

「卦」は組み合わせの意味で、次の八種類があるので「八卦《はっか》」という。「はっけ」とも読む。

☰〔乾《けん》〕純陽の気。天。

☱〔兌《だ》〕盛んな陽気を陰気がおさえる。

☲〔離《り》〕陽気が陰気を取り囲む。

☳〔震《しん》〕陰中に陽気が動き出す。

☴〔巽《そん》〕陽気が陰気を帯びる。

☵〔坎《かん》〕陰気が陽気を取り囲む。

☶〔艮《ごん》〕陰気に陽気が残っている。

☷〔坤《こん》〕純陰の気。地。

この八卦によって、天地間の万物を説明するための象徴、と見るのである。どういうものを象徴するか、それぞれ、さまざ

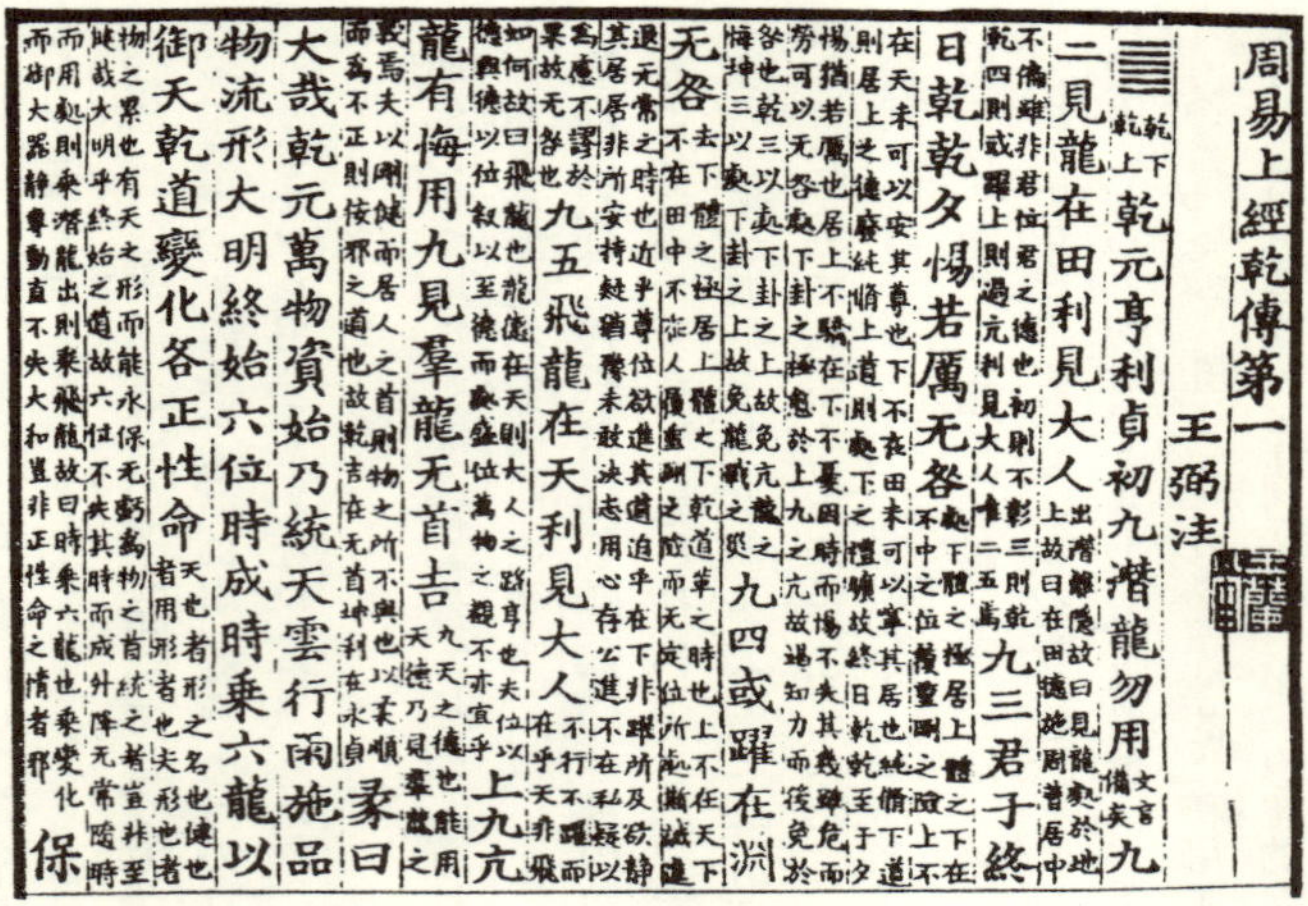
周易上經乾傳第一　王弼注

乾下乾上　乾元亨利貞　初九潛龍勿用　九二見龍在田利見大人　九三君子終日乾乾夕惕若厲无咎　九四或躍在淵无咎　九五飛龍在天利見大人　上九亢龍有悔　用九見羣龍无首吉　彖曰大哉乾元萬物資始乃統天雲行雨施品物流形大明終始六位時成時乘六龍以御天乾道變化各正性命保

周　易

まな意味が与えられているが、その代表的なものが下の表である。

六十四卦　右の八卦を、それぞれ二つずつ組み合わせて、さらに精細に説明しようとしたもの。8^2で、六十四通りとなる。

〈表2〉八卦とその象徴

八卦	自然	人	性質	動物	身体	方位
乾《ケン》☰	天	父	健	馬	首	北西
兌《ダ》☱	沢	少女	説《よろこぶ》	羊	口	西
離《リ》☲	火	中女	麗《つく》	雉《きじ》	目	南
震《シン》☳	雷	長男	動	竜	足	東
巽《ソン》☴	風	長女	入	鶏	股《また》	南東
坎《カン》☵	水	中男	陥	豕《ぶた》	耳	北
艮《ゴン》☶	山	少男	止	狗《いぬ》	手	北東
坤《コン》☷	地	母	順	牛	腹	南西

言いかえれば、爻を置く六つの場があり、一つの場ごとに0か1のどちらかがくるから、組み合わせとしては2^6で、六十四通りとなる。まさに、コンピュータの原理の芽生えである。

5　春秋《しゅんじゅう》

(1)　成　立

春秋時代の魯《ろ》国の、隠《いん》公元年（前七二二）から哀《あい》公十四年（前四八一）まで、十二公・二百四十二年間の歴史を記したもの。もと、魯国の歴史官が書き継いできたものに、孔子が手を加えて再編集した著書を、ふつう『春秋』と呼んでいる。

中国最初の編年体の歴史書。同様に、各国の歴史を編年体で記した書は、多く存在していた。「編年体」とは、事実を年月を追って記していくスタイル。並んで、『史記』の「紀伝体」が有名で、これは、天子や大事件を年代順に書いた「本紀」と、個人の伝記を中心とした「列伝」とを中心とするスタイル。

(2) 内容

名分《めいぶん》 孔子は『春秋』において、諸国の天災や時変、戦争や会盟などを記し、これらについて、大義〔人としての道。君臣、父子などの正しいあり方〕・名分〔名称と実体。二〇三頁を参照〕の立場から、是非・善悪を論じたのである。

◆「易」と「占い」

前頁の『周易』の図は、三国魏《ぎ》の王弼《おうひつ》（二二六―二四九）が注を施したもの。一行内に小さい字で二行書いてあるのが注で、他は本文。この注釈は、唐代の『五経正義』（三一一頁）中の『周易正義』の基になっている、貴重なもの。

1 「䷀」の下の注「乾下乾上」は、八卦の「☰乾」が、下にも上にも置かれている、という意味。上にも下にも八卦ずつ、計六十四種類ある。

2 本文冒頭の「乾」は、「䷀」の卦としての呼び名。呼び名も当然に六十四種。

3 本文二字目からの「元亨利貞」は、「乾」卦に対する解釈で、八頁の「卦辞」。六十四種類の卦ごとに、ついている。
「元《おほ》いに亨《とほ》る。貞《ただ》しきに利《よろ》し」――すべて順調に通り進む。正しさを保っていることがよい。

4 次の「初九」は、六爻を下から数えて、一番下が「初」、「九」は、陽の数（奇数）の最大の数であり、「陽」の意味に使う。「初九」は、一番下の「陽⚊」のこと。これが「陰⚋」なら、「初六」という。陰の数（偶数）の最大には「六」を使う。
「初九」以下、下から順に「九二・九三・九四・九五」と続いて、一番上は「上九」。これらが「陰⚋」なら、下から「初六・六二・六三・六四・六五・上六」となる。

5 「初九」に続く「潜龍勿用」は、「初九」の爻に対する解釈で、八頁の「爻辞」である。
「潜龍《せんりょう》なり。用《もち》ゐること勿《な》かれ」――淵《ふち》に潜《ひそ》み隠れている竜の姿の象《かたち》である。まだ用いてはいけない。

＊

以上、3の「卦辞」、5の「爻辞」のように、それぞれたいへん抽象的な表現。これらの言葉によって、自然現象から天地間の万物、人事間の万物について判断するのだから、どう解釈するかは、ひとえに占う人の判断――人間性そのものにかかってくる。

儒家は、これを倫理性に結びつけて、人生に対する実践哲学に高めていったのである。

孔子は、この書によって歴史や政治のあり方に対する自分の考えをすべて注ぎ込んだ。そこで孔子は「我を知る者は其《そ》れ惟《た》だ春秋か、我を罪する者も其《そ》れ惟《た》だ春秋か」と述懐したという（孟子、滕文公《とうぶんこう》下編）。

「私を理解してくれるのは、ただこの『春秋』によってだろうな。私を批判するのもまた、ただこの『春秋』によってだろうな」という意味。

筆誅《ひっちゅう》　孔子の、この大義名分を貫く姿勢によって、世の「乱臣《らんしん》・賊子《ぞくし》、懼《おそ》る」ようになった（同）、という。「乱臣」は、君主を殺す臣。「賊子」は、父親を害する子。彼らは、『春秋』のように記録に残されるのを恐れるようになったのである。

「筆誅」は、罪悪や過失などを書き記すことによって、当事者たちを責めること。「筆誅を加える」という。

春秋の筆法　ここから「春秋の筆法」という成語が生まれた。

①　批評や批判がきわめて鋭く厳しい書き方。――右の『春秋』の筆法、そのものである。

②　間接的な原因を、直接的な原因であるとするような表現法。また、論理的には飛躍しているように見えるが、一面の真理を突いているような論法。――『春秋』が、小さい事件を取り上げて、大きな局面に影響を与える関係を説いていることから言う。

(3)　春秋三伝

孔子の著した『春秋』は、記事が簡潔にすぎる（たとえば次頁のコラムを参照）というので、これを補ったり、孔子の意図を説明したりする解釈本が、戦国時代ころまでに次々に書かれた。左氏《さし》伝・公羊《くよう》伝・穀梁《こくりょう》伝・鄒氏《すうし》伝・爽氏《そうし》伝うち、鄒氏伝と爽氏伝とは早く失われたので、前半の三伝を「春秋の三伝」と呼んでいる。「伝」は、経《けい》書の解釈、注釈書の意味。

春秋左氏《さし》伝　略して『左氏伝』とも『左伝』ともいう。著者は、孔子と同時代の左丘明《さきゅうめい》とされるが、戦国時代の著とも言われる。

事実を広く集めて、史実を詳細に記しており、史料としての価値が高く、もっとも広く読まれてきている。また、文学的な叙述スタイルも優れており、散文の模範として、後世に大きな影響を与えている。

春秋公羊《くよう》伝　単に『公羊伝』ともいう。戦国時代、子夏《しか》の門人である斉《せい》国の公羊高《くようこう》が著したとされるが、前漢の景帝の時代に、公羊高の玄孫の公羊寿《くようじゅ》と、門人の胡母子都《こぼしと》らが、公羊高の伝述を選んで記録したもの、とされている。

前漢の武帝は、建元五年（前一三六）に、『公羊伝』を専門に研究する学官を置いた。漢代から唐宋の時代、また特に清《しん》代には、盛んに研究されている。

春秋穀梁《こくりょう》伝 単に『穀梁伝』ともいう。戦国時代、子夏《しか》の門人である魯《ろ》国の穀梁赤《せき》が著したとされるが、異説もある。三伝の中では、経《けい》文〔本文〕の意図をもっともよく伝えている、とされている。

6 礼

社会的・文化的な規範としての「礼」は、孔子のころには、まとまった書物としての形はとっていなかっただろうとされている。

おそらく、礼に関する断片的な記録やメモが、孔子やその門人たち、さらに後の学者たちの手によって、整理編集されていったものだろう。

(1) 儀《ぎ》礼《らい》

今文《きんぶん》儀礼 周王朝創建期の周公旦《たん》が著したもの、また孔子が編集したもの、とされている。しかし内容的に見れば、春秋戦国時代から前漢時代の「礼」を整理したものである。

前漢の初め、魯《ろ》の国の高堂生《こうどうせい》は、秦《しん》代の混乱の時に滅んだ「礼」を受け継いでいると称して、『士礼《しらい》』十七編を著した。こ

◆螟《めい》——一文一字

『春秋』の最初に登場する隠《いん》公の記述を見ていくと、その五年（前七一八）は、全五十六字、八文から成っている。その六番めの文は、

「螟」

の一字だけ。

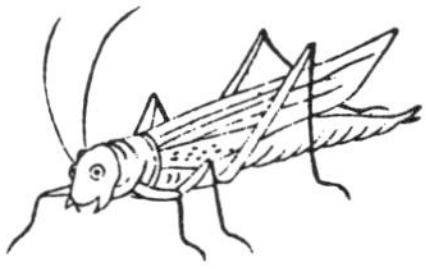

螟《めい》

螟は、稲の茎を食う害虫で、ズイムシ・クキムシなどと呼ぶ。それにしても、一文が一字という超短文（訓読なら「螟あり」となるだろう）。でも、「害虫が出た！ 大きな被害を受けた！」という気持ちが、一字であることによって、かえって強く現れているか。隠公八年（前七一五）にも、同じ記述が出ている。

この二例は本文（経）しかなく、それを敷衍《ふえん》する注釈（伝）はない。次の例は、経がなくて伝だけの、隠公元年（前七二二）の記事。

「有《あり》レ蜚《ひ》。不《ず》レ為《なサ》レ災《わざはヒヲ》。亦《まタ》不レ書《しょせ》。」

蜚《ひ》

蜚《ひ》という害虫が発生したが、災害には至らなかった。そこで同様に、孔子は『春秋』に書かなかった——という解説である。それだけに、右の「螟」の一字だけの記述は、大きな損害を与えた事件だったのだろう。

蜚は、螟と同じく稲を食う虫。クビキリバッタなどと呼ぶ。負盤《ふはん》。

れが、現在の『儀礼《ぎらい》』である。またこれを『今文儀礼《きんぶんぎらい》』と呼ぶ。

古文《こぶん》儀礼　前漢の武帝の時、魯から『古経《こけい》』五十六編が見いだされた。ここには『儀礼』十七編がほぼそっくり含まれていた。そこで、この十七編の部分を『古文儀礼』と呼んでいる。それ以外の三十九編は「逸礼《いつらい》」と称する。

後漢の鄭玄《じょうげん》（一二七―二〇〇）は、今文と古文とを併せ検討して『儀礼』に注を施し、唐代の賈公彦が疏《そ》を加えて『儀礼注《ぎらいちゅう》疏《そ》』を作った。これは、十三経（二〇四頁）注疏本に入っている。

(2)　周《しゅ》礼《らい》

これも周公旦《たん》の編集とされるが、もっと後世の成立。周代の王室の官制と、戦国時代の諸国の制度とを対照させたもので、『周官《しゅうかん》』と呼ばれ、以後、歴代の官制の規範となった。

前漢第七代・武帝の時、河間献王《かかんけんおう》（?―前一三七）が、それまでに集めた「礼」の記録百三十一編を整理して献上した。河間献王は、前漢第五代・景帝の第三子・劉徳《りゅうとく》のことで、河間の王に任じられたので、こう呼ばれる。

前漢末の学者・劉向《りゅうきょう》（前七七―前六）は、河間献王の「礼」を百三十編に整理する。

また、劉向の子・劉歆《りゅうきん》（?―二三）が、『周官』十六編を『周礼』とすることを定めて、『周礼』の位置が定まった。

後漢の学者・鄭玄《じょうげん》は、これに注を施し、唐代の賈公彦《かこうげん》が疏《そ》を加えて『周礼注疏』を作った。これも、十三経《ぎょう》（二〇四頁）注疏本に入っている。

(3)　礼《らい》記《き》

高堂生　『士礼《しらい》』（『儀礼《ぎらい》』）を著した高堂生は、礼を瑕丘《かきゅう》蕭奮《しょうふん》に教え、瑕丘はそれを孟卿《もうけい》に伝えた。

孟卿は、前漢第九代・宣《せん》帝（在位、前七四―前四九）の時に、后《こう》蒼《そう》に礼を教え、后蒼は礼博士となった。

大戴礼《だたいれい》　后蒼《こうそう》は、戴徳《たいとく》とその甥《おい》の戴聖《たいせい》とに、礼を教えた。

戴徳は、劉向《りゅうきょう》（前七七―前六）が集めていた二百十四編の「礼」を整理して、八十五編とした。これを『大戴礼《だたいれい》』と呼ぶ。『大戴記《だいたいき》』ともいう。

小戴礼《しょうたいれい》　戴聖《たいせい》は、『大戴礼』を整理して、四十九編とした。これを『小戴礼《しょうたいれい》』と呼び、また『小戴記』ともいう。

礼記《らいき》　後漢の大学者・鄭玄《じょうげん》は、それまでの整理を基にして『小戴礼』に注を加える。これが、ふつうに言う『礼記』である。

また、唐の太宗《たいそう》の時、孔穎達《くえいだつ》（五七四―六四八）は『礼記』に疏を加えて、『礼記正義《らいきせいぎ》』を著した。

三礼《さんらい》　なお後漢の鄭玄が注を施した『周礼《しゅらい》』（もと『周《しゅう》官《かん》』）・『儀礼《ぎらい》』（もと『古経《こけい》』）、そして右の『礼記』（もと『小戴礼』）を合わせて、三礼《さんらい》と称する。

7 四書《ししょ》

(1) 二程子《にていし》

北宋の儒学者、程顥《ていこう》（一〇三二―一〇八五）・程頤《ていい》（一〇三三―一一〇七）の兄弟が、儒教の入門書として、五経《ごきょう》（二九頁）の先に読むべきだとして、『大学』『中庸』『論語』『孟子』の四書を選んだ。三八頁のコラムも参照。

兄の程顥は、字《あざな》は伯淳《はくじゅん》、明道《めいどう》先生と称された。弟の程頤は、字《あざな》は正叔《せいしゅく》、伊川《いせん》先生と称された。兄弟ともに、宋学の先駆者である周敦頤《しゅうとんい》（一〇一七―一〇七三）に学んで、「二程子」と呼ばれる。周敦頤は、字《あざな》は茂叔《もしゅく》、濂渓《れんけい》先生と称された。

程顥《ていこう》

程頤《ていい》

（『中国五百名人図典』）

二程子
（『孔門儒教列伝』）

朱　熹
（『聖廟祀典図考』）

また、南宋の儒学者・朱熹《しゅき》（一一三〇—一二〇〇）は、二程子の学を継承発展させて、朱子学を大成した。また、程子と朱子とを併せて「程朱《ていしゅ》」と呼び、その学を「程朱の学」と称している。

(2)　四書集注《ししょしっちゅう》

朱熹は、程子の選んだ四書に対して、注釈を施す作業に没頭し、淳熙《じゅんき》四年（一一七七）に『論語集注』と『孟子集注』とを、また同一六年（一一八九）に『大学章句』と『中庸章句』とを、それぞれ完成した。

前二者の『集注』は、注釈に程子や諸家の説の引用も少なくないので、諸注も集める意味でこう称したもの。

後二者の『章句』も、注釈に近いが、編や章の前や後に、その大意や主旨などをも加えて記すので、注釈と区別してこう呼んでいる。

以後『四書章句集注《ししょしょうくしっちゅう》』と呼ばれ、ふつうは略して『四書集注』と呼ばれている。

元《げん》代の仁宗の皇慶《こうけい》二年（一三一三）からは、四書は科挙《かきょ》の試験（官吏登用試験）の必修科目となり、明《みん》・清《しん》時代にまで続いたので、広く学ばれるようになった。

8　大学《だいがく》

(1)　成　立

礼記《らいき》　『大学』は、もと『礼記』（小戴礼記《しょうたいれいき》）中の一編で、全四十九編中の第四十二編にあたる。この編だけに注目したのは、唐代の大文豪・韓愈《かんゆ》（七六八—八二四）である。

韓愈は、尭《ぎょう》・舜《しゅん》以来の道は孔子が大成し、孟子がこれを受け継いだ、という儒家の伝統を明らかにし、また『大学』編中の一章を引いて、自分の主張を強調している。なお一〇三頁を参照。

北宋の仁宗《じんそう》（在位、一〇二三—一〇六三）も、新たに登用された官吏に『大学』や『中庸』を賜って学ぶことを勧め、この傾向は南宋まで断続している。

北宋の司馬光《しばこう》（一〇一九—一〇八六）は、『大学』を単独に取り出して、『大学広義』一巻を著す。同様に『中庸広義』も著している（共に今は失われている）。

大学章句　この『大学』『中庸』を尊ぶ風潮は、二程子《にていし》（九五頁）にも受け継がれて、朱熹《しゅき》の『四書章句集注《ししょしょうくしっちゅう》』によって、両書ともに不動の地位を占めることになった。『大学』・『中庸』のばあいは、九六頁に記したとおり、それぞれの注釈を「章句」と言っている。

なお朱熹は、「大学は曾子《そうし》（四〇九頁）の門人の手に成る」としているが、確証はなく、異説も多い。

(2) 内 容

「大学」の本文には、書物によって異同が多く、二程子（九五頁）が本文を校訂していた。朱熹の『大学章句』はそれを用いたもので、次のように記している。

経《けい》一章　二百五字。孔子の言葉を門人の曾子《そうし》が受け継いで文章化したもの。

伝《でん》十章　千五百四十六字。「経」を、曾子の門人たちが解釈したもの。

朱熹がこれに「序」を置き、また「経・伝」にそれぞれ章句〔注釈〕を付したものが、『大学章句』である。

本文としての「経・伝」は、右に見るとおり、わずか千七百五十一字と、たいへん短い。しかし、それまで混乱していた本文を、朱熹（及び程子）は徹底的に動かして構成しなおした。その校訂と注釈とに、『中庸』と合わせて十数年を費やしたと言われている。

『大学章句』の「経」の主旨は、大学——成人の学問・教養人の学問——の目標を、三綱領・八条目に置いたことに尽きる。

三綱領

明明徳《めいめいとく》（明徳《めいとく》を明《あき》らかにす）

親《しん》民《みん》（民《たみ》に親《した》しむ）

◆『明史《みんし》』芸文志《げいもんし》

『明史』は、清《しん》代の張廷玉《ちょうていぎょく》らが編集し、清の乾隆《けんりゅう》四年（一七三九）に成立した。明朝二百七十余年間の歴史書。

その「芸文志」（四〇頁）は、大きく「経・史・子・集」に四分する（三六頁）ことには変わりはないが、時代を反映して、「経」類に「四書」類を設けているのが目につく。「経」の十類は、次のとおり。

一、易　二、書　三、詩　四、礼　五、楽　六、春秋

七、孝経　八、諸経　九、四書　十、小学

一から六までが「六経《りっけい》」、五を除けば「五経《ごきょう》」となる。七は、古くから重んじられてきた書（一〇六頁）。八と十は、その他の経書。そして「九、四書」には、五十九種の書名が並べられている。

「四書」を設けることは、四一頁の『四庫全書総目提要《しこぜんしょそうもくていよう》』にも受け継がれてゆく。

止至善《ししぜん》（至善《しぜん》に止《とど》まる）

「大学の道」として、『大学』の冒頭に次の一章があり、朱熹《しゅき》はここから、右の三項を「大学の三綱領」と呼んだ。「大学」とは、「小学」に対するもので、成人の学問。具体的な内容と順序、つまりカリキュラムは、次の八条目に示されている。

大《だい》学《がく》之《の》道《みちハ》、在《あり》レ明《あきラカニスルニ》二明《めい》徳《とくヲ》一。在《あり》レ親《したシムニ》レ民《たみニ》。在《あり》レ止《とどマルニ》二至《し》善《ぜんニ》一。（経《けい》、一章）

——成人としての学問は、その英明な徳を天下に明らかにすることである。（また）人民に親しみ愛することである。（そして）完全な善の境地にいることである。

「親」を「新」の誤りとし、人民を明徳に改め変えてゆく意味にとる説もある。この場合は「新レ民《タニスヲ》」と読む。

以上三綱領とともに、天子たる者としての心得。

八条目

格《かく》物《ぶつ》（物《もの》を格《ただ》す）——対象を正しくとらえる。

致《ち》知《ち》（知《ち》を致《いた》す）——認識を極める。

誠《せい》意《い》（意《い》を誠《まこと》にす）——意識を誠実にする。

正《せい》心《しん》（心《こころ》を正《ただ》しくす）——精神を正しくする。

修《しゅう》身《しん》（身《み》を修《をさ》む）——自身を修める。

斉《せい》家《か》（家《いへ》を斉《ととの》ふ）——家庭を整える。

治《ち》国《こく》（国《くに》を治《をさ》む）——領地を治める。

平天下《へいてんか》（天下《てんか》を平《たひ》らかにす）——天下を平和にする。

以上を朱熹《しゅき》は「大学の八条目」と呼んでいる。「格物[8]・致知[7]……治国[2]・平天下[1]」の順に進む。そして最後の「平天下[1]」は、先の三綱領の第一「明明徳」とはほぼ同義に使われている。次に掲げる本文を参照。

本文Aは、まず右の「格物[8]・致知[7]……治国[2]・平天下[1]」を、「平天下[1]」から逆順に述べてゆく。この「平天下[1]」が、「致知[7]・格物[8]」で止まる。それから改めて、Bで「格物[8]・致知[7]」から「治国[2]・平天下[1]」まで、もう一度述べてゆく。「結果」と「原因」とを、順序を反対にして繰り返すという、ユニークな構文であり、説得力がある。

A　古《いにしへの》之欲《ほっスルあきラカニセントめい》レ明二明徳《とくヲ》於天《てん》下《かニ》一者《ものハ》、先《まヅ》治《をさむ》二其《そノ》国《くにヲ》一。
欲《ほっスルをきメント》レ治二其《そノ》国《くにヲ》一者《ものハ》、先《まヅ》斉《ととのフ》二其《そノ》家《いへヲ》一。
欲《ほっスルととのヘント》レ斉二其《そノ》家《いへヲ》一者《ものハ》、先《まヅ》脩《をさム》二其《そノ》身《みヲ》一。
欲《ほっスルをきメント》レ脩二其《そノ》身《みヲ》一者《ものハ》、先《まヅ》正《ただス》二其《そノ》心《こころヲ》一。
欲《ほっスルただサント》レ正二其《そノ》心《こころヲ》一者《ものハ》、先《まヅ》誠《まことニス》二其《そノ》意《いヲ》一。
欲《ほっスルまことニセント》レ誠二其《そノ》意《いヲ》一者《ものハ》、先《まヅ》致《いたス》二其《そノ》知《ちヲ》一。
致《いたスハ》レ知《ちヲ》在《あり》レ格《ただスニ》レ物《ものヲ》。

B　物《もの》格《ただシクシテ》而《しかルのち》后《ニ》知《ち》至《いたル》。
知《ち》至《いたリテ》而《しかルのち》后《ニ》意《い》誠《まことナリ》。

意《い》誠《まことニシテ》而《しかル》后《のちニ》心《こころ》正《ただシ》。
心《こころ》正《ただシクシテ》而《しかル》后《のちニ》身《み》脩《をさマル》。
身《み》脩《をさマリテ》而《しかル》后《のちニ》家《いへ》斉《ととのフ》。
家《いへ》斉《ととのヒテ》而《しかル》后《のちニ》国《くに》治《をさマル》。
国《くに》治《をさマリテ》而《しかル》后《のちニ》天《てん》下《か》平《たひラカナリ》。　（経、一章）

〔注〕ＡＢ＝便宜上、この二段落に分け、かつそれぞれの本文を一文ずつに区切って掲げた。

国＝天下を国という。家＝諸侯や卿大夫《けいたいふ》などの治める領地をいう。

脩《しゅう》＝本来は「干し肉」の意味だが、「修」と同様にも使われる。

格レ物＝挙げきれないほどの解釈がある。中でも「格」を「いたル（至）」と読むことが多い（格《いたル》レ物ニ）。他の解釈は、それぞれの人の立場による違いなので、ここでは省略する。

修己治人《しゅうこちじん》　冒頭の「欲レ明二明徳於天下一者」は、前の三綱領の冒頭「大学之道、在レ明二明徳一」を受けている。つまり「大学」の最終目標は、天下に王となることにある、とする。

これは、孔子の掲げる「修己治人」——己《おのれ》を修《おさ》め、人《ひと》を治《おさ》める——（六二頁）という目標を、八段階（八条目）にわけて順序よく具体的に示したものとしても、よく知られるようになった。

連鎖法《れんさ》　鎖《くさり》をつないでいくように文章を展開していく技法。右のＡＢの二段落とも、連鎖の典型である。短いほうのＢで見てみよう。

物格　而后　知至
知至　而后　意誠
意誠　而后　心正
心正……

つまり、ＡもＢも次のような形になる。

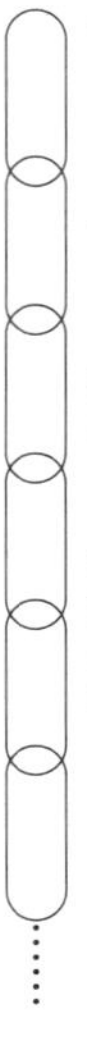

日本文では、このように完全な連鎖法は書けないが、これに近いものを「尻《しり》取り法」と呼んでいる。

◆夏目漱石の尻取り文

①山路を登りながら、かう考へた。
②智に働けば角が立つ。③情に棹させば流される。④意地を通せば窮屈だ。⑤兎角に人の世は住みにくい。
⑥住みにくさが高じると、安い所へ引き越したくなる。⑦どこへ越しても住みにくいと悟つた時、詩が生れて、画が出来る。（草枕）
（①～⑦は、仮の文番号。）

②③④は、日本文には珍しい対句。①の「かう」の内容を三つ並列したもの。
⑤はそれをまとめた文。同時に、次の⑥と「住みにくく」を尻取りにし、⑦にまで続ける（⑦は尻取りではないが）。かつ、⑥と⑦は「越し」が尻取りで、⑤からの流れをスムーズにし、⑦の後半の〝結論〟に流れ込む。

9　中庸《ちゅうよう》

(1) 成立

礼記《らいき》　『大学』と同じく、もと『礼記』(小戴礼記《しょうたいれいき》)中の一編で、全四十九編中の第三十一編にあたる。

「中庸」は、偏らず、過不及のないこと。『論語』に、次のようにいう。

中庸《ちゅうよう》之《の》為《たル》レ徳《とく》也《や》、其《そレ》至《いたレル》矣‐乎《かな》。民《たみ》鮮《すくナキコト》久《ひさシ》矣。(雍也《ようや》編)

――中庸が人間の持つ徳であるというのは、最高のことだなあ。しかし、それを実践する人がほとんどいなくなってから、もう長い月日が経っている！

子思《しし》　著者は、孔子の孫で、曾子《そうし》(四〇九頁)の門人である孔伋《こうきゅう》(字《あざな》は子思《しし》。四〇一頁)であるとされ(史記・孔子世家、漢書・芸文志など)、『中庸章句』を著した朱熹《しゅき》も、この説に従っている。

子思の著ということもあってか、『漢書』芸文志《げいもんし》には『中庸説』として、独立して記されている。

六朝《りくちょう》・宋《そう》の戴顒《たいぎょう》は『礼記中庸伝』を、梁《りょう》の武帝(在位、五〇二―五四九)は『中庸講疏《こうそ》』を著すなど、早くから尊ばれてきた。

宋代には天子が官吏に学ぶように奨励したことは、「大学」の項に記したとおりである(九六頁)。

子思、『中庸』を著す
(『孔門儒教列伝』)

唐代には、李翺《りこう》(七七二―八四一)が韓愈《かんゆ》と並んで儒教を尊び、『中庸』の注疏ともいうべき『復性書』を著した。

宋代に入ると、『中庸』はますます重んじられ、二程子《にていし》(九五頁)は『大学』・『論語』・『孟子』とともに『中庸』を門人の教科書として使った。

朱熹《しゅき》が、苦労の末に『四書章句集注』を完成させて、『中庸』の地位も確立したのである(併せて『大学』の項も参照)。

朱熹は『中庸』の全文を三十三章と定めた。三千五百六十八字から成っている。

(2) 内　容

中庸　孔子の言葉として「中庸は其《そ》れ至《いた》れるかな」（章句第三章）とし、「中庸」を最高の徳としている。第一章から第二十章までは、この「中庸の徳」を中心に述べている。

誠　「誠《まこと》は、天《てん》の道《みち》なり。之《これ》を誠《まこと》にするは、人《ひと》の道《みち》なり」（章句第二十章）として、誠を身につけるべきことを中心に述べている。第二十章の後半から、最後の第三十三章に至る。

なお、朱熹の「中庸章句序」では、その冒頭に『中庸』の作者と意義とについて、次のように簡潔に記している。

中庸《ちゅうよう》は、何《なん》の為《ため》にして作《つく》れるや。子思子《ししし》、道学《どうがく》の其《そ》の伝《でん》を失《うしな》はんことを憂《うれ》へて作《つく》れるなり。――『中庸』は、何のために著されたのか。子思〔孔子の孫の孔伋《こうきゅう》〕先生が、道義を貫く学問〔儒学〕が世に受け継ぎ伝わるのが絶えてしまうことを心配して、著されたものである。

10 論　語

(1) 成　立

語の論纂　『漢書』芸文志《げいもんし》（六芸略・論語）に、次のように説明している。

「論語は、孔子の弟子《ていし》・時人《じじん》に応答《おうとう》し、及び弟子相与《あひとも》に言ひて、夫子《ふうし》に接聞《せつぶん》する語なり。当時、弟子各《おのおの》記するところ有り。夫子既《すで》に卒《しゅっ》して、門人相与《あひとも》に論纂《ろんさん》す。故にこれを論語と謂《い》ふ。」

――論語は、孔子がその門人や同時代の人々と問答したり、また門人たちがお互いに発言して、（あるいは）先生から直接に聞いたりした言葉（を集めたもの）である。孔子の時代から、門人たちはそれぞれこれらの言葉を記録（あるいは記憶か？）していた。先生が没すると、門人たちはお互いにその言葉を集め、討論しながら編集していった。そこで、これを論語と呼ぶ。

「接聞する語」を「論纂」した書だから『論語』という名称がついた、という説明である。なお『論語』には孔子の行動も多く描かれており、右の『漢書』中の「応答」は、「言動」と見るのが妥当なのかもしれない。

三種の論語　孔子の死後、門人たちは各地に分散していき、それぞれの地で右のように「門人相与《あひとも》に論纂」していたらしい。秦《しん》の始皇帝《しこうてい》の焚書《ふんしょ》（七〇頁）に遭って以後、漢代に入ると、

『論語』のテキストを広く捜した。その結果、魯《ろ》に伝わる「魯論」二十編、斉《せい》に伝わる「斉論」二十二編が見つかった。これは、当時の通用字体である隷書《れいしょ》で書かれていたので、「今文《きんぶん》論語」と呼ばれる。

また、前漢の武帝のころに、魯の恭王が孔子の旧宅を改築しようとした時に、壁の中から「古論」二十一編が発見された。これは、秦代以前の古体の文字で書かれていたので、「古文論語」と呼ばれる。

『論語集解《しっかい》』　前漢末の張禹《ちょうう》(?－前五)は、三種の論語を整理して『張侯《ちょうこう》論』二十編を作り、これが普及していった。

後漢末の鄭玄《じょうげん》(一二七－二〇〇)は、『張侯論』を「古論」で校訂し、二十編に注をつけて『鄭注《ていちゅう》論語』を著した。

次いで、三国魏《ぎ》の何晏《かあん》(一九〇－二四九)が、鄭玄を含めて後漢以降の八人の注を集め、自分の注も加えた『論語集解《しっかい》』を著した。二四五年ころの成立で、まとまって現存する最も古いテキストである。

『論語義疏《ぎそ》』　南朝梁《りょう》の皇侃《おうがん》(四八八－五四五)は、さらに詳細な注解を施した『論語義疏《ぎそ》』を著し、中国はもちろん、日本でも平安時代以降盛んに読まれてきた。

古注と新注　これらの注釈書は「古注《こちゅう》」と呼ばれる。また、朱熹《しゅき》の『論語集注』は「新注《しんちゅう》」と呼ばれている(九六頁の「四書集注」を参照)。

(2) 内容

全二十編。各編の冒頭の章から、その最初またはそれに近い二～三字を取って、編名としている。編ごとに一貫したテーマがあるのではなく、雑纂的である。

原本は、各章がすべて続けて書かれているので、章の区切り方は学者によって多少異なる。左に、各編の編名と、朱熹『論語集注』による章数とを挙げておく。計四百九十九章である。なおカッコ内に、諸橋轍次『論語の講義』(大修館書店)との増減の章数を示す。こちらは、ちょうど五百章(なお、古注の『論語集解』は、五百一章)。

学《がく》而《じ》一	16章	為《い》政《せい》二	24章
八《はち》佾《いつ》三	26章	里《り》仁《じん》四	26章
公《こう》冶《や》長《ちょう》五	27章(+1)	雍《よう》也《や》六	28章
述《じゅつ》而《じ》七	37章	泰《たい》伯《はく》八	21章
子《し》罕《かん》九	30章(+1)	郷《きょう》党《とう》十	18章
先《せん》進《しん》十一	25章(−1)	顔《がん》淵《えん》十二	24章
子《し》路《ろ》十三	30章	憲《けん》問《もん》十四	47章
衛《えい》霊《れい》公《こう》十五	41章	季《き》氏《し》十六	14章
陽《よう》貨《か》十七	26章	微《び》子《し》十八	11章
子《し》張《ちょう》十九	25章	尭《ぎょう》曰《えつ》二十	3章

11 孟子

(1) 成立

著者　『史記』孟子伝によると、孟子が門人の万章《ばんしょう》たちとともに著したもの。孟子は、孔子が編集したとされる「詩」（八五頁）や「書」（八六頁）を整理し、孔子の思想を受け継いで、『孟子』七編を著したという。

孟子の死後、その門人たちが著したとする説もある。

『孟子題辞』　『漢書』芸文志《げいもんし》には、『孟子』十一編、とある。後漢の趙岐《ちょうき》（一〇六?―二〇一）は、現存する最古の注釈書『孟子題辞』を著し、現在の七編を内編と呼んで、他の四編「性善・辯文《べんぶん》・説孝経・為政」を外編として、これらの内容の浅さは孟子とまったく異なるから後世の偽託と断じ、七編をそれぞれ上下に分けて、今日の『孟子』の体裁になった。

趙岐はまた、『孟子』七編・全二百六十一章、三万四千六百八十五字、と記している。

諸子　『孟子』は、前漢の文帝の時に、『論語』・『孝経』・『爾《じ》雅《が》』と並んで四博士が置かれ、専門的に講究された。しかし、次の武帝の時には「五経博士」（三〇頁）が置かれて、以後の『孟子』は諸子扱いをされてきた。

韓愈《かんゆ》　唐代に入ると、韓愈（七六八―八二四）が、儒家の本質を明らかにして、その当時流行していた老荘思想や仏教を排斥する立場をとった。

その代表的な論文「原道《げんどう》」では、次のように主張している。

――真の道は、老荘や仏教の道ではない。真の道は、尭《ぎょう》帝から舜《しゅん》帝、禹《う》王、湯《とう》王、文王・武王・周公と伝えられ、そこから孔子に、孔子から孟子に、と伝えられたものである。孟子の没後は、その道は伝えられなくなってしまった……。

また、名論文である「読《ム》二荀《じゅん》子《シヲ》一」では、次のように述べている。

――私が最初に『孟子』を読んでからは、孔子の「道」は尊く、聖人の道は実行しやすい、その道に従えば、王者は王者に、覇者は覇者になりやすい、ということがわかった。

韓　愈
(『聖廟祀典図考』)

私は、孔子の門人たちが没して以後、孔子を尊んで道を説く人は孟子ただ一人、と考える。

『孟子集注《しっちゅう》』　これ以降、『孟子』は再評価されて、二程子《にていし》（九五頁）が「四書」の一つとして挙げ、朱熹《しゅき》が『四書集注』（九六頁）を著して、その地位が確立した。九六頁の『大学』や、一〇〇頁の『中庸』の場合と、まったく同じである。

(2)　内容

全七編、各編は上下に分かれる。それぞれの編名は『論語』の場合と同じく、各編の冒頭の章から、その最初の二〜三字を取ったもの。編ごとにテーマがあるわけではないことも、『論語』の場合と同じ。

現在の『孟子集注』は、全二百六十章。章ごとの長さの違いは大きく、一文十字で一章というのもあり、冒頭の百四十九字という章もある（もっと長い章もある）。

次に、各編の編名と章数とをまとめておこう。

	上	下	計
梁恵王《りょうけいおう》	7	16	23
公孫丑《こうそんちゅう》	9	14	23
滕文公《とうぶんこう》	5	10	15
離婁《りろう》	28	33	61
万章《ばんしょう》	9	9	18
告子《こくし》	20	16	36
尽心《じんしん》	46	38	84

12　十三経《じゅうさんぎょう》

儒家の経典のうち、特に「注」と「疏《そ》」とが完備している十三種の書をいう。「じゅうさんけい」とも読む。

唐代の「開成石経《かいせいせきけい》」（次項）では、十二種の経典が石碑に刻まれた。

北宋の神宗《しんそう》（在位、一〇六八—一〇八五）の時代に、ここに『孟子』が加えられて、十三経が確立する。

これらには、それぞれ注と疏《そ》（注の注）とが加えられているので、「十三経注疏《じゅうさんぎょうちゅうそ》」と呼んでいる。そのリストは、一〇六頁に掲げる。

(1)　熹平石経《きへいせきけい》

後漢の霊帝《れいてい》の熹平四年（一七五）に、儒家の経典《けいてん》を石に刻んで建てたもの。

筆写の方法が不十分な時代だったので、同じテキストでもさまざまに異なってしまう。そこで、正しい文字や文章を定めようというので、石に刻むのである。九年かかって完成した。

宋代に『尚書《しょうしょ》』・『詩経《しきょう》』・『儀礼《ぎらい》』・『春秋公羊伝《しゅんじゅうくようでん》』・『論語』が発掘され、一九二三年には『周易《しゅうえき》』・『春秋』が出土したので、熹平石経には「七経」が刻まれていたかと推定される。七経には、他の数え方もあり、八四頁を参照。

(2) 開成《かいせい》石経

唐の文宗の太和七年（八三三）に勅命が下り、開成二年（八三七）に完成した、経典の石碑。

石碑には、はじめ九経、のち『孝経』・『論語』・『爾雅《じが》』が加えられて十二経《けい》、清《しん》代に賈漢復《かかんふく》により『孟子』が刻まれて、これで十三経《ぎょう》となった、という。

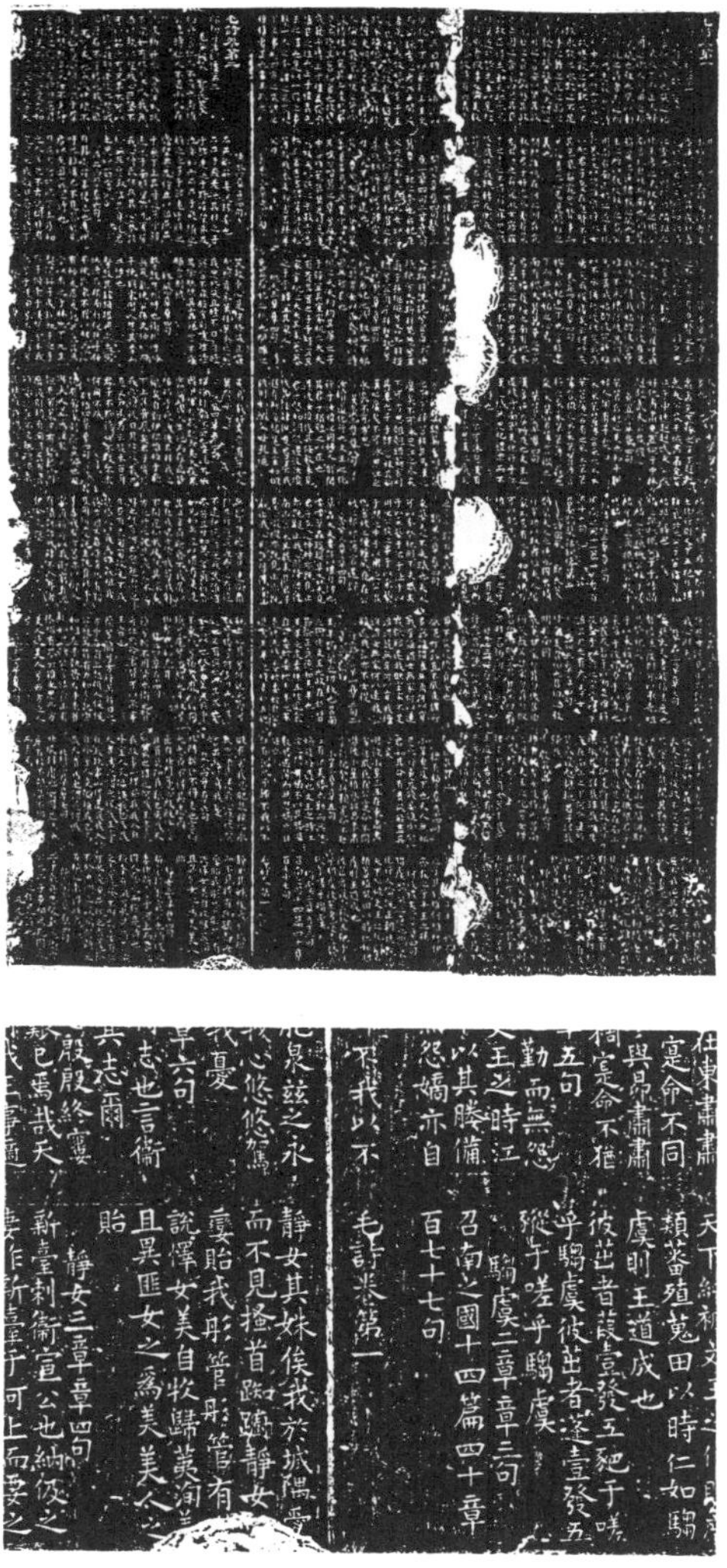

開成石経

(3) 広政《こうせい》石経

後蜀《こうしょく》の孟昶《もうちょう》の広政一四年（九五一）に石刻を始めた経典の石碑。はじめ九経、北宋の皇祐《こうゆう》年間（一〇四九—一〇五四）に『公《く》羊伝《ようでん》』『穀梁伝《こくりょうでん》』が補われて完成した（『儀礼《ぎらい》』の成立は不明、『孟子』は宣和《せんわ》年間〈一一一九—一一二五〉に補刻された）。

この石経は、従来のものが本文だけだったのに対して、注釈文も刻している。そのため石碑は一千基を超え、『孟子』を除く十二経の完成まで百年余かかっている。

〈表3〉十三経注疏《じゅうさんぎょうちゅうそ》

周易《しゅうえき》注疏	魏《ぎ》・王弼《おうひつ》注	唐・孔穎達《くえいだつ》疏
	晋《しん》・韓康伯《かんこうはく》注	
尚書《しょうしょ》注疏	漢・孔安国《こうあんこく》伝	唐・孔穎達疏
詩経《しきょう》注疏	漢・毛亨《もうこう》伝	唐・孔穎達疏
	漢・鄭玄《じょうげん》箋	
周礼《しゅらい》注疏	漢・鄭玄注	唐・賈公彦《かこうげん》疏
儀礼《ぎらい》注疏	漢・鄭玄注	唐・賈公彦疏
礼記《らいき》注疏	漢・鄭玄注	唐・孔穎達疏
春秋左氏伝《しゅんじゅうさしでん》注疏	晋・杜預《どよ》注	唐・孔穎達疏
春秋公羊伝《くようでん》注疏	漢・何休《かきゅう》解詁	唐・徐彦《じょげん》疏
春秋穀梁伝《こくりょうでん》注疏	漢・范寧《はんねい》集解	唐・楊士勛《ようしくん》疏
孝経《こうきょう》注疏	唐・玄宗《げんそう》御注	宋・刑昺《けいへい》疏
論語《ろんご》注疏	魏《ぎ》・何晏《かあん》集解	宋・刑昺疏
爾雅《じが》注疏	晋・郭璞《かくはく》注	宋・刑昺疏
孟子《もうし》注疏	漢・趙岐《ちょうき》注	宋・孫奭《そんせき》疏

［注］疏《そ》＝注釈に加える注釈。

右のうち、孔穎達の五つの「疏」は、唐の太宗《たいそう》の勅命を受けて書かれたものなので、特に「正義」と称される。

伝《でん》＝注や疏と同じ。

箋《せん》＝注や疏と同じ。むしろ疏に近い。

解詁《かいこ》＝解釈。「詁」も、解釈する意味。

集解《しっかい》＝何人かの解釈を集めて記すこと。魏の何晏《かあん》『論語集解』（一〇二頁）が有名。「しゅうかい」とも読む。

御注《ぎょちゅう》＝天子がみずから注釈したもの。天子の解釈。

＊『詩経』は『毛詩《もうし》』ということもあり、『尚書』は『書経』と呼ばれることも多い。

13　孝経《こうきょう》

「十三経」に入っていながら、広義の「四書五経」には含まれていない『孝経』を紹介しよう。

(1)　成　立

孔子の著　『漢書』芸文志《げいもんし》によると、前漢の武帝の時代に、魯《ろ》の恭王が孔子の家を修築しようと壊した時に、『論語』などと一緒に『孝経』が発見された、とする。

そして、『孝経』は「孔子が、門人の曾子《そうし》のために、孝の道について説明したもの」という。

曾子《そうし》の著　『史記』仲尼弟子《ちゅうじていし》列伝には、次のように記されている。

「曾参《そうしん》（曾子）は、孔子より四十六歳若い。孔子は、曾参は孝の道を心得ていると知って、さらにこれを教えた。曾参は『孝経』を著し、魯の国で没した」。なお四〇九頁を参照。

曾子の門人の著 南宋の朱熹《しゅき》は、その著『孝経刊誤』の中で、こう述べている。

「孝経は、孔子と曾子との問答であり、曾子の門人がこれを記録したものである。」

次に挙げる例のように、孔子と曾子との問答を門人が記録し整理したもの、と見るのが妥当なところか。

現在の『孝経』は、全十八章、合計して一千八百六十一字。

(2) 内容

孔子が、曾子に「孝」の道を説いたもの。たとえば、次のような問答がある。

曾《そう》子《し》曰《いハク》、「甚《はなはダシイかな》哉、孝《こう》之《の》大《だいナル》也《やト》。」
子《し》曰《いハク》、「夫《そレ》孝《こうハ》天《てん》之《の》経《けい》也《なり》。地《ち》之《の》誼《ぎ》〔義《ぎ》〕也《なり》。民《たみ》之《の》行《おこなヒ》也《なりト》。」

——曾子「たいへんなものですね、孝の重大さというものは」(曾子はこれまで、孔子から孝の道について種々教えられてきた)。

孔子「孝というのは、天の法則である。地の秩序である。民の行為である」(孝経、三才《さんさい》章・第八)。

孔子の「夫孝天之経也」という言葉から、『孝経』の題名がついた。

なお、出典の章名「三才」とは、「天・地・人〔民〕」三者の「道」。

14 爾《じ》雅《が》

現存する、中国最古の字書。周公旦《たん》の作、孔子の門人の作などの説があり、古くから儒家の経典《けいてん》として尊ばれてきた。

『爾雅』については二〇八頁に詳しく紹介したので、参照されたい。

2　道家

1　歴史

「道家」という固有の思想グループが存在していたわけではない。また、師から門人へと、その思想が教えられ語り継がれていったわけでもない。グループによって語り継がれていく形の諸子百家は、儒家と墨家だけである。

しかし、春秋戦国時代には、道家はその儒家や墨家と並んで、鼎《かなえ》の三本足として当時の思想界を支えたのである。

道家は、戦国時代の末期から前漢の初期に、「黄老《こうろう》の学」として学問的に整理されていく。黄老の学については、一一〇頁を参照。

1　前期道家

(1)　隠者的

農耕を中心とする古代中国においては、隣近所の人たちが一緒に協力して仕事に取り組むのがふつうである。

ところが、どの集団にも見られるが、そういう社会共同体に溶け込めない人もいる。健康上、身体上の都合もあるが、精神的にも共同が苦手な人もいる。

こうして、社会共同体から逸脱して、自分の道を歩むという、隠者的な人たちが、社会を考え、人生を考えて思索をめぐらせ、一つの知識階級とされるようになる。

『論語』にも、しばしばそういう隠者が登場しては、問答したり、孔子たちの〝俗界〟を笑ったりする章が見える。

この人たちの〝思想〟は、まさに道家的であり、道家の原型であるということができる。

(2)　神秘的

農耕生活においては、自然現象のすべてが、影響してくる。四季の推移や天候の順不順、寒暑、晴雨などは、生活に密着している。天体や自然を観察して、その変化を知り、あるいは予知する。これは「陰陽家」(一三六頁)として大きな勢力を持ってきたが、陰陽家ではなくとも、自然現象の変化に関心を寄せる人は多かった。いや、すべての人が関心を持たざるを得なかっただろう。

その自然現象の持つ神秘性を恐れ、その背後に〝神〟の存在を見て、信仰の対象としてこれを祀《まつ》る。これもまた、必然の成り行きである。その神秘性、背後にある絶対的なものの存在。それらと、人間や人間生活、天地万物との関係を考える〝哲学者〟が現れても、不思議ではない。

哲学者たちは、易（八八頁）の思想を生んでいったし、また、道家的な思想を生んでいった。道家の「道」の原型を、ここに見ることができる。

2　道家の成立

道家の思想をまとめた人は老子であり、その思想は『老子』二巻八十一章に記されている。道家は、老子から始まるのである。

老子の重んじる「道」から、道家と呼ばれるようになったのは、戦国時代の後期から、とされている。

ところが、老子という人物自体が、一一五頁に述べるとおり、正体不明である。人物が謎に包まれているのだから、その著とされる『老子』にも、不明な点が多い。

老子については、改めて一一五頁で詳しく紹介する。

3　道家の人々

老子の思想は、荘子によって展開する。しかし、老子の存在も不明確な点も多いし、荘子自身についても、はっきりしない点が多い。従って荘子は、老子の教えを直接に受けたかどうかも、わからない。

しかし、次項に見るとおり、『荘子』や『荀子』に既に「老聃《ろうたん》」という人物が登場しているので、架空か実在かは別としても、「老聃」が〝存在〟していたことは確かである。

そして、老子（老聃）と荘子との思想が、多くの点で共通していることから、「老子・荘子」、「老荘」と併称されるのである。

この時期の第一人者は、もちろん荘子。荘子については一二三頁に記す。ここでは、当時の道家的な人物について紹介しておく。

(1)『荘子』中の道家

古くからの「道術」を学んだ者たちとして、『荘子』天下編は六つのグループを挙げている（一三頁）。このうち、道家にかかわるのは、次の四グループ。

○宋銒《そうけん》・尹文《いんぶん》　この二人は、道家の宋尹学派と呼ばれることもある。

○彭蒙《ほうもう》・田駢《でんぺん》・慎到《しんとう》　次の関尹《かんいん》の影響を受けたとも言われている。

○関尹《かんいん》・老聃《ろうたん》　いわば道家の祖。老聃は、もちろん老子（一一五頁）のこと。関尹は、三八八頁の尹喜を参照。

○荘周《そうしゅう》　荘子のことで、自分の本の中で自我像を描いている。

なお、それぞれのグループの特徴などは、一三頁以降に記しておいた。

(2) 『荀子』中の道家

荀子は、『荀子』非十二子編において、天下を惑わせている人物として、計十二人を二人ずつ六つのグループにわけ、同時代の思想家を批判している。道家に関係するのは、宋鈃《そうけん》・慎《しん》到《とう》・田駢《でんべん》。これら十二人については、一七頁を参照。

また、天論編では、慎到《しんとう》・老耼《ろうたん》・墨翟《ぼくてき》・宋鈃《そうけん》の四人を「愚者」と決めつけている。その内容については、一八頁を参照。

さらに、解蔽編では、六人の思想家を「乱家」として批判している。道家では、宋鈃《そうけん》・慎到《しんとう》・荘周《そうしゅう》の三人。他に、墨翟《ぼくてき》・申《しん》不害《ふがい》・恵施《けいし》の三人が対象になっている。それぞれへの批判の内容は、一九頁を参照。

(3) 道家的な思想家

荘子や荀子の批判の対象になった人たちを通して見ると、道家の人たちが活躍して、大きな影響を与えていた、ということがわかる。

ただし、「道家」というまとまりがあったわけではなく、右に挙げられた思想家も、グループとしては他の「家」に分類されることもある。

たとえば、慎到《しんとう》は法家、墨翟《ぼくてき》は墨家、恵施《けいし》は名家、などである。

思想家たちの中にも、道家的な考え方も併せ持っている人が少なくなかったのである。

特に『史記』列伝では、「老子・荘子・申不害《しんふがい》・韓非子」を一つの巻で取り上げている。今では、前二者は道家、後二者は法家に分類される人だが、この両家は密接に関係している。

『史記』には、次のように記す。

荘子＝其の要は老子の言に本づき帰する。

申不害＝申子の学は、黄老（次項）に本づき、刑名（一七九頁）を主とす。

韓非子＝刑名法術の学を喜《この》むも、其の帰（根源）は黄老に本づく。

多くの思想家が道家的な思想も持っており、特に根底のところでは、道家と法家とは深く関係している、という点に注意したい。

4　道家の展開

(1) 思想的——道家

黄老　戦国時代の末期から漢代の初期にかけて、老子の思想は黄帝（四二二頁）に始まる、という考え方が一般化してきた。

黄帝は、中国の伝説上、最古の天子。その思想が「無為にして治まる」ということで、老子と共通しているために「黄老」と並称されるようになったのである。

文景の治　前漢の文帝（在位、前一七九―前一五七）は、次の景帝（在位、前一五六―前一四一）とともに、黄老の学を好み、これを政治の方針とした。「文景の治」と称されている。

文帝の時、河上（黄河のほとり）に住む隠者が、天子のために『老子』を写したという「河上公《かじょうこう》本」が伝わる。しかしこれは、西晋《しん》の学者・葛洪《かっこう》（二八四―三六四）が書いたものとされている。

玄学《げん》　前漢の武帝（在位、前一四〇―前八七）は、儒家を尊んだ（二九頁）ので、道家は一時的に後退した。しかし、後漢の桓帝（在位、一四七―一六七）は、老子が夢に現れたとしてこれを尊ぶようになる。

黄 帝
（『中国五百名人図典』）

玄学《げん》は、老子や荘子、『周易』（八八頁）などの思想によって、儒家の経典を解釈しようとする学問。三国魏《ぎ》の思想家、何晏《かあん》（一九〇―二四九）や、王弼《おうひつ》（二二六―二四九）らによって盛んに行われ、玄学が成立した。

「玄」は、奥深く神妙な世界のことで、老子や道家などをさす。

王弼が著した『老子道徳経』は、現存する最古の『老子』であるが、完全なものではないとされている。

四科　後漢の明帝の時に中国に仏教の経典がもたらされ（六七）、翌年には、中国で最初の仏寺・白馬寺が建立された。

東晋時代に入ると、道家思想は仏教思想（特に禅宗）とも融合しはじめ、「玄を語り仏を説く」風潮が流行して、お互いに大きな影響を与えはじめる。

南朝宋の明帝（四六六―四七二）は、道家を取り上げて、「儒・玄・文・史」の四科の一つとして学ばせることとした。

李姓　唐王朝を建てたのは、李淵《りえん》（唐の高祖。在位六一八―六二六）。老子（李耳）と同じ李姓であるというので老子を尊び、武徳三年（六二〇）には老子を祀《まつ》る廟を建てた。

また高宗（在位、六五〇―六八三）は、乾封元年（六六六）二月に、老子を尊んで、「太上《たいじょう》玄元皇帝」と称した。

道観《どうかん》　玄宗（在位、七一三―七五五）は、儒家の経典とともに、道家の『老子』『荘子』を官学とし、玄宗みずから『老子道徳経』に注を施して、学者たちに学ばせた。

また玄宗は、各地に道観〔玄元皇帝廟〕を建て、道教を保護しまた普及させた。道観は、道教の寺で、道院とも言い、寺院に相当する。

以上、道家——老荘〔黄老〕思想の、思想的な面からの展開を通覧してきた。しかし道家はもう一つ、宗教的・信仰的な面を持つようになってくる。これを特に「道教」と呼んでいる。

(2)　宗教的——道教

神仙説　道家の、無為にして大自然に遊ぶという境地は、自然な形で、神や仙人へのあこがれと結びついてゆく。

神仙といえば、魂も天地を自由に飛び回るし、また体も、不老長生である。

そこで、自由な精神と永遠な肉体とを求めて、種々の仙薬が求められ、工夫された。これがはからずも、医薬の開発にも貢献していくことになる。道家はこうして、神仙思想と融合し、道士と呼ばれていくのである。

陰陽五行説　道家の、世俗的な在り方や生き方を批判する考え方は、人知を超越した、神秘的な世界へのあこがれを生んでいく。この一面が神仙思想に近づき、他の一面が呪術《じゅじゅつ》や祈禱《きとう》を重視する神秘思想に近づいていくのである。この後者には、陰陽五行説（一五〇頁）の思想が大きな影響を与えている。

民間信仰　神仙とか不老長生の境地へのあこがれ、呪術とか祈禱にみられる神秘的な世界への怖れなどは、道家・神仙説・陰陽五行説などと、おおげさな思想を持ち出すまでもない。民間にも、そういう思想や信仰が満ちあふれている。
民間では特に、現世利益——占ったり祈ったりした結果、この現実の世で、何らかの形で利益を受けることができることが、〝信仰〟の中心になっている。次項の「太平道」も「五斗米道」も、病気が治るという〝ご利益〟を伴っている。

太平道《たいへいどう》　初期の道教の一派。後漢の霊《れい》帝の熹《き》平《へい》年間（一七二—一七七）に、張角《ちょうかく》（?—一八四）が始めた、呪術的な民間信仰。病人に過去の罪を告白懺悔《ざんげ》させてから、符水《ふすい》〔呪《まじな》い札《ふだ》を浮かべた水〕を飲ませて治療する、というのがポイント。実際に治った人も多かったと言われ、信徒は数十万人に及んだ。それぞれ、地域ごとに組織化されていた。

霊帝の中平元年（一八四）二月に、一斉に反乱を起こした時の軍勢は、百余万に達したという。頭を黄色い布で包んだので、黄巾《こうきん》軍と呼ばれ、この反乱を黄巾の乱という。

その巨大な勢力を恐れて、朝廷が圧力をかけてきたのに対抗しての反乱と言われるが、以後、後漢の王朝は衰退していく。

五斗米道《ごとべいどう》　同じく、初期の道家の一派。後漢の順帝（在位一二六—一四四）の時に、張陵《ちょうりょう》が始めた、老子〔太上老君〕を教主とする民間信仰。五斗〔今の約十リットル〕の米を納めることで信者になった（反対に、信者となる人には五斗の米を与えた、ともいう。このほうが現世利益的）。

張陵の後はその子の張衡《ちょうこう》が、その後はまたその子の張魯《ちょうろ》が受け継いだので、三張ともいう。張魯の活躍は、後漢の献帝（在位一九〇―二二〇）のころ。

張魯は、農民たちに米や肉を提供する無料宿泊所を作ったりしていたが、のち魏《ぎ》の曹操《そうそう》に降伏した。

五斗米道も太平道と同じく、病人に告白懺悔《ざんげ》させ、符水《ふすい》を飲ませて治療したという。

寇謙之《こうけんし》（三六三―四四八）　北魏〔後魏〕の人で、道教を整備し完成させた人。神仙の道を好んで山で修業中の神瑞《しんずい》二年（四一五）、太上老君《だいじょうろうくん》〔老子〕が現れて、仙人となる道を教えられたという。また道教に、仏教の儀礼的な要素を多く採り入れて、宗教的な形式を整えた。

北魏の太武帝（即位四二三）に仕えて認められ、権勢を振るった。太武帝の太平真君五年（四四四）には仏教を禁止し、同九年には道教を国家公認の宗教とした。

以後、北魏の天子は代々道教の信者となり、道教は北魏の国家宗教となった。こうして道教は唐代にも受け継がれ、いっそう発展していく。

＊

これらのさまざまな信仰や思想が、道家の思想と結びつき、あるいは合体して、中国独自の、そして、中国でもっとも宗教らしい宗教とされる「道教」が成立していく。

道家は思想であり、道教は宗教である。両者の違いは明確だが、実際には、その境界は混然一体となっている。

道教では、道家――黄老の学の中心である黄帝も老子も、仙人である。特に老子は「太上老君《たいじょうろうくん》」という仙人になって、天界の元老として君臨している。

2 評価

1 『史記』の評

特徴　「無為」〔作為的なことをしない〕であり、それはつまり「為《な》さざること無《な》し」〔どんなことでも、できないものはない〕に通じる。実質は行いやすいが、言葉は分かりにくい。

その教えは、虚無《きょむ》を根本とし、因循《いんじゅん》〔自然に従うこと〕を作用〔働き〕とする。

定まった動きもないし、定まった形もないから、万物の実情を究めることができる。

物の先にも立たないし、後にもつかないから、万物の主となることができる。

法則があるかないかは、その時次第によるし、基準があるかないかは、その物次第による。だから、聖人は不滅であり、時の変化に従っていくのだ、と言われる（これは『鬼谷子《きこくし》』にある語）。

虚〔虚無〕は、道の本体である。因〔因循〕は、君主の大綱である。臣下たちがいっせいにやってくるのは、各自に役割を明らかにさせるためである。

実質が言葉と一致するのを「端《たん》」〔正しさ〕と言い、実質が言葉と一致しないのを「窾《かん》」〔空しさ〕と言う。

空しい言葉を聞かなければ、「姦《かん》」〔よこしま〕も生じない。賢人と愚者とは自然に分かれ、白と黒とはそこに現れてくる。そこで君主が用いようと望むままになるのだ。どんな事でもできるのである。

こうして、大道に合致する。混沌《こんとん》として暗いようだが、それは天下に光り輝いて、無名〔道〕に帰っていく。

大体、人は精神によって生きており、それを肉体に託している。精神は使いすぎると尽きてしまい、肉体は働きすぎると衰えてしまう。そして、肉体と精神が離れれば、死んでしまう。死んでしまえば二度と生き返れないし、離れてしまえば二度と帰れない。だから聖人は、これを重視するのである。

このことから考えると、精神は生の根本であり、肉体は生の道具である。だから先に精神を安定させないのに「私には天下を治める方法がある」などと言うのは、何に基づいているのか（以上、太史公自序）。

「其《そ》の実《じつ》は行《おこな》ひ易《やす》く、其《そ》の辞《じ》は知《し》り難《がた》し」——実質は行いやすいが、言葉は分かりにくい、というとおり、難解な部分もある。しかし「無為《むい》」・「為《な》さざること無《な》し」をはじめ、道家とくに『老子』のキーワードは、ほとんど出てきている。

「実」〔実質〕と「声」〔言葉〕との一致・不一致の論は、法家とくに『韓非子』の特徴の一つである。また名家も取り上げている。儒家でも、孔子の「正名論《せいめいろん》」〔二〇一頁〕は、これに近い。

2　『漢書』の評

史官〔文書や記録を担当する官〕から出ている。史官は、古今の成功や失敗、存続や滅亡、幸福や災難などの道理について、すべてを記録してきた。

道家は、その根本を考えて、心を清廉に淡白にすることで自分を守り、謙虚に柔軟にすることで自分を保っていくことを知った。これはまた、君主が天下を治めていく方法でもある。

これは、『書経』にいう尭帝の「克譲《こくじょう》」〔恭《うやうや》しく譲る〕、『易経』にいう「嗛嗛《けんけん》」〔謙遜《けんそん》の上にも謙遜する〕、「一謙にして四益あり」〔一度謙遜すると四つの利益がある〕などに合致する。これが、道家の長所である。

しかし、だらしのない者がこれを行うと、礼楽を断ち捨て、仁義も併せ捨ててしまおうとする。そして「清廉に淡白に任せていれば、国を治めることができる」などと言っている（これは大きな誤りである）（芸文志《げいもんし》）。

3 老 子

1 人 物

出生 生没年未詳。孔子と同時代でやや年上の人とか、孔子の孫の子思《しし》や墨子と同時代の人、それよりやや後の人など諸説がある。『列仙伝』では殷《いん》代に生まれたとする。また、道家の人たちが作りあげた架空の人物であるとする説もある。

『荘子』や『荀子』に出てくる老聃《ろうたん》が老子のことだとすれば、子思（四〇一頁）や墨子（二二一頁）のやや後の人となる。

姓は李《り》、名は耳《じ》（『神仙伝』では重耳《ちょうじ》）、字《あざな》は伯陽《はくよう》、諡《おくりな》は聃《たん》。聃は字、ともいう（聃は耼とも書く。耼は俗字）。

母の胎内に八十一年いたといい、生まれた時から白髪だったという。身長は八尺八寸（今の百九十八センチ）、耳が長く目が大きく、額は広く歯はまばら、四角い口と厚い唇、という（神仙伝）。

楚《そ》国の苦《こ》県厲《らい》郷曲仁里《きょくじんり》の人。百六十余歳、あるいは二百余歳で没したという（史記、老子伝）。

系図

老子――宗――注――宮――○――○――仮――解

『史記』に、個人の家系を記すのは珍しい。宗は、魏《ぎ》国の将。仮は、前漢の文帝（在位、前一七九－前一五七）に仕えた。

川柳コーナー――老子

七十の賀のころ老子腹にゐる

老子は、母の胎内に八十年いたから、七十の古稀《こき》の祝いも胎内で?

老子もう七夜《しちや》のころに茶を喫し

生まれて七日めの夜は、お七夜のお祝い。八十歳の老子は、お茶を飲んで。

老子の産剃《うぶぞ》り隠居するやうに見え

生後七日で、産毛を剃る。老子の場合は、頭を剃って隠居するように見える。

米《よね》の守《まも》りを八つで老子出し

「米の守り」は、米寿《べいじゅ》（八十八歳）の祝いに、丸い餅に、「米」と書いて人に贈るもの。この時、老子は八歳?

狂歌コーナー――老子

桃栗《ももくり》は三年柿《かき》は八年の
中に李《すもも》は八十《やそ》とせの春

四方赤良《よものあから》

桃栗三年、柿八年というけれど、老子の名は李耳《りじ》だから、李《すもも》は八十年かかって生まれるか。

尹喜と老子
（『中国五百名人図典』）

生涯　老子は、周王朝に仕えて、周の図書館の役人をしていた。道と徳とを修めたが、名が世間に知られないようにしていた。

長く仕えていた周王室が次第に衰微していくのを知って、都を去って関所まで来た。散関《さんかん》か函谷関《かんこくかん》とされている。関所の役人の尹喜《いんき》（三八八頁）が老子に「隠棲する前に、私のために本を著してくれ」と頼み、老子は「道徳経」上下編五千余字を書き表して、どことも知れず去っていった。

老子は、インドに渡って釈迦如来《しゃかにょらい》になった、ともいう（釈迦の没年は、前六五四年・前四八五年ごろ・前三八三年ごろなどの諸説がある）。これは、道教と仏教とを融合させるために作られた話。

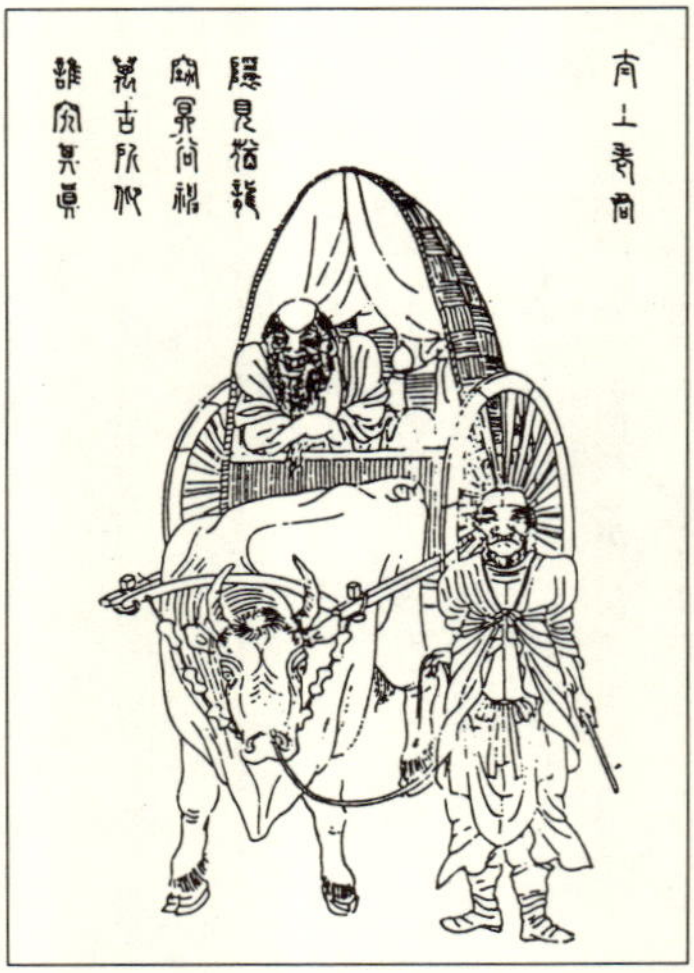

太上老君
（『中国神仙画像集』）

大秦《たいしん》国（ローマ帝国）に行って、中国の文化を伝えた、という話もある。道教では、仙人となって天に昇り、太上老君《たいじょうろうくん》と称したという説は、道家と道教とを強固に結びつけるための話。

また、楚《そ》国の老莱子《ろうらいし》という人物が老子のことか、ともいう。孔子と同時代の人で、道家に属し、『老莱子』十五編（『漢書』芸文志では十六編）を著した。この本は早く失われている。

また、周の太史儋《たいしたん》が老子かもしれない、という。太史儋は、秦の献公（在位、前三八四－前三六二）に、秦国が周王朝を滅ぼす予言をしている。以上の二説は、共に『史記』老子伝に載せている。

2 思想

(1) 『老子』八十一章

一章から三十七章までが上巻で、冒頭が「道」の字ではじまっているので、「道経」ともいう。三十八章から八十一章までが下巻で、その冒頭が「徳」の字ではじまっているので、「徳経」ともいう。

合わせて『道徳経』『老子道徳経』と呼ぶ。また、字数が五千余字あることから『老子五千言』ともいう（台湾東海大学図書館『歴代字書与常用字数』によると、『老子』の総字数は五

◆孔子と老子との会見

『史記』老子伝には、孔子が周に来て老子に礼について質問しようとした、という話が載せられている。

老子「あなたの言っていることは、その人とともに、とうに朽ちてしまい、言葉が残っているだけだ。（孔子は、尭や舜、文王や武王、周公旦たちを理想として尊んだから。）

またあなたは、認められれば役人になって車で行き、認められなければ風のまにまにさすらっている。（外部からの条件で、自分が左右されている、ということ。）

『良い商人は、良い商品を蔵《しま》い込んで、何もないように見せる。君子は、大きな徳を持っていても、容貌は愚か者のようである』と言うではないか。

あなたも、高ぶる気持ちと多くの希望、見栄と多欲とを捨てなさい。みな、あなたの身には無益です。

私があなたに言えるのは、これだけ。」

孔子は帰ると、門人たちにこう言った。

孔子と老子の会見

「私は、鳥の飛び方、魚の泳ぎ方、獣の走り方を知っている。走るものは網で取り、泳ぐものは綸《りん》（釣り糸）で取り、飛ぶものは矰《そう》（糸のついた短い矢）で取る。

しかし、風雲に乗って天に昇る竜は、私にはつかまえようもない。今日、会ってきた老子は、竜みたいなものだ。」

さすがの孔子も、老子だけは〝とらえようがない〟というのである。老子の一方的な話しぶりから見れば、この会見では孔子は完敗であろう。

帛書『老子』(写真、文物出版社提供)

千三百二字、その異なり字数は一千七十二字、という)。

ただし、一九七三年に湖南省長沙《ちょうさ》の馬王堆《まおうたい》で発掘された漢代の墓から出土した『老子』帛書《はくしょ》〈絹《きぬ》に書かれた文章〉は、上編が徳経、下編が道経であり、かつ章ごとの区分がないものであった。この、章分けしていない形が『老子』の原形だったと思われる。

老子の著とされるが、戦国時代に書かれたと思われる文章も混じっており、その成立は前漢の初めころとされている。

(2) 道

天地の根本、万物の根源に存在する、絶対不変の法則。老子の思想の中心概念である。

道が天地の始め　道《みちノ》可《ベキハ》レ道《みちトス》非《あらズ》二常《つねノ》道《みちニ》一。名《なノ》可《ベキハ》レ名《なトス》非《あらズ》二常《つねノ》名《なニ》一。無《む》名《めいハ》天《てん》地《ちノ》始《はじメ》、有《ゆう》名《めいハ》万《ばん》物《ぶつノ》母《ははナリ》。(第一章)

——道の中で、これが道だと言えるようなものは、不変の道ではない。(また)名称の中で、これがこの名称だと言えるようなものは、不変の名称ではない。名称のないもの〈道〉が、天地の始まりであり、名称のついたもの〈天地〉が、万物の産みの母である。

儒家などで言う、仁の道とか人倫の道、これが生きる道などは、老子の言う真の「道」ではない。老子の道は永遠に不変であり、万物に普遍であるから、「常《ノ》道」と言った。

「名」は、事物の名称、言葉。名家(二八七頁)の「名」である。儒家などで言う、仁・忠恕・礼・義、あるいは、君臣・父子などと名づけられたものは、老子の言う真の「名」ではない。とりあえず、そう呼んでいる仮の名称である。

道が万物を生じる　道《みちハ》生《しょうズ》レ一《いちヲ》。一《いちハ》生《しょうズ》レ二《にヲ》。二《にハ》生《しょうズ》レ三《さんヲ》。三《さんハ》生《しょうズ》二万《ばん》物《ぶつヲ》一。万《ばん》物《ぶつハ》負《おヒテ》レ陰《いんヲ》而抱《いだク》レ陽《ようヲ》。冲《ちゅう》気《き》以《もつテ》為《なス》レ和《わヲ》。(第四十二章)

——道が一を生じる。一が（陰・陽の）二を生じる。二が（冲気の）三を生じる。三が万物を生じる。（従って）万物は、陰を負い陽を抱いている。（三の）冲気が、（陰陽の二気を）調和しているのである。

道が「一」という気を産み出す。一は、陰と陽との二気を産み出す。この二気が融合し作用し合って、三つめの気「冲気」を産み出す。冲気は、いわばエネルギーである。

このエネルギーが、陰と陽との気を調和して、万物を産み出す、というのである。だから万物は、陰陽の二気を持っている。陰陽の二気は、陰陽家の考え（一三八頁）とまったく同じである。

(3) 柔弱《じゅうじゃく》

柔らかく弱々しい。老子の尊ぶ態度や在り方である。

水がもっとも柔弱　老子は、柔弱の代表として、よく「水」を取りあげている。

天《てん》下《かノ》柔《じゅう》弱《じゃくナルハ》、莫《なシ》レ過《すグルモノハ》二於水《みづニ》一。而《しかモ》攻《せムル》二堅《けん》強《きょうヲ》一者《ものハ》、莫《なシ》レ知《レルモノ》二能《よク》勝《まさルアルヲ》一。其《そレ》無《なシ》二以《もつテ》易《かハルモノ》レ之《これニ》。弱《じゃく》之《の》勝《かチ》レ強《きょうニ》、柔《じゅう》之《の》勝《かツハ》レ剛《ごうニ》、天《てん》下《か》莫《なキモ》レ不《ざルモノ》レ知《しラ》、莫《なシ》二能《よク》行《おこなフモノ》一。（第七十八章）

——この世の柔弱なものといったら、水以上のものはない。しかも堅くて強いものを攻める時には、水以上に勝るものがあ

◆萩原朔太郎と老子

桃李の道　老子の幻想から

萩原朔太郎

聖人よ　あなたの道を教へてくれ
繁華な村落はまだ遠く
鶏《とり》や犢《こうし》の声さへも霞の中にきこえる。
聖人よ　あなたの真理をきかせてくれ。
杏《あんず》の花のどんよりとした季節のころに
ああ私は家を出て　なにの学問を学んできたか
むなしく青春はうしなはれて
恋も　名誉も　空想も　みんな泥柳の牆《かき》に涸《か》れてしまつた。
聖人よ
日は田舎の野路にまだ高く
村々の娘が唱ふ機歌《はたうた》の声も遠くきこえる。
聖人よ　どうして道を語らないか？
あなたは黙し　さうして桃や李《すもも》の咲いてる夢幻の郷《さと》で
ことばの解き得ぬ認識の玄義を追ふか。
ああ　この道徳の人を知らない
昼頃になつて村に行き
あなたは農家の庖厨《はうちゆう》に坐るでせう。
さびしい路上の聖人よ
わたしは別れ　もはや遠くあなたの沓音《くつおと》を聴かないだらう
悲しみのしのびがたい時でさへも
ああ　師よ！　私はまだ死なないでせう。　（定本　青猫）

るとは、だれも知らない。だいたい、水に代わるものはないのである。

（こうして）弱いものが強いものに勝ち、柔らかなものが剛《かた》いものに勝つということは、この世に知らない人はいないのに、それを実践する人もいないのである。

水は道に近い　上《じょう》善《ぜんハ》若《ごとシ》レ水《みづノ》。水《みづハ》善《よク》利《りシテ》二万《ばん》物《ぶつヲ》一而不《ず》レ争《あらそハ》、処《をリ》二衆《しゅう》人《じん》之《の》所《ところニ》一レ悪《にくム》。故《ゆゑニ》幾《ちかシ》二於道《みちニ》一。（第八章）

――最上の善は、水のようなものである。水は、よく万物に利益を与えていながら、他と争うことがなく、人々がいやがる（低い）所にいる。だから（水は）道に近いものである。

「上善」は、最上の善。水は、万物に平等に恵んで万物を育てているが、他と決して争わない。水は、低い位置に甘んじている。水のこの姿は、道に近い。

では次は、処世としての柔弱。

柔弱こそ生の仲間　人《ひと》之《の》生《う》也《マルルや》柔《じゅう》弱《じゃくナリ》。其《そノ》死《し》也《スルや》堅《けん》強《きょうナリ》。万《ばん》物《ぶつ》草《そう》木《もく》之《の》生《しょうズル》也《や》柔《じゅう》脆《ぜいナリ》。其《そノ》死《し》也《スルや》枯《こ》槁《こうス》。故《ゆゑニ》堅《けん》強《きょうナル》者《ものハ》死《し》之《の》徒《と》、柔《じゅう》弱《じゃくナル》者《ものハ》生《せい》之《の》徒《とナリ》。（第七十六章）

――人が生まれた時には、（その体は）柔らかく弱い。（しかし）死んでしまうと、堅く強《こわ》ばる。（また）万物も草木も、生じた時には柔らかく脆《もろ》い。（しかし）死んでしまうと、枯れて固くなる。

そこで、堅く強いものは死んでいる者の仲間であり、柔らかく弱いものは生きている者の仲間である。

前半では、いわば当然のことを言っている。その通り、と思わせておいて、後半で、意表を突いた〝真理〟を述べるのである。だれでも堅く強くありたいと思うだろうが、それは実は、死んでいる者の仲間だ、というのである。

老子は、こうした「逆説」的な論法を、好んで使っている。なお、この文章に続く部分が、三二六頁の「木《き》強ければ則ち折る」である。

(4) 無《む》為《い》

人が手をくだす、手を加えることをしない。人為を加えないこと。自然のまま、自然のなりゆきに任せておくこと。

「無為自然」といえば老荘思想、というくらいに親しまれている。

無《む》為《い》を為《な》す　不《ざレバ》レ尚《たふとバ》レ賢《けんヲ》、使《しム》二民《たみヲシテ》不《ざラ》一レ争《あらそハ》。不《ざレバ》レ貴《たふとバ》二難《がたキ》レ得《え》之《の》貨《かヲ》一、使《しム》二民《たみヲシテ》不《ざラ》一レ為《なサ》レ盗《とうヲ》。不《ざレバ》レ見《しめサ》レ可《べキヲ》レ欲《ほっス》、使《しム》二民《たみノ》心《こころヲシテ》不《ざラ》一レ乱《みだレ》。

是《ここヲ》以《もっテ》聖《せい》人《じんノ》治《ちハ》、虚《むなシクシ》二其《そノ》心《こころヲ》一、実《みタシ》二其《そノ》腹《はらヲ》一、弱《よはクシ》二其《そノ》志《こころざしヲ》一、強《つよクシ》二其《そノ》骨《ほねヲ》一、常《つねニ》使《しム》二民《たみヲシテ》無《む》知《ち》無《む》欲《よくナラ》一、使《しムル》三夫《かノ》智《ち》者《しゃヲシテ》不《ざラ》二敢《あヘテ》為《なサ》一也《なり》。
為《なセバ》二無《む》為《いヲ》一、則《すなはチ》無《なシ》レ不《ざル》レ治《をさマラ》。（第三章）

――賢い人を尊んだりしなければ、人々を争わさせなくすることになる。手に入れにくい財貨などを貴んだりしなければ、人々を盗みをさせなくすることになる。欲しがる物を見せたりしなければ、人々の心を乱れさせなくすることになる。

そこで（道を体得した）聖人の政治は、人民の心を空っぽにし、人民の腹をいっぱいにし、人民の意志を弱くし、人民の体を強くして、いつも人民を無知無欲にさせておいて、あの知恵ある人に何もすることがないようにさせるのである。

（こうして）「無為」（の政治）を行っていけば、（天下は）治まらないということはないのである。

第一段は、人々に欲望を持たせないようにする、ということ。それは、第二段で「無知無欲」にさせること、と要約されている。

第二段は、人民に積極的な意志を持たせず、健康にさせておく、ということ。積極的な意志がなければ、知者や賢者は、何もすることがなくなる。

第三段は、第二段の冒頭「聖人の治」を受けたまとめ。「無為」というのは、為政者の心得なのである。

人々が「無知無欲」になるように、為政者は「無為」を為《な》せ、という。為政者も、無為を為すのは、たいへんだ。またこれを、愚民政治だ、と批判することもできるのだが……。

天下を取る　「無為」というと、たいへん消極的に見えるが、実は老子は、無為は天下を取るための手段、と言っているのである。

為《なセバ》レ学《がくヲ》日《ひニ》益《まシ》、為《なセバ》レ道《みちヲ》日《ひニ》損《そんス》。損《そんシテ》レ之《これヲ》又《また》損《そんシ》、以《もつテ》至《いたル》二於無《む》
為《いニ》一。無《む》為《いニシテ》而無《なシ》レ不《ざルコト》レ為《なサ》。
取《とルニハ》二天《てん》下《かヲ》一、常《つねニ》以《もつテス》レ無《なキヲ》レ事《こと》。及《およビテハ》二其《その》有《あルニ》レ事《こと》、不《ず》レ足《たラ》三以《もつテ》
取《とルニ》二天《てん》下《かヲ》一。（第四十八章）

――学問していけば、一日ごとに（雑多な知識が）増えていくが、道を修めていけば、一日ごとに（余分な知識が）減っていく。これを減らし、また減らしていけば、無為の境地に到達する。無為の境地でいれば、どんなことでもできないことはない。

（そこで）天下を取るには、いつでも人為を行わずにいることである。人為を加えるようになったら、天下を取るには不十分である。

「学」は、儒家などでいう学問で、老子から見れば、無用のもの、余分なものである。「道」はもちろん、老子の説く道。

余分な知識をどんどん減らしていけば、無為に到達する。無為でいれば、どんなことでもできる。天下を取るにも無為であ

れ。

老子が、天下を取ることを視野に入れていることに、注意したい。ふつうにいう「老荘思想」の見落としがちな思想である。儒家のように、学問だ修養だ、それを政治に役立たせるのだと、汲々としている社会に対する批判である。また、縦横家や法家のように、国を強くする、天下を取るための「事」〔作為〕を、争ってめぐらせている世情に対する、痛烈な批判でもある。

(5) 反儒家

道家は、儒家に対抗する思想とも言われる。右の章にもその一端がうかがわれるが、次の章は、正面きっての儒家的思想の批判。

大道廃《すた》れて　大《たい》道《どう》廃《すたレテ》有《あり》二仁《じん》義《ぎ》一。智《ち》恵《え》出《いデテ》有《あり》二大《たい》偽《ぎ》一。六《りく》親《しん》不《ずシテ》レ和《わせ》有《あり》二孝《こう》慈《じ》一。国《こっ》家《か》昏《こん》乱《らんシテ》有《あり》二忠《ちゅう》臣《しん》一。（第十八章）

——（私の言う）大道が廃《すた》れて、仁義が出てきた。知恵がついてきて、大きな偽《いつわ》りが出てきた。家族の仲が悪くなってきて、親によく仕え、子をよくいつくしむことが目立ってきた。国家が混乱してきて、忠義を尽くす臣が目立ってきた。

「大道」は、「道」と同じで、その偉大さ・広大さを言うために「大」をつける。老子の言う大道が行われなくなってきてから、儒家の言う仁義が出てきた、というのである。

儒家の勧める知恵が目立ってきてから、大いなる偽《いつわ》り——人為・作為が行われるようになってきた。

儒家の勧める孝慈や忠臣は、家庭や国家が乱れてきた結果でもある。これは逆に言えば、孝慈であれ、忠臣であれというのは、まず家族が不和になれ、国家が乱れろ、というのと同じことだ、ということになる。家庭が平和であれば、孝慈もありえない。国家が平穏であれば、忠義を尽くすも尽くさないもない、ということなのである。

これも「逆説」的な論法であり、これによって、いっそう鋭く儒家（的発想）を批判しているのである。

(6) 理想の社会

人々の知恵知識が増えていくにつれ、世の中が〝進歩〟していくにつれて、「道」が失われていく——。では老子は、どのような社会を理想としていたのだろうか。

小《しょう》国《こく》寡《か》民《みん》、使《しム》乙有《ありテ》下什《じゅう》二佰《はくスル》人《ひとニ》一之《の》器《き》上、而《しかモ》不《ざラ》甲レ用《もちヰ》。使《しム》下民《たみヲシテ》重《おもンジテ》レ死《しヲ》而不《ず》二遠《とほクうつラ》徙一、雖《いへどモ》レ有《ありト》二舟《しゅう》輿《よ》一、無《なク》レ所《ところ》レ乗《のル》レ之《これニ》、雖《いへどモ》レ有《ありト》二甲《こう》兵《へい》一、無《なカラ》上レ所《ところ》レ陳《つらヌル》レ之《これヲ》。使《しム》下民《たみヲシテ》復《ま》結《タむすビテ》レ縄《なはヲ》而用《もちヰ》レ之《これヲ》、甘《うまシトシ》二其《そノ》食《しょくヲ》一、美《びトシ》二其《そノ》服《ふくヲ》一、安《やすンジ》二其《そノ》居《きょニ》一、楽《たのシミ》二其《そノ》俗《ぞくヲ》一、隣《りん》国《ごく》相《あひ》望《のぞミ》、鶏《けい》犬《けん》之《の》声《こゑ》相《あひ》

聞《きコユルモ》、民《たみ》至《いたルマデ》二老《ろう》死《しニ》一、不《ざラ》中相《あひ》往《おう》来《らいセ》上。（第八十章）

――小さい国で少ない人民（これが、理想的だ）。普通の人に十倍百倍するほどの、才能のある人物がいても、その才能を使わせないようにする。人民には、死ぬことを重視させて（生命を重んじさせて）、遠くに移住させない。舟《ふね》や輿《かご》があっても、乗ることがないようにさせる。甲《よろい》や武器があっても並べる（戦う）ことがないようにさせる。

人民には、また（古代のように）縄《なわ》に結び目を作って、（言葉の代わりに意志の伝達に）使わせる。自分たちの食物をうまいと思い、自分たちの服装をすばらしいと思い、自分たちの住居に満足し、自分たちの風俗習慣を楽しみ、隣の国がお互いに見え、鶏や犬の鳴き声がお互いに聞こえても、人民は年老いて死ぬまで、お互いに行き来しないようにさせる（これこそ、理想郷である）。

老子の勧める理想郷は、いかがであろうか。文化を否定し、現状に満足して生活していく。原始共産社会だ、という人もいる。

老子の理想に反して、文化はどんどん進歩していき、生活はますます便利になっていく。これが、人類の発展なのか、それとも、破滅に向かっているのか。老子はまさに、二十一世紀の私たちに問題を提起していたのである。

4 荘子

1 人物

出生　生没年未詳。梁《りょう》の恵王（在位、前三六九―前三三五）や、斉《せい》の宣王（在位、前三一九―前三〇一）と同時代の人という。この二人の王は、ともに孟子と問答しているから、荘子は孟子と同時代の人になる。しかし、『荘子』にも『孟子』にも、それぞれ相手の名は出てこない。

荘子は、その思想からも、主として一か所にとどまり、他の思想グループと論争することもなく、自身の思考を深めていた

荘子
（『中国神仙画像集』）

ため、孟子と知り合う機会もなかったのだろう。
荘子は、宋国の蒙《もう》の人。名は周。字《あざな》は子休《しきゅう》。

生涯　蒙の地の漆園《しつえん》を管理する役人を勤めた。漆園は、淮《わい》水の支流の、渦河《かか》のほとりにある。宮廷で使用する日用品や工芸品に塗る漆《うるし》を採る木の園を管理する係。

自然に親しむ生活をしていたせいか、『荘子』の文章には動植物が多く登場する。その形態や生態も、今日から見ても実に正確に描写されているという。

楚《そ》の威王（在位、前三三九―前三二九）は、荘子の賢明なのを聞いて、千金を与え、大臣の地位を保証しようと招いた。しかし荘子は、自由に生きていたいからと断った。前三三九年のこと、ともいう。

これ以外の伝記は、わからない。

2　思　想

(1)『荘子』三十三編

荘子の思想は、その著とされる『荘子』に見ることができる。

『史記』荘子伝では、『荘子』十余万言とあるが、現存する『荘子』は六万数千字である。また『漢書』芸文志《げいもんし》には、『荘子』五十二編とあるが、現存するのは三十三編。

内編七編・外編十五編・雑編十一編に分かれ、その内編が荘子本来の思想であるとされる。特に内編の最初の二編「逍遥《しょうよう》遊《ゆう》編・斉物論《せいぶつろん》編」に、荘子の思想の中核が述べられている。外編や雑編の多くは、荘子以後の学者が補ったものではないかとされている。この事情は、『老子』と同様である。

(2) 逍遥遊《しょうようゆう》編

『荘子』開巻冒頭の編。荘子の思想が、よく表れている。

「逍遥」は、気ままに歩くこと。のんびりと自由に心を遊ばせること。「遊」も「逍遥」と同じ意味。

俗世間の相対的な価値観を超越して、思いのままに心を遊ばせることである。

北冥《ほくめい》の大鵬《たいほう》　北の果ての暗い海に、鯤《こん》という小魚がいた。この鯤の大きさは、何千里あるか、わからない（小魚が大魚である！）。

鯤は、鵬《ほう》という鳥になって、空に上がる。その背の大きさは、何千里もある（魚が鳥になる！）。

海が荒れると、南方の海に飛び立つ。海上を三千里羽ばたいてから、旋風に乗って九万里の上空に昇り、六か月間飛び続け、それから休息する（このスケールの大きさ！）。

――『荘子』は、こういう話から始まる。小魚〔鯤《こん》〕が大魚だったり、魚が鳥になったりと、小と大、魚と鳥などは、すべて相対的なものなのだ、というのである。

鵬の描写も、私たちの理解を超えるスケールである。常識を超越した世界があるのだ、というのである（そう言えば、以前に「大鵬」という横綱がいた）。

小知《しょうち》は大知《だいち》に及ばず　さて、「逍遥遊」は続く。

蜩《ちょう》〔蟬《せみ》の一種〕と、鷽鳩《かくきゅう》〔鳩《はと》の一種〕とが、鵬を笑って言った。「我々は、思い切って飛び上がっては、楡《にれ》や枋《まゆみ》の木に突っ込んでいくが、たまには途中で落ちてしまうこともある。それなのに、どうしてわざわざ九万里も飛び上がって南方に行くのか。」

――こういう話に続いて、荘子は次のように自分の意見を述べる。

小《しょう》知《ち》不《ハず》レ及《およバ》二大《だい》知《ち》一、小《しょう》年《ねん》不《ハず》レ及《およバ》二大《だい》年《ねん》一。

小さな知恵は大きな知恵には及ばない。短い寿命は長い寿命には及ばない。

たとえば、朝菌《ちょうきん》〔きのこの一種。朝に生えて夜に枯れる〕は、一か月という長さは知らない。また、蟪蛄《けいこ》〔蟬《せみ》の一種。夏ぜみ〕は、春や秋を知らない。これらは、短い寿命である。

楚《そ》国の南方にある冥霊《めいれい》という木は、五百年を春、五百年を秋としている。また、古代にあった大椿《だいちん》という木は、八千年を春とし、八千年を秋としていた。

さて、彭祖《ほうそ》という人物は、長寿として特に有名である。人々は、これに並ぼうとしている。何とまあ、悲しいことではないか。

――彭祖は、姓は銭《せん》、名は鏗《こう》。尭帝の臣で、殷《いん》代まで七百歳を生きたとされている。

それにしても、朝菌《ちょうきん》や蟪蛄《けいこ》の話を聞いておいてから、冥霊《めいれい》や大椿《だいちん》の話を聞かされると、そのスケールの大きさに圧倒され、ふと人間の寿命というものを考えさせられてしまう。

無《む》何《か》有《う》の郷　何もない世界。無為、無作為の、自然のままの世界。「むかゆう」とも読む。

荘子が作った境地で、既に『万葉集』十六巻〔三八五一〕にも出てくる。

恵施《けいし》〔一九二頁〕が、荘子に話をした。「私は樗《ちょ》〔おうち〕の木を持っている。大木だが、幹はこぶだらけ、枝は曲がっていて、何の役にも立たない。あなたの、大きいばかりで役に立たない

彭《ほう》祖《そ》
（『中国神仙画像集』）

意見と同じですね。」

荘子「あの狸《り》〔たぬき〕や狌《せい》〔いたち〕を知っているでしょう。あちこち跳《と》び回っているうちに、罠《わな》にかかって死んでしまう。

一方、あの犛牛《りぎゅう》〔黒い牛〕は、空の雲のように大きくゆったりしているが、鼠《ねずみ》も捕らえられない。

さて、あなたは大木が役に立たないと、心配している。

何《なんゾ》不《ざル》下樹《うエ》二之《これヲ》於無《む》何《か》有《う》之《の》郷《きょう》、広《こう》莫《ばく》之《の》野《やニ》一、彷《ほう》徨《こうトシテ》乎無《なク》レ為《なス》二其《そノ》側《かたはらニ》一、逍《しょう》遙《ようトシテ》乎寝《しん》中臥《がセ》其《そノ》下《もとニ》上。

どうして、その大木を無何有の土地や、広々とした野原に植えて、のんびりと何もせずにその傍《そば》にいて、ゆったりと木の下で寝そべらないのか。

斧《おの》にも切られず、害を与えるものもない。役立たずを気にすることもないだろう。」

――荘子の、壮大な世界である。心を自由の世界に遊ばせて、ゆったり過ごしたらいいではないか。

この世界は、一二九頁の「無用の用」にも通じるし、次の「斉物論」や、続く「相対的価値観」にも通じるものである。

荘子の思想の根源は、この「逍遥遊」編に示されている、と言っていいだろう。

(3)　斉物論《せいぶつろん》編

「逍遥遊」に次ぐ、『荘子』の第二編。

世の考え方や存在はさまざまであり、区別や差別があるが、結局は万物は等しい、また等しい価値がある、という荘子の思想。

「斉物論」は、「物を斉《ひと》しくする論」である。この考え方を「万物斉同」ともいう。

また「物論を斉しくす」と読み、物論とは、儒家や墨家、その他の諸子のさまざまな考え方や主張の意味である、とする解釈もある。こういう違いを、一つに合わせる、高い立場に立とう、というのが荘子の意見である。

万物と我とは一たり　この世に、秋の動物の毛先よりも大きいものはなく、太山《たいざん》は小さいものである。

二十歳前に死んだ子よりも長生きした人はなく、長寿の彭祖《ほうそ》(前項に既出)は若死にしたのである。

悠久な天地と我々とは、一緒に生きているし、数知れぬ万物と我々とは、一体となっている。

――荘子の「万物斉同」の考え方である。右は、物の大小や寿命の長短は、相対的な比較の問題に過ぎず、見方によっては正反対に逆転するのだ、ということ。また、天地万物と自分とは一体である、ということ。

夢に蝴蝶《こちょう》となる　自分は荘子なのか蝶なのか、夢が現実なのか現実が夢なのか。

昔《むかし》者、荘《そう》周《しゅう》夢《ゆめニ》為《なル》二蝴《こ》蝶《ちょうト》一。栩《く》栩《く》然《ぜんトシテ》蝴《こ》蝶《ちょう》也《なり》。自《みづかラ》喩《たのシミテ》適《かなヘル》レ志《こころざしニ》与《かな》。不《ざル》レ知《しラ》レ周《しゅうタルヲ》也《なり》。俄《にはカニシテ》而覚《さムレバ》、則《すなはチ》蘧《きょ》蘧《きょ》然《ぜんトシテ》周《しゅう》也《なり》。不《ず》レ知《しラ》、周《しゅう》之《の》夢《ゆめニ》為《なレル》二蝴《こ》蝶《ちょうト》一与《か》、蝴《こ》蝶《ちょう》之《の》夢《ゆめニ》為《なレル》レ周《しゅうト》与《かヲ》。周《しゅうト》与《と》二蝴《こ》蝶《ちょう》一、則《すなはチ》必《かならズ》有《あラン》レ分《ぶん》矣。此《これヲ》之《こレ》謂《いフ》二物《ぶつ》化《かト》一。

――以前に、荘子は夢の中で蝶《ちょう》になったことがあった。喜んで飛んでいる蝶である。とても楽しくて、自分の気持ちにぴったりだ。自分が荘子であることを忘れてしまった。（ところが）

荘子
（江戸時代・英一蝶《はなぶさいっちょう》筆）

しばらくして目覚めると、驚いてきょろきょろしている荘子がいる。いったい、荘子が夢で蝶になったのか、蝶が夢を見て、

川柳コーナー――蝴蝶《こちょう》の夢

荘子のは夢が花野をかけめぐり
芭蕉《ばしょう》の夢は、旅に病んで枯れ野をかけめぐったのだが。

ちょっかいを出されて荘子目を覚まし
蝶になって飛んでいたら、猫にちょっかいを出されて。

猫に追はれたで荘子はうなされる
「栩栩然《くくぜん》」と飛んでいたはずだったが……。

荘子が寝言この猫めこの猫め
夢の中で、猫を追い払おうとしている。

蝶《ちょうちょう》蝶にならぬと貘《ばく》が喰《く》ふところ
それでも、蝶になっておいてよかった。ただの夢だったら、夢を食うという貘に、食われてしまったところ。

菜畠《なばたけ》を飛びくたびれて夢は覚め
蝶だから、菜の花畠の上を飛び回ったことだろう。

狂歌コーナー――蝴蝶《こちょう》の夢

荘周も猫に追はれてうなされん
蝴蝶《こちょう》となりし春の日の夢　四方赤良《よものあから》
多分、猫にちょっかいを出されて、うなされたのではないか。

いま荘子になっているのか。

荘子と蝶とは、きっと区別があるだろう。この区別を、物化〔万物の変化〕というのである。

――荘子か蝶かというのは、物化――表面上の変化に過ぎない。夢と現実、さらに、是《ぜ》と非、生と死などは、すべて相対的な変化に過ぎない。

時には荘子、時には蝶、どちらも自分であって、自分という存在そのものには、何の変化もない。それぞれの姿を、物化として受け入れること、これが「万物斉同」の境地である……。

(4)　相対的価値観

貴いもの、偉いものなどは、すべて相対的な価値観に過ぎない。荘子は、そういうものを超越して、自由に生きていたい。

泥の中に生きる　荘子が、濮水《ぼくすい》〔山東省の川〕で釣りをしていた。楚《そ》の威王〔在位、前三三九－前三二九〕が、二人の役人を派遣して、荘子に「楚国の政治に携わってくれないか」と頼みに来た。

荘子「楚の国に、三千年も廟堂《びょうどう》〔祖先の霊を祀《まつ》った部屋〕に大切に保存されている神亀《しんき》がある、と聞いている。この亀としては、死んで骨だけ貴ばれているのと、生きて泥の中で自由にしているのと、どちらがいいだろうか。」

役人「生きていて、泥の中で自由にしているほうがいいでしょう。」

荘子「さようなら。私も泥の中で自由に生きていたい」（秋《しゅう》水《すい》編）。

神亀は、占いに用いる亀の甲。廟堂に安置し、国家の大事などの時に取り出して、その甲で吉凶を占う。

さて、国家の政治の相談役・顧問と、釣りをしながらのんびり生きているのと、どちらがいい生き方だろうか。役人に「泥の中で自由に生きていたい」と言わせてしまったところが、この話のポイントになっている。

なお、一二四頁の「逍遥遊編」から以降に挙げる例文や、これ以降に出てくる例文も、ほとんどが「相対的価値観」に拠《よ》っている。

魚が見た美人　尭帝の時代の賢者である王倪《おうげい》が、門人の齧欠《げっけつ》に、次のような話をする。もちろん、荘子のフィクションである。

人間が湿った所に寝ていると、腰が麻痺《まひ》して死んでしまうが、鰌《しゅう》〔ドジョウ〕は平気である。

人間が木に昇ると、びくびく怖がってしまうが、猿猴《えんこう》〔サル〕は平気である。

人間とドジョウとサルと、どの居場所が〝正しい〟のだろうか。

人間は、家畜を食べる。麋鹿《びろく》〔トナカイ〕は草を食べる。蝍且《しょくそ》

〔ムカデ〕はヘビを好むし、鴟鴉《しあ》〔フクロウ〕はネズミが好きだ。
人間とトナカイとムカデとフクロウと、どの味が〝正しい〟のだろうか。

雄《おす》ザルは雌《めす》ザルを狙《ねら》い、麋《となかい》は鹿《しか》と交わり、鰌《どじょう》は魚とたわむれる。美人で有名な毛嬙《もうしょう》〔越王の愛人〕や麗姫《りき》〔晋《しん》の献公の愛人〕は美人だが、その姿を見ると、魚は水深く隠れ、鳥は空高く飛び去り、鹿は遠くに走り逃げる。

猿《さる》と麋《となかい》と鰌《どじょう》と人間と、どの美しさが〝正しい〟のだろうか〔斉物論《せいぶつろん》編〕。


――それぞれ、相対的な価値観に頼っているのである。もし、それぞれの立場を離れたなら、〝正しい〟とする価値観はみな消えてしまう。

その意味では、みんな同じという「万物斉同」を説いた文章でもあるだろう。

(5) 無用の用

一二五頁の「無何有《むかう》の郷」の話も、役に立たない物こそが実は役に立つ、という内容である。そして、そこにも出てきたとおり、これは荘子の思想そのものでもあり、荘子自身もそれを自覚しているのである。

次の文章は、それを正面から述べたもの。


恵《けい》子《し》、謂《いヒテ》二荘《そう》子《しニ》一曰《いハク》、「子《しガ》言《げん》、無《む》用《ようナリト》。」

荘《そう》子《し》曰《いハク》、「知《し》二リテ無《む》用《ようヲ》一、而始《はじメテ》可《べシ》二与《ともニ》言《いフ》一レ用《ようヲ》矣。夫《そレ》地《ちハ》非《あらザル》レ不《ざルニ》二広《ひろク》且《かツ》大《だいナラ》一也《なり》。人《ひと》之《の》所《ところハ》レ用《もちヰル》、容《いルル》レ足《あしヲ》耳《のみ》。然《しかラバすなはチ》則側《そばたテテ》レ足《あしヲ》而墊《ほリ》レ之《これヲ》、致《いたサバ》二黄《こう》泉《せんニ》一、人《ひと》尚《なホ》有《あラン》レ用《もちヰル》乎《かト》。」

恵《けい》子《し》曰《いハク》、「無《なシト》レ用《もちヰル》。」

荘《そう》子《し》曰《いハク》、「然《しかラバすなはチ》則無《む》用《よう》之《の》為《なス》レ用《ようヲ》也《や》、亦《まタ》明《あきラカナリ》矣《ト》。」〔外《がい》物《ぶつ》編〕

――恵子が荘子に言った。「あなたの言うことは、役に立たないね。」
荘子「まず、役に立たないということを知ってから、役に立つということを話し合うべきだね。さて、この大地は、広くて大きいけれど、人の役に立つのは、足を乗せる部分だけだ。では、足の周囲を地下まで掘っていってしまったら、それでも人の役に立てるかな。」
恵子「役に立たないよ。」
荘子「それなら、役に立たないものが実は役に立っているということも、よくわかるではないか。」
無用に見えるものが、実は有用に見えるものを支えてやっている。それなら、無用なものも役に立っているではないか。
この世には、無用とか有用などという区別はないのだ、という荘子の思想である。

右の荘子の論の立て方は、やや詭弁《きべん》という感じもするが、それが荘子のレトリックの巧みさでもあるだろう。

なお、先の「無何有《むかう》の郷」に出てくる樗《おうち》の木の話（一二五頁）も、「無用の用」の例である。

(6)　死生一如

荘子にとっては、生と死も斉《ひと》しく同じ（斉同）で一つであり、生と死とは相対的なもの、ということになる。

荘子の妻死す　荘子の奥様が亡くなった。恵子がお悔やみに行くと、荘子は足を投げ出し、盆を叩きながら歌を歌っていた。

恵子「奥様といっしょに、子どもを育てながら老いてきた仲ではないか。その死を悼んで泣かないこと自体が情け知らずなのに、まして、盆を叩いて歌っているなんて、あんまりひどいではないか。」

荘子「いや。私だって妻に死なれた時には、ひどく嘆き悲しんだ。

しかし、最初はそもそも生命も肉体もなく、〝気〟までなかったのだ。茫漠《ぼうばく》としたものの中に雑っていたものが、陰陽の変化で気が生まれ、気が変化して肉体が生まれ、肉体が変化して生命が生まれたのだ。今またそれが変化して死んでいく。

これは、春夏秋冬の四季の循環と同じことである。今や妻は、天地という巨大な部屋に、ゆったりと休んでいる。

私が、妻に寄り添って大声で泣きわめいたりしたら、天命を知らないと自分で認めることになる。そこで、泣くのをやめたのである（至楽《しらく》編）。

——生も死も、四季の推移と同じ循環の一つではないか、というのである。

ただし最後に、「天命を知らないと自分で認めることになる」（自《みづかラ》以《もっテ》為《なス》レ不《ずト》レ通《つうぜ》二乎命《めいニ》一）と言って、日ごろの思想的な立場上、悲しみ泣くのをやめたことを認めている。もっとも身近な人（妻）の死に遭って、荘子もさぞ辛かったことだろう。

(7)　反儒家

荘子から見れば、儒家の思想はまさに「相対的」なものに価値観を置き、「無用」ではなく「用」を勧め、万物（人間社会）の斉同を否定してその違いを重んじる（君臣・父子の関係など）、まったく対照的な存在である。

そこで荘子は、儒家をしばしば激しく非難攻撃する。

儒者の墓あばき　儒者は『詩』を口ずさんだり『礼』に従ったりしながら、墓をあばく。

親分の儒者「東の空が白んできたぞ。仕事の進み具合はどうだ。」

子分の儒者「まだ死体の肌着を脱がしていません。それに、口の中に珠《たま》が残っています。『詩』にも言っています、『青々とした麦が、墓地に生い茂っている。生前に人に施しもせず、死後に口に珠を含むとは何事か。』」

そう言いながら、死体の髪をつかみ、顎《あご》をおさえつけた。もう一人の儒者が、金槌《かなづち》で死体の顎の骨を叩いて砕き、ゆっくりと両頬《ほお》を広げると、口の中の珠《たま》を無傷のまま取り出したのである（外物編）。

中国の習慣として、死者の口には珠を含ませていた。儒家は、葬儀を担当していたから、墓に埋葬された死者の様子も、よく知っている。右によると、衣服から肌着まで盗み、口中の珠を奪っていたことがわかる。

当時の儒者の様子がよくわかる、貴重な記述である。荘子ならずとも、これを知ったら怒るだろう。

読書と賭博《とばく》と　臧《ぞう》〔男の召し使い〕と、穀《こく》〔女の召し使い〕の二人が、いっしょに羊を放牧していたところ、二人とも、羊に逃げられてしまった。

臧に「何をしていたのか」と聞くと、筴《しおり》を挟んで読書をしていたと言う。

穀に「何をしていたのか」と聞くと、賭博をして遊んでいたと言う。

二人のしていたことは違うが、羊を逃がしたという点では、同じである（駢母《べんぼ》編）。

――常識的には、読書をしていたほうが何か偉く見え、じゃあ羊を逃がしてしまっても仕方がない、と思う。賭博をしていて羊を逃がしてしまうとは、けしからん、と思う。

しかし二人とも「羊を逃がした」という点では同じだ、というのである。

勉強をしているから偉い、というわけではない。

聖人と盗賊と　次の文の伯夷《はくい》は、周の武王がクーデターによって殷《いん》の紂《ちゅう》王を討とうとした時、目下が目上に反抗するのは「義」にそむくことと諫め、首陽《しゅよう》山に隠れ住んで餓死してしまった、という人。行動を共にした叔斉《しゅくせい》とともに、忠義の人、清簾の士の代表として讃《たた》えられている。

また盗跖《とうせき》は、春秋時代の魯《ろ》国の大盗賊といわれる。数千人の部下を引き連れて、毎日のように略奪し殺戮《さつりく》を繰り返し、暴虐の限りを尽くした。黄帝の時代の人とも言われ、伝説上の人物である。

伯夷は、名誉のために首陽山のふもとで死に、盗跖は利益のために東陵山のほとりで死んだ。

二人の死んだ理由も場所も違うが、生命や本性を失い害《そこな》ったという点では、同じである。

どうして伯夷が正しく、盗跖はいけない、と言えようか（駢《べん》母《ぼ》編）。

――仁義のために死ねば君子、利益のために死ねば小人と、世に言っている。しかし、生命を失い本性を害《そこな》ったという点では、どちらも同じである。伯夷と盗跖とは同じであって、君子とか小人という区別はない。これが荘子の意見である。

臧《ぞう》と、穀《こく》の例、伯夷と盗跖の例、どちらも儒家的な態度を批判しており、また、価値観の相対性を批判しているものである。

5　列子

1　人物

出生　姓は列、名は禦寇《ぎょこう》。圄寇《ぎょこう》・圉寇《ぎょこう》とも書く。生没年未詳。戦国時代、鄭《てい》国の圃田《ほでん》の人という。

『史記』にも伝記がなく、生涯などは未詳。『漢書』芸文志《げいもんし》に、「荘子に先だち、荘子之《これ》を称《たた》ふ」とあることなどから、「老子－列子－荘子」という道家の系譜が作られた。

生涯　列子は、『荘子』にはたびたび登場し、『荘子』には「列禦寇」という編まである。また『韓非子』『戦国策』『呂氏春秋』などにも登場し、『荘子』達生編や、『呂氏春秋』審己編では、関尹子《かんいんし》（三八八頁の尹喜）に質問したりしている。

貧窮　『荘子』譲王編には、列子の生活が困窮して、見るからに飢えていたので、鄭《てい》国の大臣の子陽《しよう》が列子に穀物を贈った、とある。なお子陽は、鄭の繆《ぼく》公二五年（前三八九）に殺されているので、列子も、ほぼこの時代の人と推察できる。列子は、穀物を断ったので、妻に「有道者《ゆうどう》の妻子は、皆佚楽《いつらく》を得《う》」――道を体得した人の妻子は、みな安楽な生活をしているのに、なぜ断ったのか、となじられている。

隠者　『列子』天瑞《てんずい》編の冒頭には「列子は鄭《てい》国の圃田《ほでん》に四十年間住んでいたが、彼を知る人もいなかった」とある。

この記述や、右の列子の妻が夫を「有道者」と呼んだことなどからも、列子は、世を隠れ住んで道家的な「道」を修めていた人か、とも思われる。

道士　道士は、不老長寿の方法などを学ぶ人で、一一二頁を参照。『荘子』逍遥遊《しょうようゆう》編には、「列子は、風に乗って十五日間、さわやかに楽しく旅を続けた」とある。これは、道士的あるいは神仙的なイメージである。

2　思想

(1)『列子』八編

列禦寇《れつぎょこう》の編とされるが、原本は失われ、現在の『列子』は後人の偽作である。晋《しん》代以降に成立したものか。

本文には「子列子曰《ハク》」という記述があり、上の「子」は、ふつう門人が師に対してつける敬称だから、列子の門人、その門人……と引き継いで書かれてきた部分もあるだろう。

なお列子は、唐代の天宝元年（七四二）に、玄宗から「冲虚《ちゅうきょ》真人《しんじん》」と諡《おくりな》され、また、宋代の景徳二年（一〇〇五）には真宗に「冲虚至徳《しとく》真人」と諡された。これによって『列子』も、唐代以後『冲虚真経』と呼ばれている。

思想的には、『荘子』ほどまとまったものは見られない。道家的な素朴さ、神仙的、享楽的、そして、反儒家的な考え方がうかがわれる。

むしろ、神話伝説や民間故事の類、寓言の類が目立ち、後世にも大きな影響を与えている。この面からは、文学史的な価値が高い、と言うことができる。

川柳コーナー——列子

急用事列子疾風《はやて》に乗って出る

列子急用やれ暴風《はやて》やれ暴風

列子は、風に乗って「冷然として善し」なのだが、ここでは急用を持ち出した。

風助に列子酒手をねだられる

狂歌のほうは「雲助《くもすけ》〔駕《かご》をかつぐ人夫〕」だが、こちら「風助」ともじった。

列子思へらく故郷へは虹《にじ》に乗り

「故郷へ錦を飾る」という。故郷に帰る時には、せめて虹に乗って行こう。

狂歌コーナー——列子

追い風に乗りゆく時は道中の
雲の足より速き駕舁《かごか》き　四方赤良《よものあから》

列子が風に乗って行く時は、雲の足〔雲助〕よりも速い。

(2) 華胥《かしょ》の国

最古の天子・黄帝《こうてい》（四二二頁）が、昼寝をして夢をみた。夢の中で、華胥《かしょ》氏の国に遊んだ。ここは、中国から何千里何万里離れているのか、わからない。歩いてはもちろん、舟や車でも行ける所ではない。心で行ったのである。

この国には統率者はなく、みなありのまま。人々にも好みや望みもなく、みなありのままである。

生きていることを楽しむわけでもなく、死ぬことを嫌うわけでもないから、何歳で死ぬかも関係ない。

自分を大切にすることも、相手を避けることもないから、愛も憎しみも関係ない。

そむくことも順うこともないから、利害も関係ない。

水に入っても溺《おぼ》れず、火に入っても熱くない。切っても打っても、傷も痛みもないし、指で掻《か》いても、痛くも痒《かゆ》くもない。

地を歩くように空を飛び、寝床に横たわるように空に休む。

雲や霧も視界を妨げないし、雷も聴覚を妨げない。美醜にも心を引かれないし、山や谷も行くのを妨げない。

まさに、心の世界、神の行動である。

——黄帝は、夢から覚めると、すっかり悟りを開いた。以後、黄帝の政治によって、中国は華胥の国のようになった。

黄帝が死んでからも、人々は二百年以上、黄帝を慕ってその名を呼び続けたという（黄帝編）。

本来の自分に戻れば、万物と一体になって、自由自在に生きることができる。まさに道家の境地であり、これを黄帝の伝説に託して描いたもの。

黄帝も、老子とともに「黄老思想」と呼ばれる、道家的立場の人とされている（一一〇頁）。

(3)　無為

海岸べりに、漚鳥《おうちょう》（かもめ。漚は、鷗）の好きな人がいた。毎朝、浜辺に行っては、百羽以上の鷗《かもめ》と遊んでいた。

ある日、父が言った、「鷗がお前と遊んでいるというではないか。お前、捕ってきてくれ。私も遊んでみたい。」

そこで翌朝、浜辺に行くと、鷗は空を舞うだけで、一羽も降りてこなかった。

「至《し》言《げんハ》去《さり》レ言《げんヲ》、至《し》為《いハ》無《なシ》レ為《なス》。」——最上の言葉は、言葉を離れる。最上の行為は、行為をしないことだ（黄帝《こうてい》編）。

鷗は、捕らえるぞという人の心を読んでしまったのである。

これを、人のほうについて言えば、「至言は言を去り、至為は為す無し」、無為こそ最上の行為、となるのである。

(4)　夢と現実

荘子にも「夢に蝴蝶《こちょう》となる」話があった（一二七頁）。列子にも、地位も財産もある人と、その使用人との、現実と夢の世界の話が登場する。

周の尹《いん》氏の家では、仕事に励んでいた。そのため、そこで働く使用人たちは、朝早くから夜遅くまで、休む間もなく働かされていた。

一人の、老人の使用人がいた。昼間は、人一倍働かされるので、夜は疲れ果てて熟睡する。ところが老人は、夢の中では国王になる。思いのままに振る舞って、こんなに楽しいことがない。——そして、朝になると、また働かせられる。

老人は言う、「人生は百年。その半分は昼で、半分は夜。私は、昼間は奴隷のように働かされて、こんなに苦しい。しかし、夜間は国王になって、こんなに楽しいことはない。」

一方の尹氏は、昼間は自分の仕事や使用人への指図で、心身ともに疲れ果てる。夜になって寝ると、夜な夜な使用人になった夢を見る。走り回り、力仕事をし、どなられ、鞭《むち》打たれ、あらゆる苦しみを受けて、寝ている間じゅう、うわごとを言い、うめき続けて、朝を迎えるのである。

尹氏は、この苦しさを友人に訴えた。友人は言った、「あなたは、社会的地位もあり、財産もあり余って、世の人より、ずっと優れている。それが、夢の中では使用人になる。しかし、苦しさと楽しさとが繰り返すのが、運命というもの。昼も夜も楽しもうというのは、無理な話だ。」

尹氏は、使用人たちの仕事を減らし、自分もあまり気を使わないようにした。そこで、苦しさもかなり少なくなった、という（周 穆王《しゅうのぼくおう》編）。

——現実と夢とは、人生の半分ずつなのであり、その当人にとっては、一体になっている、というのである。

そして、楽しさと苦しさとから見れば、現実と夢との一方にしか、重点を置くことはできない、ということをつけ加えている。

(5) 孔子を笑う

『列子』には、儒家的な礼教などを批判する章が見られる。孔子も何度も登場するが、孔子の場合はそのほとんどが逸話である。次の文章だけは、子供が孔子を笑う、という内容になっている。

二人の子が言い争っている所に、孔子が通りかかった。

子供A「太陽は、昇った時は人に近く、日中は遠ざかるよ。」

子供B「太陽は、昇った時は人から遠く、日中は近づくよ。」

子供A「だって、太陽が昇った時には、車の傘《かさ》くらい大きいけど、日中はお皿くらいになってしまう。遠いから小さく見え、近いから大きく見えるんじゃないか。」

子供B「だって、太陽が昇った時には、涼しいけれど、日中はお湯に手を入れたように熱くなる。近いから熱いし、遠いから涼しいんじゃないか。」

孔子は、どちらとも決めることができない。すると、二人の子供は笑って言った。

「孰《たれ》か汝《なんぢ》を知《ち》多《おほ》しと為《な》すや」——だれが、あんたを物知りだなんて言ったの（湯問《とうもん》編）。

——真の道理は、人間の知識や理解を超えたところにあるのだという話、とされている。

そうすると、相対的価値観（一二四頁）を笑ったものか、絶対的な「道」（一一八頁）を言おうとしたものか。

3 陰陽家

天地万物の生成や変化は、陰と陽との二要素〔気〕の作用によるものである、とする考え方。これは「易《えき》」（八八頁）の思想に基づいている。

この、陰陽二気の働きによって、時節の推移や自然の変化が生ずる。またこの働きを知ることによって、政治・社会・人生などの万般の吉凶禍福を予知し、判断することができる、とするのである。

陰陽の思想は古代にさかのぼり、殷《いん》・周の時代にも盛行している。陰陽家としては、文献上は戦国時代の騶衍《すうえん》（一六四頁）に始まる。

陰陽説はまた、これも古代から見られる五行《ごぎょう》説とも結びついて、陰陽五行説としておおいに発展する。

漢代には、易《えき》と陰陽五行との一体化が進み、宮廷でも役所や役人を設置して研究させたり、政治にも適用したりして、いっそう発展していくことになる。

一方では、天体の観測を中心とする「天文家」が活躍し、また、天体の運行を計算したり暦《こよみ》に当てはめたりする「暦数《れきすう》家」も活躍したりして、それぞれ諸子百家の一家として独立する。この二家に対する『隋《ずい》書』の評は、「五行家」への評とともに一六三頁以降に紹介した。

陰陽家は、一面ではその神秘性が強調され、道教（一一二頁）に取り入れられて大衆化して、吉凶禍福を判断する手段として、生活の中に深く浸透していく。

日本でも、六世紀ころから陰陽説を積極的に摂取し、天武《てんむ》天皇（在位、六七三―六八六）は、宮廷に陰陽寮《おんみょうりょう》と呼ぶ役所を設置した。以後、宗教的色彩も加わって、天皇・貴族から庶民に至るまで広く信仰され、俗信化・迷信化しつつも現在に及んでいる（なお日本では、陰陽を「おんみょう」または「おんよう」と読んでいる。陰の「いん」は漢音、「おん」は呉音）。

1 陰陽

1 「自然」の解釈

(1) 自然現象

「陰陽」の本来の意味は、文字どおり日陰の所と日の当たる所。『詩経』大雅《たいが》編に、次の詩句がある。

相《み》二其《ソノ》陰《いん》陽《ようヲ》一、観《みル》二其《ソノ》流《りゅう》泉《せんヲ》一。

——土地の日陰になる部分（山の北側）と日の当たる部分（山の南側）とを見て（寒暖の違いによる生活の便を推察し）、流れる川のようすを観《み》（て用水の便を推察す）る（生民《せいみん》之什《のじゅう》、公劉《こうりゅう》）。

周王朝の始祖とされる后稷《こうしょく》の曾孫・公劉が、人民の生活を豊かにしようと心をくだいている描写の一部分。

これが「光・陰」や「明・暗」、そして「日・月」などの意味に自然に広まってゆき、また、易《えき》の思想（八八頁）などから「天・地」の意味も持つようになってゆく（「陰・陽」は、その順序のままに「暗・明」などと記すべきだが、以下は慣用に従って順序を代えて、「明・暗」「日・月」などと記す）。

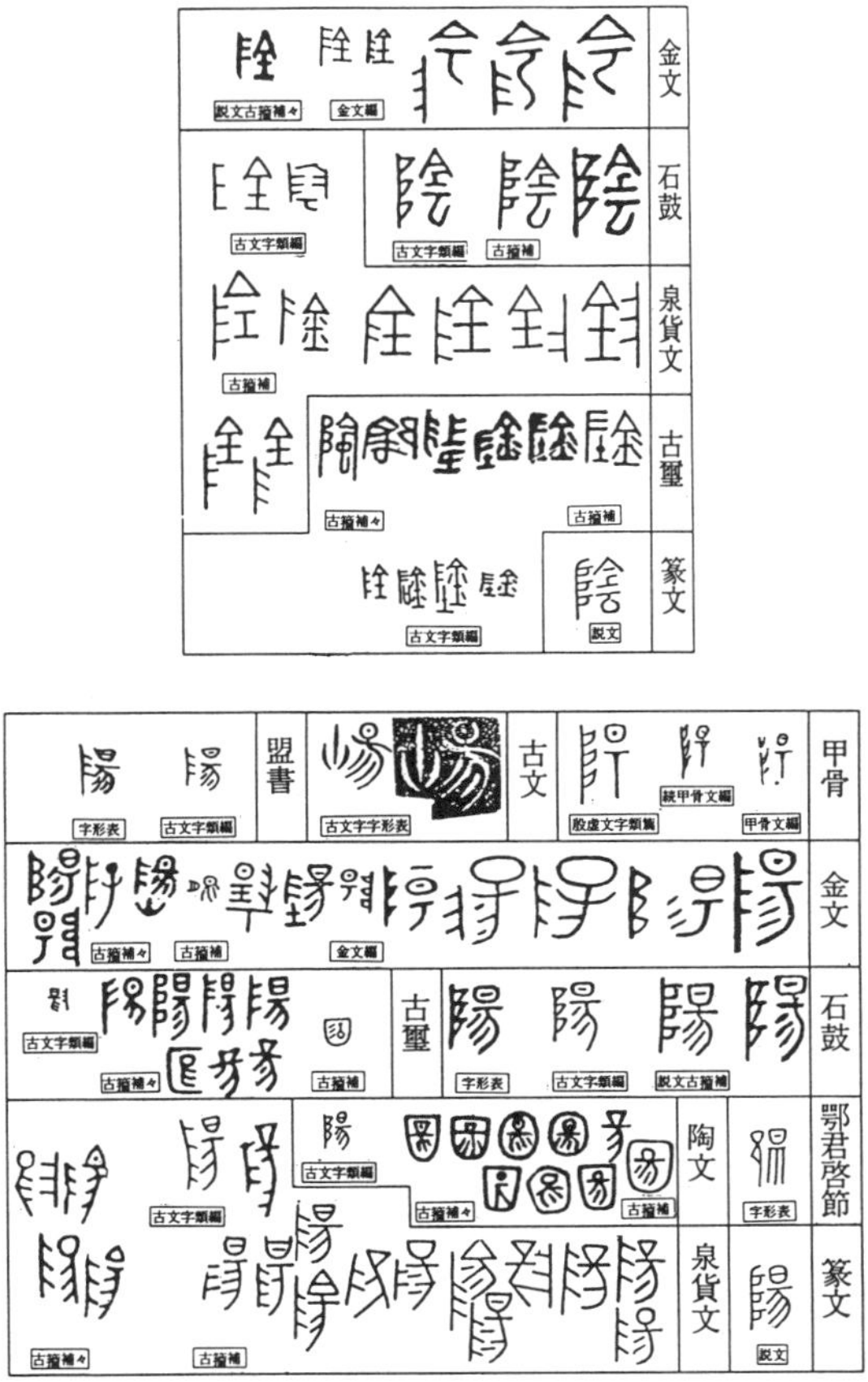

古代の文字「陰・陽」
（水上静夫『甲骨金文辞典』雄山閣）

(2) 陰陽の相対性

「陰陽」は、相対的な存在である。「明暗」といっても、たとえば暗闇に蠟燭《ろうそく》の火を灯せば、蠟燭の火と暗闇とが「明と暗」

になる。しかし、ここに電灯をつければ、明るさという点で、電灯と蠟燭の火とが「明と暗」になる。蠟燭の明るさは、相対的なものだ。
　また一般に、「天」は高く、「地」は低い。しかし、同じく「地」にいると、「天」を突くように見える高い山もあり、底知れぬ深い谷もある。高い山の中腹には「天」の雲がたなびいて、「地」よりも低くなる。
　こうして、陰陽という概念のほとんどは相対的なものであって、まあ絶対的と言えるのは、「日・月」や「男・女」くらいのものだろうか。

(3) 万物の「道」

陰陽の変化は、たとえば「昼・夜」や「春・秋」「夏・冬」のように、一定の規則に従って運行してゆく。これを「天の道」〔法則〕という。この天の道を受け継いでいくことが「善」であり、天の道を完成させてゆくものが「性」である。

一《いち》陰《いん》一《いち》陽《よう》、之《これヲ》謂《いフ》レ道《みちト》。継《つグ》レ之《これヲ》者《ものハ》善《ぜん》也《なり》。成《なス》レ之《これヲ》者《ものハ》性《せい》也《なり》。

——一陰一陽、これを（天の）道と言う。これをそのまま受け継いでいくことが（人の）善である。また、これをそのまま完成させてゆくことが（人の）性である（易経《えききょう》、繫辞伝《けいじでん》上）。（『易経』は、八八頁を参照。）

(4) 万物の「神《しん》」

陰と陽との循環や作用は、万物を生成していく働きを持つ。ただし、陰から陽に、陽から陰にと、がらりと一転するわけではない。陰が多くまた強くて陽が少なくまた弱いとか、その反対であるとか、陰と陽とのエネルギー関係によっては、陰と陽との循環や作用には、無限の状態が存在する。その変化は、予測することができない。それが、陰陽の「神《しん》」〔神秘性〕なのである。

生《せい》生《せい》之《これヲ》謂《いフ》レ易《えきト》。（略）陰《いん》陽《ようノ》不《ざル》レ測《はかラレ》、之《これヲ》謂《いフ》レ神《しんト》。

（天地万物を）生み育てていくこと、これを「易《えき》」〔変化〕と言う。……陰と陽との（変化の）予測がつかないこと、これを「神《しん》」〔神秘的な作用〕と言う（易経《えききょう》、繫辞伝《けいじでん》上）。

(5) 「道」と陰陽

陰を負ひて陽を抱く　また老子は、「道」が万物を生成する過程について、次のように説いている。

道《みちハ》生《しょうズ》レ一《いちヲ》。一《ハ》生《ズ》レ二《ヲ》。二《ハ》生《ズ》レ三《ヲ》。三《ハ》生《ズ》二万物《ヲ》一。万物《ハ》負《おヒテ》レ陰《いんヲ》而抱《いだク》レ陽《ようヲ》。冲《ちゅう》気《き》以《もつテ》為《なス》レ和《わヲ》。

——「道」が「一」を生じる。一が「二」を生じる。二が

「三」を生じる。三が「万物」を生じる。

（従って）万物は、陰の気を背にして、陽の気を抱いている。そして、「冲気」が、万物を調和させている（老子、第四十二章）。

「道」は、天地万物の根源である。

「一」は、道から生じる「気」。

「二」は、その気から生じる「陰陽」の二気。

「三」は、陰陽の二気から生じるもので、続いて出てくる「冲気」のこと。

陰陽の二気と、その働き（冲気）とによって、万物が生じていく。だから万物は、陰と陽との二気を併せ持っている。

「冲気」は、陰陽の二気の間に働いているエネルギー。陰陽の配合のぐあいと、その陰と陽との作用《エネルギー》とによって、万物の一つ一つが調和している。「冲」は「沖」の俗字で、水が湧《わ》く・湧き動く、調う、などの意味。なお、道家の「道」（二一八頁）を参照。

陰陽合和《ごうわ》す　この考え方について、たとえば『淮南子《えなんじ》』では次のように記している。

道《ハ》始《マルモ》㆓於一《ニ》㆒、一《ニシテハ》而不《レ》生《ゼ》。故《ニ》分《カレテ》而為《なり》㆓陰陽《ト》㆒、陰陽合和《シテ》而万物生《ズ》。故《ニ》曰《ハク》、「一《ハ》生《ジ》㆑二《ヲ》、二《ハ》生《ジ》㆑三《ヲ》、三《ハ》生《ズト》㆓万物《ヲ》㆒。」

――「道」は「一」から始まるが、一だけでは何も生じない。そこで分かれて「陰陽」となり、陰と陽とが一緒になり調和し合って、「万物」が生じる。そこで（老子は）、「一は二を生じ、二は三を生じ、三は万物を生じる」と言ったのである（淮南子、天文訓《てんもんくん》編）。

(6)　陰陽の二気

以上のように、陰陽とは二つの相対的な事物を言い、また、その両者のエネルギー関係についても言うのである。たとえば、次のような事物が「陰陽」となる（以下は習慣に従って、陽を先に、陰を後にする熟語で記す）。

自然　光―陰　天―地　明―暗　日―月　昼―夜　春―秋　夏―冬……

方向　上―下　高―低　前―後　右―左……

人事　男―女　父―子　夫―婦　君―臣　吉―凶　福―禍　貴―賤　尊―卑　生―死……

作用　積極―消極　能動―受動　進取―保守　攻撃―防御　剛―柔……

だんだん、反対語一覧を挙げているような気がしてきた。そのとおり、「陰―陽」は、その時その場における反対語どうしの関係、と見ればいいのである。

(7) 自然科学的認識

陰陽による万物の変化の規則性は、人々の生活と密接に関係し、また影響を与えている。

日・月・星などの変化と、四季の推移、それにともなう草木の栄枯や家畜の繁殖などは、人々の生活に直接に影響してくる。天体の観測に力を入れれば、次第に天文学として発達してゆく。四季の推移は、農作物や家畜の飼育など、生活に密着しているから、天文学とともに暦学として発達してゆく。

その他、一四四頁の「五行説」とともに、陰陽の思想は、中国の自然科学的な認識の発展に、大きな貢献を果たしてきている。

2 「社会」の興替

(1) 社会への影響

陰陽の二気は、人間の生活に大きな影響を与える。特に、農耕作業を中心としている中国においては、陰陽の変化は生活に直結する。

陰陽の和に慎《したが》ふ　そこでたとえば韓非子は、農業の収穫を豊かにするためには、万事に陰陽の和に慎《したが》うべし、と説いている。

挙《あゲテ》レ事《ことヲ》、慎《したがヒ》二陰《いん》陽《よう》之《の》和《わニ》一、種《しゅ》樹《じゅニハ》節《ニシ》二四《し》時《じ》之《の》適《てきヲ》一、無《なケレバ》二早《そう》晩《ばん》之《の》失《しつ》、寒《かん》温《おん》之《の》災《わざはヒ》一、則《すなはチ》入《にゅう》多《おほカラン》。

――（収穫を豊かにするには）すべて、陰陽の調和を守り、穀物を植えるには、四季の適切な時期を守って、早すぎ遅すぎの失敗や、寒すぎ暑すぎの災害がなければ、収穫は多いであろう（韓非子、難《なん》二《に》編）。

「慎」は、気をつける、注意深くする、慎重にする。また、大切にする、重んじる。文脈上の意味から「したがフ」と読んだが、もちろん「つつしム」と読んでもよい。

陰陽并《なら》びに毗《ひ》す　荘子は、陰陽の二気のバランスと、人間の感情や身体との影響関係について、次のように述べている。

人《ひと》大《おほイニ》喜《よろこバン》邪《か》、毗《ひス》二於陽《ようニ》一。人《ひと》大《おほイニ》怒《いかラン》邪《か》、毗《ひス》二於陰《いんニ》一。陰《いん》陽《よう》并《ならビニ》毗《ひセバ》、四《し》時《じ》不《ず》レ至《いたラ》、寒《かん》暑《しょ》之《の》和《わ》不《ず》レ成《なラ》。其《そ》反《レかヘリテ》傷《やぶラン》二人《ひと》之《の》形《かたちヲ》一乎《か》。

――もし人が喜びすぎると、陽に偏ってしまう。もし人が怒りすぎると、陰に偏ってしまう。（こうして）陰陽のどちらか一方に偏ると、四季の運行が不順となり、寒暑の調和が失われる。これらはかえって、人の身体を傷つける〔健康を害《そこな》う〕ことになるだろう（荘子、在宥《ざいゆう》編）。

さらに、人々が感情のバランスを失ってくると、天下は乱れてくる、と続けている。

陰陽の変化により天下が乱れ、果ては王朝が交代するという論は、一四八頁以降を参照。

陰陽錯行《さくこう》す　荘子はまた、陰陽二気のバランスが乱れると、天変地異が起こる、と言っている。

陰《いん》陽《よう》錯《さく》行《こうスレバ》、則《すなはチ》天《てん》地《ち》大《たい》絯《がいス》。於《おイテ》レ是《ここニ》乎《か》有《あり》レ雷《らい》有《あり》レ霆《てい》、水《すい》中《ちゅうニ》有《あリテ》レ火《ひ》、乃《すなはチ》焚《やク》二大《たい》槐《かいヲ》一。

——陰陽の二気が乱れ動くと、天地が大変動を起こす。そこで雷《かみなり》が響き雷鳴が轟《とどろ》き、雨の中に電光が走って、大きな槐《えんじゅ》の木を焼いたりするのである（荘子、外物《がいぶつ》編）。

「大絯」は、大異変、大変動。「霆」は、雷鳴。また「電」と同じで、いなずま。「水中有光」は、雨の中にいなずまが光ること。「槐《かい》」は、ここでは木の代表。朝廷の庭に槐樹を三本立てて、三公〔司馬・司徒・司空の三大臣〕の就く位置を示したという。

(2)　政治への影響

陰陽二気の働きは、農業生活や人々の心身に影響を与えるだけではなく、国家そのものの存続にも影響を及ぼす、という考え方も現れている。もっとも古い記事は、次のもの。

陽失ひて陰に在り　周王朝の幽王《ゆう》（在位、前七八一－前七七一）の二年、涇水《けいすい》・渭《い》水・洛《らく》水の三川の流域に、地震があった。

周の史官・伯陽父《はくようほ》は「周は滅亡するであろう」と予言する。そして、大要次のように語る。

天地の陰陽二気は、秩序を保っている。秩序が乱れるとしたら、それは人間のせいである。

さて、「陽伏《ふ》して出《い》づる能《あた》はず、陰迫《せま》りて烝《のぼ》る能はず」——陽の気が潜伏して外に出ることができず、陰の気が圧迫して（陽の気は）昇ることができない、という時に地震が起こる。

いま、三川に地震があったのは、「是《こ》れ陽其《そ》の所を失ひて、陰に鎮《とざ》さるるなり」——陽の気が正当な位置を失って、陰の気に閉じこめられたためである。

地震が起これば、川の水源もふさがる。流れが止まれば、人民は生活できなくなり、そうなれば、やがて国は滅んでしまう。

西周の地震
（『画説陰陽家』）

陰気が陽気を圧迫して出られない状態の時に、地震が起こり、川の水源もふさがる。川がふさがれば、人民は生活できなくなる。そうなれば、国は滅んでしまう。

昔、伊水と洛水が涸《か》れたために、その流域にあった夏《か》王朝は滅んでしまった。

また、黄河の水が涸れたために、その流域に都を置いていた殷《いん》王朝は滅んでしまった。

今、周王朝の徳も、夏・殷の末期のように乱れている。そこに地震が起こったのだから、山が崩《くず》れて、水源が涸れるだろう。そうなれば、十年たたないうちに、国は滅びるであろう。

——伯陽父の言葉どおり、その年に岐山《きざん》が崩壊し、三川の水が涸れてしまった。

それから十年ののち（前七七一）、幽王は殺されて西周は滅亡し、その子の平王が洛邑《らくゆう》に都を移して東周を建てる（四二七頁）ことになる（以上、国語・周語上編）。

大野峻氏は「本章は天変地異と政治との関係から周の滅亡を予知したもの」であり、「春秋以前の資料としてきわめて貴重なもの」である、と述べている（新釈漢文大系66『国語』上、一九七五・一二、明治書院）。

(3)　自然現象と吉凶

吉凶は人に由《よ》る　〝占い〟によって吉凶を判断することは、伝説では黄帝の時から始まっている。これを思想的に体系づけたのが、八八頁以降の『易経《えききょう》』である。

しかし一方では、「吉凶は人に由る」と冷静に判断している人も少なくない。

次の話は、王には予兆と説きながら、本当はそんなことは起こりえないと思っているという、興味深い例。

魯《ろ》国の僖《き》公十六年（前六四四）春、宋国に隕星《いんせい》（隕石）が五つも落ちた。また、六羽の鶂《げき》が、宋国の都の上を逃げるように飛び過ぎていった。鶂は、鷺《さぎ》に似た水鳥。雌雄が目を重ねると子を孕《はら》み、口から卵を産むという。

周王朝の史官である叔興《しゅくこう》が、宋国を訪れた。そこで宋の襄《じょう》公が、右の事件について、「これは何の兆候か。また、その吉凶はどこに現れるか」と質問した。

叔興「今年は、魯国に大きな喪《も》が多く起こるでしょう。明年は、斉《せい》国に騒乱が起こるでしょう。また襄公は、天下の諸侯の覇者になりますが、長続きしないでしょう。」

しかし叔興は、退出すると、ある人にこう言った。「襄公は妙な質問をしたな。隕石は自然現象だし、鶂が飛んだのは風が吹いたために過ぎない。

これは『陰陽の事なり、吉凶の生ずる所に非《あら》ざるなり』

——陰陽による自然現象であって、吉凶が生じる原因になるものではないのだ。」

そして『吉凶は人に由《よ》る』――吉凶は、人間が原因になるものだ、と続ける。

「私は、襄公に逆らいたくないから、ああ説明しただけだ」（春秋左氏伝、僖公十六年）。

機嫌を損じたくないためにしては、よくあれこれと〝予兆〟を思いついたものである。

物の罕《まれ》に至るもの　もっとも科学的・合理的に判断したのは、荀子《じゅんし》（八一頁）である。

荀子は自然現象に対して、不思議に思うことはいいのだが、恐れおののくことはいけないのだ、と断言するのである。つまり、自然現象は人事とは何の関係もないのだ、というのである。恐るべきは、為政者が徳を身につける努力を怠り、礼を忘れ、政治をおろそかにして、人災を招くことである、とする。まさに、儒家としての考え方である。

星《ほし》隊《おチ》木《き》鳴《なレバ》、国《こく》人《じん》皆《みな》恐《おそレテ》曰《いハク》、「是《これ》何《なんゾ》也《やト》。」曰《いハク》、「無《なキ》レ何《なにモなり》也。是《これ》天《てん》地《ち》之《の》変《へん》、陰《いん》陽《よう》之《の》化《かニシテ》、物《もの》之《の》罕《まれニ》至《いたル》者《もの》也《なり》。怪《あやシムハ》レ之《これヲ》可《か》也《なり》、而《しかシテ》畏《おそルルハ》レ之《これヲ》非《ひナリト》。」

――星が流れたり（社《やしろ》の）木が鳴ったりすると、国の人々はみな恐れて「これは何（の前兆）か」と言う。

（しかし、私は答えて）言う。「何でもない。これは天地の変動、陰陽の変化であって、現象としてごく稀に起こることに過ぎない。（だから）不思議に思うのは結構だが、恐れおののくのは誤りである」（荀子、天論編）。

「星隊《お》つ」の「隊」は、「墜《つい》」と同じ。流れ星である。「木鳴る」は、祖先を祀《まつ》る社《やしろ》の大木や森が、風によってうなるような音をたてること。社の木が鳴るのは不思議なことが起こる前兆、と思われていた。

荀子は、自然現象は単なる天地陰陽の変化の結果に過ぎず、吉凶とは何の関係もないのだ、とする。

日食や月食が起こる、時期はずれの暴風雨が襲う。見なれぬ星が現れるなどは、いつの世にもあることであって、少しも不思議なことではない。

文《ぶん》と為《な》せば吉　では、雩《う》〔雨乞い〕すると雨が降ってくるのは、どういうわけなのか。

荀子の意見。「いや、何のわけもない。雨乞いしなくても雨が降るのと同じで、自然現象に過ぎないのだ。

だいたい、日食や月食の時には、早く戻るようにと祈り、日照りが続いた時に雨乞いし、また、重要な問題の時に卜筮《ぼくぜい》して〔占って〕決断するなどは、本当にその結果を求めているからではない。一つの儀式にすぎないのだ。

君子は、儀式だとわかっているが、庶民は神秘だと信じている。

「以《もっ》て文《ぶん》と為《な》せば則《すなは》ち吉《きっ》、以《もっ》て神《しん》と為《な》せば則《すなは》ち凶《きょう》なり」――

儀式だと見ているのなら、それは『吉』であるが、神秘だと思い込んでいる限り、それは『凶』なのである」(荀子、天論編)。

占いなどは、精神安定のための装飾的な儀礼にすぎないと、君子はわかっている。しかし庶民はこれらを、神秘的な儀式と見て、信じてしまう。そして結局、自分で努力することをしなくなり、社会が混乱し衰微していく。だから「凶」なのだ、とするのである。

荀子は、恐るべきは天地陰陽の人災ではなく、庶民が占いなどに頼って努力を怠《おこた》る人災、そして、為政者の暗愚や失政などによる人災なのだ、と戒めている。なお八三頁も参照。

(4)　神秘性

陰陽説は、五行説(下段以降)や、易《えき》(八八頁)の思想と一体化しながら、宮廷から庶民に至るまで広く浸透し、今日まで続いている。

為政者　支配者に対する影響としては、これまで挙げてきた王朝交代説や、秦の始皇帝に始まる陰陽五行の採用(一四八頁)、以後の歴代王朝の重視などが挙げられる。

学問　後漢時代には、讖緯《しんい》説が流行した。その内容については、一五二頁を参照。

宗教性　その「占い・予言」の面は、庶民的な宗教の一種である道教(一一二頁)に溶け込んだりしながら、民間に広く浸透していき、宗教的な神秘性をもって、今日まで続いている。

陰陽《おんみょう》師　陰陽五行説は、日本にも仏教と前後して渡来し、道教として、そして間もなく密教や、日本固有の神道とも結びつき、各地の迷信や呪術とも一体となって、信じられないほどの強い力を持ってきた。現在でも、干支《えと》(一五三頁)、年まわり、日がら、方角、家相、人相、手相、あるいは、星座占いなどなど、〝迷信〟に束縛されつつ、迷信と気づかずに生活している面が少なくない。

2　五　行

1　五元素

(1)　水火木金土

天地間の万物を構成する、五つの元素。また、人間の生活に必要欠くべからざる五つの要素。

『書経』には、天が禹《う》王に「洪範九疇《こうはんきゅうちゅう》」を与えたという。「洪」は、大。「範」は、法。「洪範」で、天地の大原則。「疇」は、類・種。九種の大原則の、第一が「五行」である。『書経』は、続けてこう記す。

五行「水」

一、五行《トハ》、一曰《ニいハク》水《すい》。二曰《ニハク》火《か》。三曰《ニハク》木《もく》。四曰《ニハク》金《きん》、五曰《ニハク》土《どト》。（書経、洪範編）

この「水・火・木・金・土」の五つが、五行である。そして、それぞれの基本的な性質を次のように述べる。

水曰《ハ》二潤下《フじゅんかト》一。……潤下作《ハなス》レ鹹《かんヲ》。
火曰《ハ》二炎上《フえんじょうト》一。……炎上作《ハス》レ苦《くヲ》。
木曰《ハ》二曲直《フきょくちょくト》一。……曲直作《ハス》レ酸《ヲ》。
金曰《ハ》二従革《フじゅうかくト》一。……従革作《ハス》レ辛《しんヲ》。
土爰《ハここニ》稼《か》穡《しょくス》。……稼穡作《ハス》レ甘《ヲ》。

水は、万物を潤しつつ下に流れる。……しおからい（海水から採る塩の味）。

火は、燃え上がる。……にがい（焦げる匂いの味）。

木は、曲がったりまっすぐだったりする。……すっぱい（木の実の味）。

金は、形を自由に変えられる。……からい（金属の味。「革」は、改める意味）。

土は、（穀物を）植えたり収穫したりできる。……あまい（うまい）（穀物の味）（書経、洪範編）。

「土」の場合だけ「土爰稼穡」とあるが、他と同じく「曰」となっている本もある。

また、「水・火・木・金」の場合の「潤下・炎上・曲直・従革」は、それぞれの性質についても言ったものであるのに対して、「土」の場合の「稼穡」だけは、土の働き、土の持つ徳について言っている。「土」だけが、別扱いである。だからこそ、「土爰稼穡」としたのである、と見ることもできる。

そこで、次のような考え方も出てくる。

五行「金」

五行「土」

(2)　土が根本

鄭《てい》国の始祖・桓公（在位、前八〇六—前七七一）と、周王朝の史官・伯との問答で、桓公が「周は滅びるか」と問うたのに対する、伯の言葉。

伯は「まず間違いなく滅びるでしょう」と断言する。周王は、和（調和）を嫌って、同（同調）を好むから、というのである。異質のものどうしが親しむことが「和」であり、「和」によって万物が豊かに育成していく。同質のものが同調しても、生産は続かない。だからこそ、

先《せん》王《おうハ》以《もつテ》レ土《どヲ》与《と》二金《きん》・木《もく》・水《すい》・火《か》一雑《あハセ》、以《もつテ》成《なス》二百《ひゃく》物《ぶつヲ》一。

——先王は、土を金木水火と混ぜ合わせて、万物を完成させたのである（国語、鄭語《ていご》編）。

「先王」は、昔の聖王。伝統として残されていることへの権威づけのために言うことが多い。

なお、桓公は周の厲《れい》王の末子で、宣王の弟。宣王によって鄭に封ぜられた。桓公は、この予言どおり、異民族の侵攻のために、厲王とともに殺されてしまい、周はいったん滅亡する（前七七一）。なお四二七頁を参照。

(3)　五　運

五行の運行。

運行の順序には、次の二種がある。

「土→木→金→火→水（→土→木→…）」

「木→火→土→金→水（→木→火→…）」

前者を「五行相勝《そうしょう》」または「五行相剋《そうこく》」説と言い、一四八頁を参照。また後者を「五行相生《そうしょう》」説といい、同じく一四八頁を参照。

(4)　五　徳

「木・火・土・金・水」の五つの徳。

また「木・火・土・金・水」のそれぞれが持っている徳。一四八頁の「五徳終始」を参照。

なお「仁・義・礼・知・信」や、『論語』の「温・良・恭・倹・譲」、その他種々の五徳がある。

(5) 六気《りくき》

天地間の、六種の気。「陰・陽・風・雨・晦《かい》・明」の六種（晦は、暗）。

◆六気と病気

晋《しん》国の平公（在位、前五五七―前五三二）が病気になったので、秦《しん》国では医和《いわ》を送って診察させた。医和は、六気と病気との関係について、次のように述べる。

陰淫《いんいん》は寒疾《かんしつ》。――陰の気が過度になると、寒けに震える病気。

陽淫は熱《ねっ》疾。――陽の気が過度になると、高熱の出る病気。

風淫は末《まっ》疾。――風の気が過度になると、手足にくる病気。身体を「元」とするのに対して、手足を「末」という。

雨淫は腹《ふく》疾。――雨の気が過度になると、腹の痛む病気。

晦《かい》淫は惑《わく》疾。――暗の気が過度になると、他を考えられなくなる病気。幻覚・幻聴などのたぐいか。

明淫は心《しん》疾。――明の気が過度になると、心が正常に働かなくなる病気。ノイローゼのたぐいか。

医和は、生没年未詳。この記事によって、病気の原因を分析し、六気と結びつけて論じた最初の人、と称されるようになった。「六気《りっき》致病《ちびょう》説」と呼ばれる。

なお、平公の病気は、昼夜を問わず女色に耽《ふけ》ったための「熱疾」と「惑疾」とを兼ねており、もはや治療は不可能と、医和は診断している。

これも、他に幾つかの六気がある。

(6) 五行六気

「土・木・火・金・水」の五行と、右の六気とを組み合わせる考え方。

『春秋左氏伝』の昭公元年（前五四一）に、次のような記事がある。

まず、天には「六気」がある。

この六気が分かれて、「春・夏・秋・冬」の「四時《しいじ》」となる。四時が順序正しく運行すると、「五節」――五行も正しく順行する。これは「土」を中心に置き（一四五頁）、「木・火・金・水」をそれぞれ「春・夏・秋・冬」に配する、という考え方である。

また、六気が地に降ると、「辛《しん》・酸《さん》・鹹《かん》・苦《く》・甘《かん》」（一五二頁）の「五味」となる。

姿を現すと「白・青・黒・赤・黄」の「五色」となる。

音に現れると「宮《きゅう》・商《しょう》・角《かく》・徴《ち》・羽《う》」の「五声」、つまり五つの声調となる。

以上のように、春秋時代にはすでに、五行が生成する万物について、四季から味・色・音などの種類ごとに、具体的に五行に配当する、という考え方が広まっていく。これらを一覧表にまとめたものを、一五二頁の〈表4〉に掲げておく。

2　五行の循環

(1)　五行相勝《そうしょう》〔五行相剋《そうこく》〕

五徳終始とは、五行の徳の一つが衰えてくると、次の徳にとって代わられる、つまり、前の王朝の徳に、次の王朝の徳が勝つ〔剋《か》つ〕という、王朝の交代に五行を結びつけたものである。循環的な歴史観であり、これを「五行相勝」説、または「五行相剋」説と言う。

五徳終始を、もう一度整理してみよう。

木は土から生じるので、土に勝つ。――木の徳である夏《か》王朝（の禹《う》王）は、土の徳である黄帝に勝つ。

金は木より堅いので、木に勝つ。――金の徳である殷《いん》王朝（の湯《とう》王）は、木の徳である夏王朝に勝つ。

火は金を溶かすので、金に勝つ。――火の王朝である周王朝（の文王・武王）は、金の徳である殷王朝に勝つ。

水は火を消すので、火に勝つ。――水の徳である秦王朝（の始皇帝）は、火の徳である周王朝に勝つ。

――始皇帝の時代には、右のように五徳〔五行〕の最初の「土」に始まって、最後の「水」に終わった、以後は秦王朝は代わりませんと、五行終始でよかった。

しかし、次の漢王朝の時代になると、こう付け加えることになる。

土は水を防ぎ止めるので、水に勝つ。――土の徳である漢王朝（の高祖）は、水の徳である秦王朝に勝つ。

こうして「土→木→金→火→水→土→…」と、五行の一つが他に勝って代わっていくという、循環の思想が成立するのである。これが「五行相勝」説であり、また「五行相剋」説とも言う。

ただし、以上の循環を、前の徳に「勝つ」と見ずに、単に「代わる」と見れば、次の「五行相生《そうしょう》」説と同じことになる。交代に関する解釈の違いなのである。

(2)　五行始《し》生《しょう》

五行を、その発生の順に並べるもの。

「水・火・木・金・土」の順になる。これは、一四五頁に掲げた『書経《しょきょう》』洪範《こうはん》編に記す順序に従っている。

(3)　五行相生《そうしょう》

「相生《そうせい》」とも読む。これも五行の発生の順に並べたものだが、その順序は「木・火・土・金・水」となる。前漢の董仲舒《とうちゅうじょ》〔前一七九－前一〇四〕の『春秋繁露《はんろ》』には、「五行相勝第五十八」・「五行相生第五十九」の二編がある。

木が燃えて、火を生じる。

火が燃え尽きて灰となり、土を生じる。
土がその中から、金を生じる。
金がその中から、水を生じる。
水がうるおして、木を生じる……。

また、劉安《りゅうあん》（前一七九―前一二二）も、五行相生説を唱えている。

『易経』繋辞伝《けいじでん》下編には、古代の包犠《ほうぎ》氏から神農《しんのう》氏、黄帝《こうてい》、次いで尭《ぎょう》・舜《しゅん》二帝に至るまでの、文化的な貢献が略述されている。

そして、『漢書』律暦志一下編は、この部分を受けて、五行相生を以下のように詳述している。

太昊帝《たいこう》〈木徳〉 炮犠《ほうぎ》（包犠）氏が天帝の意志を継いで王となる。木の徳を受けた。網を作って狩猟して犠牲《いけにえ》を捕ったので、人々は「炮犠氏」と呼んだ（「昊」は、天。「炮」は、焼く。あぶる。捕らえた獣や魚を焼いて、犠牲として神に捧げたのである）。

炎《えん》帝〈火徳〉 木は火を生じるので、炎帝と称した。農耕を教えたので、人々は「神農氏」と呼んだ。

黄《こう》帝〈土徳〉 火は土を生じるので、土の色から黄帝と称した。軒車《けんしゃ》に乗り冕服《べんぷく》を着けたので、人々は「軒轅氏《けんえん》」と呼んだ（「軒車」は、車の轅《ながえ》の先端が曲がっている、大夫《たいふ》以上の乗る車。「冕服」は、冠《かんむり》と礼服）。

少昊帝《しょうこう》〈金徳〉 土は金を生じるので、人々は「金天氏」と呼んだ（「昊」は、太昊氏の場合と同じく「天」の意味）。

顓頊帝《せんぎょく》〈水徳〉 金は水を生じる。人々は「高陽氏」と呼んだ（「顓」も「頊」も、慎む。うやうやしい。「高陽」は、顓頊が都を置いた所）。

帝嚳《ていこく》〈木徳〉 水は木を生じる。人々は「高辛氏《こうしん》」と呼んだ（「嚳」は、告げる意味。「辛」は、木の新鮮な切り口の香）。

唐《とう》帝〔帝尭〕〈火徳〉 木は火を生じる。唐に封ぜられたので、

五行「火」

五行「木」

人々は「陶唐氏」と呼んだ。

虞《ぐ》帝〔帝舜《しゅん》〕〈土徳〉 火は土を生じる。虞に住んだので、人々は「有虞《ゆうぐ》氏」と呼んだ。

伯禹《はくう》〔禹王〕〈金徳〉 土は金を生じる。人々は、「夏后《かこう》氏」と呼んだ。夏王朝の始まりである。

成湯《せいとう》〔湯王〕〈水徳〉 金は水を生じる。人々は「商」、のちに「殷《いん》」と呼んだ（「商」も「殷」も、都を置いた地名。最初の都である亳《はく》は、商にあった。殷は、今の河南省安陽市内の地）。

武王〈木徳〉 水は木を生じる。人々は「周」室と呼んだ（「周」は、武王の所属する氏族の名）。

高祖〈火徳〉 木は火を生じる。漢の高祖（劉邦《りゅうほう》）は、周の木徳に代わった。人々は「漢」と呼んだ（「漢」は、劉邦が秦を滅ぼして王となった漢中の地）。

以上のとおりである。周・漢の間の秦《しん》は、説明はあるが、五行の「徳」からは外している。これについて同書では「秦は水徳で、これは周の木徳と漢の火徳との間にある『閏位《じゅんい》』である」、秦は「覇者であっても王者ではない」と説明している。「閏位」は、正統でない天子の位、の意味。

また同書では、右の説明中に『書経』の「湯王は夏王朝の桀《けつ》王を伐《う》たなければならない」（湯誓《とうせい》編）、「武王が商王朝の紂《ちゅう》王を伐った」（牧誓《ぼくせい》編）、あるいは『史記』の「漢の高祖は、秦を伐って周を継いだ」（高祖本紀）などを引用している。引用ではあるが「伐つ」とあれば、これは「五行相勝」の見方にもなりうる。

以後、一般的には、こちらの「五行相生」のほうが、広く用いられている。

3　五行と配当

「木・火・土・金・水」の五行は、方角や季節、また、味や色など、いろいろなものに配当されていく（一四七頁）。

一五二頁の〈表4〉には、各書に記されている配当をまとめておく。

3　陰陽五行説

陰陽説も五行説も、春秋戦国時代から盛んに行われてきている。天意や吉凶禍福などを占う方法も、上は殷《いん》代の天子の卜占《ぼくせん》から、下は庶民の俗信迷信に至るまで、盛行している。

一方では、生成変化を体系づけた「易」も、広く伝えられてきている。

こうして、諸種の〝占い〟が混然として用いられ続けてきた。

この、陰陽説と五行説とを一緒にしたのが「陰陽五行説」だが、その境界は、それぞれの説の初期から明確ではない。「易」

も、陰陽の二気を基にするから、さらに境界がはっきりしない。

1　陰陽七家

前漢の武帝（在位、前一四〇―前八七）の時、占いの諸家を集めて、「この日、嫁を取ってもよいか」と占わせた。

五行家の占いは「可」。

堪輿《かんよ》家は「不可」。「堪」は、「龕《がん》」と同じで、物をいれるもの。ここでは「天」の意味。「輿」は車で、物を載せるもの。ここでは「地」の意味。「堪輿」で、天地。「堪輿家」は、天文によって占う者。また、墓地の吉凶を占う者。のち、地理学者をも言う。

建除《けんじょ》家は「不吉」。「建除」は、日取りの吉凶を判断する者。暦の日取りを十二支に配し、その十二日にそれぞれ名をつけている。「除《のぞく》・危《あやふし》・定《さだむ》・執《とる》・成《なる》・開《ひらく》」が吉で、「建《たつ》・満《みつ》・平《たひら》・破《やぶる》・収《をさむ》・閉《とづ》」が凶の名で、それぞれ循環する。この十二の名を「建除十二神」という。「建・除」は、凶・吉の名の中の一つ。

叢辰《そうしん》家は「大凶」。星の十二辰〔星座〕の動きによって吉凶を判断する者。占星家。

歴《れき》家は「小凶」。「歴」は、天体の運行と、それに基づく暦《こよみ》。天体と日取りによって吉凶を判断する者。

天人《てんじん》家は「小吉」。陰陽家の一派で、「太一家《たいいつか》」とも言う。

太一《たいいつ》家は「大吉」。「太一」は、天神・天帝のことだが、右の「天人家」との区別が判然としない。ともに、陰陽家の一派か。

以上、「五行家」から「太一家」までを、陰陽七家とも称する。

問題は、次の三点。一つは、右の七家のように、この時代までに多くの〝占い〟派が乱立していたこと。二つには、それぞれの主張の根拠が、非常に多様化していること。三点めは、従ってそれぞれの〝占い〟の結果が、「可」または「大吉」から、「小吉・不吉」あるいは「小凶・大凶」、また「不可」に至るまで、陰陽七家の判断がすべて異なっていること。

現代の〝占い〟が、いかに当てにならないかは、少なくとも紀元前二世紀から、よくわかっていたのだが。現在の〝占い〟ブームは、どこから来たものか……。

ともかくも武帝は、右か左かを決めなければならない。そこで、目前に迫っている婚礼のためには、マイナスの判断を捨てて、ともかく「可」と占った五行説を採用することにした。自分に都合のいい占い判断を採るのは、昔も今も変わらない。

おかげで五行説は、これ以後大手を振ってまかりとおるようになる。

以上は、『史記』日者《にっしゃ》伝の記述である。「日者」は、日がらの吉凶を占う人の意味。ただしこの部分は、本文の後に「褚《ちょ》先生曰はく」として、漢代の褚少孫《ちょしょうそん》が書き加えたものである。しかし、広い意味では、著者の司馬遷と同時代の武帝に関する記述なので、内容的には信頼できるものだろう。

2　五行易《ごぎょうえき》

前漢の京房《けいぼう》（前七七－前三七）は、「易」を焦延寿《しょうえんじゅ》（字《あざな》は贛《こう》）に学び、これに五行説を加えた。天地の変異を予言してはたびたび的中し、元帝を驚かせたという（漢書、京房伝）。

京房の方法を、ふつう「五行易」と言っている。陰陽説も、もちろんここに吸収されている。

〈表4〉五行の配当

五行	木	火	土	金	水
五方	東	南	中央	西	北
五時	春	夏	土用	秋	冬
五位	歳	日	月	星	辰《しん》星座
五星	木星	火星	土星	金星	水星
	歳星	熒惑《けいわく》	鎮星	太白	辰星
五気	風	雷	火	天	雨
五数	八	七	五	九	六
五霊	麒麟《きりん》	鳳凰《ほうおう》	亀	竜	虎
五帝	青帝	赤帝	黄帝	白帝	黒帝
五岳	泰《たい》山東岳	衡《こう》山南岳	嵩《すう》山中岳	華山西岳	恒山北岳

3　讖緯《しんい》説

神秘的、宗教的な性格を持った、迷信的な予言。後漢に入って流行し、隋《ずい》代まで続いた。

讖　「讖」は、前兆、しるし。古くからあった一種の迷信思想によって、未来の吉凶禍福を予言すること。春秋戦国時代や漢代の大学者の名を借りて、神学的な迷信を説く讖書が、多く書かれた。しかし、隋《ずい》代に禁止されたので、ほとんど散逸してしまった。

緯　「緯」は横糸で、「経」の縦糸に対するもの。儒家の経典《けいてん》を「経」というのに対して、「讖」の立場から「経」を解釈するのを「緯」と言い、その書物を緯書と言う。

七緯　緯書には『尚書緯』・『春秋緯』・『易緯』・『礼緯』・『楽緯』・『詩緯』・『孝経緯』の七書があり、これを七緯と呼ぶ。他に『論語緯』・『河図《かと》緯』・『洛書《らくしょ》緯』があり、合計して十書となる。

これも、隋代の禁止令によって失われ、現存するのは『易緯』だけである。

盛行　後漢の光武帝（在位、二五－五七）が讖緯説を好んだので、盛行しはじめる。

章帝（在位、七六－八八）が、建初四年（七九）に、学者たちを白虎観《びゃっこかん》に集めて五経の本文を校訂させた（三〇頁）時も、多く

五常	仁	礼	信	義	智
五情	喜	楽	欲	怒	哀
五臓	肝	心	脾《ひ》	肺	腎《じん》
	脾	肺	心	肝	腎
五味	酸	苦	甘	辛	鹹《かん》しおからい
	醯《けい》酢	酒	蜜	薑《きょう》しょうが	塩
五色	青	赤	黄	白	黒
五声	角《かく》	徴《ち》	宮《きゅう》	商《しょう》	羽《う》
五臭	羶《せん》なまぐさい	焦《しょう》こげくさい	香かんばしい	腥《せい》熟さず生ぐさい	朽《きゅう》くさる匂い
五金	金	銀	銅	鉄	錫《しゃく》すず
	曾青《そうせい》ろくしょう	雄黄《ゆおう》いおう	玉	金	赤石脂《せきせきし》いしのわた
五畜	犬	羊	牛	鶏	彘《てい》ぶた
	鶏	羊	牛	馬	豕《し》ぶた
五虫	伊威《いい》わらじ虫	蚒蛇《ぜんだ》にしきへび	蜚零《ひれい》土蜂	蚿蜠《げんこん》やすで	蜥蜴《せきよう》とかげ
五穀	芒《ぼう》とげがある	散《さん》伸び散らばる	萃《すい》小さい粒が集まる	房《ぼう》形が整う	莢《きょう》さやがある
	麦《ばく》大麦・小麦	穈黍《びしょ》きび	稷粟《しょくぞく》あわ	胡麻《ごま》ごま	豆大豆・小豆
	麻	麦	米	黍きび	豆
五菜	韭《きゅう》にら	薤《かい》おおにら	葵《き》野菜の名	葱《そう》ねぎ	藿《かく》まめ
五菓	子《し》種がある	核《かく》大きい種	房《ぼう》ふさがある	皮《ひ》皮がある	殼《こく》からがある
	梨㮈《りない》からなし	桃李《とうり》もも	柑橘《かんきつ》みかん	胡桃《ことう》くるみ	蒲陶《ほとう》ぶどう
	李すもも	杏《きょう》あんず	棗《そう》なつめ	桃	栗
節句	人日《じんじつ》一月一日	上巳《じょうし》三月三日	端午《たんご》五月五日	七夕《しちせき》七月七日	重陽《ちょうよう》九月九日

は讖緯説に基づいている。

以後、経書と緯書とが並んで行われるようになる。

禁止令　隋の煬帝《ようだい》（在位、六〇五―六一六）は、全国に役人を派遣して、讖緯の書をすべて集めて焼き捨てさせた。また、役人に讖緯説を説くと指摘された者は、すべて殺された。

以後は、書物は消滅散逸し、学ぶ者もいなくなった。

しかし、讖書・緯書は、内容的には荒唐無稽のものが多いが、天文・地理、医学・音楽などの面では、貴重な資料となる点も少なくない。

4　十干十二支

1　十干

陰陽家で、「木・火・土・金・水」の五行を、それぞれ陰陽の二つに分けた、十の要素。日本では、それぞれを「兄弟《えと》」にあてる。

「干」は、「幹」を略したもので、中心となるもの。次頁の「支」は、「枝」を略したもので、幹から生じたもの。

『爾雅《じが》』（二〇八頁）を受けた魏《ぎ》の『広雅《こうが》』には、「幹とは、日の神なり。枝とは、月の霊なり」とある（釈天編）。

「えと」は、日本での読み。「え」は、年長者を「兄《え》」と言っ

〈表5〉 陰陽五行と兄弟《えと》

五行＼陰陽	陽（兄《え》）	陰（弟《と》）
木	甲《こう》 きのえ	乙《おつ》 きのと
火	丙《へい》 ひのえ	丁《てい》 ひのと
土	戊《ぼ》 つちのえ	己《き》 つちのと
金	庚《こう》 かのえ	辛《しん》 かのと
水	壬《じん》 みずのえ	癸《き》 みずのと

たことから。「と」は、「弟《おと》」の語から。

十干の「甲《こう》・乙《おつ》・丙《へい》・丁《てい》・戊《ぼ》・己《き》・庚《こう》・辛《しん》・壬《じん》・癸《き》」の、それぞれの語の持つ意味については、不明確な点も多いので、ここでは省略する。

2　十二支

陰陽家で、天体の運行や年月などを測る時に用いた、十二の要素。

「子《し》・丑《ちゅう》・寅《いん》・卯《ぼう》・辰《しん》・巳《し》・午《ご》・未《び》・申《しん》・酉《ゆう》・戌《じゅつ》・亥《がい》」の十二である。

それぞれの語の持つ意味には、「十干」と同様に不明確な点も多いので、ここでは省略する。

(1)　動物に配当

これが、それぞれ動物に当てはめられるようになった。日本では、この十二字がみな、動物の訓を持つようになっている。

子《ね》	丑《うし》	寅《とら》	卯《う》	辰《たつ》	巳《み》	午《うま》	未《ひつじ》	申《さる》	酉《とり》	戌《いぬ》	亥《い》
―	―	―	―	―	―	―	―	―	―	―	―
鼠《ねずみ》	牛	虎	兎《うさぎ》	竜	蛇	馬	羊	猿	鶏	犬	猪《いのしし》

なぜ、これらの動物を選んで当てはめたのかも不明である。初めて文献に記されるのは、後漢の王充《おうじゅう》（二七－一〇一？）が著した『論衡《ろんこう》』物勢編《ぶっせい》。

ただしここでは、「子《し》」がなぜ「鼠《ねずみ》」と結びつくのか、というような説明はなく、十二支と五行とを関連させながら、次のように述べているだけである。

「或《あル》曰《ヒトいハク》、寅《いんハ》木《もく》也《なり》、其《そノ》禽《きんハ》虎《とら》也。戌《じゅつハ》土《ど》也、其《ノ》禽《ハ》犬也。

GHANA
c400
GHANA
c400
GHANA
c400
GHANA
c400
GHANA
日
c400
GHANA
c400
GHANA
月
c400
GHANA
c400
GHANA
c400
GHANA
c400
GHANA
c400
GHANA
c400

十二支の切手

丑《ちゅう》・未《び》モ亦《ま》タ土《ど》也。丑之禽ハ牛、未ノ禽ハ羊也。」（下略）

なお、十干や十二支の語源等については、次の文献がわかりやすい。

諸橋轍次『十二支物語』（大修館書店、一九六八・一二）

さて、この「十二」という区分は、月や太陽、星などの運行周期を長期間にわたって観察し続けた結果、得たものだろうとされている。

また、「十二支」のそれぞれを動物に配当する「十二肖獣説」については、山田勝美氏は次のように述べておられる。

「この十二肖獣説は前漢時代に已に中国に存していた。はじめ印度《インド》・バビロニヤ・埃及《エジプト》などにあったものが、漢代に西域の諸国がバビロニヤの十二宮に倣って制定し、再び四方の諸国に伝播させたもので、中国に入ってきたのは漢の武帝が西域と交通したころであろうといわれる」（山田勝美『新釈漢文大系68・論衡（上）』明治書院、一九七六・九）（振り仮名は引用者）。

なお「十二宮」については、次頁のコラムを参照。

(2)　歳星《さいせい》紀年法

歳星は、木星《ジュピター》のこと。歳星は、天を西から東へと十二年かかって一周する、と観察されていた。正確な公転周期は、一一・八六二年だから、驚くべき観察である。

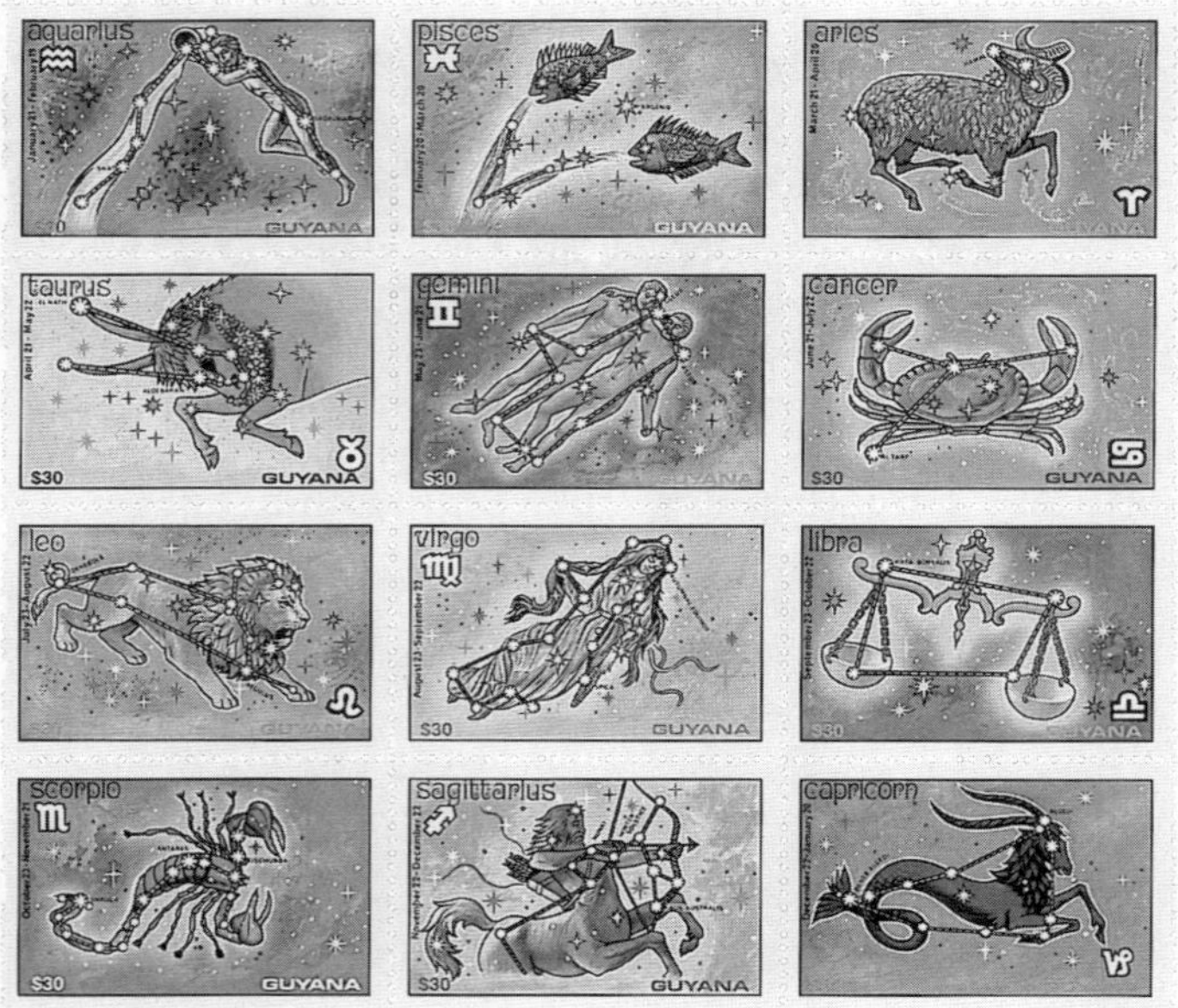

十二星座の切手

一方、天体を次の十二に分け、これを「十二次」と呼んでいた。「黄道十二宮」ともいう。

星紀《せいき》　玄枵《げんきょう》・諏訾《しゅし》・降婁《こうる》・大梁《たいりょう》・実沈《じっちん》・鶉首《じゅんしゅ》・鶉火《かくか》・鶉尾《かくび》・

寿星《じゅせい》・大火《たいひ》・析木《せきぼく》

そこで歳星が、この十二次のどこに位置するかによって年次を記録する、という方法がとられた。これが「歳星紀年法」である。

歳《さい》、星紀《せいき》に在《あ》りて、玄枵《げんきょう》に淫《いん》して、以《もっ》て時菑《じさい》有《あ》り。

——木星が星紀にある年なのに、（進みすぎて）玄枵を侵してしまったので、時節の狂う災害が起こったのだ（春秋左氏伝、襄公二十八年）。

これは、春に暖くて氷が張らない、という現象を解釈したもの。そのために、宋《そう》と鄭《てい》の国では凶作になるだろうと、予言し

◆黄道十二宮と星座占い

太陽を、地球を中心として運行している、と見る。年間を通して、太陽の位置がずれてくる。そのずれを、軌道として描いてできる大円を、黄道という。

黄道は、赤道と約二三・二七度傾いており、春分点と秋分点とで交わっている。

この黄道に沿った天空を十二等分した空間を、十二宮と呼ぶ。太陽は、一か月で一つの宮を移動することになる。古代オリエントに生まれた考え方である。

十二宮は、黄道の春分点を黄経0度とし、ここから三十度までを白羊宮と呼び、以下、三十度ずつに区切っていって、三百六十度で黄道を一周する、その間の十二空間である。

十二宮の名称は、次のとおり。また、それぞれ括弧内の星座に対応している。

白羊宮《はくようきゅう》（おひつじ座）　金牛宮《きんぎゅう》（おうし座）
双子宮《そうし》（ふたご座）　巨蟹宮《きょかい》（かに座）
獅子宮《しし》（しし座）　処女宮《しょじょ》（おとめ座）
天秤宮《てんびん》（てんびん座）　天蝎宮《てんかつ》（さそり座）
人馬宮《じんば》（いて座）　磨羯宮《まかつ》（やぎ座）
宝瓶宮《ほうへい》（みずがめ座）　双魚宮《そうぎょ》（うお座）

黄道十二宮は、暦を知って農耕などに役立てることから始まった。しかし、次第に「占い」の要素を帯びてきて、バビロニヤでは、帝王や国家の運命を占うのに用いられた。

紀元前三世紀ころギリシアに伝わると、占いの対象も広がり、占いの方法も複雑になっていった。

中世ヨーロッパのホロスコープ占星術では、ある人が生まれた時の、太陽・月・五惑星（水・金・火・木・土の五星）が、十二宮（星座）のどこに位置したかによって、その人の運命、その月や日の吉凶などを占った。これが絶対的な権威を持つようになって、今日まで続いている。

天文学は、こうした〝迷信〟を打破するために発達してきた、と言ってもよいほどである。

しかし現在では、地球の地軸のずれなどによって、まず春分点が双魚宮（うお座）に移っており、現実の星座は、一つずつずれている。

さらに、黄道上にあった「蛇遣座《へびつかい》」が明確になっており、現在では「十三星座占い」も行われている。

ている。

(3)　太歳紀年法《たいさいきねんほう》

太歳は、太陰《たいいん》・歳陰《さいいん》ともいう。これも、木星《ジュピター》のこと。また、陰陽家が天空を十二分し、それぞれに十二支に当てはめて呼んだ陰陽家たちが作り出した、架空の星ともいう。これも、十二年かかって天体を一周する。

ここではそれぞれ、次のような名称をつけている。

子《し》・困敦《こんとん》　丑《ちゅう》・赤奮若《せきふんじゃく》　寅《いん》・摂提格《せっていかく》
卯《ぼう》・単閼《ぜんあつ》　辰《しん》・執徐《しつじょ》　巳《し》・大荒落《たいこうらく》
午《ご》・敦牂《とんしょう》　未《び》・協洽《きょうこう》　申《しん》・涒灘《とんだん》
酉《ゆう》・作噩《さくがく》　戌《じゅつ》・閹茂《えんも》　亥《がい》・大淵献《たいえんけん》

ただし、歳星紀年法が西から東へ、という順序であるのに対して、こちら太歳紀年法は東から西へ、という順序である。

そこで、歳星が「星紀」にある時には、太歳では「析木《せきぼく》」にあることになる。「析木」は、十二支では「寅《いん》」の方角に当たるので、「太歳、寅にあり」のように、十二支で記す方法が一般的になってきた。

十二支はまた、方位や時刻を表すのに用いられるようになる。

方位　下図を参照。三百六十度を十二等分し、北を「子《ね》」として、右回りに「亥《い》」まで順に配当していたもの。

またこれでは、東・西・南・北のそれぞれの中間を呼ぶ語がない。そこで、丑《うし》と寅《とら》との中間〔北東〕を「艮《うしとら》」、辰《たつ》と巳《み》との中間〔南東〕を「巽《たつみ》」、などと呼ぶようにした。

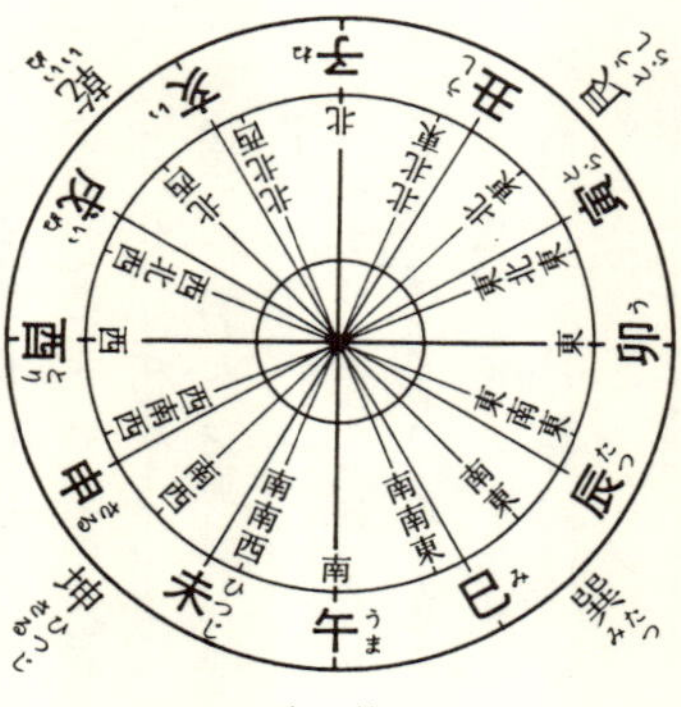

方位

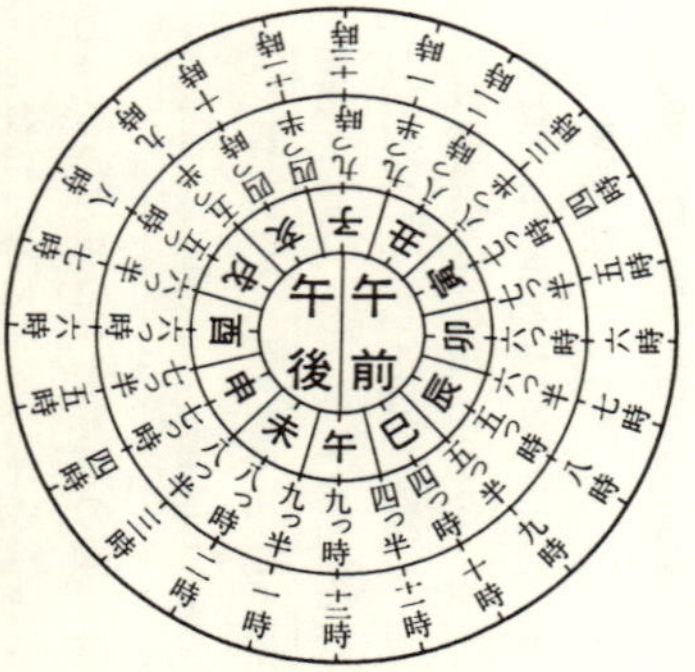

時刻

この「艮《ごん》・巽《そん》・坤《こん》・乾《けん》」はみな、易《えき》（八八頁）の八卦《か》からの名（八九頁を参照）。

時刻　前頁の図を参照。一日を十二等分して、午前○時前後の二時間を「子《ね》の刻」とする（別に、午前○時以後の二時間を「子の刻」とする、という説もある）。

また、十二刻の各二時間の中を四等分して、「丑《うし》一つ、丑二つ・丑三つ」のように呼ぶ。「草木も眠る丑三つ時」は、午前二時から三十分間。「午前・午後」などは、今も使っている。なお前頁の図も参照。

3　干《かん》支《し》〔えと〕

(1)　干支《えと》の成立

十干と十二支とを組み合わせたもの。日本では、この「干支」も「えと」（兄弟）と読んでいる。

〔十　干〕甲《きのえ》　乙《きのと》　丙《ひのえ》　丁《ひのと》　戊《つちのえ》　己《つちのと》　庚《かのえ》　辛《かのと》　壬《みずのえ》　癸《みずのと》

〔十二支〕子《ね》　丑《うし》　寅《とら》　卯《う》　辰《たつ》　巳《み》　午《うま》　未《ひつじ》　申《さる》　酉《とり》　戌《いぬ》　亥《い》

十干の最初の「甲」に、十二支の最初の「子」を合わせて「甲子《こうし》」とする。同様に二番目どうしから「乙丑《いっちゅう》」、三番目どうしから「丙寅《へいいん》」……とする。こうして組み合わせていくと、十と十二との最小公倍数で、六十通りの組み合わせができる。一六一頁の〈表6〉を参照。

そして、この組み合わせを、年・月・日などに当てはめる方法が工夫された。伝説では、天皇《てんこう》氏が始めたといい、また、黄《こう》帝《てい》の時代に大橈《たいこう》が初めて用いたともいう。

甲骨文《こうこつ》　殷《いん》代の卜辞《ぼくじ》には、干支は頻繁に用いられている。その一覧表まで刻まれているのである。左図は、白川静『甲骨文の世界――古代殷王朝の構造』（平凡社東洋文庫、一九七二・二。一一頁）による。

白川氏によると、図中の右行上の矢印は「子」の籀文《ちゅうぶん》、右行中ほどの矢印は、「巳」字に当てて「子」字を用いたものである。その他の文字はみな、現在の字形の祖である。どうぞ、干支の各字と対応させて見てください。

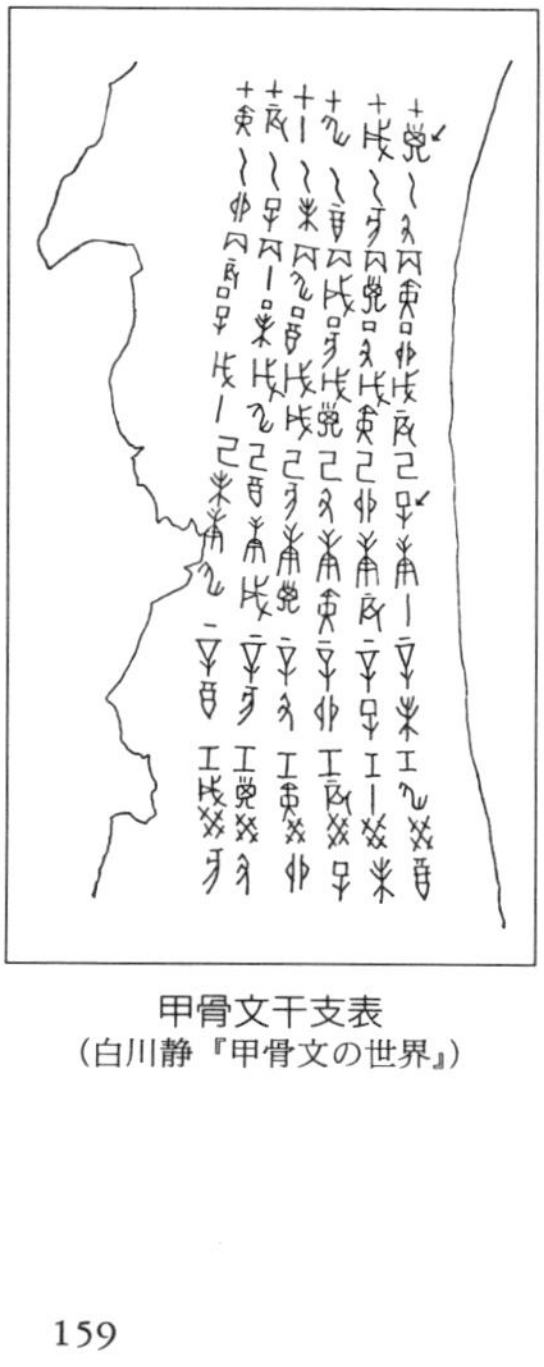

甲骨文干支表
（白川静『甲骨文の世界』）

干支紀日法　干支は、殷代から、日付けを示すのに用いられている。次は、春秋時代のその例。

（隠公）三年、春、王ノ三月壬戌《じんじゅつ》、平王崩《ほうズ》。赴《つグルニ》以《もつテス》二庚戌《こうじゅつヲ》一。

故ニ書スレ之ヲ。

——（魯《ろ》の隠公）三年（前七二〇）の春、周王の三月壬戌《みずのえいぬ》の日（二十五日）に、平王が崩御した。庚戌《かのえいぬ》の日（十三日）に報告があったので、（本文には）そのまま記録したのである（春秋左氏伝、隠公三年）。

年次　干支が、年次を表すのに用いられはじめた時期については、諸説がある。次の、前漢の劉安《りゅうあん》（前一七九―前一二二）の著『淮南子《えなんじ》』の記述が、古い例である。

「太陰ノ元始ハ、建《けん》ス二于甲寅《こういん》一ニ。一終ニシテ而建シ二甲戌《こうじゅつ》一ニ、二終ニシテ而建シ二甲午《こうご》一ニ、三終ニシテ而復《ま》タ得《う》二甲寅《こういん》之元一ヲ。」

——太陰（一五八頁）の暦の最初は、甲寅にはじまる。一終（二十年）すると甲戌に位置し、二終（四十年）すると甲午に位置し、三終（六十年）すると、また甲寅の最初にもどる（天文訓《てんもんくん》編）。

「太《たい》白《はく》ノ元始ハ、以テ二甲寅《こういん》正月一ヲ、与《とも》ニ二営室《えいしつ》一ト晨《あした》ニ出ヅ二東方一ニ。」

——太白（金星）の最初は、甲寅の年の正月に、営室宿とともに夜明け方に東方に現れる（同）。

営室宿は、天体を二十八に分けた二十八宿の一つ。

(2)　干支《えと》と人事

干支が、天体から方位、時季などに関係することから、人の世を支配するとするさまざまな〝迷信〟を生むようになってきた。

三革《さんかく》　緯《い》書に説く、三つの革《あらた》まり。「革」は、あらたまる。「改革・革新・革命」などと使う。これが、干支の年号に結びつけられる。

○革命＝辛酉《しんゆう》の年に起こる。天命が革《あらた》まって、王朝などが交代する。

○革運＝戊辰《ぼしん》の年に起こる。機運が革まって、変動や異変がある。

○革令＝甲子《こうし》の年に起こる。政令が革まって、情勢が大きく変わる。

日本では、右の「三革」は、緯書に記しているので別扱いだが、今日まで〝迷信〟的な影響を与えてきたものには、たとえば次のようなものがある。

還暦《かんれき》　自分の生まれた年の干支は、六十一年めに戻ってくる。暦《こよみ》が還《かえ》ってくるという意味で、数え年六十一歳を還暦と呼んでいる（次頁の〈表6〉を参照）。

人生六十年といえば、ちょうど一区切りでもあるから、還暦を祝うのは、良い習慣である。

丙午《ひのえうま》　丙《へい》は、火《ひ》の兄《え》（陽）。火は、情熱の象徴である。午《うま》は、五行に配当すると火性になるので、「丙午」は、火が重なることになる。そこに、午（馬）の奔放に走り回るイメージが加わって、「丙午」は、情熱的で制御できないもの、というニュアンスを持ってくる。

中国でも、北宋時代の末ころから、火災の多い年、凶歳、とする説が広まった。

日本にも江戸時代に「丙午の女性は、夫を食い殺す」などの

〈表6〉十干十二支

番号	十干：十二支	音読み
①	甲《きのえ》：子《ね》	コウ（カツ）シ
②	乙《きのと》：丑《うし》	イツチュウ
③	丙《ひのえ》：寅《とら》	ヘイイン
④	丁《ひのと》：卯《う》	テイボウ
⑤	戊《つちのえ》：辰《たつ》	ボシン
⑥	己《つちのと》：巳《み》	キシ
⑦	庚《かのえ》：午《うま》	コウゴ
⑧	辛《かのと》：未《ひつじ》	シンビ（ミ）
⑨	壬《みずのえ》：申《さる》	ジンシン
⑩	癸《みずのと》：酉《とり》	キユウ
⑪	甲《きのえ》：戌《いぬ》	コウジュツ
⑫	乙《きのと》：亥《い》	イツガイ
⑬	丙《ひのえ》：子《ね》	ヘイシ
⑭	丁《ひのと》：丑《うし》	テイチュウ
⑮	戊《つちのえ》：寅《とら》	ボイン
⑯	己《つちのと》：卯《う》	キボウ
⑰	庚《かのえ》：辰《たつ》	コウシン
⑱	辛《かのと》：巳《み》	シンシ
⑲	壬《みずのえ》：午《うま》	ジンゴ
⑳	癸《みずのと》：未《ひつじ》	キビ（ミ）
㉑	甲《きのえ》：申《さる》	コウシン
㉒	乙《きのと》：酉《とり》	イツユウ
㉓	丙《ひのえ》：戌《いぬ》	ヘイジュツ
㉔	丁《ひのと》：亥《い》	テイガイ
㉕	戊《つちのえ》：子《ね》	ボシ
㉖	己《つちのと》：丑《うし》	キチュウ
㉗	庚《かのえ》：寅《とら》	コウイン
㉘	辛《かのと》：卯《う》	シンボウ
㉙	壬《みずのえ》：辰《たつ》	ジンシン
㉚	癸《みずのと》：巳《み》	キシ
㉛	甲《きのえ》：午《うま》	コウゴ
㉜	乙《きのと》：未《ひつじ》	イツビ（ミ）
㉝	丙《ひのえ》：申《さる》	ヘイシン
㉞	丁《ひのと》：酉《とり》	テイユウ
㉟	戊《つちのえ》：戌《いぬ》	ボジュツ
㊱	己《つちのと》：亥《い》	キガイ
㊲	庚《かのえ》：子《ね》	コウシ
㊳	辛《かのと》：丑《うし》	シンチュウ
㊴	壬《みずのえ》：寅《とら》	ジンイン
㊵	癸《みずのと》：卯《う》	キボウ
㊶	甲《きのえ》：辰《たつ》	コウシン
㊷	乙《きのと》：巳《み》	イツシ
㊸	丙《ひのえ》：午《うま》	ヘイゴ
㊹	丁《ひのと》：未《ひつじ》	テイビ（ミ）
㊺	戊《つちのえ》：申《さる》	ボシン
㊻	己《つちのと》：酉《とり》	キユウ
㊼	庚《かのえ》：戌《いぬ》	コウジュツ
㊽	辛《かのと》：亥《い》	シンイ
㊾	壬《みずのえ》：子《ね》	ジンシ
㊿	癸《みずのと》：丑《うし》	キチュウ
51	甲《きのえ》：寅《とら》	コウイン
52	乙《きのと》：卯《う》	イツボウ
53	丙《ひのえ》：辰《たつ》	ヘイシン
54	丁《ひのと》：巳《み》	テイシ
55	戊《つちのえ》：午《うま》	ボゴ
56	己《つちのと》：未《ひつじ》	キビ（ミ）
57	庚《かのえ》：申《さる》	コウシン
58	辛《かのと》：酉《とり》	シンユウ
59	壬《みずのえ》：戌《いぬ》	ジンジュツ
60	癸《みずのと》：亥《い》	キガイ
61	甲《きのえ》：子《ね》（還暦）← ①	

俗説が生まれた。

現在では、ばかばかしい俗信になっているが、それでも、丙午にあたる明治三十九年（一九〇六）や、昭和四十一年（一九六六）には、出生率が激減している。

庚申《こうしん》 庚《かのえ》は、金《か》の兄《え》（陽）。申も、五行では金性。そこで「庚申《かのえさる》」は、金性が重なって冷たいことから、人の心が冷酷になり、争いが起こるので十分に注意する、ということになった。

特に道教では、天帝が部下の諸神を集めて、日ごろ監督させている人間の行動を報告させて、人間に賞罰を下す日、となっている。

三尸《さんし》（人の体内に住む三匹の害虫）は、前日の己未《つちのとひつじ》の夜に、人間たちが眠っている間に各人の体内から抜け出して、天帝のもとに参上する。

そこで人々は、眠らずに夜明かしをして、三尸が体内から抜け出せないようにする――。

中国では、晋《しん》代から説かれていた。日本では、平安時代には貴族の間に広まり、やがて仏教と結びついて、庶民の間にも広まっていった。その間、神道の影響も受けて、社会に浸透してきた。

庚申堂は、町や村の諸所にある。人々が夜明かししながら語り合うための堂。「庚申待ち」とか「宵《よい》庚申」、また「庚申講」という。これはまた、社交集会ともなり、共同体の結束にも大きな役割を果たしている。

三猿 天帝の諸神を三神とし、三尸《さんし》という三匹の虫に置き換える話が多い。

また三神を「庚申」の申《さる》にちなんで「三猿神」とする。そして「見猿《ざる》・聞か猿・言わ猿」に置き換えた三猿の彫刻などを祀《まつ》る。庚申塚《こうしんづか》や庚申塔《とう》も、各地に作られている。

「三ざる」は、三神に対して人々が「私たちの悪事は、どうぞ『見ざる・聞かざる・言わざる』ことにして、天帝に『言わざる』よう、お願いします」と祈ることからきたもの。

その他 干支は、はじめ「暦法」として日本に渡来する。次第に、暦法を支える干支や、それを用いる陰陽家や道教の思想も広まり、そこに仏教や、日本固有の「神道《しんとう》」が結びついたりして、宮廷から庶民に至る生活の中に浸透していく。今日まで〝迷信〟と気づかないほどの影響を与えているものも、少なくない。

たとえば「占星《せんせい》術」星座占い（一五七頁）。現在では、西洋の十二星座が中心だが、中国の占星術もある。

十二支占いでは、十二支のどの年やどの日に生まれたかをもとにして、その年生まれの人は、その年やその日はどうかなどの運勢を占う。

方位占いでは、家相や地相を占う。以前は方違《かたたが》え・方忌《かたい》みなども流行した。鬼門《きもん》（艮《うしとら》＝東北の方角）などは、今では普通名詞にもなっている。

その他、挙げるのにも際限がないが、一つの〝ゲーム〟として楽しんでいればいいのである。

5　評　価

1　陰陽家

(1)『史記』の評

短所　四時《しいじ》（四季）・八位（八卦《け》）（八九頁）・十二度（黄道の十二宮）（二五七頁）・二十四節（一年を二十四の期間にわけたもの）、それぞれの運行には法則がある。これに従う者は栄えるが、これに逆らう者は死ぬか滅びる。――陰陽家はこう言うが、必ずしもそうではない。

そこで陰陽家を、「人を拘束し、恐れさせる」と評するのである。

長所　春には生じ、夏には長じ、秋には収め、冬には蔵する。これは、天の道であって、順わなければ世の秩序は保てない。

そこで「四季の秩序は、無視してはいけない」という陰陽家を、評価するのである（太史公自序）。

(2)『漢書』の評

羲和《ぎか》の官（天文を担当する官。堯帝の時、羲氏と和氏から始まったとされる）から出ている。

慎んで天の神に順い、太陽や月や星の運行を観察して暦を作り、慎んで人民に（農耕などの）「時」を教える。これが、その長所である。

しかし、その一部に拘泥する人がこれを行うと、禁忌《きんき》（タブー）に引きずられ、つまらぬ方法にとらわれる。そして、人としてなすべきことも放棄して、何事も鬼神に任せるようになってしまった（芸文志）。

＊

「時」は、前項で『史記』の挙げる「四時・八位・十二度・二十四節」など。

これが日本に入ってくると、陰陽道《おんみょうどう》として大きな力を発揮するようになる。

2　五行家

『隋書』の評　五行は「金・木・水・火・土」の、五要素の形と気である。

これは、天では五星、人では五臓、目には五色、耳には五音、口には五味、鼻には五臭となる（一五二頁の〈表4〉を参照）。

聖人は、その終始から精神の変化を理解し、卜筮《ぼくぜい》（占い）によって吉凶を考察し、万事を占ってその先を観察し、外貌を見て貴賤《きせん》を区別したのである。

周代では、保章《ほしょう》・憑相《ひょうしょう》・卜師《ぼくし》・筮人《ぜいじん》・占夢《せんむ》・眡祲《ししん》という官がそれぞれ分担し、太史（天文・暦法を担当する官）が、これを統率していた。

のち、その一部だけをもって判断するようになり、お互いに混乱して、世を惑わすことになってしまった（以上、経籍志）。

3　天文家

『隋書』の評　天体の動きを観察して、その結果を政治に当てはめようとするものである。

『易』に言う、「天は、自然現象によって吉凶を表す。」そして『書』は、「天は人々の様子を見てから世を見るし、人々の声を聞いてから世を聞く」と言っている。

だから、王の政治や王妃の人徳が修まっていなければ、これを天がとがめて、日食や月食を起こすのである。

さて周代には、憑相《ひょうしょう》が天体の運行を担当していたので、判断も正しかった。しかし、つまらぬ連中がこれを行うようになると、吉凶や善悪の区別がつかず、法則は混乱して、明確でなくなってしまった（以上、経籍志）。

なお三〇八頁を参照。

4　暦数家

『隋書』の評　天の法則を考えて明暗を推察するものである。これによって日時を定め、万事を処理し、天地人の三統を区別し、禍福や終始を知るのである。『易』は「先王が暦を管理して、時を明らかにした」と言っている。

周代では「太史」（天文・暦法を担当する官）の仕事だった。しかし、つまらぬ連中がこれを行うようになると、大小や遠近を取り違えたりして法則は破壊され、理解できなくなってしまった（以上、経籍志）。なお三〇八頁を参照。

6　騶《すう》衍《えん》

1　人　物

騶衍（前三〇五？—前二四〇）は、戦国時代末期の斉《せい》国の人。「鄒《すう》衍」とも書かれる。本書では「騶衍」で統一した。

斉国には、三騶子と称される三人がいた。騶忌《すうき》は、孟子（七五頁）より前の時代の人。斉の威王（在位、前三五六—前三二〇）に仕えて大臣となり、成侯と呼ばれた。

騶衍をはさんで騶奭《すうせき》が登場した。四〇六頁を参照。

騶衍は、斉の稷下《しょくか》（六頁）に学び、公孫竜《こうそんりゅう》（一九八頁）と「白《はく》馬非馬《ばひば》」について論争したりしている。

(1) 談天《だんてん》の衍

後に見るように、騶衍《すうえん》の思想は広大で深遠であり、その雄弁さとあわせて「談天の衍」――天を論じる衍、と呼ばれた。その思想はまた、『史記』では「不軌《ふき》」と評されている。常識はずれ、という意味（騶衍附伝）。

しかし、スケールの大きい、いわば荒唐無稽《こうとうむけい》の説を唱えることによって、まず相手の関心を引き、次第に道について理解させていく方法でもあろうと、『史記』は記している。

この時代、易や陰陽あるいは五行に近い考えによって、吉凶や禍福を占ったり予言したりすることが、大いに流行した。騶衍は、それらをはるかに超えた思想を説くことによって、諸侯たちに受け入れられていったのである。

(2) 諸侯に厚遇

騶衍は、まず斉国で手厚く待遇される。

次いで、梁《りょう》（魏《ぎ》）国に行くと、恵王（在位、前三六九―前三三五）はみずから彼を郊外まで出迎えて、賓客として扱った。

趙《ちょう》国に行くと、平原君《へいげんくん》（四六五頁）は身をかがめて彼を案内し、座席の塵《ちり》を払って彼を座らせた。

燕《えん》国では、昭王（在位、前三一一―前二七九）は、郭隗《かくかい》の進言に従って全国から賢者を招いていた（四五二頁）。騶衍が燕国に赴くと、昭王は箒《ほうき》を取って先導した。また、碣石宮《けっせききゅう》（碣石館）と呼ばれる立派な館を建てて騶衍に与え、昭王みずからここに通い、門人の座に連なって教えを受けた。

なお秦《しん》国でも騶衍の思想に引かれており、始皇帝が即位をすると、さっそく五行説を採用している（次頁）。

2　思　想

(1) 徳行の回復

騶衍《すうえん》は、当時の諸侯たちは奢侈《しゃし》（贅沢《ぜいたく》）に耽《ふけ》って政治を顧みない、と判断する。これでは、為政者が自身を正し、それを庶民に及ぼしていくという、儒家的な徳行による政治は不可能である。

そこで騶衍は、仁義・節倹・君臣・上下・六親《りくしん》（父母兄弟妻子）の本義や関係を正そうとするところに、その本旨を置いた。

(2) 天人感応

天は絶対的な存在であり、その意志によって、天体・四季・寒暑の推移や、国家・人民の盛衰などのすべてが左右される、とする考え方。だから人々は、天の意志に則して行動しなければならない、という。

これは、易（八八頁）でも、陰陽（一四一頁）でも同様であり、騶衍は、五行説によって、王朝の推移を説明した（次項）。

なお、天人感応の思想を積極的に説いたのは、前漢の董仲《とうちゅう》舒《じょ》（前一七九―前一〇四）である。

(3)　王朝の交代

騶衍《すうえん》は、天地が開かれてから以後の歴史（王朝）の交代は、五徳に従って始まり終わっていく、と考えた。五徳は五行それぞれが持つ徳のことである。天人感応と五行説とを結びつけたのである。

『史記』には、秦の始皇帝が天下を統一した時、ある人が次のように言った、とある。

黄帝《こうてい》は土の徳をもって生まれた。そこで、黄竜《こうりゅう》と地螾《ちいん》が現れて祝福した。「地螾」は、長さ二メートル余の大蚯蚓《みみず》、という。

夏《か》王朝の禹《う》王は、木の徳をもって生まれた。そこで、青竜が郊外にとどまり、草木が伸び茂った。

殷《いん》王朝の湯《とう》王は、金の徳をもって生まれた。そこで、白銀が山から溢《あふ》れ出た。

周王朝の文王・武王は、火の徳を持って生まれた。そこで、赤い烏《からす》が出たという。

今や、秦の天下となった。周代の火徳に勝つのは、水徳である。今や水の徳の時代である。昔、秦の文公（在位、前七六五―前七一六）が猟をして、黒竜を得た。黒は北方の色、北方は、五行では水である――（始皇帝がこの説を喜んで採用したことについては、一四八頁を参照）（史記、封禅書《ほうぜんしょ》編）。

(4)　五徳終始

右は『史記』の記述であって、騶衍《すうえん》の時代よりも百五十年ほど後のものである。

しかし、同じく『史記』封禅書編では、騶子（騶衍）のグループが「終始五徳」の運行を論じて書物に著した、という。同じ『史記』の騶衍附伝では、騶衍が『終始大聖』十余万言を著した、とする。

また『漢書』芸文志《げいもんし》には、『鄒子終始』五十六編、別に『鄒子』四十九編があったが、ともに失われて既に伝わらない、とある。

前項の王朝交代説は、騶衍の五行説に始まる、と見ておいてよいだろう。

なお「五徳終始」は、「終始五徳」とも言い、また「五徳転移」とも言う。

併せて、一四八頁の「五行相勝」や「五行相生」なども参照されたい。

(5)　赤県神州《せきけんしんしゅう》

騶衍が、中国という国を呼んだ名称。中国、つまり赤県神州の外には、同じような国が八つあり、合わせて「九州」と呼ぶ(夏《か》の禹王が中国を九州に分けたのは、赤県神州の内部のことである)。

九州は、それぞれ裨海《ひかい》という海に囲まれている。そして、それぞれの州の人民や鳥獣は、たがいに往来することはできない。九州全体の外側には、大瀛海《だいえいかい》という海があり、これが天地の果てである。

「裨《ひ》」は、小さい意味。「瀛」は、海の意味で、瀛海ともいう。なお『列子』湯問編には「瀛州」と出てくる。これは、中国の東方の海中にある、三つの神山の一つ。他の二つは、蓬萊《ほうらい》・方丈《ほうじょう》。

戦国時代も後半のこと、騶衍は諸侯たちに、あまり目先の細事にこだわるな、宇宙は果てしなく広い、中国の全土である赤県神州でさえ天下の八十一分の一に過ぎないのだよ、と説いたのであろう。

この、スケールの大きな考えは、騶衍はただ者ではないと思わせ、王侯貴族はもちろん、他の遊説家たちも、尊敬して耳を傾けるほかはなかった。

騶　衍
(『画説陰陽家』)

4 法家

法によって国を治めることを主張する学派。

《1 歴史

1 初期法家

ふつう、春秋時代の管仲《かんちゅう》や子産《しさん》にはじまるとされる。

管仲（前七三〇?－前六四五）は、斉《せい》国の桓公を補佐すること四十年、富国強兵の策を実行し、桓公に「諸侯を九合《きゅうごう》し、天下を一匡《いっきょう》」――諸侯を集めて天下を統一（『管子《かんし》』小匡《しょうきょう》編）させ、桓公を春秋の五覇の首とさせた。

〔注〕九合＝九回、また何回も会合させる。また「糾《きゅう》合」と同じで、集める。「糾」は、集める、合わせる。

一匡＝天下を統一して秩序立てる。「匡」は、正す。

子産《しさん》（前五八〇?－五二二?）は、鄭《てい》国の大夫を二十一年勤めた。刑法を厳格にすることを主張して、自分の定めた法を鉄の鼎《かなえ》の表面に鋳て民衆に公布した。成文法の最初である。

2 前期法家

春秋戦国時代を通じて、各国とも富国強兵の策に腐心している。法を重視してその実現を図る思想は各国に歓迎され、諸侯は競って法家的な人物を採用、重用しはじめた。

李悝《りかい》、呉起《ごき》、商鞅《しょうおう》、申不害《しんふがい》、慎到《しんとう》らは、その代表とされている。

李悝《りかい》（前四五五?－前三九五）は、魏《ぎ》国の文侯に仕えて富国強兵の策を推進した。また、諸国の法を参考にして『法経』六編を著している。四一九頁を参照。

呉起《ごき》（?－前三八一）も、魯《ろ》国から同じく魏《ぎ》国の文侯に仕え、のち楚《そ》国の悼《とう》王に仕えて、法の重視を説いた。魯でも魏でも、自分から軍を率いる将となって、多くの手柄を立てている。兵法書も著して、戦国時代の末から漢代の初めにかけて大いに読まれたが、いまは散佚している。

李悝と呉起は管仲の『管子』の編名「法法」の語から、「法法家」とも呼ばれる。「法を法とす」つまり法律をおきてとして守る意味。なお呉起は大きくは「兵家」に分類するのが普通。三〇五頁参照。

商鞅《しょうおう》（前三九〇?－前三三八）（四〇四頁）は、秦《しん》国の孝公に仕えて法思想を実行し、軍事、政治、経済などの各方面にわたって、後の秦国の天下統一（前二二一）の基盤を確立した。その説は

『商君書』に著されている。

申不害《しんふがい》（前三八五？〈前四〇〇？〉―前三三七）（一七三頁）は、韓《かん》国の昭侯に仕えること十五年、富国強兵の策を実行し、韓を侵す者はなくなったと言われるようになった。『申子』を著している。

その中心は「術」にある。これは、君主が臣下を統御する術のこと。そこで「術法家」とも呼ばれる。

慎到《しんとう》（前三九五？―前三一五）（四〇六頁）は、道家や儒家的な思想も持つが、主要な思想は法家的である。「法」と「勢」とに分けて考え、「法」も重視したが、学説としては「勢」が重要である。これは、君主の権勢のこと。そこで、「勢法家」とも呼ばれる。

3　後期法家

戦国時代末期の韓非子《かんぴし》（一七五頁）に代表される。

韓非子は、李悝《りかい》や呉起《ごき》の「法」、申不害《しんふがい》の「術」、慎到《しんとう》の「勢」などを統合して、法家としての理論を完成させた。韓非子の理論に従って、秦国の中国統一の偉業が達成できたとされている。かつ、以後二千年以上にわたる中国の政治制度にも、多大な影響を与え続けてきている。

なお広義には、韓非子の理論を実行した秦《しん》の始皇帝や、始皇帝の大臣を勤めて法治主義を徹底させた李斯《りし》（？―前二〇八）なども、後期法家に属する人物である。

4　外儒内法

法家は「性悪説」に立っており、その厳しい法治は冷酷でさえある。

そこで前漢の武帝は「百家を罷黜《はいちゅつ》し〔やめ退け〕、六経《りくけい》〔儒教の六種の経典〕を表章《ひょうしょう》す〔表し明らかにする〕」（漢書、武帝紀）の方針を示した（二九頁）。

しかし実際の政治は、儒家の思想だけで行えるはずはなく、そこに法家の合理性を加えて、実際には「外儒内法」――外面的には儒家を掲げ、実行には法家を用いる方法、「儒法兼治」――儒と法とを兼ねつつ治める方法をとってきている。これが、今日まで続いている統治の基本方針である。

清《しん》朝の学者で政治家・譚嗣同《たんしどう》の次の言葉が、武帝以後今日までの政治方針を、みごとに言い表しているだろう。

「二千年来の学は、乃《すなは》ち荀《じゅん》学なり。」

「荀学」は、荀子の学問。荀子は、儒家に属するが、孟子の性善説に対して性悪説を主張。また韓非子《かんぴし》は、李斯《りし》とともに荀子に学んでいる。まさに「儒法兼治」の思想である。なお荀子は八一頁を参照。

2 評　価

1 『荘子』の評

立場　公平で偏りがない。平等で私心がない。水のように自由に流れて、一つにとらわれない。物事をありのままに受け止め、万物を選り好みせずに受け入れる。思慮を用いず、知恵に頼らない。

彭蒙《ほうもう》、田駢《でんべん》、慎到《しんとう》は、右の立場に共感した人たちである。

主張　「万物《ばんぶつ》を斉《ひと》しくして以《もっ》て首《はじめ》と為《な》す——万物を同列に扱うことを第一とする」。

そして、こう続ける。

「天は万物を覆うけれど、万物を載せることはできない。地は万物を載せるけれど、万物を覆うことはできない。大道は万物を包含するけれど、万物を説明することはできない。

つまり、万物には可能なこともあるし、不可能なこともある、とわかるだろう。」だから「選んでしまうと偏ることになるし、教えても教えきれるものではない。しかし本当の道は、すべてを包括して余すものはないのだ」という（以上、天下編）。

「立場」といい、右の「主張」といい、いかにも道家的である。

なお『呂氏春秋』（不二編）には、「陳駢《ちんべん》（右の田駢《でんべん》のこと）は、斉《ひと》しきを貴ぶ」とある。これは、荘子の斉物《せいぶつ》論とまったく同じであり、田駢は荘子の影響を受けている、と言われている。

2 『史記』（老荘申韓列伝）の評

『史記』六十三巻の「列伝第三」は、「老荘申韓列伝」つまり老子・荘子・申不害・韓非を一巻にまとめている。

そこでまず、この四人の伝記の最後についている「太史公曰《い》ハク」（司馬遷の評）を見てみることにする。

「老子が貴んだのは『道』である。虚無によって対応し、無《む》為《い》の境地に変化していく。そこでその文章表現は、微妙で理解しにくい。

荘子は、老子の説く『道』と『徳』とを拡散させて論を展開した。しかしその中心は、老子と同じく『自然』に帰着する。

申不害は、努力して老子の思想を『名実《めいじつ》』（名称と内容、言葉と実質）の説に当てはめた。

韓非子は、法律の規準を明確にし、実情を適切にとらえて、是と非とを明らかにした。従ってその説はきわめて残酷で峻《しゅん》厳《げん》であり、愛情に乏しい。これはみな、老子の『道・徳』の説に基づいている。つまり老子の思想は、深遠なのである」（以上、老荘申韓列伝）。

司馬遷は「六家の要旨」〔二五頁〕からも推察できるとおり、父の司馬談《たん》以来の「道家」びいきである。かつ、韓非子の法家を採用した秦《しん》帝国の末路も、十分に知っている。

その上で、老荘（道家）と申韓（法家）とを併記するというところに、今日の私たちが考えるよりも、両家の因縁がはるかに深かったことがわかる。

3 『史記』（太史公自序）の評

短所 「親しい人も遠い人も、身分の高い人も賤《いや》しい人も、みな区別せず、もっぱら法律によって判断する。従って、父に親しんだり君を尊んだりする人情が絶たれる。一時的に行うのはいいが、長く用いるべきものではない。

だから『厳にして恩〔愛情〕少なし』と評するのである。」

長所 「君は尊び、臣は低くして、職分を明らかにして守り合う。これは、他の百家でも改めることはできない」〔以上、太史公自序〕。

4 『漢書』の評

理官〔獄を管理する官〕から出ている。信賞必罰《しんしょうひっばつ》〔功があれば信《まこと》に〈必ず〉賞し、罪があれば必ず罰すること。一七七頁〕によって、礼法を守らせようとするのである。

『易経《えききょう》』にも言う、「古代の聖王は、刑罰を厳正にして、法令を明らかにした」と。これがその長所である。

人情に乏しい人がこれを行うと、教化はなくなり、仁愛は失われて、もっぱら刑法によって世の治安を保とうとする。その結果、家族間の愛情さえ失われ、厚い人情も薄くなってしまう（芸文志《げいもんし》）。

〔注〕『周易《しゅうえき》』噬嗑《ぜいこう》編に「噬嗑は、亨《とほ》る。獄《ごく》を用《もち》ゐるに利《よろ》し」——上あごと下あごの間に邪魔物があるのが噬嗑。噛み合わせてその邪魔物を除くので、万事よく亨る。刑獄を用いるのに良い、とある。また、その「象《しょう》」〔解釈〕に「先王《せんのう》、以《もっ》て罰《ばつ》を明《あき》らかにし、法《ほう》を敕《ととの》ふ」とある。

以下、初期・前期・後期の法家から一人ずつ、子産・申不害・韓非子を取り上げる。

3 子《し》産《さん》（前五八〇？—五二二）

1 人物

出生 鄭《てい》国の穆《ぼく》公〔在位、前六二七—前六〇六〕の孫、公子発《こうしはつ》〔子国《しこく》〕の子。名は僑《きょう》。そこで、公孫僑《こうそんきょう》とも呼ばれる。字《あざな》は子産《しさん》、または子美《しび》。

経歴 鄭《てい》国の簡公《かんこう》二十三年〔前五四三〕、鄭の執政となり、以後没するまでの二十一年間、政局を担当した。

子　産
（『三才図会』）

手腕　子産が大臣になる前、徐摯《じょし》が大臣だったが、国内は乱れ、上下や親子関係も乱れていた。子産が就任すると、一年目で子どもは悪ふざけしたりせず、老人が荷物を運んだり、未成年者が畑仕事をしたりしなくなった。二年目で、商人は値段をきちんとつけるようになった。三年目で、夜でも戸締まりをせず、道に落ちている物も拾わなくなった。四年目で、畑仕事の道具をそのたびに家に持ち帰らなくともよくなった。五年目で、徴兵用の名簿が不要になり、また、服喪期間の礼法は命令しないでもきちんと行われるようになった。

子産が死んだ時には、若者も老人も子供も「子産我《しさんわれ》を去《さ》りて死《し》せる乎《か》、民将《たみまさ》に安《いづ》くに帰《き》せんとする」――子産は私たちを置いて死んでしまった！　人民はこれから何を頼ったらいいのか（史記、循吏《じゅんり》列伝・子産）と号泣した、という。

孔子も、子産を優れた人物と称《たた》えている（八頁）。

政治　人民の意見を聞き入れる、民主的な政治を行った。次項の「思想」(1)を参照。

また、迷信を排除して、人知を尽くす努力をした。同じく、次項の「思想」(2)を参照。

法家　自分の定めた法律を、鼎《かなえ》に鋳《い》て、民衆に示した（前五三六）。これは、中国の歴史上、成文法を公布した最初の例である。この行為によって、子産は法家の祖ともされるが、これは、よりよい政治のための方法の一つである。孔子も賞賛する儒家的な人物でもあり、一面では法家的な人物でもある、ということ。

2　思　想

(1)　郷校《きょうこう》を毀《こぼ》たば如何《いかん》

鄭国の人々が、村の学校に集まっては、子産の政治について批評し合っていた。

大臣の然明《ぜんめい》が子産に「郷校《きょうこう》を毀《こぼ》たば如何《いかん》」――学校を壊してしまったら、批判もなくなるのではないか、と言った。そこで子産は、こう答えた。

「とんでもない。人々は、朝と夕方に朝廷に出仕、退出すると学校に集まっては、私の政治の善《よ》し悪《あ》しを批評している。

人々が善いということは私も実行し、悪いということは改める。この批評は、私の師なのだ。どうして壊したりしようか。」威圧して批判を防ぐことはできる。しかしこれは、堤防を守ることと同じだ。堤防が大きく崩れると、多くの人を傷つける。それなら、堤防を小さく崩して水を少しずつ流しておいたほうがいい――。

「孔子は、この言葉を聞くと『もし子産を仁者でないという人がいたとしても、私は信じない』と言った」（以上、春秋左氏伝、襄公《じょうこう》三十一年）。

(2) 天道《てんどう》は遠《とほ》く、人道《じんどう》は邇《ちか》し

魯《ろ》の昭公十七年（五二五）冬、彗星《すいせい》が現れた。宋《そう》・衛《えい》・陳《ちん》、そして鄭《てい》の四国には火災が起こる、との予言が広まった。

鄭の、占星《せんせい》術を担当する大臣・裨竈《ひそう》は、子産に進言した。「私が瓘《かん》斝玉瓚《とぎょくさん》によってお祓《はら》いをすれば、わが鄭国は火災を免れる。」

「瓘斝」は、玉の杯。「玉瓚」は、玉のひしゃく。ともに宝器で、これを壊してお祓いをするらしい。

しかし、子産は聞き入れなかった。

翌年の五月十四日、宋・衛・陳、そして鄭の四国に、火災が起こった。

裨竈《ひそう》は、それみたことかと、今度は「私の言うとおりにしないと、鄭にまた火災が起こるぞ」と言った。鄭の人々は、お祓いをしようと願い出た。役人も「また火災が起こったら、鄭は滅びるだろう。瓘斝玉瓚を壊しても、国を救うべきだ。それともあなたは、玉類が惜しいのか」と、子産に詰め寄った。

子産は答えた。「天道《てんどう》は遠《とほ》く、人道《じんどう》は邇《ちか》し」――天道は深遠で、はるかにかけ離れている。人道は身近で、ずっと行い易い。「天道は、人知では推察できない。裨竈《ひそう》などに天道がわかるはずもない。あいつはただお喋《しゃべ》りなだけだ。まあ、稀には当たるだろうが。」

火災は、二度と起こらなかった（春秋左氏伝、昭公十七年・十八年）。

4 申不害《しんふがい》（前三八五？〈前四〇〇？〉―前三三七）

1 人物

生涯　鄭《てい》国の京《けい》の人。鄭に仕える下級官吏だった。鄭が韓《かん》に滅ぼされる（前三七五）と、その学問によって韓の昭侯に自薦して採用され、間もなく昭侯は彼を大臣とした（前三五一）。

彼は、十五年にわたって、国内では政治と教化とを整備してよく治め、軍備を強化した。対外的には諸侯とよく応対し、韓を攻める国はなかった（史記、申不害《しんふがい》伝）。

思想　黄老《こうろう》の学（老荘思想）に基づき、刑名《けいめい》（二七九頁）を主としている（同右）。

『韓非子』に「今、申不害は術《じゅつ》を言ひ、公孫鞅《こうそんおう》は法を為す」とあり（定法《ていほう》編）、続いてその「術」を次のように説明している。

君主は、臣の能力に応じて任務を与える。その意見に即して実績を評価する。これによって、臣の生殺与奪の権を操って、その実力を発揮させるのである。この「術」こそ、君主が行使するものである（定法《ていほう》編）。

申不害は、この「術」の理論によって、韓の昭侯の独裁的な権威を高め、国力を増強していったのである。

これはまた、韓非子の「法・術・勢」の理論体系に、大きな影響を与えた。

著述　『史記』には『申子《しんし》』二編がある、という。『漢書』芸《げい》文志《もんし》では『申子』六編、という。今は失われているが、『群書治要』に『申子』大体《だいたい》編が収められている。

司馬遷の評　申不害は、老子や荘子の空論とは違って、具体的に「名実」の面で実行に移している。それも、老子の「道徳」の説に基づいたものである（史記、申不害《しんふがい》伝）。

2　思想

(1)　名《な》正《ただ》しければ則《すなは》ち天下《てんか》治《をさ》まる

「名」は、言葉。それは具体的には、君主が示す法令。

「尭帝は天下を『名』によって治めた。『名』が正しかったので、天下は治まった。一方、桀《けつ》王も天下を『名』によって治めた。『名』が片寄っていたので、天下は乱れた。そこで聖人は、名の正しさを貴ぶのである」（申子《しんし》、大体《だいたい》編）。

なお「名」については、二〇一頁を参照。

(2)　天下《てんか》に示《しめ》すに無為《むい》を以《もっ》てす

申不害の重要概念である「術」を支えるのが「無為」である。臣は、君主の一挙一動、片言隻語《へんげんせきご》から、君主の心を推し測り、つけこもうとするものだ。だから君主は「無為」にしていて、その隙を見せてはいけない。

標題の言葉は、君主は、自分は「無為」であることを天下に示せ、という意味。

『韓非子』でも、申不害のこの考えを引いて、こう述べている。

「吾《われ》、従《よ》りて之《これ》を知《し》る無《な》し。惟《た》だ無為《むい》以《もっ》て之《これ》を規《うかが》ふべし」——

——相手は、君主の心理を知る手がかりがなくなる。こちらは、ただ「無為」でいて、相手の様子を窺うとよい（韓非子、外儲説《がいちょせつ》右上編）。

韓非子に限らず、この「君主は無為であれ」というのは、法家の一般的な考え方だったようである。

5 韓非子（前二八〇?〈前二九五?〉―前二三三）

1 人物

出生 韓国の諸侯一族の子、つまり王子である。他の多くの思想家と違い、貴族である点が異色。

生まれつき発音に障害があり、うまく話せなかったという。

韓非子
（『中国五百名人図典』）

思想 李斯《りし》とともに、儒家の荀子《じゅんし》（八一頁）に学んだ。また、法家の刑名法術《けいめいほうじゅつ》（二七九頁）も喜び学んだ。しかし彼の思想はおおむね道家の黄老《こうろう》（二一〇頁）に基づいている。なお、墨家《ぼっか》（二二一頁）や、名家《めいか》（二八七頁）の論理学などの影響も見られる。貴族だから、いろいろと学ぶ機会に恵まれていたか。

著述 韓非は、自分の国が周囲の国から土地を削られ、弱体化していくのを憂えて、韓王に何度も文書によって対策を進言する。しかし韓王には既に、それを実行する力はない。そこで韓非は、自分の考えを「孤憤《こふん》・五蠹《ごと》・内儲《ないちょ》・外儲《がいちょ》・説林《ぜいりん》・説難《ぜいなん》」（いずれも『韓非子』の編名）十余万字に著した。

秦王・政《せい》 秦国の王・政（のちの始皇帝）は、たまたまその「孤憤・五蠹」の書を見る。そして、嘆息して言った。

「嗟《あ》乎《あ》、寡人《かじん》此《こ》の人《ひと》を見《み》、之《これ》と游《あそ》ぶを得《え》ば、死《し》すとも恨《うら》みじ。」――ああ、私はこの筆者に会って、交際する機会が得られたら、死んでも惜しくない。

この時、韓非と同窓の李斯《りし》は、秦国の大臣だった。秦王に「それは韓非という人物が書いたのです」と教える。そこで秦王は、韓国を攻めた。韓は慌てて韓非を秦に遣わした。

李斯 秦王は喜んだが、何しろ韓非は敵国の、それも王子。全面的に信用するわけにはいかない。

また李斯は、韓非とともに荀子に学んでいた時から「こいつには、かなわない」と思っていた。今に王は韓非を重用するようになる。そうしたら、自分の大臣の地位が危い――。そこで、同僚の姚賈《ようか》と相談して、秦王に讒言《ざんげん》（他人を陥れるため、事実を曲げたり偽ったりして、悪く言うこと）した。

「韓非は韓の王子。秦のためには働かないのが人情です。といって、このまま韓に帰すのは災いのもとです。殺してしまいましょう。」

憤死 秦王は「それもそうだ」と、韓非を投獄してしまった。李斯は、部下に薬を持たせ、韓非に自殺を強要させた。韓非は「秦王に自分の考えを述べたい」と願ったが、もちろん許されず、自殺に追い込まれてしまう。紀元前二三三年のことである。

しばらく経って後悔した秦王は、韓非を獄から出すように命じたが、既に遅かった。そして韓国はその三年後、前二三〇年に秦国に滅ぼされる。

司馬遷の評 学者は多いが、韓非だけが「説難《ぜいなん》」（遊説《ゆうぜい》、説得の難しさを述べた編）を書きながら、自身でその難しさから脱け出せずに死んでいったのが、悲しい（太史公自序）。

2 思 想

(1) 二柄《にへい》とは刑《けい》と徳《とく》なり

君主が臣下を統御するのに必要な、二つの柄《へい》（柄《え》、握り。また、基、根本）。二柄とは「刑」と「徳」である。

二柄 「明主《めいしゅ》の其《そ》の臣《しん》を導制《どうせい》する所《ところ》の者《もの》は、二柄《にへい》のみ」――明君主が臣下を指導し統御するのに必要なものは、二つの柄だけである。

刑徳 「二柄《にへい》とは、刑《けい》と徳《とく》なり。何《なに》をか刑《けい》・徳《とく》と謂《い》ふ。曰《い》はく、殺戮《さつりく》之《これ》を刑《けい》と謂《い》ひ、慶賞《けいしょう》之《これ》を徳《とく》と謂《い》ふ。」

以上、合わせて「二柄」編の冒頭の部分。意見をたいへん論理的に展開している。以下に、その要点を整理して掲げる。

統御法 臣下は、誅罰《ちゅうばつ》（罪を責めて罰する）を恐れ、慶賞《けいしょう》（功績をたたえて恩賞を賜る）を喜ぶ。

そこで君主が刑と徳を自由に操ることによって、臣下を恐れたり喜ばせたりすることができるのである。

もし刑と徳の権利を腹黒い臣に任せたら、国じゅうの人はみなその臣を恐れ、君主を侮り、結局は臣に従い君主を見捨てるだろう。

虎は、爪《つめ》と牙《きば》があるから犬が恐れるのだ。これを奪って犬に使わせたら、虎は反対に犬にやられてしまう。君臣関係も、これと同じなのだ（二柄《にへい》編）。

その例 その一。斉《せい》国の簡公《かんこう》に仕えた田常《でんじょう》は、簡公から「徳」の権利を任せられるように取り入った。そして役人には、爵位や俸禄を自分の思うがままに与えた。また人民には、穀物を貸し出す時に使う升《ます》を大きく作って、恩恵を施した。やがて田常は、簡公を殺してしまったのである。

その二。宋《そう》国の子罕《しかん》〔皇喜《こうき》という名の人か〕は、君主〔このとき簡公《かんこう》か。右の簡公とは別人〕に言った。「慶賞賜与《けいしょうしよ》〔褒めて物を与えること〕は、人民が喜ぶことですから、君主がご自身でやりなさい。殺戮刑罰《さつりくけいばつ》〔処罰し処刑すること〕は、人民が憎むことですので、私が引き受けましょう。」やがて子罕《しかん》は、君主をおびやかす存在になるのである〔二柄《にへい》編〕。

韓非子は、この田常と子罕の話を他の部分でも何回か繰り返している。そして、君主は爪や牙に相当する「威」を手放してはいけない、と強調するのである。

「君主はみな、この話は知っているのに、自分で同じような過失を犯しているとは気づかない。類推する、ということがわからないのである」〔人主《じんしゅ》編〕。

君主は、まず「刑」と「徳」との二つの権限を、絶対に手放さないこと。これが鉄則である。そして、その「術」〔運用法〕が、次項になる。

(2) 信賞必罰《しんしょうひつばつ》

功があれば信《まこと》に〔必ず〕賞し、罪があれば必ず罰すること。賞罰を明らかにし、正しく行うこと。

賞罰　「信賞《しんしょう》、以《もっ》て能《のう》を尽《つ》くし、必罰《ひつばつ》、以《もっ》て邪《じゃ》を禁《きん》ず」

——必ず賞を行って、臣下に能力を尽くさせ、必ず罰を行って、臣下の邪悪を禁じる〔外儲説左上《がいちょせつさじょう》編〕。

「必罰《ひつばつ》して威《い》を明《あき》らかにす。信賞《しんしょう》して能《のう》を尽《つ》くさしむ」

——必ず罰することで、君主の権威を明らかにする。必ず賞することで、臣下の能力を十分に発揮させる〔内儲説上《ないちょせつじょう》編、七術〕。

右の二つの例文から見れば、「賞」は、部下に能力のすべてを発揮させるため、そして「罰」は、部下の悪だくみを禁じるとともに、君主としての権力を部下に示すため、ということがわかる。

またこれは、前項の「二柄」と密接に関係していることも、当然だろう。

「賞」の効果　賞誉が少なく、しかもいい加減であれば、人々は働かない。

賞誉が十分で、しかも確実であれば、人々は死をもいとわない〔内儲説上《ないちょせつじょう》編〕。

「賞」の例　越王の句践《こうせん》が、大夫の文種《ぶんしょう》に尋ねた。「私は呉《ご》の国を攻めたいのだが、勝てるか。」文種はお答えした。「私は部下を『信賞必罰』で鍛えていますので、必ず勝てます。もし、部下の姿を見たかったら、王よ、宮殿に火をつけてください。」

そこで王は、宮殿に火をつけた。部下はただ、茫然《ぼうぜん》としている。そこで文種は言った、「火を防いで死んだ者には、戦いで死んだと同じ賞を与える。火を防いで、しかも死なかった者には、戦いに勝ったと同じ賞を与える。火を防がなかった者は、逃亡または降伏と同じ罰を下すぞ！」

部下たちは、体に泥を塗り、衣服に水をかけて、左から三千人、右から三千人、火の中に走り込んでいった。

王は、これで「必ず勝つ」という勢いがわかったのである（内儲説《ないちょせつ》上編）。

続いて、幾つかの例を挙げている。そして結局、人間はしょせん「利」だよと、次の例を挙げてこの項を結ぶ。

「利」に赴く　鱣《せん》〔うつぼか、海蛇か〕は、蛇に似ている。また蚕は、蠋《しょく》〔青虫、いも虫〕に似ている。さて人は、蛇を見るとびっくりするし、蠋を見ると身の毛がよだつ。

しかし、漁師は鱣をにぎるし、女性は蚕をつまむ。

つまり「利」になるなら、だれでも憎み嫌うことを忘れて、勇者になるのである（内儲説《ないちょせつ》上編）。

韓非子は、この話が気に入ったと見えて、「説林《ぜいりん》下」編にもほぼ同じ文章を載せている。

「罰」の例　殷《いん》代の法律では、灰を道路に捨てた者は死刑だった。

孔子の門人の子貢《しこう》は、孔子に「この刑は重すぎますよね」と尋ねた。

孔子は言った、「いや、政治をよく知っているやり方だ。もし、灰を道路に捨てれば、必ず他の人にかかる。かかった人は、必ず怒る。怒れば、けんかになる。けんかになれば、両方の三族が殺し合うことになる。

つまり、灰を捨てることは、両方の三族に殺し合いをさせることになるのだ。だから、死刑にしてもいいのだ。

それに、重い罰は、人々はみな嫌う。そして、灰を道路に捨てないことなど、人々は簡単に守れる。人民に、簡単なことを守らせ、嫌うことを避けさせる。これが政治のコツなのだ」（内儲説《ないちょせつ》上編）。

「風が吹けば桶屋《おけや》がもうかる」式の論法であり、かつそれを孔子に言わせているところなど、韓非子の巧みなレトリックである。

なお「三族」は、「三つの親族」で、さすものは幾つかあるが、ここでは「父・母・妻の、それぞれの親族」とみるのが妥当。

「死」を恐れる　「罰」の例もまた、幾つか挙げているので、ポピュラーな話を一つ引いておこう。

荊南《けいなん》〔楚《そ》国の南部〕の麗水《れいすい》という川からは、金が採れる。いくら柵を作って禁止しても、盗む人が多い。見つかれば、町なかで磔《はりつけ》になるのだが、盗む人は絶えない。これは、見つからないこともあるからである。

例えば「お前に天下を与える。代わりに、死刑にする」と言えば、だれも天下を受け取らない。死ぬ、と決まっているからだ。

だから、金を盗んだら必ず死刑、とすればよいのだ（内儲説《ないちょせつ》上編)。

以上、(1)の「二柄」の、適切な運用法〔術〕である。

(3) 刑名審合《けいめいしんごう》

刑と名との一致を厳しく要求すること。臣下の邪悪さを防ぐための方法である。

刑　ここの「刑」は刑罰でなく「形」で、次の「名」に対して、形あるもの。「仕事、行為」など。また、その結果としての「功績、手柄」なども含む。

名　「刑」に対して、形のないもの。ここでは「言葉、発言」など。また、「刑」の「行為」に対する「肩書き、地位」、そして、それに応じて付随している「役目、任務」なども含む。いずれも、言葉の上で存在する抽象的なものである。なお二〇六頁以降の「形名」も参照されたい。

刑名審合　君主が姦臣《かんしん》〔不正な臣下、奸臣《かんしん》〕が出てくるのを防ごうと思ったら、

「刑名を審合せよ」――刑と名との一致を詳しく調べよ。

「審合」は、「参同、参合」とも呼ばれる。「参」は、照らし合わせる。参照する。

「刑名を審合せよ」とはつまり、

「言と事となり」――言葉と仕事とについてのことである。

その方法

1　臣は「言」を述べる。

2　君は、その「言」に基づいて「事」を与え、

2′　その「事」についての「功」を要求する。

3　「功」が「事」に一致し、またその「事」が「言」に一致していれば、「賞」する。

4　「功」が「事」に一致せず、あるいは「事」が「言」に一致しなければ、「罰」する。

これを臣から言えば、

1　「言」が大なのに、「功」が小であれば、「罰」せられる。

小功〔小さな手柄〕だから罰せられるのではなく、「功」と「言」との不一致を罰せられるのである。

2　反対に「言」が小なのに、「功」が大である時もまた「罰」せられる。

君が、大功を喜ばないわけはないが、「功」と「言」との不一致は「害」であり、それは大功ではカバーしきれない大害だから、罰せられるのである。

以上、同じく二柄編の文章。ここも、たいへん論理的に述べられている。また「主道《しゅどう》」編にも、ほとんど同旨の文章がある。

その例　昔、韓《かん》の昭侯が、酔って寝てしまった。典冠《てんかん》〔君主の冠《かんむり》係〕は、昭侯が寒そうに見えたので、衣服を掛けてやった。眠りから覚めた昭侯は、たいへん喜んで、「誰が衣服を掛け

てくれたのか」と、周囲の臣たちを見回した。臣は「典冠です」と答えた。

すると昭侯は、典衣〔君主の衣服係〕と、典冠との二人を併せて処罰した。

典衣を処罰したのは、衣服係という「事」〔任務〕を忘れたからである。

典冠を処罰したのは、冠係であるのに衣服に手を出したという、自分の「事」を越えたからである。

昭侯は、寒さが好きだから、衣服を掛けるなど余計なことをして……と処罰したわけではない。「事」を越えることからくる弊害は、衣服を掛けて寒さを防いだことではカバーしきれない大きさなのだ、と判断したからである〔二柄《にへい》編〕。

しかも「寝」は、横になる意味で、眠るかどうかには関係ない。眠るのは「寐《び》」。また「睡《すい》」や「眠《みん》」。昭侯は、誰か作戦に引っかからないかな、とタヌキ寝入りをしていたのでは？

為政者の態度　以上のような方針を貫くためには、為政者はどうあるべきか。特に、以下のような諸点を挙げることができる。

執行する以上は、刑罰を重くせよ。
権力による威圧が重要であり、愛情などは不要だ。
自分の感情を表すな。臣下につけ込まれるぞ。
臣下は為政者にただちに応じるように。
種々の意見に耳を貸すな。
特に、儒家や遊説家には気をつけよう。
真心や礼を重んじよう。

(4)　時代認識

現代は、昔とはまったく違っている、という認識。

これは、過去にこだわらずに新たな理論に立脚するべきであるという、自分の意見の説得力を強くするための立場。

そして、為政者がこの乱世にあってもなお多少は耳を傾けようとする儒家の思想を、批判するための意見でもあった。

世異なれば　以下の文章は、韓非子が「五蠹《ごと》」編で説く〝時代認識〟論。

「事《こと》は世《よ》に因《よ》り、備《そな》へは事《こと》に適《かな》ふ」――事情は時代に左右されるし、対策はその事情に即してゆく。

「世異《よこと》なれば則《すなは》ち事異《ことこと》なる」――時代が違ってくれば、事情も違ってくるのだ。

「事異《ことこと》なれば則《すなは》ち備《そな》へ変《へん》ず」――事情が違えば、対策も変わる。

人民・財物・賞罰　韓非子の時代に、次のように考えるとは、驚くべきことではないか。もし韓非子が現代の日本にやってきたら、半日で卒倒してしまうだろう。そして、現代中国の少子化政策、一人っ子政策は、まさに韓非子の次の考えが裏付けになったもの。

古代には、男性は耕作もせず、草木の実を食べるだけで生きてゆけた。女性は布も織らず、動物の皮を着るだけで衣服は十分だった。働かなくとも生活が成り立っていけたのは、人民が少なく、財物が多かったからだ。従って、賞も罰もなくとも、争うことはなかった。そこで人民も、「民《たみ》自《おのづか》ら治《をさ》まる」。

さてここに、五人の子があったとする。五人は、多いほうではない。そして五人の子が、それぞれ五人の子を持つとする。そうすると、祖父は二十五人の孫を持つことになる。

こうして、人民は増えていくのに財物は増えない。いくら働いても、生活物資は乏しい。そこで人民は争うようになる。賞罰を二倍にしても、世は乱れてゆく。

その例　ここに、おなじみ「守株《しゅしゅ》——株《くいぜ》を守る」の故事が置かれる。実際は、右の論の前に置かれている。有名な話なので、原文もご紹介しておこう。


宋《そう》人《ひとニ》有《あり》㆓耕《たがやス》㆑田《たヲ》者《もの》㆒。田《でん》中《ちゅうニ》有《り》㆑株《くひぜ》。兎《うさぎ》走《リテ》触《レ》㆑株《ニ》、折《リテ》㆑頸《くびヲ》而死《ス》。因《よリテ》釈《すテテ》㆓其《その》耒《すきヲ》㆒而守《リ》㆑株《ヲ》、冀《こひねがフ》㆓復《また》得《ンコトヲ》㆑兎《ヲ》。兎不《ずシテ》㆑可《べカラ》㆓復《まタ》得《う》㆒、而身《みハ》為《なル》㆓宋《そう》国《こくノ》笑《ヒト》㆒。（五蠹《ごと》編）

——宋の国に、田を耕す人がいた。田の中に切り株があった。（ある日）ウサギが走ってきて切り株にぶつかり、首すじを折って死んでしまった。（男は）そこで、鋤《すき》を置いて切り株を見守り、もう一度ウサギを手に入れたいなと待ち望んでいた。しかしウサギは、二度と手に入らず、男は宋の国じゅうの笑い者にされた。

そして、まとめ。

「今《いま》、先王《せんのう》の政《まつりごと》を以《もっ》て、当世《とうせい》の民《たみ》を治《をさ》めんと欲《ほっ》するは、皆《みな》株《くひぜ》を守《まも》るの類《るい》なり」——今、古代の聖王の政道によって、現代の人民を治めようとするのは、すべてこの「切り株を見守る」男と同類である。

という次第で、「守株」は自説を強調するための裏づけと儒家批判のための材料とに用いられている挿話なのである。同時に、その前提として、韓非子の進歩的な社会歴史観を見ることができる。「古《いにしえ》を是《ぜ》とし、今を非とする」復古主義は、発展を続ける社会経済から考えれば、まったくの誤りである、とする立場である。

(5) 説《ぜい》難《なん》

説得することの難しさ。『韓非子』の編名でもある。韓非子自身も痛感していただろうし、その死も、説得の難しさが原因になっている。

司馬遷《しばせん》もまた、説難を切実に体験しており、韓非子に同情もしたのだろう、『史記』の「韓非列伝」には、「説難」編をほぼ全文引用している。

説く側の「知・弁」　説得の難しさは、自分の知識が足りないから、ではない。また、自分の弁論がへただから、でもない。また、自分が自由自在に論を展開して意を尽くすことが難しいから、でもないのだ。

聞く側の「心」　説得の難しさは、説く相手の「心」を読み取って、自分の意見をその「心」に当てることができるかどうか、にあるのである。

相手を読む

1　相手は「名高《めいこう》」〔名誉や高潔さ〕を重んじている。そこに行って「厚利《こうり》」〔富国強兵策などの利〕を説く。

　この場合は「下節《かせつ》」〔節義がない〕にして「卑賤《ひせん》」〔つまらぬ者〕であるとして、棄てられる。

2　反対に、相手は「厚利」に心を傾けている。そこに行って「名高」を説く。

　この場合は「無心《むしん》」〔何も考えていない〕にして「事情《じじょう》」〔現実〕にうといとして、受け入れられない。

相手を立てる　相手が自信を持っていることについて、うんと誇張して褒めること。相手が失敗だと思っていることについて、そうではないと言ってやること。これが、説得の本務である。

1　自分で、決断力に勝れていると自任している相手には、その欠点を突いて怒らせてはいけない。

　自分で、実力は相当なものだと自任している相手には、彼が難しいと思っている点を突いて逆らってはいけない。

2　相手が当面している問題については、別の問題を例にして、同じケースであると進言する。あるいは、別の人の行為を例にして、同じことであると相手に当てはめる。

　そして、こうやっても差し支えないと、相手を褒め飾ってやるのである。

なお、三三三頁の「逆鱗《げきりん》に触《ふ》る」も参照。

韓非子が、説得する人や説得される相手の「心」を重んじるのは、当時の世相を考え合わせれば、鋭い着眼点であったと言えよう。さらに発展させて、それを広く一般の人の「心理」にまで及ぼしている点、韓非子は心理学の祖、と言ってもいいくらいである。今も多くの人を引きつける魅力の一つは、この人間心理を読む鋭さや深さにある。

その例

1　宋《そう》の国に、金持ちがいた。ある時、大雨が降って、金持ちの家の土塀《どべい》が崩《くず》れてしまった。

　その家の子が「土塀を直しておかないと、泥棒に入られるよ」と言った。また、隣家の主人も、まったく同じことを進言した。

　その夜、泥棒が入って、財産をごっそり盗まれてしまった。

　さて金持ちは、自分の家の子を「たいへん賢い」と褒め、そして隣家の主人を、怪しいと疑ったのである。

2 昔、鄭《てい》国の武公が、胡《こ》の国を攻めようと考えた。そこでまず、自分の娘を胡の王に嫁がせた。

そうしておいてから、武公は臣下を集めて聞いた。「他国を攻めたいのだが、どこがよいか。」大臣の関其思《かんきし》は、武公の気持ちを知っていたから、「胡の国がよい」と答えた。武公は「胡は、姻戚関係にある国なのに、攻めよとは何ごとか」と怒り、関其思を殺してしまった。

胡の王は、この話を聞くと「鄭《てい》国は我が国を親戚と思っているな」と判断して、鄭国には警戒しなかった。

鄭はそこで、胡に攻め込んで、領地を奪ってしまった（以上、説難《ぜいなん》編）。

＊

この二つの話に対する、韓非子の批評。

隣家の主人も関其思も、言うことは正しい。しかし、ひどい場合には殺され、軽い場合でも疑われてしまった。

これは、事態を知る、そして意見を持つ、ということが難しいのではない。知った事態、持った意見を、相手にどう対処して扱っていくか、ということが難しいのである。

「知《ち》の難《かた》きに非《あら》ざるなり。知《ち》に処《しょ》することの則《すなは》ち難《かた》きなり。」

(6) 資料の収集

韓非子は、自分の意見を裏づけたり強めたりするために、たくさんの実例や挿話を集めている。私たちが、新聞を切り抜いて材料を集めておき、必要に応じて利用するようなもの。

先に出てきた「内儲説《ないちょ》・外儲説《がいちょ》」の「儲」は「貯」で、たくわえ。「説」は説明資料。「内・外」や、「説上・説下」の「上・下」は、多すぎるから単に分けただけである。

「説林《ぜいりん》」という編も「上・下」がある。これも「説明資料の林」という次第で、実例や挿話、伝説などを多く集めている。

『韓非子』全体にわたって、こういう例話は随所に出てきている。説得力を増すために、日ごろから資料を集めておく、それを有効に活用する。私たちも見習いたいもの。では、その中から有名な話を二つご紹介。

1 不死の薬

有《あり》下献《けんズル》二不《ふ》死《し》之《の》薬《くすりヲ》於荊《けい》王《おうニ》一者《もの》上。謁《えつ》者《しゃ》操《とりテ》レ之《これヲ》以《もつテ》入《いル》。中《ちゅう》射《しゃ》之《の》士《し》問《とヒテ》曰《いハク》、「可《べキ》レ食《くラフ》乎《かト》。」曰《いハク》、「可《かナリト》。」因《よりテ》奪《うばヒテ》而食《くラフ》レ之《これヲ》。

王《おう》大《おほイニ》怒《いかり》、使《しメントス》三人《ひとヲシテ》殺《ころサ》二中射《ちゅうしゃ》之《の》士《しヲ》一。中《ちゅう》射《しゃ》之《の》士《し》、使《しメテ》二人《ひとヲシテ》説《とカ》レ王《おうニ》曰《いハク》、「臣《しん》問《とフニ》二謁《えつ》者《しゃニ》一、曰《いフ》レ可《べシト》レ食《くラフ》。臣《しん》故《ゆゑニ》食《くラフ》レ之《これヲ》。是《これ》臣《しんハ》無《なクシテ》レ罪《つみ》、而罪《つみハ》在《あル》二謁《えつ》者《しゃニ》一也《なり》。

且《かッ》客《かく》献《けんジ》二不《ふ》死《し》之《の》薬《くすりヲ》一、臣《しん》食《くらヒテ》レ之《これヲ》、而王《おう》殺《ころサバ》レ臣《しんヲ》、是《これ》死《し》薬《やく》也《なり》。是《こレ》客《かく》欺《あざむク》レ王《おうヲ》也《なり》。夫《そレ》殺《ころシテ》二無《なキ》レ罪《つみ》之《の》臣《しんヲ》一、而明《あきラカニセンヨリハ》二人《ひと》之《の》欺《あざむクヲ》レ王《おうヲ》也、不《ず》レ如《トしカ》レ釈《ゆるスニ》レ臣《しんヲ》。」王《おう》乃《すなはチ》不《ず》レ殺《ころサ》。（説林《ぜいりん》上編）

飲めば死なないという薬を、荊王《けいおう》に献上しようとする人がいた。謁者《えっしゃ》〔取り次ぎの者〕は、それを持って中に入っていくと、中射《ちゅうしゃ》の士《し》〔王の侍従の者〕が「食らふ可《べ》きか」と聞いた。謁者が「はい」と答えると、中射の士はそれを謁者から奪って食べてしまった。

王はたいへん怒って、中射の士を死刑にさせようとした。それを知った中射の士は、人に頼んで王を説得させようとして、こう言った。「私が謁者に聞いたら『食べてもよい』と言ったので、食べたのです。だから、私は無罪、謁者の罪です。

さらに、客が不死の薬を献上したのを私が食べ、そして王が私を殺したなら、これは不死の薬でなくて死薬《しやく》です。これは、客が王をだましたことになります。

これは、罪のない私を殺すことで、客が王をだましたことを世間に公表することになります。だから、私を許したほうがいいですよ。」

王は結局、殺さなかった。

ポイントは、中射の士の「食らふ可《べ》きか」の「可」にある。日本語の「べし」の意味より狭く、漢文では可能か許可の意味。

中射の士が「食らふ可《べ》きか」と聞いたのを、謁者はまさか「食べてもよいか」と許可の意味だとは思わない。なにしろ、王に献上する品、というのが頭にあるのだから。

中射の士も、謁者のその心理を読んでおいて、わざと「食らふ可きか」と言ったのである。謁者は「可《か》なり」――はい、食べられますよ、と答える。中射の士は、待ってましたと奪い取って食べてしまう。

そして王には、「謁者が『可なり』――はい、食べてもいいですよ、と答えたのだから、謁者に罪があるのだ」と弁解させたのである。

中射の士の、作戦勝ち。日本語では残念ながら、この「可《べ》し」に相当することばはない。

もう一つは、不死の薬を飲んだことで死者が出るのなら、これは死薬だ、という論法。何か、故事成語の「矛盾」を連想させる。

最後にダメ押し。というわけで私を死刑に処すると、王がだまされたことが、世に明らかになりますぞ。

王は、よくわからないが、ともかくも中射の士を無罪とした。謁者も、もちろん無罪。王の「よくわからんが」の心理が、「乃《すなは》チ」という語によく表れている。

甲骨文字（東京都台東区教育委員会所蔵）

天《てん》に大命《たいめい》有《あ》り　右の逸話は、韓非子が「不死の薬」とか「長生の術」など、人知を超えたものの存在を否定していることを示している。

韓非子は「天《てん》に大命《たいめい》有《あ》り、人《ひと》に大命《たいめい》有《あ》り」（楊権《ようけん》編）という。天も人も、それぞれ大命を持っており、それぞれ別の存在なのだ、というのである。「大命」とは、それ自体が全体として調和しながら存在している原理や法則。

天は天として、人は人として、大命に従って別個に存在している。だから、人が天に支配されているわけではない、という主張である。

亀筴鬼神《きさくきしん》、以《もっ》て挙《あ》げて勝《か》つに足《た》らず　このころは、吉凶や成否を判断するのに、まだ「亀筴」を用いて、「鬼神」の意志を伺っている地方もあった。

「亀」は、右の文を含む「飾邪《しょくじゃ》」編の冒頭に「亀《き》を鑿《き》る」と出てくる。亀の甲や獣の骨に占うべき事項を文字で刻み、裏から小さい穴を数センチ置きに鑿《うが》ち、穴に熱した棒などを当てると、文字を刻んだ表面に割れ目ができる。その、ひび割れの数や長さ、方向などによって、吉凶を占ったのである。

「筴《さく》」は、「策《さく》」と同じ。今で言う「筮《ぜい》」、つまり易者が持っている筮竹《ぜいちく》。同じくこの編の冒頭に「筴《さく》を数《かぞ》ふ」とあり、筮竹を一定の法則によって数え分けてゆき、最後に残った筮竹の組み合わせによって、吉凶を占った（八九頁を参照）。

『易経』（八八頁）は、その組み合わせの結果による吉凶を記したもの。筮竹は陰と陽の二種にわかれており、最初は六十四本、数本ずつ除いてゆき、最後に残った六本によって占う。

　趙《ちょう》の国は、この亀筴によって占ったら大吉と出たので、燕《えん》の国を攻めた。一方の燕の国も亀筴で占ったら大吉と出たので、趙の国を攻めた。

　結局、趙は燕に勝ち、継いで斉国《せい》にも勝った。一方の燕は、国力が衰微した。

　以下、騶衍《すうえん》（一六四頁）の陰陽の術や、天体の運行で吉凶を判断する術なども当てにならないという、歴史的な事実を述べて、「亀筴鬼神《きさくきしん》、以《もっ》て挙《あ》げて勝《か》つに足《た》らず」――亀卜《きぼく》や易筮《えきぜい》、鬼神たちのお告げ（が吉）だからといって、すべて戦いに勝つものではない（飾邪《しょくじゃ》編）、と断じている。

　愚《ぐ》、焉《これ》より大《だい》なるは莫《な》し　そして、「飾邪」編のまとめ。人知を超えたこれらの存在を当てにするとは、「愚《ぐ》、焉《これ》より大《だい》なるは莫《な》し」――これより大きな愚行はない、と断ずるのである。

　最後に、韓非子のもう一言。

「時日《じじつ》を用《もち》ゐ、鬼神《きしん》に事《つか》へ、卜筮《ぼくぜい》を信《しん》じて、祭祀《さいし》を好《この》む者《もの》は、亡《ほろ》ぶ可《べ》きなり」（亡徴《ぼうちょう》編）。

　時や日（による吉凶の判断）を（生活に）応用し、鬼神に仕え（てその判断を仰ぎ）、卜筮《ぼくぜい》（による吉凶の判断）を信じ、そして祭祀《さいし》を好んで（時日や鬼神や卜筮に頼って）いる人たちは、滅びていくのである。

2　三人、虎《とら》を成《な》す

龐《ほう》恭《きょう》曰《いハク》、「今《いま》、一《いち》人《にん》言《いハバ》二市《いちニ》有《ありト》レ虎《とら》、王《おう》信《しんぜン》レ之《これヲ》乎《かト》。」曰《いハク》、「不《ずト》レ信《しんぜ》。」「二《に》人《にん》言《いハバ》二市《いちニ》有《ありト》レ虎《とら》、王《おう》信《しんぜン》レ之《これヲ》乎《かト》。」曰《いハク》、「不《ずト》レ信《しんぜ》。」「三《さん》人《にん》言《いハバ》二市《いちニ》有《ありト》レ虎《とら》、王《おう》信《しんぜン》レ之《これヲ》乎《かト》。」

王《おう》曰《いハク》、「寡《か》人《じん》信《しんズト》レ之《これヲ》。」

龐《ほう》恭《きょう》曰《いハク》、「夫《そレ》市《いち》之《の》無《なキ》レ虎《とら》也《や》、明《あきラカナリ》矣。然《しかルニ》三《さん》人《にん》言《いヒテ》而成《なスト》レ虎《とら》。」（内儲説《ないちょせつ》上編）

龐恭《ほうきょう》（伝記未詳）が、魏国《ぎ》の王に言った、「今、一人が『町に虎が出た』と言ったら、王は信じますか。」王「信じない。」「では、二人が『町に虎が出た』と言ったら、王は信じますか。」王「信じない。」「では、三人が『町に虎が出た』と言ったら、王は信じますか。」

王「私は、信じるよ。」

龐恭「だいたい、町に虎が出ることはないなど、はっきりしています。それでも、三人が言えば、虎がいることになるのです。」

　龐恭は、趙国《ちょう》の都・邯鄲《かんたん》に、魏国の王子とともに人質に行くことになる。その出発の時に、魏国の王と交わした問答である。

　私が邯鄲に行けば、あいつは王子に取り入っている、行く先の趙国になびくだろう、趙国のスパイになって帰ってくるだろう……など、私のことをあれこれ言う人は、三人どころではないでしょう。しかし、人の噂《うわさ》とはそういうものだということを、王はよく知っておいてください。

　龐恭は、留守中の妙な噂に、王よ、惑わされないで、と念を押してから、出発していった。しかし「龐恭《ほうきょう》、邯鄲《かんたん》より反《かへ》るに、竟《つひ》に見《まみ》ゆることを得《え》ず」——戻ってはきたが、結局は王に会見する機会は与えられなかった。

　人の噂は恐ろしいもの、という教訓か。これは、王の心得の一つ「参観」——種々の具体的な言動を比較観察せよ、という論の中での例話である。

5 名家

1 歴史

1 背景

名実　「名」（言葉・名称）と、「実」（事物・内容）との関係を考える、あるいは、その両者を正しく対応させるべきことは、春秋時代に始まっている。有名なのは、その両者の関係を正すことからよい政治が生まれるという、孔子の「正名」思想である（二〇一頁）。

　またこれを、「実」の政治的な運用面に重点を置いて「術」としたものが、法家（一六八頁以降）の「法術」であり、そして「刑名」思想である（二〇六頁）。

　さらに、抽象概念としての「道」を説く道家は、これと具体的な言葉との関係を考えるために、しばしば「名」を論じている。名家の人たちも、道家に大きな関心を寄せている。

言語技術　戦国時代に入ると、言葉に頼る議論や説得が、ますます重視されるようになってくる。

その原因の一つは、自分の考えをいかに巧みに表現するかという言語技術が、いっそう必要な時代を迎えたためである。二四〇頁以降の「縦横家」は、説得の技術を政治や外交面にフルに発揮した人たちだ。

また、二一一頁以降の「墨家」の中にも、言葉の問題に強い関心を寄せる人たちが現れ、名家の一派として「後期墨家派」と呼ばれている。

こうしてみると名家は、儒家・法家・道家・縦横家・墨家など、多くの学派と関係している一派、ということができる。それだけに「名家」としての特色は弱く、むしろ言葉をもてあそぶ詭弁《きべん》派が、その代名詞になってしまっている。

意味論　原因のもう一つは、思想家や政治家たちの〃世界〃が、否応なく拡大されてくる、という時代背景がある。

今までは多く、限られた仲間と限られた話題で済んでいた。しかし、諸国間の交流が盛んになってくると、初対面の人や不特定の人とのコミュニケーションの機会も多くなる。〃他国〃の人に対しては、発音は別としても、同じ語句の意味内容が一致しない、という場面が頻繁に起こってくる。これこそは、議論や説得以前の、根本的な問題だ。

そこで、言葉とその意味、言葉とそのさし示す実体との関係を改めて検討しなおす「意味論」的な問題が浮上してきた。

また〃世界〃の拡大により、社会の激変によって、新しい概念や事物が次々に生まれてくる。それに対応する「言葉」やその「意味」の検討や確定も、大きな問題となってきた。――今日の、マルチ・メディアによる拡大と、何とよく似た状況だろうか。

この世相を反映して、この時代から漢代にかけ、意味の確定や方言の理解などのために、字書があい次いで編纂されていくのも、興味深い現象である。このころの字書については、二〇八頁以降を参照。

2　名　称

こうした背景の中から、「名」と「名」との論理関係を追究する人が登場してきた。『荘子』天下編では、「弁者」と呼ばれている。また『史記』において初めて、「名家」と呼ばれるようになった。

なお、論理のための言葉遣いは、一面では詭弁《きべん》〔道理に合わない、言いくるめの議論〕にも陥り、詭弁派と呼ばれることもある。

戦国時代において、言葉と事物、言葉の意味や概念、判断や推論などの問題を追究するというのは、言語学や論理学上の歴史として驚くべきことである。このまま発展していけば、世界史上にも特筆するべき学問が確立したのだが、同時代からすでに批判も強く、その詭弁性もあって、秦《しん》の天下統一以後は、ほとんど姿を消してしまう。

2 学派

名家は、特定の集団ではなく、主として個人ごとの活動を総合した呼び方である。そこで以下には、これらを大きく七派に分けて紹介することにする。

1 宋尹《そういん》学派

『荘子』天下編に、宋鈃《そうけん》(四〇八頁)と尹文《いんぶん》(三八八頁)とが並んで、次のように記されている(一四頁)。

俗事にわずらわされず、物事を飾りたてず、他人をないがしろにせず、大衆にさからわず、天下の平和と人民の安楽を願い、他人も自分も満足に生活できれば、それで十分である、これらを願って心を潔白に保つ。古代の道術に、こういう面があった。これを聞いて喜んだのが、宋鈃と尹文である。

そして二人は、国内の平和、人々の和合、さらに戦争の否定を掲げて「天下に周行して、上《かみ》に説き下に教ふ」のである。

これだけでは、名家とは言えず、思想的には道家に近く、戦争の否定は墨子(墨家)が受けついでおり、そして「天下に周行」は遊説家(縦横家)に近い。

ただ、右の「心を潔白に保つ」の原文は「白心」で、この語は『管子』の編名にも用いられている。そして、白心編の前後の「心術上編・心術下編・内業編」と合わせて『管子』四編と呼ばれている。この四編は、道家的な思想が中心となっていることに加えて、「名」について、また「名」と「形」の関係についても述べている。これらを基に、『管子』四編中の白心編は宋鈃または宋鈃と尹文のどちらかが、他の三編は宋鈃が著したもの、という説もある。

また尹文には『尹文子』があり、『漢書』芸文志《げいもんし》はこれを名家に分類する。現存のものは、「大道」上下二編で、後人の偽作かともされている。

これも「大道」編というとおり、宋鈃とともに、道家的な思想を反映している。

2 恵施《けいし》派〔合同異派〕

恵施は、孟子や荘子と同時代の人で、次の公孫竜と並んで、名家を代表する人物。一九二頁に詳述する。「合同異」は一九三頁の5から出た言葉で、恵施派の論の代名詞的にも使われる。

3 公孫竜《こうそんりゅう》派〔離堅白派〕

公孫竜は、恵施が没する前後に生まれたかとされており、荀《じゅん》子《し》や騶衍《すうえん》と同時代の人であろう。恵施に続いて、一九八頁に詳述する。「離堅白」は、二〇〇頁の(4)から出た言葉。同じく公孫竜派の論として使われる。

4　桓団《かんだん》学派

桓団は、『列子』仲尼編には「桓檀」（また韓檀）と出てくる、公孫竜の仲間、または門人。また『荘子』天下編には「桓団・公孫竜は弁者の徒なり」と出てくる（一六頁）。

恵施の二十一命題（一九四頁）のうち、3・4・8・11・18・19・20の七項は、桓団あるいはその学派のものではないか、とも言われる。

また、その11は公孫竜の(2)に対応するし、18は同じく(4)に対応している。このへん、名家の論は混然としている。

5　後期墨家派

『韓非子』顕学編によると、墨翟《ぼくてき》（二二一頁）の死後、墨家は①相里《そうり》氏・②相夫《しょうふ》氏・③鄧陵《とうりょう》氏の三派に分かれた、という。

『荘子』天下編には、①は相里勤とある。③は、南方の墨者として、苦獲《くかく》・己歯《きし》・鄧陵《とうりょう》氏と並んで出てくる。（②相夫氏は、未詳。）そして彼らは、おたがいに「別墨」（墨家の別派、あるいは亜流）と呼んでは、「堅白・同異」の弁で批難しあい、かみ合わない言葉で応酬しあっている、という（一四頁）。

後期墨家と呼ばれる人たちの論は、『墨子』の経《けい》上・経説《けいせつ》上編・経下・経説下編、そして大取《たいしゅ》編・小取《しょうしゅ》編などに見られる。

たとえば、公孫竜の「堅白」論（二〇〇頁）に対しては、次の論。

「堅と白とは、別ものではない。時間と空間とを無視した論である。堅と白とは、たがいに依り合い、満たし合っている」と批判する（墨子、経・経下編）。堅白は、同時に存在するのだ、という。

また、「白馬非馬」論（一九八頁）に対しても、「白い馬は、馬である。白い馬に乗るとは、馬に乗ることである」と批判する（墨子、小取編）。ともに、きわめて妥当な意見、常識的な判断である。

同様にして、恵施の論も批判しつつ、同時にその正しい点も吸収して、言葉の働きとして次の三つに分類した（墨子、経上・経説上編）。

○達名　万物の一つ一つに対応する言葉（いわば普通名詞）。
○類名　「馬」のように、同類をさす言葉（「馬」そのものは存在しない、抽象名詞）。
○私名　「奴隷」のように、その物その時だけを言う言葉（同じ一人でも、状況によって、大人・男・父・夫・叔父・次男・教師・主任……などと呼びわける）。

こうして、後期墨家派は名家としての種々の立場を総括して、詭弁を終結させた学派、と評価されている。

6　荀子学派

孔子の「正名」思想（二〇一頁）を受け継いだ荀子は、これをいっそう強く政治に当てはめて、身分に応じた「名実」（二〇四頁）の一致を強調する。荀子の「正名」論は二〇二頁に述べるので、ここでは「名実」と「王」との関係を記した部分を紹介する。

「王者の名を制するや、名定《さだ》まりて実弁《べん》じ、道行はれて志《こころ》通じ、則ち慎みて民を率ゐて焉《これ》を一にす。」

——王が物の名称を制定すれば、名称が安定して物事も区別でき、（それによって）道義も世に行われて人々の意志も通じ合い、従って人民を慎重に統率して一体化できるのである（荀子、正名編）。

「正名」こそ、国を治める根本である、と論じた部分の一節である。なお「正名」の二〇二頁も参照。

7　申韓《しんかん》学派

法家に属する、申不害《しんふがい》や韓非子《かんぴし》たちの一派。「名」についての申不害の主張は一七四頁、韓非子の主張は一七九頁を参照。

3　評価

1　『史記』の評

短所　厳格でかつ繁雑である。人民を君主の意図に反しないようにさせる。

もっぱら言葉を重視して、人民に実情を見失わせる。人民を拘束して真実を見失わせる。

長所　言葉どおりの実際を要求してやまない点は、考慮すべきことである。

2　『漢書』の評

礼官から出ている。昔は、名称と地位とが一致していなかった。礼制も同様に、種類や等級がまちまちだった。孔子は「（政治を行うことになったら）まず『名』を正そう。名が正しくないと、概念も順当でなくなる。概念が順当でないと、万事がうまくいかない」と述べた。これがその長所である。

大げさな人が名家を学ぶと、相手を傷つけ破り乱すだけのものになってしまう。

〔注〕孔子の言葉は、二〇二頁に引いた。

4 恵《けい》施《し》

1 人物

恵施（前三七〇?—三一〇?）は、梁《りょう》国の恵王に仕えて宰相となり、合縦《がっしょう》策（二四二頁）を主張して秦国に対抗したりした。

また、荘子に「恵施は多方、其の書は五車」――恵施は多方面に博学で、その蔵書は車五台分もあった（荘子、天下編）、と言われている。「書」は、蔵書でなく著書と見ることもでき、恵施の多才多芸ぶりがうかがわれる。

『漢書』芸文志には『恵子』一巻があると記されているが、今は失われている。しかし『荘子』天下編には、恵施の論が詳述されており、貴重な資料になっている。荘子は、恵施の論を「歴物《れきぶつ》」と呼ぶ。事物の道理を分析して明確にするという意味であり、次の十の命題を「歴物十事」と呼んでいる。

なお、この十命題の5から、恵施やその一派は「合同異」派とも呼ばれている。

恵施は、荘子よりも早く没したようで、荘子にとっては大きな痛手だったらしい。

「恵施死して、荘子説言《せつげん》を寝《や》む。世に為に語るべき者莫《な》きを見ればなり」（淮南子《えなんじ》、脩務《しゅうむ》編）。自説を語る相手が死んでしまったので、荘子は意見を述べることをやめた、というのである。なお一九七頁を参照。

2 思想

(1) 至大は外無し――十命題

『荘子』は、まず次の十の命題を紹介する。

1　至大《しだい》は外無《そとな》し、之《これ》を大一《たいいつ》と謂《い》ふ。至小《ししょう》は内無《うちな》し、之《これ》を小《しょう》一《いつ》と謂《い》ふ。
（至大ハ無レシ外、謂フ二之ヲ大一一ト。至小ハ無レシ内、謂フ二之ヲ小一一ト。）

無限の大きさには、外側はなく、これを大一という。無限の小ささには、内側はなく、これを小一という。

——どちらも「一」であって、時間や空間を超越している。

2　無厚《むこう》は積《つ》むべからざるも、其《そ》の大《おほ》いさは千里《せんり》。
（無厚ハ不ルモレ可ベカラレ積ム、其ノ大イサハ千里。）

厚みのないものは積み重ねられないが、その大きさは千里四方にもなる。

——厚さと広さとは別。

3　天《てん》は地《ち》と与《とも》に卑《ひく》く、山《やま》は沢《さは》と与《とも》に平《たひ》らかなり。
（天ハ与ニレ地ト卑ク、山ハ与ニレ沢ト平ラカナリ。）

天は地と並んで低く、山は沢と並んで平らかである。

——高さは相対的であるに過ぎない。広大な宇宙から見れば、みな同じ。

4 日《ひ》は方《まさ》に中《ちゅう》すれば方《まさ》に睨《かたむ》く。物《もの》は方《まさ》に生《しょう》ずれば方《まさ》に死《し》す。
（日ハ方ニ中スレバ方ニ睨ク。物ハ方ニ生ズレバ方ニ死ス。）

太陽が真上に来ることは、傾いていることである。万物が生まれることは、死ぬことである。

――太陽の例は、傾くという方角から見れば、真上にあるのは既に傾いていること。万物の例は、死の世界から見れば、生まれるのは既に死の始まりであること。すべては、相対的である。また、永遠という時間から言えば相対的、と見ることもできる。

5 大同《だいどう》にして小同《しょうどう》と異《こと》なる、此《これ》を之《こ》れ小同異《しょうどうい》と謂《い》ふ。万物《ばんぶつ》畢《ことごと》く同《おな》じく畢《ことごと》く異《こと》なる、此《これ》を之《こ》れ大同異《だいどうい》と謂《い》ふ。
（大同ニシテ而与《と》㆓小同㆒異ナル、此ヲ之レ謂㆓小同異㆒ト。万物畢ク同ジク畢ク異ナル、此ヲ之レ謂㆓大同異㆒ト。）

大きな概念では同じことと、小さな概念では同じこととは、異なっていること、これを「小同異」という。

万物はみな同じだが、みな異なっていること、これを「大同異」という。

――「大きな概念では同じ」とは、「人」も「犬」も「猫」も一つの概念であり、それぞれ異なっているが、それを「動物」という大きな概念から見れば、みな同じ、ということ。

また「小さな概念では同じ」とは、「男」と「女」とは別の概念だが、右の「動物」という概念から言えば小さな概念になる「人」という概念から見れば、同じになる、ということ。

「大きな概念では同じ」ということと、「小さな概念では同じ」ということは、一面では同じだが他面ではそれぞれ異なっていることであり、これを「小同異」と呼ぶ。

万物も、「物」という概念で括《くく》れば、みな同じ。「動物」と「植物」、あるいは「動物」の中の「人・犬・猫……」という概念で区別すれば、一つ一つが異なる。これを「大同異」と呼ぶ。

以上、物の区別はすべて相対的なものである、という主張。以上を合わせて「合同異」ともいう。

6 南方窮《なんぽうきは》まり無《な》くして窮《きは》まり有《あ》り。
（南方無㆑クシテ窮マリ而有㆑リ窮マリ。）

南方は限界がないが、また限界がある。

――北方との区切りをつければ、そこが限界。また、1の命題から言えば、極大は極小でもある、ということ。

7 今日《けふ》越《えつ》に適《ゆ》きて昔来《きのふき》たる。
（今日適㆑キテ越ニ而昔来タル。）

今日、越の国に旅立って、昨日到着する。

――時間の永遠性から見れば、昨日も今日も問題にならない。また、一か月単位で言えば、昨日も今日も同じ月の内である、ということ。

越という国を知った時、心は既に越に行っているのだ、と解説する注もある。

8　連環《れんかん》は解《と》くべきなり。

（連環ハ可ベキレ解ク也。）

つながった輪は、解きはずすことができる。

――「連環」は、輪を幾つかつないだ、鎖《くさり》のようなものだろう。それぞれの輪の間を、接触させないこともできるから、解き放たれているとも言えるのだ、ということ。

9　我《われ》天下《てんか》の中央《ちゅうおう》を知《し》る。燕《えん》の北《きた》、越《えつ》の南《みなみ》、是《こ》れなり。

（我知ル二天下之中央ヲ一。燕之北、越之南、是レ也。）

私は、天下の真ん中を知っている。それは、燕《えん》の国の北であり、また、越《えつ》の国の南が、それである。

――燕は北方の、越は南方の国。果てしない地上、ということから言えば、どこでもその中央である。

10　汎《ひろ》く万物《ばんぶつ》を愛《あい》すれば、天地《てんち》は一体《いったい》なり。

（汎ク愛スレバ二万物ヲ一、天地ハ一体也。）

万物を残りなく愛するなら、天も地も一体になる。

――これは、以上の九つの命題を総括したもの、ということができる。

荘子は、これら十の命題の前に「恵施の説く道は雑駁《ざっぱく》であり、その言は道理をはずれている」と批判するが、命題の後では「こうした論によって、恵施は『私は天下を達観した』として世の弁者を啓蒙し、また、天下の弁者たちもこれらの議論を楽しんだ」とも紹介している。

右の十の命題は、言葉の論理でもあるし、また恵施の世界観の反映でもあるだろう。恵施は、『荘子』の中に、荘子と仲の良い論争相手として、しばしば登場する。右の十命題や次の二十一命題のような言葉の論理と、おたがいの思想との両面から、荘子と恵施とはそれぞれ影響し合っていたものと思われる。

なお、以上のうちの1・4・10をそれぞれ二文に分けて、合計十三命題とする、という説もある。

(2)　卵に毛有り――二十一命題

『荘子』天下編は、右の十項に続いて、次の二十一命題を紹介している。「弁者二十一事」である。そして荘子は、「天下の弁論家は、これらの命題によって恵施《けいし》と議論し合い、それを生涯続けて果てしがなかった」と述べている。さらに続けて「桓《かん》団《だん》や公孫竜《こうそんりゅう》は、これらの弁論家の仲間である」と言っているので、これらは、この二人を中心に展開された命題と見られる。

現在は、以下の3・4・8・11・18・19・20の七項は、桓団学派（一九〇頁）のものか、とされている。また、2は次の公孫竜も取り上げている（一九九頁）。

1　卵《たまご》に毛《け》有《あ》り。（卵ニ有リㇾ毛。）

卵には毛がある。

――卵からかえった鳥には、毛がある。無から有は生じないから、卵の時から毛があるはずだ。

2　鶏《にはとり》は三足《さんそく》。（鶏ハ三足。）

鶏は三本足である。

――実際の足二本に、「足」という概念が加わるから。公孫竜も、同じ命題を挙げている。一九九頁を参照。

3　郢《えい》は天下《てんか》を有《たも》つ。（郢ハ有ツ㆓天下ヲ㆒。）

郢〔楚《そ》の都〕は天下を含んでいる。

――宇宙の広さから見れば、郢の広さも天下の広さも問題にならない。

4　犬《いぬ》は以《もつ》て羊《ひつじ》と為《な》すべし。（犬ハ可シ㆓以テ為スㇾ羊ト。）

犬は羊であると言える。

――犬も羊も、人がつけた名だから、取り換えればよい。また、犬も羊も四本の足を持つ、という点では同じだ。

5　馬《うま》に卵《たまご》有《あ》り。（馬ニ有リㇾ卵。）

馬は卵を持つ。

――馬は胎生《たいせい》、鳥は卵生《らんせい》と、それぞれ異なる。しかし「産む」働きから言えば同じである。

6　丁子《ていし》に尾《を》有《あ》り。（丁子ニ有リㇾ尾。）

蝦蟇《がま》には尾がある。

――おたまじゃくしには尾があり、それが成長して蝦蟇〔蛙《かえる》〕になるのだから。有が無になることはない。1の反対である。

また、時間の永遠性から見れば、おたまじゃくしから蝦蟇への変化は一瞬である、という意味にもとれる。

「丁子」は、おたまじゃくし〔科斗〕。しかしここでは、それが成長したもの〔蝦蟇、蛙〕をさしているのだろう。

また、文字の構成として、ある文字の上部を「首」、下部にあり、特に左や右に曲がっている部分を「尾」と呼ぶ。そう見れば、「丁」の字にも「子」の字にも、ともに尾があるのだ、と解釈する説もある（大修館書店『大漢和辞典』巻一、七五頁）。

7　火《ひ》は熱《あつ》からず。（火ハ不ㇾ熱カラ。）

火は熱くない。

――熱い冷たいは人間側の感覚。火そのものが熱いわけではない。

8　山《やま》は口《くち》を出《い》だす。（山ハ出ダスㇾ口ヲ。）

山は口を持っている。

――山彦《やまびこ》・谺《こだま》は、呼べば応じる。だから、山にも口がある。

またこの文を「山、出ツㇾ口ヨリ。」と読み、山は巨大な実体を持つ存在であるが、言葉として口から簡単に出せるのだ、と解することもできる。

9 輪《わ》は地《ち》を躧《ふ》まず。(輪《ハ》不レ躧《マ》レ地《ヲ》。)

車輪は地面に触れていない。

——車が進む時、車輪の一点が地面に触れているだけである。次の一点が触れるまでの一瞬は、車輪は地面に触れていないはずだ。

10 目《め》は見《み》ず。(目《ハ》不レ見。)

目は物を見ない。

——光がなければ見えない。暗闇では、何も見えない。だから、目が物を見ているのではない。

11 指《し》は至《いた》らず、物《もの》は絶《た》たず。(指《ハ》不レ至《ラ》、物《ハ》不レ絶《タ》。)

名称だけでは実体にたどりつけない、つまり実物がどういうものかわからないが、しかし実体が存在しないわけではない。

——文字の異同もあり、内容も難解で諸説あり。一九九頁の(2)も参照。

12 亀《かめ》は蛇《へび》よりも長《なが》し。(亀《ハ》長《シ》二於蛇《ヨリモ》一。)

亀は蛇よりも長い。

——長短・大小などは、すべて相対的だから。短い蛇よりも長い亀もいる。

13 矩《く》は方《ほう》ならず。規《き》は以《もっ》て円《えん》を為《な》すべからず。(矩《ハ》不レ方《ナラ》。規《ハ》不レ可《カラ》二以《テ》為《ス》一レ円《ヲ》。)

矩〔定規《じょうぎ》〕は四角ではない。規〔コンパス〕で円形を作れない。

——矩や規は、実際の物。方や円は、概念。実物で概念は作れない(また、方や円は相対的なものだから、絶対的な方や円は考えられない、とも解せる)。

14 鑿《さく》は枘《ぜい》を囲《かこ》まず。(鑿《ハ》不レ囲《マ》レ枘《ヲ》。)

鑿《のみ》であけた穴は、枘《ほぞ》〔穴に差し込むために、木の端を削った突起部〕をきっちり囲んではいない。

——ミクロに見れば、必ず隙間があるから。

15 飛鳥《ひちょう》の景《かげ》は、未《いま》だ嘗《かつ》て動《うご》かざるなり。(飛鳥之《の》景《ハ》、未《ダ》《ざル》二嘗《テ》動《カ》一也《なり》。)

飛ぶ鳥の影は、動いたことはない。

——一瞬をとらえれば動いていない。五百分の一秒のシャッターで鳥や影を写せば……。また、ある一瞬の鳥の影は、鳥が動けば消えて、次の新しい影がうつる。影が動いているわけではない。一秒間に十枚を連続撮影すれば……。9の命題に近い。

16 鏃矢《ぞくし》の疾《と》きも、行《ゆ》かず止《とど》まらざるの時有《ときあ》り。(鏃矢之《の》疾《キモ》、而有《リ》二不レ行《カ》不《ル》レ止《マラ》之《の》時一。)

矢が速く飛んでいても、進みもせず止まりもしない時がある。

——飛ぶのに時間がかかる以上は、止まっている時もある。必ず行き着く以上は、進んでいる時もある。

17 狗《いぬ》は犬《いぬ》に非《あら》ず。（狗ハ非ズレ犬ニ。）

狗《いぬ》〔主として小犬〕は、犬〔一般的なイヌ〕ではない。

——名称が違うのだから。

18 黄馬《こうば》と驪牛《りぎゅう》とは三。（黄馬ト驪牛トハ三。）

黄色い馬と黒い牛とで、三つ。

——色でいえば、黄・黒、黄と黒との色で、三つ。形でいえば、馬・牛・馬と牛との動物で、三つ。また、馬と牛と色との三つ、など。

19 白狗《はくく》は黒《くろ》し。（白狗ハ黒シ。）

白い犬は黒い。

——白も黒も色だから、色としては同じ。また、白い犬も黒い犬も、犬と見れば同じ。

20 孤駒《こく》は未《いま》だ嘗《かつ》て母有《ははあ》らず。（孤駒ハ未ダず二嘗テ有ラレ母。）

親のない小馬には、それまでにも母はなかった。

——母がないから「孤」なのである。母があれば「孤」ではない？（「孤」は、親のない孤児。）『列子』も、これに似た命題について批判している（二〇六頁）。

21 一尺《いっしゃく》の捶《すい》、日《ひ》に其《そ》の半《なか》ばを取《と》れば、万世竭《ばんせいつ》きず。（一尺之《の》捶、日ニ取レバ二其ノ半バヲ一、万世不レ竭キ。）

一尺〔二二・五センチ〕のむちを、毎日その半分ずつ切り捨てていくと、永久になくなることはない。

——その半分は必ず残るから。

3 位 置

荘子は、前述のように恵施を批判しながらも、その論を詳しく紹介している。荘子の、無二の、と言ってもいい論争相手だったのである。恵施が世を去ると、荘子は従者をつれてその墓前で従者にこう言った。

「先生が亡くなって、自分は半身を失った。もはや、共に語り合う人もいない」（荘子、徐無鬼編）。

また『荀子』では、恵施と鄧析《とうせき》（四一二頁）とを並べて、次のように鋭く批判している。

「恵施と鄧析は、先王を手本とせず、礼義を是《ぜ》とせず、好んで怪しげな説を述べ奇妙な論をもてあそぶ。観察は鋭いが理解は遅く、雄弁であるが実用性はない。多方面に及ぶが効果は少なく、とても政治の理論にはできない。しかし、その主張には根拠があり、その弁説には筋道があるから、愚かな大衆を欺き惑わすのに十分である」（荀子、非十二子）。

こうした批判はまた、恵施の論が世にいかに広く浸透していたかの証明にもなる。恵施は、公孫竜たちとともに、同時代の言論界や思想界に大きな影響を与えたのである。

5　公孫竜《こうそんりゅう》

1　人物

戦国時代の趙《ちょう》国の人で、前三一五年？―前二五〇年ころの人かとされるが、未詳。その著とされる『公孫竜子』には、彼の事跡を記した「跡府《せきふ》」編があるが、門人が後から加えたものとされている。

公孫竜は、平原君・趙勝《ちょうしょう》（？―前二五一）の食客《しょっかく》（客分としての家来）の時期が長かったらしい。趙勝は、趙国の武霊王の子、恵文王の弟。平原に封ぜられ、食客数千人を養っていた。

平原君には厚遇されたようで、平原君と「白馬非馬」について議論したり（資治通鑑、周記）、遊説家として燕《えん》や魏《ぎ》の国に赴いたりしている。しかし晩年、騶衍《すうえん》（二六四頁）が趙国に来て「至道」を説くようになると、自分の立場を失ったという（史記、平原君伝）。

また、孔子の七代目の子孫である孔穿《こうせん》が、公孫竜の評判を聞いて面会したとき、「師と仰ぎたいのですが、白馬非馬論は気に入りません」と言われたりしている。

公孫竜は、二〇〇頁の(4)が「堅白同異」論と呼ばれることから、「離堅白」派と称されたりする。また、下段の(1)「白馬非馬」論は天下を風靡して、公孫竜の、さらには名家そのものの代名詞のようになっている。

2　思想

『漢書』芸文《げいもん》志には、公孫竜の著『公孫竜子』十四編、と記されている。現存するのは六編で、宋代の注が最古のもの。その本文も難解なところが少なくないが、公孫竜の思想を知ることができる。また『公孫竜子』は、名家の書物として、現存する唯一のものでもある。

その最後の「跡府《せきふ》」編は、公孫竜の跡（事跡）を府する（集める）意味で、彼の伝記や主張が略述されている。その門人たちが後につけ加えた編、と言われる。

これを除いた五編には、一つずつの命題が取りあげられているので、以下にその要点の部分を紹介しよう。

(1)　白馬《はくば》は馬《うま》に非《あら》ず――白馬論

白馬ハ非ズレ馬ニ。――「白馬」は、「馬」ではない。

A　白馬がいるなら、馬はいない、とは言えないのではないか？

B　白馬がいるから馬がいる、と言えるのなら、馬がいるのを見て「黄馬」がいる、と言ってよいか？

A　よくない。

Ｂ　馬がいるのは黄馬がいるのとは違う、というのは、黄馬を馬とは違うとしているからだ。

それなら、白馬を馬とすることは、飛ぶ鳥が池で泳ぎ、棺《かん》〔内棺〕を槨《かく》〔外棺〕の外側に置くことと同じことになる。

「馬」は、色にとらわれないが、「白馬」は、色にとらわれた言い方である。だから「白馬は馬に非ず」と言うのである。

——「馬」は抽象的な言葉であり、つまり具体的に存在する馬a・b・c…nを総括した言い方。そして、そのそれぞれの馬は、白・黄・茶・黒……と、ある特定の色を持っている。一方「白」は、紙・雲・布・壁……と、種々の物に冠することもできる。

従って「白馬イコール馬」である、とは言えない、という主張である。

以上の、言葉の抽象性にしても、その論理や判断の下し方にしても、現在の言語理論とまったく同じ視点からの議論である。驚くべき着眼と洞察であろう。

この「白馬非馬」論は、たいへん有名になった。それだけに批判も多く、たとえば墨子は、これと後の(4)などとを取り上げて、あっさり切り捨てている。一九〇頁を参照。

なお、この命題は兒説《げいえつ》が唱えたもの、とする見方もある。三九六頁を参照。

(2) 物《もの》は指《し》に非《あら》ざるもの莫《な》し——指物論

物莫ハシ㆑非ザルモノ㆑指ニ。——どんな物でも、それと指し示せないものはない。

ところで、指し示すことは、指《ゆび》とは違う（指非ハズ㆑指ニ）。しかし、この世に指し示す働きがなければ、物は、その物、と言うことはできない。

——原文では「指《ゆび》」も「指し示す」も、ともに「指」の字を用いているので、難解だが、とりあえず右のように解釈しておく。なお、一九六頁の11も参照。

また「指し示す」は、指で具体的に指し示すという動作でなく、物を物として認識する作用を言うのだろう。そして物は、具体的な物だけではなく、抽象的なものをも含んでいるだろう。

(3) 鶏《にはとり》の足は三なり——通変論

鶏ノ足ハ三ナリ。——鶏の足、と言えば一つである。実際に鶏の足を数えると、二つである。従って、鶏の足は三本である。

——おそらく「足」というときの概念と、実際の本数とを加えて、「鶏は三本脚」と言ったもの。恵施の項（一九五頁）にも、この論がある。またこの段落には、同じ論点からの「牛や羊は五本足」などの論もある。

(4) 堅白石《けんはくせき》は三なり——堅白論

堅白石《ハ》三《ナリ》。——「堅《かた》くて白い石」は「堅い・白い・石」の三つから成り立っている。

A　三つでよいか？

B　いけない。

A　では、二つでよいか？

B　よい。「堅」は、石に限らず種々の物についていう。「堅さ」だけが存在するのではない。「白」についても同様である。従って「堅い石」「白い石」が、それぞれ存在するのであって、「堅・白・石」の三つが存在するのではない。

——「石」という実体と、種々の物が持っている属性としての「堅・白」とは、区別するべきだ、という論。しかも「白い」は視覚だし、「堅い」は触覚だし。そして「石」も、これらの感覚を属性として持っていないと、そもそも「石」と認識できない。見ている時は「白い石」で、「堅さ」は関係ない。触れてみると、「堅い石」で、「白さ」は関係ない。だから、存在するのは「堅い石」と「白い石」の二つであって、「堅い・白い・石」の三つではないのである。

この命題、「堅白同異」と呼ぶこともある。同じものを異なっていると言い、異なっているものを同じと言うこと（史記、荀卿伝・平原君伝など）。いま「離堅白」とも言う。

なお、これに対する墨子の批判は、一九〇頁を参照。

(5) 名《な》は実《じつ》の謂《い》ひなり——名実論

名実《ハノ》謂《ヒ》也。——天地と、天地が産み出すのは、「物」である。「物」をその物としているのは、その存在である。「名」〔名称・言葉〕とは、「実」〔実体〕としての存在を意味するものである。

古代の明王は、この「名」と「実」との一致を詳しく検討し、そして、発言を慎重にしたのである。

——公孫竜の本領は、この「名実」論にある。これは直接的には、韓非子の形名思想（二七九頁）に、大きな影響を与えてゆく。一方では、二〇四頁からの「名実」の項でその一端を挙げたとおり、言葉の本質にもかかわる論なので、多くの思想家もこの「名実」に言及している。公孫竜の「名実」も、その一つに並列されることが多いが、むしろ公孫竜がそれらの出発点になった、と言えるだろう。

3　位　置

公孫竜の〝論理〟を、きちんと受け継いで発展させてゆく人がいなかったのが、非常に残念である。もし、正当に継承していったら、言語論・意味論・論理学、あるいは弁論術などにおいて、古代ギリシアに匹敵する成果を得ることができただろうに……。

公孫竜の(1)「白馬非馬」論は、「白」・「馬」という言葉の持つ概念を分析したもの。また、(3)「堅白石」論は、石の持つ「堅」・「白」という感覚を分析したもの。この二つが、(5)「名実」論を具体的に説明した分析で、これを公孫竜の思想の中心であるとすることができる。

特に、(1)の「白馬非馬」は、同時代においても極めて有名になったので、論争の中心命題となる。当然に、批判する人も多くなる。本書でも、一九〇頁や二〇三頁などに見られるが、ここでは『列子』から紹介しておこう。

楽正子輿《がくせいしよ》の批判。「公孫竜ときたら、その行動にも先生はいないし、学問にも仲間がいない。弁舌は達者だが道理にはずれ、博識だが基盤はなく、怪奇を好んで、出まかせを言う。人々の心を惑わせ、相手の口を封じようとして、門人の桓檀《かんだん》（三九二頁）たちと勝手に振る舞っている。」

これを聞いた、公孫竜の門人の公子牟《ぼう》は、「知恵ある人の言葉は、愚か者にはとうてい理解できない」と反論して、それが正論であることを主張する。その論は、二〇七頁に記す。楽正子輿は「世の常識と、かけ離れている」と、あくまで反対する（仲尼編）。

楽正子輿の伝記は未詳。楽正は、もと音楽の長官をさす官職名で、のち姓になった。公子牟は、魏《ぎ》の国の公子（世継ぎの皇太子）で、中山の地に封ぜられた牟。賢者としても知られていた。

6 「名」論

中国古典では、「名」が種々の熟語の形で使われている。そこで以下に、その主要なもの四語について、その意味や用法を整理しておく。

1 正《せい》名《めい》

言葉を正す。具体的には、言葉と、それがさす物事との関係を、きちんと一致させることをいう。

ここでの物事は、実在する物と、抽象的なものとを合わせていうのが、ふつうである。

(1)『礼記』祭法編

黄帝ハ正シク二名ヅケテ百物ヲ一、以テ明ラカニシレ民ヲ共ニスレ財ヲ。

（黄帝《こうてい》は百物《ひゃくぶつ》を正《ただ》しく名《な》づけて、以《もっ》て民《たみ》を明《あき》らかにし財《ざい》を共《とも》にす。）

——黄帝は、万物の一つ一つに、きちんと名前をつけた。それによって、人民を賢明にし、また産物を共有させていった。

黄帝は、中国古代の伝説上の帝。文物制度を定め、中国文明の創始者とされている。となれば、まさに「はじめに言葉ありき」ではないか。

(2)『論語』子路編

「正名論」として有名なのは、次の文章である。

必《ズ》也《や》正《サン》ㇾ名《ヲ》乎《か》。(必《かなら》ずや名《な》を正《ただ》さんか。)

孔子の門人である子路《しろ》が、孔子に聞いた。「衛国の君主が、先生を招いて政治を担当させるとしたら、先生はまず、何から始めますか。」孔子は「必ずや名を正さんか」と答える。

子路「これですからね、先生の世間知らずといったら。どうして名を正す必要がありましょうか。」

孔子「何も知らないなあ、お前は。君子たる者、自分の知らないことについては、黙っているものだ。」

以下、孔子は連鎖法(九九頁)によって自分の意見を展開する。言葉(と物との関係)が正しくなければ、言葉遣いも順当でなくなる。

↓ 言葉遣いが順当でなければ、政治もうまくいかなくなる。

↓ 政治がうまくいかなければ、礼楽も盛んにならなくなる。

↓ 礼楽が盛んにならなければ、刑罰も適切ではなくなる。

↓ 刑罰が適切でなければ、人民は手足の置き場もなくなってしまうのだ。

そして、孔子の結論。

「そこで君子は、物事について言葉で表そうとするには、必ずその内容の概念をはっきりさせる。概念が明確になったら、必ずそのとおりに実行できるようにするのである。君子は、言葉に対していい加減であってはいけないぞ。」

言葉と事物との関係が正しくなければ、人々は生活のしようもなくなる。だから政治の根幹は、言葉を正すこと——正名にあるのだ、という主張である。

ふつうに「正名」と言えば、この孔子の正名論をさしている。

(3)『荀子』正名編

荀子は、現在の社会のこの混乱は、言葉の乱れから始まったのだ、と指摘する。いや、「日本のいま現在」ではなく、紀元前三世紀の中国のことなのだが。

荀子はまず、文物制度礼義などの個々の言葉は、刑罰に関しては殷《いん》王朝のものを踏襲し、それ以外のものは周王が定めたものを用いている、とする。また、普通に用いる言葉は「成俗」つまり習慣として完成しているものに従う、とする。

約定《やくさだ》まりて俗成《ぞくな》る　また荀子は、言葉の成り立ちについて細かく分析している。そして、次のように述べる。

「名《な》に固実《こじつ》無《な》し。これを約《やく》して以《もっ》て実《じつ》に命《な》づけ、約定《やくさだ》まりて俗成《ぞくな》る、これを実名《じつめい》と謂《い》ふ」——言葉には本来、一定の実体をさす働きはない。約束ごととして実体に名づけ、その約束ごとが固定して、習慣として成立する、その時にこれを〝ものの名〟というのである。

言葉の本質を、ずばりと指摘しているではないか。あのネコを「ねこ、miao, cat…」と呼ぶのは、言語によって「約定まりて俗成る」「成俗」の結果だ、というのである。

詭弁者たち《きべん》　ところが現在、「辞《じ》を析《せき》して擅《ほしいまま》に名《な》を作《つく》り、以《もっ》て正名《せいめい》を乱《みだ》る」――言語を分析しては勝手に言葉を作り出し、そして「正名」を乱している連中がいる。

たとえば、次の三つの誤った表現。

一、「侮《あなど》らるるも辱《はぢ》とせず」。侮辱されても、恥とは思わない。――これは、言葉遣いにとらわれて言葉を乱す、誤った表現。『荘子』天下編に、宋鈃《そうけん》や尹文《いんぶん》の行為として出てくる。

二、「山淵《さんえん》は平《たひ》らかなり」。山と淵《ふち》とは、同じ高さである。――これは、実体の見かたにとらわれて言葉を乱す、誤った表現。高い山もくぼんだ淵も、空間を超えて見れば同じく平らであるという、恵施や鄧析《とうせき》の論として『荀子』不苟《ふこう》編に出てくる。

三、「白馬《はくば》は馬《うま》に非《あら》ざるなり」。白い馬、と言ったら、それは馬ではない。――これは、言葉遣いにとらわれて実体を乱す、誤った表現。公孫竜の論で、一九八頁を参照。

荀子は、こうして「正名」を乱す元凶こそ詭弁者たちであり、つまり狭義の「名家」なのである、と非難攻撃する。そして、「正名」こそが国を治める根本なのだと主張する。孔子の「正名」論を継承した、儒家としての荀子の立場が、よく表れている。

2　名《めい》分《ぶん》

名称と、その名称に伴っている内容や実質。言葉と、それの示す物事。

名称に応じて守るべき立場、のように、道徳的あるいは義務的に結びつけることも多い。

なお「大義名分」は、人として、または臣下として守らなければいけない、根本的な道理や本分。「大義」も「名分」も漢文に出てくる語だが、この「大義名分」は日本漢文が出典か。『大漢和辞典』（大修館書店）も『日本国語大辞典』（小学館）も、『近世偉人伝』（梅田雲浜）を出典に挙げている。

(1)　『荘子』天下編

詩《し》は以《もっ》て志《こころざし》を道《い》ひ、書《しょ》は以《もっ》て事《こと》を道《い》ひ、礼《れい》は以《もっ》て行《おこな》ひを道《い》ひ、楽《がく》は以《もっ》て和《わ》を道《い》ひ、易《えき》は以《もっ》て陰陽《いんよう》を道《い》ひ、春秋《しゅんじゅう》は以《もっ》て名《めい》分《ぶん》を道《い》ふ。

――『詩経《しきょう》』は心情を、『書経』は事跡を、『礼記《らいき》』は行動を、『楽記《がくき》』は調和を、『易経《えききょう》』は陰陽を、そして『春秋』は名分を、それぞれ述べている。

以上の六つの書物は、いずれも儒家の経典《けいてん》。合わせて「六《りく》経《けい》」と呼んだ（二八頁）。しかし『楽経《がくけい》』は早く散逸したので、残りの五つを「五経《ごきょう》」と呼んでいる（二九頁）。

ここの「名分」は、孔子が著したとされる『春秋』（九〇頁）におけるそれであるから、君臣間の名分、とみることができる。

『孟子』滕文公《とうぶんこう》下編には、

「孔子《こうし》　春秋《しゅんじゅう》を成《な》して、乱臣《らんしん》・賊子《ぞくし》懼《おそ》る。」

とある。「乱臣」は、君主を殺《しい》して国を乱す臣。「賊子」は、父を殺すような不孝な子。孔子が『春秋』を著して、名分を明らかにしてから以後は、「乱臣」や「賊子」は、自分の所業だけではなく、後世までその悪名が残り伝わることを恐れるようになった、というのである。

(2)　『尹文子《いんぶんし》』大道・下編

『尹文子』は、戦国時代の尹文（三八八頁）の著。ただし、現存のそれは偽作、とされている。

現存の『尹文子』大道の下編では、まず次のように述べる。

「仁・義・礼・楽・名・法・刑・賞の八つは、五帝・三皇の治世のための『術』（方法・手段）である。」

そして以下、その八者のそれぞれについて略述する。その六番目の「法」の説明の中で、次のように述べている。

法なる者は、衆異《しゅうい》を斉《ひと》しくする所以《ゆえん》、亦《ま》た名分を生ずる所以なり。——「法」というのは、さまざまな差異を同じく扱うもの、また「名分」を明確にするものである。

「法」が「名分」を明らかにしたのだ、ということ。これはそのまま、法家の立場の説明である。ただし、テキストによっては「生」が「乖《そむ》ク」となっており、それなら「名分」を、肩書きや発言と、その職分や実行、ととったものとなる。

3　名《めい》　実《じつ》

名称と、その名称に伴っている内容や実質。公孫竜の「名実」論（二〇〇頁）を参照。「名分」と同じだが、「名分」のほうには、道徳的とか地位上、義務上などの意味あいが強い。またこの「名実」は、実際、実利、財貨などの具体的なものをさすことが多い。後の②は実際の功績、③は実際の利益の意味。

(1)　『墨子』小取編

夫《そ》れ論弁《ろんべん》とは、将《まさ》に以《もっ》て是非《ぜひ》の分《ぶん》を明《あき》らかにし、治乱《ちらん》の紀《き》を審《つまび》らかにし、同異《どうい》の処《ところ》を明《あき》らかにし、名実《めいじつ》の理《り》を察《さっ》し、利害《りがい》を処《しょ》し、嫌疑《けんぎ》を決《けっ》せんとするなり。

——そもそも論弁とは、是と非との区別を明らかにし、治まると乱れるとの要所を細かに知り、同じか異なるかの箇所を明らかにし、言葉と実体との道理を見極め、利害を処理し、疑わしいことを決めよう、とするところにある。

墨子は続けて、次のように言う。

焉《ここ》に万物《ばんぶつ》の然《しか》るを摹略《もりゃく》し、羣言《ぐんげん》の比《ひ》を論求《ろんきゅう》し、名《な》を以《もっ》て実《じつ》を挙《あ》げ、辞《じ》を以《もっ》て意《い》を抒《の》べ、説《せつ》を以《もっ》て故《こ》を出《い》だし、類《るい》を以《もっ》て取《と》り、類《るい》を以《もっ》て与《あた》ふ。

——こうして、万物の姿を探求し、種々の言の比較を論求し、言葉によって実体を示し、表現によって心情を表し、説明によって事実を取り出し、同類によって喩《たと》え、同類によって推し測るのである。

墨家からも、いわゆる名家に属する人たちが活躍する（二九〇頁）が、次の淳于髡《じゅんうこん》も、縦横家でもあり（四〇三頁）、名家とも言える人物である。

(2) 『孟子』告子下編

淳于髡《じゅんうこん》曰《い》はく、「名実《めいじつ》を先《さき》にする者《もの》は、人《ひと》の為《ため》にするなり。名実《めいじつ》を後《あと》にする者《もの》は、自《みずか》らの為《ため》にするなり。夫子《ふうし》、三卿《さんけい》の中《うち》に在《あ》りて、名実未《めいじついま》だ上下《じょうげ》に加《くわ》はらずして之《これ》を去《さ》る。仁者《じんしゃ》は固《もと》より此《か》くのごときか」と。

——淳于髡「名称と功績との一致を優先して考える人は、人民のためを考える人である。名称と功績との一致を後回しにする人は、自分のためを考える人である。さて先生（孟子）は、三卿《さんけい》（三人の大臣）の一人でありながら、その名称に一致する功績が、君主にも人民にも及ばないうちに、この国を去ろうとしておられる。仁者とは、本来こんなものなのですか。」

孟子が「三卿」の一人、という名称を与えられながら、それに見合った功績を挙げないままに国を去ろうとしているのを、淳于髡がとがめたところ。後漢の趙岐《ちょうき》はここに、

「名とは、道徳有るの名なり。実とは、国を治め民を恵むの功実なり」と注している。

(3) 『戦国策』秦策編

我《われ》一挙《いっきょ》にして、名実両《めいじつふた》つながら附《つ》き、而《しか》して又暴《またぼう》を禁《きん》じ乱《らん》を正《ただ》すの名《な》あり。

——我が秦《しん》国が一たび兵を挙げて、名誉と実利との二つを共に手にいれ、また、暴力を禁じ混乱を正した、という名声を得ることになる。

これは、秦の恵王の前で、蜀《しょく》の国を攻めようと主張した司馬《しば》錯《さく》と、韓《かん》の国を攻めたほうがよいと主張した張儀（二五〇頁）とが討論した中での、司馬錯の意見。蜀の国は乱れているから、攻めればすぐに降伏し、財物はすぐに手に入るうえ、諸侯はだれも、これを暴力とは思わない、という論である。

恵王は、結局は司馬錯に賛成して蜀を攻め、十か月で蜀を平定したという。

この時、韓を攻めようと主張した張儀には、次のような言葉が残されている。

名《な》を争《あらそ》ふ者《もの》は朝《ちょう》に於《お》いてし、利《り》を争《あらそ》ふ者《もの》は、市《し》に於《お》いてす。

——名誉を競う人は朝廷において争い、利益を競う人は市場に

おいて争う。

朝廷も市場も、人が多く集まる所。名も利も、人が強く望むもの。「名利」という熟語もあり、日本では名利《みょうり》と読んでいる。

「名利に使はれて、しづかなるいとまなく、一生を苦しむるこそ愚かなれ」（徒然草、三八段）。

以上、「名」が「名声・名誉」などの意味に使われている例。

4　形名・刑名

事物と言葉。また、形式と内容。「形」と「刑」とは、古くは通用し、従って混用されることが多い。

『韓非子』も「形名」と「刑名」の両方を使っている。有名な「刑名審合」（二七九頁）は「形」だし、『史記』韓非子伝でも、「刑名法術の学」と記している。一方『韓非子』には「刑法の爪角《そうかく》」（解老編）という語もあって、韓非子にはどうも「刑」のイメージが強く、法家はまた「刑名学」とも呼ばれている。

なお「刑名」としての術語は、三国時代の魏《ぎ》の明帝が作った法律の名称に始まる。最初、戦国時代の魏の李悝《りかい》が「法経」六編を作り、その六番目を「具法」と名づけた。秦《しん》の商鞅《しょうおう》は、その六編とも「法」を「律」に改めた。前漢の蕭何《しょうか》はこれに三編を加えて「九章之律」とした。さらに、三国魏の明帝はこれを十八編とし、かつ「具律」を「刑名律」と改称したのである。

さて「形・刑」が混用されているとなると、以下の例文もその意味が難しい。⑴と、⑵①とは、文字どおり、「事物」の意味だが、①と同じ文脈における⑵②は、「刑」の意味も含めているように思われる。なお「刑名」の例文は、韓非子の章（二七九頁）を参照。

⑴『列子』仲尼《ちゅうじ》編

髪《かみ》千鈞《せんきん》を引《ひ》くとは、勢《せい》　至等《しとう》なればなり。白馬《はくば》は馬《うま》に非《あら》ずとは、形名《けいめい》離《かか》ればなり。孤犢《ことく》　未《いま》だ嘗《かつ》て母《はは》有《あ》らずとは、孤犢《ことく》に非《あら》ざればなり。


――「髪の毛が千鈞の重さの物を引っ張る」というのは、髪の毛一本の状態が均質だからである。

「白い馬は馬ではない」というのは、形（馬という実物）と、名（白い馬という名称）とが、別ものだからである。

「親なし子牛には、母牛は今までありえない」というのは、（母牛がいれば）親なし子牛ではなくなるからである。これに近いのは、恵施の一九七頁20にも出てくる。

列子は、右の「　」内に示した名家の命題を三つ挙げて、それぞれ道理にかなっているではないか、と弁護する。

髪の毛一本は細いが、均質である。不自然な状態になって、一部分が伸びたりして更に細くなると、切れてしまう。だから、元の均質のままなら切れることはなく、千鈞の重さでも引っ張ることができる。これが名家の論理。なお、この時代の一鈞は、七・六八キログラム。「千鈞」は、きわめて重いこと。

次の「白馬非馬」は、「馬」という「形」〔実物〕と、「白馬」という「名」〔名称。呼び名。つまり言葉〕とは別ものなのだから、これは当然の論だ、という。

三番目の「孤犢《ことく》」は、母牛がいないからこそ孤犢と呼ぶのであって、母牛がいる子牛は、こうは呼ばない。だからこれも、当然の論である――。

以上は、公孫竜《こうそんりゅう》の学を修めた公子牟《ぼう》が、公孫竜を批判する楽正子輿《がくせいしよ》に対して、公孫竜は正論を述べているのだ、と教える部分。公子牟は、魏《ぎ》国の公子〔諸侯の子〕で、中山国に封ぜられた賢者。

公子牟のこの意見を聞いた楽正子輿は、「公孫竜の主張が道理にかなっているというのなら、どんな主張でも認めることになるよ」と反論する。公子牟は「またいつか議論しよう」と、去ってゆく。なお二〇一頁を参照。

(2)『荘子』天道編

さて荘子は、大道を明らかにするには、天・道徳・仁義・分守〔職分を守ること〕・形名・因任〔人物によって任務を与えること〕・原省〔本質を観察すること〕・是非・賞罰の九つを、この順に明らかにしていかなければならない、として、次のように述べる。

① 書《しょ》に曰《い》はく、「形有《かたちあ》れば名有《なあ》り」と。形名《けいめい》は古人《こじん》にこれ有《あ》るも、先《さき》んずる所以《ゆゑん》に非《あら》ざるなり。

――古典に「事物があれば、それに対応する言葉がある」と記す。確かに、事物と言葉との対応は、昔の人から行ってきたけれど、だからといって、それを優先することはできないのだ。

つまり「形名」は、右の九つの変化の中で、荘子の説く「大道」と、法家的な「賞罰」との中間に位置している。「大道」が、五変して「形名」になり、さらに四変して「賞罰」になる。

そこで、右の文章に続けて、次のように述べる。

② 驟《には》かにして形名《けいめい》・賞罰《しょうばつ》を語るは、此《こ》れ治《ち》の具《ぐ》を知る有《あ》るも、治《ち》の道《みち》を知《し》るに非《あら》ず。

――いきなり形名や賞罰について論じるのは、政治の道具を知ることではあるが、政治の本道を知ることではない。

①の文を受けて、②では「形名・賞罰」と並べている。これは、法家的な考え方を批判した文脈である。

なお、右の文章のすぐ後には「礼法数度、刑名比詳」と、「刑」を使っている。かつテキストによっては、これが「形」となっており、「形・刑」が通用していた一例である。「礼法数度」は、礼や法を細かく定めて基準とすること。「刑名比詳」は、刑と名との一致を細かく比べ合わせること。

7　秦漢時代の字書

1　『史籀《しちゅう》篇』

別名「大篆《たいてん》」。周の宣王（前八三〇ころ）の太子籀《ちゅう》の作、周の幽王（前七七〇ころ）の時代の作、春秋戦国時代の作など、諸説がある。『漢書』芸文志《げいもんし》には、「周の史官が児童に文字を教えるための書」とあるが、現存しない。

2　『蒼頡《そうけつ》篇』

秦の李斯《りし》の作。また、同時代に趙高《ちょうこう》（?－前二〇七）の『爰歴《えんれき》篇』、胡母敬の『博学篇』があり、漢代に民間の学者がこれらを合わせたものを『蒼頡篇』と称するようになった。一章に四字句が十五で計六十字、全五十五章で、合計三千三百字。採録する文字は、右の『史籀篇』によっている。いま散佚して断簡しか伝わらないが、漢代の字書類に大きな影響を与えた。

3　『爾《じ》雅《が》』

現存する中国最古の字書。周公旦《たん》（前一〇二〇ころ）の作、それを孔子（前五五一－前四七九）以下の儒家が補ったもの、孔子の門人の作など、諸説がある。戦国時代から秦漢時代にかけて、多くの学者が手を加えていったものか。現存する完本は、晋の郭璞《かくはく》（二七六－三二四）が注を加えたもの。

「爾《じ》」は「邇《じ》」で、近い意味。「雅」は「正」。「爾雅」で、言葉の「正しきに近づく」こと。

全二十巻とされるうち十九編が残っており、左図に見るとおり、「釈－」と分類されている。図の「釈言第二」の「言」は「方言」のことで、ここは「方言を解釈する」巻。

殷《いん》・斉《せい》、中《あたル》也。——殷・斉という語は、ともに「正に相当する」という意味である。

斯《し》・誃《ハ》、離《るル》也。——斯・誃は、ともに「離れる」「分離する」意味。

四
爾雅
終也。崩薨無祿卒殂落殪死也。
釋言第二
殷齊中也。斯誃離也。謖興起也。還復返也。宣徇徧也。
馹遽傳也。蒙荒奄也。告謁請也。肅噰聲也。格懷來也。
畛底致也。恀怙恃也。律遹述也。俞畣然也。豫臚敘也。
庶幾尚也。觀指示也。若惠順也。敖憮傲也。幼鞠稚也。
逸諐過也。疑休戾也。疾齊壯也。悈褊急也。貿賈市也。
䩦陋隱也。遏遾逮也。征邁行也。圮敗覆也。葬原再也。
憮敉撫也。臞脙瘠也。桄熲充也。屢暱亟也。靡罔無也。
爽差也。爽忒也。佴貳也。剤翦齊也。饙餾稔也。媵將送

『爾　雅』

謖《しょく》・興《こう》ハ、起《お》コル也。——謖・興は、ともに「始まる、起こる」意味。

還《かん》・復ハ、返ル也。——還・復は、ともに「返る、迴《かえ》る」意味。

なお、『爾雅』は、五経《ごきょう》を読むための字書として尊ばれてきたので、唐代には、正式に経書として扱われるようになった。

4 『釈名《しゃくみょう》』

また、後漢の末の役人だった劉熙《りゅうき》は、この『爾雅』の方法に倣って『釈名《しゃくみょう》』を著した。「釈―」の分類は二十七と細かくなっている。意味分類の方法としても、興味深いので、次に掲げておく。

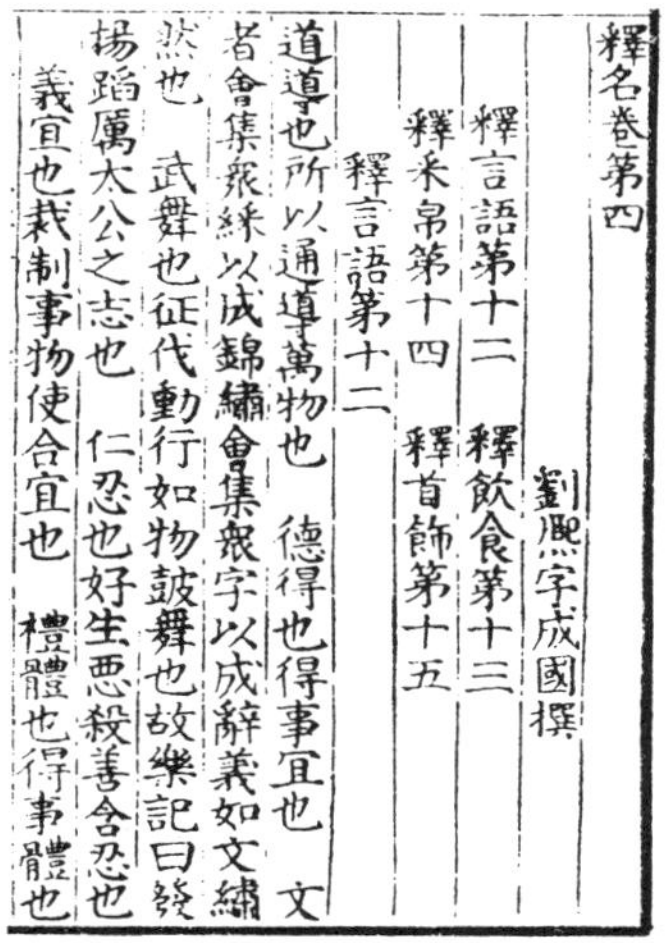
釋名卷第四
劉熙字成國撰
釋言語第十二　釋飲食第十三
釋采帛第十四　釋首飾第十五
釋言語第十二
道導也所以通導萬物也　德得也得事宜也　文者會集衆綵以成錦繡會集衆字以成辭義如文繡然也　武舞也征伐動行如物鼓舞也故樂記曰發揚蹈厲太公之志也　仁忍也好生惡殺善含忍也　義宜也裁制事物使合宜也　禮體也得事體也

『釈　名』

天　地　山　水　丘　道
州国　形体　姿容　長幼　親属
言語　飲食　采帛《さいはく》　首飾　衣服
宮室　牀帳　書契　典芸　用器
楽器　兵　車　船　疾病　喪制

その説明の仕方は、上段の図を参照。その最初の部分は、次のとおり。


道は、導なり。萬物《ばんぶつ》を通導する所以《ゆえん》なり。

徳は、得なり。事の宜《よろ》しきを得るなり。

文なる者は、衆綵《しゅうさい》を會集《かいしゅう》して以《もっ》て錦繡《きんしゅう》と成《な》し、衆字を會集して以て辭《じ》と成すなり。義、文繡《ぶんしゅう》のごとく然《しか》るなり。

——「文」とは、多くの色彩（の糸）を集め合わせて錦の織り物とし、多くの文字を集めて文章とすることである。意味は、美しい模様（の衣服）のように明らかである。

5 『急就篇《きゅうしゅうへん》』

前漢・史游《しゆう》の作で、元帝（在位、前四八―三三）の時に成立。『史籀編《しちゅう》』と同じく、識字用の字書で、収録する字は『蒼頡篇《そうけつ》』から取っている。また前後して、武帝（在位、前一四〇―前八七）の世に『凡将篇《はんしょう》』（司馬相如）が、成帝（在位、前三二―前七）の世に『元尚篇《げんしょう》』（李長）が、それぞれ作られており（いずれも現存せず）、『蒼頡篇』にはじまる字書ブームを反映している。

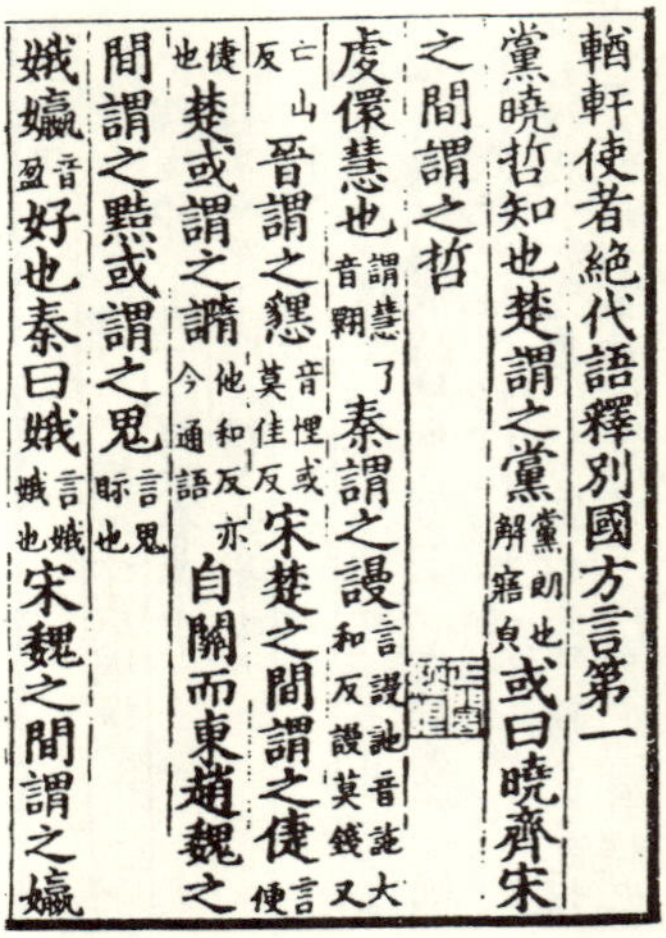
輶軒使者絶代語釋別國方言第一
黨曉哲知也楚謂之黨黨朗也解寤皃或曰曉齊宋
之間謂之哲
虔儇慧也謂慧了音翾秦謂之謾言謾詑音訑大和反謾莫錢反又
亡山反晉謂之㥿音悝或莫佳反宋楚之間謂之倢言便使也
楚或謂之𪌘他和反亦今通語自關而東趙魏之
間謂之黠或謂之鬼言鬼眎也
娥㜲音盈好也秦曰娥言娥娥也宋魏之間謂之㜲

『方　言』

6 『方　言』

前漢・揚雄《ようゆう》（前五三—一八）の著。正式には、右図に見るとおり『輶軒使者絶代語釈別国《ゆうけんししゃぜつだいごしゃくべっこく》方言』という。略して『別国方言』ともいい、『揚子方言』ともいう。中国最古の方言字典。

揚雄は成帝（在位、前三二—前七）に仕え、各地から朝廷に参内した使者や、受験生、兵士などの方言を採集して『方言』を著した。一万一千九百余字を収める。

右図に見るように、まず集めた語を並べて意味を説明し、次いで、その語の用いられる地域を挙げる、という記述である。

また、晋代の郭璞《かくはく》（二七六—三二四）の注には、晋代の方言が記されており、これも貴重な資料になっている。

図の二、三行目の読みは、次のとおり。

黨《とう》・曉《ぎょう》・哲《てつ》、知《ち》なり。楚《そ》には之《これ》を黨と謂《い》ふ。〈黨は、朗《ろう》なり。解寤《かいご》の皃《ぼう》。〉或《ある》いは曉と曰《い》ふ。齊《せい》・宋《そう》の間には之を哲を謂ふ。

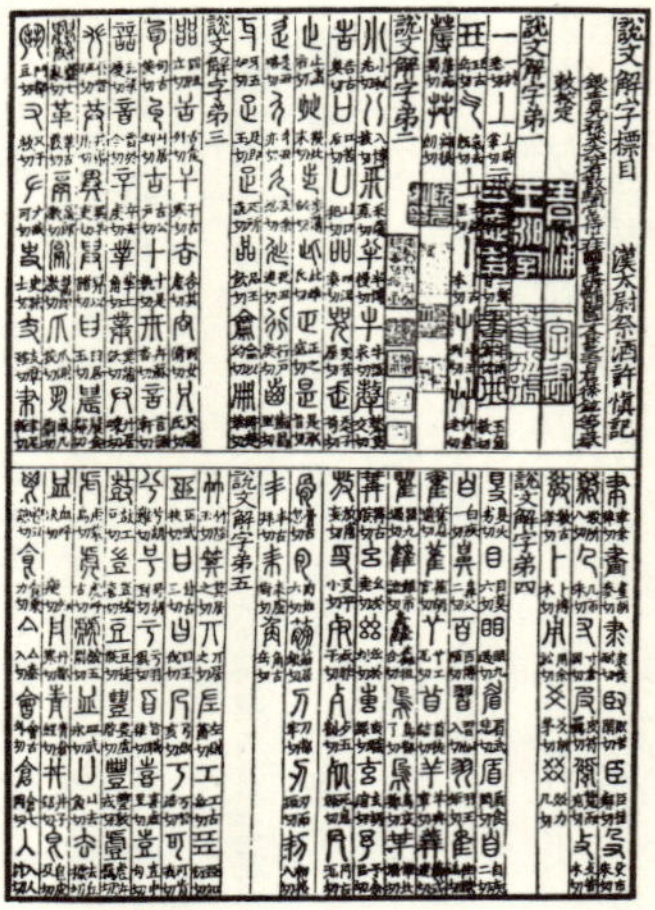
說文解字標目　漢太尉祭酒許慎記

『説文解字』

7 『説文解字《せつもんかいじ》』

後漢・許慎《きょしん》が、一〇〇年ころに著した、部首別の最初の字書。「文を説き字を解く」意味で、「文」は、それ以上分解できない文字（象形文字・指事文字）、「字」は、「文」を組み合わせて作った文字（会意文字・形声文字）のこと。略して『説文』とも呼ぶ。

全九千三百五十三字を、五百四十の部首に分けて整理している。前頁の図は、その冒頭の部分。また、重文（いわゆる異体字）千百六十三字を、それぞれの字に続いて挙げている。

漢字の成り立ちは、以上の「文、字」それぞれ二種の計四種。なお、意味を特殊に用いる転注文字、発音を借りて用いる仮借《かしゃ》文字と合わせて、六書《りくしょ》と呼んでいる。

六書
- 普通の意味
  - 文
    - 象形
    - 指事
  - 字
    - 会意
    - 形声
- 特殊な用法
  - 義―転注
  - 音―仮借

また、許慎の設けた五百四十の部首は、増減を経ながら、明《みん》代の梅膺祚《ばいようそ》『字彙《じい》』（一六一五?）で二百十四部首に整理され、そのまま清《しん》代の『康熙《こうき》字典』（一七一六刊）に受け継がれて、日本の常用漢字表の字体もこれに倣っている。

なお右の『字彙』は、部首内の文字を画数順に並べる方法をとった、画引きによる最初の字書でもある。以下の字書は、みなこれに倣っている。

〔注〕『爾雅』は、和刻本経書集成・正文之部、第三輯（一九七六、汲古書院）所収の、安永八年（一七七九）深河光彦（竜）の校。『釈名』『方言』『説文解字』は、四部叢刊初編縮本（上海・商務印書館）による。

6 墨家

1 歴史

1 儒家と墨翟《ぼくてき》

墨翟は、ふつう墨子と呼ばれている。墨子は、孔子に学んだとも、孔子の没後に活躍したとも言われて、生没年はわからない。なお二二一頁を参照。

『淮南子《えなんじ》』には、次のように紹介する。

「墨子は、儒者の学業を学び、孔子の学術を受け継いだ。そして、こう判断した。その『礼』は繁雑であって簡潔さに欠ける。その『葬』は手厚すぎ、財物を消費させて人々を貧乏にさせる。『喪』は長期にすぎ、生活を破壊して仕事に障害を与える」（要略編）。

はじめ儒家に学んだ墨子は、次第にその礼・葬・喪などが庶民の実生活とはかけ離れたもの、王侯貴族のための〝形式〟にすぎないものであることを実感していく。かつ、その形式化さ

禹（『金石索』）

れた〝儀式〟を行うために、王侯貴族はたいへんな出費を強いられ、またその補塡のために庶民が搾取される。こうして、王侯貴族から庶民に至るまで、国中が貧しくなっていってしまう、と見たのである。

2　墨子の思想

そこで墨子は、まず「先王の道、聖人の言」を学ぶ（墨子、魯問《ろもん》編）。そして、周王朝創建当初の文化や制度、また当時の文王や周公旦の精神を理想と仰いだ孔子に対して、墨子は夏《か》王朝の祖・禹《う》王を模範とする。

禹は、長江や黄河の支流を作って洪水を防ぎ、全土に道路を通し、三百の山と三千の川を測り、全国を九州に分けて境界を正した。その時の禹は「腓《もも》に胈《はつ》無く脛《すね》に毛《け》無く、淫雨《いんう》に沐《もく》し疾《しっ》風《ぷう》に櫛《くしけず》る」苦労であった（荘子、天下編）という。ふくらはぎや脛《すね》の毛が、みんな擦り切れてなくなり、激しい雨で体を洗い、激しい風で髪をとかす、というのである。つまり、わが身をも顧みずに世のため人のために尽くす、という生き方である。

墨子はまず、儒家の礼楽を否定して「非楽」を説く。葬儀も派手すぎる、服喪の期間も長すぎるとして「節葬」を説く。ともに、節約倹約のためであるとして「節用」を説く。

万人が平等に愛し合うべきだとして「兼愛」を説き、戦争こそ兼愛にそむく最大の悪だとして「非攻」を説く。

◆「墨」

図の「田」の部分は、煙突。中間部は「炎」で、燃える火。ここまでの形が「黒」で、竈《かまど》の煙突の口に煤《すす》がついている様子。くろい・くろずんでいる・くらいなどの意味を表す。

図の下部は「土」で、煤が土のように固まったもの、煤の固まり。

「墨」で、黒い煤と土とを合わせて（油で）固めたもの。すみの意味。

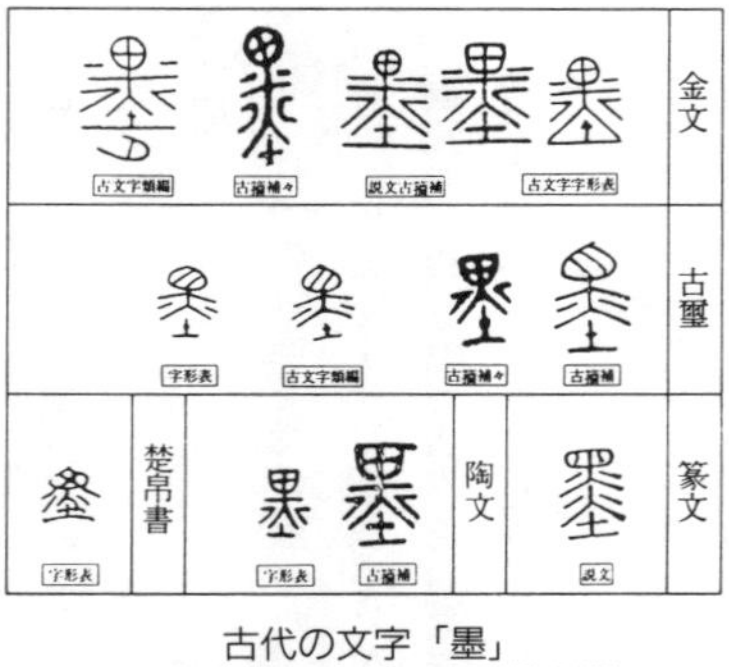

古代の文字「墨」
（水上静夫『甲骨金文辞典』雄山閣）

役人や為政者は、世襲的な悪弊を廃止して人材を広く登用するべきだとして「尚賢」と「尚同」を説く。

儒家の天命思想を否定して「非命」を説き、そして、天には意志があり、死者の霊を中心とした鬼神が存在するのだとして、「天志」と「明鬼」とを説いたのである。

以上の十項を、『墨子』に収める順序に並べかえると、次のようになる。

尚賢　尚同　兼愛　非攻　節用　節葬　天志　明鬼　非楽　非命

これが墨子の思想の根幹であり、ふつう「墨子の十論」と呼んでいる。なお二二四頁以降を参照。

墨子は、これらの思想を、上は王公（天子・諸侯）や大人（卿大《けいたい》夫《ふ》）から、下は匹夫《ひっぷ》（庶民）や徒歩の士（身分の低い兵士や役人）に至るまで、世のすべての階層の人々に理解してもらおうと努力する。「私の意見を採り入れれば、国は必ずうまく治まるし、庶民も使用人も、身はきちんと修まるのだ」（墨子、魯問《ろもん》編）、と力説したのである。

3　思想集団

墨子のこれらの思想に共鳴する人たちが、門人として次第に墨子のもとに集まってくる。そして、強固な墨子集団が各地に結成され、そのネットワークも全国に広まってゆく。

注目すべきことは、同じ思想に賛同して一つの集団が形成され、言動をともにしていくというのは、孔子を祖とする儒家と、墨子に始まる墨家の二家だけ、という点である。団結の固さは、むしろ墨家が儒家よりも強い。

その要因は、まず墨子の思想が庶民側からのものであったこと。儒家の〝体制維持派〟的な思想とは正反対である。

次に、「天志、明鬼」に見られるように、一種の宗教的な要素が強かったこと。人間は、絶対的な存在である〝鬼神〟には弱い。墨子は巧みにこれを利用して、カルト集団的な組織作りに成功するのである。例えば『淮南子《えなんじ》』には、こういう記述がある。

「墨子には、ともに労役する者が百八十人いた。みな、火の中に飛び込んだり、刀の刃を踏んだりして、死んでも悔いのない部下に仕上がっていた。これこそ教化の極点である。」（泰族編）この話、二一七頁のコラムも参照。

三番めに、犠牲的な奉仕の精神に対する心服である。これは、前述の禹《う》王の行動がモデルだし、右の『淮南子』の記述も、犠牲と任侠との表れでもある。頼まれれば、大国に攻められる小国を守りに馳せ参じ、約束を守らなければ集団自決もするのである（二一七頁のコラムを参照）。

墨家は、依頼されればどこにでも出かけていって、敵の侵入を防ぐ。「非攻」の裏返しで、守りに徹するのである。いわば傭兵集団である。五人組を伍《ご》、伍を二つ合わせて什《じゅう》、什が十集まって伯《はく》。それぞれ、伍長・什長・伯長を置く、という体制を組む。すべてが、厳しい賞罰主義で統率される。

　また、その守城のために、さまざまな道具を工夫した。「墨守」という成語は、その完璧《かんぺき》な守城を言ったことに始まる。また『墨子』五十三編のうちの十一編は、その守城法をかなり詳細に、具体的に説いている（二二七頁参照）。

　なお、秦《しん》国の天下統一にも、墨家の一派はかなり力を貸したり、また利用されたりしたようで、のちに「秦墨」と呼ばれる派も生じている。

　四番めに、墨子の知名度が高まるにつれて、その門下に連なり、その思想を学んで、墨子たちの推薦を受けて役人の道に入りたい、という人たちが増えてきたことが挙げられる。

　孔子の門人の中にも、その思想や推薦などのおかげで、いい就職先にありついた者も少なくない。採用する側も、門人をつてにして孔子とコネをつけ、何かの折りには利用してやろう、という思惑があっただろう。

　墨子も、全国に遊説し、門人たちも活躍しはじめると、次第に〝有名人〟になっていく。その門下になっていれば、何かの拍子に役人になれる機会がくるかもしれない。

　墨子自身も、「姑《しばら》く学《まな》べ。吾《われ》、将《まさ》に子《し》を仕《つか》へしめんとす」（墨子、公孟編）と、門人を勧誘したり、

「子墨子《しぼくし》、人《ひと》をして衛《えい》に仕《つか》へしむ」（同、貴義編）

「子墨子《しぼくし》、勝綽《しょうしゃく》をして項子牛《こうしぎゅう》に事《つか》へしむ」（同、魯問編）

などと、門人の就職をしばしば斡旋《あっせん》している。項子牛は、斉《せい》国の将軍で重臣。なお勝綽は将軍に仕えると、将軍の三度に及ぶ魯《ろ》国攻撃の軍に従っており、墨家の理念である「非攻」など、そっちのけである。

　墨子は「万事《ばんじ》、義より貴《たふと》きものは莫《な》し」（墨子、貴義編）、「義《ぎ》は天下《てんか》の良宝《りょうほう》なり」（同、耕柱《こうちゅう》編）としながらも、実際のところは「義《ぎ》に倍《そむ》きて禄《ろく》に卿《むか》ふ者《もの》」（同）も多かったようだ。なお三九八頁の「高石子《こうせきし》」を参照。

　墨家は、以上のような特徴を掲げ、墨子自身も各地に遊説し、門人たちも各地に派遣されたり拠点を置いたりして〝布教〟に努めたので、その思想は全国に広まり、儒家をおびやかすほど強大な勢力を持つようになっていった。

4　巨子《きょし》（鉅子《きょし》）

墨家の首領を、巨子と呼んでいる。鉅子と書かれることもある。

　多様な思想を持つ集団であるだけに、巨子には絶対的な権威が与えられ、厳しく統率された。門人たちも、〝聖人〟である巨子には、絶対服従である。

　『墨子』には「子墨子曰《しぼくしい》はく」ではじまる文章が多い。上に

ついている「子」も敬称で、「先生である墨氏は言われる」の意味とすることが多い。しかしこれを「巨子」の「子」であるとみることもできる。

　巨子の初代は、もちろん墨子。その後を継いだのは禽滑釐《きんかつり》（三九五頁）、三代目は孟勝《もうしょう》（四一六頁）。孟勝が田襄子《でんじょうし》（四一一頁）にその地位を与える件は、二一七頁のコラムに記した。これは、紀元前三八〇年ころのことである。

　また『呂氏春秋』去私《きょし》編には、秦《しん》の恵王の時に「墨者の鉅子・腹䵍《ふくとん》」と出てくる。恵王の在位は、紀元前三三七年から前三一一年。

　なお、墨家の人物として、同じく『呂氏春秋』首時《しゅじ》編に、墨者の田鳩《でんきゅう》（四一一頁）も秦の恵王に会見する話が載っており、墨家と秦国との近さをうかがわせる。これと同旨の話は、『淮《え》南子《なんじ》』道応訓《どうおうくん》編にも記されている。また田鳩は、『韓非子』外《がい》儲説《ちょせつ》左上編では、楚《そ》の王と問答しており、墨家の遊説家としての一面もうかがえる。

　墨家に属する個人名は、『墨子』を別格とすると、他の漢籍にはあまり出てこない。儒家の門人たち後継者たちの個人名が頻出するのと、対照的である。

　これも、墨子をカリスマとして仰ぎ、個を殺して、たえず集団として行動するという墨家の特徴を、よく表している。

5　孟子と墨家

(1)　楊・墨の天下

こうして孟子の時代には、思想界はまさに楊朱《ようしゅ》と墨家とに支配されていた（楊朱については四一七頁を参照）。

　孟子は、孔子の没後は聖人も現れず、諸侯は勝手気ままに行動し、学者も思いのままに議論している、と現状分析してから、次のように記している。

「楊朱《ようしゅ》・墨翟《ぼくてき》の言《げん》、天下《てんか》に盈《み》つ。天下《てんか》の言《げん》、楊《よう》に帰《き》せざれば則《すなは》ち墨《ぼく》に帰《き》す。」

――今や、天下の言論は、楊朱に賛成でなければ必ず墨子に賛成しており、この二派に完全に支配されている（孟子、滕文公《とうぶんこう》下編）、ということである。

　そして孟子は、楊朱と墨子との特徴を、次のように記す。

「楊子《ようし》は、我《わ》が為《ため》にするを取《と》る。一毛《いちもう》を抜《ぬ》いて天下《てんか》を利《り》するも、為《な》さざるなり。」

――楊子は、自分のためにすることだけを主張する。だからもし、自分の毛を一本抜けば天下に役立つという場合でも、自分のためにならなければ抜かない。

「墨子《ぼくし》は兼愛《けんあい》す。頂《いただき》を摩《ま》して踵《きびす》に放《いた》るも、天下《てんか》を利《り》するは之《これ》を為《な》す。」

――墨子は、平等に愛し合う。だから、頭のてっぺんから磨《す》り減らしていって、踵《かかと》まで減ってしまっても、天下に役立つことなら為《な》しとげる（孟子、尽心上編）。

楊朱は、為我《いが》――我《わ》が為《ため》にするを説く、極端な利己主義。墨子は、兼愛《けんあい》――無差別平等に愛し合う兼愛主義。ともに、秩序を守る孟子には、耐えられない思想であるのに、それが今の天下を二分している……。

(2)　禽獣《きんじゅう》の道

君臣の道、親子の道を無視する楊子や墨子は、孟子にとっては、社会や家庭、つまり世の秩序を乱すものとなる。孟子はこれを、人の道ではなく「禽獣の道」であると攻撃し、「獣《じゅう》を率《ひき》ゐて人《ひと》を食《は》ましむる」ものである、と批判する（孟子、滕文公《とうぶんこう》下編）。

そして孟子は、自分は弁論は好きではないのだが、楊子や墨子の「淫辞《いんじ》」や「邪説」を追放するために、やむを得ず弁論で戦うのだ、と決意を語り、「楊・墨を距《ふせ》ぐ者は、聖人の仲間である」として、自分の信念を堂々と述べるのである。

「自分は、人々の心を正しくし――仁義の道を復興して、楊子と墨子との邪説の息の根を止め、偏った行動を防ぎ、でたらめな言説を追い払うことによって、禹《う》王・周公・孔子の三聖人の跡を継ぐのである」（同）。なお八〇頁も参照。

(3)　放豚《ほうとん》を追う

孟子はまた、墨子や楊子の思想から抜け出た人は、儒家はいつでも喜んで迎えるよと、次のように述べる。

墨子の道からその非を悟って抜け出す人は、必ず楊子の道を頼る。そして、楊子の道からその非を悟って抜け出す人は、必ず儒家の道を頼ってくる。頼ってきたら、いつでも受け入れるよ。

しかし今、楊子や墨子の仲間と議論している人たちを見ると、まるで豚を檻《おり》の中に追い込もうとするのと同じである。そして、やっと追い込むと、今度はその足を縛っているのだ（孟子、尽心《じんしん》下編）。

まったく愚かな、無駄なことをしているという、巧みな比喩である。

6　分裂

墨子の死後、韓非子は、墨家は三派に分かれたという。

「墨子《ぼくし》の死してより、相里氏《そうりし》の墨有《ぼくあ》り、相夫氏《そうふし》の墨有《ぼくあ》り、鄧《とう》陵氏《りょうし》の墨有《ぼくあ》り。故《ゆゑ》に孔《こう》・墨《ぼく》の後《のち》、儒《じゅ》は分《わ》かれて八《はち》と為《な》り、墨《ぼく》は離《はな》れて三《さん》と為《な》る」（韓非子、顕学編）。

儒家が八派に分かれたことについては、六八頁を参照。墨家の相里氏は、四〇九頁の「相里勤」を、鄧陵氏は同じく四一三頁の「鄧陵子」を参照。相夫氏については、不詳。

そして韓非子は、儒家の八派も墨家の三派も、それぞれ違った主張をしながらも、我こそは正統派、と称している、という。

また荘子は、次のように分裂していった、と記す（荘子、天下編）。

①相里勤の門人たち。これは、韓非子のいう相里氏と同じ人だろう。②五侯《ごこう》の仲間たち。五侯については未詳。③南方の、苦獲《くかく》・己歯《きし》・鄧陵子《とうりょうし》の仲間たち。苦獲は三九六頁、己歯は三九五頁を参照。鄧陵子は、韓非子のいう鄧陵氏だろう（なお、②を①に続けて「相里勤の門人である五侯の仲間たち」と見る説もある）。

荘子も、右の韓非子と同じく、「みな、墨子の書を読んでいるのに、お互いにそむきあい、それぞれ『別墨』と呼んで、『堅白同異』（二〇〇頁）の論によって非難し応酬し合っている」と記している（同）。

墨家の一派は弁論に巧みで、一九〇頁に記すように、名家の歴史の中でも「後期墨家派」（一九〇頁）と呼ばれるほどに活躍するグループがある。

◆百八十人の集団自決

鉅子《きょし》（二一四頁）の孟勝《もうしょう》は、楚《そ》国の陽城君《ようじょうくん》と親しかった。兵家の呉起《ごき》（三〇五頁）は、楚の悼《とう》王に信頼され、宰相として群臣を厳しく統御していた。

悼王が没すると、群臣は呉起を批判し追放する。この時、陽城君も批判する仲間に入っていた。

悼王の跡を継いだ粛《しゅく》王は、群臣を処罰し、陽城君は逃走する。楚では、陽城君の城（領地）を没収した。

さて孟勝は、陽城君に「必ず城を守る」と約束しておきながら、城を明け渡してしまったことを恥じて、自殺を決意する。

門人の徐弱《じょじゃく》は「あなたが死んだところで、陽城君には何の利益にもなりません。利益もないのに、墨家を断絶させてはいけません」と諫《いさ》める。

しかし、孟勝は言う、「陽城君は私にとって、師でなければ友、友でなければ臣。いま私が自殺しないと、今後は、厳格な師・賢明な友、忠良な臣を求める時に、墨者以外から求めることになる。私が死ぬのは、墨者の正義のため、その活動を継続させるためなのだ。

なお、鉅子の地位は、宋の田襄子《でんじょうし》に譲ろう。彼は賢者だから、必ず墨家を存続させるだろう。」

孟勝の決意を聞いた徐弱は、「では、先生の行く道を先払いして清めましょう」と、その場で自分の首を刎《は》ねてしまう。

孟勝がこれに続くと、百八十人の門人も、その後を追って自決した。

一方、二人の使者が宋に行って、田襄子に鉅子とする命令を伝えた。その任務を終えると、二人は楚に戻って死ぬ、という。田襄子は「今や私が鉅子だ。私の言うことを聞け」と押しとどめた。しかし二人は、そのまま戻って、孟勝の後を追った。

この二人にとっては、鉅子は孟勝であり続けたのだろう。（呂氏春秋、上徳《じょうとく》編）

また別に、頼まれればその城を「墨守」する（二二七頁）という、傭兵集団として活躍するグループもあった。その他、さまざまな仕事に、義俠的に、そして献身的に奉仕する、というグループもある。

さらに、鬼神論が発展し拡散して、呪術的な面が民間信仰などの中に溶け込んでゆき、長く生き残っていく者もあった。

7　墨家批判

孟子以外にも、墨子や墨家を批判する説は多い。次には、諸子の論の中から、その幾つかを紹介しておく。

(1)『孟　子』

自分に会いたいと申し込んできた夷之《いし》は、「薄葬」を主張する墨家なのに、自分の親の葬式は手厚く行う、という矛盾をおかしている（滕文公《とうぶんこう》上編）。

(2)『荀　子』

墨子の「非楽」は天下を乱れさせ、「節用」は天下を貧しくさせてしまった（富国編）。

礼楽によって天下が安らかになり、美も善も楽しめるようになったのに、墨子は礼楽を否定する。これは、南方の楚《そ》国に行こうとして北方に向かうようなものだ（楽論編）。

墨子（と宋銒《そうけん》）は、根拠のある主張をし、筋道だった弁論によって、愚かな人たちを欺き惑わしている（非十二子編）。

(3)『荘　子』

墨翟《ぼくてき》と禽滑釐《きんかつり》は、「非楽」・「節用」を説いて、社会の風習を否定した。その「汎愛《はんあい》〔人を広く愛する〕・兼利《けんり》〔人をすべて利する〕・非闘《ひとう》〔戦いを非とする〕」の主張はよいが、尭《ぎょう》・舜《しゅん》・禹《う》から、湯王・文王・武王・周公が尊んだ「礼楽」を否定した（天下編）。

古くからの「喪礼」を否定するのは、世の人々の心情に反することである。墨子の説を非難するわけではないが、これは、はるかに「王道」とは遠いものだ（同）。

(4)『韓非子』

孔子や墨子ほどの、学問も広く知恵も弁才もある人でも、「耕耨《こうどう》せざれば」――農作業に励まなければ〔働かなければ〕、国家としては何のプラスにもならない（八説《はちせつ》編）。

儒家や墨家がこぞって、昔の聖人は「兼愛」したとして、兼愛を説くが、それは心情の面であって、政治の面においてではない（五蠹《ごと》編）。

(5)『論　衡《ろんこう》』

この本は、後漢初期の王充《おうじゅう》（二七―九七?）の著。次項の

「消滅」の一因を述べているので、紹介しておく。

儒家の宗は孔子、墨家の祖は墨翟。なぜ、儒家が今に伝わり、墨家が廃《すた》れてしまったのか。

儒家の道義は実行できるが、墨家の主張にはついてゆけないからだ。

墨家は、葬儀を簡素にしながら鬼神〔死者の霊魂〕を尊んでいる。これは矛盾している。矛盾しているから、ついてゆけないのだ。

墨家は、鬼神は死者の精神である、とする。かつ、死者に対しては「薄葬」を主張して、冷淡に扱う。鬼神を尊ぶと言い、死体を冷淡に扱うと言うのは、矛盾でもあり、人情にも反することになる。これを実行したら、幸せはめったにしか来ないし、禍《わざわ》いばかりが下るだろう。

墨家の主張は、一例をもって百例を推し測れば、みなこれと同類なのである。その主張が廃《すた》れて伝わらないのも、つまり理由があるからである〔案書《あんしょ》編〕。なお二三八頁を参照。

王充
(『中国五百名人図典』)

8 消滅

優れた思想を持ちながらも、墨家が短命のうちに消滅していく理由は、まず「節葬」が庶民の心情に反し、「非楽」が儒家を中心として反発を招いたことが一つ。墨家集団自体も、幾つかの派に分裂し、主張——主として名家や、実践——主として守城派も、ばらばらになっていくことが一つ。

その後者については、大きく次のように整理することができる。

弁論派〔名家〕としての墨家は、秦《しん》国の天下統一とともに消滅する。

義侠派としての墨家は、秦墨と呼ばれて、秦の天下統一に貢献したグループもあったが、同じく統一後は無用の存在となって消滅する。

呪術派・宗教派は、民間の中に溶け込んでいって、自然に消滅してゆく。

こうして、墨子の登場以後、儒家をしのぐ勢いで世に広まった墨家は、わずか百五十年間ほど活躍しただけで、姿を消してしまったのである。

『墨子』そのものが日の目を見るのは、明代《みん》の茅坤《ぼうこん》（一五一二—一六〇一）が校訂本を刊行してからであり（この校訂本は、日本にも輸入された）、本格的な研究が始まるのは、清《しん》朝に入ってからである。

2 評価

1 『史記』の評

短所 儒家と同じく、尭《ぎょう》・舜《しゅん》の道を尊び、その徳行について次のように言っている。

「堂〔表《おもて》座敷〕の高さは、わずか三尺〔一尺は、二二・五センチ〕、庭からそこに昇る階段は盛り土で、わずか三段。屋根は茅《かや》ぶきで、その端は切りそろえず、椽《たるき》の木も削らないまま。土器で飯を食べ汁を飲む。飯は玄米、汁の実は藜《あかざ》や豆。夏には葛《くず》の衣を、冬には鹿皮《しかがわ》の上衣を着た」という、質素なものである。

死者の棺《ひつぎ》は桐の板で、厚さはわずか三寸〔一寸は、二・二五センチ〕。声を挙げて悼み泣くが、悲しみの心を出し尽くしはしない。——喪にはこう服せよとその礼を教えて、人々の手本とした。

しかし、もし万事をこのような法に従わせたなら、身分の尊い卑《いや》しいの区別がなくなる。また、時世も移り変わるから、同じやり方は通用しなくなる。

そこで墨家を「倹約に過ぎて、ついてゆけない」、と評するのである。

長所 社会の根本を強くし、出費を抑えるという墨家の要旨は、人々を十分に満足させるものである。これは墨家の長所であって、他の百家でも止めさせることはできない。

2 『漢書』の評

清廟《せいびょう》〔周王朝の始祖・文王を祀《まつ》る廟〕を守る官から出ている。

茅《かや》ぶきの屋根、柞《さく》〔櫟《くぬぎ》や楢《なら》〕の椽《たるき》、という倹約・質素を尊ぶ。三老《さんろう》・五更《ごこう》〔注1〕に仕えて世話をし、広く平等に愛し合い〔兼愛〕、優れた人に大射《たいしゃ》〔注2〕をさせ、こうして、賢人を尊ぶ〔尚賢〕。父を尊び、鬼神を信じる〔明鬼〕。

四季の推移に順って政治を行い、儒家の言う天命を否定する〔非命〕。また、天下に孝行を示し、皆が同じくすることを貴ぶ〔尚同〕。

以上が、その長所である。

視野の狭い人は、倹約する〔節用など〕という利点だけを見て、礼を否定し、また、兼愛の意味を押し広めて親疎の区別を理解しなくなる〔芸文志《げいもんし》〕。

〔注1〕三老・五更＝周代、老齢で官位から引退した、有徳の人。天子

から父兄の礼によって待遇された。三老・五更とも一人ずつともいい、また三老は三人、五更は五人ともいう。

〔注2〕 大射＝諸侯が、祭祀《さいし》の時に射を競う礼。のち、天子が行う射術の大会となる。

3 『隋書』の評

社会の根本を強くし、出費を抑える、という方法。古代の尭・舜・禹の質素な生活と、その倹約とを貴び、平等に愛し合い、父を尊び徳を重んじて、孝行を天下に示した精神を手本とする。

『漢書』では、墨家は清廟《せいびょう》を守る官から出ている、とする。これは、天地人の神鬼を祀《まつ》る職である。

そこで愚者は、節約倹約を守るだけで、時勢の変化を理解しない。また、万人を平等に愛するあまり、親疎の別を混同するのである。

3 墨 子（前四七〇頃？—前三九〇頃？）

1 生 涯

伝記 『史記』は、荀卿《じゅんけい》伝編の最後に、わずか二十四字で墨子を紹介するだけである。

「思うに、墨翟《ぼくてき》は宋《そう》国の大夫である。城〔都邑《とゆう》の城壁〕をうまく守り、節約を説いた。孔子と同時代ともいうし、孔子より後であるともいう。」

その伝記はこれだけであり、あとは断片的に「孔子・墨子のような英知の誉れ」（史記、李斯《りし》伝）、「孔子・墨子・曾子のような賢明さ」（同、主父伝）と、孔子と並称してたたえている。また「昔の墨翟の守りに比すべし」（同、魯仲連《ろちゅうれん》伝）とあり、その鉄壁の守りは有名だったらしい。なお二二八頁の「墨守」を参照。同じく鄒陽《すうよう》伝には、「宋《そう》国では、子罕《しかん》の計略を信用して、墨翟を投獄した」とあるが、細かなことは、わからない。

生まれた国もはっきりしないが、魯《ろ》国かとも思われる。

出身 「墨」という姓は、中国では極めて珍しい。出身地も生涯もはっきりしないことも加わって、姓についても、幾つかの解釈がある。

墨 子
（『絵画本　中国古代史』）

車大工

① 賤人《せんじん》の出身。墨子が楚《そ》の献恵《けんけい》王（恵王）に面会に行ったが、恵王は老齢を理由に、代わりに臣の穆賀《ぼくが》が会見した。穆賀は、墨子の説を聞いて、たいへん喜んだが、

「君王《くんのう》は、大王《だいおう》なり。乃《すなは》ち賤人《せんじん》の為《な》す所《ところ》と曰《い》ひて、用《もち》ゐざらんか」――わが君主は、天下の大王。たぶん、卑賤《ひせん》の者の論だと言って、採用しないのではないか（墨子、貴義《きぎ》編）。

と言われる部分がある。墨子もそれを受けて、自分を賤人と呼んでいる。

また『呂氏春秋』には、楚《そ》の荊《けい》王に面会して、自分を「臣は北方の鄙《ひ》人なり」と紹介する部分もある（愛類編）。

② 徒刑者。罪を犯すと、犯罪者への刻印として、入《い》れ墨《ずみ》をされる。その入れ墨が、渾名《あだな》、愛称になった、という説。

③ 大工（の頭領）。大工など、手工業にたずさわる人たちは、道具に墨縄《すみなわ》を使う。城を防ぐために、さまざまな道具を工夫したのも、大工であればこそ。他人のためにひたすら働くのも、大工にふさわしい。多種多様な大工仕事を統率する頭領的な存在も、墨子に似つかわしい。

④ 知識人。これだけの知識があり、弁舌が立つ人物が、卑賤の者や一介の職人であるはずはない。

墨子が、使者として衛国に赴く時、車に多くの書物を積んでいた。門人の弦唐子《げんとうし》が、不審に思ってその理由を訊ねると、墨子は、こう答えた。

「私は、上は君主や諸侯に仕えることもなく、下は農業や耕作の苦労もない。だから私は、読書を廃することはできない」（墨子、貴義編）。

墨子は、もちろん貴族階級ではなく、かといって賤人や庶民でもなく、下級武士か役人である「士」出身ではないだろうか。

動機　下級の士らしく、墨子ははじめ、懸命に農耕に励んだらしい。その手本は、禹《う》王にあったようである（二一二頁）。し

かし、いくら働いても、人々に恵むことは何一つできない。そこで「先王の道」を学び、「聖人の言」に通じてから（はじめ儒家に学んだことは、二一一頁に記した）、上は王公〔天子・諸侯〕大人〔卿大夫《けいたいふ》〕に説き、下は匹夫《ひっぷ》〔庶民〕徒歩の士〔身分

◆五刑

古来、五種の刑罰が定められている。

1 **墨**《ぼく》 額《ひたい》などに入れ墨をする刑。墨刑。秦《しん》代以降は「黥《げい》」という。墨辟《ぼくへき》・黥首・黥罪などともいう。（辟は、刑。）

2 **劓**《ぎ》 鼻をそぎ落とす刑。「劓《ぎ》」とも書く。1と合わせて「劓墨《ぎぼく》」ともいう。

「刵《じ》」は、耳を切り落とす刑で、「馘《かく》」ともいう。「劓刵《ぎじ》・劓馘《ぎかく》」の刑もある。

3 **剕**《ひ》 足を切る刑。「䠊《ひ》」とも書く。足の筋を切り取る、膝蓋骨《しつがいこつ》を切り取る、など。

「刖《げつ》」とも言い、「跀《げつ》」とも書く。

秦代以降は「**趾**《し》」と言い、左右の趾を切ったという。趾は、足。

4 **宮**《きゅう》 生殖器に対する刑。男性は去勢する。女性は宮中に閉じこめる。また女性は、生殖器の筋を切り取る、生殖器を塞《ふさ》ぐ、ともいう。

本来は、男女の不義に対する刑。のち、死刑に次ぐ重刑とされた。

宮刑・宮罪・宮辟《へき》・淫刑・腐刑などともいう。

5 **大辟**《たいへき》 死刑。辟は、刑。

大戮《たいりく》・殺《きつ》などともいう。大辟以外の刑を「**小辟**《しょうへき》」という。

以上は『周礼《しゅらい》』『礼記《らいき》』『易経《えききょう》』などが記す、尭・舜の時代から周代までの刑罰。

秦《しん》**代**

秦代の重刑は、次のとおり。

①**黥**《げい》・**劓**《ぎ》に処する。批判・非難した者は、舌も切る。②左右の足を切る。③笞《むち》打って殺す。④首を梟《さら》す（**梟首**《きょうしゅ》）。首を切り落とし、それを木の上に懸けてさらす。さらし首。獄門《ごくもん》。⑤死体を塩漬けにする。「菹《そ》」または「葅《そ》」。「菹醢《そかい》」ともいう。菹（葅）も醢も、塩漬けにする意味。

④や⑤は、秦代に始まったものではなく、古くからあった刑を強調したのだろう。

なお、①を黥と劓とに分け、②④⑤を加えて「五刑」とすることも多い。

隋《ずい》**以降**

隋代以降は、次の五刑となる。

1 **笞**《ち》**刑** 竹の笞《むち》で叩く刑。十回から五十回まで、十を区切りに五種類の軽重がある。

2 **杖**《じょう》**刑** 杖《つえ》で叩く刑。六十回から百回まで、同じく五種類がある。

3 **徒**《と》**刑** 国の労役に従事させる刑。その期間は、一年から三年まで、半年を区切りに同じく五種類ある。

4 **流**《りゅう》**刑** 「るけい」ともいう。遠方の土地に追放する刑。その距離に、一千里・一千五百里・二千里の三種類がある。（唐代の一里は、約五六〇メートル。）

5 **死刑** 首を絞める絞《こう》刑と、斬って殺す斬《ざん》刑とがある。

の低い兵士や役人）に説いていけば、国は治まり身は修まるであろう、と考えた（墨子、魯問《ろもん》編）。

活動　墨子の思想や、その集団の形成などについては、二一二頁「墨子の思想」や、続く二一三頁の「思想集団」の項を参照。生国とされる魯《ろ》国や、大夫となったとされる宋《そう》国で活躍したほか、斉《せい》・衛《えい》・楚《そ》・魏《ぎ》・越《えつ》などの諸国でも、自分の思想を説いて回ったようである。

2　思　想

(1)　墨子の十論

『墨子』五十三編のうち、次の十編には墨子の思想がよく表れているとして、墨子の十論と呼んでいる。実際には、それぞれが上中下の三編に分かれ、かつ現存しない編もあるので、実際には、五十三編中の二十三編となる。

尚賢（上中下）　尚同（上中下）　兼愛（上中下）　非攻（上中下）
節用（上中）　節葬（下）　天志（上中下）　明鬼（下）　非楽（上）
非命（上中下）

なお「上中下」とあるのは、墨家の三派（二一六頁）がそれぞれ自分たちの論を記したものとされ、内容はほぼ同趣である。いずれも「子墨子曰はく」ではじまるので、墨子自身の著ではない。

以下、これを十項に大別して、その要点を概観する。項目によって、儒家の考えも併せ記し、それぞれの特徴を示すことにする。

(2)　兼《けん》愛《あい》

孟子が「墨子は兼愛す」として、楊朱の「我が為にす」とともに、これを「禽獣《きんじゅう》の道」であると激しく非難攻撃したこと（二一六頁）もあって、墨子といえばただちに兼愛説が連想されるほどに、有名である。

相愛《そうあい》・交利《こうり》　墨子はまず、聖人は天下を治めることを任務とする者である、とする。そして、乱れている現在の世を治めるためには、その原因を知ることが必要である、と続ける。

墨子はその原因を、人々が「自《みずか》ら愛し」「自ら利する」ことばかりを考えて、「兼《か》ねて相愛《あひあい》し、交《こもごも》相利《あひり》する」ことをしないからである、と断ずる（兼愛上編）。

「子は自らを愛して父を愛せず、故に父を虧《か》きて自ら利す」――子供は自分だけを愛して父親を愛さない。そして父親を損って自分の利を図る（同）。

続いて、右の「子」と「父」とを入れ替えただけの同じ構文を繰り返す。

さらに、この「父－子」関係の構文を、これを含めて合計七回繰り返して、七つの関係について「自ら愛し、自ら利する」

ことの弊害を説くのである。その七つの関係は、次のとおり。

①子——父　弟——兄　臣——君

②盗〔家庭〕　賊〔自身〕　大夫〔領地〕

　諸侯〔国〕

①は、それぞれ上下の関係。

②は、それぞれ対等の関係。たとえば「盗」は、自分の家庭を愛して他人の家庭を愛さないから、他人の家庭から盗んで自分の家庭の利を図る、ということ。また「賊」は、自分と他人という、個人と個人との関係において「損う」こと。「大夫」も「諸侯」もともに、地位としては対等の関係にある。

兼愛　墨子は、原因をこのように分析した上で、次のように述べる。

「若《も》し天下《てんか》をして兼《か》ねて相愛《あひあい》せしめば、国《くに》と国《くに》とは相攻《あひせ》めず、家《いへ》〔大夫の領地〕と家《いへ》とは相乱《あひみだ》さず、盗《とう》・賊有《ぞくあ》ること無《な》し。君《くん》・臣《しん》、父《ふ》・子《し》、皆能《みなよ》く孝慈《こうじ》ならん」（同）。

「孝慈」は、上の者によく仕え、下の者をいつくしむこと。前述の七つの関係は、ここでは六つになっている。「弟・兄」も「孝慈」に含めるのだろう。

こうして、天下の君子が、天下の富むことを願って貧しいことを憎み、天下の治まることを願って乱れることを憎むのなら、「当《まさ》に兼《か》ねて相愛《あひあい》し、交《こもごも》相利《あひり》するべし。」

これこそ、聖王が天下を治める方法であると、説くのである（兼愛中編）。

儒家　「兼愛」は、儒家の説く「仁」によく似ている。そして墨子も、右の考え方を「仁」と言っている。韓非子も、自分の主張する「法」に対して、儒家も墨家も「仁」であり、それでは政治を行えないと、一括して否定している（五蠹《ごと》編）。

しかし儒家は、君は君、臣は臣として、それぞれの「名分《めいぶん》」（二〇三頁）を守ることが前提である。人は必ず、それぞれの位置があり、関係に組み込まれている。そしてそこには必ず、親《しん》疎《そ》や厚薄《こうはく》の別がある、とするのである。従って、墨子の「兼愛」を「無差別な愛」とするのに対して言えば、儒家は「差別愛」、ということができる。

「君《きみ》君《きみ》たり、臣《しん》臣《しん》たり。父《ちち》父《ちち》たり、子《こ》子《こ》たり」（論語、顔淵《がんえん》編）。

利　墨子は、右に述べたように「兼《か》ねて相愛《あひあい》し、交《こもごも》相利《あひり》す」と、「愛」と「利」とを並べて説く。しかし孔子は『論語』において、次のように言う。

「君子《くんし》は義《ぎ》に喩《さと》り、小人《しょうじん》は利《り》に喩《さと》る」（里仁《りじん》編）

つまり「利」を「義」に対比させ、かつそれを「小人」と「君子」とに当てているのである。明らかに「利」を軽視している。なお「喩《さと》る」は、敏感であること。

(3) 非《ひ》攻《こう》

兼愛の立場から言えば、当然に「他」に損害を与え、また「自」に利益をもたらす〝戦争〟には、絶対反対である。『墨子』の「非攻——攻を非《そし》る」編は、くどいほどの文脈で、戦争がいかに「不義」であるかを訴えた編である。

不義　墨子は、次のように言う。

もし、ある人が他人の果樹園に入って、桃《もも》や李《すもも》を盗んだら、人々はこれをそしり、為政者はこれを捕らえて処罰するだろう。人に損害を与え、自分の利益にするからである。

次に、他人の犬や鶏や豚を盗んだら、その不義は桃李《とうり》を盗むよりもっとひどい。人により多くの損害を与えるからである。その不仁はよりひどく、罪はより重い。

次に、他人の畜舎に入って馬や牛を盗んだら、その不義は犬や鶏や豚を盗むよりもっとひどい。人により多くの損害を与えるからである。その不仁はさらにひどく、その罪はさらに重い。

次に、罪のない人を殺し、人の衣服を奪い、戈《ほこ》や剣《けん》を盗んだら、その不義は馬や牛を盗むよりさらにひどく、その罪はさらに重い。

つまり、他人に損害を与えることが大きければ大きいほど、その不仁はますますひどく、その罪はますます重いのである。

こんなことは、世の君子は誰でも知っているから、非難もするし、不義とも呼ぶのである。

ところが、もっとも大きな不義を働いて、他国を攻撃することになると、誰も非難もしない。それどころか、侵略を称賛し、義にかなったことだと言う。

「此《こ》れ、義《ぎ》と不義《ふぎ》との別《べつ》を知《し》ると謂《い》ふべけんや」（非攻上編）。

◆墨子は話下手

楚《そ》国の王が、墨子の門人の田鳩《でんきゅう》に訊ねた。「墨子は有名な学者。行いも立派だが、言葉かずばかりが多くて、論旨はわからぬ。なぜなのか。」墨子の発言は、どうもその当時から、くどくてわかりにくい、とされていたようだ。

田鳩「昔、秦《しん》の穆公《ぼくこう》が娘を晋《しん》の公子・重耳《ちょうじ》に嫁がせた時、着飾った腰《こし》元《もと》七十人をお伴に従わせました。すると晋国では、腰元の中から妾《しょう》を選んで大切にし、嫁は軽視した、と言います。

また、楚《そ》の人が鄭《てい》国に宝玉を売りに行きました。宝玉を収めるのに、木蘭《もくらん》で箱を造り、桂椒《けいしょう》（ともに香木の名）の香をくゆらせ、真珠を綴った紐《ひも》を掛け、玫瑰《まいかい》（宝玉の名）で飾り、翡翠《ひすい》（宝玉の名）を端に並べました。すると鄭の人は、箱を買って中の宝玉は返したのです。

美辞麗句をつらね、論旨明快な表現は、内容としての本質を、しばしば見失わせるのです。」（韓非子、外儲説《がいちょせつ》左上）

田鳩の答弁、やや苦しそうだが、韓非子はそのたとえが気に入ったのだろう。なお、前半のエピソードは、『春秋左氏伝』僖《き》公《こう》二十四年にも載っている。

ここも、くどいように畳みかける言い方で、自分の考えを強調している（墨子の表現については、前頁のコラムを参照）。

百罪　墨子は、さらに続けて次のように言う。

「一人《いちにん》を殺《ころ》さば、之《これ》を不義《ふぎ》と謂《い》ひ、必《かなら》ず一《いつ》の死罪《しざい》あり」――もし、人を一人殺したなら、これを不義と言い、一回分の死刑に相当する。

これでいけば、十人を殺したなら不義も十倍になり、死刑も十回分に相当する。百人を殺したなら不義も百倍になり、死刑も百回分に相当する。

こんなことは、世の君子は誰でも知っているから、非難もするし、不義とも呼ぶのである。

ところが、もっとも大きな不義を働いて、他国を攻撃することになると、誰も非難もしない。それどころか、侵略を称賛し、義にかなったことだと言う。「不義」ということを、まったく知らないのである。

「故《ゆゑ》に其《そ》の言《げん》を書《しょ》して、以《もっ》て後世《こうせい》に遺《のこ》す」――だから、私の言葉を記しとどめて、後世に残すのである（同）。

しかし、墨子の〝遺言〟にもかかわらず、それから二千年以上の間、地球上に〝不義〟がまかりとおっている……。

(4) 墨《ぼく》守《しゅ》

墨家は、非攻を説くと同時に、都邑《とゆう》の「城」を攻撃から守るための方法を、さまざまに工夫する。頼まれれば、一種の〝傭兵集団〟として、進んで防御に従事する。他人のために自身を犠牲にすることも厭《いと》わない。城を守るための種々の道具も造り出す。墨子が大工（の頭領）かとされる（二二二頁）のも、これらの巧みな道具造りも大きく関係している。

墨子の完璧な守城法は、コラムの話（次頁）が出典であり、すでに『史記』魯仲連《ろちゅうれん》伝や『戦国策』斉《せい》策編には「墨翟《ぼくてき》の守り」と出てくる。

現存する『墨子』五十三編のうちの十一編は、もっぱら「守

◆攻城の災い

ところで、この「攻城」戦は大変なことだったようで、『孫子』には、「攻《こう》の災い」として次のように述べている。

城を攻めるのは、止むを得ない時に限る。攻めるためには、まず櫓《ろ》（矢や石を防ぐ大きな盾《たて》）と轒轀《ふんうん》（二三一頁）を用意し、その他の攻撃用の機器を準備する。これで、三か月はかかる。

城壁と同じ高さに土を積んで、そこから登り攻める施設（距闉《きょいん》・距堙《きょいん》）を造るにも、また三か月はかかる。

大将は、その時間がかかるのにいら立ち怒って、兵に蟻附《ぎふ》（蟻傅《ぎふ》。二三〇頁）させて攻めるが、兵の三分の一が殺されてしまっても、まだ城は落ちない。

これこそ、城攻めの災いである（謀攻編）。

◆墨《ぼく》守《しゅ》

自分の考えや主張を、固く守って変えないこと。

南方の大国である楚《そ》が、北方の小国・宋を攻めようとした。そこで楚は、魯《ろ》の国の優秀な技術者・公輸盤《こうしゅばん》（三九七頁）に頼んで、雲梯《うんてい》（二二九頁）を造ってもらった――。

墨子、楚に　この話を耳にした墨子は、魯から楚の都・郢《えい》に駆けつける。十日十夜、衣服を裂いて足を包んで走り続けた。

公輸盤を説得　郢に着いた墨子は、公輸盤に会うと、こう頼んだ。

「北方に私を侮辱する人がいます。千金をあげますから、あいつを殺してください。」

公輸盤「私は、義として人は殺しません。」

墨子「では、豊かな楚が罪もない宋を攻めて、多くの人を殺そうとするのを、どうして手伝うのですか。また、楚王をどうして諫《いさ》めないのですか。」

公輸盤《こうしゅばん》

公輸盤「しかし、もう王と約束してしまいましたので、中止はできません。」

王を説得　そこで墨子は公輸盤に頼んで、王と会見させてもらった。

墨子「いま、自分に文軒《ぶんけん》（立派な乗用車）があるのに、隣家の敝輿《へいよ》（ぼろの車）を盗む人がいます。また、錦繡《きんしゅう》（豪華な衣服）があるのに、隣家の短褐《たんかつ》（粗末な衣服）を盗む人がいます。また、自分に粱肉《りょうにく》（おいしい米と肉）があるのに、隣家の糠糟《こうそう》（糠《ぬか》と糟《かす》。粗食）を盗む人がいます。」

楚王「それは、盗癖のある者だ。」

墨子「いま楚と宋とを比べると、領土の広さは文軒と敝輿ほどに違い、産物は粱肉と糠糟ほどに違い、採れる木材は錦繡と短褐ほどに違います。王が宋を攻めるのは、盗癖があると非難されることです。」

楚王「よくわかった。しかし公輸盤は、もう雲梯を造ってしまい、宋を攻めようとしているが……。」

戦争ゲーム　そこで墨子は、ふたたび公輸盤に会って、模擬戦争を申し込んだ。

墨子は、帯を解いて城の形を作り、小さい木片を城楼（城の上の楼や櫓《やぐら》）に見立てた。

公輸盤は木片を種々の攻め道具に見立てて、墨子の城を攻めた。九回にわたって攻めたが、墨子はそのたびにこれを防いだ。次頁以降の、十二の攻防を参照。公輸盤の攻め道具は尽きてしまったが、墨子の守りには、まだ余裕が残っていた。

墨子を消す？　模擬戦争に敗れた公輸盤は、こう言った。

「でも、私はあなたに負けない方法を知っている。今は言えないが。」

墨子「私も、あなたの考える方法は知っている。しかし、私も言えない。」

楚王が不審に思って、その理由を聞いた。

墨子「公輸盤は、私を殺そうと思っているのです。私を殺せば、宋国も防ぎきれなくなると判断して、宋国を攻めるでしょう。」

門人三百人　墨子は続けて言った。

「でも、私の門人の禽滑釐《きんかつり》たち三百人が、私の造った守城の道具を持ち、宋国の城壁の上で楚国の攻撃を待ちかまえています。だから、私が死んでも『墨守』できるのです。」

楚王「よくわかった。宋を攻めるのは止めよう。」

衆人、その功を知らず　大役を果たした墨子は、魯国に帰る途中で、宋国を通った。ちょうど雨が降ってきたので、ある村で雨宿りをしようとした。しかし、墨子の活躍を知らない番人は、墨子を村に入れなかった。墨子はひとり、雨の中を歩き続けてゆく……。

「神《しん》に治《をさ》むる者《もの》は、衆人《しゅうじん》、其《そ》の功《こう》を知《し》らず。明《めい》に争《あらそ》ふ者《もの》は、衆人《しゅうじん》、之《これ》を知《し》る」と。——誰にも知られないうちに、うまく処理してしまう場合、大衆にはその功績がわからない。反対に、目立って争ったりした場合、大衆にはその功績がよくわかるのである（墨子、公輸《こうしゅ》編）。

墨子自身、あるいはその門人たちの活躍や功績は、多く「衆人、その功を知らず」に終わってしまうことを含めて、言っているのだろう。

実戦？　『呂氏春秋』愛類編や、『淮南子《えなんじ》』修務編などにも、この話が載っており、『蒙求《もうぎゅう》』にも「魯般雲梯《ろはんうんてい》」と題して載せている（魯般が名で、公輸は字《あざな》）。

いずれも、墨子を宋国の大夫とし、かつ、公輸盤は楚王の命のもとに、実際に九回にわたって宋を攻撃し、墨子は、そのつど防ぎとおした、としている。


城法」を述べている。これらの編は、門人の禽滑釐《きんかつり》が墨子に教えてもらう、という形式になっている。

まず十一編中の最初・備城門編には、城の守り方が具体的に詳細に説明されている。またここには、城を攻める十二の方法が記され、この編以降は、墨子がそれぞれの防御の方法を説明する、という形である。

以下に、攻撃の方法とその防御の方法の一例とを整理しておこう。
1　臨《りん》　敵が、城の外にそれより高く土や薪《たきぎ》を積み上げて、そこから矢を射たりして攻める方法。
こちらは、もっと高い台を造り、たとえば「連弩《れんど》」で対抗する（備高臨編《びこうりんへん》）。連弩は、矢を同時に何本も射ることのできる道具。車輪をつけて、行動範囲を広げる。
2　鉤《こう》　長い鉤《かぎ》を使い、城壁をよじ登って攻める方法。防ぎ方は、以下の4や10と同じ。
3　衝《しょう》　「衝車《しょうしゃ》」（次頁図）を城壁に衝突させて穴をあけ、そこから攻め込む方法。
4　梯《てい》　「雲梯《うんてい》」（次頁図）を城壁に掛けて、多くの兵士が争い登って攻める方法。雲梯は、折り畳み式の梯子《はしご》か。重くて移動は困難、という。現地で組み立てたか。

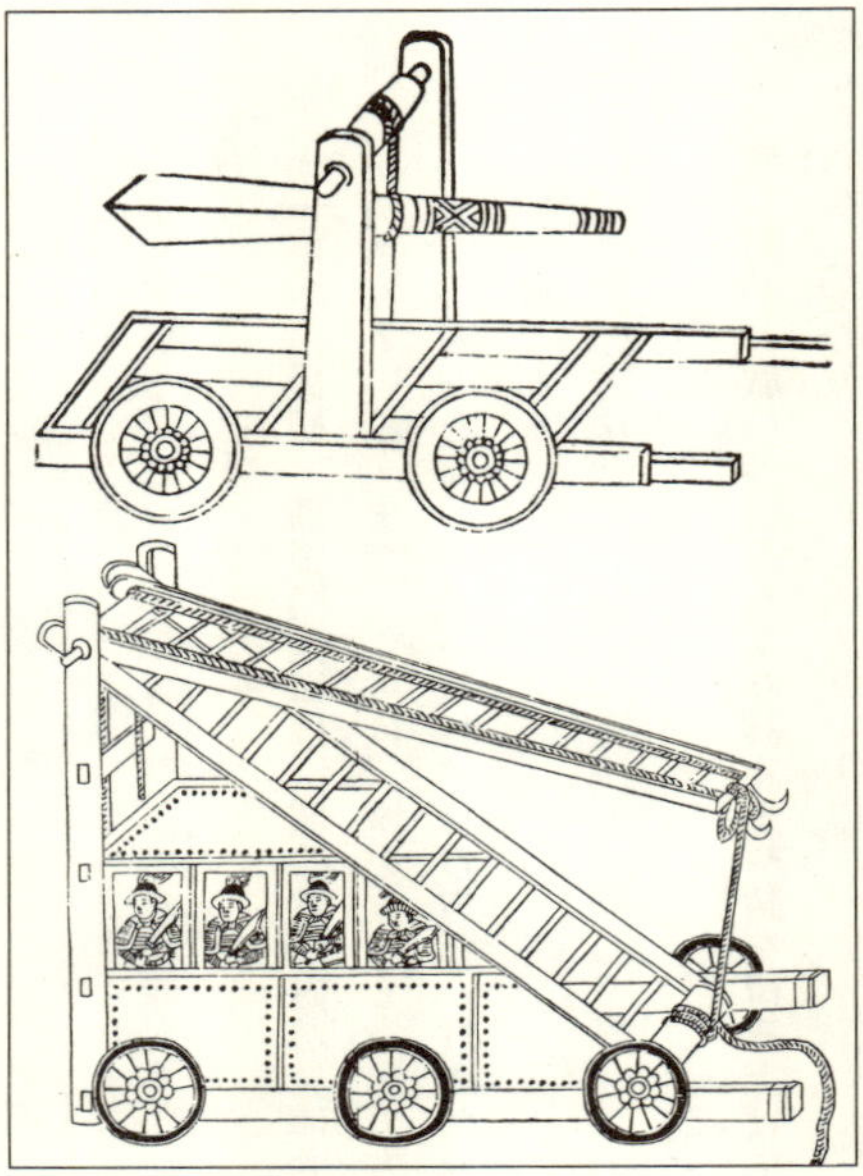
上・衝車／下・雲梯

こちらは、たとえば火をフルに使って対抗する（備梯編《びてい》）。

5　堙《いん》　城の周囲の堀を埋めて攻める方法。堀は、防御用である。

6　水《すい》　水を使って攻める方法。

こちらは、城内の地面が城外より高いか低いかを知っておき、水路を作り、船に乗って対抗する。たとえば、船を二隻並べて一臨とし、十臨ごとに三十人が弓矢を持って乗り込んで戦う（備水編《びすい》）。

7　穴《けつ》　トンネルを掘り、そこから攻め込む方法。

こちらは、たとえば水瓶《みずがめ》に水を満たし、口を薄い皮で覆って縦穴の中に入れ、耳のいい者が水瓶に耳をあてて、敵がトンネルを掘る音を聞きわけて場所を確かめる。そして、こちらからもトンネルを掘っていって、迎え撃つ（備穴編《びけつ》）。

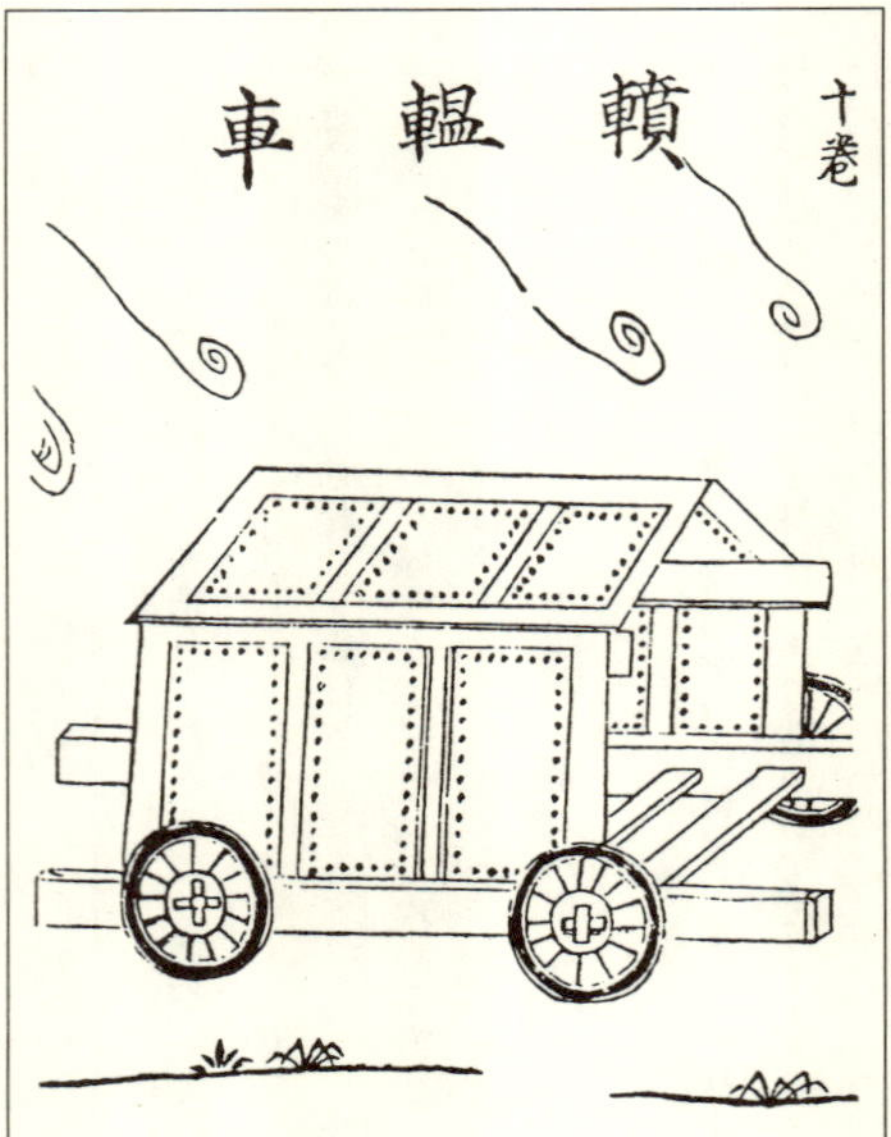

轒《ふん》轀《うん》

8　突《とつ》　右の「穴」に近いが、これは城壁に穴をあけて攻め込む方法。

9　空洞《くうどう》　「空」は、穴。「洞」は、通る意味。右の「穴・突」に近いが、具体的には不明。

10　蟻傅《ぎふ》　蟻《あり》のように城壁に取り傅《つ》いて、よじ登って攻める方法。

こちらはたとえば、仮設の高台から矢を射る。披機《ひき》〔発射機か?」で射て圧殺する。火や熱湯を注ぎかける。荅《とう》（二・七メートル四方の、油をしみこませた板）を燃やして、覆せる。連筳《れんてい》（叩く道具）で叩く。砂や石を落とす、などして守る（備蛾傅《びぎふ》編。蛾は、蟻）。

11　轒轀《ふんうん》　十人ほどの兵が車（轒轀）の中に隠れ、城下にたどりついて攻める方法。そして城下に穴を掘ったり、城壁をよじ登ったりして攻めるか（前頁図）。

12　軒車《けんしゃ》　攻撃用の車（軒車）で攻める方法。

以上のうち、1・7・10の三つの方法がもっとも重要なもの、とされている。

(5)　節《せつ》用《よう》

節用　国家が豊かになり、人民も生活に余裕をもつためには、無用な出費は抑えるべきだ、というのが墨子の「節用」論。

たとえば、次のものはすべて、実用本位でよい。

衣服　住居　武器　舟や車（節用上編）

器物　飲食　葬儀　宮室（衣服・武器・車・舟）（節用中編）

そして「聖王が政治を行い、事業を興す時には、必ず人民の利益を優先する。人民の利益になることだけを実施する。そうすれば、財物は浪費せず、人民は疲弊せず、国家も人民も多くの利を得ることができる」（節用上編）。

これは正論。

これに対する批判は、大きく次の二点にまとめられる。

私憂《しゆう》　天地の万物、五穀も果菜も魚鳥も草木も、天下に余り余って、人民の生活には十分である。不足を憂えるのは、墨子の「私憂過計《しゆうかけい》」——個人的な心配、誤った計算にすぎない。墨子の「非楽」論（二三四頁）は天下を混乱させ、その「節用」論は天下を貧しくさせる（荀子、富国編）。

人情　「節用」論は、特に儒家で伝統的に尊んでいる葬礼も音楽も、浪費につながるとして否定する（薄葬編・非楽編）。

しかし人情としては、死者は手厚く葬り、歌いたい、泣きたい、楽しみたい時には、歌い、泣き、楽しむものである。だから、墨子のような、天下の人々の心情に反することは、だれも実行できないだろう（荘子、天下編）。心情の発露については、二三五頁のコラムを参照。

墨子は、二一一頁以降に述べたとおり、王侯貴族たちの形骸化された儀式が、その経費の維持のために人民を搾取していることに対する批判から、この「節用」論を説いたのだった。しかし、その「薄葬」や「非楽」が、墨子がもっとも重視した庶民にも及んでいくにつれて、その庶民からも反発されるという、皮肉な結果になったのだった。

(6)　節《せつ》葬《そう》

「節用」の具体的なものが、この「節葬」——葬儀はあっさりと、とする論。次の「非楽」論と並んで、多くの議論を巻き起こした。

棺椁《かんかく》　まず『荘子』は、古来の葬礼は、身分の貴賤《きせん》や上下によって、次のような違いがある、と記している（天下編）。

天子は七重、諸侯は五重、大夫は三重、士は二重。

遺体を直接に納めるのが「棺《かん》」で、いわゆる内棺《うちかん》。棺をさらに入れ納めるのが椁《かく》で、これが外棺《そとかん》。「槨《かく》」とも書く。二つを合わせて「棺椁」と言い、右は、その棺椁の数。

また「棺椁」の厚さについて、『孟子』は次のように記す。

棺椁の厚さは、上代には規定はなかった。周公が、棺の板の厚さは七寸（一寸は二・二五センチ）、椁はそれにふさわしいように、と定めた。天子から庶民に至るまで、同じである（公孫丑《こうそんちゅう》下編）。

なお『礼記』の説明は、次のとおり。

君主の棺椁は、三重。大棺（外棺）の厚さは八寸、属《しょく》（次棺）は六寸、椑《へき》（内棺）は四寸。
上大夫《じょうたいふ》（卿《けい》）は、二重。大棺が八寸、属は六寸。
下《か》大夫（大夫）も、二重。大棺が六寸、属は四寸。
士《し》は一重で、棺の厚さは六寸（喪大記《そうたいき》編）。

なお鄭玄《じょうげん》は「庶民は、棺が四寸」と注している。

桐棺《どうかん》**三寸**　このように諸説があるが、『墨子』では、古代の聖人は葬埋《そうまい》の法を「桐棺《どうかん》三寸、衣衾三領《いきんさんりょう》」と定めたのだ、というう。

「桐《きり》の棺で、厚さは三寸。これで体が朽ちるまで十分である。死者に着せる衣服は三枚。これで忌むべき体を被うのに十分である」（節葬《せっそう》下編）。

桐の板は腐りやすいので、棺には不向きだし、「三寸」は薄いという意味にもとれるから、ここは「棺は何でもいい」と言っていることにもなる。

以上の事がらも、以下の記述も、墨子が反対するのはすべて「儒家風」の葬喪である。

◆招《しょう》魂《こん》

死者の魂を招き返すこと。『儀礼《ぎらい》』士喪礼《しそうれい》編に、屋根の廂《ひさし》から登って北を向き、衣服を振りながら「帰って！」と三回呼ぶ、とある。

墨子は、儒家の招魂について、次のように批判している。

親が死ぬと、遺体はそのままにしておいて棺に納めず、屋根に登ったり、井戸の中をのぞいたり、鼠《ねずみ》の穴を掘り広げたり、濯《すす》ぎ槽《おけ》の中を探したりして、その人の霊を求める。もし、霊が本当に存在すると思っているのなら、ばかばかしいこと、この上ない。存在しないとわかっていて求めるのなら、偽《いつわ》りであること、この上ない（非儒《ひじゅ》下編）。

しかし「井戸の中……」以下の計三項は、儒家が行ったという文献はない。

なお、招魂の儀式そのものは、屋根に登る、衣服を振ることは別として、今日まで続いている。

副葬　『墨子』によると、死者とともに埋葬する副葬品は、贅沢《ぜいたく》の限りを尽くしている。次は、王侯貴族のもの。

璧玉《へきぎょく》〔宝玉〕　戈剣《かけん》〔戈《ほこ》や剣〕　鼎簋《ていき》〔鼎《かなえ》や皿〕　壺濫《こかん》〔壺《つぼ》や盥《たらい》〕　文繡《ぶんしゅう》〔飾り布〕　素練《それん》〔白い絹《きぬ》〕　大鞅《だいおう》〔馬具〕　万領《ばんりょう》〔衣服一万着か?〕　輿馬《よば》〔車馬〕　女楽《じょがく》〔楽器類〕（節葬下編）

殉死《じゅんし》　なお別の章では、天子や諸侯の殉死者は、多い時は数百人、少ない時でも数十人。卿大夫《けいたいふ》の殉死者は、多い時は数千人、少ない時でも数人、という（同）。

墓所　王侯貴族の墓所は、墓穴内の墜道《すいどう》〔トンネル〕は交差させ、外側の墳墓は、山や岡のようにせよ、という。

これでは、人民は自分の仕事を中断してこれに従い、みな自分の財物を尽くしてしまうことになる（同）。

服喪《ふくも》　同じく『墨子』によると、服喪の期間は次のとおり。

○君主、父母、妻、長男……三年

○伯父《おじ》・叔父《おじ》、兄弟、二男以下の子……二年

○一族の近親者……五か月

○姑《こ》〔父の姉妹〕・姉《し》・甥《せい》〔姉妹の子〕・舅《きゅう》〔母系のおじとおば〕……数か月（同）

『礼記』喪服小記編《そうふくしょうき》には、種々の細則が述べられており、次のように言う。

服喪の規定は「親《しん》を親《しん》とし、尊《そん》を尊《そん》とし、長《ちょう》を長《ちょう》とし、男女《だんじょ》の別《べつ》あり」――つまり、親疎《しんそ》・尊卑《そんぴ》・長幼・男女などに応じて、きちんと区別する。これらは「人道《じんどう》の大《だい》なる者《もの》なり」――人としての道の、重要なけじめなのである。

厚葬久喪《こうそうきゅうそう》　こうして、支配階級の厚葬〔手厚い葬儀〕は乱費につながり、庶民のそれも家財を尽くすことになる。また、支配階級の久喪〔長い服喪期間〕は政治が停滞し、庶民のそれも生産を激減させることになる。

これも、正論。しかし、二三一頁に述べたとおり、これも人情

◆人の心を尽くす

孟子が斉国《せい》にいた時に、その母が死んだ。孟子は、生国の魯《ろ》に帰って母を葬り、三年の喪に服してから、斉国に戻り、嬴《えい》という村に滞在した。

門人の充虞《じゅうぐ》は、ずっと行動を共にしていたが、喪があけたこともあって、おずおずと孟子に質問した。

「お言葉に従って、私が棺椁《かんかく》の準備をしましたが、あれは立派にすぎませんでしたか?」

孟子「外観の立派さを誇るのではなく、そうすることによって『人の心を尽くすなり』――亡き親に対する、子の自然な気持ちを、十分に現すのである。

また、死者の肌に土を近づけないように棺椁を作ることも、人の心に快いことだろう。

君子たる者、天下の人のためになるからという理由で、自分の親に立派な物を用いずに倹約する、などということはしないのだ、と聞いている」（孟子、公孫丑《こうそんちゅう》下編）。

の自然に反するものとして、多くの批判を受けることになった。

(7) 非《ひ》楽《がく》

音楽は、耳に楽しい。美しい物は、目に楽しい。肉食などは、口に楽しい。立派な住居は、体に楽しい。——墨子は、これらを肯定した上で、しかしそれは「聖王の仕事ではなく、人民の利益にもならない」から、音楽はよくない、と否定する。

三患《さんかん》　王侯貴族が音楽に親しむためには、まず楽器が必要である。楽器を造るためには、人民から多くの租税を取り立てなければならない。人民はそのために、次の三患に陥ってしまう。

飢《う》うる者は食《しょく》を得ず。
寒《こご》ゆる者は衣《い》を得ず。
労《ろう》する者は息《そく》を得ず（非楽《ひがく》上編）。

その犠牲の上に立って、

「巨鐘《きょしょう》（大きな鐘《かね》）を撞《つ》き、鳴鼓《めいこ》（太鼓）を撃《う》ち、琴瑟《きんしつ》（小さな琴《こと》と大きな瑟《こと》）を弾《だん》じ、竽笙《うしょう》（大小の笛）を吹《ふ》き、干戚《かんせき》（楯《たて》や斧《おの》）を揚《あ》ぐ」などしても、世は治まるはずはない（同）。「干戚」は、音楽に合わせて舞う時に、手に持つ。

だから「楽《がく》を為《な》すは非《ひ》なり」。

また、鐘《かね》を撞《つ》くには、壮年の者が必要だとして、民間から引き抜く。そのため庶民は働き手を失って、衣食が乏しくなる。だから「楽を為すは非なり」（同）。

舞　楽
(『中国漢画図典』)

王侯貴族は、一人で聴いてもつまらないから、仲間や、庶民までも集めて聴くことになる。仲間たちは政治がおろそかになるし、庶民は仕事ができなくなる。だから「楽を為すは非なり」（同）。

礼楽　『荀子』は、「墨子《ぼくし》の非楽《ひがく》や、則《すなは》ち天下《てんか》をして乱《みだ》れしむ」（富国編）と、音楽の持つ整然とした〝秩序〟が失われ、その結果、世が乱れることを嘆いた。儒家は「礼楽」と併称するように、音楽は「礼」と一体と見るのである。

墨家は、情性を重視しながら礼義を軽視するから、両方とも失ってしまう。一方の儒家は、礼義を重視するから、情性とともに身につけることができる。これが、儒家と墨家の違いである、と荀子は言う（礼論編）。

荀子はまた、次のようにも述べる。

「楽《がく》行《おこな》はれて志清《しきよ》く、礼脩《れいをさ》まりて行成《こうな》る」（楽論《がくろん》編）ものであり、

「楽《がく》なる者《もの》は楽《らく》なり」——音楽とは、楽しいもの（同）である。

墨子が音楽を否定するのは「視力のない人が白黒の色を区別し、聴力のない人が清濁の音を区別し、また、南方の楚《そ》国に行こうとして北方に向かうのと同じである」（同）。

真情と形式　人情の自然の現れとしての音楽と、礼楽のための大規模な音楽とが同じに論じられているために、議論がかみ合わないところが多い。

(8)　天《てん》志《し》

墨子は、天の意志——「天志」を認めている。『墨子』には、以下のように言う。

「夫《そ》れ天《てん》は、林谷幽間《りんこくゆうかん》も人《ひと》無《な》しと為《な》すべからず、明《めい》必《かなら》ず之《これ》を見《み》る」——天というものは、林や谷や奥深い場所に住んでいるどんな人に対してでも、明瞭に見えている（天志上編）。

そして、その「天《てん》は、義《ぎ》を欲《ほっ》して不義《ふぎ》を悪《にく》む」。従って「天《てん》意《い》に順《したが》ふ者《もの》は、義政《ぎせい》するなり」——義によって政治を行っていくし、「天意《てんい》に反《そむ》く者《もの》は力政《りょくせい》するなり」——権力武力に頼って政治を行っていくものである（同）。

さらに、天意と兼愛とを結びつけて、次のように言う。

「天《てん》の意《い》に順《したが》ふとは、如何《いかん》。曰《い》はく、天下《てんか》の人《ひと》を兼愛《けんあい》す、と」——天意によって政治を行うとは、天下の人々を兼愛することである（天志下編）。

そして、兼愛説を裏づけるのである。

大国も小国も、みな天の領土である。人は幼長・貴賤、みな天の臣下である。従って、

◆詩《し》は志《し》の之《ゆ》くところ（詩経）

『詩経』の「大序」は、「毛序《もうじょ》・関雎《かんしょ》序」とも呼ばれる。その最初に、次のように言う。

「詩《し》は、志《し》の之《ゆ》く所《ところ》なり。心《こころ》に在《あ》るを志《し》と為《な》し、言《げん》に発《はっ》するを詩《し》と為《な》す。

情《じょう》中《うち》に動《うご》きて言《げん》に形《あらは》る。之《これ》を言《い》ひて足《た》らず、故《ゆゑ》に之《これ》を嗟嘆《きたん》す。之《これ》を嗟嘆《きたん》して足《た》らず、故《ゆゑ》に之《これ》を永歌《えいか》す。之《これ》を永歌《えいか》して足《た》らず、手《て》の舞《ま》ひ足《あし》の踏《ふ》むを知《し》らざるなり。

情《じょう》声《こゑ》に発《はっ》し、声《こゑ》文《ぶん》を成《な》す。之《これ》を音《おん》と謂《い》ふ。」

——詩とは、志《こころざし》の表れたものである。心の中に存在しているものが志であり、それが言葉として発せられたものが詩である。

感情が心の中に起こると、言葉となって表れる。言葉で言い尽くせない時は、嘆息し感嘆する。それでも尽くせない時は、声を長く引いて歌う。それでも尽くせない時は、自然に手足が動いて舞い踊るのである。

つまり、感情が声として発せられ、その声が美しく飾られてくると、これが音楽というものなのである。

「愛《あいシ》レ人《ひとヲ》利《りスル》レ人《ひとヲ》者《ものハ》、天《てん》必《かならズ》福《さいはひシ》レ之《これヲ》、悪《にくミ》レ人《ひとヲ》賊《そこなフ》レ人《ひとヲ》、天《てん》必《かならズ》禍《わざはひス》レ之《これヲ》。」

――互いに愛し合い、利益を与え合う人には、天は必ずその人に福を与える。互いに憎み合い、傷つけ合う人には、天は必ずその人に災いをくだす（墨子、法儀《ほうぎ》編）。

天が「相愛し相利する」ことを望んでいるのである。

儒家　孔子が、乱暴者の司馬桓魋《しばかんたい》たちに囲まれ、生命が脅かされた時に、孔子は「天が私に徳を与えてくれているのだ。桓魋ごときは、私をどうすることもできない」と言ったとされている。

「天《てん》生《しょうぜり》二徳《とくヲ》於予《われニ》一。桓《かん》魋《たい》其《そレ》如《い》レ予《われヲ》何《かんセン》。」（論語、述而《じゅつじ》編）

この章をはじめとして、儒家でも絶対的な存在としての「天」を受け入れている。

(9) 明《めい》鬼《き》

鬼神《きしん》　墨子はまた、鬼神は存在するのだとして、『墨子』には「明鬼」が説かれている。「鬼神」は、死者の霊魂。先祖の霊である。

墨子はまず、尭帝・舜《しゅん》帝・禹《う》王から、夏《か》王朝・殷《いん》王朝をへて、周王朝に至るまで、聖王たちはみな鬼神に仕えてきたことを詳述する。一般庶民も、多く「鬼神の物を見、鬼神の声を聞くこと有り」。つまり、天下の人々が鬼神を見聞した例は、「勝《あ》げて計《はか》るべからず」――数えきれない、というのである（明鬼《めいき》下編）。

そして鬼神は、すべての人の言動を見とおし、「賢《けん》を賞《しょう》し暴《ぼう》を罰《ばっ》し」ている。だから為政者は、人民に鬼神の存在を教え、それに基づいて政治を行っていくべきである。これこそが、「実《まこと》に国家《こっか》を治《をさ》め、万民《ばんみん》を利《り》する所以《ゆゑん》の道《みち》なり」――最上の方策である、とするのである（同）。

統率　「明鬼」編は、前項の「天志」編の姉妹編ともいうべき内容になっている。ただし墨子は、「天」と「鬼」との関係については、触れていない。しかし、一種の〝宗教集団〟（二一三頁）としての墨家においては、鬼神の存在は絶対に必要だったろう。鬼神に仕えることによって、集団としての帰属意識を強固にすることができる。鬼神の存在を説くことによって、一般の人々を引きつけることもできる。――古今東西、宗教集団の特徴、そのままだろう。

儒家　『論語』では、鬼神の存在は認めてはいるが、鬼神は鬼神として「敬して遠ざく」と、距離を置いて尊んでいる。孔子の門人の樊遅《はんち》が、「知」について孔子に質問した。これは「知者としての態度、あり方」の意味だろう。孔子の答え、「民《たみ》の義《ぎ》を務《つと》め、鬼神《きしん》を敬《けい》して之《これ》を遠《とほ》ざくるは、知《ち》と謂《い》ふべ

◆人の心を種《たね》として（古今和歌集）

『古今和歌集』は、紀貫之《きのつらゆき》ら四人が編集した、日本最古の勅撰和歌集。勅命は、延喜《えんぎ》五年（九〇五）。その序文には仮名と真名《まな》（漢字。ここは漢文体）とがあり、その内容はおおむね一致している。二三五頁コラムの「毛序」に基づいた表現もある。

次は、紀貫之による「仮名序」の冒頭。やはり、和歌は人間の真情にもとづくもの、と述べている。

「やまとうたは、人の心を種として、万《よろづ》の言《こと》の葉とぞなれりける。世の中にある人、ことわざ繁《しげ》きものなれば、心に思ふことを、見るもの聞くものにつけて、言ひ出《いだ》せるなり。花に鳴く鶯《うぐひす》、水に住む蛙《かはづ》の声を聞けば、生きとし生けるもの、いづれか歌をよまざりける。力をも入れずして天地《あめつち》を動かし、目に見えぬ鬼神《おにがみ》をもあはれと思はせ、男《をとこ》女《をんな》の中をも和《やは》らげ、猛《たけ》き武士《もののふ》の心をも慰むるは歌なり（日本古典文学全集『古今和歌集』小学館）。

――和歌《やまとうた》は、人の心を種とすると、（そこから芽生えた）無数の葉となった（ようなものである）。この世に生きる人々は、種々の言動がたいへん多いものであり、その時々に心に思い浮かんだことを、見たもの聞いたものに託して、言葉で表現した（ものが和歌である）。

花にさえずるウグイス、川に住むカジカの声を聞けば、生きている人すべてが、だれでも歌を詠むだろう。

力も入れずに天地（の神々の心）を感動させ、目に見えない鬼神（死者の霊魂）を感激せしめ、（また）男女の間柄をも和やかにし、勇ましい武士の心をも慰めるのが、歌である。

し」――人として当然に行うべきことに努力し、鬼神は尊び敬って距離を置いて接する。これが知者の態度と言えるだろうな」（論語、雍也《ようや》編）。

「民の義を務め」が、次の「鬼神を敬して……」の句と内容上も続いていると見れば、世間には義を務めずに鬼神に頼る人が多いことを踏まえてのものだろうか。

「世上往々にして人として為すべきことを忘れて助けを鬼神に仰ぐ者を見るが、これらは極めて不知なる者である」（諸橋轍次『論語の講義』新装版、大修館書店）。

なお、右の章から「敬遠」という言葉が生まれた。

もう一つ、同じく門人の子路《しろ》が、鬼神に仕える方法を質問した時の、孔子の言葉を紹介する。

「季路《きろ》、鬼神《きしん》に事《つか》へんことを問《と》ふ。
子曰《しい》はく、『未《いま》だ人《ひと》に事《つか》ふること能《あた》はず、焉《いづ》くんぞ能《よ》く鬼《き》に事《つか》へんや』と。
『敢《あ》へて死《し》を問《と》ふ』と。
曰《い》はく、『未《いま》だ生《せい》を知《し》らず、焉《いづ》くんぞ死《し》を知《し》らんや』と。」

――季路〔子路〕の質問に対して、
孔子「まだ、生きている人にお仕えすることさえ十分にできないのに、どうして鬼《き》にお仕えすることができようか。」
子路「申しわけありませんが、死についてお訊ねします。」
孔子「まだ、生ということさえわからないのに、どうして死についてわかろうか」（同、先進《せんしん》編）。

「鬼神に仕える」とは、具体的には祭祀《さいし》を行う場合の心構え、ということだろう。祭祀の時の「礼」に関しては、孔子は最高の知識人だが、その心構えに関しては、しょせんは言葉で説明することはできない。

孔子は子路に「それより、もっと人間を知れ、もっと人生を学べ」とさとしたのである。

批判　後漢の王充《おうじゅう》は、その著『論衡《ろんこう》』において、孔子に始まる儒家が今に伝わっているのに、墨子に始まる墨家が廃《すた》れてしまった理由を、儒家の方法は実行できるが、墨家の理論にはついていけないからであるとして、その根幹に「薄葬」と「明鬼」とが矛盾していることを置いている。

墨家は「鬼は、死者の精神である」と明言する。では「明鬼」として死者の精神を尊びながら、「薄葬」として死者の遺体を冷淡に扱うというのは、乖違《かいい》（矛盾）ではないか。人情として、手厚いことを望み、薄情さを憎む。死んでいった鬼神だって、同様である（案書《あんしょ》編）。

なお王充自身は、死者に知覚があるのかないのか、つまり、鬼神は存在するのかしないのかについて、冷静に、理性的に考えようと論じ、結局は「薄葬」を主張している。墨家の「明鬼」は感覚的感情的な論だから有害無益だが、無用な出費を抑えるために「薄葬」そのものには賛成するのである（薄葬編）。

◆なぜ病気に？

墨子が、病気になった。門人の跌鼻《てつび》は、不審に思って墨子に訊ねた。「鬼神は、善を行う人は賞し、不善を行う人は罰する存在です。先生は聖人なのに、どうして病気になったのですか？　先生が不善を行ったのですか。鬼神が不明なのですか。」

墨子「私が病気になったからといって、鬼神が不明であることなど、ありえない。寒暑により、労苦によっても、病気になるのだ。だいたい、門が百もあって、そのうちの一つを閉じたからといって、盗人を防ぐことはできないよ。」

墨子の説明も、どうも苦しそうだが……。

川柳コーナー　――怪力乱神

化物《ばけもの》の話を儒者はしっ叱《しか》り

孔子は「怪力乱神」は口にしない（二七二頁）。うっかり「お化け」の話など始める人がいると、儒者は「しっ」とたしなめる。

⑽ 非《ひ》命《めい》

定命《ていめい》　「命」は、天命、定命。俗にいう「運命」で、これを天の定めであるとするのが「命」。墨子は、その天命を否定する。

ただし「天志」は認めるのだから、ここでは「定命」という語を用いることにする。

墨子は、歴史的事実を見ても、先王の言説を調べても、「定命」には根拠がない、という。反対に「定命」を信じれば、為政者は政治をいい加減にするし、人民は仕事にまじめに取り組まなくなる。つまり「定命」は「上《うへ》は天《てん》を利《り》せず、中《なか》は鬼《き》を利《り》せず、下《した》は人《ひと》を利《り》せず」なのだから、「忠実《まこと》に天下《てんか》の為《ため》を欲《ほっ》して其《そ》の貧《ひん》を悪《にく》み、天下《てんか》の治《ち》を欲《ほっ》して其《そ》の乱《らん》を悪《にく》む」のであれば、「天下の大害」である「定命」を否定しなければいけない、と述べている（非命《ひめい》上編）。

◆儒家と墨家

『墨子』の「天志・明鬼・非命」の各論は、墨子の主張する倹約や兼愛や交利などを裏づけるための根拠になっている。

それはまた、儒家のこれらに対する考え方に対抗するものともなっている。

さらには、儒家の「礼楽」や「厚葬久喪」に対しても、墨家は正面から否定して、対抗している。

こうして、墨家が儒家の思想と激しく争うことによって、百家争鳴の時代が始まった、と言ってよい。

思想集団として多くの人々がまとまり、あい反する思想を戦わせながら、門人たちにも引き継がれていくという点では、諸子百家の中でも、儒家と墨家とだけが双璧の存在である。

儒家　『論語』は「命」を肯定している。孔子の門人の伯牛《はくぎゅう》（四〇七頁の冉《ぜん》伯牛）が悪疾に冒された時――ハンセン病とされる――見舞った孔子は、「命《めい》なるかな」と嘆息する（論語、雍也《ようや》編）。

兄弟がいないことを憂える司馬牛《しばぎゅう》に対して、子夏は孔子先生から聞いたこととして、次のように述べて慰める。「死生《しせい》　命《めい》有《あ》り。富貴《ふうき》　天《てん》に在《あ》り」――人の死生も富貴も、すべて天命なのだ（同、顔淵《がんえん》編）。

孔子自身も「五十《ごじゅう》にして天命《てんめい》を知《し》る」と回顧している（同、為政編）。

そして『論語』の最後の章は、孔子の次の言葉である。「命《めい》を知《し》らざれば、以《もっ》て君子《くんし》為《た》ること無《な》きなり」――天命を理解しないうちは、君子であるとは言えない（同、尭曰《ぎょうえつ》編）。

儒家の「命」観が、もっともよく現れている章、と言えよう。

⑾ 尚賢《しょうけん》・尚同《しょうどう》

『墨子』の「尚賢」編は、有能な賢者を尚《とうと》ぶべきこと、賢者にはそれにふさわしく富貴を与え、尊敬し称賛するべきであることを中心に述べたもの。

また「尚同」編では、上位の者に同ずる、つまり、従っていくことを説いたもの。ここの「尚」は、「上」の意味で、『漢書』芸文《げいもん》志には、この編を「上同」とする。

天子は「上同《じょうどう》して下比《かひ》せず」——目上の人に合わせて従い、目下の人には合わせ従うな、そうすれば、上からは賞せられ、下からは褒められる、という（尚同《しょうどう》上編）。

その上下のランクは、尚同上編によれば、次のとおり。

人民——里長——郷長——諸侯——三公——天子——天。

里は、二十五戸を単位とする村。

郷は、五百里すなわち一万二千五百戸の村。

その上は「国」で、これは諸侯の領土。その下に、大夫の領地である「家」がある。

三公は、周代の官制によれば、天子の側近として次の役職がある。

太師《たいし》＝天子の模範となるべき人。文官の最高位である。

太傅《たいふ》＝太師に次ぐ人。傅は守り役で、いわば全人格としての家庭教師。

太保《たいほ》＝天子を守り安んじて保つ人。太傅と同様である。

7　縦横家

1　歴史

1　背景

戦国時代に入ると、周王朝の権威は名目上だけのものとなり、秦《しん》国をはじめとする、斉《せい》・趙《ちょう》・魏《ぎ》・楚《そ》・燕《えん》・韓《かん》の七大国を中心に、あい争う時代となった。そして各国ともに、富国強兵のためのアイデアを、広く求めるようになった。

一方では、身分制度の崩壊とともに、貴賤《きせん》を問わずに自分の思想を説き、あるいは諸国に売り込みに回る人たちが増えてきた。

特に、富国強兵の策、政治や外交の術を遊説して歩く人を「縦横家《じゅうおうか》」と呼んでいる。この名称は、ともに無名の一庶民から大臣にまで出世して栄華を極めた、蘇秦《そしん》（二四五頁）の説く「合従《がっしょう》（合縦《がっしょう》）策」と、張儀（二五〇頁）の説く「連衡《れんこう》（連横《れんこう》）策」とから来ている。

戦　闘（『金石策』）

従って、「縦横家」は、いわゆる思想家というよりも、むしろ雄弁家グループである。そして、まず自分を為政者に認めてもらおうとして売り込んでゆく、プレゼンテーションのプロでなくてはならない。

認めてもらうと、次は、為政者のブレーンになる努力が必要。口先三寸の遊説家は、売り込みに来る者はもちろん、勤務先にも大勢うろうろしているから、なみ大抵の努力では、為政者の信頼する側近にはなれない。激しいライバル争いである。アイデアの勝負でもあり、人間関係の人脈作りの勝負でもある。

アイデアのポイントは、他国との関係をいかにうまくまとめてゆくか、また、その間に自国の勢力をいかにうまく広めていくかにある。外交上のビジネスコンサルタントである。

そのためには、諸国の地形や人口、特産物から、軍備や兵力、備蓄食糧、人脈など、あらゆる情報が必要だ。遊説家たちは、互いにそうした情報を頻繁に交換し合う。また、蘇秦や張儀のように大出世した人は、金品は思いのままに使えるから、多くの部下たちを使って全国に散らばらせ、情報収集に精力を注いでいたと考えられる。全国の「歩くネットワーク」作りの達人でもあった。

自分の保身のためにも、右のような職務の遂行のためにも、命をかけて〝戦って〟いた縦横家は、まさに現代の企業戦士であり、エリートビジネスマンであった。

また、その軽妙な雄弁ぶりについて、斉《せい》国の人々は「轂過《こくか》」〔轂は、車のこしき。過は輠《か》で、車輪にさす油をいれるつぼ。車の回転をなめらかにするための油の意味〕と評している（史記、荀卿《じゅんけい》伝）。ここから「轂過を炙《あぶ》る」という成語も生まれた。轂過をあぶると、油がいつまでもにじみ出ることから、知恵の尽きないたとえに用いられる。

2　名　称

縦と横　『淮南子』覧冥訓《らんめいくん》編に「縦横」という語が出てくるが、後漢の高誘《こうゆう》は、これに次のような注をつけている。

「蘇秦《そしん》は合縦《がっしょう》し、張儀《ちょうぎ》は連横《れんこう》す。南と北との合するを縦と為《な》し、西と東との合するを横と為す。」

「縦」は南北を、「横」は東西を言うのである。これは古くからの用法であり、『詩経』斉風《せいふう》・南山の詩に「麻《あさ》を蓺《う》うるには之《これ》を如何《いかん》せん、其《そ》の畝《あぜ》を衡《よこ》にし従《たて》にす」とある「衡従《こうじゅう》」も、横と縦、つまり東西と南北の意味。

秦《しん》国と他の諸国　大国である秦は、西方にあり、それ以外の諸国はみな東方、と見るのである。従って、秦国と諸国とは、西と東、つまり横の関係になる。

『詩経』にみえる「衡」は、秤《はかり》の竿《さお》、また、秤の意味。秤だから、つり合い〔均衡《きんこう》〕、平ら〔平衡《へいこう》〕の意味であり、その状態から「横」と同じ意味にも使われる。

また、東方に一括された諸国は、概略的には、南北の関係、つまり「縦《たて》」に位置している、と見る。

合従《がっしょう》と連衡《れんこう》　『韓非子』五蠹《ごと》編は、次のように記している。

「従《しょう》とは、衆弱《しゅうじゃく》を合《あ》はせて以《もっ》て一強《いっきょう》を攻《せ》むるなり。而《しか》して衡《こう》とは、一強《いっきょう》に事《つか》へて以《もっ》て衆弱《しゅうじゃく》を攻《せ》むるなり。」

「従」は「縦」と同じで、「衆弱」つまり東方の諸国が同盟を結ぶこと。そして「一強」つまり西方の秦国に対抗するのである。

また「衡」は「横」と同じで、諸国の一つが「一強」である秦に仕えることによって、他の「衆弱」である諸国に対抗することである。

本来は「縦」も「横」も、弱小の諸国が何とか生き残っていくための方策だった。

合従、つまり弱小諸国が南北に同盟を結んで、秦に対抗する策は、公孫衍《こうそんえん》（三九七頁）が魏国の大臣になった時に提唱したもの、とされている。ふつう、その華やかな活躍ぶりから、蘇秦がその代表者とされている。

また連衡は、右の『韓非子』のように、弱小の一国が秦国に仕えて身の安全を図ること。また同時に、秦国に協力して他の国を攻めること、と解釈することもあり、事実、そうした態度をとった国もあった。しかし普通は、秦国が他の国をそれぞれ各個に撃破していくことを、東西つまり横〔衡〕に見立てるのを「連衡策」と呼んでいる。中心人物は、張儀《ちょうぎ》。

具体的には「六国《りっこく》の従《しょう》を散《さん》じ、之《これ》をして西面《せいめん》して秦《しん》に仕《つか》へしむ」――六か国の同盟を解散させて、諸国を西に向かせて秦に仕えさせること（史記、李斯《りし》伝）である。つまり「以《もっ》て韓《かん》を脅《おびや》かし、魏《ぎ》を弱《よは》め、燕《えん》・趙《ちょう》を破《やぶ》り、斉《せい》・楚《そ》を夷《たひら》げ、卒《つひ》に六国《りっこく》を兼《か》ね〔併合し〕、其《そ》の王《おう》を虜《とりこ》とし、秦《しん》を立《た》てて天子《てんし》と為《な》す」（同）ということ。

実情は、小国の中の二、三の国が協力して秦と対抗したり他の小国を攻めたりとか、秦が単独であるいは小国の一、二を引き込んで他の小国を攻めたりなど、さまざまな攻防戦が展開されており、合従だ連衡だと、図式的にきれいに整理できるものではなかった。

表記について　「合従《がっしょう》」にも、「連衡《れんこう》」にも、漢文の原文そのものから、幾つかの表記法が見られる。ここでは、引用文は原文の表記に従うが、一般的な記述には「合従」「連衡」そして「縦横家《じゅうおうか》」の表記を用いる。

3　人　物

鬼谷子《きこく》　縦横家を代表する蘇秦と張儀が、ともに、「鬼谷先生に学んだ」（史記、蘇秦伝・張儀伝）ので、この鬼谷先生が縦横家の開祖とされている。

「鬼谷」は、地名。しかし、河南省登封県の東南とする説のほか、陝西《せんせい》省三原県の西北、同じく陝西省韓城市の東境、などの説があって、不明。

鬼谷子の伝記も、まったく不明。『大漢和辞典』（大修館書店）などでは「王詡《おうく》」のこととする（七巻・八二七頁）が、その王詡についても、まったく不明である。

著書に『鬼谷子』二巻が現存する。しかし『漢書』芸文志《げいもんし》はこの書を載せておらず、『隋書』経籍志に初めて登場する。これらを含めて、蘇秦の著かという説もあるが、後人の偽作とするのが通説。

蘇秦《そしん》　縦横家という名称を生んだ「合従策《がっしょう》」を説いた立役者。人物は二四五頁を参照。

張儀《ちょうぎ》　同じく縦横家の名称の基になった「連衡策《れんこう》」の主唱者。人物は二五〇頁を参照。

鬼谷子
（『中国神仙画像集』）

蘇代、趙王に説く
（『絵画本　中国古代史』）

蘇代《そだい》　蘇秦の弟。兄の成功を見て、兄の死後に燕《えん》の国に自分を売り込んで、重臣に取り立てられた。人物については、四〇七頁を参照。

蘇厲《それい》　蘇代の弟。同じく斉《せい》の国にうまく取り入って、その臣となった。そこで蘇氏は兄弟三人とも遊説家として名を馳《は》せたことになる。人物については、四〇八頁を参照。

兄弟三人ともに『史記』蘇秦伝に収められており、司馬遷はそこでこう評している。

「天下《てんか》、此《こ》れより蘇氏《そし》の従約《しょうやく》を宗《むね》とす。代《だい》・厲《れい》、皆寿《みなじゅ》を以《もっ》て死《し》し、名《な》は諸侯《しょこう》に顕《あら》はる。」――（蘇秦が「従親《しょうしん》」を説いて以後）天下の国々はみな蘇氏の合従策を基本に考えた。蘇代と蘇厲は、ともに寿命を全うして死に、そして、その名は諸侯に知られたのである。

陳軫《ちんしん》　張儀と同時期に秦《しん》国に仕えた遊説家。張儀が秦の大臣になったのを機に、楚《そ》の国に移った。人物は四一〇頁を参照。

公孫衍《こうそんえん》　姓は公孫、名は衍。号は犀首《さいしゅ》。初め秦《しん》国に仕えたが、のち魏《ぎ》国に行き、その大臣となって、合従策を主張し、韓《かん》・趙《ちょう》・燕《えん》・中山《ちゅうざん》の諸国の賛同を取りつけて、五か国の共通大臣となった。人物は三九七頁を参照。

甘茂《かんも》　甘戊《かんぼ》とも書く。張儀の紹介で秦国に仕え、斉国に移り、魏国に移って没した。『史記』に「甘茂伝」がある。人物は三九〇頁を参照。

甘羅《かんら》　甘茂の孫。十二歳で秦国の大臣・呂不韋《りょふい》に仕え、奇策によって名を残した。『史記』の「甘茂伝」の附伝に伝記が記されている。その奇策や人物などは三九一頁を参照。

淳于髡《じゅんうこん》　身長一六〇センチと小柄で、斉《せい》の威王に仕え、機知あふれる話術で厚遇された。『史記』滑稽《こっけい》列伝に伝記が載っている。人物は四〇三頁を参照。

范雎《はんしょ》　字《あざな》は叔《しゅく》。范睢《はんすい》とも書かれる。魏《ぎ》国に仕えたが、誤解によって虐待され、秦国に逃げる。秦の昭王に「遠交近攻」の策（三二〇頁）を説いて、秦の天下統一を促進した。『史記』に范雎伝がある。人物は四一三頁を参照。

4　『漢書』の評

行人の官〔外交官〕から出ている。孔子は言う、「『詩経』の詩三百編を暗唱していても、外交の使者として四方の国に行き、自分の考えで応対し折衝することができなければ、詩をどんなに多く知っているからといって、何の役にも立たないよ」（論語、子路）。

また孔子は言う、「立派な使者だなあ、立派な使者だなあ」〔注〕（論語、憲問）。

これは、場面に合わせて上手に処理してゆくことができることをたたえているのである。使者は使命は受けても、応対する言葉までは教わってはいないのだ。（こういう臨機応変の処置に巧みなのが）縦横家の長所である。

しかし、その亜流が学ぶと、嘘偽《うそいつわ》りが中心になって、信義を捨ててしまうことになる。

〔注〕衛《えい》国の大夫、遽伯玉《きょはくぎょく》からの使者に、孔子が応対した。用件が済むと、孔子は使者を座席にすわらせ、雑談に移る。孔子が「遽伯玉は、このごろどうしているか」と聞くと、使者は「主人は自分の過失を少なくしようと心掛けていますが、まだうまくいかないようです」と答える。使者が去ると、孔子は「使《ヒナルかな》乎、使《ヒナル》乎」と感嘆したという。諸橋轍次氏は、これを「いかにも主人の人格の美しさを現わすと同時に、使者としての礼儀を守った言葉である」から、「まことに立派な使者であると、繰り返してその使者の態度を称揚した」のだ、と解説している（『論語の講義』一九八八・六、新装初版、大修館書店）。

2　蘇《そ》秦《しん》（？—前二八四？）

1　人物

苦労　洛陽《らくよう》の人。字《あざな》は季子《きし》。貧しい庶民の生まれで、弟の蘇《そ》代《だい》（四〇七頁）と蘇厲《それい》（四〇八頁）も、ともに遊説家となる。蘇秦は、張儀《ちょうぎ》（二五〇頁）とともに、鬼谷《きこく》先生（二四三頁）に学んだ。しかし、張儀にはかなわないと自覚していた（史記、張儀伝）。蘇秦と張儀は、ともに苦学生。交代で髪を切って売っては、

蘇　秦
（『中国五百名人図典』）

生活費にあてていた。書物も、聖人の言を書いたもの以外は、読まなかった。たまたま旅先で古典を見つけても、書き写すものがないので、手のひらや股《もも》の内側に墨で書いておき、夜に宿に帰って浄書した。それも、竹を切って簡〔竹や木の片〕を作り、また、道々に食物をもらいながら、木の皮をはいで簡を作り、それらを編み並べて、そして書物を仕上げた。こうして、天下の名著を集めていった、という。以上は、南朝梁《りょう》の蕭綺《しゅくき》が補いまとめた伝奇伝説集『拾遺記』に載せる話。

『拾遺記』では、この後に二人は鬼谷先生に拾われた、となっている。

さて蘇秦は一人立ちすると、数年間は遊説活動をしたらしい。しかし、どこに行っても相手にされず、すごすごと家に帰る。そこでは、家族や親戚にも馬鹿にされた。

揣摩《しま》　発憤して勉強しなおし、マスターしたのが「揣摩《しま》」の術。相手の心を読み取る、読心術のような心理学らしい。今でも「揣摩憶測《おくそく》」と使う。事情を推察し、あれこれと推量すること。

全盛　遊説家として再出発、六か国を遍歴して、ついに秦国《しん》に対抗して六か国を同盟させる合従《がっしょう》策を成功させた。「2合従策をたどる」〔次頁〕に詳述する。そして自分は、六か国の共通大臣にまで出世した。

反間《はんかん》　秦国《しん》は、十五年間は六か国を攻めなかったが、斉《せい》と魏《ぎ》の両国をだまして趙《ちょう》国を攻めさせ、趙の粛侯《しゅくこう》は蘇秦の責任を問うたので、蘇秦は燕《えん》国に逃れて、これで合従策も消滅する。

燕の易《い》王は、蘇秦の弁舌に引かれて彼を優遇した。蘇秦は、易王の母〔易王の父・文侯の妃である〕と密通していた。易王は、それを知っていたが、それでも蘇秦を厚遇していた。しかし蘇秦は、いつかは罰せられるだろうと、斉《せい》国に行く。

斉の宣王は、彼を客卿《かくけい》〔客分の大臣〕として優遇した。間もなく宣王が没して、湣《びん》王が即位する。蘇秦は、宣王の国葬を思いきり派手にし、合わせて宮廷を新築させたりして、国費を乱費させた。国家の財政を危うくさせて、燕国に攻め入らせようという魂胆である。四五〇頁も参照。

この間の蘇秦の行動を中心にして、蘇秦は「反間《はんかん》」〔スパイ〕であるという悪評を、後世に受けるようになる。

最期　斉の大臣・大夫たちは、他処者《よそ》の蘇秦が優遇されすぎているとねたんで、刺客を送った。刺客は、蘇秦を刺して逃亡した。

蘇秦は、死ぬ直前にこう言い残した。「自分が死んだら、『蘇秦は燕国のために斉国で内乱を起こそうとしていたのだ』と言い広めてください。そして、私の死体を車裂きの刑にして、市場でさらしものにしてください。そうすれば、私を刺した犯人は、名乗り出るでしょう。」

果たして、犯人は得意然として現れた。国を売ろうとした蘇秦を殺した自分は、国の英雄だ――。湣《びん》王は、ただちに犯人を捕らえて死刑にした。

暗殺されても犯人は捕らえてみせるという、蘇秦の最後の策であった。

評価　蘇秦は、スパイの罪によって刺客に殺され、天下の笑い者になった。そして、その弁論術を学ぶのを避けるようになった。

しかし、蘇秦に関する話には異説も多く、また、時代が違っていても、よく似た話はみな蘇秦のこと、とされてしまっている。

しかし蘇秦は、貧しい村から出て六か国を従親《しょうしん》させた人物。その知恵は、人なみ優れているのだ。だから彼の業績を列挙して、蘇秦が悪評だけを受けないようにする（以上、史記、蘇秦伝、太史公《たいしこう》論賛）。

2　合従《がっしょう》策をたどる

蘇秦が、合従策を成功させるまでの足跡を中心にして、その言動を整理しておこう。

(1)　秦へ

鬼谷先生に学び、秦《しん》国に行って、なんと「連衡《れんこう》」策を説いている。これに失敗して家に帰り、皆に馬鹿にされ、発奮して勉強しなおした。これは『戦国策』秦《しん》策の記述。『史記』蘇秦伝では、勉強し直してから行ったのが秦国、となっている。

また『史記』では、秦に行く前に、天下の王室である周に行って、顕《けん》王に自分を売り込んでいる。しかし、蘇秦の評判を知っている側近たちは、蘇秦を信用しなかった。そこで蘇秦は、やむを得ず秦国に行くのである。

この話を信じるなら、まず王室に、それから超大国の秦に、しかも連衡策を説きに行った、ということになる。それに失敗すると、小国に、しかも合従策をもって、自分を売り込みに行くのである。

ともかくも就職が先、就職したい理由は後から考える――これが蘇秦。

なお、以下の記述はみな『史記』蘇秦伝から。

(2)　趙《ちょう》へ

粛《しゅく》公（在位、前三四九―前三二六）は好意を持ってくれたが、大臣を勤める粛公の弟・成《せい》〔奉陽君《ほうようくん》〕に嫌われて、粛公に意見を述べられず。

(3)　燕《えん》へ

小国の燕国に行く。一年間待たされて、やっと文公（在位、前三六一―前三三三）に面会。

蘇秦「願《ねが》はくは大王、趙《ちょう》と従親《しょうしん》せんことを。天下《てんか》、一《いつ》とならば、則《すなは》ち燕国《えんこく》必《かなら》ず患《うれ》へ無《な》からん。」

「患へ」は、秦国に攻められる心配。まず趙国と同盟を結んで、お国の安泰を図ったら――と、半分はおどしている。文公は、旅費などを提供して、蘇秦を趙《ちょう》に行かせる。

(4) 再び趙へ

趙では、幸いに奉陽君《ほうようくん》が没していたので、粛《しゅく》公に面会することができた。蘇秦の策が成功するか失敗するかは、ひとえに粛公の気持ちにかかっている。蘇秦、漢字千二百字を超える弁舌を振るって、あるいは趙をほめ、あるいはおどし、そして、殺し文句。

「六国従親《りっこくしょうしん》して以《もっ》て秦《しん》を賓《しりぞ》くれば、則《すなは》ち秦《しん》の甲《こう》、必《かなら》ず敢《あ》へて函谷《かんこく》を出《い》でて以《もっ》て山東《さんとう》を害《がい》せざらん。此《か》くのごとくんば則《すなは》ち覇《は》王《おう》の業成《ぎょうな》らん」――六か国が同盟を結んで秦を排斥するなら、秦の軍隊は関所の函谷関《かんこくかん》から出てきて、この山東地方を荒らすことはないでしょう。こうしておけば、あなたは天下の覇者としての大業が完成します。

趙に、勝手に「天下の覇者」の夢を与えてしまった。粛公、これに乗らないはずはない。蘇秦に「車百台、黄金千溢《せんいつ》、白璧《はくへき》百双、錦繡千純《きんしゅうせんとん》」を、諸侯への贈り物にしてくれ、と預ける。蘇秦の策、ほぼ成功。

「溢《いつ》」は、量の単位で、片手に持った量。「白璧」は、円く平たい飾り玉。「双」は、対《つい》。「純《とん》」は、束。これだけ贈り物を出せるのだから、趙の大国ぶりも想像がつく。また、これだけを車百台に載せて諸侯を回るなら、扱う人間も相当数が必要だし、大行列にもなる。蘇秦の「してやったり」の心境も、よくわかる。

(5) 韓《かん》へ

宣王（在位、前三三二―前三一二）に面会する。有名な「寧《むし》ろ雞《けい》口《こう》と為《な》るとも、牛後《ぎゅうご》と為《な》ること無《な》かれ」（三七八頁）は、この時のものである。

(6) 魏《ぎ》へ

襄《じょう》王（在位、前三一八―前二九六）に面会。襄王も、蘇秦に半分は「賢王」とほめられ、半分は「秦」は強いとおどされて、「敬《つつし》みて国《くに》を以《もっ》て（国を挙げて）従《したが》はん」と、合従策に賛成する。

(7) 斉《せい》へ

宣王（在位、前三一九―前三〇一）の治める斉は、都の臨淄《りんし》だけで戸数七万という大国。しかし、たえず秦国の顔色をうかがっている。そこで、蘇秦の言葉。

「夫《そ》れ大王《だいおう》の賢《けん》なると斉《せい》の彊《つよ》きとを以《もっ》てすれば、天下能《てんかよ》く当《あ》たるもの莫《な》し」——大王の賢明さと、この斉国の強大さとをもってすれば、この天下に対抗できる国はありません。

宣王もこの言葉に自尊心を取り戻し、魏《ぎ》の襄《じょう》王と同じ言葉「敬《つつし》みて国《くに》を以《もっ》て従《したが》はん」ということになった。

(8) 楚《そ》へ

威《い》王（在位、前三三九—前三二九）の治める楚も、大国。右の斉《せい》の場合とまったく同じ内容「夫《そ》れ楚《そ》の彊《つよ》きと王《おう》の賢《けん》なるとを以《もっ》てすれば、天下《てんか》能《よ》く当《あ》たるもの莫《な》きなり」という言葉で、威王の自尊心をくすぐっておいてから、あとは何とか威王を説得する。ここでやっと、六か国の合従策が成立した。

3　司馬遷の評

韓・魏・趙の三国には、権謀術数（巧みに人を欺く謀《はかりごと》）に長じた人が多い。合従連衡の策を説いて秦国を強くしたのも、たいていは三国の出身者である。

さて、張儀の行動は、蘇秦よりも激しい。それなのに世間では、蘇秦のほうを憎んでいる。それは、蘇秦が先に死し、張儀が彼の欠点を暴露して触れ回り、そして自分の説を有利にもっていって、連衡策を完成させたからなのである。

要するに、蘇秦も張儀も、本当に危険な人物だったなあ（史記、張儀伝論賛）。

4　架空の人物？

しかし、蘇秦なる人物に対しては、幾つかの疑問符がつけられている。以下、その主なものを簡潔に紹介しておく。

① 蘇秦の、各国を巡って話をする中に出てくる歴史的な事件や背景が、史実にそぐわず、蘇秦の伝記が年表に当てはめられない。

これに関しては、司馬遷も「蘇秦に関する逸話には、異説が多い。時代が違っていても、よく似た話があれば、蘇秦のこととされてしまっている」と、すでにそのころから言われてきて

蘇秦、従約の長となる
（『絵画本　中国古代史』）

いたことなのである。司馬遷は「行為を年代順に並べた」と言っており、それが右の「2合従策をたどる」(二四七頁以降)なのだが、これも整理の一例に過ぎず、かつ年代の特定はほとんどできない(史記、蘇秦伝論賛)。

②秦《しん》国は、蘇秦のころ(前三三〇年ころ)には、それほど強大ではなかった。秦国が諸国の脅威となってくるのは、あと五〇年近くが必要。従って蘇秦は、架空の人物。

なお、一九七三年から七四年にかけて発掘された、湖南省長沙《ちょうさ》の馬王堆《まおうたい》三号墓から、帛書《はくしょ》(絹に書いた書物)が何点も出てきた。中に『戦国縦横家書』があり、研究の結果、蘇秦の死は張儀よりもずっと後であることがわかった。

③『史記』が基にした『戦国策』は、戦国時代の十二か国における、蘇秦や張儀たち遊説家の言動をまとめた歴史書。しかし実は、史実を借りた物語である、という説もある。

もしそうならば、史実にそぐわず、年表に当てはめられないのも、うなずける。

④そこに、司馬遷の「講釈師、見てきたやうな嘘《うそ》を言ひ」(古川柳)ほどではないが、「文学的な読物」的な筆遣いが加わってくる。今まで記してきた蘇秦の生涯は、発端も、合従の長となって家に立ち寄った話も、最期も、あまりにも劇的である。そして、次に記す張儀《ちょうぎ》が秦国に行く話(二五二頁以降)も、まったく同様である。

これらのドラマ仕立てに加えて、たとえば、蘇秦が尾羽うち枯らしてわが家に帰ったとき、妻は機織りをやめて迎えに出ることをしなかった、などという〝事実〟を、だれが見ていたのか——、というところから、疑問がスタートする。

そしてこれは、『史記』列伝の多くの記述にかかわってくることでもあり、蘇秦だけにとどまるものではなく、次の張儀の伝記も同様である。従って、これ以上は別の問題に移っていく。

いま私たちは、「史上最高の出世」を遂げた、蘇秦のドラマティックな人生を、一つの〝物語〟として楽しめばいいのである。

3　張《ちょう》儀《ぎ》(?—前三〇九?)

1　人物

苦労　魏《ぎ》国の人で、貴族の末裔《まつえい》という。蘇秦《そしん》とともに、鬼谷《きこく》先生に学んだ。この間の話は、蘇秦の項(二四五頁)に記した。

一通り学んでから、諸侯に遊説《ゆうぜい》する。楚《そ》国に行って、楚の大臣と飲んでいた時、大臣が璧《たま》をなくしたのに気づいた。貧乏で素行も悪い張儀が疑われ、笞《むち》で数百回打たれた。家に戻ると、妻にたしなめられる。それに対する張儀の名セリフ「吾《わ》が舌《した》を視《み》よ、尚《な》ほ在《あ》りや不《いな》や」が残されている。私は、喋《しゃべ》れる限りは活躍し、出世してみせる、という意気込みである。

なお、後に張儀が秦《しん》国の大臣になると、この楚国の大臣に手紙を送って言った。「私は、おまえの璧《たま》は盗んでいないのに、おまえは私を笞打《むち》った。今度は、おまえは自分の国をしっかり守れ。私は、おまえの国を本当に盗んでやるぞ」（史記、張儀伝）。

楚国に秦国と連衡《れんこう》を結ばせるのは、張儀にとって最大の難問だったが、とうとう秦との同盟に賛成させることに成功する。

これが、結局は楚国の滅亡につながってゆくから、張儀は言葉どおり、璧《たま》を盗んだ疑いを、国を盗んで晴らしたのだった。張儀の、この自尊心の高さと、そして執念深さと。

屈原《くつげん》　おなじみ屈原（前三四三?—前二八三?）は、このとき楚の懐王の臣。しかし、懐王に疎まれて、斉《せい》国に使者に出されていた。急いで帰国して懐王を諫《いさ》めたが、かえって追放されてしまう（史記、屈原伝）。なお二五六頁も参照。
しかし懐王は、屈原の言葉もあり、連衡策に後悔して、すぐ張儀への追っ手をさし向けた。しかし張儀は、いちはやく逃げ去っていた。

蘇秦《そしん》　一方の蘇秦は、趙《ちょう》の粛《しゅく》公に同盟を結ぶ約束をとりつけたところだった（二四八頁）。これからが、蘇秦の活躍の場である。
蘇秦はまず、秦《しん》国が諸侯を攻撃することを恐れて、たいへんな計画を練って、ともに学んだ張儀を秦に送り込む。張儀は秦の大臣に取り立てられ、蘇秦のおもわく通りとなった。この話は、次頁の2に記す。

張儀、楚王に説く
（『絵画本　中国古代史』）

連衡《れんこう》　秦国が、他の六か国と一国ずつ同盟を結ぶこと。六か国が同盟する合従策を打ち破ると同時に、秦が六か国を各個撃破して天下を取るための策である。

秦国の大臣となった張儀は、六か国を回ってそれぞれ秦と同盟させることに成功した。この間の行動は、二五四頁の3に記す。

最後に連衡に賛成した燕《えん》国を出た張儀が、まだ秦国に帰り着かないうちに、秦の恵王が亡くなり、太子の武王が即位した。

武王は、太子のころから張儀を嫌っていた。多くの臣下も、半分は武王へのおもねりから、半分は本心から「張儀は、あちこ

◆張儀は、文朗らかなり

張儀が任地に赴く途中、ある宿に泊まった。夜になると、宿の外の枯れ木林の中に入っていって、種々の文章を朗誦した。その声は、朗々と林の中に響き渡っていった。その翌朝、枯れ木はみな生き返り、花を開き、実を結んでいた――。

これは、日本で十二世紀初めには書かれていたとされる『注好選《ちゅうこうせん》』に載せる話。この本は「貴族・官僚・寺家」の子弟教育の資として編集されたもの（今野達、後出）で、選者未詳の故事説話集。原文は、漢文である。

張儀の話の出典は不明。また今野達氏は、『遊仙窟』中の名句「白骨《はっこつ》再《ふたたび》肉《にくヅキ》、枯樹《こじゅ》重《かさネテ》花《はなサク》」の後句を踏まえたもの、という。（その前句を踏まえた話は、『注好選』では蘇秦の次に記している。）

張儀のさわやかな話し方、あざやかな弁舌ぶりを示す、かつ、日本で作られたと思われる逸話である。

（今野達・校注「注好選」による。新日本古典文学大系31『三宝絵　注好選』、一九九七・九、岩波書店）

ちで国を売っては保身を図る、信用できない奴です。あんな男を用いていたら、秦国は諸侯の笑い者にされます」と、武王に進言した。

武王と張儀との仲が悪いと知った諸侯は、

「皆《みな》、衡《こう》に畔《そむ》きて復《ま》た合従《がっしょう》す」――連衡策に背を向けて、合従策にもどった、という（史記、張儀伝）。

張儀も、身の危険を感じ、ちょうど斉《せい》国も張儀の策に文句をつけてきたので、武王に「魏《ぎ》国に行かせてくれ」と頼んだ。そして魏に行き、宰相となって一年後に死んだ（二五八頁）。

『史記』では、連衡が破れて合従に戻ったと記すが、実際には、秦国が六か国、あるいは六か国のお互いが、たえず付いたり離れたり小競り合いをしたりしている。『史記』のこの言葉も、あくまで張儀の伝記、という立場からの記述である。

張儀は、連衡策によって、一応は秦国の天下統一のお膳立てをした、と評価してよいだろう。それは、張儀の死から九十年ほどかかってはいるけれど。

2　蘇秦と張儀

蘇秦の立場　蘇秦は、趙《ちょう》の国に行くこと二回、やっと粛《しゅく》公に面会し、公を説得して合従《がっしょう》策に賛成させた（二四八頁）。蘇秦は、これから他の四か国を回って、合従策を成功させなければならない。しかしその間、秦《しん》国が四か国のどこかを攻撃したりすると、各国は、合従どころではなくなる。そして、そうなったら蘇秦も大嘘《おおうそ》つきの詐欺師、ということになってしまう――。

張儀を侮辱　いま、秦《しん》国に入って活躍できる人物は、同門で親友の秀才・張儀しかいない。そう考えた蘇秦は、一計を案じる。

蘇秦はまず、部下を張儀のもとに遣わして、こう言わせた。

「蘇秦は今、政治に携わっています。あなたは彼の親友。彼に就職先を頼んでみたら？」

　張儀は喜んで、蘇秦のいる趙《ちょう》国にやってきた。蘇秦はわざと数日間放っておき、やっと面会しても、庭先に座らせ、使用人と同じ粗末な食事を与えて、こうののしった。

「私は、君をいくらでも富貴にしてやれるが、君には推薦に値する才能はないよ。」

　侮辱された張儀は、よし、秦《しん》に行って、蘇秦のいる趙を攻めさせ、蘇秦に復讐しよう、と決心する。

蘇秦の援助　蘇秦は、張儀が発奮して秦国に行くという、思いどおりの作戦に成功すると、趙王に言った。「彼は貧乏だし知り合いもいないから、秦王に面会するための資金を出してくれませんか。」

　そして、部下に張儀の後を追わせ、陰ながら旅費も滞在費も出してやり、金品も援助して、ついに張儀を秦国の恵王に会わせることに成功した。張儀は、もちろん何も気づかない。

蘇秦に感謝　秦《しん》国の恵王は、張儀を客卿《かくけい》（他国から来た大臣）として、諸侯を討つ相談を始めた。恵王がここまで信頼するのだから、張儀の弁舌がいかに優れているかの証明にもなるだろう。

　ここで、張儀の陰についてきた蘇秦の部下が、張儀に真相を語る。「あなたを発奮させて秦国に行くように仕向けたのも蘇秦、秦国に行って仕えるまでの費用を負担したのも蘇秦です。いま秦国が趙国を攻めて、趙にいる蘇秦の合従策を破る、という事態を防ぐ権力があるのは、あなただけです。」

　張儀は、愕然《がくぜん》として言った、「ああ、それに気づかぬとは。私は、しょせん蘇秦には及ばない。帰ったら、蘇秦にどうぞよろしく伝えてください。」そして、蘇秦が存命中の間は、自分は合従策に何も口出ししない、と誓った。以後十五年間は、秦は出兵しなかったという。

　以上、蘇秦の信じられないほどの作戦である。現在の社会でも、たとえば企業間のかけひきでこれだけのトリックを使うことは稀だろう。

　しかし、話があまりにもドラマティックであるために、張儀も蘇秦と並んで、その実在性を疑われたりもしているのである。

川柳コーナー――蘇秦《そしん》・張儀《ちょうぎ》

六国《りっこく》も説く気女房《にょうぼう》の大晦日《おおみそか》

　大晦日には、借金取りが押しかける。蘇秦の奥さんは、言い訳に弁舌を振るって、六国を説得した蘇秦も顔負け（この句は張儀にも当てはまる）。

六寸の舌で六国まどはせる

　「舌先三寸」と、舌の長さはふつう三寸、蘇秦と張儀とを会わせて、六寸（一寸は、約三センチ）。

（二四九頁）。ただ私たちは、今は司馬遷《しばせん》の「歴史文学」を堪能《たんのう》していればよい。

3　連衡《れんこう》策をたどる

張儀は、蘇秦のいわば陰の援助によって、秦国に仕官し、大臣となった。以後の張儀の活躍ぶりを、その連衡策を中心にして、たどっていくことにする。

(1)　秦《しん》へ

これは、ここまでに述べてきたとおり。

さて、苴《しょ》と蜀《しょく》とが戦いを始め、それぞれ秦国に訴えてきた。同時に、韓《かん》国が秦国を侵略しはじめた。秦の恵王は、まず韓《かん》を攻めようという張儀の意見を斥け、蜀《しょく》を討とうという司馬錯《しばさく》の意見を採って、はるかに遠い蜀に出兵し、平定して、部下の陳《ちん》荘《そう》を蜀の大臣に置いてしまった。

(2)　魏《ぎ》へ

のち、秦国の恵王は魏《ぎ》国を攻めて、蒲陽《ほよう》の町を占拠した。張儀は、秦から送り込まれて、魏の大臣になる。そして、魏の襄《じょう》王に、その死後は哀《あい》王に、秦国への服従を説いたが、襄王も哀王も承知しない。

張儀は、秦国に魏を攻めさせた。翌年、斉《せい》国が魏を攻めた。秦も再び魏を攻めようとしたので、張儀は、ここぞとばかり魏の哀王に秦との連衡を説き、哀王もついに承知して、合従の同盟から脱退する。この時の張儀の言葉は、漢文の原文で八百字以上という長口舌であった。

張儀が秦国に帰って大臣となってから三年、魏国は秦国にそむいて、合従の同盟に加わる。秦は魏を攻め、魏はふたたび秦に服従する。

(3)　楚《そ》へ

秦国は、次は斉《せい》国をねらった。斉は、改めて楚国と従親《しょうしん》〔同盟を結ぶ〕した。そこで張儀は、楚国に行く。

張儀は、楚の懐《かい》王に説く。「斉国と手を切るなら、秦国の商《しょう》於《お》の地六百里四方を大王に献上します。また、秦国の王女を大王の侍女として、兄弟の国になりましょう。」

懐王の臣・陳軫《ちんしん》だけが反対したが、懐王も他の臣も大喜び。張儀は、楚の大臣となり、また莫大な金品をもらった。

秦国に戻った張儀は、わざと車から落ちて朝廷に出ず、つまり楚国の方針を秦王に伝えない。それを知らない楚王は、「張儀はまだ楚が斉と切れていないと思っているのか」と、使者を遣わして斉国の王を罵倒する。斉王も怒って、わざと秦国に服従する。

そこで張儀は、楚国からの使者に会い、「私の土地六里四方を楚王に献上しましょう」と言う。これを聞いた楚王、約束が違うと激怒して秦国を攻撃。秦は斉国と連合して楚国と戦い、楚を打ち破る。

(4) 再び楚《そ》へ

楚を破った秦は、楚の黔中《けんちゅう》地方を、秦の武関《ぶかん》の外の地と交換してほしいと要求する。黔中の地のほうが、ケタ違いに広い。ところが楚の懐王、「黔中の地は献上する。代わりに張儀をくれ。」よほど張儀を怨んでいたのだろう。

秦の恵王、さすがに張儀に言うことはできない。しかし張儀はこの話を知ると、「行かせてください」と、楚の国に乗り込んでいった。もちろん、勝算あってのことだが、それにしても、たいへんな自信である。

楚の懐王は、やってきた張儀を捕らえて投獄。殺すすきをうかがっていた。

一方、楚の靳尚《きんしょう》は懐王の臣で、かつ張儀の友人。靳尚は、懐王の夫人・鄭袖《ていしゅう》に仕えて、しかもお気に入りである。ここぞとばかり靳尚は、鄭袖に進言する。

「秦王は、張儀のためなら何でもします。今、土地を楚に与え、美人を懐王に嫁がせ、歌舞の巧みな美女を腰元につけてよこして、張儀を救おうとしています。懐王は、土地は欲しい、美人の妻も腰元も欲しい、そうなったら、あなたはお払い箱です。早く懐王に言って、張儀を釈放してしまいましょう。」

この言葉は、もちろん張儀が靳尚《きんしょう》に教えたものである。驚いた鄭袖《ていしゅう》は、昼も夜も懐王に口説いた。「張儀を早く牢《ろう》から出して、釈放してください。いま張儀を殺したりしたら、秦国は烈火のごとく怒って、わが楚の国に攻めてきます。」

懐王も、結局は納得して、張儀を牢から出してやった。そのころ、張儀は蘇秦の死を知る。いよいよ、張儀の本格的な活動の解禁である（二五三頁で、「蘇秦がいる間は、私は〈合従策に〉何も口出ししない」と明言している。ただし蘇秦は、はるか後の人物ともいう。二五〇頁参照）。

(5) 楚《そ》と連衡《れんこう》

釈放された張儀は、蘇秦の死を知ると、秦国に帰るどころか、ただちに〝本務〟にとりかかる。楚の懐王に、秦との連衡を説くのである。

張儀は、原文で漢字九百字近くの熱弁を振るって、とうとう懐王を説得し、秦国と親交を結ばせるのに成功した（二五六頁のコラムを参照）。『戦国策』楚策によると、懐王はただちに秦国に使者の車を百台派遣して「鶏駭《けいがい》の犀《さい》と夜光《やこう》の璧《たま》」とを秦王に献上した、という。「鶏駭の犀」は、白い線のような筋のある、通天犀《つうてんさい》という名の犀《さい》の角。この角に米を盛って鶏の群れの中に置くと、鶏たちは駭《おどろ》く、とされる。「夜光の璧」は、暗闇で光る璧。璧は、平らで円く、中央に穴がある。穴の直径は、璧の輪の幅と同じ長さ。

◆秦《しん》・楚《そ》の道のり

『孟子』告子《こくし》上編に、「無名《むめい》の指」つまり薬指の話が載っている。

「薬指が曲がってしまって伸びない人がいる。痛くもなく、仕事に支障もない。それでも、もし治してくれる人がいれば、秦・楚の道も遠しとせずして出かけてゆくだろう。」

孟子のいた斉《せい》や、魯《ろ》の国から、はるかに遠い国の代名詞として、秦や楚の国が使われているのである。

ところが張儀は、楚に行って懐王に秦との連衡を勧める時に、こう言っている。

「秦の西には、巴《は》・蜀《しょく》があります。大きな船に食糧を積み、汶山《びんざん》から長江を下っていけば、楚まで三千余里。舟を二艘並べ、舟ごとに五十人の兵と三か月分の食糧を載せて長江を下っていけば、一日に三百余里。牛馬の力を借りずとも、十日以内に扞関《かんかん》（楚の地）に着きます。」

この時代の一里は、四百五メートル。三百余里・三千余里は、もちろん概数ではあるが、「秦・楚の道は遠い」という社会通念も、天下を巡り歩き、そして情報収集力も抜群だった張儀から見れば、大軍隊の移動でさえ、わずか十日以内の距離にすぎないのである。

以下、張儀にあれこれ脅された懐王は、とうとう秦国と親交を結ぶことになる。（これは、張儀の二五五頁の話の部分に相当する。）

(6)　屈《くつ》原《げん》

この時に屈原は、懐王に忠告する。「王は、先に張儀にだまされました。張儀がまた来たので、王は捕らえて煮殺してしまうとばかり思っていました。もし殺すに忍びないとしても、あいつの邪説を聞き入れてはいけません。」

しかし懐王は、黔中《けんちゅう》の地を返してもらったほうがいいと判断して、張儀を釈放してしまう（このいきさつは、二五五頁）。しかし『史記』（屈原伝）によると、懐王も後悔して張儀の後を追わせたが、追いつけなかったという（二五一頁）。

懐王は、屈原の諫《いさ》めも聞かずに秦国に行き、結局は秦で死んでしまう。懐王の子の頃襄《けいじょう》王が即位し、その弟の子蘭《しらん》が大臣となる。子蘭は、懐王の秦国行きに賛成したのだった。楚の人々は、子蘭を責める。屈原も子蘭に反対の立場だったから、子蘭に憎まれる。そこで子蘭は、部下の大臣に頃襄《けいじょう》王の面前で屈原を罵《ののし》らせた。怒った頃襄王は、屈原を追放。放浪中に「漁父の辞」を作り、汨羅《べきら》の川に身を投げて死んでゆく。

(7)　韓《かん》へ

張儀は、楚《そ》の国からそのまま韓《かん》の国に行き、襄《じょう》王に面会。漢字五百字に近い説得の末、襄王も秦国と和親することに賛成した。

(8) 斉《せい》へ

張儀はいったん秦国に帰って報告し、秦の恵王は張儀に土地を与えて、武信君《ぶしんくん》の称号を賜った。そして張儀は、斉国《せい》に行って湣王《びんのう》と会見した。

斉は天下の強国。しかし秦は今や、楚《そ》と兄弟の国、韓《かん》も魏《ぎ》も趙《ちょう》も、秦に土地を献上して仕えています。この連合軍に攻められたら、貴国も手遅れです――。

湣王《びんのう》は「自分は僻地の未開国に隠居していて、国の立場も知らなかった」と言って、張儀の「秦に仕える」進言をすんなり受け入れた。

(9) 趙《ちょう》へ

張儀は、その足で趙の国へ行って、恵文王《けいぶんのう》を説得。秦国は強いし、楚《そ》は秦と兄弟、韓《かん》と魏《ぎ》は秦の臣、斉《せい》は、魚や塩の採れる土地を秦に献上。合従《がっしょう》策の蘇秦は車裂きにされ（二四六頁）、もはや貴国の右腕は断ち切られました。どうぞ秦王と澠池《べんち》で会見して、親善を申し出てください――。

恵文王も、この張儀の計画に賛成する。澠池の会は、四六〇頁を参照。

(10) 燕《えん》へ

張儀はそこから北に向かって燕国に行き、昭王に面会する。

昭王は、趙国と親しいが、趙王は残酷で気の許せない人物。かつ今は、澠池《べんち》の会見以後、秦に仕えています。秦と趙が貴国を攻めたら、一たまりもない。今のうちに秦にお仕えしたら？

昭王も「自分は未開の僻地におり、かつ体は大きいが知恵は赤ん坊なみ。今や国の進むべき正しい方向がわかった」と言って、張儀の進言に従った。

これで、張儀の連衡《れんこう》策も完成し、張儀は意気揚々と秦国に戻ったのだが……。

(11) 連衡策の崩壊

張儀が秦の都・咸陽《かんよう》に着かないうちに、報告すべき恵王が亡くなり、武王が即位した（前三一〇）。

武王は、太子の時から、口先たくみな張儀を嫌っていた。それを知っている臣下たちは、武王へのへつらいもあり、こぞって張儀を批判した。「まったく信義がなく、国をあちこちに売り、そして自分の保身だけ考えている男。あんな男を用いていたら、秦国は天下の笑いものになります。」

秦王と張儀とが仲たがいをしていると知った諸侯はみな、連衡にそむいて、また合従に戻ったのだった。以上、二五一頁の

「連衡」も参照。

⑿ 張儀の死

張儀は身の危険を感ずると、武王に進言した。「諸国が互いに争えば、秦国の得る土地も多くなる。自分を魏《ぎ》に行かせてほしい。そうすれば、自分を憎んでいる斉《せい》国が、魏国を攻めるはず。両国が対峙《たいじ》している間に、秦は韓国を攻めてから周王朝の天子を脅し、言うことを聞かせれば、天下は秦のものとなります。」

張儀が魏国に行くと、果たして斉国が攻めてきた。恐れをなした魏の襄《じょう》王に、張儀は自分の従者・馮喜《ふうき》を斉国に派遣してくれるように頼んだ。魏からの使者として斉国に行った馮喜は、張儀に言われたとおりに、斉王に進言した。

「王は張儀をたいへん憎んでいるのに、わざわざ秦国の張儀に対する信頼を高めようとしているのですね。」

斉王は「とんでもない。張儀の行く先ならどこでも兵をさし向けて殺してやる。信頼を高めることなど、ありえない。」

そこで馮喜《ふうき》は、張儀が秦王に約束した話を、そのまま斉王に話した。斉王は「わかった」と、魏への軍隊を引きあげた。

張儀は、そのまま魏の大臣となり、一年後に没する。前三〇九年のこととされるが、明確ではない。

張儀は、蘇秦とは違って、ともかく〝無事〟に死んでいった。知謀と行動力とは、蘇秦にまさるとも劣らない人物だったと言えよう。

4　司馬遷の評

「蘇秦」の項（二四九頁）を参照。

4　七か国の勢力

蘇秦も張儀も、多くの部下を使って各国の情報を収集したり、遊説家どうしで情報を交換したりしていた。そして、それらの情報を基にして各地を巡っては、あるいは合従《がっしょう》を説き、あるいは連衡《れんこう》を勧める時の、重要な資料としていたのである。

〈表7〉は、『史記』蘇秦伝及び張儀伝の記述に基づいて作成した、七か国の勢力を一覧したもの。＊印は張儀伝、他は蘇秦伝による。

〈表7〉七か国の勢力

	領地	兵力	戦車	軍馬	食糧
秦	（六国の五分の一）	*①虎賁《こほん》百余万（六国の十分の一）	*一千台	*一万頭	山のごとし
燕	二千余里四方	数十万	六百台	六千頭	数年分
趙	二千余里四方	数十万	一千台	一万頭	数年分
韓	九百余里四方	数十万 *二十万 *（②廝徒《しと》・③負養《ふよう》十万）			*二年分の貯えもない
魏	千里四方 *千里未満	武士二十万 ④奮撃《ふんげき》二十万　⑤蒼頭《そうとう》二十万 廝徒《しと》十万 *三十万	六百台	五千頭	
斉	二千余里四方	数十万 卒二十一万（⑥臨淄《りんし》のみ）			山のごとし
楚	五千余里四方	百万	一千台	一万頭	十年分 *山のごとし

〔注〕
①虎賁《こほん》＝精悍《せいかん》な兵士。
②廝徒《しと》＝雑役に携わりつつ戦闘にも参加する、身分の低い者。廝養《しよう》、廝養卒ともいう。
③負養《ふよう》＝重労働に携わる、身分の低い者。いざという時には、戦闘にも参加しただろう。
④奮撃《ふんげき》＝精鋭の兵。
⑤蒼頭《そうとう》＝青頭巾で頭を包んだ特殊兵。特殊部隊か。
⑥臨淄《りんし》＝魏の都。

8　雑家

1　歴史

1　成立

戦国時代の末期から前漢の初期にかけて成立した学派。

『漢書』芸文志《げいもんし》では、「儒家と墨家、名家や法家を兼ね合わせたもの」と説明する。このほかの種々の思想も併せ取り入れて、一つのまとまりをつけたものである。

2　立場

従って、「雑家」として統一された一つの立場がある、というわけではない。幾つかの立場を広く取り入れて折衷するのである。

『漢書』芸文志には、雑家の書として計二十種・四百三編を挙げるが、その時に既に、二十種のうち十八種が失われてしまっている。そこで、その時点で存在し、幸いにも現在も残っている『呂氏春秋《りょししゅんじゅう》』と『淮南内《わいなんない》』（今の『淮南子《えなんじ》』）とから、当時の雑家の思想的な立場を推察するほかはない。

3　雑家の六派

『漢書』以後、他のどこにも分類できないものが、雑家に入れられてくる。また諸子百家の中でも、後継者が途絶えて書物だけが浮き上がっているもの、たとえば『墨子』（二二一頁）や『公孫竜子』（一九八頁）、『鬼谷子』（二四三頁）なども、雑家に入れられることになる。

さて、清《しん》代の『四庫全書総目提要』（四一頁）では、複雑になった雑家を、次の六派に分けている。

① 雑学。説を立てるもの。
② 雑考。弁証をするもの。
③ 雑説。議論して述べるもの。
④ 雑品。道理を究めて細かく述べるもの。
⑤ 雑纂。過去の文章を集めて一つにまとめるもの。
⑥ 雑編。多くの書を集めただけのもの。

この六派でいうと、『呂氏春秋』などは、⑤雑纂に相当するだろう。

2 評価

『漢書』の評　議官《ぎかん》〔天子と政治のあり方を議《はか》った官〕から出ている。儒家や墨家の学を兼ね、名家や法家の学も合わせている。これによって、王の政治というものは、百家の説を合わせて一貫しているべきである、ということを示している。これが、雑家の長所である。

気まぐれな者が政治に関与すると、取りとめがなくなって、議論するよりどころを失ってしまう。

〔注〕議官という官は、実際に存在したことはなかった。

3 『呂氏春秋《りょししゅんじゅう》』

1　編者

呂不韋《りょふい》（?―前二三五）の編。衛《えい》の濮陽《ぼくよう》の人で、秦の陽翟《ようてき》に出て商売をして成功し、大商人となった。

秦の荘襄《そうじょう》王が公子の時に、趙《ちょう》国の人質になっていたのを、金の力で救出して秦に帰した。荘襄王が即位する（前二四九）と、呂不韋は丞《じょう》相《しょう》に取り立てられ、文信侯に封ぜられた。秦王政《せい》〔のち始皇帝〕が即位（前二四六）した後にも重んじられ、宰相として十三年間仕えた。この間、秦の天下統一に大きな貢献をしている。始皇十年（前二三七）、事件に連座して蜀《しょく》に左遷され、猛毒の鴆《ちん》〔毒鳥の鴆を使った酒〕を飲んで自殺した。

2　編集

十三年の宰相の間、来客や賢人、門人などの食客が三千人余りいたという。呂不韋は、彼らに討論させ整理させて、『呂氏春秋』二十六巻を編集した。始皇八年（前二三九）に完成。天地万物古今のことを完備した、という。

呂不韋は『呂氏春秋』が完成すると、都・咸陽《かんよう》の城門にこれを掲げ、「本書に一字でも増減できる人がいたら、千金を与える」と豪語した。自信もあったのだろうし、第一、呂不韋の権

呂不韋
（『画説陰陽家』）

勢を恐れて、申し出る人もなかっただろう。

3　構　成

十二紀・八覧・六論の、計二十六巻から成る。もと「八覧」が最初にあったので、『呂氏春秋』を『呂覧《りょらん》』ともいう。

十二紀は、春夏秋冬の四季にわけ、各季をさらに「孟・仲・季」に三分して、計十二か月に配当している。各月が五編にわかれ、六十編。最後に「序意」がついて、計六十一編。

八覧のそれぞれは八編にわかれ（一つだけ七編）、計六十三編。また六論のそれぞれは六編にわかれ、計三十六編。

合計、約十五万字・百六十編。整然とした構成である。

4　内　容

秦国には、さまざまな遊説家や、他国からの知識人たちが集まってきたので、もともと「雑」家には適していた。

『呂氏春秋』には、儒家系統の思想がもっとも強く表れている。その他、道家・墨家・名家・法家・陰陽家・兵家・農家など、あらゆる思想を網羅しており、まさに「天地・万物・古今の事を備ふ」（史記、呂不韋伝）という内容である。この、網羅しているというところに、『呂氏春秋』の大きな価値がある。

また具体的には、政治のあり方、社会のあり方、人民としてのあり方、あるいはそれぞれのかかわり方などについて述べている。「理想社会について考える」ということが、呂不韋の編集意図にあったものだろう。

4　『淮南子《えなんじ》』

1　編　者

劉安《りゅうあん》（前一七九－前一二二）の編。前漢の高祖の末子が、淮南《わいなん》（淮水以南の地）の厲王《れい》であり、劉安はその子。沛《はい》郡の豊《ほう》の人。父を継いで、淮南王となった。

読書を好み、琴を弾き、文章に巧みな教養人で、客人や方術の士たち数千人を、門人に招いていた。のち、土地を削られ、謀反《むほん》の罪を問われて、自殺する。

2　編　集

右の数千人の門人のうち、蘇飛《そひ》・李尚《りしょう》・左呉《さご》・田由《でんゆう》・雷被《らいひ》・毛被《もうひ》・伍被《ごひ》・晋昌《しんしょう》の八人が有名で、淮南《わいなん》の八公と称されていた。

この八公を中心として、門人たちと議論したものを劉安が編集したものが、『淮南子《えなんじ》』である。

3 構成

もと『鴻烈《こうれつ》』という書名。「鴻」は、大。「烈」は、明。大いに道を明らかにするという意味で、この書の性格の一端がわかる。劉安が編纂した時に『淮南《わいなん》』と改めた。もと内編と外編とがあったが、外編は早く失われている。いま『淮南子《えなんじ》』と呼んでおり、二十一編・二十余万字。『淮南鴻烈《わいなんこうれつ》』とも呼ぶ。

4 内容

道家と陰陽家の思想が中心になっているほか、儒家・墨家・法家などの思想も見られ、はば広く諸説を用いているので、雑家に入れられる。

また、神話伝説の類も多く載せているので、小説家としてもよいくらいである。

前漢の武帝が儒家を尊んだので、劉安はこれに抵抗して道家や陰陽家の説に力を入れたとされる。

道を重んじ、気を重んじ、無為を説くなどは、道家的。五行相生（一四八頁）を説くのは、陰陽家的。

宇宙や世界の形成、社会や歴史の推移、霊魂の不滅、陰陽二気の作用など、さまざまな叙述が混在しており、まさに雑家と呼ぶのにふさわしい内容になっている。

9 農家

1 歴史と人物

1 伝説時代

(1) 神《しん》農《のう》

農耕が生活の基本である中国のこと、神話伝説時代の五帝（四二三頁）に先立つ炎帝神農氏《えんていしんのうし》が、農業を人々に教えた祖として置かれている。

「木《き》を斲《き》りて耜《し》と為《な》し、木《き》を揉《たわ》めて耒《らい》と為《な》し、耒耨《らいどう》の用《よう》、以《もっ》て万人《ばんじん》に教《をし》へ、始《はじ》めて耕《こう》を教《をし》ふ。故《ゆゑ》に神農氏《しんのうし》と号《ごう》す。是《ここ》に於《お》いて蜡祭《ささい》を作《な》す。」

――炎帝は、木を切って鋤《すき》を作り、木を曲げて鋤の柄を作り、鋤で耕して草を取る方法をすべての人に教えて、耕作ということを最初に教えた。そこで炎帝を神農氏と呼んだ。人々は、耕作によって生活できるようになったので、年末の収穫祭を行う

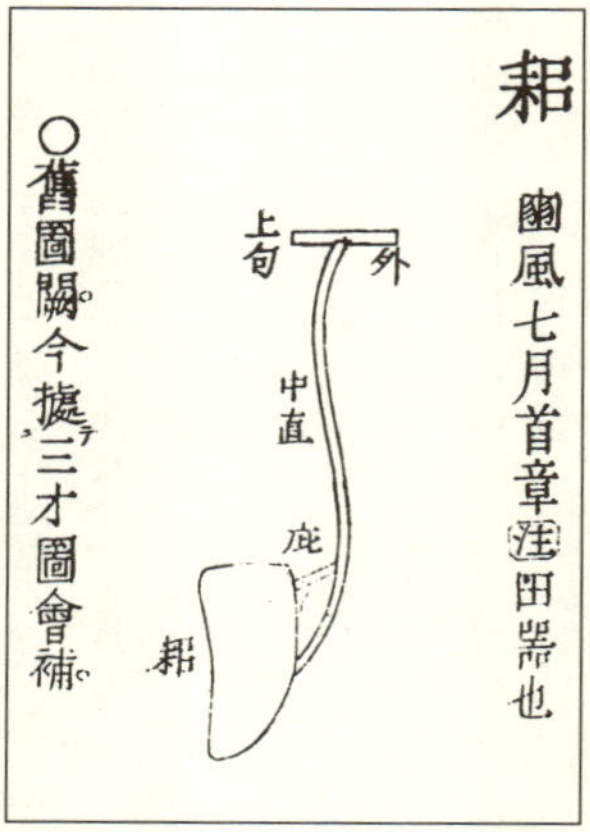

耜《し》（『五経図彙』）

ようになった（史記、三皇本紀）。

蜡《さ》祭《さい》は、十二月に農作物を集めて神に供え、神々に感謝する祭り。臘《ろう》祭ともいう。臘は、陰暦十二月のこと。

神農氏は、薬草を捜し歩いたということで、医薬の元祖としても祭られている。

以後、農業に励んで生活の基盤とするという「農家」の考え方が、普及していくのである。

(2) 舜《しゅん》帝

五帝（四二三頁）の最後である舜帝は、まだ民間にいる時から、生活に必要なものを、すべて自分でまかなっていた。自給自足のモデルである。

「舜《しゅん》、歴山《れきざん》に耕《たがや》し、雷沢《らいたく》に漁《ぎょ》し、河浜《かひん》に陶《とう》し、什器《じゅうき》を寿丘《じゅきゅう》に作《つく》り、時《とき》に負夏《ふか》に就く。」

神　農（『中国古代民族版画』）

——舜は、歴山で耕作し、雷沢で魚を捕り、川べりで陶器を焼き、日用品を寿丘で作り、時々負夏に行っては商売をして利益を得た（史記、五帝本紀）。

歴山・雷沢・寿丘・負夏などは、固有名詞とも言われるが、具体的にはそれぞれはっきりしない。

この、天子みずからが（この時はまだ天子ではないが）自給自足をするという態度、特に、みずからも耕作するという態度は、後々にまで影響を及ぼしている。

(3) 后《こう》稷《しょく》〔弃（棄）〕

后稷は号、姓は姫《き》、名は弃《き》〔棄〕。五帝（四二三頁）の一人、帝嚳《ていこく》の妃だった姜嫄《きょうげん》〔姜原〕が、巨人の足跡を踏んで身ごもり、生まれた子だという。初め、不吉だと言われて棄《す》〔弃〕てられたので、弃《き》と呼ばれた。

棄てられても、馬や牛は避けて通り、川の氷の上に置くと鳥が飛んできて覆《かば》ったりしたので、姜嫄は、これは神の子かと思って、拾って育てたという（史記、周本紀）。

弃は、舜帝に仕えることになる。舜は、人々が飢えかけているのを見て、弃を「稷《しょく》の后《きみ》」とし、「百穀を播《ま》け」と命じる（史記、五帝本紀）。「稷」は、農業を管理する官で、「后」は、その長官。時季に応じて穀類の種を播《ま》け、というのである。

こうして、「弃《き》、稷《しょく》を主《つかさど》り、百穀時《ひゃっこくとき》に茂《しげ》る。」

――弃が后稷《こうしょく》となってから、百穀はその時季ごとに育ち茂るようになった、という（同）。このころから、后稷が弃の号〔呼び名〕となった。

弃が生まれてから人々が豊作を喜ぶまでの様子は、『詩経』大雅・生民の詩に、詳しく歌われている。

また『孟子』では、「后稷《こうしょく》は民《たみ》に稼穡《かしょく》を教《をし》へ、五穀《ごこく》を樹芸《じゅげい》す。五穀熟《ごこくじゅく》して、民人育《みんじんいく》す。」

――后稷が人々に稼〔植え付け〕や穡〔取り入れ〕を教え、五穀〔ふつう、麻《あさ》・黍《きび》・稷《たかきび》・麦《むぎ》・豆《まめ》をいう〕を植え育てさせた。五穀もよく実って、人々も健やかに育った（滕文公《とうぶんこう》上編）、と記している。

農民たちの、土地や天候と戦いながら、農作を安定させていく苦しい努力の連続を、后稷という一人の人物に託して、表現しているのである。一つの〝文化〟の創始者を特定の一人に仮託して称《たた》えるのは、神話伝説の大きな特徴である。

2　春秋時代――管仲《かんちゅう》

農業が、人々の生活から、国家の盛衰にいたるまで、すべての基盤になるということは、いつの時代でも認識されてきていた。

ここでは、農業の重視を積極的に国策に取り入れようと進言し、また実行した二人の人物――管仲《かんちゅう》と許行《きょこう》を紹介する。この二人はまた「農家」を代表する人物、とされている。

まず管仲は、斉の桓公の宰相。富国強兵に努めて、ついに桓公を覇者とした。管仲については三九二頁を参照。

后稷《こうしょく》
（『中国五百名人図典』）

(1) 本《もと》を強くして用を節す

管仲は、商業活動を正常化すれば、市場も朝廷も暇になる、そして、田野の耕作地に、人があふれるようになると言う。

「田野《でんや》充《み》つれば、則《すなは》ち民《たみ》の財《ざい》足《た》る。民《たみ》の財《ざい》足《た》れば、則《すなは》ち君《きみ》焉《これ》に賦斂《ふれん》するも窮《きは》まらず。」

――耕作地に人が満ちれば、穀物も豊かに穫《と》れて、人々の財産も十分になる。人々の財産が十分であれば、君主が人民から税を徴収しても、人々の生活が苦しくなることはないのである（管子、揆度《きど》編）。

管子は、「本《もと》を強《つよ》くして用《よう》を節《せつ》す。」

――農業に努め励み、出費を節約する（管子、軽重《けいちょう》乙編）ことを説く。その上で、需要と供給との量を見極めて価格統制をすれば、国家の経済は安定する、というのである。

(2) 一農《いちのう》耕《たがや》さざれば

管仲はこうして、富国強兵のためには「本《もと》を強くする」――農業を充実するべきことを力説した。次の話も、その一つ。

農業にも紡績にも、一定の仕事量というものがある。そこで

「一農《いちのう》耕《たがや》さざれば、民《たみ》之《これ》が為《ため》に飢《う》うる者《もの》有《あ》り。一女《いちじょ》織《お》らざれば、民《たみ》之《これ》が為《ため》に寒《こご》ゆる者《もの》有《あ》り。飢寒凍餓《きかんとうが》は、必《かなら》ず農《のう》・女《じょ》より起《お》こる。故《ゆゑ》に先王《せんのう》は其《そ》の始《はじ》めを謹《つつし》む。」

管　仲
（『三才図会』）

――一人の農夫が耕さないと、そのために飢える人が出てくる。一人の女性が織らないと、そのために寒《こご》える人が出てくるのである。飢えたり寒《こご》えたりする被害は、必ず農業や紡績に原因がある。そこで昔の聖王たちは、生活の根本を大切にしたのである（管子、揆度《きど》編）。

管仲は、国内外の交易を盛んにしたり、税制を正確にしたり、また、塩や鉄を専売にしたりして、国の経済を充実させていった。そしてその根本に、この「重農主義」――農業を重視する考えを置いていたのである。

3　戦国時代――許行《きょこう》

農家を代表する人物。ただし、管子のようなまとまった著作はなく、主として『孟子』などによってその言行や思想を知る

ことができる。

(1) 神農《しんのう》の言《げん》を為《な》す者《もの》

『孟子』には、次のように記されている。

「神農氏の教えであると言って、一つの説を説き回っている許行《きょこう》という者がいる」（孟子、滕文公《とうぶんこう》上編）。

許行（生没年未詳）は、戦国時代の楚《そ》国の人。滕《とう》の文公が仁政を行っていると聞き、数十人の門人を率いて滕に来て、文公から土地を頂いた。

別に、楚国に陳良《ちんりょう》という儒者がおり、門人に陳相《ちんしょう》という者がいた。陳相は、弟の陳辛《ちんしん》と共に、やはり滕《とう》の文公の仁政を慕って、滕にやってきた。そして許行と知り合い、その説にすっかり共感し、儒家の道を捨てて、許行のもとで神農氏の道を学ぶようになった。『孟子』滕文公上編で孟子と問答するのは、この陳相。陳相の口を通して、許行の考え方が述べられる。

(2) 賢者《けんじゃ》は並《なら》び耕《たがや》す

陳相は、孟子に言う、「文公は賢君だが、古代の聖王の道を知らない。

『賢者《けんじゃ》は民《たみ》と並《なら》び耕《たがや》して食《しょく》し、饔飧《ようそん》して治《をさ》む』――真の賢君は、人々と並んで耕作することで食べていくし、朝夕の食事は自分で食べる一方で人々を治めていくものだ」（孟子、滕文公《とうぶんこう》上編）。

(3) 力を労する者

そこで孟子は、許行は衣服も冠も自分で織っているのか、炊事用の鍋釜《なべかま》も自分で作っているのか、と聞く。陳相は「物々交換で手に入れているのだ」と答える。

孟子はそこで、分業制を説く。必要な物を全部自分で作っていたら、天下の人々は皆、疲れ果ててしまうではないか。だから言う、

「或《ある》いは心《こころ》を労《ろう》し、或《ある》いは力《ちから》を労《ろう》す。心《こころ》を労《ろう》する者《もの》は人《ひと》を治《をさ》め、力《ちから》を労《ろう》する者《もの》は人《ひと》に治《をさ》めらる。人《ひと》に治《をさ》めらるる者《もの》は人《ひと》を食《やしな》ひ、人《ひと》を治《をさ》むる者《もの》は人《ひと》に食《やしな》はる。天下《てんか》の通義《つうぎ》なり。」

――ある人は心を使い、ある人は力を使う。心を使う者は人を治めていくし、力を使う者は人に治められる。人に治められる者は人を養うし、人を治める者は人に養ってもらう。これは、この世のどこにでも通用する道理である（孟子、滕文公《とうぶんこう》上編）。

農業ももちろん大切だが、この世は分業制で成り立っている、という主旨である。

許行は、農業と手工業とを結びつけた、原始共産社会を理想としていた。当時の階級的な搾取《さくしゅ》に苦しむ農民たちの感情を表したものである。

農　業（『中国漢画図典』）

4　以後の農家

農業は国家の基本であるということから、「農家」も諸子の九家に加えられたのだろう。

ただし「農家」に分類される著作の範囲が次々に広がっていって、雑然としたジャンルになってしまった。『漢書』芸文志《げいもんし》における農家の書物は、わずか九種。それも、この時にすべて失われている。

『四庫全書総目提要』（四一頁）によると、農家は農業だから、牛にも関係する、それなら馬にも関係する。動物ならと、鶴《つる》や鷹《たか》に、そして蟹《かに》や貝《かい》にまで及んでいく。

五穀を田畑で育てるというのなら、竹も茘支《れいし》（果樹）も同じだ。それなら、橘《たちばな》も梅《うめ》も、菊だって花だってそうだろう。蚕の桑《くわ》や茶も入るだろう。酒や砂糖まで関係する。では、食物や食事の作法も含まれる……。

そこで『四庫全書総目提要』では、これを十部の本に精選して掲げている。

なお、現存する最古の「農家」の書は、北魏《ほくぎ》の賈思勰《かしきょう》『斉《せい》民要術《みんようじゅつ》』。農耕、穀物・野菜・果樹などの栽培から、畜産・麹《こうじ》・酒・醤《しょうゆ》・酢《す》などの製法、料理などについて記したもの。日本には、平安時代に伝わって、広く読まれてきた。

2　評　価

『漢書』の評　農稷《のうしょく》の官（農業を担当する官）から出ている。百穀を育てさせ、農耕と養蚕を勧め、そして衣食を満たすものである。

「八政」[注]でも、「一に食、二に貨」と言って重視する。孔子も「重んじるのは、民[注]と食」と言っている。

農業・食糧の重視が、この長所である。

しかし、見識の狭く乏しい者がこれを学ぶと、聖王がいなくとも世はおのずから治まるなどと思い込む。そして、君と臣とは並んで耕作して、すべての人は平等に生産しようなどと主張して、上下関係の秩序を乱してしまう。

〔注〕八政＝『書経』周書・洪範《こうはん》編に記す、政治の八大業務。食〔食糧〕・貨〔貨幣。経済〕・祀《し》〔祭典〕・司空《しくう》〔土地・人民の管理〕・司徒《しと》〔地方の行政や教育〕・司寇《しこう》〔司法〕・賓《ひん》〔外交〕・師〔軍事〕の八つ。

民と食＝『論語』顔淵《がんえん》編の章。門人の子貢が、孔子に政治の要点を聞いた。孔子は「食〔食糧〕・兵〔軍備〕・信〔人民の信義の心〕」の三つを挙げる。子貢が「やむを得ずして除くとしたら」という問いに対して、孔子は「まず軍備。次いで食糧。政治には信義の心がもっとも大切だ」と説く。

10 小説家

1　歴史

諸子十家〔儒・道・陰陽・法・名・墨・縦横・雑・農・小説〕のうち、見るべき道理のあるものは、小説家以外の九家である〔漢書、芸文志《げいもんし》〕（三三頁）。

1　「小説」という語

(1)　取るに足りない話

「小説」という語は、『荘子』外物編に初めて使われる。荘子が、任国の公子が大魚を釣った話を例にして、小さな竿《さお》で小さな溝《みぞ》で小さな魚を釣ろうとしているなら、とても大魚は釣れないのだ、という。

そして、これと同様に、

「小説《しょうせつ》を飾《かざ》りて以《もっ》て県令《けんれい》を干《もと》むるは、其《そ》の大達《だいたつ》に於《お》けるや亦《ま》た遠《とお》し」――つまらない意見を飾り立てて述べては、県の長官の地位を求めようとするのでは、とても大きな立身出世は望めない、というのである。

これは、小さな立場や小さな見解にこだわっていては、しょせん大成することはできないという、荘子の考えを述べた部分。

「小説」は、つまらない意見、取るに足りない、ちっぽけな話、の意味で使われている。

(2) 稗官《はいかん》と街談巷説《がいだんこうせつ》

古代の王は、民間の実情を知って、政治の参考にしたいというので、稗官という役を置いて、街談巷説《がいだんこうせつ》——民間に広がっている、こまごまとした話を集めさせた。

採詩《さいし》官に各地の民謡を集めさせて、民情を知ろうとしたこと（八六頁）に似ている。

「稗《はい》」は、細かに砕けた米の意味。また、稗《ひえ》。小さい、細かい意味から、卑しい意味を含むこともある。

2　小説の内容

『漢書』芸文志《げいもんし》には、小説家として十五家・計一千三百八十編を挙げている。しかしこの十五家の書はみな、その時代に失われている。

ただ『漢書』では、本の内容をごく簡単に説明しているものもあり、当時までの世相も考え合わせて、小説の内容を次のように分類することにする。

(1) 神話・伝説の類

古代国家の各国に見られるものである。

天地創造にまつわる話、英雄の活躍の話、文化制度の創始にまつわる話、天変地異に基づく話、その他さまざまな神話伝説の類が、語り継がれてきている。

(2) 不思議な話・珍しい話の類

右と重なる部分もあるが、こちらは主として民間における、不思議な話や、珍しい変わった話。

(3) 歴史に基づく話の類

実際にあった事件や、実在した人物などにまつわる逸話の類。その裏話とか誇張した話などが語られる。

3　小説の役割

(1) 民間の語り物

一つの語り物として、みなに語って聞かせる。何度も繰り返され、また語り継がれて、広まり、定着していく。広義の〝民話〟として、今も広く伝えられているものも多い。

(2) 意見の裏づけ

自分の考えを述べる時の材料に使うのである。こういう話があるのだから、こうしたほうがいいとか、いけないとか。

諸侯に説いて回った遊説《ゆうぜい》家などは、好んでこのたとえ話を使っただろう。自分の意見を述べる時の例や裏づけとして、思想家たちもよく使っている。

こうして、片や街談巷説として、民間では広く普及している。いわば私的な広がりである。その一方では、政治や思想などの弁論の場でも、いわば公的な場でも活用されるようになってきた。

(3) 諸子の例

荘子　寓言《ぐうげん》の宝庫である。寓言は「他の物事にこと寄せて、意見や教訓を含めた言葉。たとえ話」のこと。荘子は寓言を「外《ほか》を藉《か》りて之《これ》を論《ろん》ずるなり」と言っている。この寓言が、つまり〝小説〟なのである。

『荘子』には、寓言編まである。ここでは荘子は「寓言は十に九」――話を使う場合、その九割は寓言である、と言っている。

韓非子　やはり、神話伝説や史話などを、たくさん含んでいる。特に、説林《ぜいりん》（上下）編は、説話の林という名のとおり、〝小説〟類を集めた編である。

自分の意見を述べたりする時の例として使おう、というので集めておいた、資料集である。一八三頁を参照。

列子　八編の各所に、神話伝説や説話の類が出てくる。『列子』は、思想書として価値が高いのは、当然である。また、ここに収められている多くの〝小説〟類が広く親しまれ、時代を超え年齢を超えて読まれてきた、ということもできる。

屈原《くつげん》　戦国時代、楚《そ》国の公族。讒言《ざんげん》によって懐《かい》王に追放され、次の頃襄《けいじょう》王の時に、汨羅《べきら》に投身して死んだ。「楚辞《そじ》」という新しいスタイルの文学を創始した人としても有名。二五六頁も参照。

その「天問《てんもん》」編は、四字句を中心とした、全四段・小段十段、一千五百四十五字に及ぶ長編の韻文。

神話伝説や社会の興亡などの原因を、天に問いかける内容であり、格調の高い〝小説〟になっている。

山海経《せんがいきょう》　地理書だが、多く民間伝説に基づいている。奇怪な話もあり、神話伝説なども記されており、まさに〝小説〟集である。

作者も成立年代も不明だが、大部分は戦国時代の作、以後、前漢時代にかけて補われてきたものだろう、とされている。

なお、一九八六年夏に発見され、いま研究が進められている、四川省の三星堆《さんせいたい》遺跡からの遺物は、これまでの殷周文化と、はっきり区別される独自の文化を示している。この文化と『山海経』に描かれた世界との関連が、研究されている。
徐朝龍『三星堆・中国古代文明の謎――史実としての「山海経」』（あじあブックス、一九九八・六、大修館書店）などを参照。

4　小説の位置

(1)　荒唐《こうとう》無稽《むけい》

小説は、一面では街談巷説として大いに親しまれ、また一面では遊説家や思想家に大いに利用されてきた。

しかしその根本は、あくまで街談巷説である。思想家たちも、論の展開の便宜上、これらの話を利用したのに過ぎない。

儒家の『論語』に、次のように言っている。「子、不レ語ラ二怪・力・乱・神ヲ一」――孔子は、奇怪な話、力持ちの話、倫理を乱す話、神秘的な話は、口にしなかった（述而《じゅつじ》編）。

これらはまさに〝小説〟である。荒唐《こうとう》無稽《むけい》の話は、儒家は斥けたのである。

『漢書』芸文志《げいもんし》では、勢力の強い儒家に気がねをする面もあったのだろう、「諸子九家」として、小説家はその中に加えなかった（三三頁）。また、芸文志に挙げる小説家の十五種の書物も、その当時すでに散逸している。

(2)　小説家の小説

小説家の系譜の小説としては、いちおう文語体の作品をさす。従って、宋代以降に盛んになってきた白話《はくわ》（口語）体の小説は、ふつうは小説家には加えない。明《みん》代のおなじみの『三国志通俗演義』や、これを含んだ四大奇書とされる『水滸伝《すいこでん》』・『西遊記《さいゆうき》』・『金瓶梅《きんぺいばい》』の長編小説も、〝小説家〟には入れない。

また、特に唐代以降盛んに書かれはじめてくる、いわゆる随筆の類は、多く小説家に所属させている。

5　漢代以降の小説

(1)　漢代小説

前漢の東方朔《とうぼうさく》『神異経《しんいきょう》』・『海内十洲記《かいだいじっしゅうき》』が挙げられるが、これらは六朝《りくちょう》時代の作とされている。後漢の班固《はんこ》『漢武内伝《かんぶないでん》』は、前漢の武帝にまつわる逸話だが、これも六朝時代の作かとされる。

(2)　六朝《りくちょう》小説

晋《しん》代の干宝《かんぼう》『捜神記《そうしんき》』が有名。続いて、陶淵明《とうえんめい》の『捜神後《こう》記《き》』があるが、これは、陶淵明の「桃花源《とうかげん》ノ記」が収められているからそう言われるだけで、実際は後の時代の人が編集した

中国の切手――三国志演義

中国の切手――水滸伝

もの。

六朝宋《りくちょうそう》の劉義慶《りゅうぎけい》『世説新語《せせつしんご》』は、漢代末から東晋にかけての、有名人の言行や逸話を記したもの。『隋書《ずいしょ》』経籍志では、これを小説家に入れている。

(3) 唐代小説

唐代に入って、小説は大流行する。塩谷温《しおのやおん》『国訳晋唐小説』（国訳漢文大成、一九二〇・二二、国民文庫刊行会）は、晋代と唐代の小説四十五編を収めている。そして、唐代の小説を次のように分類している（括弧内の引用も、同書から。原文は総振り仮名つき）。

1　別伝《べつでん》類　伝奇小説の類。「多《おほ》くは荒誕妖妄《くわうたんえうまう》の寓言《ぐうげん》」である。
　陳鴻《ちんこう》「長恨歌伝《ちょうごんかでん》」孟啓《もうけい》「本事詩《ほんじし》」など

2　剣侠《けんきょう》類　「恰《あたか》も我《わ》が武勇伝《ぶゆうでん》、侠客伝《きょうかくでん》を読《よ》む如《ごと》く、人《ひと》をして案《あん》を拍《う》つて快哉《くわいさい》を叫《さけ》ばしむ。」
　——机を叩いて「やったあ！」と叫ぶような、勇者の話。

　段成式《だんせいしょく》「剣侠伝《けんきょうでん》」李公佐《りこうさ》「謝小娥伝《しゃしょうがでん》」など

3　艶情《えんじょう》類　「佳人才子《かじんさいし》の風流韻事《ふうりうゐんじ》を録《ろく》したるもの」で、「実《じつ》に唐代小説《たうだいせうせつ》の精粋《せいすゐ》なり」という。
　白行間《はくこうかん》「李娃伝《りあでん》」杜牧之《とぼくし》「杜秋伝《としゅうでん》」など

4　神怪《しんかい》類　「神仙《しんせん》・道釈《だうしゃく》・妖怪談《えうくわいだん》に関《くわん》する小説《せうせつ》」。「道釈」は、道教と仏教。

(1)　道釈に関するもの
　鄭還古《ていかんこ》「杜子春伝《とししゅんでん》」李泌《りひ》「枕中記《ちんちゅうき》」など

(2)　神鬼に関するもの
　陳元祐《ちんげんゆう》「離魂記《りこんき》」孫頠《そんき》「神女伝《しんにょでん》」など

(3)　竜女《りゅうじょ》に関するもの（竜女は、洞庭湖《どうていこ》に住む竜王の娘）
　李朝威《りちょうい》「柳毅伝《りゅうきでん》」薛瑩《せつえい》「竜女伝」など

(4)　物怪《ぶっかい》に関するもの
　李景亮《りけいりょう》「人虎伝《じんこでん》」沈既済《しんきさい》「任氏伝《にんしでん》」など

2　評価

1　『漢書』の評

稗官《はいかん》（二七〇頁）から出ている。街談巷語《がいだんこうご》（町での話や巷《ちまた》での言葉）や、道聴塗説《どうちょうとせつ》（道端で聞いた話を、すぐ道端で他の人に伝える）という人たちが作った話である。

孔子は言う「小道であっても、そこには必ず見るべき道理がある。ただ、遠大な道を志す時、それに拘泥《こうでい》してしまうことが心配だ。だから、大道を志す君子は、小道を学ばないのである。」

しかし、小道なりにそれは滅ぼさない。村里の狭い知識の人が言ったことでも、記録して忘れないようにするのである。しかし、もしその中に一言でも取り上げるものがあったとしても、それも所詮《しょせん》は、芻蕘《すうじょう》狂夫《きょうふ》〔草刈り・木こり・愚かな人〕の議論にすぎないのである。

〔注〕 孔子の言葉は『論語』子張《しちょう》編に載せる。しかしこれは門人の子夏《しか》の言葉。

小道＝ここでは、小説。『論語』では、ちょっとした技芸。朱《しゅ》熹《き》は「農・圃《ほ》・医・卜《ぼく》の属」と注する。「圃」は、野菜や果樹の畑。吉田賢抗氏は「茶道・華道・碁・将棋などの技芸ごと」、「農業や医術や卜筮《ぼくぜい》から、碁・将棋などを引っくるめていったものらしい」と説明している〔新釈漢文大系『論語』一九六〇・明治書院〕。

2 『隋書』の評

小説家、計二十五部〔種〕・百五十五巻という。小説家については「街談巷語、道聴塗説」の語を用いたり、『論語』の右と同じ部分を引いたりして、内容は『漢書』とほぼ同様である。

11 兵家

1 歴史

1 背景

中国は、多民族の集合体であり、『史記』に見る歴史は、その幕開けから、諸民族の戦いと、それに伴う人民の苦しみとであった。伝説時代から秦帝国の天下統一に至るまでの戦いの様子は、四二一頁からの第五章に詳述したので、参照されたい。

特に、周王朝の時代は、その初期の四十余年間を除くと、多くの国々が主権や領地を争うこと八百年、世界史上にも類のない戦乱の時代であった。

東周の前半・春秋時代〔前七七〇－前四五三〕は、記録されている軍事行動だけでも、五百回を超える。そして『孟子』は、「春秋に義戦なし」――春秋時代、道理にかなった戦いは一つもない〔尽心《じんしん》下編〕、と断じている。

戦国時代〔前四五三－前二二一〕に入ると、記録に残る戦いだけでも、二百三十回を数える。さらに春秋時代、いやそれ以前から、他の民族との戦いは、数えきれぬほど繰り返されてきている。

この、長い戦乱の歴史を通じて、多くの戦法が工夫されてきた。武器の発達により、戦いも複雑になってくる。戦術家・戦略家としてのスペシャリストが誕生し、活躍するようになるのである。

2　名　称

『漢書』芸文志《げいもんし》では、兵家は「諸子十家」(三二頁)の中に入っていない。十家の後に続く「詩賦略・兵書略・数術略・方技略」の中の一項である。

これらは、それぞれの項の概説と、そこに分類される書物の解題とから成っている。

「兵書略」では、次の四分類に従って、合計五十三家・七百九十編が挙げられている。ただし、この時に既に失われているものも、少なくない。なおこの四分類は、劉歆《りゅうきん》『七略』(二八頁)に倣ったもの。また、四分類の後に続く概説の中では、「兵家」という語を用いている。

3　分　類

(1)　兵権謀家《へいけんぼうか》

戦略・謀略を主として説くもの。孫武《そんぶ》(二八五頁)・孫臏《そんぴん》(二九八頁)・司馬穰苴《しばじょうしょ》(二八〇頁)・呉起《ごき》(三〇五頁)などがこれに属し、その他の書はほとんど失われている。

「権謀《けんぼう》とは、正《せい》を以《もっ》て国《くに》を守《まも》り、奇《き》を以《もっ》て兵《へい》を用《もち》ゐ、計《けい》を先《さき》にして戦《せん》を後《のち》にす。形勢《けいせい》を兼《か》ね、陰陽《いんよう》を包《つつ》み、技巧《ぎこう》を用《もち》ゐる者《もの》なり。」

――権謀とは、正道によって国を守り、奇策によって兵を使い、計画を先にして戦いを後にすることである。つまり、形勢〔地の利〕を得、陰陽〔天の時〕を生かし、技巧〔人の和〕を用いることである(漢書、芸文志)。

これが、兵家の最大の特徴である。

『孫子』には、「凡《およ》そ戦《たたか》ひは正《せい》を以《もっ》て合《あ》ひ、奇《き》を以《もっ》て勝《か》つ」(勢編)とある。正道によって合戦し、奇策によって勝利する、ということ。

また『老子』には、「正《せい》を以《もっ》て国《くに》を治《をさ》め、奇《き》を以《もっ》て兵《へい》を用《もち》ゐ、無事《ぶじ》を以《もっ》て天下《てんか》を取《と》る」(第五十七章)とある。正道によって国を治め、奇策によって兵を使い、そして無事〔人為を排すること〕によって天下を取る、というのである。

(2) 兵形勢家

現存するのは、二八〇頁の『尉繚子《うつりょうし》』のみ。同じく『漢書』芸文志には、次のようにいう。

戦闘（『金石策』）

「形勢《けいせい》とは、雷動風挙《らいどうふうきょ》、後《のち》に発《はっ》して先《さき》に至《いた》る。離合背郷《りごうはいきょう》、変《へん》化《か》常無《つねな》く、軽疾《けいしつ》を以《もっ》て敵《てき》を制《せい》する者《もの》なり。」

——形勢とは、雷が鳴り風が吹くように、後から発して先に至る〔迅速に行動する〕のである。離れ、合い、背を向け、向かい合いと、たえず変化し、軽やかに速やかに行動して、敵を制圧するのである。

(3) 兵陰陽家《へいいんようか》

書物は、『漢書』時代にはもはやすべて伝わらない。一三六頁以降の「陰陽家」に基づく思想だろう。

「陰陽《いんよう》とは、時《とき》に順《したが》ひて発《はっ》し、刑徳《けいとく》を推《お》し、斗撃《とげき》に随《したが》ひ、五《ご》勝《しょう》に因《よ》り、鬼神《きしん》を借《か》りて助《たす》けと為《な》す者《もの》なり。」

——陰陽とは、時に合わせて兵を発し、刑と徳とを推しはかり、北斗星の指すところに従い、五行相勝《ごぎょうそうしょう》説に基づき、鬼神の力を借りて援助してもらうことである（漢書、芸文志）。

「刑」は、陰の気の働き。「徳」は、陽の気の働き。『淮南子《えなんじ》』天文訓編に「陰陽の刑徳」とある。また「斗撃」は、同じく天文訓編に「北斗の撃つ所は、与《とも》に敵すべからず」（北斗星の指す方角は、何者も敵とすることはできない）とある。なお「五行相勝」は、一四八頁を参照。

(4) 兵技巧家

これも、書物はすべて『漢書』が編纂された時代には、すでに失われている。

「技巧《ぎこう》とは、手足《しゅそく》を習《なら》はし、器械《きかい》を便《べん》にし、機関《きかん》を積《つ》みて、以《もっ》て攻守《こうしゅ》の勝《か》ちを立《た》つる者《もの》なり。」

——技巧とは、手足を慣れさせて、武器を使いこなし、種々の機器を経験して、そして、攻めと守りのどちらが勝てるかを判断するものである(漢書、芸文志)。

たとえば、墨家の二二七頁などに見るように、戦争用のさまざまな武器が工夫されているので、それらの構造や特質を理解し、使い方に習熟することによって、攻守の得失を判断する、ということであろう。

2　特質

以上の四類のうち、兵家の中心となるのは、最初の「兵権謀家」である。二番めの「兵形勢家」の「形勢」は、すでに三番め「兵陰陽家」の「陰陽」や、四番め「兵技巧家」の「技巧」とともに、すべて「兵権謀家」の説明の中に含まれている。

また、「兵形勢家」を代表する『尉繚子《うつりょうし》』も、『孫子』や『呉子』の内容と、大きく異なるところはない。

そして、「兵陰陽家」と「兵技巧家」との書物は、『漢書』が編纂された時代にはすでに伝わっていない。「兵権謀家」などに吸収されたり、顧みられなくなったりしたのだろう。

1　道家的

さて、兵家を代表する「兵権謀家」の特質を分析してみよう。

まず、その項の『漢書』芸文志の引用に見るとおり、道家の影響を強く受けていることにある。つまり、必ずしも戦って勝つことを主目的にせず、戦わずして勝つという老子の思想を、根底に置いているのである。

もちろん、戦略の方法も数多く説かれているから、たとえば『孫子』は、以後の中国・日本はもちろん、西欧でも広く読みつがれ、応用されてきた。しかしその根底に、老子の人間愛の精神が流れているからこそ、時間と空間とを超えて、愛読されてきたのである。

2　法家的

次に、軍隊といえば組織、組織を動かすには規律ということで、兵家は、一六八頁の法家の影響を強く受けている。二八六頁に紹介する孫武《そんぶ》のエピソードは、まず規律の徹底、ということを示している。また呉起《ごき》は、兵家に属するが、法家としても活躍している。

3 人間的

三番めに、組織を率いるリーダーと、その下に所属して動く兵との在り方や心理について述べていることである。この人間観察や心理分析の鋭さが、場面や状況に応じて詳述されている。

戦いという、もっとも非人間的な情況において、戦いに臨む個々の人たちの在り方や心理を把握する。ここに、人を使う立場も使われる立場も、それなりに共感を覚え、また、指針となってきたのである。

こうして兵家の書からは、多くの名言格言が生まれ、今日にいたるまで、人に応じたさまざまな処世術や人生訓を教えてくれているのである。

3 人物と書物

1 孫武《そんぶ》・孫臏《そんぴん》

代表的人物としては、まず孫子が挙げられる。『漢書』芸文志には、『呉孫子《ごそんし》兵法』八十二編、『斉孫子《せいそんし》兵法』八十九編、とある。そこで、兵書を著した孫子は二人いるとされ、『史記』の孫子・呉起列伝に記されている、斉国の孫武《そんぶ》と、その子孫である斉国の孫臏《そんぴん》とのこととされてきた。

では、現存する『孫子』の著者は、孫武なのか孫臏なのか。昔から議論が繰り返され、一応は孫武の著、ということにされてきた。

ところが、一九七二年四月、山東省臨沂《りんき》県の銀雀《ぎんじゃく》山から、前漢時代の墓が発見され、中から多くの竹簡が出土した。その多くは兵書であり、中から幻《まぼろし》の『孫臏兵法』が現れたのである。これで、千数百年にわたる議論に終止符が打たれた（三〇一頁）。

2 呉《ご》起《き》

戦国時代の兵法家。『漢書』芸文志には『呉起』四十八編とあるが、現存するのは『呉子』六編。後世に整理されたものだろうが、『孫子』と並んで兵法書の代表となっている。

『韓非子』五蠹《ごと》編には、次のように記されている。

「境内《きょうない》皆兵《みなへい》を言《い》ひ、孫《そん》・呉《ご》の書《しょ》を蔵《ぞう》する者《もの》、家《いへ》ごとにこれ有《あ》り。」

――国内ではみな兵法を論じ、孫子や呉子の著書は、どの家でも所蔵している。

また『史記』は、こう述べている。

「世俗《せぞく》に師旅《しりょ》と称《しょう》せらるるは、皆《みな》『孫子《そんし》』十三篇《じゅうさんぺん》を道《い》ふ。呉起《ごき》の兵法《へいほう》、世《よ》に多《おほ》く有《あ》り。故《ゆゑ》に論《ろん》ぜず。」

――世間で軍事〔兵法〕と呼ばれる時には、みな『孫子』十三編のことを言うのである。また呉起の兵法も、世間に多く出回っている。そこでここでは、論じない（史記、孫子呉起列伝・論賛）。

孫子や呉起の著書が、いかに広く読まれていたかを知ることができる。

3　尉繚子《うつりょうし》

戦国時代の兵法家・尉繚（三九〇頁）の著とされる『尉繚子』二十四編。例文は三六七頁を参照。

4　六《りく》　韜《とう》

周王朝を建てた文王の師・呂尚《りょしょう》（太公望《たいこうぼう》）は、兵法にも詳しいとされ、兵書『六韜《りくとう》』を著したといわれるが、これは後世の偽作。例文は三六二頁を参照。

「韜」は、剣または弓などを入れる袋。「六」は「文・武・竜・虎《こ》・豹《ひょう》・犬」で、この六巻から成る。なお、教科書ガイドの類を「虎《とら》の巻」と言うのは、この編に基づくものとされる。

5　三《さん》　略《りゃく》

漢の高祖の忠臣・張良《ちょうりょう》が、黄石公《こうせきこう》（三九九頁）という老人から授かった、呂尚《りょしょう》の兵法書という。

いま『黄石公三略』、略して『三略』があるが、これも後世の偽作。「略」は、「方略」（はかりごと・方策）の意味で、上中下の三巻から成っている。

黄石公と張良
（『中国神仙画像集』）

多くの節が「軍識《ぐんしきニ》曰《いハク》」ではじまっており、これは「兵法についての予言書」とされている。種々の書物や記録、口承などに基づいた、巧みな引用だろう。

『三略』の例文は、三四四頁・三六八頁などを参照されたい。

6　司馬法

田穰苴《でんじょうしょ》（司馬穰苴ともいう）は、春秋時代の斉の景公と威王とに仕えた将軍。『史記』に司馬穰苴伝がある。司馬穰苴は四〇二頁を参照。

西周以来の司馬（軍事を管理する官）が伝えてきたものを、威王の命によって整理し、これに自分の兵法を加えて『司馬法』を著した、という。これは、百五十五編といわれる中の、わずか五編（三巻）が現存している。

7　兵法七書（武経）

以上の、孫武『孫子』、呉起『呉子』、尉繚《うつりょう》『尉繚子』、呂《りょ》尚《しょう》『六韜《りくとう》』、黄石公『三略』、田穰苴《でんじょうしょ》『司馬法』と、これに、唐代の李靖《りせい》『李衛公問対《りえいこうもんたい》』とを加えた七書を、兵法七書という。武経《ぶけい》七書、単に『武経』ともいう。宋代の元豊年間（一〇七八―一〇八五）に、武学のための必読書として定められた。

なお『李衛公問対』は、唐の太宗《たいそう》（在位、六二七―六四九）と、兵法に詳しい李靖《りせい》（五七一―六四九）との、兵法に関する問答を記したもの。

以上の「兵法七書」のほかに、日本で親しまれている次のものを紹介しておこう。

8　百戦奇略《ひゃくせんきりゃく》

成立　『百戦奇法』ともいう。北宋末に成立したとされる。著者は不明。

また、元末明《みん》初の劉基《りゅうき》が著した『百戦奇法』を、後に『百戦奇略』とも呼ぶ、という。別に、清《しん》代になって『百戦奇法』を再編集し、これに劉基の名を借りて『百戦奇略』と呼んだ、ともいう。

いずれにしても、春秋戦国時代から五代十国に至る千六百年間に及ぶ兵法と戦いとを知る上での、代表的な書物である。

著者　著者とされる劉基《りゅうき》（一三一一―一三七五）は、字《あざな》は伯温《はくおん》、号は黎眉《れいび》公。元代末期に役人となり、朱元璋《しゅげんしょう》（明《みん》の初代皇帝・洪《こう》武《ぶ》帝）の参謀として活躍、明朝を創建するのに大きく貢献した。その才能は、朱元璋から三国時代の軍師・諸葛亮《しょかつりょう》に比すると賛《たた》えられている。

構成　全十巻、各巻が十戦から成り、計百編。その編名は「主戦・客戦、強戦・弱戦、昼戦・夜戦、攻戦・守戦、死戦・生戦、勝戦・敗戦」のように、二編ずつが対語になっている。つまり、五十組の対から構成されていることになる。

戦いというものは、相対する要素から、それも五十組もの複雑な要素から成立していること、従って、戦いには「絶対」というものはないことを示している。だからこそ、兵法が必要にもなるのであろう。

内容　後出の例「知戦」を参照。編ごとに、まず短い本文を記す。次に、その内容を一文で要約したものを「法《ニ》曰《いハク》」として記す。次いで、その内容にふさわしい「戦例」を掲げる、という三部構成である。

「法曰」には、古典から引用した文を記す。『孫子』などの兵書が多いが、『春秋左氏伝』や『論語』などからも引かれている。

「戦例」は、春秋戦国時代から五代に至る戦いを、多くの歴史書などから集めて、各編に一つずつ配したもの。現在も見ることのできる資料がほとんどだが、たいへんな収集整理である。

知戦　では「戦例」として、孫臏《そんぴん》が龐涓《ほうけん》をみごとに欺いた馬陵《ばりょう》の戦い（二九九頁）が、『史記』孫子呉子列伝編からそのまま引かれている「知戦」編の本文を紹介しておこう。

「凡《およソ》興《おこシテ》レ兵《へいヲ》伐《うツハ》レ敵《てきヲ》、所《ところ》レ戦《たたかフ》之《の》地《ち》、必《かならズ》予《あらかじメ》知《しル》レ之《これヲ》。師《し》至《いたル》之《の》日《ひ》、能《よク》使《しメテ》二敵《てき》人《じんヲシテ》如《ごとクニシテ》レ期《きノ》来《きタラ》一、与《ともニ》戦《たたかヘバ》則《すなはチ》勝《かツ》。知《しリ》二戦《たたかフ》地《ちヲ》一、知《しレバ》二戦《たたかフ》日《ひヲ》一、則《すなはチ》所《ところノ》レ備《そなフル》者《もの》専《もっぱラニ》、所《ところノ》レ守《まもル》者《もの》固《かたシ》。法《ほうニ》曰《いハク》、「知《しリ》二戦《たたかヒ》之《の》地《ちヲ》一、知《しレバ》二戦《たたかヒ》之《の》日《ひヲ》一、則《すなはチ》可《ベシト》二千《せん》里《りニシテ》而会《かい》戦《せんス》一。」」

——そもそも、軍隊を出陣させて敵軍を攻撃する場合には、戦場となる土地について、必ず前もって知っておくべきである。（そして）敵軍がそこに到着し、敵兵に〝予定どおりにここに来た〟と思わせることができたところで戦えば、我が軍は勝つのである。（つまり）戦う場所と戦う日時とを前もって知っておけば、（戦闘の）準備も十分だし、防御も堅固になるのである。

兵法にいう、「戦う場所を知り、戦う日時を知っておけば、千里も離れた所であっても（思いのままに）戦うことができる」と。

戦　車

この「兵法」は、『孫子』虚実編（二九〇頁）の一節。

これに続く「戦例」は、二九九頁に記すとおり、孫臏が敵軍〔龐涓《ほうけん》たち〕の到着する行程と、夕方という時間帯、そして山合いの狭い場所を、十分に計算して、みごとに大勝利を収めた、という例である。

9　三十六計

成立　もともと書名なのかどうかから不明。もちろん、著者も不明。「三十六計」という語が文献に登場するのは、唐の李《り》延寿《えんじゅ》編『南史』（六五九成立）の「檀道済《だんどうさい》伝」で、その該当部分は三三八頁に説明した。

一九六〇年代以降、中国で「三十六計」に関する出版が盛んになってくる。その兵法上の知恵が、現代社会を生き抜くうえに、おおいに参考になるから、というのである。日本で『孫子』などが愛読されるのと、同じような現象だろう。

古代からの兵法のうち、広く親しまれてきたものを、ある程度まとめて整理したものと思われる。

内容 「勝戦の計、敵戦の計、攻戦の計、混戦の計、併戦の計、敗戦の計」の六編から成る。それぞれの編がまた六計ずつに分かれて、全体で三十六計となる。

最初から五編まで、成語として用いられているような四字熟語が見出しである。たとえば、第二計は「囲魏救趙《いぎきゅうちょう》」――魏を囲んで趙を救う。これは下段に述べる。また第二十三計は「遠交近攻」が見出しで、これも三二〇頁に記す。

第六編は「敗戦の計」で、敵軍に敗れることが明らかな場合に用いる、いわば起死回生のための策略。

第三十一計「美人計《びじん》」は、敵の将軍の弱点を突いて、敵軍の勢いを弱める計画。

第三十二計「空城計《くうじょう》」は、こちらの城が無防備であるように見せて、敵軍に油断させる計画。

第三十三計「反間計《はんかん》」は、敵軍の反間〔スパイ〕を逆利用する計画。「反間」は、二九四頁の「用間」編に詳述した。

第三十四計「苦肉策《くにく》」は、自分を傷つけて相手を信用させることによって、反間活動を成功させる計画。

第三十五計「連環計《れんかん》」は、敵軍が強大な時には、敵軍の内部どうしで次から次へと争うような謀略を仕向けて、弱体化させるという計画。「連環」は「輪」のつながりで、鎖のように次々に内部の混乱を起こさせていくのである。

そして、最後の第三十六計が「走為上《そういじょう》」――走《に》ぐるを上《じょう》と為《な》す。第六編だけが、「敗戦計」と見出しが三文字になっているうえ、中のこの第三十六計だけが、変わった表現になっている。

なお、以上の全部の計を通して、本文は二十字ていど以内の短文がほとんどである。

では参考までに、二つの計を紹介しよう。

第二計 囲魏救趙《いぎきゅうちょう》――魏《ぎ》を囲《かこ》みて趙《ちょう》を救《すく》ふ

「共《ともニスルハ》敵《てきヲ》不《ず》レ如《しカ》レ分《わかツニ》レ敵《てきヲ》。敵《てきノ》陽《ようナルハ》不《ず》レ如《しカ》二敵《てきノ》陰《いんナルニ》一。」

――敵軍と集中的に戦うよりは、敵軍を分散させる（そして戦う）ほうがよい。（また）敵軍が元気にあふれている（時に戦う）よりは、敵軍が落ち込んでいる（時に戦う）ほうがよい。

斉《せい》軍の孫臏《そんぴん》が、趙国の救援要請を受けて出兵した時、大軍を率いて趙国を攻めて手薄になっている魏の都を襲ったのだった。これが「敵を分かつ」ことに当たる。また、魏軍の「陽」は趙国で戦っているから、都のほうはまさに「陰」の状態だった――――。

第三十六計　走為上《そういじょう》――走《に》ぐるを上《じょう》と為《な》す

「全《ぜん》師《し》避《さク》レ敵《てきヲ》。左《ひだりシテ》次《やどルモ》無《なキハ》レ咎《とがめ》、未《いまダ》《ざル》レ失《うしなハ》レ常《じょうヲ》也《なり》。」

――全軍が、敵軍から撤退する。いったん引き下がって退却しても差し支えないのは、兵法の常道にはずれていないからである。「左」は、わき。傍ら。「次」は、とどまる。位置する。「無咎《むきゅう》」は、差し支えない。

圧倒的に強い敵軍を迎えれば、投降する・講和を結ぶ・退却する、の三つの方法しかない。投降するのは負けること、講和を結ぶのは半分負けること、退却するのは、負けを勝ちに転ずる契機でもあること。こうして、勝つ可能性の残る道を選ぶことも、兵法の心得の重要な一つである、とするのである。なお三三八頁を参照。

4　評　価

1　『漢書』の評

兵家というのは、司馬〔軍政を扱う官〕から出ている。『書経』洪範《こうはん》編には、政治の要件を八項挙げており、その八番めに「師」〔軍隊〕が入っている〔八項は、二六九頁〔注〕の「八政」で、食・貨・祀《し》・司空・司徒・司寇《しこう》・賓・師〕。

孔子も『論語』で、「為政者は、食糧と軍備とを充足する」〔顔淵《がんえん》編〕と言い、また「軍事教練をしない人民を戦場に出すことは、人民を棄てることである」〔子路編〕と言っている。

軍事とは、これほど重大なことなのである。

さて『易経』繋辞伝《けいじでん》下編では、こう述べている。「昔は、木に弦《つる》を張って弓を作り、木を削って矢を作った。弓と矢とは、たいへん威力のあるものであり、これによって天下を制圧した。」

のち、金属を溶かして刃を作り、革を割いて甲《よろい》を作って、兵器がきわめて充実した。

殷《いん》の湯王や周の武王が天命を受けると、軍隊を率いて乱賊を破り、人民を苦しみから救った。仁義と礼譲とによって、軍隊を動かしたのである。『司馬法』は、その精神を伝えている。

春秋時代から戦国時代に入ると、奇襲により伏兵を置くなど、常道をはずして相手をだますという兵法が、いろいろと出現した。

漢代になると、張良と韓信とが、これまでの兵法を整理して、百八十二家とし、その要点をまとめて三十五家とした。ところが、呂后《りょこう》の一族が反乱を起こして、これらを盗み出してしまった〔そのため散逸して、現在は伝わらない〕。

漢の武帝の時に、楊僕《ようぼく》がその散逸したものを集めて天子に奉ったが、まだ不完全であった。成帝の時に、任宏《にんこう》に兵法書を整理させて、四種に分類した（二七六頁の四種をさす）（芸文志）。

2 『隋書』の評

暴動や騒乱を禁止したり鎮静したりするものである。『易』に言う、「古代には、木を曲げ削って弓矢としていた。これで武器として十分に威力を発揮していた。」

周代には、大司馬（軍事を担当する長官）が、戦いにおける九法（九種の規則）と九伐（九種の討伐）とを担当して、国内を治め正していた。

みな、仁義に基づいて武力を行使したから、暴力や騒動を討ち鎮《しず》めることができたし、その結果、人民も守られたのである。しかし、周代の末になると、感情と欲望のままに争うことが日常化して、仁義が失われてしまった。人民もお互いに反目し合って、世の混乱を招く結果になったのである（経籍志）。

5 孫《そん》武《ぶ》

1 人物

生没年は未詳。字《あざな》は長卿《ちょうけい》。春秋時代、斉《せい》国の楽安の人。兵法十三編を著し、呉《ご》王の闔閭《こうりょ》（在位、前五一四－前四九六）に仕えて将となる（四三六頁）。

呉では、その手腕を発揮し、三万の呉軍を率いて、二十万の楚《そ》軍を破り、その都の郢《えい》に侵入した。また北方では、同じく大国である斉《せい》や晋《しん》を脅かした。これらによって、呉国の名を天下に明らかにしたという（呉が魯《ろ》と組んで斉を破ったのは、紀元前四八四年。晋を脅かしたのは、その二年後。ともに、夫差が王の時代である）。

その生涯は明らかではなく、闔閭の後を継いだ夫差《ふさ》の時に呉国が衰退していくのを見て、国を去って隠棲した、とも言われる。また『漢書』では、何かの罪によって処刑された、と記されている（刑法志）。

孫 武
（『中国五百名人図典』）

2　逸　話

『史記』孫子伝は、次の有名な逸話を載せている。孫武が闔閭にお目通りすると、闔閭は「あなたの兵法の書十三編は、全部読んだ。では、その腕前を実際に見せてほしい」と言う。

闔閭「女性の訓練でもよいか?」

孫武「結構です。」

そこで闔閭は、宮中の女性から美人百八十人を選んで、庭に出した。

孫武は、これを二隊に分け、全員に戟《ほこ》を持たせ、闔閭が特に気に入っている女性二人を、それぞれ隊長とした。

孫武「みんな、自分の胸と、左右の手と、背とは、わかるか。」

女官群「わかります。」

孫武「では、私が前と言ったら胸を見よ。左と言ったら左手を、右と言ったら右手を見よ。後ろと言ったら背を見よ。」

女官群「承知しました。」

孫武は、この命令を三度も五度も繰り返して徹底させ、また、命令に従わない者を処罰する鈇鉞《ふえつ》〔おのと、まさかり〕を前に置いた。

孫武「(太鼓の合図とともに) 右!」

しかし、女官群は、大笑いするだけである。

孫武「命令が徹底しないのは、指揮官である私の責任である。」そして、改めて三度も五度も説明すると、ふたたび、

孫武「(太鼓の合図とともに) 左!」

女官群は、またもや爆笑した。

孫武「命令が徹底しないのは、指揮官である私の責任だ。しかし、命令が徹底しているのに実行できないのは、隊長の責任である。」

そして、二人の隊長を前に出して、斬《き》り殺そうとした。建物の台上からこれを見ていた闔閭は驚き、使者を出して孫武に命じた。

闔閭「あなたの用兵の力量は、よくわかった。私は、あの二人がいなければ、食事の味もわからないのだ。どうか、斬らないでくれ。」

孫武「私は、王の命令で将軍となりました。将軍たるもの、戦場にあっては、王の命令を聞かないこともあるのです。」そして、二人の隊長を斬り殺して、全員に示し、次の二人を隊長とした。

次いで孫武が太鼓を叩くと、女官群は全員、合図に応じて左を見、右を見、前を見、後ろを見、一挙一動、規矩縄墨《きくじょうぼく》〔コンパス・定規・墨縄《すみなわ》。大工の道具で、一定の規準をいう〕のように整然と動いて、声を出す人もなくなった。

孫武は、使者を通して闔閭に報告した。「兵たちには、訓練

が行きとどきました。王よ、どうぞお試しください。王の命令なら、水にも火にも飛び込んでいくでしょう。」

闔閭「よくわかった。将軍よ、宿舎で休んでくれ。私は、もう見たくもない。」

孫武「王は、軍事の理論だけがお好きで、軍隊の運用はできないのですね。」

闔閭はここで、孫武を将軍とした。呉国の名が諸侯に知られるようになったのは、孫武の力によるところが大きい。

中国の切手ー孫子①

3 思 想

孫武の思想は、『孫子』十三編・五千五百余字に述べられている。『孫子兵法』とも、単に『十三篇』ともいう。以下、編ごとに、その要点を紹介しよう。

(1) 計《けい》編

『武経』(二八一頁)では「始計篇」とする。戦いを始める前に整えるべき条件や心構えを述べる。

「孫子《そんし》曰はく、兵《へい》は国《くに》の大事《だいじ》にして、死生《しせい》の地《ち》、存亡《そんぼう》の道《みち》なり。察《さつ》せざるべからざるなり。」

――戦争は国家の重大事件であり、人民の生死の根本、国家の存亡の岐路である。このことを慎重に考えなければならない(切手の①を参照)。

五事 戦いに勝つための条件は、次の五つ。

一、道。人民の心を君主の心と一体化させること。

二、天。天候・気候・時間などの条件を知ること。

三、地。距離・険しさ・広さ・高さなどの条件を知る。

四、将。将軍の「智・信・仁・勇・厳」、すなわち、知恵・信頼・仁愛・勇気・威厳の徳性である。

五、法。軍隊の、細部にいたるまでの制度・諸官の地位や職務の規定・それらの運営である。

詭道《きどう》 次に重要なのは「兵は詭道《きどう》なり」――戦争とは、敵をあざむくことである、という言葉。(7)軍争編にも「兵は詐《さ》を以《もっ》

中国の切手ー孫子②

中国の切手ー孫子③

て立つ」——戦争とは、敵をだますことによって成り立つ」と言っている（二九〇頁）。

　戦争でありながら「詭道」を説くところに、多くの批判が集まった。しかし、戦う以上は勝たねばならない、その、勝つための作戦ということで、実際の戦争においては、「詭道」は不可欠の方法である。

　またこれらが、現代社会に生きる人たちの共感を得ているのだろう。

(2)　作戦編

　戦争が与える利害について述べる。莫大な消費と損失とを伴うので、戦うにしても、短期決戦でいこう、と説く。

「尽《ことごと》く兵《へい》を用《もち》ゐるの害《がい》を知《し》らざる者《もの》は、尽《ことごと》く兵《へい》を用《もち》ゐるの利《り》を知《し》ること能《あた》はざるなり。」

　——戦争をすることの弊害を熟知していない人は、戦争をすることの利益を熟知することはできない。

中国の切手ー孫子④

(3)　謀攻《ぼうこう》編

勝つとは？　戦う前の謀略戦こそが重要であることを説く。戦うのなら、戦わずして勝つことが最上である、とする。

「百戦《ひゃくせん》して百勝《ひゃくしょう》するは、善《ぜん》の善《ぜん》なる者《もの》に非《あら》ざるなり。戦《たたか》はずして人《ひと》の兵《へい》を屈《くっ》するは、善《ぜん》の善《ぜん》なる者《もの》なり。」

　——百回戦って百回とも勝つというのは、最上のことではない。戦うことなくして相手の軍隊を屈服させることが、最上の方法である（次頁の切手⑤を参照）。

「故《ゆゑ》に、上兵《じょうへい》は、謀《ぼう》を伐《う》つ。其《そ》の次《つぎ》は交《こう》を伐《う》つ。其《そ》の次《つぎ》は兵《へい》を伐《う》つ。其《そ》の下《げ》は城《しろ》を攻《せ》む。」

　——そこで、最上の戦争は、敵の謀略を見抜いて謀略で戦う。その次は、敵と友交国との関係を絶ち切る。その次は、敵の軍隊と戦う。最低の戦争は、敵の城を攻めることである。

百戦殆《ひゃくせんあや》ふからず　そして、次の有名な言葉が述べられる。

相手を知り、自分を知るならば、百回戦っても、危ういことはない。

相手を知らないが、自分を知っているならば、勝ったり負けたりする。

相手を知らず、自分をも知らないならば、戦うたびに必ず危うい。

知《しリ》レ彼《かれヲ》知《しル》レ己《おのれヲ》者《ものハ》、百《ひゃく》戦《せんシテ》不《ず》レ殆《あやフカラ》。
不《ずシテ》レ知《しラ》レ彼《かれヲ》而知《しラバ》レ己《おのれヲ》、一《いっ》勝《しょう》一《いっ》負《ぷス》。
不《ず》レ知《しラ》レ彼《かれヲ》不《ざレバ》レ知《しラ》レ己《おのれヲ》、毎《ごとニ》レ戦《たたかフ》必《かならズ》殆《あやフシ》。

（前頁の切手③の文は、右の漢文の一行目。）

(4) 形《けい》　編

「形」は、軍隊の行動、陣形。『武経』（二八一頁）では「軍形篇」としている。しかし内容は、隊形よりも、態勢や守備の重要性に多く触れている。

「昔《むかし》の善《よ》く戦《たたか》ふ者《もの》は、先《ま》づ勝《か》つべからざるを為《な》して、以《もっ》て敵《てき》に勝《か》つべきを待《ま》つ。」

――昔、上手に戦った人は、まず敵が勝つことのできない態勢を作っておいて、そして敵に勝つことのできる機会を待ったのである。

そこで、

「勝《か》つべからざるは己《おのれ》に在《あ》り。勝《か》つべきは敵《てき》に在《あ》り。」

――敵が勝つことができないのは、こちら（の態勢）にある。また、こちらが勝つことができるのは、敵（の態勢）にある。

(5) 勢《せい》　編

『武経』（二八一頁）では「兵勢篇」とする。軍の編成や戦術の重要性を説いている。

「善《よ》く戦《たたか》ふ者《もの》は、之《これ》を勢《せい》に求《もと》めて、人《ひと》を責《せ》めず。故《ゆえ》に能《よ》く人《ひと》を択《す》てて勢《せい》に任《にん》ず。」

――巧みに戦う人は、戦いを「勢い」に置き、人に戦いの責任を負わせない。そこで、人を当てにしないで「勢い」に任せて戦うのである。

「勢い」とは、せき止められていた水が一挙に流れ出すような、また、丸い石を高い山から転がし落とすようなもの。兵士たちの志気の盛り上がり、あるいは、好機・タイミングであろう。

中国の切手ー孫子⑤

⑹　虚実編《きょじつへん》

わが軍の「実」によって、敵軍の「虚」を突くことの重要性を説いている。

「夫《そ》れ兵《へい》の形《かたち》は水《みづ》に象《かたど》る。水《みづ》の形《かたち》は高《たか》きを避《さ》けて下《ひく》きに趨《はし》り、兵《へい》の形《かたち》は実《じつ》を避《さ》けて虚《きょ》を撃《う》つ。」

――だいたい、軍隊の取る形は、水に似ている。水の形は、高い所を避けて低い所に流れるものである。同じく軍隊の形は、敵の充実している所は避けて、敵の隙を攻撃するものなのである（二八八頁の切手④を参照）。

そこで「兵《へい》に常勢《じょうせい》無《な》く、水《みづ》に常形《じょうけい》無《な》し。」

――軍隊には、一定の勢いはなく、水には一定の形はないのである。敵の出方によって、臨機応変に戦い、そして勝つ。これを「神」というのだ、と述べている。

⑺　軍争編《ぐんそうへん》

風林火山　戦闘の実際について説いている。ここに、おなじみの「風林火山」が出てくる。

まず、軍隊は詐《さ》〔敵を欺くこと〕から始まり、利を得ようとして行動し、分散や集合によって変化をつけるものである、と規定する。そこで、と次のように述べる。

進退の速さは風のように（すばやく）、

静粛に行動することは林のように（静かに）、

敵地を侵略し掠奪《りゃくだつ》することは火のように（激しく）、

動かずにいる時は山のように（どっしりと）している。

其《そノ》疾《はやキコト》如《ごとク》レ風《かぜノ》 其《そノ》徐《ゆるやカナルコト》如《ごとク》レ林《はやしノ》 侵《しん》掠《りゃくスルコト》如《ごとク》レ火《ひノ》 不《ざルコト》レ動《うごカ》如《ごとシ》レ山《やまノ》

この四句が、日本の戦国時代の武将・武田信玄の旗印によって、『孫子』の中でも最も有名な言葉になった、と言えるだろう。

原文では、この四句の後に、実は次の二句が続いている。

難《がたキコト》レ知《しリ》如《ごとク》レ陰《いんノ》、
動《うごクコト》如《ごとシ》二雷《らい》震《しんノ》一。

――（こちらの作戦の）わかりにくいことは、暗闇のように（察知されず）、

（動くときには）行動は雷鳴が周囲を震《ふる》わせるように（激しくする）。

そして、

「郷《きょう》に掠《かす》めて衆《しゅう》に分《わ》かち、地《ち》を廓《ひろ》めて利《り》を分《わ》かち、権《けん》を懸《か》けて動《うご》く。」

――村里から掠奪して兵士たちに分け与え、領土を拡大して(それによって生じる)利益を土地の者たちに分け与え、そして、すべてを秤《はかり》にかけて（軽重を考えて）から行動するのである。

かなり強烈な意見ではあるが、これが戦争の実際の姿、というものだろう。

迂直《うちょく》の計　以上を受けて、孫子は次のようにまとめる。

「先《ま》づ迂直《うちょく》の計《けい》を知《し》る者《もの》は勝《か》つ。此《こ》れ軍争《ぐんそう》の法《ほう》なり。」〔先ヅ知ル二迂直之計ヲ一者勝ツ。此レ軍争之法也。〕

――まず、迂《う》〔偽り〕と直〔まっすぐ〕との計略〔つまり、敵を欺く作戦〕を知っている者が、勝つ。これが、軍隊が戦う時の(最上の) 方法である。

(8)　九変《きゅうへん》編

戦争の秘訣《ひけつ》は、この部分に尽きるのではないだろうか。

臨機応変の展開が必要であることを説いている。九つの事項を挙げているわけではなく、「九変」で、さまざまな変化・対応、という意味。

(9)　行軍編

軍隊を行軍させていく時に必要な留意事項について、説いている。

まず、将軍はふだんから兵士と親しみ合うようにしていなければいけない、という。

「之《これ》に令《れい》するに文《ぶん》を以《もっ》てし、之《これ》を斉《ととの》ふるに武《ぶ》を以《もっ》てする、是《これ》を必《かなら》ず取《と》ると謂《い》ふ。」

――兵士に命じる時には礼の心に従い、兵士を整える時には武〔法〕の心によってする、これを必ず敵を攻め取る要領というのである。

ふだんからこうしていれば、いざという時にも命令が徹底する、というのだが、この文の「令・斉」や「文・武」には、他に幾つかの解釈がある。その一つに、これは一般の人に向けての心得であるという説もあり、だから二八七頁の切手②のように、切手にも取り上げられたものか。

続いて、行軍中における、目くばり気くばりの例を挙げる。

たとえば、敵軍の伏兵が潜んでいそうな場所、険阻《けんそ》〔けわしい所〕・潢井《こうせい》〔水たまりや、井戸〕・葭葦《かい》〔葦《あし》が密生する所〕・山林・蘙薈《えいかい》〔草木が密生する所〕は、十分に調べよ。

また、次のような例は、多くおなじみ。

衆樹動《しゅうじゅうご》くは、来《き》たるなり――多くの木が動くのは、敵が来ることである。

衆草障《しゅうそうさ》り多《おほ》きは、疑《うたが》はしむるなり――多くの草が障害になっているのは、敵が近いことを疑わせるものである（草むらの向こうに、ひそんでいるかもしれない）。

鳥起《とりた》つは、伏《ふく》なり——鳥が急に飛び立つのは、伏兵がいるのである。

獣駭《じゅうおどろ》くは、覆《ふく》なり——獣が急に驚き走るのは、奇襲隊がいるのである。

次の四例は、広大な中国ならでは、だろうか。

塵高《ちりたか》くして鋭《するど》きは、車来《くるまき》たるなり——塵が高く舞い上がってその先端が鋭いのは、戦車が来るのである。

卑《ひく》くして広《ひろ》きは、徒来《とき》たるなり——それが低く広くなびくのは、徒歩の兵が来るのである。

散《さん》じて条達《じょうたつ》するは、樵採《しょうさい》するなり——それが分散して糸のように伸びているのは、（炊事のために）薪を取っているのである。

少《すく》なくして往来《おうらい》するは、軍《ぐん》を営《いとな》むなり——それが少なく、あちこちに移動するのは、陣地を設営しているのである。

⑽　地形編

地形を十分に理解すること、そして、軍隊が敗れる場合について、それぞれ六項目を説いている。

戦場となる地形には、次の六つがある。

通《つう》形〔自由に往き来できる所〕。
挂《かい》形〔行動に障害がある所〕。
支《し》形〔対陣を支える山や川がある所〕。
隘《あい》形〔狭くて行動に不自由な所〕。
険《けん》形〔険しい山がさえぎっている所〕。
遠《えん》形〔お互いに遠く離れている所〕。

これらの条件を十分に考慮してから戦え、というのである。

また、軍隊が敗れるのは、次の六種の兵がいることだ、とする。

走る〔逃げる〕者・弛《ゆる》む〔緊張感のない〕者・陥《おちい》る〔落ち込む〕者・崩《くず》るる〔規律を破る〕者・乱《みだ》るる〔右往左往する〕者・北《に》ぐる〔戦う気のない〕者。

これらはみな、将軍の責任である。だから将軍は、

卒《そつ》を視《み》ること嬰児《えいじ》の如《ごと》し——兵を赤ん坊のようによく見てやること。

卒を視ること愛子《あいし》の如し——兵を我が子のようによく見てやること。

という心得を述べている。

⑾　九地《きゅうち》編

右と同じく、地勢を十分に把握した上で、作戦と用兵とを考慮するべきことを説いている。その地勢を九種に分類しているが、ここでは省略。

首尾《しゅび》、倶《とも》に至《いた》る　次に、用兵の巧みさについて、次のように

述べる。

常山《じょうざん》〔恒山《こうざん》。山西省渾源《こんげん》県の東南にある名山。五岳の一つ〕に、「率《そっ》然《ぜん》」という蛇《へび》がいる。この蛇は、

「其《そ》の首《くび》を撃《う》てば則《すなは》ち尾《を》至《いた》り、其《そ》の尾《を》を撃《う》てば則《すなは》ち首《くび》至《いた》り、其《そ》の中《なか》を撃《う》てば則《すなは》ち首尾《しゅび》倶《とも》に至《いた》る。」

――率然《そつぜん》の首を打つとただちに尾が助けに来、尾を打つとただちに首が助けに来、そして中腹を打つとただちに首と尾とが助けに来るのだ。

ここから「首尾、倶に至る」という成語が生まれた。お互いが、すばやく助け合い、かばい合うこと。また、前後・左右にただちに応じること。

常山《じょうざん》の蛇勢《だせい》　ここからはまた「常山の蛇勢」という成句も生まれた。

兵法で、先陣と後陣、また左翼と右翼とが、互いに攻撃・防御に援護し合って、敵に攻める隙を与えない、という戦法。

サッカーなどにも、よく見られるだろう。

また、文章の首尾が照応して、各部分の関連も緊密であり、一貫していることにもいう。

呉越同舟《ごえつどうしゅう》　「しかし、軍隊は率然《そつぜん》の蛇《へび》のように動きますか」という質問に対して、孫武は「動く」と答える。そして、以下の話をする。

呉《ご》の国の人たちと越《えつ》の国の人たちとは、お互いに憎しみ合っていた。ある時、両国の人が同じ舟に乗って川を渡っていたところ、突風に遭った。そこでお互いに、左右の手のように助け合ったのだ。

夫《そレ》呉《ご》人《ひとト》与《と》二越《えつ》人《ひと》一相《あひ》悪《にくム》也《なり》。当《あタリテ》二其《そノ》同《おなジクシテ》レ舟《ふねヲ》而済《わたリ》、遇《あフニ》レ風《かぜニ》、其《そノ》相《あひ》救《すくフ》也《や》、如《ごとシ》二左《さ》右《ゆうノ》手《てノ》一。

呉と越との戦いは、四三七頁以降に記した。ここから「呉越同舟」という成語が生まれる。仲の悪い人どうしが、同じ場所や境遇に、いっしょにいることのたとえ。

左右手《さゆうしゅ》　また、右の文章から「左右手」という成句も生まれる。お互いに助け合うこと。また、もっとも頼りになる人。

こういう次第で、

「故《ゆゑ》に善《よ》く兵《へい》を用《もち》ゐる者《もの》は、手《て》を攜《たづさ》へて一人《ひとり》を使《つか》ふが若《ごと》くす。已《や》むを得《え》ざればなり。」

――そこで、軍隊を巧みに使う人は、兵士全員が手を取り合って一体とし、全体を一人を使うようにするのだ。こうしないわけには、いかないからだ。

軍隊を、一人の人間のように扱う。組織内の一人一人は、無視される。しかし戦いにおいては「已むを得ないのだ」と、まとめる。

始《はじ》めは処女《しょじょ》の如《ごと》く…　さて戦闘にあたっては、敵軍の隙を見つけて、スパイ（二九四頁）が内部に潜入する。そして、まず敵

の重要人物の愛人に目をつけ、こっそり会って情報を仕入れる。一方、わが軍は整然としたままに敵軍の動きに合わせておいて、一気に戦闘の勝敗を決めるのである。

そこで、最初は処女のように慎重に行動して、敵軍に気を許させておく。敵が油断した後で、逃げる兎《うさぎ》のようにすばやく急襲すれば、敵軍も防ぎようがなくなる。

敵《てき》人《じん》開《かい》闔《こうスレバ》、必《かならズ》亟《すみやカニ》入《い》レ之《ルこれニ》。先《さきニシテ》二其《そノ》所《ところヲ》レ愛《あいスル》、微《ひそカニ》与《と》レ之《これ》期《きス》。践《せん》墨《ぼくシテ》随《したがヒ》レ敵《てきニ》、以《もつテ》決《けつス》二戦《せん》事《じヲ》一。

是《こノ》故《ゆゑニ》、始《はじメハ》如《ごとク》二処《しょ》女《じょノ》一、敵《てき》人《じん》開《ひらク》レ戸《こヲ》。後《のちハ》如《ごとク》二脱《だつ》兎《とノ》一、敵《てき》不《ず》レ及《およバ》レ拒《ふせグニ》。

「開闔」は、開いたり閉じたり。その隙をうかがうこと。「践墨」は、墨縄《すみなわ》を実践する。直線に従う意味で、ここでは、何事もないふりを見せて整然としていること。

「始めは処女の如く、後は脱兎の如し」は、初めは弱々しく頼りなく見せておいて、いざとなると、見違えるほどの実力を発揮する、ということ。最初はおとなしかったのに、次第に抑えがきかなくなるように勢いをもってくること。「後」は、「終わり」ともいう。

(12)　火攻《かこう》編

火によって敵を攻撃する時の心得について説いている。

火攻めの方法は、次の五種。

一、人を火《や》く。＝敵兵が潜んでいる場所に放火する。
二、積《し》を火く。＝敵の食糧や物資などの集積物に放火する。
三、輜《し》を火く。＝敵の輜重車《しちょうしゃ》〔兵器・食糧・衣服などを積んだ車〕に放火する。（野積みになっているのが「積」、車に積んでいるのは輜。）
四、庫《こ》を火く。＝貯蔵庫に放火する。
五、隊を火く。＝敵の部隊に放火する。

(13)　用間《ようかん》編

間者《かんじゃ》、つまりスパイを使って、敵軍の情報収集に努めるべきことを説いている。

『孫子』は言う。

大がかりな戦争となると、兵は十万。これが千里の遠方を攻めるとなると、人民と国家との負担は、一日が千金にも達する。国中が大騒動となり、仕事どころではなくなる。七十万戸もの家が、家業も手につかなくなる。

これが何年間も続いたあげく、わずか一日で勝敗が決まるのである――。

だから、賢明な君主や将軍は、まず、敵軍の実情を詳しく知るのだ。そしてその実情は、鬼神や占い、天体の運行などに頼っても、わかるはずもない。

「必《かなら》ず人《ひと》に取《と》りて、敵《てき》の情《じょう》を知《し》る者《もの》なり。故《ゆゑ》に間《かん》を用《もち》ゐる。」

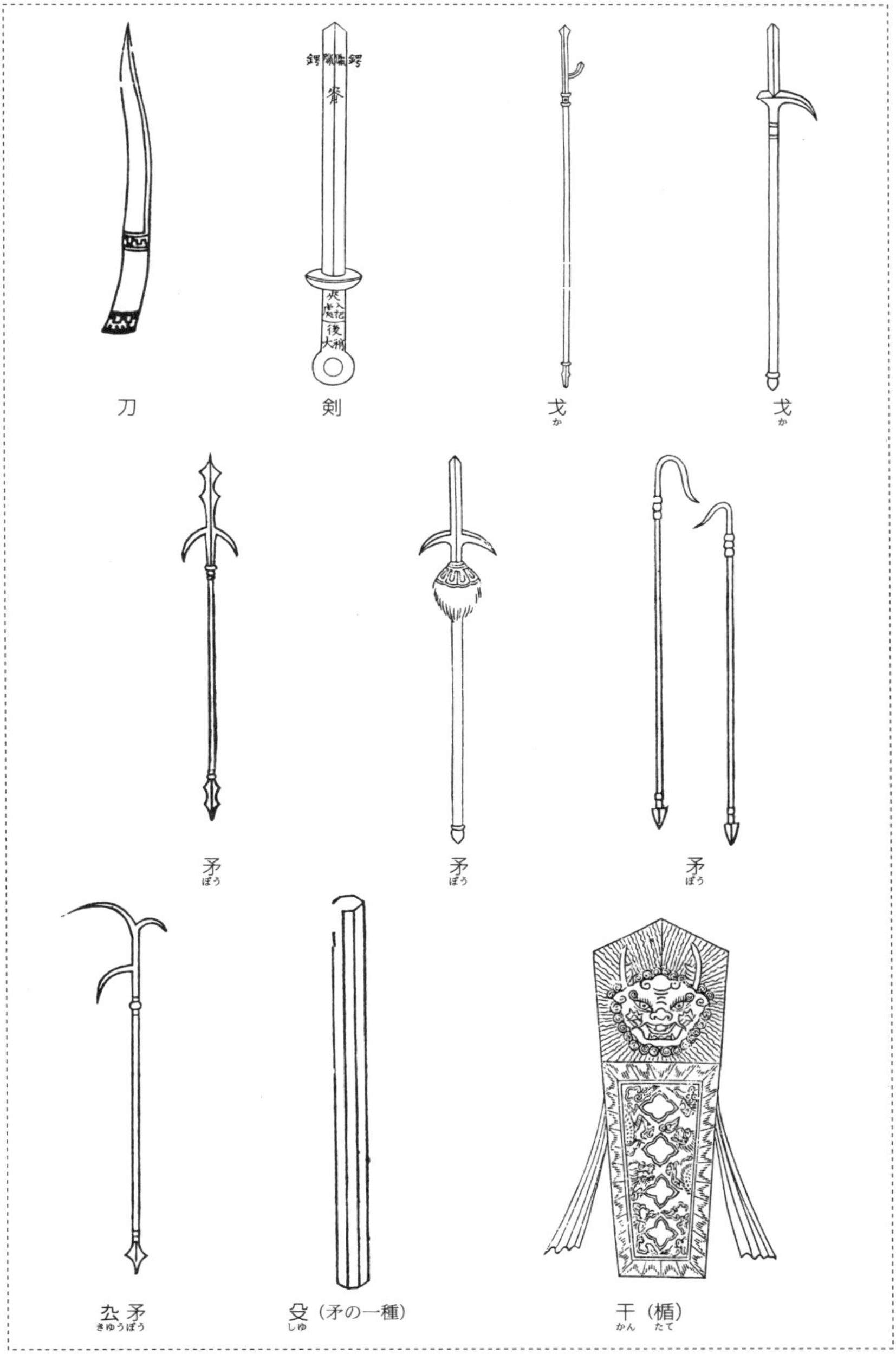
刀
剣
戈《か》
戈《か》
矛《ぼう》
矛《ぼう》
矛《ぼう》
厹矛《きゅうぼう》
殳《しゅ》（矛の一種）
干《かん》（楯《たて》）

種々の武器①

——必ずや、人間自身によって、敵の実情を知るのである。だから、スパイを用いるのである。

五種のスパイ

一、因間《いんかん》＝敵軍の民間人を利用するもの。
二、内間《ない》＝敵軍の役人を利用するもの。
三、反間《はん》＝敵軍のスパイを利用するもの。

おそらく、敵のスパイを捕らえて、敵国の情報を白状させることだろう。

このスパイは当然に処刑されるが、生命を保証しておいて敵国に帰し、敵国の情報を流させたり、こちらの情報を真偽とりまぜて伝えさせたりすることもある。いわゆる「二重スパイ、ダブルクロス」である。

時には、トリプルクロスにもなりうるだろう。

四、死間《し》＝味方が虚偽の行為を行って、味方のスパイにそれを事実として敵国に伝えるもの。

敵国に伝えるには、味方のスパイは敵国のスパイを利用する。敵国のスパイは、知り得た情報を自分の国に伝える。しかし結局は偽《にせ》情報だから、自分の国で処刑されてしまう。

五、生間《せい》＝味方のスパイが無事に帰国して、敵国の内情を報告するもの。

これが、もっとも当たり前なスパイ行動のように見える。しかし、重要な情報を知ろうとすればするほど、敵の組織の内部に深く入り込まなければならない。そして、信頼を得ていなければならない。地位を授かることもある。本物のスパイ活動ができるまでは、五年も十年も、場合によってはそれ以上の年月を、敵国で過ごさなければならない。

だから、スパイの得た情報は、ふつうは何人かの伝令役によって、本国に伝えられる。

敵軍に潜入していたスパイ本人が帰国する、ということは、

◆『孫子兵法』騒動記

全文発見　一九九六年秋、中国で孫武の兵法書『孫子兵法』全文八十二編・十四万一千七百九字が発見されたという、驚くべきニュースが伝わってきた。現存する『孫子』は、わずか十三編・約六千八十字。

中国は西安の軍需企業に勤める技術者の家にあったもので、清《しん》朝末期に先祖が竹簡を購入し、書写しておいたという。

九奪《きゅうだつ》・明暗《めいあん》編　同年十月十八日には、パソコン通信上の「共同通信」の記事に、この二編が発表された、と報じられている。

偽物濃厚　しかし中国では、早くも同じ十月には、この「孫子」の真《しん》贋《がん》論争が起こった。これを偽物と断定する人と、本物と主張する新聞記事とが並行する。

結局、その年の十一月十九日、中国で孫子兵法を研究する七人の研究者が、これは全文偽書であると断定した。

事の次第は、「漢文教室」第一八三号（一九九七・五、大修館書店）所収の「詳報『孫子の兵法』騒動の顛末」に詳しい。

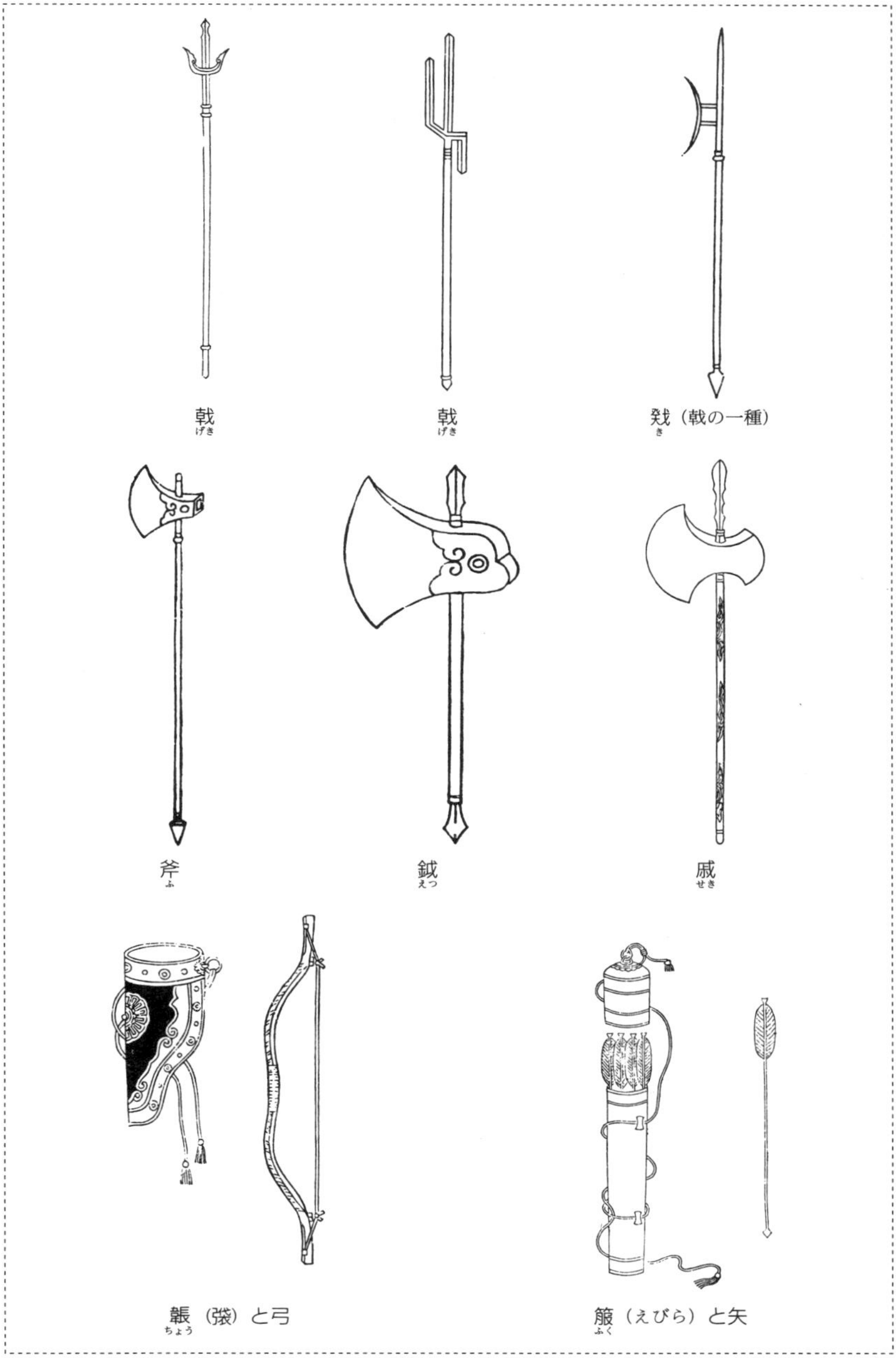

種々の武器②

以上の五項のスパイの最後に置かれるほどに、貴重なことなのである。

＊

以上の十三編の概要だけでも、「孫子の兵法」は、戦争そのものの方法については当然だが、むしろ状況判断の重要性、将軍や兵士の人柄や心理、そして諜《ちょう》報《ほう》活動などの重要性を強調している、ということがわかる。

古今東西、単に戦争関係者だけではなく、一般の人々にも愛読されてきた理由が、ここにある。

6 孫《そん》臏《ぴん》

1 人物

生没年は未詳。本名も未詳で、臏《ぴん》（足を切断する刑。また、膝蓋《しつがい》骨《こつ》を切り取る刑）に処せられたので、孫臏と呼ばれる。孫武の子孫で、孫武より百年後の戦国時代に、斉《せい》国の阿《あ》と鄄《けん》との間に生まれた。

臏《ひん》・黥《げい》 鬼谷子《きこくし》（二四三頁）に、龐涓《ほうけん》（三〇〇頁）とともに兵法を学んだ。龐涓は、先に魏《ぎ》国に仕え、恵王（在位、前三三七−三二五）の将軍になっていた。しかし、孫臏が自分より優れた人物であると知っていたので、孫臏を呼び寄せ、両足を切断し、顔に黥《げい》（入れ墨）を施してしまった。

孫　臏
（『中国五百名人図典』）

二勝一敗 斉《せい》国の使者が魏国の都である梁《りょう》に来た時、孫臏はこっそり使者に会い、その車に乗せてもらって斉国に脱出した。斉の将軍・田忌《でんき》は、孫臏の優れた能力を見抜き、客分として扱った。

田忌が、公子たちと賭けをして遊ぶことが多かった。馬を走らせながら兎などを射るゲームである。

孫臏は、それぞれの馬に、上中下の三種があることを知って、田忌に進言した。

「あなたの下《げ》の馬を相手の上《じょう》の馬と組ませる。あなたの上の馬は相手の中《ちゅう》の馬と、あなたの中の馬は相手の下の馬と、それぞれ組ませなさい。」

こうして田忌は二勝一敗となり、賭け金の千金を手に入れた。

田忌は、孫臏を威王（在位、前三五六―前三二〇）に推薦する。威王は、兵法について幾つか質問したあと、孫臏を将軍とすることにした。

闘《たたか》ひを救ふ者は搏撠《はくげき》せず　魏国が趙国を攻めたので、趙国では斉国に援軍を求めてきた。斉の威王は、孫臏を将にしようとしたが、孫臏は田忌《でんき》を将軍に推薦し、自分は荷馬車に乗って、軍師として従うこととした。

田忌は、魏軍に囲まれている趙国を救うために、趙に向かおうとした。しかし孫臏は、こう進言した。

「夫《そ》れ雑乱紛糾《ざつらんふんきゅう》を解《と》く者《もの》は、控捲《こうけん》せず。闘《たたか》ひを救《すく》ふ者《もの》は、搏《はく》撠《げき》せず。亢《こう》を批《さ》け、虚《きょ》を擣《う》ち、形《かたち》格《そむ》き勢《いきほ》ひ禁《きん》ずれば、則《すなは》ち自《おのづか》ら解《と》くるを為《な》さんのみ。」

――手のつけようもないほど乱れもつれた糸を解きほぐす時は、引っ張ったりはしない。喧嘩《けんか》を収める時は、刃物を持って分け入ることはしない。相手の力が満ちている所は避けて、力がからっぽの所を攻める。そうすれば形勢は逆転し、勢力を抑えられるから、自然にうまく収まっていくのです（史記、孫子伝）。

魏《ぎ》を囲みて趙《ちょう》を救う　いま、魏国の精鋭の兵はみな趙と戦っており、魏の邯鄲《かんたん》には老人子供しかいません、という孫臏の勧めに従って、田忌は一挙に魏国を攻めた。

これが、孫臏の「魏を囲みて趙を救う」兵法（二八三頁）で、以後の兵家は広くこれに倣った。

なおこの時、魏軍は桂陵《けいりょう》の戦い（前三五三）において、斉軍に大敗する。

2 逸話

百里《ひゃくり》にして利に趨《おもむ》く者　『史記』孫子伝には、右に続けてもう一つの逸話を挙げている。桂陵の戦いの十三年後、魏と趙の両国が韓国を攻め、韓では斉国に救いを求めてきた。

斉国では、田忌を将軍として、魏国に向かわせた。魏国の将

孫　臏
（『絵画本・古代中国史、上巻』）

軍・龐涓《ほうけん》は、また孫臏の戦法かと、急いで韓国から魏国に戻った。

孫臏は、田忌に言った、「百里《ひゃくり》にして利《り》に趨《おもむ》く者《もの》は、上将《じょうしょう》を蹶《たふ》さる。五十里《ごじゅうり》にして利《り》に趨《おもむ》く者《もの》は、軍《ぐん》半《なか》ば至《いた》る。」

――一日に百里も進撃して勝利を得ようとすれば、優れた将軍でも失敗して倒される。また、一日に五十里も進撃して勝利を得ようとすれば、兵士たちの半分しかついて来られない（史記、孫子伝）。

当時の百里は、約四十キロ。これは、無理な強行軍をしてはいけない、ということを言ったもの。

斉軍は、この強行軍によって魏軍を追撃し、ために、兵士がどんどん脱落していくように見せかけよう、としたのである。

竈《かまど》を減らす　そこで、魏の地に入った斉軍は、一日めには竈《かまど》を十万、二日めは半分の五万、三日めには三万と、その数を減らしていった。

これを知った龐涓《ほうけん》は、大いに喜んだ。「斉軍は臆病《おくびょう》だとは知っていたが、三日間に半分以上が逃げてしまったとは。」そこで、歩兵は置き、騎兵だけを率いて、一日で二日分を進んで斉軍を追った。まさに「百里にして利に趨《おもむ》く者」である。

龐涓《ほうけん》、此《こ》の樹《き》の下《もと》に死《し》せん　孫臏が、龐涓の行程を計算してみると、日暮れに馬陵《ばりょう》の地に到着するはずである。ここは、道は狭く、両側は山が迫っていて、待ち伏せするのに絶好の地である。

龐　涓
（『絵画本・古代中国史、上巻』）

川柳コーナー

孫臏《そんぴん》は何ぞといふと暗くする　――孫臏《そんぴん》

一日ごとに竈《かまど》の火（数）を減らしていったことと、龐涓《ほうけん》が灯をつけざるを得ない時間を待ったことを言っている。

そこで孫臏は、大きな木の皮をはぎ、白くなった幹にこう書きつけた。

「龐《ほう》涓《けん》、死《し》二于《セン》此《こノ》樹《きノ》下《もとニ》一。」

夜になって馬陵を通りかかった龐涓は、この木に気づき、文字を読もうと明かりをつけた。とたんに、潜んでいた孫臏の部下たちが、いっせいに矢を放った。

魏軍も、大混乱。龐涓は、

「遂《つひ》に豎子《じゅし》の名《な》を成《な》さしむ。」——とうとう、あの小僧っ子を有名にしてしまった（史記、孫子伝）と嘆いて、その場で自殺した。

これ以後、孫臏の名は天下に知れわたり、その兵法も広まった、という。なお二八二頁を参照。

なお、この馬陵の戦い（前三四一）は、先の桂陵の戦いと一続きのものであること、また龐涓は、自殺はせず捕虜になったのだと、『孫臏兵法』（次項）には記されている。

3 思 想

(1) 孫臏兵法

これまで、兵法書『孫子』は、孫子の著とされてきたが、その「孫子」が、孫武なのか孫臏なのか、多くの議論が繰り返されてきた。『史記』孫子伝も、この二人を並べて記述しているだけで、兵法書『孫子』には触れていない。

ところが、一九七二年四月、山東省臨沂《りんき》県の臨沂の南一キロほどの所にある銀雀《ぎんじゃく》山から、漢代の墓が二つ発見され、中から、多くの竹簡が見つかった。判読の結果それらは『孫子《そんし》』『六韜《りくとう》』『尉繚子《うつりょうし》』『管子《かんし》』『晏子《あんし》』『墨子《ぼくし》』などの一部であることがわかったほか、なんと幻の『孫臏兵法』も現れたのである。

当時の文字は、すべて竹簡（次項）に書かれており、銀雀山の竹簡は、長さ二十七・六センチ、幅五〜九ミリ、厚さ一ミリ。『孫臏兵法』の竹簡は、一九七五年二月現在で四百四十枚、一万一千字以上が判読されている。また、全体は三十編（あるいは十六編）に整理できる。

欠落している箇所もあり、内容も多岐にわたるので、以下に

◆**竹簡《ちくかん》** 簡《かん》・冊《さつ》・巻《かん》・篇《へん》　竹を削って文字を記したもの。漢代の末期に紙が発明されるまでは、書物はみな竹簡か木簡に書かれていた。今でも「書簡」などと使う。

簡は、革や糸の紐《ひも》で縛り並べていく。「冊」がその形をよく表している。これを台の上に載せて大切にした形が「典」。

紐で縛る時は、簡と簡との間を少し空けるから「間」、竹製だから「簡」。

ある程度の長さになると、縛った簡をぐるぐる巻いて保管するから「巻」。

「扁」は「戸＋冊」。入口の戸や堂の上に掛ける木片や額をいう。竹製だったから「篇」。のち、短篇小説などと使う。糸で綴じるようになってからは、「編」。こちらは、長編小説。

はその特徴を四点にまとめて紹介することにしよう。

(2)　民心を合する

孫臏は、戦争のための要件は、人民の一致した支持を得ることにある、と強調する。

「天地《てんち》の間《かん》に間《かん》するもの、人《ひと》より貴《たふと》きは莫《な》し。」

——この天地の間に存在するもので、人間よりも価値のあるものはない(月戦《げつせん》編)。

そこで「天《てん》の時《とき》、地《ち》の利《り》、人《ひと》の和《わ》、三者《さんしゃ》得《え》ざれば、勝《か》つと雖《いへど》も殃《わざは》ひ有《あ》り。」

——天の時と、地の利と、人の和と、この三つが整わなければ、もし戦いに勝ったとしても、それ以上の災難が起こるのである(同)。

『孟子』も、この三者について、次のように順序をつけて言っている。

「天時《てんノときハ》不《ず》レ如《しカ》二地利《ちノりニ》一。地利《ちノりハ》不《ず》レ如《しカ》二人和《ひとノわニ》一。」

——天の時は地の利に及ばない。地の利は人の和に及ばない(公孫丑《こうそんちゅう》下編)。

「天の時」は、季節・昼夜・天候など。「地の利」は、地形上の有利さ。そして「人の和」は、軍隊を支える民衆が一致団結すること。三六〇頁も参照。

孫臏は、改めてこうまとめる。

「兵《へい》、大患《たいかん》に勝《た》ふ能《あた》はざるは、民心《みんしん》を合《がっ》する者能《ことあた》はざればなり。」

——軍隊が、苦難に陥って耐えきれないのは、民衆の心を一致させることができなかったからである(兵失《へいしつ》編)。

(3)　必ず攻めて守らず

兵の道は四　孫臏は、積極的に敵軍を攻めて敵将を捕虜にすることを第一にする。

そのための「兵の道」——軍事の方法のポイントとして、次の四つを挙げる。

陣《じん》。黄帝(四二二頁)は「剣」を作って、陣の象徴とした。必ずしも戦うとは限らないからである。

勢《せい》。弓の名人・羿《げい》は「弓弩《きゅうど》」(弩は、大きい弓。強い弓)を作って、勢の象徴とした。敵はどこから射てくるか、わからないからである。

変《へん》。禹《う》王(四二三頁)は「舟車《しゅうしゃ》」を作って、変の象徴とした。自由に出没することができるからである。

権《けん》。湯《とう》王(四二四頁)と武王(四二六頁)は「長兵」(矛《ほこ》や槍《やり》などの長い武器)を作って、権の象徴とした。高低遠近、自在に攻撃することができるからである。

「此《こ》の四者《ししゃ》を察《さっ》する者《もの》は、強敵《きょうてき》を破《やぶ》り、猛将《もうしょう》を取《と》る所以《ゆゑん》なり。」
――この四つを理解することこそ、強敵を破り、猛将を捕らえる方法なのである(勢備《せいび》編)。

六者の運用　右の四道とは別に、『孫臏兵法』に六項が出てくる。これは、兵家の田忌《でんき》が「戦いに際して、もっとも重要なものは、次の六項であるか」として挙げたものである。

賞〔兵士への賞〕。罰〔兵士への罰〕。権《けん》〔威令〕。勢《せい》〔勢力〕。謀《ぼう》〔謀略〕。詐《さ》〔詭《き》計〕。

しかし孫臏は、それらは勝つための必要条件ではあるが、「兵《へい》の急《きゅう》なる者《もの》に非《あら》ざるなり」――戦闘における十分条件ではない、と答える。田忌は「忿然《ふんぜん》として色《いろ》を作《な》し」――怒って顔色を変え、では「急なる者」は何なのかと、孫臏に詰め寄る(威王問《いおうもん》編)。

必攻不守《ひっこうふしゅ》　孫臏は答える、「必ず攻めて守らざるは、兵の急なる者なり」――必ず、攻撃する側に回って、守備する側に回らない、これが戦闘での最重要条件です(同右)。

もちろん、戦いのあらゆる場面で「必攻不守」であれ、といっているのではない。前項の「六者」やその前の「四者」を十分に生かした上での「必攻不守」なのである。

戦いに際し、戦いに臨む前提としての、もっとも必要な〝精神〟を言っているのである。これはまた、現代の社会人にとっても、おおいに参考になる心構えでもあるだろう。

(4)　一を持《もっ》て十を撃つ

この編も、右と同じく「威王問《いおうもん》」であり、右はその後半の、田忌《でんき》との問答。以下はその前半で、斉の威王(在位、前三五六―前三二〇)との問答である。

賛師《さんし》　威王が問う。「我強《われつよ》くして敵弱《てきよわ》く、我衆《われおお》くして敵寡《てきすく》なし。これを用《もち》ゐることを奈何《いかん》せん」――我が軍が強くて敵軍が弱く、我が兵が多くて敵兵が少ない時、我が兵軍をどう使ったらよいか。

孫臏は「賛師《さんし》」の策を勧める。これは、誘い出しの策。「こちらの軍列をわざと乱して、敵軍の作戦に乗ってやれば、敵軍は必ず戦いを挑んでくるでしょう。そこを攻めればいいのです。」

譲威《じょうい》　次は、右と反対。威王がふたたび問う。では「敵衆《てきおお》くして我寡《われすく》なく、敵強《てきつよ》くして我弱《われよわ》し。これを用《もち》ゐることを奈何《いかん》せん」――敵軍が多く強く、我が軍が少なく弱い時は、どうしたらよいか。

孫臏は「譲威《じょうい》」の策を説く。「軍隊の後尾を隠しておいて、前の部隊が戻って合流できるようにします。また、槍《やり》の部隊を前に、刀の部隊を後に置き、弓矢の部隊で守って、危急に備えるのです。」

無備を攻め、不意に出《い》づ　このほか、威王の質問は多岐にわたる。中でも興味深いのは、次の質問。

威王「一《いち》を持《もっ》て十《じゅう》を撃《う》つに、道有《みちあ》りや。」

孫臏は答える。「有《あ》り。其《そ》の無備《むび》を攻《せ》め、其《そ》の不意《ふい》に出《い》づ」――あります。敵軍の無防備な所を攻撃し、敵軍の不意を突くのです。

以上、この威王問編《いおうもんへん》には特に、孫臏の兵法がはっきり示されている。この編の最後に威王は、孫臏の語る種々の兵法に感嘆して、次のように言っている。

「善《よ》き哉《かな》。兵勢《へいせい》を言《い》ひて窮《きわ》まらず」――すばらしいことだなあ。戦いの状況を、尽きることなく分析するとは。

(5) リーダーの条件

勝者の条件 孫臏は、将たる者の条件として、次の六項を挙げている（将義編《しょうぎへん》）。

1 「義」を持つこと。義がなければ部下を動かせない。「義」は、組織の頭である。

2 「仁」であること。仁がなければ手柄を立てられない。「仁」は、組織の腹である。

3 「徳」を持つこと。徳がなければ部下を活躍させられない。「徳」は、組織の手である。

4 「信」であること。信がなければ命令が徹底できない。「信」は、組織の足である。

5 「智」を持つこと。〔以下、本文が欠けているが、智は組織の胸になるか。〕

6 「決」であること。〔途中、本文は欠。〕「決」は、組織の尾である。

5と6との一部が欠けているが、内容は自然に推察できるだろう。

なお、『孫子』も、将の条件として「智・信・仁・勇・厳」の五つを挙げている（二八七頁）。また『六韜《りくとう》』（二八〇頁）では「勇・智・仁・信・忠」の五つを挙げている。

敗者の条件 続いて、将たる者としての資格に欠ける例について挙げている。ここは、もと二十項目（以上）あったようだが、幾つかが欠落している。しかし、たいへん興味深く、参考になるので、残されている部分について紹介しよう（将敗編《しょうはいへん》）。

1 能力がないのに、あると思っている――不能《ふのう》なれども自《みずか》ら能《のう》とす。

2 いばる、自慢する――驕《きょう》。

3 地位に貪欲《どんよく》――位《くらゐ》に貪《どん》。

4 財物に貪欲――財《ざい》に貪《どん》。

6 軽々しい――軽《けい》。

7 鈍い――遅《ち》。

8 勇気に欠ける――勇寡《ゆうすく》なし。

9 勇気はあるが弱い――勇《ゆう》なれども弱《よは》し。

10 信頼性に欠ける――信寡《しんすく》なし。
14 決断力に欠ける――決寡《けっすく》なし。
15 動きがのろい――緩《かん》。
16 油断する――怠《たい》。
18 他人を傷つける――賊《ぞく》。
19 自己中心である――自《みずか》ら私《わたくし》す。
20 自分から規則を破る――自《みずか》ら乱《らん》す。

それぞれ簡潔な表現なので、いちおう解釈した後に、原文を付しておいた。自分でそれぞれの意味を考えてみるのも、おもしろいだろう。

7 呉《ご》起《き》（？―前三八一）

1 人物

孫武と並称される、兵家の代表的人物。戦国時代、衛《えい》国の左氏の人。兵法四十八編を著したが、現存する『呉子』は六編のみ。

母の葬儀　呉起は富豪の家に生まれ、曾子《そうし》に学んだ。ただしこの曾子は、儒家の曾参《そうしん》とするには時代が合わず、曾参の子の曾申《そうしん》〔字《あざな》は子西《しさい》〕だろうとされている。

諸国を歴遊して仕官を求めているうちに、家の財産を使い果たしてしまったという。その、故郷を出る時に、母に「大臣宰相になるまでは、戻りません」と誓った。母が死んだ時には、まだ遊歴中だったので、母の葬儀にも顔を出さず、後世あれこれと批判されることになる。

これは、呉起の以後の活動から、冷酷な人物であると評価されていることを裏づける、材料の一つにもなっている。

妻を殺す　呉起を採用したのは、魯国だった。斉《せい》国が魯国を攻めてきた時、魯国では呉起を将軍として迎え討とうとした。

ところが、呉起の妻は斉国の人であるというので、魯の人々は呉起を将軍とするのに反対した。そこで、呉起は妻を殺し、斉軍に手ごころを加えるつもりのないことを示した。

この時は、呉起の率いる魯軍が勝利を収めたが、魯の君主としては、呉起の人柄に今ひとつ納得できない。呉起もそれを察して、名君とされていた魏《ぎ》の文侯（在位、前四四五―前三九六）のもとに、自身を売り込みに行く。

貪《たん》にして好色　魏の文侯は、大臣で厚く信頼している李克《りこく》に、呉起とはどんな人物かと聞いた。

李克は言った。「彼は『貪《たん》にして好色』――貪欲《どんよく》で、かつ色好みです。しかし、用兵に関しては、司馬穰苴《しばじょうしょ》（四〇二頁）以上です。」

そこで文侯は呉起を採用し、将軍として秦国を攻めさせたところ、たちまち五つの城を陥落させて帰ってきた。

宰相になれない　魏では、文侯が死ぬと、その子の武侯（在位、前三九五－前三七〇）が即位した。武侯は、魏国に初めて宰相を置いたが、そこには、呉起がライバル視していた田文《でんぶん》が起用された。田文の死後も、公叔《こうしゅく》が宰相となり、呉起には回ってこない。武侯も呉起をあまり信頼しておらず、呉起は、やむをえず楚国に赴いた。

楚王の遺体を利用　楚の悼王《とう》（在位、前四〇一－前三八一）は、呉起が賢人であることを知っていたので、ただちに宰相に任命する。

呉起も喜んで改革に乗り出した。兵士の待遇を厚くし、余分な官職を廃し、縁の遠い王族も認めず、ひたすら軍備を充実したのである。北方の陳《ちん》と蔡《さい》の二国を併合し、三晋（趙・魏・韓）を撃退し、秦国を後退させるという勢いで、諸侯はみな楚国を恐れた。

悼王が死ぬと、かねてから呉起を憎んでいた王の一族や大臣たちが、諸侯の陰の力も借りて、呉起を殺せと立ち上がった。

呉起は、悼王のそばまで逃げ、遺体におおいかぶさった。呉起を襲った人々は、いっせいに矢を放って、呉起を射殺してしまった。しかし、矢の何本かは、呉起を貫いたりして、王の遺体にも当たった。

呉起の復讐　悼王の葬儀が済んで、子の粛王《しゅく》（在位、前三八〇－前三七〇）が即位すると、ただちに役人に命じて、呉起を射たり王の遺体に矢を当てたりした者を調べ、すべて死刑にした。

これに連座して一族の全員が滅ぼされた家が、七十余りにのぼったという。呉起の、恐るべきというか、みごとなというか、復讐である。

司馬遷の評　「刻暴《こくぼう》・少恩《しょうおん》を以《もっ》て、其《そ》の軀《み》を亡《うしな》ふ。悲《かな》しい夫《かな》。」

――厳しく、行き過ぎ、愛情が少なかったために、自身を滅ぼしてしまった。悲しいことだなあ。

2　逸　話

労苦を共に　将軍としての呉起は、いつも最下級の一兵卒と苦労を共にしていた。

衣食も同じ、敷物を敷かず地面に寝る。行軍の折にも馬に乗らず、自分の食糧は自分でかついで歩いていった。

恩義に死す　兵士の中に、悪性の腫瘍《しゅよう》に苦しむ者が出た。呉起は、腫瘍の膿《うみ》を吸い取ってやった。

ところが、これを聞いたその兵士の母が、声をあげて泣いて悲しんだ。「将軍が一兵士の膿を吸ってくれたのに、泣くのはおかしいではないか」と、ある人が聞くと、母はこう答えた。

「以前、呉起さまはあの子の父の膿も吸い取ってくださったのです。感激した父は、敵に背を向けることなく戦って、死んでしまいました。死んだ場所さえわかりません。

呉起さまは今また、我が子の膿を吸ってくださった。我が子も、私の知らない所で戦死するのでしょう。それが悲しいのです。」

この話を聞いた魏の文侯は、呉起をますます信頼して、黄河の西にある西河地方の防衛長官に任じ、秦国や韓国の侵攻に備えさせたのである。

3 思想

構成 その思想は『呉子』に著されている。『漢書』芸文志《げいもんし》には、『呉子』四十八編とあるが、現存するのは六編。しかし、すでに『史記』には十三編とあり（二七九頁）、『隋書』には一巻、宋代には三巻ともある。

古くから広く読まれてきたので、種々の系統があり、またたとえば、右の中にいう一巻が、四十八編中の一巻とは限らず、現行の六編も四十八編中の一部分とも言えず、もっと多くの編を合わせているかもしれない。また、後世の人が整理して六編とした可能性も高い。

呉　起
（『中国五百名人図典』）

現在の六編は、次のとおり。

○図国《とこく》第一。「国《くに》を図《はか》る」——国を治める方法を考える。全八章。
○料敵《りょうてき》第二。「敵を料《はか》る」——敵の実情を推察する。全四章。
○治兵《ちへい》第三。「兵を治む」——軍隊を整え治める。全八章。
○論将《ろんしょう》第四。「将を論ず」——将軍としての心得を論ずる。全五章。
○応変《おうへん》第五。「変に応ず」——不測の変化に応じた対策を練る。全十章。
○励士《れいし》第六。「士を励ます」——兵士を励ますことの効果を考える。全二章。

「図国第一」の最初の章を、「序章」とする分け方もある。

内容 『孫子』の思想として二八七頁以下に詳述した内容と、大きく異なるところはない。

12 その他の諸家

1　数術略

『漢書』芸文志では、諸子十家と兵家とのほかに、「数術略」として六家を、また「方技略」として四家を、それぞれ挙げている。これらの計十家は、その後の諸子の分類にもかかわっていくので、以下の十家について「芸文志」に基づいて略述しておく。

数術略は、尭帝の時、天文や暦法を担当した羲《ぎ》氏と和《か》氏の職から出ている。卜筮《ぼくぜい》を受け持ったが、周王朝の衰微とともに、その職も消え、その書物も散逸してしまった。もし書物があっても、理解できる人がいなくなってしまった。『易経』にも「人を得なければ、その道は行われない」とある（繋辞伝《けいじでん》下）。

数術の専門家には、次のような人がいた。春秋時代には、魯《ろ》に梓慎《しんしん》、鄭《てい》に裨竈《ひそう》、晋《しん》に卜偃《ぼくえん》、宋に子韋《しい》、戦国時代には、楚《そ》に甘公《かんこう》、魏《ぎ》に石申夫《せきしんふ》。漢代には唐都《とうと》。

以下、数術略の内容を次の六種に分ける。

1　天　文

二十八宿を定め、五星〔木・火・金・水・土〕と太陽や月との運行を推定し、これによって吉凶を予知するものである。

聖王は、この吉凶によって政治のあり方を反省する。天文の変化は影のようなものであり、政治の実際は形のようなものである。形を見て形を反省することは、明君でなければ聞き従うことはできない。

また天体の運行は、荒々しく不吉なことが多いので、沈着で緻密でない者は、これを判断することはできない。

判断することができない臣が、これを聞き従うことができない君主を諫《いさ》めることは、君と臣の双方に憂患をもたらす結果になる。一六四頁も参照。

2　暦《れき》譜《ふ》

四季における太陽の位置を定め、春分秋分・夏至冬至を定め、太陽や月と五星とが天体を一周して再会することを知り、これによって、寒さ暑さによって物が枯れ、また盛んになるのだ、ということを考えるのである。

そこで聖王は、暦数《こよみ》を定め、三統〔夏《か》・殷《いん》・周の三代〕それぞれに、服の色を定めた。

暦数は、聖人が天命を知る方法でもある。従って、極めて優れた能力を持った者でないと、この方法に参与できないのである。

一方、五星と太陽や月との巡り合いに基づいて、吉凶の喜びや憂えを判断する占星家も、この暦数の方法から出たものである。

世が下って正しい方法が乱れてくると、小人が強いて天道を知ろうとしはじめた。彼らは、大の一端しか見ないで小とし、遠方を省いて近としたりする。こうして、暦譜の方法は崩壊して、わからなくなってしまったのである。一六四頁も参照。

3　五行《ごぎょう》

五行〔木・火・土・金・水〕は、五つの精神作用である五常〔仁・義・礼・智・信〕の形体である。そして、五つの行動作用である五事〔貌・言・視・聴・思〕は、この五行に従うのである。

この五事が正常に働かないと、五行の順序が乱れ、五星〔木・火・金・水・土〕の運行も乱れる。

この五行は、暦数から出て一家となったものである。またこの方法は、騶衍《すうえん》の五徳終始説〔一六六頁〕に始まる。この説を推し進めていくと、この世のどんな事でも解釈ができてしまう。

後世の小数家〔職業的占術家〕は、この五行によって吉凶を占い、世に広く行われた。この大衆化によって、真の五行の方法は、次第に乱れていってしまった。

〔注〕五行と五常は、木の精神が仁、金の精神が義、火の精神が礼、土の精神が智、水の精神が信、という関係。
また五事と五行は、貌の豊かなものが水、言の表れるものが火、視の働くものが木、聴の受け入れるものが金、思の通じるものが土、という関係。

4　蓍亀《しき》

「蓍」は、めどき。めどきぐさ。マメ科の多年草。その茎を占いに用いる。後に竹製となり、筮竹《ぜいちく》という。その数、五十本。

「亀」は、ここでは亀の甲。占いの文字を刻み、焼いてできた割れ目によって、吉凶を占う。「蓍亀」で、占いの意味。

蓍亀《しき》〔蓍筮亀卜《しぜいきぼく》〕は、聖人の用いるものである。

『書経』〔八六頁〕に「天子が事を為《な》す時に、大きな疑問があったら、卜筮《ぼくぜい》によって決せよ」とある〔洪範《こうはん》編〕。

『易経』〔八八頁〕には「天下の吉凶を定め、それによって人々に努力させるには、蓍亀によることがもっともよい」とある〔繋辞伝上《けいじでん》〕。

また『易経』に「君子が事を行おうとする時は、その吉凶を蓍亀に問うてから言う。蓍亀は、響きが音に応じるように、問いに速やかに答えてくれる。遠いことでも近いことでも、かすかで見えにくいことでも深くて知りにくいことでも、すぐにその先を教えてくれる。従って、最高に精神を統一した者でなけ

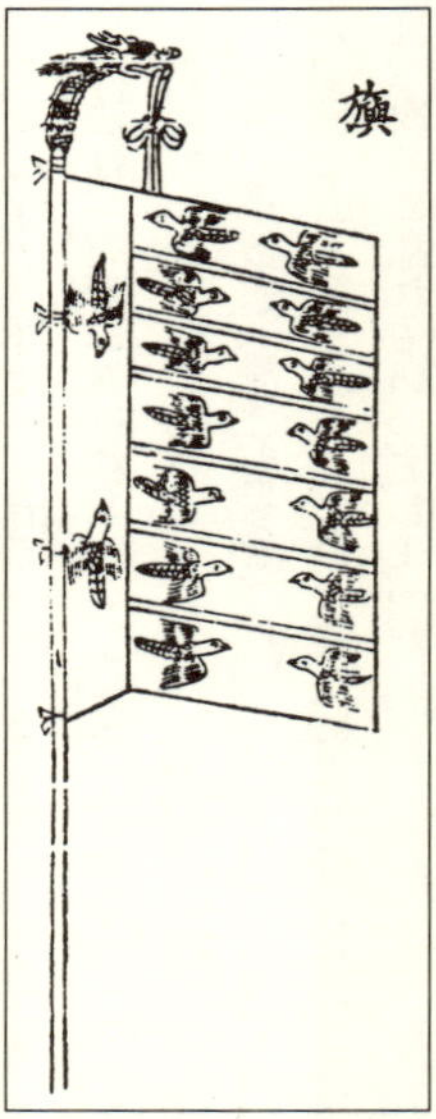

旟《よ》
（『重校三礼図』）

れば、蓍亀を扱うことはできない」という（同）。

後世になると、精神を統一せずに卜筮《ぼくぜい》を行うようになり、天は答えてくれなくなった。そこで『易経』に「卜筮が汚れていれば、天は答えない」という（蒙卦《もうか》の辞）。

5　雑占

万事について占って、その善悪の兆《きざし》を知ろうとするものである。『易経』には「事を占って未来を知ることである」という（繋辞伝《けいじでん》下）。

占いにはたくさんの種類があるが、夢占いがもっとも重要で、周代には、それを専門とする官があった。

『詩経』には、熊《くま》・羆《ひぐま》・虺《まむし》・蛇の夢について記し（小雅・斯干《しかん》）、また、衆魚・旐《ちょう》・旟《よ》の夢について記してある（小雅・無羊《むよう》）。

（熊《ゆう》・羆《ひ》の夢は男性の、虺《き》・蛇《だ》の夢は女性の、それぞれ吉夢。衆魚は、人々が魚を捕らえることで、豊年の兆《きざし》。旐《ちょう》は、亀や蛇を、旟《よ》は、鳥や隼《はやぶさ》を、それぞれ描いた旗。繁盛する兆。）

旐《ちょう》
（『重校三礼図』）

これは多分、卜筮を参考にしたのだろう。

『春秋左氏伝』（九二頁）では、妖怪について「人が忌《い》み嫌う心が招くものである」と言い、「人が五常の徳（仁・義・礼・智・信）を失うと、妖怪が現れる。人の心に隙間《すきま》がなければ、妖怪は現れない」と言う（荘公十四年）。これは、魯《ろ》の大夫・申繻《しんじゅ》の言葉である。

しかし、心の暗い人は、妖怪が現れるのを自分の問題として考えず、ただ妖怪を忌《い》み嫌う。だから『詩経』でも「大臣を呼んで、夢占いのことだけを聞いて、政治のことは聞かない」ことを批判するのである（小雅・正月）。これは、根本を捨てて末節を心配しているから、不運不幸に勝てないのだ、という嘆きである。

〔注〕「妖怪」は、原文「訞《よう》」。怪しいこと。わざわい。また、怪奇なことを言うこと。怪奇なできごと。

6　形　法

中国全土の地勢の吉凶を占って、城郭や住居を建てる。人間や家畜の骨格の実際や、器物の形体によって、その声気〔声と勢い〕・貴賤・吉凶を判断する。

地勢・地形・住宅・墓地、人相、牛馬のよしあし、刀剣の吉凶などを占い見る書物があったが、『山海経《せんがいきょう》』以外は滅んで伝わらない。

2　方技略

「方技」は、すべて生生《せいせい》の具〔生を生かす方法〕であり、朝廷の官職の一つである。『周礼《しゅらい》』（九四頁）天官編に医師があり、その下に、食医・疾医・瘍《しょう》医・獣医の官があった。

古代には、岐伯《きはく》・兪拊《ゆふ》などの名医が、中期には扁鵲《へんじゃく》・秦和《しんか》などの名医がいた。漢代には、倉公《そうこう》がいる。

彼らは、王たちを診察した結果に基づいて、政治のあり方を知ったのである。今、その技術はわからないので、書物を整理して、次の四種にわけておく。

〔注〕「医」の旧字体は、「醫・毉」。「殹《えい》」は、占い・呪《まじな》いの時の「えいっ」という掛け声の擬声語で、占い・呪いの意味。「醫」の「酉《ゆう》」は酒で、薬草酒。呪術師が薬草酒などを用いて病気を治すこと。「毉」の「巫《ふ》」は、まさに呪術師。古くは、占い師と医師は同一人の仕事だった。

1　医経《いけい》

人間の血脈〔血管〕・経絡《けいらく》〔動脈と静脈〕・骨髄・陰陽・表裏〔背と腹〕などを調べて、すべての病気の原因や生死の区別を見定める。病理学に相当する。

そして、度〔按摩〕、箴《しん》〔金属の針〕・石〔石製の針〕・湯〔煎《せん》じ薬〕・火〔灸《きゅう》〕によって、それらの配分を考える。配分がうまくいけば、ちょうど磁石《じしゃく》が鉄を引きつけるように、病気に作用するのである。

下手な者が配分を誤ると、治る病気も重い病気と思い、生きるのを死ぬのと判断してしまう。

2　経　方

薬物療法にあたる。

薬用の草や石の冷たさ暖かさに基づいて、病気の深浅軽重を判断する。そして、天の六気〔風・寒・暑・湿・燥・火〕が人に及ぼす影響を考慮する。薬の五苦〔五種の苦味〕と六辛〔六種の辛味〕を区別して、これらの薬剤を水製にするか火製にするかを決め、これを用いて、病気による閉塞を通じ、結滞を解いて、正常にもどすのである。

もし、適切な処方を誤ると、熱はますます熱く、寒はますます寒くなってしまう。精気は内部で失われて外部に表れなくなり、死に至らせてしまう。

そこで、諺《ことわざ》にもこう言う、「病気になっても治療しないのは、中級の医者にかかっているのと同じだ。」上級の医者にかかれば治してくれるが、下級の医者では殺されてしまうからである。

〔注〕水製は、浸《しん》（ひたす）・泡《ほう》（湯をそそぐ）・洗《せん》（水をそそぐ）。火製は、煆《か》（焼く）・煨《わい》（埋め焼く）・炙《しゃ》（あぶる）・炒《しょう》（いためる）。なお水火製に、「蒸す・煮る」がある。

3　房《ぼう》中《ちゅう》

男女の性交のこと。本来の感情の極致であり、人間の道理の極界である。

そこで聖王は、外からの快楽を制限し、内からの欲情を抑制して、節度を守ったのである。古くからの言葉に「先王がよく楽しむのは、万事に程よく節制したからである」という。

これを楽しんで節度があれば、心も和らぎ、長生きできる。節度をわきまえないと病気になり、生命を失うことになる。

4　神《しん》僊《せん》

神僊は、神仙と同じ。不老不死の術を身につける仙人のこと。本性の真を内に保つために、これを外に広く求める人である。

心を洗い清めて平らかにし、死生の境地を同じに見て、胸中に動揺のないようにする。

しかし、俗界にとらわれる人は、ただ神仙のまねだけをして、怪しく誤った言葉をふりまくのである。これは、聖王が教えた真の神仙への道ではない。

孔子は言う、「人々が知らないことを求め、人々が不思議がることを行えば、後世に語り継がれるであろうが、私はそういうことはしない」（中庸、十一章）。

III　諸子の名言

本文に登場する諸子の名言を主として、五十音順（電話帳方式）に掲げる。諸子の人柄や思想などがよく現れている名言を中心に集めた。また、名言を含む前後の部分も解説して、その背景を明らかにし、併せてその部分の原文も示した。本文と関連させながら、読み物としても利用することができるだろう。

あ行

中《あ》たらずと雖《いえど》も遠《とお》からず

→心誠《こころまこと》に之《これ》を求《もと》むれば、中《あ》たらずと雖《いえど》も遠《とお》からず（三三八頁）

仰《あお》いで天《てん》に愧《は》じず、俯《ふ》して人《ひと》に怍《は》じず

振り仰いでは、天に対して恥じることはなく、うつむいては、人に対して恥じることはない。自分を省みて、恥じることは何もない。公明正大であること。

孟子の説く、君子の三つの楽しみで、その二番目のもの。

君子には、三つの楽しみがある。しかし、天下に王となることは、これには無関係である。

父も母も健在で、兄弟にも何の事故もないというのは、一番めの楽しみである。

仰いでは天に、俯《ふ》しては人に恥じることがないというのは、二番めの楽しみである。

この世の英才たちを見つけ出して、彼らを教育するというのは、三番めの楽しみである。

君子には、三つの楽しみがある。しかし、天下に王となることは、これには関係のないことである。

孟《もう》子《し》曰《いハク》、「君《くん》子《しニ》有《あリ》二三《さん》楽《らく》一。而《しかシテ》王《おうタルハ》二天《てん》下《かニ》一、不《ず》二与《あづカリ》存《そんせ》一焉。
父《ふ》母《ぼ》倶《ともニ》存《そんシ》、兄《けい》弟《てい》無《な》レ故《キハこと》、一《いつノ》楽《たのシミ》也《なり》。
仰《あふイデ》不《ず》レ愧《はヂ》二於天《てんニ》一、俯《ふシテ》不《ざルハ》レ怍《はヂ》二於人《ひとニ》一、二《に》楽《ノたのシミ》也《なり》。
得《えテ》二天《てん》下《かノ》英《えい》才《さいヲ》一、而教《きょう》二育《いくスルハ》之《これヲ》一、三《さんノ》楽《たのシミ》也《なり》。
君《くん》子《しニ》有《あリ》二三《さん》楽《らく》一。而《しかシテ》王《おうタルハ》二天《てん》下《かニ》一、不《ず》二与《あづカリ》存《そんせ》一焉《ト》。」（孟子、尽心《じんしん》上編）

〔注〕仰《ぎょう》…俯《ふ》＝上には…下には。一方では…他方では。愧《き》＝恥じる。
怍《さく》＝きまり悪く思う。

朝《あした》に道《みち》を聞《き》かば、夕《ゆう》べに死《し》すとも可《か》なり

孔子の言葉。もし、ある朝に「道」の在り方を聞くことがで

きるなら、その日の夜に死んでも、まず満足である。道を修めて身につけることの重要さを言ったもの。反対に、道を知らず修めずに過ごす人生の、なんとむなしいことよ。

「朝・夕」は、短い時間を言ったもの。

子《し》曰《いハク》、「朝《あしたニ》聞《きカバ》レ道《みちヲ》、夕《ゆふべニ》死《しストモ》可《かナリ》矣《ト》。」（論語、里仁《りじん》編）

危《あや》うきこと累卵《るいらん》のごとし

韓非子の言葉。積み重ねた卵のように危険である。曹《そう》国は弱小で、かつ晋《しん》国と楚《そ》国との間で圧迫されている。曹の君主の地位が危ういことは、累卵のようである。それなのに、礼を守らずその地位にいるので、もう王家も断絶するだろう。

そこで言う、国が弱小で王が礼を守らず、諫《いさ》める臣下も任用しなければ、そのまま断絶するだろう、と。

君主が、身を滅ぼし国を失うようになる「十過《じっか》」（十の過失）編の、最後の部分である。

曹《そうハ》小《しょう》国《こく》也《なり》、而《しかモ》迫《せま》二《ル》於晋《しん》・楚《そ》之《の》間《かん》一《ニ》。其《そノ》君《きみ》之《の》危《あやフキコト》、猶《なホ》二《ごとキ》累《るい》卵《らんノ》一《なり》也。而《しかモ》以《もつテ》二無《ぶ》礼《れいヲ》一《の》涖《ぞム》レ之《ハこれニ》、此《これ》所《ゆゑん》二以《たツ》絶《よヲ》レ世《なり》也。

故《ゆゑニ》曰《いハク》、「国《くに》小《しょうニシテ》無《な》レ《ク》礼《れい》、不《ざ》レ《ルハ》用《もち》二《ヰ》諫《かん》臣《しんヲ》一、則《すなはチ》絶《たツ》レ世《よヲ》之《の》勢《いきほヒ》也《なりト》。」（韓非子、十過《じっか》編）

過《あやま》ちて改《あらた》めざる、是《これ》を過《あやま》ちと謂《い》う

孔子の言葉。だれでも過失を犯すものだが、その過失を自覚して改めようとしないこと、これこそを過失というのである。

過失を犯したかどうかよりも、それを改めることのほうが重要である、ということ。

子《し》曰《いハク》、「過《あやまチテ》而不《ざル》レ改《あらたメ》、是《これヲ》謂《いフ》レ過《あやまチト》矣《ト》。」（論語、衛霊公《えいれいこう》編）

過《あやま》ちては則《すなわ》ち改《あらた》むるに憚《はばか》ること勿《な》かれ

過失をおかしたら、すぐに改めることをためらってはいけない。過失はただちに改めよ、ということ。「憚《たん》」は、気おくれする。ためらう。

孔子が、君子の在り方について述べた章の一部。君子は、重々しくしていないと威厳が備わらない。学んでいれば頑固さがなくなる。忠信〔まごころ・まこと〕を第一とせよ。自分に及ばない者を友人としてはいけない。失敗したら、改めるのをためらってはいけない。

子《し》曰《いハク》、「君《くん》子《し》不《ざレバ》レ重《おもカラ》則《すなはチ》不《ず》レ威《いアラ》。学《まなベバ》則《すなはチ》不《ず》レ固《こナラ》。主《しゅトセヨ》二忠《ちゅう》信《しんヲ》一。無《なカレ》レ友《ともトスルコト》二不《ざル》レ如《しカ》レ己《おのれニ》者《ものヲ》一。過《あやまチテハ》則《すなはチ》勿《なカレ》レ憚《はばかルコト》レ改《あらたムルニ》。」（論語、学而《がくじ》編）

なお、「主二忠信一。」以下の文章は、子罕《しかん》編にも繰り返されて出てくる。ただし「無」が「毋《ぶ》」になっている。これも「なカレ」と読む。

井《い》の中《なか》の蛙《かわず》　大海《たいかい》を知《し》らず

井戸の中に住む蛙《かえる》は、大海のことはまったく知らない。見聞が狭いこと。また、自分の狭い知識や見解にとらわれ、他に広い世界があることを知らないで、得々として振る舞うことのたとえ。

「井蛙《せいあ》には以《もっ》て海《うみ》を語《かた》るべからず。夏虫《かちゅう》には以《もっ》て氷《こほり》を語《かた》るべからず。」「井底《せいてい》の蛙《あ》」と同じ。

北海若〔北海の神〕の言葉。「井戸の中の蛙には、海について語ることはできない。狭い場所にとらわれているからである。また、夏の虫には、氷について語ることはできない。夏の季節しか知らないからである。また、田舎者には、道について語ることはできない。偏った教えに縛られているからである。」

北《ほっ》海《かい》若《じゃく》曰《いハク》、「井《せい》鼃《あニハ》不《ざル》レ可《べカラ》三以《もつテ》語《かたル》二於海《うみヲ》一者《ものハ》、拘《かかはレバ》二於虚《きょニ》一也《なり》。夏《か》虫《ちゅうニハ》不《ざル》レ可《べカラ》三以《もつテ》語《かたル》二於氷《こほりヲ》一者《ものハ》、篤《あつケレバ》二於時《ときニ》一也《なり》。曲《きょく》士《しニハ》不《ざル》レ可《べカラ》三以《もつテ》語《かたル》二於道《みちヲ》一者《ものハ》、束《つかネラルレバ》二於教《をしヘニ》一也《なりト》。」（荘子、秋《しゅう》水《すい》編）

〔注〕北海若＝北海の神。鼃《あ》＝「蛙」の古字。虚＝「居」と同じ。曲士＝田舎の人。偏った知識しか持っていない人。つまらない者。

移《い》木《ぼく》の信《しん》

国が公布した法令に対する、人民の信頼。

秦《しん》国の商鞅《しょうおう》が変法〔四〇五頁〕を公布するにあたって、人民を信頼させるためにとった方法である。

都の市場の南門に、長さ三丈〔約七メートル〕の木を立て、人民に「これを北門に移すことのできた者には、十金を与える」と呼びかけた。簡単な仕事に対する莫大《ばくだい》な報酬に、人民は怪しんで、だれも手を出さない。

そこで改めて「移すことのできた者には、五十金を与える」と呼びかけた。ある一人がこれを移動させたところ、ただちに五十金を与えた。

こうして、国家は人民を欺かないことを明らかにしておいてから、法令を公布したのである。

令《れい》既《すでニ》具《そなハレドモ》、未《いまダ》レ布《しカ》。恐《おそルルナリ》二民《たみ》之《の》不《ざ》レ信《ルヲしんぜ》レ己《おのれヲ》。乃《すなはチ》立《たテ》二三《さん》丈《じょう》之《の》木《きヲ》於国《こく》都《とノ》市《いちノ》南《なん》門《もんニ》一、募《つのリ》レ民《たみヲ》、「有《あラバ》下能《よク》徙《うつシテ》置《おク》二北《ほく》門《もん》一者《ニもの》上、予《あたヘント》二十《じっ》金《きんヲ》一。」民《たみ》怪《あやシミ》レ之《これヲ》、莫《なシ》二敢《あヘテ》徙《うつスモノ》一。復《まタ》曰《いハク》、「能《よク》徙《うつス》者《ものニハ》予《あたヘント》二五《ご》十《じっ》金《きんヲ》一。」有《あリ》二一《いち》人《にん》徙《うつス》レ之《これヲ》。輒《すなはチ》予《あたフ》二五《ご》十《じっ》金《きんヲ》一。以《もっテ》明《あきラカニシ》レ不《ざ》レ欺《ルヲあざむカ》、卒《つひニ》下《くだス》レ令《れいヲ》。（史記、商君《しょうくん》伝）

衣食《いしょく》足《た》りて栄辱《えいじょく》を知《し》る

衣食が十分に足りて、栄誉や恥辱をわきまえるようになる。出典は、三四〇頁の「四維《しい》張《は》らざれば、国《くに》乃《すなわ》ち滅亡《めつぼう》す」を参照。そこでは「倉廩《そうりん》実《み》ちて礼節《れいせつ》を知《し》る」と対句になっているせいか、日本では両句を合体させて

「衣食足りて礼節を知る」

と言うことが多い。なお三五二頁を参照。

一日《いちじつ》之《これ》を暴《あたた》め、十日《じゅうじつ》之《これ》を寒《ひ》やす

一日だけ温めて、十日間は冷やす。少しだけ努力して、あとは多く怠けること。また、一方では努力しながら、多くの面で怠けること。「一暴十寒《いちばくじっかん》」。

孟子が、斉《せい》国の王に言った言葉。「この世に、どんなに生育しやすい物があったとしても、一日だけこれを温め、十日間も冷やしたなら、生育できる物などありません。（これと同じく）私はめったに王に会見できませんし、私が退出すると、王の心を冷やそうとする者が、次々にやって来ます。（王の心に良心が）芽生えても、私にはどうすることもできないのです。」

いま、王にもっとも必要なことは、「義」の実践です、というのが孟子の意図である。

孟《もう》子《し》曰《いハク》、「雖《いへどモ》レ有《あリト》二天《てん》下《かノ》易《やすキ》レ生《しょうジ》之《の》物《もの》一也、一《いち》日《じつ》暴《あたたメ》レ之《これヲ》、十《じゅう》日《じつ》寒《ひやセバ》レ之《これヲ》、未《いまダ》レ《ざル》有《あラ》二能《よク》生《しょうズル》者《もの》一也《なり》。吾《われ》見《まみユルコト》亦《まタ》罕《まれナリ》矣。吾《われ》退《しりぞキテ》而寒《ひやス》レ之《これヲ》者《もの》至《いたル》矣。吾《われ》如《い》レ有《あルヲ》レ萌《きざスコト》焉何《かんセン》哉《やト》。」（孟子、告子《こくし》上編）

一年《いちねん》の計《けい》は、穀《こく》を樹《う》うるに如《し》くは莫《な》し

一年間の計画としては、穀物を植えるのが一番いい。十年間の計画としては、木を植えるのが一番いい。一生涯の計画としては、人を植えるのが一番いい。

管仲（三九二頁）が天下に王となる心得として、人材を育てることこそ、その入り口なのだ、と説いたもの。

一度植えて一度収穫のあるのは、穀物である。一度植えて十度収穫のあるのは、木である。そして、一度植えて百度収穫のあるのは、人である。私たちがもし人材を植え育てたなら、その収穫の豊かなことは、まるで神が行うようなものである。事を行って、それが神技のようだということこそ、天下の王となる入り口なのである。

一《いち》年《ねん》之《の》計《けいハ》、莫《なシ》レ如《しクハ》レ樹《うウルニ》レ穀《こくヲ》。十《じゅう》年《ねん》之《の》計《けいハ》、莫《なシ》レ如《しクハ》レ樹《うウルニ》レ木《きヲ》。終《しゅう》身《しん》之《の》計《けいハ》、莫《なシ》レ如《しクハ》レ樹《うウルニ》レ人《ひとヲ》。一《ひとタビ》樹《うエテ》一《いっ》穫《かくスル》者《ものハ》、穀《こく》也《なり》。一《ひとタビ》樹《うエテ》十《じっ》穫《かくスル》者《ものハ》、木《き》也《なり》。一《ひとタビ》樹《うエテ》百《ひゃっ》穫《かくスル》者《ものハ》、人《ひと》也《なり》。我《われ》苟《いやしクモ》種《うウレバ》レ之《これヲ》、如《ごとシ》二神《しんノ》用《もちヰルガ》一レ之《これヲ》。挙《あグルコト》レ事《ことヲ》如《ごとキハ》レ神《しんノ》、唯《たダ》王《おう》之《の》門《もんナルノミ》。（管子《かんし》、権修《けんしゅう》編）

一《いち》を聞《き》いて以《もっ》て十《じゅう》を知《し》る

一を聞けば、十まで理解する。孔子の門人の子貢《しこう》（四〇〇頁）が、同じく門人の顔淵《がんえん》（三九四頁）を評した言葉。

一端を聞いただけで、全体を理解する。

孔子が子貢に尋ねた、「お前と顔回とは、どちらが優れているだろうか。」

顔回
（『孔門儒教列伝』）

子貢「私など、どうして顔回と比較になりましょうか。顔回は、一を聞くと十を理解します。私など、一を聞くとやっと二を理解する程度です。」

孔子「その通り、お前は顔回には及ばない。私もお前も、とても及ばない。」

子《し》謂《いヒテ》二子《し》貢《こうニ》一曰《いハク》、「女《なんぢト》与《と》レ回《かい》也《や》、孰《いづレカ》愈《まさレルト》。」対《こたヘテ》曰《いハク》、「賜《し》也《や》、何《なんゾ》敢《あヘテ》望《のぞマン》レ回《かいヲ》。回《かい》也《や》、聞《きイテ》レ一《いちヲ》以《もっテ》知《しル》レ十《じゅうヲ》。賜《し》也《や》、聞《きイテ》レ一《いちヲ》以《もつテ》知《しルト》レ二《にヲ》。」
子《し》曰《いハク》、「弗《ざル》レ如《しカ》也《なり》。吾《われト》与《と》レ女《なんぢ》弗《ざル》レ如《しカ》也《なりト》。」（論語、公冶長《こうやちょう》編）

〔注〕女＝汝と同じ。賜＝子貢の名。回＝顔淵《がんえん》の字《あざな》。

なおこの言葉、大阪系の「いろはかるた」にも入っており、広く親しまれてきている。

寿《いのちなが》ければ辱《はじ》多《おお》し

長生きをすれば、それだけ辱《はずかし》めを受けることも多い。

華山の封人《ほうじん》〔国境の役人〕が、尭帝に「長寿と富と男の子が多いことは、だれでも望むこと。あなたがそれを望まないのは、どうしてですか」と聞いた。尭帝は言った。「男の子が多いと、心配ごとも多い。金持ちになると、面倒なことも多くなる。長生きをすれば、辱《はずかし》めを受けることも多くなる。この三つは、徳を養う道から、はずれている。だから、望まないのだ。」

『徒然草』にも「いのちながければ辱《はぢ》おほし。長くとも四十にたらぬほどにて死なんこそ、めやすかるべけれ」（七段）とある。

封《ほう》人《じん》、曰《いハク》、「寿《じゅト》富《とみト》多《おほキトハ》二男《だん》子《し》一、人《ひと》之《の》所《ところ》レ欲《ほつスル》也《なり》。女《なんぢ》独《ひとり》不《ざルハ》レ欲《ほつセ》、何《なんゾ》邪《やト》。」尭《ぎょう》曰《いハク》、「多《おほケレバ》二男《だん》子《し》一則《すなはチ》多《おほシ》レ懼《おそレ》。富《とメバ》則《すなはチ》多《おほシ》レ事《こと》。寿《いのちながケレバ》則《すなはチ》多《おほシ》レ辱《はぢ》。是《こノ》三《さん》者《しゃハ》非《あらザル》三所《ゆゑ》二以《んニ》養《やしなフ》レ徳《とくヲ》也《なり》。故《ゆゑニ》辞《じスト》。」（荘子、天地《てんち》編）

殷鑒《いんかん》遠《とお》からず

滅亡した殷《いん》の紂王《ちゅうおう》が戒めとするべき手本は、決して遠い所にあるのではない。

それは、前代の夏《か》の桀王《けつおう》にあるではないか、と続く。手本は、すぐ身近にある、ということ。「鑒」は「鑑」と同じで、かがみ〔鏡〕。手本、模範。ここでは、悪いほうの見本になっている。

孟子の言葉の一部だが、『詩経《しきょう》』大雅《たいが》・蕩《とう》編の詩句を引用したもの。

詩《し》云《ニいフ》、「殷《いん》鑒《かん》不《ず》レ遠《とほカラ》、在《あリト》二夏《か》后《こう》之《の》世《よニ》一。」（孟子、離婁《りろう》上編）

〔注〕夏后＝夏王朝。「后」は「きみ」で、夏王朝を「夏后」ともいう。殷《いん》の紂王《ちゅうおう》は、残虐な政治のために殺されたが、夏の桀王《けつおう》も同様であった。だから紂王の戒めとすべきものは、すぐ前の時代にあったではないか、ということ。

魚《うお》を得《え》て筌《せん》を忘《わす》る

魚を捕らえてしまえば、筌《うけ》〔魚を捕る道具〕は忘れられてしまう。荘子の言葉。

目的を達すると、その手段や方法は忘れられてしまうことのたとえ。

特に、言いたいことがわかれば、そのために使われた言葉は忘れられてしまうこと。

筌《うけ》は魚を捕る道具であり、魚を捕らえれば筌は忘れられてしまう。また、蹄《わな》は兎《うさぎ》を捕る道具であり、兎を捕らえれば蹄は忘れられてしまう。これと同じで、言葉は意思を伝える道具であり、意思を伝えれば言葉は忘れられてしまうのである。

筌《せん》者《は》所二‐以《ゆゑん》ナリ在《あ》ルレ魚《うを》ニ、得《え》テレ魚《うを》ヲ而忘《わす》ルレ筌《せん》ヲ。蹄《てい》者《は》所二‐以《ゆゑん》ナリ在《あ》ルレ兎《うさぎ》ニ、得《え》テレ兎《うさぎ》ヲ而忘《わす》ルレ蹄《てい》ヲ。言《げん》者《は》所二‐以《ゆゑん》ナリ在《あ》ルレ意《い》ニ、得《え》テレ意《い》ヲ而忘《わす》ルレ言《げん》ヲ。（荘子、外物《がいぶつ》編）

〔注〕筌＝うけ。うえ。水に沈めて、入ってきた魚を捕らえる道具。細く割った竹を筒状に編んだもの。蹄＝兎を捕らえるわな。

中《うち》に誠《まこと》あれば、外《そと》に形《あらわ》る

心の中に誠があれば、それは必ず形をとって外に現れるものである。

「小人間居《しょうじんかんきょ》して不善《ふぜん》を為《な》す」（三四五頁）を参照。

怨《うら》みに報《むく》ゆるに徳《とく》を以《もっ》てす

怨むべき相手に、徳によって報いる。「徳《とく》を以《もっ》て怨《うら》みに報《むく》ゆ」と同じ。

老子の思想で、聖人は、無為を行い、無事を事とし、無味を味わう。小を大とし、少を多とし、怨みに対しては徳によって報いる。

為《な》シ二無《む》為《い》ヲ一、事《こと》トシ二無《ぶ》事《じ》ヲ一、味《あぢ》ハフ二無《む》味《み》ヲ一。大《だい》トシレ小《しょう》ヲ、多《た》トシレ少《しょう》ヲ、報《むく》ユルレ怨《うら》ミニ以《もつ》テスレ徳《とく》ヲ。（老子、六十三章）

〔注〕事二無事一＝事を行わない、ということを事とする。

遠交近攻《えんこうきんこう》〔遠《とお》く交《まじ》わりて近《ちか》く攻《せ》む〕

秦《しん》の昭王に面会がかなった范雎《はんしょ》（四一三頁）が、昭王に授けた作戦。遠方の国と親しくしておいて、近い国を攻撃する、という案。それを次第に遠方の国にも及ぼして、天下を統一する、という策である。

『三国志』魏志《ぎし》・袁術《えんじゅつ》伝には

「近きを捨《す》てて遠きに交はる」――近く親しいものを捨てて、疎遠なものと交わる。

と出てくる。これも、ほぼ同じ意味。

范雎の、昭王への話。秦国で実権を握っている宰相の穰侯《じょうこう》が、近くの韓と魏の両国を越えて、斉国を攻めたのは、得策ではない。秦軍が少なければ斉国に勝てないし、多ければ今度は秦国が手薄になる。秦軍を少なくして韓と魏の両国に大軍を出させようというのは、正当ではない。だいたい、韓と魏は今は秦と親しくないから、そこを通って斉に出兵させるわけにもいかない（この後に、次の原文が入る）。

一寸の土地を手に入れれば、その一寸は王の土地、一尺を取ればその一尺は王の土地。それを捨て置いて遠方の国を攻めるのは、誤ちでしょう。

昭王は、この范雎の考え方を受け入れ、大夫の綰《わん》を派遣して魏国を攻めさせ、懐《かい》の城を、二年後には邢丘《けいきゅう》を陥落させた。

范雎は、宰相穰侯《じょうこう》の計画は杜撰《ずさん》で危険、と批判したうえで、いま太后や穰侯らの握っている実権を徐々に昭王の手に戻したい、と考えていたのである。四六一頁を参照。

王《おう》、不《ず》レ如《しカ》二遠交《とほクまじハリ》而近攻《ちかクせムルニ》一。得《うレバ》レ寸《すんヲ》則《すなはチ》王《おうノ》寸《すん》也《なり》。尺《しゃくヲ》得《うルモ》亦《まタ》王《おう》之《の》尺《しゃく》也《なり》。今《いま》、釈《すテテ》レ此《これヲ》而遠《とほク》攻《せムルハ》、不《ず》二亦《まタ》繆《あやまチナラ》一乎《や》。（史記、范雎伝《はんしょ》）

己《おのれ》に如《し》かざる者《もの》を友《とも》とすること無《な》かれ

自分に及ばない人を、友人としてはいけない。人格・人徳の面で及ばない人であろう。文脈から見ると、忠信〔まごころ・誠意〕の劣る人、ともとれる。

原文は、「過《あやま》ちては則《すなわ》ち改《あらた》むるに憚《はばか》ること勿《な》かれ」（三一五頁）を参照。

親《おや》を愛《あい》する者《もの》は、敢《あ》えて人《ひと》を悪《にく》まず

親を愛する人は、その心で他人にも接するから、どんな時でもあえて他人を憎むようなことはない。

親を敬う人も同じであって、あえて他人を軽蔑《けいべつ》するようなことはない。

子《し》曰《いハク》、「愛《あいスル》レ親《おやヲ》者《ものハ》、弗《ず》三敢《あヘテ》悪《にくマ》二於人《ひとヲ》一。敬《けいスル》レ親《おやヲ》者《ものハ》、弗《ずト》三敢《あヘテ》慢《あなどラ》二於人《ひとヲ》一。」（孝経、天子章）

〔注〕子＝孔子。また、言葉の調子の上で「子曰」と書いたという。

か行

蝸牛角上《かぎゅうかくじょう》の争《あらそ》い

つまらない争い。わずかなことで争うこと。

「蝸角《かかく》の争《あらそ》い」ともいう。

些細《ささい》なことから戦争を起こそうとしている魏《ぎ》の恵王に対して、梁《りょう》の賢者である戴晋人《たいしんじん》が、つまらない戦争はやめようと説得した時の、たとえ話である。

蝸牛《かたつむり》の左の角の上に、触氏《しょくし》という国がある。また、右の角の上に、蛮氏《ばんし》という国がある。ある時、おたがいに領地を争って戦い、死者が数万も出た。逃げる者を追いかけて、十五日後に戻ってきた。

大国の魏も、広い天下から見れば、角の上の蛮氏と同じだ、というのである。

有《あり》下国《くにスル》二於蝸《か》之《の》左《さ》角《かくニ》一者《もの》上、曰《いフ》二触《しょく》氏《しト》一。有《あり》下国《くにスル》二於蝸《か》之《の》右《ゆう》角《かくニ》一者《もの》上、曰《いフ》二蛮《ばん》氏《しト》一。時《ときニ》相《あひ》与《ともニ》争《あらそヒテ》レ地《ちヲ》而戦《たたかヒ》、伏《ふく》尸《し》数《すう》万《まん》、逐《おヒテ》レ北《にグルヲ》旬《じゅん》有《ゆう》五《ご》日《にちニシテ》而後《のち》反《かへル》。（荘子、則陽《そくよう》編）

〔注〕蝸＝蝸牛。かたつむり。伏尸＝倒れた死体。

顧《かえり》みて他《た》を言《い》う

左右を見ながら、別の話題を言う。

答えに窮したり、答えるべきではないと思ったりした時に、話題をそらすこと、その話題から逃げること。

孟子が、斉《せい》の宣王《せんのう》にこんな話をした。

「王の臣下で、自分の妻子を自分の友人に頼み、楚《そ》の国に行った者がいます。帰ってみると友人は、頼んだ妻子を凍え飢えさせていました。王は、どう処置しますか？」

宣王「臣下を捨てて用いない。」

孟子「では、裁判長に部下の裁判官を統率する能力がなければ、王はどう処置しますか。」

宣王「裁判長をやめさせる。」

孟子「では、国内がうまく治められなければ、王はどう処置しますか。」

宣王は、左右に控える臣たちのほうを見ながら、まったく関係のない話を始めた（やめさせる、と言うわけにはいかない……）。

孟《もう》子《し》謂《いヒテ》二斉《せいノ》宣《せん》王《のうニ》一曰《いハク》、「王《おう》之《の》臣《しんニ》、有《あり》下託《たくシテ》二其《その》妻《さい》子《しヲ》於其《そノ》友《ともニ》一、而之《ゆキテ》レ楚《そニ》遊《あそブ》者《もの》上。比《およビテ》二其《そノ》反《かへルニ》一也《や》、則《すなはチ》凍《とう》二-餒《たいセバ》其《その》妻《さい》子《しヲ》一、則《すなはチ》如《い》レ之《これヲ》何《かんセント》。」
王《おう》、曰《いハク》、「棄《すテント》レ之《これヲ》。」
曰《いハク》、「士《し》師《し》不《ずンバ》レ能《あたハ》レ治《をさムル》レ士《しヲ》、則《すなはチ》如《い》レ之《これヲ》何《かんセント》。」
王《おう》曰《いハク》、「已《やメント》レ之《これヲ》。」
曰《いハク》、「四《し》海《かい》之《の》内《うち》不《ずンバ》レ治《をさマラ》、則《すなはチ》如《い》レ之《これヲ》何《かんセント》。」
王《おう》、顧《かへりミテ》二左《さ》右《ゆうヲ》一而言《いフ》レ他《たヲ》。（孟子、梁恵王《りょうけいおう》下編）

牆《かき》に耳《みみ》有《あ》り

どこかに、聞いている人がいるかもしれない。「牆」は、垣根。また、土塀《どべい》。

秘密は身近なところから漏れやすい、ということ。

昔から、二つの名言がある。「牆《かき》に耳有り」と、「伏寇《ふくこう》（隠れ潜む敵）側《かたはら》に在り」とである。「牆に耳有り」とは、秘密の計画が外部に漏れてしまうこと。「伏寇側に在り」とは、君主に疑われて身を隠している臣下が、人民に支持されていること。

秘密の計画が外部に漏れてしまうのは、悪賢い女官が君主の心をつかんで聞き出し、それを邪悪な遊説家《ゆうぜい》に知らせてしまうから。君主に疑われて身を隠している人物が人民に支持されるのは、以前は身分が高かったのに今は低く落とされている臣下が、君主を恨んで人民を扇動するからである。

古《いにしへニ》-者有《あり》二二《に》言《げん》一。「牆《かきニ》有《あり》レ耳《みみ》」、「伏《ふく》寇《こう》在《あ》レ側《リトかたはらニ》」。「牆《かきニ》有《あ》レ耳《リトみみ》」者《は》、微《び》謀《ぼうノ》外《そとニ》泄《もルル》之《の》謂《いヒ》也《なり》。「伏《ふく》寇《こう》在《あ》レ側《リトかたはらニ》」者《は》、沈《ちん》疑《ぎ》得《うル》レ民《たみヲ》之《の》謂《いヒ》也《なり》。微《び》謀《ぼう》之《の》泄《もルル》也《や》、狡《こう》婦《ふ》襲《とリテ》二主《しゅ》之《の》情《じょうヲ》一、而資《たすクレバ》二游《ゆう》慝《とくヲ》一也《なり》。沈《ちん》疑《ぎ》之《の》得《うル》レ民《たみヲ》也《や》、前《さきニ》貴《たふとクシテ》而後《のちニ》賤《いやシキ》者《もの》、為《な》二之《セバこれガ》駆《くヲ》一也《なり》。（管子《かんし》、君臣《くんしん》下編）

〔注〕微謀《びぼう》＝秘密の謀《はかりごと》。沈疑《ちんぎ》＝身を隠した、疑われている人。君主に疑われて、民間に潜み隠れているのである。得レ民＝人々の心をつかむ。狡婦《こうふ》＝ずる賢い女性。後宮の女官である。游慝《ゆうとく》＝遊説家《ゆうぜい》の悪人。

隠《かく》れたるより見《あらわ》るるは莫《な》し

隠しておくほど、現れてしまうものはない。子どもが親に隠し立てをしていると、そわそわした態度などで、すぐに親にわかってしまう——。

本来はもっと固い意味。天が人に命じ与えたものが「性」、性に従っていくことが「道」、道を修めることが「教」である、という。

だから人は、道から一時も離れることはできない。離れてもいいものは、道ではない。

そこで、道をよく理解している君子は、むしろ目に見えないものを戒め慎み、耳に聞こえないものを恐れ慎むのである。

隠れているほど現れているものはないし、かすかなものほどはっきりしているものもないのである。そこで君子は、一人でいるときこそ身を慎むのである。

これは『中庸』の冒頭の文章。「君子は其の独りを慎む」は『大学』にも登場しており（三三二頁）、短く「慎独《しんどく》」ともいう。『大学』と『中庸』とに共通するキーワードである。

天命《てんノめいズル》之《これヲ》謂《いフ》レ性《せいト》。率《したがフ》レ性《せいニ》之《これヲ》謂《いフ》レ道《みちト》。脩《をさムル》レ道《みちヲ》之《これヲ》謂《いフ》レ教《をしへト》。
道《みち》也《なる》者《ものハ》、不《ざル》レ可《べカラ》二須臾《しゅゆモ》離《はなル》一也《なり》。可《べキハ》レ離《はなル》非《あらザル》レ道《みちニ》也《なり》。
是故《こノゆゑニ》君子《くんしハ》戒《かい》二‐慎《しんシ》乎其所《そノところニ》レ不《ざル》レ睹《みエ》、恐《きょう》二‐懼《くス》乎其所《そノところニ》レ不《ざル》レ聞《きコエ》。
莫《なク》レ見《あらはルルハ》二乎隠《かくレタルヨリ》一、莫《なシ》レ顕《あきらカナルハ》二乎微《かすカナルヨリ》一。故《ゆゑニ》君子《くんしハ》慎《つつしム》二其独《そノひとリヲ》一也《なり》。（中庸、一章）

〔注〕須臾＝少しの間、しばらく。　戒慎＝戒め慎む。用心する。　睹《と》＝よく見る。見わける。

管鮑《かんぽう》の交《まじ》わり

管仲と鮑叔牙《ほうしゅくが》との、強い信頼感によって結ばれた友情。

管仲は、若いころ貧乏だった。鮑叔と商売をし、利益を分けあう時、管仲はたくさん貰《もら》った。しかし、管仲の貧乏を知っている鮑叔は、管仲を欲張りとは思わなかった。

またある時、管仲は鮑叔のためにある計画をしてやったところ、鮑叔をいっそう窮地に追い込んでしまった。しかし、時勢に有利不利のあるのを知っている鮑叔は、管仲を愚か者とは思わなかった。

また以前に、管仲は君主に三度仕えたが、三度とも追放されてしまった。しかし、うまく時代にめぐり合わなかっただけと知っている鮑叔は、管仲を役立たずとは思わなかった。

また以前に、管仲は戦場に三度参加したが、三度とも逃げてしまった。しかし、管中に老いた母のいることを知っている鮑叔は、管仲を臆病《おくびょう》者とは思わなかった。

さて、管仲は斉《せい》の公子《こうし》の糾《きゅう》に仕えた。鮑叔は、同じく斉の公子の小白《しょうはく》に仕えている。小白が王位に就いて桓公となると、糾《きゅう》は殺され、糾に仕えていた大臣の召忽《しょうこつ》も連座して死に、同じく糾に仕えていた管仲は捕らえられて辱めを受けた。しかし鮑叔は、管仲を恥知らずとは思わなかった。管仲は、小さな義理立てなどは恥とはせず、功績を挙げて名声を天下に明らかにすることができないことを恥としている、ということを知っていたからである。

そこで管仲は言う、「私を生んでくれたのは父母、私を理解してくれたのは鮑子である」。

A 管《かん》仲《ちゅう》曰《いハク》、「吾《われ》始《はじメ》困《くるシミシ》時《とき》、嘗《かつテ》与《と》鮑《ほう》叔《しゅく》賈《こス》。分《わカツニ》財《ざい》利《りヲ》、多《おほク》自《みづかラ》与《あたフ》。鮑《ほう》叔《しゅく》不《ず》以《もつテ》我《われヲ》為《なサ》貪《たんト》。知《しレバ》我《われノ》貧《ひんナルヲ》也《なり》。吾《われ》嘗《かつテ》為《ために》鮑《ほう》叔《しゅくノ》謀《はかリテ》事《ことヲ》而更《さらニ》窮《きゅう》困《こんス》。鮑《ほう》叔《しゅく》不《ず》以《もつテ》我《われヲ》為《なサ》愚《ぐト》。知《しレバ》時《ときニ》有《あルヲ》利《りト》不《ふ》利《りト》也《なり》。吾《われ》嘗《かつテ》三《み》仕《タビつかヘテ》三《み》見《タビる》逐《お》於《ハ》君《きみニ》。鮑《ほう》叔《しゅく》不《ず》以《もつテ》我《われヲ》為《なサ》不《ふ》肖《しょうト》。知《しレバ》我《われノ》不《ざ》遭《ルヲあハ》時《ときニ》也《なり》。吾《われ》嘗《かつテ》三《み》戦《タビたたかヒテ》三《み》走《タビはしル》。鮑《ほう》叔《しゅく》不《ず》以《もつテ》我《われヲ》為《なサ》怯《きょうト》。知《しレバ》我《われニ》有《あルヲ》老《ろう》母《ぼ》也《なりト》。」

B 已《すでニシテ》而鮑《ほう》叔《しゅくハ》事《つかヘ》斉《せいノ》公《こう》子《し》小《しょう》白《はくニ》、管《かん》仲《ちゅうハ》事《つかフ》公《こう》子《し》糾《きゅうニ》。及《およビ》小《しょう》白《はく》立《たチテ》為《なリ》桓《かん》公《こうト》、公《こう》子《し》糾《きゅう》死《ころサルニ》、管《かん》仲《ちゅう》囚《とらヘラル》焉。

C 「公《こう》子《し》糾《きゅうハ》敗《やぶレ》、召《しょう》忽《こつハ》死《しス》之《これニ》。吾《われ》幽《ゆう》囚《しゅうセラレ》受《う》辱《クはづかしメヲ》。鮑《ほう》叔《しゅく》不《ず》以《もつテ》我《われヲ》為《なサ》無《なシト》恥《はぢ》。知《しレバ》我《われノ》不《ず》羞《シテはぢ》小《しょう》節《せつヲ》、而恥《はヅルヲ》功《こう》名《みょうノ》不《ざ》顕《ルヲあらはレ》于天《てん》下《かニ》也《なり》。生《う》我《ムわれヲ》者《ものハ》父《ふ》母《ぼ》、知《しル》我《われヲ》者《ものハ》鮑《ほう》子《し》也《なりト》。」（史記、管晏《かんあん》列伝）

原文は、BはAの前にあるが、BはAに続く話なので、ここでは順序を変えて並べた。

はじめ管仲が仕えた公子〔王の子〕糾《きゅう》は、鮑叔が仕えた公子の小白《しょうはく》の兄。斉《せい》国の内乱により、二人が王位を争い、結局は小白が桓公になった。ライバルの糾は殺されたから、糾に従っていた管仲も殺されるはず。管仲と共に糾に従っていた召忽は、殺されている。管仲が死を免れたのも、鮑叔の取りなしのおかげか。

鮑叔は、管仲を桓公に推薦し、桓公も受け入れてからは、鮑叔はたえず管仲を立てていた。管仲の努力で、桓公は諸侯のリーダーとなることができたのである。

世の人々は、管仲の賢明さよりも、鮑叔の人を見抜く力のほうをほめたたえたという。

管《かん》を用《もっ》て天《てん》を窺《うかが》う

細い管《くだ》の穴から、大空をのぞき見る。知識や見解が狭いことのたとえ。

「管見《かんけん》。管中天《かんちゅうてん》を窺《うかが》う。管中豹《ひょう》を窺う。豹の一斑《いっぱん》を窺う。井《い》の中《なか》の蛙《かわず》、大海《たいかい》を知《し》らず」などと同じ。

公孫竜（一九八頁）が、師の魏牟《ぎぼう》からその狭い見識をたしなめられた時の言葉。「お前は、こせこせとして、真理を自分の推察によって求め、自分の弁論によって捜そうとしている。これは、管《くだ》の穴から天の広さをうかがい、錐《きり》を刺して地の深さを測るのと同じである。何と小さな立場ではないか。」

子《しハ》乃《すなはチ》規《き》規《き》然《ぜんトシテ》而求《もとムルニ》之《これヲ》以《もつテシ》察《さつヲ》、索《もとムルニ》之《これヲ》以《もつテス》弁《べんヲ》。

是《こレ》直《たダニ》用《もつテ》レ管《かんヲ》窺《うかがヒ》レ天《てんヲ》、用《もつテ》レ錐《きりヲ》指《はかル》レ地《ちヲ》也《なり》。不《ず》ニ亦《まタ》小《しょうナラ》一乎《や》。（荘子、秋水《しゅうすい》編）

〔注〕規規然＝小さい。細かい。

木《き》強《つよ》ければ則《すなわ》ち折《お》る

強いものは、かえって滅びやすいこと。

老子の言葉で、一二〇頁の「柔弱《じゅうじゃく》こそ生の仲間」に引いた文章に続く部分である。

軍隊が強いと、強さを誇って戦うから、かえって滅ぶ。木が強いと、強風をまともに受けるから、かえって折れてしまう。そこで、強いもの大きいものは下におり、柔かいもの弱いものが上にいるのが、自然なのである。

兵《へい》強《つよケレバ》則《すなはチ》滅《ほろビ》、木《き》強《つよケレバ》則《すなはチ》折《をル》。強《きょう》大《だいナルハ》処《をリ》レ下《したニ》、柔《じゅう》弱《じゃくナルハ》処《をリ》レ上《うへニ》。（老子、七十六章）

木《き》に縁《よ》りて魚《うお》を求《もと》む

木によじのぼり、魚を探して手に入れようとする。手段や方法が違うために、目的をかなえられないこと。

「水《みづ》を煎《に》て氷《こほり》を作《つく》る」（三国志、魏《ぎ》志・高堂隆伝）と同じ。

斉《せい》の宣王が、武力によって国土を広め、天下を支配しようとするのを知った孟子が、「それは『木に縁りて魚を求む』と同様に、まったく不可能であり、その後に災《わざわ》いが来るという点では、それよりもっとひどい」と諭《さと》す。孟子は、王道（七八頁）の根本である「仁義による政治」を主張するのである。

曰《いハク》、「然《しかラバ》則《すなはチ》王《おう》之《の》所《ところ》ニ大《おほイニ》欲《ほつスル》一、可《べキ》レ知《しルのみ》已。欲《ほつスル》下辟《ひらキ》ニ土《と》地《ちヲ》一、朝《ちょうセシメ》ニ秦《しん》・楚《そヲ》一、莅《のぞンデ》ニ中《ちゅう》国《ごくニ》一、而撫《ぶセント》中四《し》夷《いヲ》上也《なり》。以《もつテ》ニ若《かくのごとキ》所《ところヲ》レ為《なス》、求《もとムルハ》ニ若《かくのごとキ》所《ところヲ》レ欲《ほつスル》、猶《なホごとキ》ニ縁《よリテ》レ木《きニ》而求《もとムルガ》レ魚《うをヲ》也《なりト》。」（孟子、梁恵王《りょうけいおう》上編）

〔注〕然則＝それならば。これまでの王の話を受けている。辟＝開拓して広める。朝＝朝見。朝貢。秦《しん》や楚《そ》の国が臣下として斉《せい》の天子に挨拶に来ること。秦・楚＝秦は北西方、楚は南東方の、それぞれ大国。もちろん、それ以外の国を含んでいる。撫＝おとなしく従える。四夷＝中国の四方の異民族。東方の異民族を「夷《い》」と呼び、以下総称して「東夷《とうい》・西戎《せいじゅう》・南蛮《なんばん》・北狄《ほくてき》」と呼ぶ。若＝前者の「若」は、宣王の態度で、この前の文に「王は戦争をし、部下の命を危うくし、そして諸侯とにらみ合う」とあるのをさす。後者の「若」は、「欲下辟二土地一……而撫中四夷上也」の文をさす。縁＝よじのぼる。

杞《き》憂《ゆう》

無用の心配。とりこし苦労。

杞の国に、天地が崩《くず》れ落ちて身の置き所がなくなるのではと心配して、寝ることも食事をすることもできない人がいた。

彼が心配していることを気にした人が、彼の所に行って、よくわかるように、こう言った。「天は、空気が積み重なっているもので、どこに行っても空気がある。私たちは体を動かし呼吸をして、一日中、空気の中で生きている。天が崩れ落ちる心配はないよ。」

すると、心配症の人が言った。「天が空気の集まりだとしても、太陽や月や星などは、落ちてくるのではないか？」

説得する人は、こう言った、「太陽や月や星なども、空気の集まりの中で光っている物なのだ。もし落ちてきても、人に当たって傷つけることなど、あり得ないのだ。」

心配症の人、「大地が壊れたら、どうしよう？」

説得する人、「大地は、土が積み重なっているものだ。四方を充たしていて、どこに行っても土がある。私たちは土を踏み歩いて、一日中、大地の上で生きている。地が壊れる心配はないよ。」

心配症の人は、すっかり安心して、たいへん喜んだ。説得に当たった人も、すっかり安心し、たいへん喜んだ。

杞国《きノくにニ》、有《あリ》下人《ひとノ》憂《うれ》二天地《ヘテてんち》崩墜《ほうついシテ》、身《み》亡《なキヲ》レ所《ところ》レ寄《よル》、廃《はい》二寝《スルしん》食《しょくヲ》一者《もの》上。又《また》有《あリ》下憂《うれ》二彼《フルかれ》之《の》所《ところヲ》レ憂《うれフル》者《もの》上。因《よリテ》往《ゆキテ》暁《さとシテ》レ之《これニ》曰《いハク》、「天《てんハ》積《せっ》気《きナル》耳《のみ》。亡《な》二処《シところトシテ》亡《な》レ気《キハき》。若《ごと》二屈《キハくっ》伸《しん》呼《こ》吸《きゅうノ》一、終《しゅう》日《じつ》在《あリテ》二天《てん》中《ちゅうニ》一行《こう》止《しス》。奈－何《いかんゾ》憂《うれヘン》二崩《ほう》墜《ついスルヲ》一乎《やト》。」其人《そノひと》曰《いハク》、「天《てん》果《はタシテ》積《せっ》気《キナリトモ》、日《じつ》月《げつ》星《せい》宿《しゅく》、不《ざル》レ当《まさニ ベカラ》レ墜《おツ》邪《かト》。」暁《さとス》レ之者《これヲもの》曰《いハク》、「日《じつ》月《げつ》星《せい》宿《しゅくモ》、亦《まタ》積《せっ》気《キ》中《ちゅう》之《の》有《あル》二光《こう》耀《よう》一者《ものナリ》。只《たダ》使《しムルモ》レ墜《おチ》、亦《まタ》不《ずト》レ能《あたハ》レ有《あ》レ所《ルところ》二中傷《ちゅうしょうスル》一。」其人《そノひと》曰《いハク》、「奈《い》二地《ちノ》壊《くヅルルヲ》一何《かんセント》。」暁者《さとスもの》曰《いハク》、「地《ちハ》積《せっ》塊《かいナル》耳《のみ》。充《じゅう》二－塞《そくシ》四《し》虚《きょニ》一、亡《な》二処《シところトシテ》亡《な》レ塊《キハかい》。若《ごと》二躇《キハちょ》歩《ほ》跐《し》蹈《とうノ》一、終《しゅう》日《じつ》在《あリテ》二地《ち》上《じょうニ》一行《こう》止《しス》。奈－何《いかんゾ》憂《うれヘンヤト》二其《そノ》壊《くヅルルヲ》一。」其人《そノひと》舎《しゃく》然《ぜんトシテ》大《おほイニ》喜《よろこブ》。暁《さとス》レ之者《これヲものモ》亦《まタ》舎《しゃく》然《ぜんトシテ》大《おほイニ》喜《よろこブ》。

（列子、天瑞《てんずい》編）

〔注〕星宿＝星。星座。中傷＝人に当たって傷つける。躇歩＝地を踏んで歩く。跐蹈＝ともに、踏む意味。舎然＝釈然。すっきりとする。よくわかる。

義《ぎ》を見《み》て為《な》さざるは、勇無《ゆうな》きなり

人として為《な》すべき正しいことを目の前にしながら、これを行わないのは、真の勇気がないからである。

孔子の言葉で、次の文と並んでいる。「自分の先祖の霊ではないのに、これを祭るのは、へつらいである。」

これは、為すべきでないことを為すこと。「義を見て……」のほうは、為すべきことを為さないこと。どちらも、過ちである。

子《し》曰《いハク》、「非《あらズシテ》二其《そノ》鬼《きニ》一而祭《まつルハ》レ之《これヲ》、諂《へつらヒなり》也。見《みテ》レ義《ぎヲ》不《ざルハ》レ為《なサ》、無《なキ》レ勇《ゆう》也《なりト》。」（論語、為政《いせい》編）

〔注〕鬼＝先祖の霊。

九層《きゅうそう》の台《だい》も、累土《るいど》より起《お》こる

小さな事を積み重ねていくことで、大きな事に至る。「千里《せんり》の行《こう》も、足下《そっか》より始《はじ》まる。合抱《ごうほう》の木も、毫末《ごうまつ》より生ず」と同じ。

老子の言葉。まだ形をとらないうちに処理し、まだ乱れないうちに治めてしまうとよい。一抱えもある大木も、毛の先ほどの芽から生じたのだ。九階建ての建物の土台も、もっこ一杯の土を積み重ねることから起こるのだ。千里の行程も、足元の一歩から始まるのである。

為《をさメ》二之《これヲ》於未《いまダ》レ有《あラ》、治《をさム》二之《これヲ》於未《いまダ》レ乱《みだレ》。合《ごう》抱《ほう》之《の》木《きモ》、生《しょうズ》二於毫《ごう》末《まつヨリ》一。九《きゅう》層《そう》之《の》台《だいモ》、起《おコル》二於累《るい》土《どヨリ》一。千《せん》里《り》之《の》行《こうモ》、始《はじマル》二於足《そっ》下《かヨリ》一。（老子、六十四章）

朽木《きゅうぼく》は彫《え》るべからざるなり、糞土《ふんど》の牆《しょう》は杇《ぬ》るべからざるなり

朽《く》ちて腐った木には、彫刻はできない。また、土がぼろぼろになった土塀《どべい》には、上塗りはできない。

精神が腐っている者には、教育を施すことはできない、ということ。朽木糞牆《きゅうぼくふんしょう》。

「糞土」は、ぼろぼろになった土。「牆」はここでは、土を突き固めて作った塀。

孔子の門人の宰予《さいよ》（四〇〇頁）が、昼寝をしてしまった。孔子は「朽木は彫るべからざるなり、糞土の牆は杇るべからざるなり。宰予に対しては、もう何も責めることもない」と言って嘆息する。

宰《さい》予《よ》昼《ひる》寝《いヌ》。子《し》曰《いハク》、「朽《きゅう》木《ぼくハ》不《ざル》レ可《べカラ》レ彫《ゑル》也《なり》。糞《ふん》土《ど》之《の》牆《しょうハ》不《ざル》レ可《べカラ》レ杇《ぬル》也《なり》。於《おイテ》レ予《よニ》与《か》何《なんゾ》誅《せメント》。」（論語、公冶長《こうやちょう》編）

〔注〕昼寝＝昼間から女性と寝ていた、とする説もある。また、昼〔晝〕は画〔畫〕の誤りで、「畫《ゑがクしんニ》レ寝」寝室に絵を落書きしたこと、とする説もある。

孔子は、さらに続けて言う。「私は今まで人に対しては、その言葉をよく聞いただけで、その行動は信頼していた。しかし

今は、人に対して、その言葉をよく聞いた上に、その行動もよく見るようにしている。宰予に対して以後、こう変えたのである。」

孔子の対人観まで改めさせてしまった事件だった。

子《し》曰《いハク》、「始《はじメ》吾《われ》於《おケル》レ人《ひとニ》也《や》、聴《きキテ》二其《そノ》言《げんヲ》而信《しんズ》二其《そノ》行《おこなヒヲ》一。今《いま》吾《われ》於《おケル》レ人《ひとニ》也《や》、聴《きキテ》二其《そノ》言《げんヲ》一而観《みル》二其《そノ》行《おこなヒヲ》一。於《おイテ》レ予《よニ》与《か》改《あらたムト》レ是《これヲ》。」（同）

漁《ぎょ》父《ほ》の利《り》

鷸《いつ》〔しぎ〕と、蚌《ぼう》〔どぶがい〕とが争っていたために、両方とも漁師に捕らえられてしまった、という話。

第三者が利益を得ること。

趙《ちょう》の国が、燕の国を攻めようと計画した。燕に仕えていた蘇代（四〇七頁）は、趙に行って恵王（恵文王。在位、前二九九－前二六六）に、思いとどまるよう説得に行った時の話。

「先ほど、私が易水《えきすい》を通って来ると、蚌《どぶがい》が日光浴をしていました。鷸《しぎ》が、蚌の肉をついばんだので、蚌は貝殻を閉じて鷸の嘴《くちばし》をはさんでしまいました。

鷸『今日も雨が降らず、明日も雨が降らなければ、ただちに死んだ蚌ができあがるぞ。』

蚌『今日も嘴が抜けず、明日も嘴が抜けなければ、間違いなく死んだ鷸ができあがるぞ。』

お互いに、相手を離そうとしません。そこに漁師が通りかかって、両方とも捕らえてしまいました。

さて今、趙《ちょう》は燕《えん》を攻めようとしています。燕と趙とが長い間戦って、人民を疲れさせると、あの強大な秦《しん》国がこの漁師になるであろうと、私は心配します。どうぞ恵王よ、じっくりお考えください。」

恵王は「よろしい」と言って、どうやら思いとどまった。

趙《ちょう》且《まさニす》レ伐《う》レ燕《タントえんヲ》。蘇《そ》代《だい》、為《ためニ》レ燕《えんノ》謂《いヒテ》二恵《けい》王《おうニ》一曰《いハク》、「今-者《いま》臣《しん》来《きタリテ》、過《すグ》二易《えき》水《すいヲ》一。蚌《ぼう》方《まさニ》出《いデテ》曝《さらス》。而《しかシテ》鷸《いつ》啄《ついばム》二其《そノ》肉《にくヲ》一。蚌《ぼう》合《がっシテ》而箝《はさム》二其《そノ》喙《くちばしヲ》一。鷸《いつ》曰《いハク》、「今《け》日《ふ》不《ず》レ雨《あめフラ》、明《あ》日《す》不《ずンバ》レ雨《あめフラ》、即《すなはチ》有《あランと》二死《し》蚌《ぼう》一。」蚌《ぼうモ》亦《まタ》謂《いヒテ》レ鷸《いつニ》曰《いハク》、「今《け》日《ふ》不《ず》レ出《いデ》、明《あ》日《す》不《ずンバ》レ出《いデ》、即《すなはチ》有《あランと》二死《し》鷸《いつ》一。」両《りょう》者《しゃ》不《ず》レ肯《がへんゼ》二相《あひ》舎《すツルヲ》一。漁《ぎょ》者《しゃ》得《えテ》而并《あはセ》擒《とらフ》レ之《これヲ》。今《いま》、趙《ちょう》且《まさニす》レ伐《う》レ燕《タントえんヲ》。燕《えん》・趙《ちょう》、久《ひさシク》相《あひ》攻《せメ》、以《もつテ》敝《つかラセバ》二大《たい》衆《しゅうヲ》一、臣《しん》恐《おそルル》三強《きょう》秦《しん》之《の》為《なランコトヲ》二漁《ぎょ》父《ほト》一也《なり》。願《ねがハクハ》王《おう》熟《じゅく》-計《けいセヨ》二之《これヲ》一也《ト》。」

恵《けい》王《おう》曰《いハク》、「善《よシト》。」乃《すなはチ》止《やム》。（戦国策、燕策）

川柳コーナー——鷸蚌《いつぼう》の争い

蛤《はまぐり》をなぶって鴫《しぎ》は迷惑し

鴫《しぎ》〔鷸《しぎ》〕が、うっかり蛤《はまぐり》〔蚌《どぶがい》〕を啄《ついば》もうとしたために。

〔注〕易水《えきすい》＝河北省易県の西から東南に流れる川。　曝《ばく》＝日の光に当てる。

「漁父の利」は、「漁夫の利」とも書く。このたとえ話が有名になったおかげで、蘇秦の弟の蘇代も、歴史に名を残すようになった。

愚公《ぐこう》　山《やま》を移《うつ》す

休まずに努力を続ければ、成功するというたとえ。努力すれば、大きな事も成し遂げられるたとえ。『列子』に載る話。

太行山《たいこうざん》・王屋山《おうおくざん》は、七百里四方、万仞《ばんじん》の高さがあった。この山の北側に、愚公《ぐこう》という九十歳の老人が住んでいた。麓《ふもと》の険しい土地なので、外出するにも遠回りしなければならない。

そこで、愚公は家族を集めて相談した。「みんなで努力して山を平らかにし、予州の南を通って漢水の北側まで行けるようにしたいのだが。」皆は、賛成した。

しかし妻は、疑って言った。「あなたの力では、丘一つも崩《くず》せないでしょう。まして、太行山や王屋山は、どうすることもできませんよ。それに、掘った土や石を、どこに捨てるのですか。」

皆は言った。「土や石は、渤海《ぼっかい》の端、隠土《いんど》の北に捨てよう。」

そこで老人は、子や孫を引きつれ、担い手三人と一緒に、石を砕き土を切り開いては、箕《み》や畚《もっこ》で渤海の端に運んだ。

老人の隣家の、七歳ほどの子も、手伝いに来た。半年に一度、家に帰るという状態である。

河曲《かきょく》の智叟《ちそう》〔黄河のほとりに住む、知恵のある老人〕が、笑いながら愚公に止めるように言った。「あなたの頭の悪さは、相当なものだね。余命と余力では、山の草一本だって取り除くことはできないよ。まして、土や石など、どうすることもできない。」

愚公は、長いため息をついて言った。「あなたの頭は固いね、固くて手がつけられないね。あの男の子以下だね。

私が死んでも、子がいるし、子は孫を生むし、孫はまた子を生む。子には子がおり、子にはまた孫がいる。子々孫々、尽きることがない。ところが、山は高くなっていくものではない。となれば、山はいつから平らにできるではないか。」河曲の智叟は、答えようもなかった。

愚公の熱意を知った山の神は、これを天帝に報告した。天帝は愚公の誠意に感心して、夸蛾《かが》氏の二人の子に山を一つずつ背負わせ、朔北《さくほく》の東と雍《よう》州の南とに置かせた。

これ以後、冀《き》州の南から漢水の北にかけては、高く切り立った丘は、なくなったのである。


太《たい》行《こう》・王《おう》屋《おくノ》二《に》山《ざんハ》、方《ほう》七《しち》百《ひゃく》里《り》、高《たかサ》万《ばん》仞《じん》。本《もと》在《あり》冀《き》州《しゅう》之《の》南《みなみ》・河《か》陽《よう》之《の》北《きたニ》。

北《ほく》山《ざんノ》愚《ぐ》公《こうナル》者《もの》、年《とし》且《まさニ》九《きゅう》十《じゅうナラント》。面《めんシテ》山《やまニ》而居《をり》、懲《くるシム》山《さん》北《ほくノ》塞《さいノ》、出《しゅつ》入《にゅう》之《の》迂《うナルニ》也《なり》。

聚《あつメテ》室《しつヲ》而謀《はかリテ》曰《いハク》、「吾《われト》与《と》汝《なんぢ》畢《つくシテ》力《ちからヲ》平《たひラカニシ》険《けんヲ》、指《し》通《つうシテ》予《よ》南《なんニ》、達《たつセン》漢《かん》陰《いんニ》。可《か》乎《ナランかト》。」

雑《みな》然《しかリトシテ》相《あひ》許《ゆるス》。

其《そノ》妻《つま》献《けんジテ》疑《うたがヒヲ》曰《いハク》、「以《もつテシテハ》君《きみ》之《の》力《ちからヲ》、曾《すなはチ》不《ざ》能《ランあたハ》損《そんズル》魁《かい》父《ふ》之《の》丘《きゅうヲ》。如《い》太《たい》行《こう》・王《おう》屋《おくヲ》何《かんセン》。且《まさニ》焉《いづクニ》置《おカント》土《ど》石《せきヲ》。」

雑《みな》曰《いハク》、「投《とうゼントこれヲ》諸渤《ぼっ》海《かい》之《の》尾《び》、隠《いん》土《ど》之《の》北《きたニ》。」

遂《つひニ》率《ひきヰ》子《し》孫《そんヲ》、荷《か》担《たんスル》者《もの》三《さん》夫《ぷ》。叩《たたキ》石《いしヲ》墾《ひらキ》壌《つちヲ》、箕《き》畚《ほんモテ》運《はこブ》於渤《ぼっ》海《かい》之《の》尾《びニ》。（略）

北《ほく》山《ざんノ》愚《ぐ》公《こう》曰《いハク》、「雖《いへどモ》我《われハ》之《こレ》死《しスト》、有《ありテ》子《こ》存《そんス》焉。子《こハ》又《また》生《うみ》孫《まごヲ》、孫《まごハ》又《また》生《うム》子《こヲ》。子《こニ》又《また》有《あり》子《こ》、子《こニ》又《また》有《あり》孫《まご》。子《し》子《し》孫《そん》孫《そん》、無《なキ》窮《きゅう》匱《き》也《なり》。而《しかルニ》山《やまハ》不《ず》加《か》増《ぞうセ》。如《い》何《かんゾ》而不《ざランヤト》平《たひラカナラ》。」

河《か》曲《きょくノ》智《ち》叟《そう》、亡《なシ》以《もつテ》応《こたフル》。

操《そう》蛇《だ》之《の》神《かみ》聞《きキ》之《これヲ》、懼《おそルル》其《そノ》不《ざ》已《ルヲやマ》也《や》、告《つグ》之《これヲ》於帝《ていニ》。

帝《てい》感《かんジ》其《そノ》誠《まことニ》、命《めいジテ》夸《か》蛾《が》氏《しノ》二《に》子《しニ》負《おハシメ》二《に》山《ざんヲ》、一《いつハ》厝《おキ》朔《さく》東《とうニ》、一《ハ》厝《おク》雍《よう》南《なんニ》。自《より》此《これ》、冀《き》之《の》南《みなみ》・漢《かん》之《の》陰《きたニ》、無《なシ》隴《ろう》断《だん》。


（列子、湯問《とうもん》編）

〔注〕太行山＝太行山脈の主峰。王屋山＝山西省にある。冀州＝主に河北省の地帯。河陽＝黄河の北側の地帯。塞＝険しい土地。迂＝遠回り。指通＝まっすぐ通じる。予南＝予州〔河南省の辺り〕の南。漢陰＝漢水の南。魁父之丘＝小さな丘。渤海＝遼東《りょうとう》半島と山東半島とに囲まれた内海。箕＝み。土をすくう道具。畚＝もっこ。土を運ぶ道具。窮匱＝尽きて無くなる。操蛇之神＝山の神。山の神は蛇を操るという。夸蛾氏＝未詳。厝＝置く。「措《そ》」と同じ。朔東＝朔北の東。朔北は、中国北方の匈奴《きょうど》の地。雍南＝雍州の南方。雍州は、甘粛《かんしゅく》省から陝西《せんせい》省一帯の地。

君子《くんし》の交《まじ》わりは、淡《あわ》きこと水《みず》のごとし

君子の交際は、淡々として水のようである。水だから必需品であり、いつまでも続く、ということ。

『荘子』に載る話で、孔子（五一頁）が、隠者の子桑雽《しそうこ》に教えられた言葉。孔子はこの言葉以後、学問をやめ書物を捨ててしまう。門人たちも孔子に礼もしなくなったが、師弟間の愛情はますます深まっていったという。

君子の交際は、淡々として水のようである。小人の交際は、甘くて甘酒《あまざけ》のようである。君子のほうは、あっさりしているか

ら親しみも深くなり、小人のほうは、べたべたしているから途絶えてしまう。理由なくして合った者は、理由なくして離れるのである。

君《くん》子《し》之《の》交《まじハリハ》淡《あはキコト》若《ごとク》レ水《みづノ》、小《しょう》人《じん》之《の》交《まじハリハ》甘《あまキコト》若《ごとシ》レ醴《れいノ》。君《くん》子《しハ》淡《あはクシテ》以《もつテ》親《したシミ》、小《しょう》人《じんハ》甘《あまクシテ》以《もつテ》絶《たツ》。彼《かノ》無《なクシテ》レ故《ゆゑ》以《もつテ》合《あフ》者《ものハ》、則《すなはチ》無《なクシテ》レ故《ゆゑ》以《もつテ》離《はなル》。（荘子、山木《さんぼく》編）

〔注〕醴＝酒。また、甘い。うまい。ここでは甘酒。

君子《くんし》は必《かなら》ず其《そ》の独《ひと》りを慎《つつし》む

君子は必ず、自分一人でいる時にこそ身を慎んで、誠を修めようとする。

君子に対する小人は、一人でいる時には、だれも見ていないからといって、どんな悪いことでもしてしまう。しかし、他人の目は鋭いのだから、十分に慎まなければならない、ということ。

原文などは、三四五頁「小人間居《しょうじんかんきょ》して不善《ふぜん》を為《な》す」を参照。「独りを慎む」は「慎独《しんどく》」とも言い、『中庸』の冒頭の文章にも出てくる重要語である。

君子《くんし》は庖厨《ほうちゅう》を遠《とお》ざく

「君子（は）庖厨に遠ざかる」とも言う。君子は、台所に近づかないものである。『孟子』に載る言葉。

君子は、生きている鳥や獣を見てしまうと、それらが死ぬのを見るに忍びない。また、それらの鳴き声を聞いてしまうと、それらの肉を食べるに忍びない。そこで、君子は台所に近づかないのである。

「庖」も「厨」も、台所。調理場。また、料理人。

君《くん》子《し》之《の》於《おケル》二禽《きん》獣《じゅうニ》一也《や》、見《みテハ》二其《そノ》生《せいヲ》一、不《ず》レ忍《しのビ》レ見《みルニ》二其《そノ》死《しヲ》一。聞《きキテハ》二其《そノ》声《こゑヲ》一、不《ず》レ忍《しのビ》レ食《くラフニ》二其《そノ》肉《にくヲ》一。是《ここヲ》以《もつテ》君《くん》子《しハ》遠《とほザクル》二庖《ほう》厨《ちゅうヲ》一也《なり》。（孟子、梁恵王《りょうけいおう》上編）

毛《け》を吹《ふ》いて疵《きず》を求《もと》む

毛を吹き分けて、隠れた傷を見つける。欠点を無理に捜して指摘する。あらさがしをするたとえ。

政治の大体〔要領〕をよく知っている君主の慎むべき態度。国の政治は法律の運用に任せる。是非は賞罰で報いる。物の軽重ははかりで決める。こうして、自然の道理に逆らわず、人間の本性を傷つけない。毛を吹き分けて傷の跡を捜すことをしない。垢《あか》を洗い落として肌の色を知るようなこともしない。すべて、自然の道理に任せるのである。

韓非子の、道家的な考えと法家的な考えとが、みごとに合体している言葉。

古《いにしへ》之《の》全《まつたクスル》㆓大《だい》体《たい》㆒者《ものハ》……寄《よセ》㆓治《ち》乱《らんヲ》於法《ほう》術《じゅつニ》㆒、託《たくシ》㆓是《ぜ》非《ひヲ》於賞《しょう》罰《ばつニ》㆒、属《ぞくシ》㆓軽《けい》重《ちょうヲ》於権《けん》衡《こうニ》㆒、不《ず》㆑逆《さかラハ》㆓天《てん》理《りニ》㆒、不《ず》㆑傷《きづツケ》㆓情《じょう》性《せいヲ》㆒。不《ず》㆔吹《ふイテ》㆑毛《けヲ》而求《もとメ》㆓小《しょう》疵《しヲ》㆒、不《ず》㆓洗《あらヒテ》㆑垢《あかヲ》而察《さつセ》㆑難《がたキヲ》㆑知《しリ》。……守《まもリ》㆓成《せい》理《りヲ》㆒、因《よル》㆓自《し》然《ぜんニ》㆒。（韓非子、大体《だいたい》編）

逆鱗《げきりん》に触《ふ》る

竜の喉元《のどもと》には、一尺ほどの鱗《うろこ》が逆《さか》さに生えている。もし人がこれに触れると、竜は怒って、その人を必ず殺す。

天子の怒りに触れる。また一般に、激しい怒りに遭うこと。

韓非子の言葉で、竜という動物は、飼い馴らせば従順になって、人が騎《の》ることもできる。しかしもし、喉元《のどもと》にある一尺ほどの逆鱗に触れると、怒ってその人を殺してしまう、という。

君主も同じく「逆鱗」を持っている。君主に意見を述べる人は、この逆鱗にさえ触れなければ、その説得も期待できよう。

夫《かノ》竜《りゅう》之《の》為《たル》㆑虫《ちゅう》也《や》、柔《じゅうナルトキハ》可《ベキ》㆓狎《なレテ》而騎《のル》㆒也《なり》。然《しかレドモ》其《その》喉《こう》下《かニ》有《あり》㆓逆《げき》鱗《りんノ》径《けい》尺《しゃくナルモノ》㆒。若《もシ》人《ひと》有《あラバ》㆓嬰《ふルル》㆑之《これニ》者《もの》㆒、則《すなはチ》必《かならズ》殺《ころス》㆑人《ひとヲ》。人《じん》主《しゅモ》亦《まタ》有《あリ》㆓逆《げき》鱗《りん》㆒。説《とク》者《もの》、能《よク》無《なクバ》㆑嬰《ふルルコト》㆓人《じん》主《しゅ》之《の》逆《げき》鱗《りんニ》㆒、則《すなはチ》幾《ちかカラン》矣。（韓非子、説難《ぜいなん》編）

〔注〕為《ル》㆑虫也＝…という動物は。「虫」は、動物の総称。鳥は羽虫《うちゅう》。獣は毛虫《もうちゅう》。竜など鱗のあるものは鱗虫《りんちゅう》。亀などは甲虫《こうちゅう》。人は裸《はだか》だから裸虫《らちゅう》という。嬰《えい》＝原義は赤ん坊。「賏《えい》」は首飾りで、そこから「触れる」意味も生じた。

夸父《こほ》 日影《にちえい》を追《お》う

自分の力もわきまえず、大きな事をしようとするたとえ。

『列子』に載る言葉で、夸父《こほ》は「かほ」とも読む、伝説上の人物。自分の力を考えず、太陽の光に追いつこうと考えた。太陽が沈むという隅谷《ぐうこく》のあたりまで追いかけて行き、のどが渇いたので、黄河《こうが》や渭水《いすい》に来て水を飲んだ。まだ飲み足りないので、北方の大沢《だいたく》に行って飲もうとした。しかし、大沢に行き着かないうちに、のどが渇いて死んでしまい、持っていた杖《つえ》を投げ出した。

その死体の油ののった肉に浸された杖が芽をふいて、鄧林《とうりん》

夸　父
（『図説中国図騰』）

〔柚《ゆ》子《ず》や蜜《み》柑《かん》の林〕となった。その広さは、数千里あったという。

夸《こ》父《ほ》不《ず》レ量《はかラ》レ力《ちからヲ》、欲《ほっス》レ追《おハント》二日《にち》影《えいヲ》一。逐《おヒ》二之《これヲ》於隅《ぐう》谷《こく》之《の》際《さいニ》一、渇《かつシテ》欲《ほっシ》レ得《えント》レ飲《いんヲ》、赴《おもむイテ》飲《のム》二河《か》渭《いニ》一。河《か》渭《い》不《ず》レ足《たラ》、将《まさニす》三走《はしリテ》レ北《きたニ》飲《のマント》二大《だい》沢《たくニ》一。未《いまダず》レ至《いたラ》、道《みちニ》渇《かつシテ》而死《しス》、棄《すツ》二其《その》杖《つえヲ》一。

尸《しかばねノ》膏《こう》肉《にくノ》所《ところ》レ浸《ひたス》、生《しょうズ》二鄧《とう》林《りんヲ》一。鄧《とう》林《りんノ》彌《び》広《こう》、数《すう》千《せん》里《りナリ》。

（列子、湯《とう》問《もん》編）

〔注〕日影＝太陽の光。「影」は、光。隅谷＝西方の果てにあるという谷。日の沈む所。河渭＝黄河と渭水。大沢＝山西省雁《がん》門《もん》山の近くにある沢。尸膏肉＝死体の脂や肉。鄧林＝鄧は「橙」で、柑《かん》橘《きつ》類の総称。柚《ゆ》子《ず》・蜜《み》柑《かん》・橙《だい》橙《だい》など。

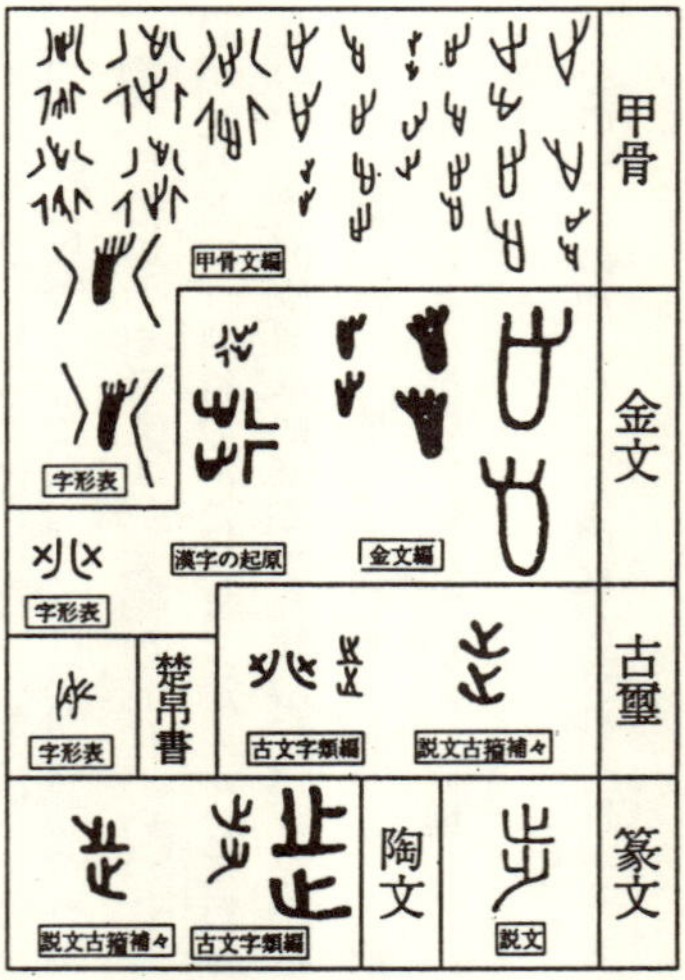

古代の文字「歩」
（『水上静夫『甲骨金文辞典』）

五《ご》十《じっ》歩《ぽ》百《ひゃっ》歩《ぽ》

戦場で、五十歩逃げた人が百歩逃げた人を臆《おく》病《びょう》だと笑うこと。大差はないこと。本質的には同じであること。『孟子』に載る言葉。

戦場は、戦う場なのだから、そこから逃げ出すという意味では、何歩逃げようと大した違いはない。

この時代の「一歩」は、一・三五メートルで、左右の一足ずつ進むことを一歩という（右図を参照。図中の「甲骨」などに見える両側の線は「卝」の省略で、これは、十字路・道の象形。のち「行」の字になる)。

孟《もう》子《し》対《こたヘテ》曰《いハク》、「王《おう》好《このム》レ戦《たたかヒヲ》。請《こフ》以《もつテ》レ戦《たたかヒヲ》喩《たとヘン》。塡《てん》然《ぜんトシテ》鼓《こシ》レ之《これニ》、兵《へい》刃《じん》既《すでニ》接《せっス》。棄《すテ》レ甲《こうヲ》曳《ひイテ》レ兵《へいヲ》而走《はしル》。或《あるイハ》百《ひゃっ》歩《ぽニシテ》而後《のち》止《とどマリ》、或《あるイハ》五《ご》十《じっ》歩《ぽニシテ》而後《のち》止《とどマル》。以《もつテ》二五《ご》十《じっ》歩《ぽヲ》一笑《わらハバ》二百《ひゃっ》歩《ぽヲ》一、則《すなはチ》如《い》-何《かんト》。」曰《いハク》、「不《ふ》可《かナリ》。直《ただニ》不《ざル》二百《ひゃっ》歩《ぽナラ》一耳《のみ》。是《これモ》亦《まタ》走《はしル》也《なりト》。」(孟子、梁《りょう》恵《けい》王《おう》上編)

〔注〕王＝梁《りょう》の恵王。塡然＝攻め太鼓の鳴る擬音語。ドンドン。鼓レ之＝太鼓が鳴る。攻撃せよという合図である。兵刃＝刀などの武器。甲＝鎧《よろい》。或＝ある者は。

巧《こう》言《げん》令《れい》色《しょく》、鮮《すく》なきかな仁《じん》

巧みな言葉遣いで、愛想のいい態度をとる人には、仁はきわめて少ないなあ。孔子の言葉。

「令」は、飾る意味。「色」は、態度や表情。「鮮」は、きわめて少ない。稀《まれ》である。

子《し》曰《いハク》、「巧《こう》言《げん》令《れい》色《しょく》、鮮《すくナキかな》矣仁《じんト》。」(論語、学《がく》而《じ》編)

〔注〕鮮矣仁＝「仁鮮《ナシ》矣」を倒置して、「鮮」を強調した表現。

陽《よう》貨《か》編にも、まったく同じ文章が載っている。また「巧言令色」という語は、次の文章にも出てくる。

子《し》曰《いハク》、「巧《こう》言《げん》・令《れい》色《しょく》・足《すう》恭《きょうナルハ》、左《さ》丘《きゅう》明《めい》恥《はヅ》レ之《これヲ》。丘《きゅうモ》亦《まタ》恥《はヅトこれヲ》レ之。」(論語、公《こう》冶《や》長《ちょう》編)

「足恭」は、十分すぎる恭《うやうや》しさ。こびへつらいに近い。「左丘明」は、孔子の先輩にあたる人か。「丘」は、孔子の名。

なお三三七頁の「剛《ごう》毅《き》朴《ぼく》訥《とつ》は仁《じん》に近《ちか》し」も参照。

功《こう》成《な》り名《な》遂《と》げて身《み》退《しりぞ》くは、天《てん》の道《みち》なり

功業が完成し、名声も知れ渡ってから、その功名の地位から身を退けることが、天の道にかなうものである。

老子の言葉で、十分になると、そのままを保とうとするが、それは長続きしないのだから、早く身を引いたほうがいい、ということ。

水を一杯に満たすよりも、その前にやめておいたほうがよい。刃物を鍛《きた》えて鋭くすると、その鋭さは長続きはしない。黄金や宝玉が部屋に満ちあふれたら、それを守っていくことはできない。富貴の身になって驕《おご》っていたら、自然に他人にとがめられる。功名を成し遂げたらそこから身を引くのこそ、天の道にか

なうものである。

持《じシテ》而盈《みタスハ》レ之《これヲ》、不《ず》レ如《しカ》二其《そノ》已《やムニ》一。揣《をさメテ》而鋭《するどクスルハ》レ之《これヲ》、不《ず》レ可《ベカラ》二長《ながク》保《たもツ》一。金《きん》玉《ぎょく》満《みツレバ》レ堂《どうニ》、莫《なシ》二之《これヲ》能《よク》守《まもル》一。富《ふう》貴《きニシテ》而驕《おごレバ》、自《おのづかラ》遺《のこス》二其《そノ》咎《とがヲ》一。功《こう》成《なリ》名《な》遂《とゲテ》身《み》退《しりぞクハ》、天《てん》之《の》道《みち》也《なり》。

（老子、九章）

〔注〕揣《すい》＝研《と》ぎ磨いて鋭くする。

孝《こう》は徳《とく》の本《もと》なり

孝行は、すべての道徳の根本である。また孝行は、教化というものが生じてくる根源でもある。孔子と曾子《そうし》との会話の一部で、これは孔子の言葉。以下の部分は、三四六頁の「身体髪膚《しんたいはっぷ》、之《これ》を父母《ふぼ》に受《う》く」に続いていく。

子《し》曰《いハク》、「夫《それ》孝《こうハ》徳《とく》之《の》本《もと》也《なり》。教《をしへ》之《の》所《ところ》二繇《よリテ》生《しょうズル》一也《なりト》。」

（孝経、開宗明義章《かいそうめいぎ》）

行雲《こううん》を遏《とど》む

流れ行く雲も立ち止まるほど、歌声の美しいこと。『列子』に載せる言葉。秦《しん》国の薛譚《せったん》という人が、秦青《しんせい》に歌うことを学んでいた。薛譚は、まだ秦青の技術を学び尽くさないのに、自分では学び尽くしたと思った。別れて帰ろうとした。秦青は引き止めなかった。秦青は郊外の通りまで見送り、拍子をとって悲しみの歌を歌ったところ、その声は林の木々を震わせ、その響きは空行く雲も流れを止めるほどだった。薛譚は、未熟さを謝って、戻りたいと頼み、以後は生涯、家に帰るとは言わなかった。

薛《せつ》譚《たん》学《まなブ》二謳《うたヲ》於秦《しん》青《せいニ》一。未《いまダざルニ》レ窮《きはメ》二青《せい》之《の》技《わざヲ》一、自《みづかラ》謂《おもヘラク》尽《つクセリト》レ之《これヲ》。遂《つひニ》辞《じシテ》帰《かへル》。秦《しん》青《せい》弗《ず》レ止《とどメ》。餞《おくリ》二於郊《こう》衢《くニ》一、撫《ぶシテ》レ節《せつヲ》悲《ひ》歌《かスルニ》、声《こゑ》振《ふルハセ》二林《りん》木《ぼくヲ》一、響《ひびキ》遏《とどム》二行《こう》雲《うんヲ》一。薛《せつ》譚《たん》乃《すなはチ》謝《しゃシテ》求《もとメ》レ反《かへランコトヲ》、終《しゅう》身《しん》不《ず》二敢《あヘテ》言《いハ》一レ帰《かへルヲ》。（列子、湯問《とうもん》編）

〔注〕薛譚・秦青＝共に秦国の名歌手の名。郊衢＝郊外の道。「衢」は、道路。辻。撫レ節＝拍子をとる。「節」は、楽器の名。こすって音を出して拍子をとる。遏《あつ》＝とどめる。さしとめる。

後生《こうせい》畏《おそ》るべし

後輩の人たちの将来は、恐るべきものがある。若いし、気力もあるし、努力しだいでどんな立派な人になるか、わからない。だから、恐るべきである。「畏《い》」は、恐れる。敬い恐れる。門人や若者に期待するのである。

若者は、恐るべきである。彼らの将来が現在にも及ばないと、わかるはずがあろうか。（ただし）四十歳、五十歳になっても、まだ世間に知られないような人は、恐れるに足りないよ、という孔子の意見。四十、五十になっても、名も知られない人は、どっきりする。

子《し》曰《いハク》、「後《こう》生《せい》可《べシ》レ畏《おそル》。焉《いづクンゾ》知《しラン》二来《らい》者《しゃ》之《の》不《ざルヲ》レ如《しカ》レ今《いまニ》也《や》。四《し》十《じゅう》五《ご》十《じゅうニシテ》而無《なキハ》レ聞《きコユルコト》焉、斯《これ》亦《まタ》不《ざル》レ足《たラ》レ畏《おそルルニ》也《の》已《みト》。」

（論語、子罕《しかん》編）

剛《ごう》毅《き》木《ぼく》訥《とつ》は仁《じん》に近《ちか》し

意志が強く、決断力があり、飾りけがなく、口べたであることは、仁に近い。孔子の言葉。

「剛」は、意志が強い。特に、物欲などに屈しない。「毅」は、決断力がある。果断である。「木」は「樸・朴」と同じで、素朴、質朴。「訥」は、口べた。また、口かずが少ない。

「仁に近し」は、仁そのものではないが、仁に近いと言える、ということ。

三三五頁の「巧言令色《こうげんれいしょく》、鮮《すく》なきかな仁《じん》」も参照。

子《し》曰《いハク》、「剛《ごう》毅《き》木《ぼく》訥《とつハ》近《ちかシト》レ仁《じんニ》。」（論語、子路《しろ》編）

心《こころ》焉《ここ》に在《あ》らざれば、視《み》れども見《み》えず、聴《き》けども聞《き》こえず

精神が集中していないと、よく見ようとしても何も目に入らないし、よく聞こうとしても何も耳に入らない。物を食べても、その味がわからない。自分の身を修めるためには、まず自分の心を正しくすることである。『大学』に載せる言葉。

心《こころ》不《ざレバ》レ在《あラ》レ焉《ここニ》、視《みレドモ》而不《ず》レ見《みエ》、聴《きケドモ》而不《ず》レ聞《きコエ》、食《くラヘドモ》而不《ず》レ知《しラ》二其《その》味《あぢヲ》一。此《これヲ》謂《いフ》二修《をさムルハ》レ身《みヲ》在《あリト》レ正《ただスニ》二其《その》心《こころヲ》一。（大学）

〔注〕修レ身・正二其心一＝ともに九八頁の「八条目」中の「修身・正心」を受けたもの。

心広《こころひろ》ければ体胖《たいゆた》かなり

心が広く大きければ、体もゆったりと健やかである。

→十目《じゅうもく》の視《み》る所《ところ》、十手《じっしゅ》の指《ゆび》さす所、其《そ》れ厳《げん》なるかな（三四三頁）

《 心誠《こころまこと》に之《これ》を求《もと》むれば、中《あ》たらずと雖《いえど》も遠《とお》からず

心の底から求めていくなら、適中はしなかったとしても、それほど離れることはない。

『大学』に載せる言葉で、真心から行うことの大切さを述べたもの。

心《こころ》誠《まことニ》求《もとムレバ》レ之《これヲ》、雖《いへどモ》レ不《ずト》レ中《あタラ》不《ず》レ遠《とほカラ》矣。（大学）

さ行

《 三十六計《さんじゅうろっけい》、走《に》ぐるを上計《じょうけい》と為《な》す

戦いには、三十六もの計略がある（二八二頁）。しかし、逃げて身の安全を守ることが、最上の計略である。逃げるべき時には逃げるのが、もっともよい。逃げ出すのが何といっても一番いい計略だ。逃げるが勝ち。

「三十六計、遁《に》ぐる（逃ぐる）に如《し》かず。三十六策、走《に》ぐるは是《こ》れ上計」とも言う。二八四頁を参照。

六朝《りくちょう》時代、斉《せい》の永泰元年（四九八）、明帝は病状が重かった。この時、王敬則《けいそく》が東方で突然に反乱を起こし、朝廷は恐怖におののいた。同じ時、東昏侯《とうこんこう》も皇太子の宮殿にいて、謀叛《むほん》をたくらんでいた。王敬則の反乱を聞いて、部下に屋上から様子を見させたところ、すでに征虜亭《せいりょてい》が炎上して、王敬則の軍がそこまで来ている、という報告である。東昏侯は、慌てて仕度を整えて、この場を逃げようとした。

ある人が、この様子を王敬則に報告した。王敬則は言った。「檀道済《だんどうさい》の三十六計のうちでも、逃げるのが最上の策となっている。お前たち親子も、急いで逃げたほうがいいのだ。」

さて王敬則が都に着くと、その権勢はたいへんなものだったが、日ならずして国の軍に敗れてしまった。王敬則はこの時、七十余歳であった。

是《この》時《とき》、上《しょうノ》疾《やまひ》已《すでニ》篤《あつシ》。敬《けい》則《そく》、倉《そう》卒《そつニシテ》東《ひがしニ》起《おこリ》、朝《ちょう》廷《てい》震《しん》懼《くス》。東《とう》昏《こん》侯《こう》在《あり》二東《とう》宮《ぐうニ》一、議《ぎス》レ欲《ほっスルヲ》レ叛《そむカント》。使《しムルニ》二人《ひとヲシテ》上《のぼリテ》レ屋《おくニ》望《のぞマ》一、見《み》二征《せい》虜《りょ》亭《てい》失《しっ》火《かスルヲ》一、謂《いヘバ》二敬《けい》則《そく》至《いたルト》一、急《いそギ》装《そうシテ》欲《ほっス》レ走《にゲント》。有《あリ》下告《つグル》二敬《けい》則《そくニ》一者《もの》上。敬《けい》則《そく》曰《いハク》、「檀《だん》公《こうノ》三《さん》十《じゅう》六《ろく》策《さく》、走《にグルハ》是《これ》上《じょう》計《けいナリ》。汝《なんぢ》父《ふ》子《し》、唯《ただ》応《まさニ…ベキ》二急《いそギ》走《にグ》一耳《のみト》。」敬《けい》則《そく》之《の》来《きタルヤ》、声《せい》勢《せい》甚《はなはダさかンナルモ》盛、裁《わづカニ》少《しょう》日《じつニシテ》而敗《やぶル》。時《ときニ》年《とし》七《しち》十《じゅう》余《よナリ》。（南斉《なんせい》書、王敬則伝）

〔注〕上＝南朝斉《せい》の明帝（在位、四五二－四九八）。敬則＝王敬則（四三五？－四九八）。明帝に信任されていたが反乱を起こして殺される。東昏侯＝明帝の第二子。斉の内乱に乗じて謀叛を起こし、都を占拠して政権を握った。父・明帝の跡を継いだ和帝を退け、国号を梁《りょう》と称して帝位に就いて、武帝と称した（在位、五〇二－五四九）。東宮＝皇太子たちの宮殿。檀公＝南朝宋の檀道済《だんどうさい》（？－四三六）。武将として文帝に仕え、多くの軍功を挙げたが、その権勢の高さを恐れた文帝に殺されてしまった。殺される時「お前の万里の長城を壊すのか」と言ったという。三十六計＝二八二頁を参照。

三遷《さんせん》の教《おし》え

三遷の教え（『聖廟祀典図考』）

子どもの教育には、家の周囲の環境が重要な影響を与える、ということ。

孟子の母が、子どもへの影響を考えて、家を三回越したという故事による。次の話は『烈女伝』に載り、「三遷の教え」という語は趙岐《ちょうぎ》の『孟子題辞』（一〇三頁）に出てくる。「孟母三遷」ともいう。

魯《ろ》の国の鄒《すう》に住む孟軻《もうか》（軻は孟子の名）の母は、孟母と呼ばれた。その家が墓に近かったので、幼かった孟子は、葬式のまねをして、葬礼や埋葬をして遊びたわむれた。孟母は「ここはわが子を住まわせる所ではない」と言って、市場のそばに引っ越した。

川柳コーナー——三遷の教え

おっかさんまた越すのかと孟子言ひ

聖人孟子も、子どもの時は「おっかさん」などと呼んで、庶民と同じ。

また頼みますと車力へ孟母言ひ

「車力」は、荷物を車に載せて運ぶ人。越す時は「また」とは頼まなかっただろうが。

迷子札孟母は三度《みたび》書き直し

書き直したのは、本当は二度だが。孟子のかわいい姿が目に浮かぶよう。

孟子は、商人が売買する掛け引きのまねをして遊びたわむれた。孟母はまた「ここはわが子を住まわせる所ではない」と言って、今度は学校のそばに引っ越した。

孟子は、祭器を並べ、礼儀作法のまねをして遊びたわむれた。孟母は「ここそわが子を住まわせる所だ」と言って、そのまま住みついた。

孟子は成長すると、六芸《りくげい》（二八頁）を学び、ついに大儒学者としての名を挙げた。なお三五四頁の「断機の戒め」も参照。

鄒《すうノ》孟《もう》軻《か》之《の》母《はは》也《や》、号《ごうス》㆓孟《もう》母《ぼト》㆒。其《そノ》舎《しゃ》近《ちかシ》㆑墓《はかニ》。孟《もう》子《し》之《の》少《わかキトキ》也、嬉《き》遊《ゆうスルニ》為《なシ》㆓墓《ぼ》間《かん》之《の》事《ことヲ》㆒、踴《よう》躍《やく》築《ちく》埋《まいス》。孟《もう》母《ぼ》曰《いハク》、「此《これ》非《あらザル》㆕吾《わガ》所㆔以《ゆゑんニ》居《きょ》㆓処《しょセシムル》子《こヲ》㆒也《なりト》。」乃《すなはチ》去《さリテ》舎《しゃス》㆓市《いちノ》傍《かたはラニ》㆒。

其《そノ》嬉《き》戯《ぎスルニ》為《なス》㆓賈《こ》人《じん》衒《げん》売《ばい》之《の》事《ことヲ》㆒。孟《もう》母《ぼ》又《また》曰《いハク》、「此《これ》非《あらザル》㆕所㆔以《ゆゑんニ》居《きょ》㆓処《しょセシムル》子《こヲ》㆒也《なりト》。」復《まタ》徙《うつリテ》舎《しゃス》㆓学《がく》宮《きゅう》之《の》傍《かたはラニ》㆒。

其《そノ》嬉《き》遊《ゆうスルニ》、乃《すなはチ》設《まうケ》㆓俎《そ》豆《とうヲ》㆒、揖《ゆう》譲《じょう》進《しん》退《たいス》。孟《もう》母《ぼ》曰《いハク》、「真《しんニ》可《べシ》㆔以《もつテ》居《をラシム》㆓吾《わガ》子《こヲ》㆒矣《ト》。」遂《つひニ》居《をリ》㆑之《これニ》。及《およビ》㆓孟《もう》子《しノ》長《ちょうズルニ》㆒、学《まなビ》㆓六《りく》芸《げいヲ》㆒、卒《つひニ》成《なス》㆓大《たい》儒《じゅ》之《の》名《なヲ》㆒。（列女伝《れつじょでん》、母《ぼ》儀《ぎ》・鄒《すうノ》孟《もう》軻《かノ》母《はは》伝）

〔注〕墓間之事＝墓地内で行われる儀式。葬儀。踴躍＝踴《おど》り躍《は》ねて、悲しみの気持ちを表す。築埋＝土を盛り築き、中に棺を埋める。賈人＝店を開いている商人。行商人は「商人」。衒売＝売買の掛け引き。「衒」は、見せびらかす。自己宣伝する。ここでは、商品を価値以上に良く言って売る。衒鬻《げんいく》。俎豆＝神前に供える食物を乗せる膳《ぜん》〔俎〕や碗《わん》〔豆〕。揖譲＝両手を胸の前で組み合わせてする礼。

四《し》維《い》張《は》らざれば、国《くに》乃《すなわ》ち滅亡《めつぼう》す

四本の綱がしっかりしていないと、国は亡ぶ。「四維」は、礼・義・廉・恥。「廉」は、清廉〔心が清く正しい〕・廉直〔正直で曲がったことをしない〕・「廉恥」〔正直で無欲、恥を知る〕とも使う。そうでないのが、ハレンチ（破廉恥）。

『管子』冒頭の「牧民」編の、その最初の段落に出てくる。牧民編は「管仲の政治思想の根幹を表出したものとされる」（遠藤哲夫・新釈漢文大系『管子・上』明治書院）編であり、またその最初の段落は「書中において最も重視される部分である。」（同）

そもそも、土地を持って人民を養う者〔君主〕は、四季に順《したが》っていくのが本務であり、倉庫を充たしていくのが任務である。国内に財物が多ければ、人民も遠くからでも集まってくるし、土地が開墾され尽くしていれば、人民もそこに定住するようになる。

穀物の倉庫が充実すれば、人民も礼義や節度をわきまえるようになるし、衣食が十分であれば、人民も栄誉や恥辱をわきまえるようになる。

為政者が法制をきちんと守れば、人民の六親《りくしん》〔親子兄弟夫婦〕の結びつきも強くなる。四本の綱〔礼義廉恥〕がしっかりしていれば、君主の命令も広く守られるのである。

そこで、刑罰を減らすための要領は、余分な贅沢《ぜいたく》や精巧な物品を禁じることにある。国家を守っていくための基準は、四本の綱を整え正すことにある。人民を教育していくための根本は、鬼神を尊び、山川の霊を祭り、国家の先祖の廟を敬い、わが家の先祖からの知り合いの人々に丁重にする、という点にある。

（略）

四本の綱がしっかりしていないと、国は滅亡してしまうのである。

以上は、国家を治める時の姿勢。

凡《およソ》有《たもチ》レ地《ちヲ》牧《やしなフ》レ民《たみヲ》者《ものハ》、務《つとメ》在《あリ》二四時《しいじニ》一、守《まもリ》在《あリ》二倉廩《そうりんニ》一。国《くにニ》多《おほケレバ》レ財《ざい》則《すなはチ》遠者《とほキもの》来《きタリ》、地《ち》辟挙《へききょスレバ》則《すなはチ》民《たみ》留処《りゅうしょス》。倉廩《そうりん》実《みツレバ》、則《すなはチ》知《しリ》二礼節《れいせつヲ》一、衣食《いしょく》足《たレバ》、則《すなはチ》知《しル》二栄辱《えいじょくヲ》一。上《かみ》服《おこなヘバ》レ度《どヲ》、則《すなはチ》六親《りくしん》固《かたク》、四維《しい》張《はレバ》、則《すなはチ》君令《くんれい》行《おこなハル》。故《ゆゑニ》省《はぶク》レ刑《けいヲ》之《の》要《ようハ》、在《あリ》レ禁《きんズルニ》二文巧《ぶんこうヲ》一。守《まもル》レ国《くにヲ》之《の》度《どハ》、在《あリ》レ飾《ただスニ》二四維《しいヲ》一。順《をしフル》レ民《たみヲ》之《の》経《けいハ》、在《あリ》下明《あきラカニシ》二鬼神《きしんヲ》一、祇《つつしミ》二山川《さんせんヲ》一、敬《けいシ》二宗廟《そうびょうヲ》一、恭《きょうスルニ》中祖旧《そきゅうヲ》上。（略）

四維《しい》不《ざレバ》レ張《はラ》、国《くに》乃《すなはチ》滅亡《めつぼうス》。

右国頌《みぎこくしょう》。（管子《かんし》・牧民編《ぼくみんへん》）

〔注〕牧＝本来は、牛や羊を飼育する。ここでは、君主が人民を養うこと。　四時《しいじ》＝春夏秋冬の四季。季節に応じた仕事をすること。　倉《そう》廩《りん》＝穀物の倉庫。「廩」も、倉。　辟挙《へききょ》＝「辟」は「闢《へき》」で、土地を開拓する。「挙」も、開く意味。　省レ刑＝刑罰を減らす。つまり、人民の犯罪を減らすこと。　飾＝「飭《ちょく》」と同じで、整え正す。　順＝「訓」と同じで、教訓。教える。　鬼神＝ふつうは「死者の霊魂」の意味だが、以下の文脈から見れば、ここは「天地創造の神」、いわゆる「神」の意味。　祖旧＝祖先の時代からの、古い知人。祖先から親しくしてきた人たち。　国頌＝「頌」は「容」で、姿勢。態度。

人民の、衣食の生活を安定させることが先決。それから、人間らしい心を教えていく、という為政者の姿勢を示したもの。そのためには法令も必要だが、あくまでも為政者自身の努力も大切で、為政者はむしろ「刑を省く」方針なのである。

人民に、宗教的な意識を持たせることの重要性を説いているのも、興味深い。これは、孔子も同様である。

なお「四維」の内容は、右の次の段落に出てきて、次のように説明されている。

一《いち》に曰《い》はく、礼《れい》。礼《れい》は節《せつ》を踰《こ》えず。――節度を踏み越えないこと。

二に曰はく、義《ぎ》。義《ぎ》は自《みづか》らは進《すす》まず。――自分からは出しゃばらない。

三に曰はく、廉《れん》。廉《れん》は悪《あく》を蔽《おほ》はず。――過失をおおい隠さない。

四に曰はく、恥《ち》。恥《ち》は枉《おう》に従《したが》はず。——心の曲がった人に従わない。

至誠《しせい》にして動《うご》かざる者《もの》は、未《いま》だ之《これ》有《あ》らざるなり

完全な誠を尽くすことによって、動かせないことは、今までまったくないのである。「動かさざる」と読むこともできる。

孟子の言葉。誠というものは、天の道理である。誠を身につけようと思うことは、人としての道である。誠を尽くして動かせないことは、今まで一度もないのである。誠を尽くさずして動かすことができたことも、今まで一度もないのである。

誠《まことナルものハ》者、天《てん》之《の》道《みち》也《なり》。思《おもフまことヲものハ》レ誠者、人《ひと》之《の》道《みち》也《なり》。至《し》誠《せいニシテ》而不《ざル》レ動《うごカものハ》者、未《いまダこれ》二之《ざル》有《あラ》一也《なり》。不《ず》レ誠《シテまことナラ》、未《いまダ》レ有《あラ》二能《よク》動《うごカスもの》者《ざル》一也《なり》。

（孟子、離婁《りろう》上編）

駟《し》も舌《した》に及《およ》ばず

一度口にしてしまった言葉は、四頭立ての馬車で追っても追いつけない。

言葉は取り返しがつかないのだから、慎重に発言するべきであることのたとえ。

『説苑《ぜいえん》』説叢《せっそう》編には、次のようにいう。

駟《し》馬も追ふ能《あた》はず

衛《えい》国の大夫《たいふ》の棘子成《きょくしせい》が、こう言った。「君子は、実質だけが大切である。外観を装飾することはない。」

これを聞いた子貢（四〇〇頁）は言った。「残念ですね、あなたの君子についてのご意見は。四頭立ての馬車でも、言ってしまったことには追いつけません。

装飾は実質と同じ、実質は装飾と同じです。たとえば、虎《とら》や豹《ひょう》の毛を取り去った皮が、犬や羊の毛を取り去った皮と同じになってしまうようなものです。」

「実質」は、原文は「質」で、その人の本質。「装飾」は、原文は「文」で、容貌や服装、態度など。学問や礼義によって身についてくる。

棘《きょく》子《し》成《せい》曰《いハク》、「君《くん》子《しハ》質《しつナル》而已《のみ》矣。何《なんゾ》以《もつテ》レ文《ぶんヲ》為《なサンヤト》。」子《し》貢《こう》曰《いハク》、「惜《をシイかな》乎、夫《ふう》子《し》之《の》説《とク》二君《くん》子《しヲ》一也《や》。駟《し》不《モず》レ及《およバ》レ舌《したニ》。文《ぶんハ》猶《なホごとキ》レ質《しつノ》也《なり》。質《しつハ》猶《なホごとキ》レ文《ぶんノ》也《なり》。虎《こ》豹《ひょう》之《の》鞟《かくハ》、猶《なホごとシト》二犬《けん》羊《よう》之《の》鞟《かくノ》一。」（論語、顔淵《がんえん》編）

〔注〕鞟＝毛を刈り除いてしまった皮。虎や豹の美しい模様がなくなっ

てしまう。

文質彬彬《ぶんしつひんぴん》

孔子は「文・質」について、次のように言っている。

「質が文に勝ると『野』となる。」——野鄙《やひ》、野人、田舎者である。

「文が質に勝ると『史』となる。」——「史」は、文書を管理する役人。広く、万事にそつなく通じているが、誠実さに欠けること。スマートに過ぎるのである。

「文質彬彬《ぶんしつひんぴん》として、然《しか》る後《のち》に君子《くんし》なり。」——文と質とが調和してこそ、君子と言えるのである（論語、雍也編《ようやへん》）

「彬彬」は、調和がとれる。混然一体となる。また、盛ん、明らか。

慈母《じぼ》に敗子《はいし》有《あ》り

やさしい母親には、できそこないの子ができる。

韓非子が、権威、威力こそが大切であることを言ったもの。「厳家《げんか》に悍虜《かんりょ》無《な》し」（原文を参照）と対《つい》で使われることも多い。だいたい、厳格な家には、手に負えない使用人はいない。慈愛あふれる母からは、だめな子が育つ。

そこで私には「威勢こそ暴悪を防ぐことができるので、恩徳では混乱を防ぐのは無理だ」とわかるのである。

夫《そレ》厳《げん》家《かニ》無《なク》二悍《かん》虜《りょ》一、而慈《じ》母《ぼニ》有《あリ》二敗《はい》子《し》一。
吾《われ》以《もつテ》レ此《これヲ》知《しル》下「威《い》勢《せい》之《の》可《ベクシテ》二以《もつテ》禁《きんズ》一レ暴《ぼうヲ》、而徳《とく》厚《こう》之《の》不《ざルヲ》上レ足《たラ》二以《もつテ》止《とどムルニ》一レ乱《らんヲ》」也《なり》。（韓非子、顕学編《けんがくへん》）

だから、「徳《とく》を務《つと》めずして法《ほう》を務《つと》む」——人民には、恩徳を教えることなどには努力せず、法令を守らせることに努力するのだ、とまとめている。

十目《じゅうもく》の視《み》る所《ところ》、十手《じっしゅ》の指《ゆび》さす所《ところ》、其《そ》れ厳《げん》なるかな

十人の目でよく見ているもの、十人の手で指さしているもの、それは、厳然としているものであるなあ。

孔子の門人である曾子《そうし》（四〇九頁）の言葉として挙げられている。私たちの言動は、多くの人々が注視し指摘しているのだから、厳粛に慎まなければならない、ということ。「十」は、数の多いこと。

こうして慎んで徳を修めていると、富というものはその家を豊かにするだけであるが、徳はわが身を豊かにしてゆく（三六四頁「富《とみ》は屋《おく》を潤《うるお》し、徳《とく》は身《み》を潤《うるお》す」）。

そして、心が広く大きくなってゆけば、自然に体もゆったりと健やかになってゆく（三三七頁「心広《こころひろ》ければ体胖《たいゆた》かなり」）。

そこで君子は、必ず自分の意識を誠実にするのである。

曾《そう》子《し》曰《いハク》、「十《じゅう》目《もくノところ》所レ視《みル》、十《じっ》手《しゅノところ》所レ指《ゆびサス》、其《そレ》厳《げんナル》乎《かな》。

富《とみハ》潤《うるほシ》レ屋《おくヲ》、徳《とくハ》潤《うるほス》レ身《みヲ》。

心《こころ》広《ひろケレバ》体《たい》胖《ゆたカナリト》。」

故《ゆゑニ》君《くん》子《しハ》必《かならズ》誠《まことニス》二其《そノ》意《いヲ》一。（大学）

〔注〕誠二其意一＝九八頁の「八条目」中の「誠意」を受けたもの。

柔《じゅう》は能《よ》く剛《ごう》を制《せい》す、弱《じゃく》は能《よ》く強《きょう》を制《せい》す

「柔」はかえって「剛」に勝つことができる。また「弱」はかえって「強」に勝つことができる。『三略』（二八〇頁）に載せる言葉。

なぜなら、柔和であることは徳であり、剛直であることは賊（そこなうこと）である。（だから、賊は徳に服する。）また、弱は他人が援助してくれるが、強は他人の怨みに攻められる。（しかしまた）柔は、身についたもの。剛は、他に及ぼすもの。また弱は、自分で行うもの。強は、他に加えるもの。この四者を併せ持って、うまく使い分けていくことが大切だ。

なお『老子』の「柔《じゅう》弱《じゃく》なる者《もの》は生《せい》の徒《と》なり」（二二〇頁）や、「柔《じゅう》弱《じゃく》は剛《ごう》強《きょう》に勝《か》つ」（二一九頁）なども参照。

軍《ぐん》識《しきニ》曰《いハク》、「柔《じゅうハ》能《よク》制《せいシ》レ剛《ごうヲ》、弱《じゃくハ》能《よク》制《せいスト》レ強《きょうヲ》。」

柔《じゅうナル》者《ものハ》徳《とく》也《なり》。剛《ごうナル》者《ものハ》賊《ぞく》也《なり》。弱《じゃくナル》者《ものハ》人《ひと》之《の》所《ところ》レ助《たすクル》、強《きょうナル》者《ものハ》怨《うらミノ》所《ところナリ》レ攻《せムル》。

柔《じゅうハ》有《あリ》レ所《ところ》レ設《まうクル》、剛《ごうハ》有《あリ》レ所《ところ》レ施《ほどこス》、弱《じゃくハ》有《あリ》レ所《ところ》レ用《もちヰル》、強《きょうハ》有《あリ》レ所《ところ》レ加《くはフル》。兼《かネテ》二此《この》四《し》者《しゃヲ》一、而制《せいス》二其《そノ》宜《よろシキヲ》一。（三略、上略編）

〔注〕軍識＝兵法に関する予言書という。

女子《じょし》と小人《しょうじん》とは、養《やしな》い難《がた》しと為《な》す

地位も教養もない女性と、地位も教養もない人間とは、教え育てにくいものである。

孔子の言葉。なぜならと、次のようにその理由を述べる。そばに近づけると、なれなれしくなる。といって遠ざけると、怨まれる。――身に覚えがありますか。

子《し》曰《いハク》、「唯《たダ》女《じょ》子《しト》与《とハ》二小《しょう》人《じん》一、為《なス》レ難《がたシト》レ養《やしなヒ》也《なり》。近《ちかヅクレバ》レ之《これヲ》則《すなはチ》不《ふ》孫《そんナリ》。遠《とほザクレバ》レ之《これヲ》則《すなはチ》怨《うらムト》。」（論語、陽貨《ようか》編）

〔注〕女子＝下の「小人」と同じく、地位身分も低く、教養にも欠ける人であろう。小人＝使用人、と見ることも多い。養＝教える、教育すること。不孫＝孫は「遜」で、へりくだる、謙遜《けんそん》する。「不遜」は、傲慢《ごうまん》不遜《ふそん》。

助《じょ》長《ちょう》

伸ばそうと力を借して、かえって害してしまうこと。

今では、伸ばそうと助ける意味にも使う。

孟子は門人の公孫丑《こうそんちゅう》に、心に「浩然《こうぜん》の気《き》」を養い育てることが大切である、と説く。

その浩然の気は、たえず養い育てる努力をするべきである。しかし、期限を定めてはいけない。といって、心に忘れてはいけない。無理に助け養ってはいけない。あの、宋《そう》の国の人のようにしてはいけない。

宋の国の人に、畑の苗《なえ》が伸びないのを気にして、一本ずつその芯《しん》を引き伸ばす人がいた。疲れて茫然《ぼうぜん》として帰り、家の者にこう言った、「今日は、疲れてしまった。私は、苗の伸びるのを助けて、引っぱってやったよ。」

その子が慌てて畑に走って行って苗を見ると、みな枯れてしまっていた。

この世に苗（浩然の気）の成長を助けて引っぱってやろう〔かえって枯らしてしまうこと〕としない人は、少ない。（と言って、浩然の気を養い育てても）何のいいこともないと、そのまま打ち捨てているのは、苗の周囲の雑草も抜かない人である。無理に助け伸ばそうとするのは、苗を引き抜く人である。何の役にも立たないだけではなく、かえって害を与えているのである。

必《かならズ》有《あ》レ事《ことトスルコト》焉。而《しかモ》勿《な》レ正《カレあらかじメスルコト》。心《こころニ》勿《な》レ忘《カレわすルルコト》。勿《なカレ》二助長《たすケテちょうぜシムルコト》一也。無《な》下若《カレごとク》二宋《そう》人《ひとノ》一然《しかスルコト》上。宋《そう》人《ひとニ》有《あり》下閔《うれヘテ》二其《その》苗《なへ》之《の》不《ざ》レ長《ルヲちょうぜ》、而揠《ぬク》レ之《これヲ》者《もの》上。芒芒《ぼうぼう》然《ぜんトシテ》帰《かへリ》、謂《いヒテ》二其《その》人《ひとニ》一曰《いハク》、「今日《けふ》病《つかレタリ》矣。予《われ》助《たすケテ》レ苗《なへヲ》長《ちょうぜシム》矣。」其《そノ》子《こ》趨《はしリテ》而往《ゆキテ》視《みレバ》レ之《これヲ》、苗《なへハ》則《すなはチ》槁《かレタリ》矣。天下《てんか》之《の》不《ざル》二助《たすケテ》レ苗《なへヲ》長《ちょうぜシメ》一者《ものハ》寡《すくナシ》矣。以為《もつテなシテ》レ無《な》レ益《シトえき》、而《しかシテ》舎《す》レ之《ツルこれヲ》者《ものハ》、不《ざ》レ耘《ルくさぎラ》レ苗《なへヲ》者《もの》也《なり》。助《たすケテ》レ之《これヲ》長《ちょうぜシムル》者《ものハ》、揠《ぬ》レ苗《クなへヲ》者《もの》也《なり》。非《あらズ》二徒《ただニ》無《な》一レ益《キノミニえき》、而《しかモ》又《また》害《がい》レ之《スこれヲ》。（孟子、公孫丑《こうそんちゅう》編）

〔注〕事＝仕事とする。努力すること。正＝期限を決めること。耘《うん》＝草を刈る。雑草を抜くこと。

小人間居《しょうじんかんきょ》して不善《ふぜん》を為《な》す

つまらぬ人間は、一人で閑《ひま》でいると、善くないことをする。そして、どんな悪いことでも、してしまう。

『大学』に載せる言葉。以下、次のように説明している。

そして小人が君子に会うと、あわてて其の善くない点を隠して、善いところを見せようとする。しかし、他人が自分をよく見ることは、その肺臓や肝臓まで見通すように見えるのだから、今さら隠しても、何の役にも立たないであろう。

これを（反対に）、心の中に誠があれば、必ず外に形をとって現れる、というのである（三二〇頁「中《うち》に誠《まこと》あれば、外《そと》に形《あらわ》る」）。

そこで、君子は必ず、自分一人でいる時に、身を慎んで誠を修めるのである（三三二頁「君子《くんし》は必《かなら》ず其《そ》の独《ひと》りを慎《つつし》む」）。

小《しょう》人《じん》間《かん》居《きょシテ》為《なシ》二不《ふ》善《ぜんヲ》一、無《な》レ所《シところ》レ不《ざル》レ至《いたラ》。見《みテ》二君《くん》子《しヲ》一、而后《しかルのちニ》厭《えん》然《ぜんトシテ》揜《おほヒテ》二其《そノ》不《ふ》善《ぜんヲ》一、而著《あらはス》二其《そノ》善《ぜんヲ》一。人《ひと》之《の》視《みルコト》レ己《おのれヲ》、如《ごとク》レ見《みルガ》二其《そノ》肺《はい》肝《かんヲ》一然《しかリ》、則《すなはチ》何《なんノ》益《えきアラン》矣。此《これヲ》謂《いフ》下誠《まことアレバ》二於中《うちニ》一、形《あらはルト》中於外《そとニ》上。故《ゆゑニ》君《くん》子《しハ》必《かならズ》慎《つつしム》二其《そノ》独《ひとりヲ》一也《なり》。（大学）

〔注〕間＝閑《かん》（ひま・暇）と同じ。厭然＝かくす。おおう。また、恥じる。揜《えん》＝おおう。肺肝＝肺臓や肝臓。心の奥底のこと。

小人《しょうじん》の過《あやま》つや、必《かなら》ず文《かざ》る

つまらぬ人間が過ちを犯すと、必ずあれこれと言いわけをして飾る。

君子も小人も、だれでも過ちを犯すが、小人は、言いつくろって、ごまかそうとする。

子夏《しか》（四〇〇頁）の言葉で、これで全文。

子《し》夏《か》曰《いハク》、「小《しょう》人《じん》之《の》過《あやまツ》也《や》、必《かならズ》文《かざルト》。」（論語、子張《しちょう》編）

君子《くんし》の過《あやま》つや、日月《じつげつ》の食《しょく》のごとし

では、君子が過ちを犯したら、どうするか。それは、日食や月食のようである。失敗したら、人々はみなそれを目にする。つまり、隠し立てをしない。そして、ただちにそれを改める。改めると、人々はみなそれを振り仰ぐ。日食や月食が終わって良かったなと、仰ぎ見るのである。そして「仰ぎ見る」はまた、尊敬する気持ちでもある。

子《し》貢《こう》曰《いハク》、「君《くん》子《し》之《の》過《あやまツ》也《や》、如《ごとシ》二日《じつ》月《げつ》之《の》食《しょくノ》一焉。過《あやまツ》也《や》、人《ひと》皆《みな》見《みル》レ之《これヲ》。更《あらたムル》也《や》、人《ひと》皆《みな》仰《あふグトこれヲ》レ之。」（論語、子張《しちょう》編）

身体髪膚《しんたいはっぷ》、之《これ》を父母《ふぼ》に受《う》く

身体も両手両足も、毛髪も皮膚もすべて、父母から戴いたものである。

これらを損ない傷つけることがないようにする、これが親孝行の始めなのである。

孔子が門人の曾子《そうし》に「夫《そ》れ孝《こう》は徳《とく》の本《もと》なり。教《をし》への繇《よ》りて生《しょう》ずる所《ところ》なり」と教える（三三六頁参照）。そして「まあ坐れ。話してやろう」と、次のように言う。

「身体はすべて父母から戴いたもの、これを損ない傷つけることがないのが、孝行の出発点である。

立派な人物となり、正しい道を実践し、後の世に知られるように名を揚げて、両親のことも世に明らかにすること、これが孝行の最終点である。

孝行というものは、親に仕えることに始まり、君に仕えることが中間、立派な人物になることに終わるのだ。」

（三三六頁の「孝は徳の本なり」の文に続く孔子の言葉）「復《かへレ》レ坐《ざニ》。吾《われ》語《かたランなんぢニ》レ女。身《しん》体《たい》髪《はっ》膚《ぷ》、受《うクこれヲ》二之父《ふ》母《ぼニ》一。弗《ざルハ》二敢《あヘテ》毀《き》傷《しょうセ》一、孝《こう》之《の》始《はじメなり》也。立《たテ》レ身《みヲ》行《おこなヒ》レ道《みちヲ》、揚《あゲ》二名《なヲ》於後《こう》世《せいニ》一、以《もつテ》顕《あらはスハ》二父《ふ》母《ぼヲ》一、孝《こう》之《の》終《をハリなり》也。夫《そレ》孝《こうハ》始《はじマリ》二於事《つかフルヨリ》レ親《おやニ》、中《ちゅうシ》二於事《つかフルニ》レ君《きみニ》、終《をハルト》レ立《たツルニ》二於身《みヲ》一。」（孝経、開宗明義章《かいそうめいぎしょう》）

〔注〕女＝汝《なんじ》と同じ。身体＝「身」は、身体。「体」は、両手・両足。立レ身＝一人前の人間になる。以顕二父母一＝自分の名が有名になることによって、あの人の両親も立派な人だと、両親も世に知られるようになるのである。中＝「始・終」に対する「中」だが、君に仕えて「忠」を尽くす、ということも含んでいる。

信言《しんげん》は美《び》ならず

真実の言葉は、美しく飾られてはいない。表面が飾られているものに対する警戒である。

老子の言葉。真実を語る言葉は、美しくはない。美しく飾られた言葉は、真実を語ってはいない。善い行いをする人は、多くを説明はしない。多く説明する人は、善い行いをしてはいない。良く知っている人は、広い物知りではない。広く知っている人は、真を知ってはいない。

信《しん》言《げんハ》不《ず》レ美《びナラ》、美《び》言《げんハ》不《ず》レ信《しんナラ》。善《ぜん》者《しゃハ》不《ず》レ弁《べんぜ》、弁《べんズル》者《ものハ》不《ず》レ善《ぜんナラ》。知《ち》者《しゃハ》不《ず》レ博《はくナラ》、博《はくナル》者《ものハ》不《ず》レ知《しラ》。（老子、八十一章）

仁《じん》は人《ひと》の安宅《あんたく》なり、義《ぎ》は人《ひと》の正路《せいろ》なり

仁は、人の安らかな家である。義は、人の正しい道である。

人の自暴自棄を戒め、仁義の実践を勧めている。

孟子の言葉、「自分で自分を損なうような人とは、一緒に道を語り合うことはできない。また、自分で自分を見捨てるような人とは、一緒に道を行っていくことはできない。

何かを言えば、すぐに礼義を批判すること、これを自分を損なう〔自暴〕という。また、自身で仁に基づかず義に従うことができないこと、これを自分を見捨てる〔自棄〕というのである。

仁は、人の安らかな居場所である。義は、人の従うべき正しい道である。

この安らかな居場所を空《から》にして、住もうともしない。この正しい道を捨てて、従おうともしない。悲しいことだなあ。」

自暴自棄《じぼうじき》。

孟《もう》子《し》曰《いハク》、「自《みづかラ》暴《そこナフ》者《ものハ》、不《ざ》レ可《ルべ》ニ与《カラともニ》有《あ》レ言《ルいフ》也《なり》。自《みづカラ》棄《すツル》者《ものハ》、不《ざ》レ可《ルべ》ニ与《カラともニ》有《あル》レ為《な》也《スなり》。言《げん》非《そしル》ニ礼《れい》義《ぎヲ》一、謂《いフ》ニ之《これヲ》自《じ》暴《ぼう》一也《トなり》。吾《わガ》身《み》不《ざ》レ能《ルあたハ》ニ居《をリ》レ仁《じんニ》由《よル》レ義《ぎニ》、謂《いフ》ニ之《これヲ》自《じ》棄《き》一也《トなり》。仁《じんハ》人《ひと》之《の》安《あん》宅《たく》也《なり》。義《ぎハ》人《ひと》之《の》正《せい》路《ろ》也《なり》。曠《むなシクシテ》ニ安《あん》宅《たくヲ》一而弗《ず》レ居《をラ》、舎《すテテ》ニ正《せい》路《ろヲ》一而不《ず》レ由《よラ》。哀《かなシイかな》哉。（孟子、離婁《りろう》上編）

過《す》ぎたるは猶《な》お及《およ》ばざるがごとし

行き過ぎ・やりすぎは、及ばない・足りないことと同じである。

どちらも中庸《ちゅうよう》――ほどよい、中正、過不足がないことから、はずれているから。

門人の子貢《しこう》（四〇〇頁）が、孔子に質問した。「師《し》〔子張《しちょう》、四〇二頁〕と、商《しょう》〔子夏《しか》、四〇〇頁〕とは、どちらが勝《まさ》っているでしょうか。」

孔子「師は、やり過ぎ〔積極的にすぎる〕、商は、やり足らず〔消極的にすぎる〕。」

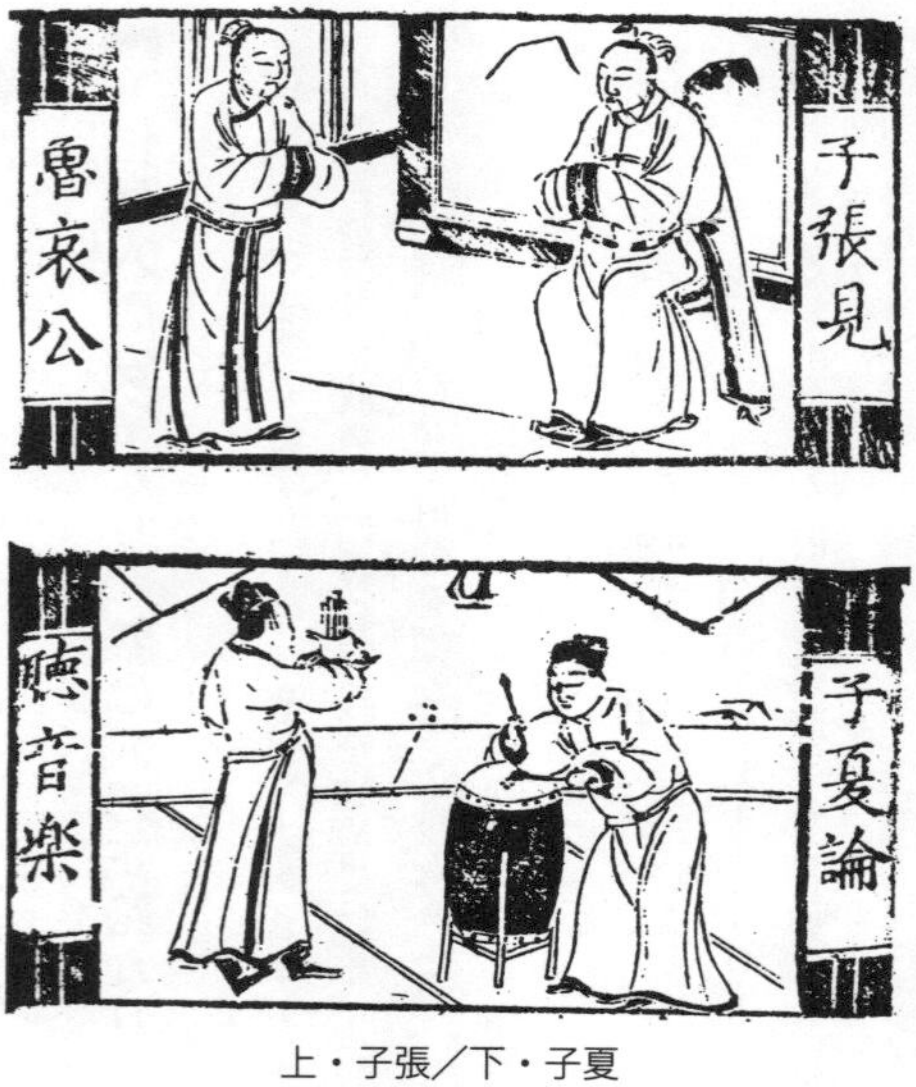

上・子張／下・子夏
（『孔門儒教列伝』）

子貢「では、師のほうが勝っていますか?」

孔子「過ぎたるは猶お及ばざるがごとし、だよ。」

子《し》貢《こう》問《とフ》、「師《し》与《トと》レ商《しょう》也《や》、孰《いづレカまさレルト》賢。」

子《し》曰《いハク》、「師《し》也《や》過《すギタリ》。商《しょう》也《や》不《ず》レ及《トおよバ》。」

曰《いハク》、「然《しかラバ》則《すなはチ》師《しハ》愈《まさレル》与《かト》。」

子《し》曰《いハク》、「過《すギタルハ》猶《なホ ごとシト》レ不《ざルガ》レ及《およバ》。」（論語、先進《せんしん》編）

西施《せいし》の顰《ひそ》みに効《なら》う

美人の西施が顔をしかめる表情のまねをする。

西施が顔をしかめると、いっそう美人に見えたので、女性はみな顔をしかめるまねをした。美醜や善悪、是非を考えず、むやみに人まねをすることのたとえ。『荘子』に載せる言葉。「顰《ひそ》みに効《なら》う。西施捧心《せいしほうしん》。捧心西施《ほうしんせいし》に効《なら》う」とも言う。

春秋時代、魯《ろ》国の楽師〔楽官の長の金〕は、孔子の門人の顔淵《がんえん》(三九四頁)に対して、孔子は三皇五帝(四二三頁)時代の礼義や制度の形だけをまねて、時勢に応じて変化するのだという理想を見習わないと批判する。そのたとえとして、この話をするのである。

春秋時代の越《えつ》国の美女である西施が、胸を病んで、その故郷で顔をしかめていた。その村の醜い女性たちが、西施のその表情を美しいと思って、同じように、村人たちに胸に手を当てて顔をしかめて見せた。その村の金持ちたちは、これを見ると、門を堅く閉じて外出せず、貧しい人たちは、これを見ると、妻や子を連れて逃げ出す始末である。醜い女性たちは、顔をしかめると美しいのはわかっていても、顔をしかめると美しく見える理由は、わかっていないのである。

西施《せいし》、病《や》ミテレ心《むね》ヲ而矉《ひん》スルニ二其《そ》ノ里《さと》ニ一、其《そ》ノ里《さと》之《の》醜《しゅう》人《じん》見《み》テ而

川柳コーナー ――西施《せいし》

呉《ご》の国を眉をひそめて傾ける

越王句践《こうせん》は、美女の西施を呉王夫差《ふさ》に贈る(四三九頁)。西施は、傾国〔国を傾けてしまうほど〕の美しさ。眉をひそめた美しい顔で、呉国を傾けてしまう。

こけこけし西施の癖を真似《まね》た顔

西施の顰《ひそ》みに倣う。「こけこけし」は、ばかばかしい。ばかげた。

黒風《こくふう》でお多福までが顔に皺《しわ》

こちら、顰みに倣ったわけではないだろう。「黒風」は、砂ぼこりを立てて日光までを隠すつむじ風。

西施と夫差
(『絵画本　中国古代史』上巻)

美《びトシ》レ之《これヲ》、帰《かへリテ》亦《まタ》捧《ほうジテ》レ心《むねヲ》而矉《ひんス》二其里《そノさとニ》一。其《そノ》里《さと》之《の》富《ふ》人《じん》見《みテ》レ之《これヲ》、堅《かたク》閉《とヂテ》レ門《もんヲ》而不《ず》レ出《いデ》。貧《ひん》人《じん》見《みテ》レ之《これヲ》、挈《ひっさゲテ》二妻子《さいしヲ》一而去《さリテ》レ之《これヲ》走《はしル》。彼《かれ》知《しルモ》二矉《ひんノ》美《びナルヲ》一、而不《ず》レ知《しラ》三矉《ひん》之《の》所《ゆゑん》二以《》美《びナルヲ》一。（荘子、天運《てんうん》編）

〔注〕心＝胸。矉＝「顰《ひん》」と同じ。顔をしかめる。また、眉をひそめる。捧＝胸を捧げるように手を当てる。

性《せい》は相近《あいちか》きなり、習《なら》い相遠《あいとお》きなり

人間の本性は、だれでも同じようである。その後の習慣によって、大きく違っていくのである。

「習慣は第二の天性なり」という。それぞれの人の環境や習慣によって、教育や礼義の身につきかたに、大きな差が出てくるという、孔子の言葉。

環境や習慣の重要さを説いたもの。

子《し》曰《いハク》、「性《せいハ》相《あひ》近《ちかキなり》也。習《ならヒ》相《あひ》遠《とほキなりト》也。」（論語、陽貨《ようか》編）

千秋万歳《せんしゅうばんざい》

千歳も万歳も、長寿でいるように。

長寿を祈り願う言葉。

巫祝《ふしゅく》たちが、人を祝福するとき「あなたを千歳までも万歳までも生きさせますよ」と言う。しかし「千秋万歳」の声だけが耳にうるさく、現実には一日の寿命をのばすことさえ、実効はない。これが、人々が巫祝を粗末に扱う理由である。

儒者が君主に説くのも、巫祝のこの言葉と同じであって、実益はなく無駄である。だから、法を重んじる明君は、儒者を受けつけないという、韓非子が儒者を批判する部分の例話である。

「巫祝《ふしゅく》」は、神に仕えて神事や祭事を担当する人。はふり。かんなぎ。儒者も巫祝であることが多い（四九頁）。

今《いま》巫《ふ》祝《しゅく》之《の》祝《しゅくシテ》レ人《ひとヲ》曰《いハク》、「使《しムト》二若《なんぢヲシテ》千《せん》秋《しゅう》万《ばん》歳《ざいナラ》一。」千《せん》秋《しゅう》万《ばん》歳《ざい》之《の》声《こゑ》聒《かまびすシク》レ耳《みみニ》、而《しかモ》一《いち》日《じつ》之《の》寿《じゅモ》、無《なシ》レ徴《しるし》二於人《ひとニ》一。此《これ》人《ひとノ》所《ゆゑん》三以《》簡《おろそカニスル》二巫《ふ》祝《しゅくヲ》一也《なり》。（韓非子、顕学《けんがく》編）

千丈《せんじょう》の隄《つつみ》も、螻蟻《ろうぎ》の穴《あな》を以《もっ》て潰《つい》ゆ

長さ千丈の堤防も、蟻《あり》の穴から水がしみていって決潰《けっかい》する。

「千丈」の「丈」は、約二・二五メートル。「螻蟻」は、螻《けら》と蟻《あり》。「蟻螻《ぎろう》」ともいう。また、つまらない者のたとえ。

事の小さいうちに用心して、大きくなるのを防ぐことが大切である、というたとえ。

韓非子の言葉。形あるものは、大は小からはじまる。長く続くものは、その多数の集まりは少数からはじまる。だから『老子』は言う、「この世の難しいことも、必ず易しいことからはじまる。この世の大きなことも、必ず小さいことからはじまる」と。

だから、物事をうまく取りしきるには、小さいことから取りしきるのである。だから『老子』は言う、「困難なものは、容易なうちから計画する。大なるものは、小なるうちから着手する」と。

長さ千丈の堤防も、蟻《あり》の穴から決潰していく。百丈もある大きな家も、わずかな隙《すき》間から入った煙から焼けてしまう。だから白圭《はくけい》が堤防を巡視すると、小さな穴を塞《ふさ》ぐ。老人が火の用心をすると、壁の隙《すき》間に土を塗る。そこで白圭には水害はなく、老人には火災はない。

これは共に、容易なうちに注意して困難になるのを避け、小なるうちに用心して大なるものを防いだ人である。

有《ゆう》形《けい》之《の》類《るい》、大《だいハ》必《かならズ》起《おこリ》二於小《しょうヨリ》一、行《こう》久《きゅう》之《の》物《もの》、族《おほキハ》必《かならズ》起《おコル》二於少《すくなキヨリ》一。故《ゆゑニ》曰《いハク》、「天《てん》下《か》之《の》難《なん》事《じハ》、必《かならズ》作《おこリ》二於易《やすキヨリ》一、天《てん》下《か》之《の》大《だい》事《じハ》、必《かならズ》作《おこルト》二於細《さいヨリ》一。」是《ここヲ》以《もつテ》欲《ほつスル》レ制《せいセント》レ物《ものヲ》者《ものハ》、於《おイテスル》二其《そノ》細《さいニ》一也《なり》。故《ゆゑニ》曰《いハク》、「図《はかリ》二難《かたキヲ》於其《そノ》易《やすキニ》一也、為《なス》二大《だいナルヲ》於其《そノ》細《さいナルニ》一也《なりト》。」

千《せん》丈《じょう》之《の》隄《つつみハ》、以《もつテ》二螻《ろう》蟻《ぎ》之《の》穴《あなヲ》一潰《つひユ》。百《ひゃく》尺《しゃく》之《の》室《しつハ》、以《もつテ》二突《とつ》隙《げき》之《の》烟《けむりヲ》一焚《やク》。故《ゆゑニ》白《はく》圭《けい》之《の》行《ゆク》レ隄《つつみヲ》也《や》、塞《ふさグ》二其《そノ》穴《あなヲ》一。丈《じょう》人《じん》之《の》慎《つつしム》レ火《ひヲ》也《や》、塗《ぬル》二其《そノ》隙《すきヲ》一。是《ここヲ》以《もつテ》白《はく》圭《けい》無《なク》二水《すい》難《なん》一、丈《じょう》人《じんニ》無《なシ》二火《か》患《かん》一。此《こレ》皆《みな》慎《つつしミテ》レ易《やすキヲ》以《もつテ》避《さケ》レ難《かたキヲ》、敬《つつしミテ》レ細《さいヲ》以《もつテ》遠《とほザクル》レ大《だいヲ》者《もの》也《なり》。（韓非子、喩老《ゆろう》編）

〔注〕故曰…＝二つの文章は、ともに『老子』六十三章にある。なお、出典の「喩老《ゆろう》」編は「老子についての喩《たと》え話〔例話、実例〕」の意味。白圭＝古代の治水の名人という。丈人＝丈〔杖《つえ》〕をつく人、つまり老人。

この表題の文は、『淮南子《えなんじ》』人間訓《じんかんくん》編にもほぼ同様に用いられている。千里《せんり》の隄《つつみ》も螻螘《ろうぎ》の穴《あな》を以《もつ》て漏《も》れ、百尋《ひゃくじん》の屋《おく》も突隙《とつげき》の煙《けむり》を以《もつ》て焚《や》く。

千里之《の》隄《モ》以《テ》二螻螘之《の》穴《ヲ》一漏《レ》、百尋之屋《モ》以《テ》二突隙之煙《ヲ》一焚《ク》。

「螻螘《ろうぎ》」は、螻蟻と同じ。「百尋」は、高くそびえる。「尋」は、約二・三メートル。

ここでは「事《こと》は成《な》り難《がた》くして敗《やぶ》れ易《やす》きなり。名《な》は立《た》ち難《がた》くして廃《すた》れ易《やす》きなり」。だから「小害《しょうがい》」や「微事《びじ》」に慎め、という文脈に用いられている。

倉廩実《そうりんみ》ちて囹圄空《れいごむな》し

「倉」も「廩」も、穀物などを蓄えておく倉。「囹」も「圄」も、牢獄《ろうごく》の意味。

人民の生活が安定すれば、罪を犯す者もいなくなるから、牢獄はからになる。

為政者は、人民の生活の安定を第一に考えるべきである、という管子《かんし》の主張。

なお三一七頁の「衣食足りて栄辱《えいじょく》を知る」を参照。

上手に政治を行えば、田畑は開けて町や都は豊かになり、朝廷は閑《ひま》になって官庁もうまく治まり、法令は行きとどいて個人的不正はなくなり、穀物倉《ぐら》は一杯になって牢獄はからっぽになり、賢人が登用されて悪者は消えていくのである。

善《よク》為《なス》レ政《まつりごとヲ》者《ものハ》、田《でん》疇《ちゅう》墾《ひらケテ》而国《こく》邑《ゆう》実《みチ》、朝《ちょう》廷《てい》間《かんニシテ》而官《かん》府《ぷ》治《をさマリ》、公《こう》法《ほう》行《おこなハレテ》而私《し》曲《きょく》止《やミ》、倉《そう》廩《りん》実《みチテ》而囹《れい》圄《ご》空《むなシク》、賢《けん》人《じん》進《すすミテ》而姦《かん》民《みん》退《しりぞク》。（管子《かんし》、五輔《ごほ》編）

た行

多岐亡羊《たきぼうよう》

学問の方法（大道）には多くの道があるので、学ぶ者は自分の生き方を見失ってしまう。学問にはいろいろな方法があるために、真理を見失いがちである。

「岐路亡羊《きろぼうよう》」「亡羊《ぼうよう》の嘆《たん》」ともいう。

『列子』に載せる話。楊子の隣家で、羊が逃げた。隣家の家族はもちろん、楊子の子供にも頼んで、羊を追いかけた。

楊子「ああ、羊は一頭なのに、どうして大勢で追いかけるのか。」

隣人「枝道《えだみち》が多いのです。」

やがて戻ってきたので「つかまえたか」と聞くと、「逃げられました。」

「どうして？」「枝道が、また枝道に分かれていて、どの道に逃げたのかわからなくなってしまったので……。」

楊子は、憂え顔で居ずまいを正し、何時間も口をきかず、何日間も笑わなかった。（略）

楊子の門人の孟孫陽《もうそんよう》が、心都子《しんとし》に楊子の様子を説明した。

（略）

心都子「大道は枝道が多いから羊を逃がし、学ぶ者は方法が多いから生き方を見失ってしまう。

学問の本源は、同一なのである。しかし枝道は、このとおりに多い。今や、その本源に立ち返ってこそ、得失がなくなるのである。あなたは楊朱先生の道を十分に理解して、さらに学んでいるのに、先生の様子が読み取れないなんて、悲しいことだなあ。」

楊朱《ようしゅ》之《の》鄰人《りんじん》、亡《うしなフ》羊《ひつじヲ》。既《すでニシテ》率《ひきヰ》其《その》党《とうヲ》、又《また》請《こヒテ》楊朱《ようしゅ》之《の》豎《じゅヲ》、追《おフ》之《これヲ》。楊子《ようし》曰《いハク》、「嘻《ああ》、亡《うしなヘルニ》一《いち》羊《ようヲ》、何《なんゾ》追者《おフもの》之《の》衆《おほキヤト》。」鄰人《りんじん》曰《いハク》、「多《おほシト》岐路《きろ》。」既反《すでニかへリ》、問《とフニ》獲《えタル》羊《ひつじヲ》乎《かト》、曰《いハク》、「亡《うしなヘリト》之《これヲ》。」曰《いハク》、「奚《なんゾ》亡《うしなヘルト》之《これヲ》。」曰《いハク》、「岐路《きろ》之《の》中《なかニ》、又《また》有《あり》岐《き》焉。吾《われ》不《ず》知《しラ》所《ところヲ》之《ゆク》。所以《ゆゑん》反《かへル》也《なりト》。」楊子《ようし》戚然《せきぜんトシテ》変《へんジ》容《かたちヲ》、不《ざル》言《いハ》者《こと》移《うつシ》時《ときヲ》、不《ざル》笑《わらハ》者《こと》竟《わたル》日《ひヲ》。（略）

弟子《ていし》孟孫陽《もうそんよう》、出《いデテ》以《もつテ》告《つグ》心都子《しんとし》。（略）心都子《しんとし》曰《いハク》、「大道《たいどうハ》以《もつテ》多《た》岐《き》亡《うしなヒ》羊《ひつじヲ》、学者《がくしゃハ》以《もつテ》多方《たほうヲ》喪《うしなフ》生《せいヲ》。学《がくハ》非《あらズ》本《もと》不《ざルニ》同《おなジカラ》、非《あらズ》本《もと》不《ざルニ》一《いつナラ》。而《しかシテ》末《すゑノ》異《ことナルコト》若《ごとシ》是《かクノ》。子《し》、長《ちょうジ》先生《せんせい》之《の》道《みちニ》、習《ならフ》先生《せんせい》之《の》道《みちヲ》。而《しかルニ》不《ざル》達《たっセ》先生《せんせい》之《の》況《たとヘニなり》也。哀《かなシイかなト》哉。」（列子、説符編）

なお右の文章から、次の言葉も生まれた。

学者《がくしゃ》は多方《たほう》を以《もっ》て生《せい》を喪《うしな》う

大きい道には枝道が多く、そのために逃げた羊がどっちに行ったのか、わからなくなってしまう。同じように、学ぶ者は、学ぶ方法が多く、そのために生き方を見失ってしまう。

学問の本質は一つであることを忘れないように、という意味。

大器晩成《たいきばんせい》

大きな器《うつわ》は、遅れて完成する。

老子の言葉で、大人物は、早くからは力を発揮しないが、ついにはその偉大さを現す、というたとえ。

道に明るい人は、道に暗いように見える。道を進んでいく人は、道を退いていくように見える。平らな道は平らでないように見える。徳の豊かな人は、俗人のように見える。真に潔白な人は、汚れた人のように見える。徳の広い人は、徳の足りない人のように見える。徳を確立している人は、ずるい人のように見える。質朴でまじめな人は、へつらう人のように見える。

大きな四角には、隅がない。大きな器は、遅れて完成する。大きな音は小さいし、大きな物は形がない。

明《あきラカナルモノハ》レ道《みちニ》若《ごとク》レ昧《くらキガ》、進《すすムモノハ》レ道《みちヲ》若《ごとク》レ退《しりぞクガ》、夷《い》道《どうハ》若《ごとク》レ類《るいナルガ》、上《じょう》徳《とくハ》若《ごとク》レ俗《ぞくナルガ》、大《たい》白《はくハ》若《ごとク》レ辱《じょくセルガ》、広《こう》徳《とくハ》若《ごとク》レ不《ざルガ》レ足《たラ》、建《けん》徳《とくハ》若《ごとク》レ偸《とうナルガ》、質《しつ》真《しんハ》若《ごとシ》レ渝《ゆナルガ》。
大《たい》方《ほうニハ》無《なク》レ隅《すみ》、大《たい》器《きハ》晩《ばん》成《せいシ》、大《だい》音《おんハ》希《なク》レ声《こゑ》、大《だい》象《しょうハ》無《なシ》レ形《かたち》。
(老子、四十一章)

〔注〕夷道＝平らな道。類＝平らではない。凸凹の道である。偸《とう》＝ずるい。悪賢い。渝《ゆ》＝へつらう。諛《ゆ》（へつらう）と同じ。大音希レ声、大象無レ形＝聴覚や視覚などの人間の感覚を超越した大きさだから、こう言う。

大巧《たいこう》は拙《せつ》なるがごとし

真の巧妙さは、最も拙劣なもののように見える。老子の言葉で、人為や技巧を用いないことが、最もいい方法であるということ。

真に完全なものは、欠けているように見えるが、その用途は無限である。真に充満しているものは、からっぽのように見えるが、その用途は窮まりない。

真にまっすぐなものは、曲がって見える。真に巧みなものは、下手に見える。真に雄弁なものは、口下手に見える。

大《たい》成《せいハ》若《ごとクシテ》レ欠《かクルガ》、其《その》用《よう》不《ず》レ敝《つキ》。大《たい》盈《えいハ》若《ごとクシテ》レ冲《むなシキガ》、其《その》用《よう》不《ず》レ窮《きはマラ》。
大《たい》直《ちょくハ》若《ごとク》レ屈《くつナルガ》、大《たい》巧《こうハ》若《ごとク》レ拙《せつナルガ》、大《たい》弁《べんハ》若《ごとシ》レ訥《とつナルガ》。(老子、四十五章)

高《たか》きに登《のぼ》るに卑《ひく》きよりす

高い所に登るのにも、必ず低い所から出発する。『中庸』に載せる言葉で、順序・段階を踏んで、第一歩から始めるべきことを言っている。

君子が道を実践していくのは、たとえば遠くに行く時にも、必ず近い所から出発し、またたとえば高い所に登る時にも、必ず低い所から出発するのと同じである。

君《くん》子《し》之《の》道《みちハ》、辟《たとヘバ》如《ごとク》二行《ゆクニ》レ遠《とほキニ》必《かならズ》自《よリスルガ》レ邇《ちかキ》、辟《たとヘバ》如《ごとシ》二登《のぼルニ》レ高《たかキニ》必《かならズ》自《よリスルガ》レ卑《ひくキ》。(中庸、十五章)

〔注〕辟《へき》＝ここでは「譬《ひ》」（たとえ・たとえる）と同じ。

断《だん》機《き》の戒《いまし》め

学問を中途でやめるのは、織りかけた機《はた》の布を断ち切るようなもので、まったくの無に帰するということ。学問を中断してはいけないという戒め。

次の話は、前漢の劉向《りゅうきょう》の著した『列女伝』に載っている。

孟子は、若いころから（異郷で）学問に励んでいたが、もはや学び終わったとして、家に帰ってきた。孟子の母は、ちょうど機を織っており、孟子に「学問はどのくらい進んだか」と聞いた。孟子は「別に変わりません」と答えた。

そこで孟子の母は、刀で織りかけの布を断ち切った。孟子は恐しくなって、その理由をたずねた。すると、孟子の母は言った。「お前が学問を中途でやめるのは、私が織りかけの布を断ち切るのと同じです（完成しなければ、何の役にも立たないのです）」。

断機の戒め（『聖廟祀典図考』）

孟《もう》子《し》之《の》少《わかキトキ》也《や》、既《すでニ》学《まなビテ》而帰《かへル》。孟《もう》母《ぼ》方《まさニ》織《おル》。問《とヒテ》曰《いハク》、「学《がく》何《いづレニ》所《ところゾ》レ至《いたル》矣《ト》。」孟《もう》子《し》曰《いハク》、「自《じ》若《じゃくタルなりト》也。」孟《もう》母《ぼ》以《もっテ》レ刀《かたなヲ》断《たッ》二其《そノ》織《しょくヲ》一。孟《もう》子《し》懼《おそレテ》而問《とフ》二其《そノ》故《ゆゑヲ》一。孟《もう》母《ぼ》曰《いハク》、「子《し》之《の》廃《はいスルハ》レ学《がくヲ》、若《ごとキ》三吾《われノ》断《たッガ》二斯《こノ》織《しょくヲ》一也《なりト》。」（列女伝《れつじょでん》、母《ぼ》儀《ぎ》・鄒《すうノ》孟軻《もうかノ》母《はは》伝）

〔注〕自若＝落ち着いて動かないようす。ここでは、変化（進歩）のないこと。

孟子の母の話は、原文ではもう少し続く。その話の終わりの部分を紹介。

女《をんな》は則《すなは》ち其《そ》の食《しょく》する所《ところ》を廃《はい》し、男《をとこ》は則《すなは》ち徳《とく》を脩《をさ》むるを堕《おこた》れば、窃盗《せっとう》を為《な》さざれば、則《すなは》ち虜役《りょえき》と為《な》らん。

——女性が、食べていく手段をやめ、男性が、徳を身につけていくことを怠けたなら、盗みでもしないと、卑しい使用人になってしまいます。

川柳コーナー——断機の戒め

機《はた》道具車に三度孟母積み
機織りの道具は「断機の教え」の主役。これに「孟母三遷」を合わせて詠んだもの。

断ち切った機《はた》を意見の継ぎに当て
機で織った布を断ち切って、息子への意見の継ぎ当てとする。

孟子の母の教育ママぶりも、相当なものである。さらに三三九頁の「三遷《きんせん》の教え」を参照。

知《ち》音《いん》

心の底まで知り合った友。もと、音楽の内容を聞きわけること。

伯牙《はくが》は、春秋時代の琴《こと》の名人。その良き聞き手である鍾子期《しょうしき》との話は、『列子《れっし》』『呂氏春秋《りょししゅんじゅう》』に載っている。

伯牙が、高い山に登ることを心に描きながら琴を弾くと、鍾子期は「いいなあ、高く険しく、泰山《たいざん》のようだ」と言い当てる。伯牙が、流れる川を心に描きながら琴を弾くと、鍾子期は「いいなあ、広々と流れて、大河のようだ」と言い当てる。伯牙が心に思うことは、鍾子期は必ず言い当てたのである。

伯《はく》牙《が》善《よク》鼓《こ》レ琴《シことヲ》、鍾《しょう》子《し》期《き》善《よク》聴《きク》。伯《はく》牙《が》鼓《こ》レ琴《シテことヲ》、志《こころざし》在《あ》レ登《レバのぼルニ》二高《こう》山《ざんヲ》一、鍾《しょう》子《し》期《き》曰《いハク》、「善《よイ》哉《かな》、峩《が》峩《がトシテ》兮若《ごとシト》二泰《たい》山《ざんノ》一。」志《こころざし》在《あレバ》二流《りゅう》水《すいニ》一、鍾《しょう》子《し》期《き》曰《いハク》、「善《よイ》哉《かな》、洋《よう》洋《ようトシテ》兮若《ごとシト》二江《こう》河《かノ》一。」伯《はく》牙《がノ》所《ところハ》レ念《おもフ》、鍾《しょう》子《し》期《き》必《かならズ》得《え》レ之《タリこれヲ》。（列子、湯問《とうもん》編）

『呂氏春秋』本味《ほんみ》編では、右の話はこういうことの例だとして、話の前にこう記している。

「凡《およソ》賢《けん》人《じん》之《の》得《とくハ》、有《あ》二以《レバもっテ》知《しル》レ之《モノこれヲ》也《なり》」――だいたい、優れた人の徳というものは、その徳を知っている人がいるから、世に知られるのである。

そして、右の話の後に、こう続けてまとめている。

鐘子期が死ぬと、伯牙は琴を壊し弦《げん》を切って、もう一生、二度と琴を弾かなかった。この世に、琴を弾いてわかってくれる人は二度といない、と思ったからである。

鍾《しょう》子《し》期《き》死《しスルヤ》、伯《はく》牙《が》破《やぶリ》レ琴《ことヲ》絶《たチ》レ弦《げんヲ》、終《しゅう》身《しん》不《ず》二復《まタ》鼓《こ》一レ琴《せことヲ》。以《お》為《もヘラク》、世《よニ》無《なシト》下足《たル》二復《まタ》為《ために》鼓《こスルニ》一レ琴《ことヲ》者《もの》上。（呂氏春秋、本味《ほんみ》編）

知恵《ちえ》有《あ》りと雖《いえど》も、勢《いきお》いに乗《じょう》ずるに如《し》かず

いくら知恵があったとしても、その時の情勢にうまく適合して行動していったほうがいい。アイデアがよくても、実行するチャンスをうまくつかまなければならない、ということ。

孟子が、斉《せい》の国の諺《ことわざ》を引いて、斉国は今こそ王道を進める絶好の時機だと、門人の公孫丑《こうそんちゅう》に教えている言葉の一部。

この後に、次のように続く。「いくら、鍬《くわ》や鋤《すき》などの農具があったとしても、耕すのによい時機を待って耕作したほうがよい。」

孟《もう》子《し》曰《いハク》、「斉《せい》人《ひと》有《あり》レ言《いへル》、曰《いハク》、『雖《いへどモ》レ有《あリト》二智《ち》恵《え》一、不《ず》レ如《しカ》レ乗《じょうズルニ》レ勢《いきほヒニ》。雖《いへどモ》レ有《あリト》二鎡《じ》基《き》一、不《ずト》レ如《しカ》レ待《まツニ》レ時《ときヲ》。』今《いまノ》時《ときハ》則《すなはチ》易《やすキ》レ然《しかシ》也《なりト》。」（孟子、公孫丑《こうそんちゅう》上編）

〔注〕鎡基《じき》＝鍬《くわ》や鋤《すき》。農具の一種。

父《ちち》は子《こ》の為《ため》に隠《かく》し、子《こ》は父《ちち》の為《ため》に隠《かく》す

父親は子供のためにその悪事を隠しかばう。子供も父親のためにその悪事を隠しかばってあげる。

悪事を犯したとあばき立てるのではなく、親子でかばい合うことこそ、真の「正直」である、ということ。親子の間の、自然の真情を大切にするのである。

楚《そ》国の葉《しょう》の長官が、孔子に（自慢して）こんな話をした。「私の村に、直躬《ちょくきゅう》という者がいます。父親が、迷い込んできた羊を自分のものとしてしまったので、子供〔直躬〕が証人となっ（て訴え出）たのです。」

孔子「私の仲間でいう正直者は、それとは違います。父親は子供のために（その悪事を）隠しかばい、子供は父親のために（その悪事を）隠しかばうのです。正直さというのは、そういう行為の中に内在しているのです。」

葉《しょう》公《こう》語《かたリテ》二孔《こう》子《しニ》一曰《いハク》、「吾《わガ》党《とうニ》有《あリ》二直《ちょっ》躬《きゅうナル》者《もの》一。其《そノ》父《ちち》攘《ぬすミテ》レ羊《ひつじヲ》、而《しかうシテ》子《こ》証《しょうセリト》レ之《これヲ》。」孔《こう》子《し》曰《いハク》、「吾《わガ》党《とう》之《の》直《なほキ》者《ものハ》、異《ことナリ》二於是《これニ》一。父《ちちハ》為《ために》レ子《こノ》隠《かくシ》、子《こハ》為《ためニ》レ父《ちちノ》隠《かくス》。直《なほキコト》在《あり》二其《そノ》中《うちニ》一矣《ト》。」（論語、子路《しろ》編）

〔注〕葉公＝姓は沈《しん》、名は諸梁《しょりょう》、字《あざな》は子高《しこう》。楚《そ》国の重臣で、『論語』には右の章を含めて計三回登場する。党＝村。また、仲間。次の孔子の発言では「仲間」が適当だろう。直躬＝正直者の躬。また「直《なほクスル》レ躬《みヲ》」――自身を正直な人とする、という意味。こう呼ばれていたのが、「直躬」という呼び名・あだ名となったのだろう。攘＝積極的に盗んだのではなく、偶然に手に入った物をそのまま自分のものとしてしまう盗み。ネコババである。在二其中一矣＝その中に内在する。「直」そのものではないが、互いに隠しかばい合う行為の中に「直」が内在しているのだ、ということ。

長袖《ちょうしゅう》は善《よ》く舞《ま》い、多銭《たせん》は善《よ》く買《か》う

袖《そで》が長ければ上手に舞うし、持ち金が多ければ上手に買い物ができる。

元手が多ければ、仕事もしやすいたとえ。

遊説家《ゆうぜい》は、外交に努めようという。しかし、法律と統御において国内を治めてこそ、外交の計画もできるのであって、国力が弱ければ、外交の計画もなにもないという、韓非子の主張である。

治《ち》強《きょうハ》不《ず》レ可《べカラ》レ責《せム》二於外《そとヨリ》一、内《ない》政《せい》之《の》修《をさマレル》也《なり》。今《いま》、不《ずシテ》レ行《おこなハ》二法《ほう》術《じゅつヲ》於内《うちニ》一、而事《ことトスルモ》二智《ちヲ》於外《そとニ》一、則《すなはチ》不《ざラン》レ至《いたラ》二於治《ち》強《きょうニ》一矣。

鄙《ひ》諺《げんニ》曰《いハク》、「長《ちょう》袖《しゅうハ》善《よク》舞《まヒ》、多《た》銭《せんハ》善《よク》賈《かフト》。」此《これ》言《いフ》二多《た》資《し》之《の》易《やすキヲ》レ為《なシ》レ工《こうヲ》也《なり》。（韓非子、五蠹《ごと》編）

〔注〕鄙諺＝民間のことわざ。賈《こ》＝商売をする。売る。また、買う。

長幼序《ちょうようじょ》有《あ》り

年長者と年少者との間には、ちゃんとした順序がある。古代、尭《ぎょう》・舜《しゅん》のような聖人は、契《せつ》を司徒《しと》〔教育を担当する官〕として、人民に人倫〔人としての正しい道〕を教えさせた、という孟子の言葉である。孟子が述べた人倫には五項あり、これを「五倫」と言っている。

父子《ふし》　親有《しんあ》り。

——父と子との間には、生まれつき持っている親愛の情がある。父は子に対して「慈《じ》」〔いつくしみ。慈愛〕、子は父に対して「孝」〔孝行〕。

君臣《くんしん》　義有《ぎあ》り。

——君と臣との間には、上下の正しい秩序がある。君は臣に対して「礼」、臣は君に対して「忠」。

夫婦《ふうふ》　別有《べつあ》り。

——夫と妻とには、それぞれ役割の区別がある。夫は外における、妻は内における、それぞれのつとめ。

長幼《ちょうよう》　序有《じょあ》り。

——長者を先にし、幼者を後にするという順序がある。

朋友《ほうゆう》　信有《しんあ》り。

——友人の間には、信頼がある。「信」は、まこと。いつわりのないこと。また、言行の一致すること。

聖《せい》人《じん》有《あリ》レ憂《うれフル》レ之《これヲ》、使《しメ》三契《せつヲシテ》為《たラ》二司《し》徒《と》一、教《をしフルニ》以《もつテス》二人《じん》倫《りんヲ》一。父子有《り》レ親、君臣有《り》レ義、夫婦有《り》レ別、長幼有《り》レ序、朋友有《り》レ信。（孟子、滕文公《とうぶんこう》上編）

〔注〕聖人＝尭《ぎょう》や舜《しゅん》のような聖天子。憂レ之＝人民を教育しないと、禽《きん》獣《じゅう》と変わらないことを心配する。契＝舜帝の臣。

朝《ちょう》三《さん》暮《ぼ》四《し》

①結局は同じなのに、目先の違いにこだわること。②言葉の上だけでうまく話して、他人をだますこと。

①は、次の話のサルの立場から見た時の意味、②は、サルの飼い主の立場から言った時の意味であり、どちらにも使う。

『列子』に載せる話。宋《そう》の国に狙公《そこう》という人がいた。サルをかわいがって、群れをなして飼っていた。狙公はサルの気持ちがわかり、サルたちも狙公の心がわかっていた。狙公は、家族の食物を減らしてまで、サルの食欲を満たしていた。

ところが間もなく、家が貧乏になってしまった。そこで、サルの食糧を制限しようとしたが、それによって、サルたちが自分になつかなくなるのではないかと心配し、まずサルたちをだまして、こう言った。「お前たちに芧《とち》の実をあげるのに、これからは、朝三つ、夜四つにしたい。それでいいかね？」サルたちは、みな立ち上がって怒った。

狙公は、いそいで言った。「では、お前たちに芧の実をあげるのに、朝四つ、夜三つにしよう。いいかね？」サルたちは、ひれ伏して喜んだ。

物事、頭のいいことと悪いことが絡《から》み合っているのは、みなこの話と同様である。賢い人が知恵を働かせて愚か者たちを言いくるめるのは、ちょうど狙公が知恵を働かせてサルたちを言いくるめるのと、同様である。分け前は同じなのに、相手を喜ばせたり怒らせたりするのである。

――なお、狙公がサルたちに言ったのは、朝食の前であることに注意。これが、朝食の後、つまり夕食の前だったら、狙公の言うことは反対になる。

宋《そうニ》有《あリ》二狙《そ》公《こうトイフ》者《もの》一。愛《あいシ》レ狙《そヲ》、養《やしなヒテ》レ之《これヲ》成《なス》レ羣《ぐんヲ》。能《よク》解《かいシ》二狙《そ》之《の》意《いヲ》一、狙《そモ》亦《まタ》得《えタリ》二公《こう》之《の》心《こころヲ》一。損《そんシテ》二其《そノ》家《か》口《こうヲ》一、充《みタセリ》二狙《そ》之《の》欲《よくヲ》一。俄《にはカニシテ》而匱《とぼシ》焉。将《まさニ》レ限《かぎラント》二其《そノ》食《しょくヲ》一。恐《おそルル》二衆《しゅう》狙《そ》之《の》不《ざランコトヲ》レ馴《なレ》二於己《おのれニ》一也《や》、先《まヅ》誑《あざむキテ》レ之《これヲ》曰《いハク》、「与《あたフルニ》二若《なんぢニ》芧《とちヲ》一、朝《あしたニ》三《さんニシテ》而暮《くレニ》四《しニセン》、足《たル》乎《かト》。」衆《しゅう》狙《そ》皆《みな》起《たチテ》而怒《いかル》。俄《にはカニシテ》而曰《いハク》、「与《あたフルニ》二若《なんぢニ》芧《とちヲ》一、朝《あしたニ》四《しニシテ》而暮《くレニ》三《さんニセン》、足《たル》乎《かト》。」衆《しゅう》狙《そ》皆《みな》伏《ふシテ》而喜《よろこブ》。物《もの》之《の》以《もつテ》二能《のう》鄙《ひヲ》一相《あひ》籠《ろうスル》、皆《みな》猶《なホ》レ此《かクノごとキ》也《なり》。聖《せい》人《じんノ》以《もつテ》レ智《ちヲ》籠《ろうスルハ》二羣《ぐん》愚《ぐヲ》一、亦《まタ》猶《なホ》三狙《そ》公《こう》之《の》以《もつテ》レ智《ちヲ》籠《ろうスルガ》二衆《しゅう》狙《そヲ》一也《なり》。名《めい》実《じつ》不《ずシテ》レ虧《かケ》、使《しムル》二其《それヲシテ》喜《き》怒《どセ》一哉《か》。（列子、黄帝《こうてい》編）

〔注〕狙公＝サル飼い。また、サル回し。家口＝家族の食物。芧＝とちの実。また、ドングリの実。能鄙＝賢愚。名実＝利益。虧＝「欠」と同じ。減る。

また『荘子』にも、同じく「朝三暮四」として、次のような話が載っている。

心を煩せて、すべての意見を一つにしようとしながら、すべては同一である、ということを知らない。これを「朝三」という。「朝三」とは、どういうことか。狙公《そこう》がサルたちに芧《とち》の実を与えようとして、「朝に三つ、夜は四つにしよう」と言った。サルたちはみな、怒った。そこで狙公は「では、朝に四つ、夜は三つにしよう」と言った。サルたちはみな、喜んだ。

　計七つという言葉と実際とは同じなのに、サルたちを喜ばせ怒らせているのも、心を煩わせながら結果は同一、ということである。

労《ろうシテ》神《しん》明《めいヲ》為《なシテ》壱《いつト》、而不《ざル》知《しラ》其《その》同《おなジキヲ》也《なり》。謂《いフ》之《これヲ》朝《ちょう》三《さんト》。何《なにヲカ》謂《いフ》朝《ちょう》三《さんト》。曰《いハク》、狙《そ》公《こう》賦《あたフルニ》芧《とちヲ》曰《いハク》、「朝《あしたニ》三《さん》而《ニシテ》暮《くレニ》四《しニセント》。」衆《しゅう》狙《そ》皆《みな》怒《いかル》。曰《いハク》、「然《しかラバ》則《すなはチ》朝《あしたニ》四《し》而《ニシテ》暮《くレニ》三《さんニセント》。」衆《しゅう》狙《そ》皆《みな》悦《よろこブ》。名《めい》実《じつ》未《いまダ》虧《かケずシテ》、而喜《き》怒《どヲ》為《なスハ》用《ようト》、亦《まタ》因《よル》是《これニ》也《なり》。（荘子、斉物《せいぶつ》論編）

〔注〕神明＝心。　名＝言葉。ここでは「七」という数。　実＝実際。「七」という内容。

跂《つまだ》つ者《もの》は立《た》たず

　爪先で立っている人は、長く立っていることはできない。不自然な方法、無理なやり方は、長続きしないという老子の言葉。

「跨《また》ぐ者は行かず」ともいう。

　爪立つ人は、長く立ってはいられない。大股《おおまた》で歩く人は、遠くまで行くことはできない。自分から自分を示そうとする人は、はっきり見えない。自分から正しいとする人は、褒められない。自分から自慢する人は、認められない。自分から誇る人は、長続きはしない。

　これらは、道の立場から見ると、無駄で不要のものである。造物者は、これらを憎みきらう。だから、道を体得した人は、無駄で不要な境地にはいない。

跂《つまだツものハ》者不《ず》立《たタ》、跨《またグものハ》者不《ず》行《ゆカ》。自《みづから》見《あらはスものハ》者不《ず》明《あきラカナラ》、自《みづから》是《ぜトスルものハ》者不《ず》彰《あらはレ》。自《みづからほこルものハ》伐者無《なク》功《こう》、自《みづからほこルものハ》矜者不《ず》長《ながカラ》。其《その》於《おケル》道《みちニ》也《や》、曰《いフ》余《よ》食《し》贅《ぜい》行《こうト》。物《もの》或《あり》悪《にくムコト》之《これヲ》。故《ゆゑニ》有《ゆう》道《どう》者《しゃハ》不《ず》処《をラ》。（老子、二十四章）

〔注〕伐《ばつ》＝功績を誇る。　矜《きょう》＝誇る。おごり高ぶる。　余食贅行＝食べ残しと、贅肉。無駄な物、不要な物のたとえ。　物＝造物者、つまり道。

天《てん》の時《とき》は地《ち》の利《り》に如《し》かず

　天の与えてくれる好機も、地形の有利さには及ばない。

「天の時」は、天然自然が、その時に与えてくれる情況。昼夜、晴雨、寒暑など。

「地の利」は、地形の有利さ。山河や平野、森林などの位置関係。

孟子が、戦いの時には「人の和」がもっとも大切であると説いた言葉。三〇二頁も参照。

右に続けて、「地形の有利さも、人々の和には及ばない」と言っている。

「人の和」は、君と臣、君臣と人民、兵士と人民など、国内の人たちの心が和合し一致団結していること。

孟《もう》子《し》曰《いハク》、「天時《てんノときハ》不《ず》レ如《しカ》二地利《ちノりニ》一。地利《ちノりハ》不《ずトし》レ如《カ》二人和《ひとノわニ》一。」

（孟子、公孫丑《こうそんちゅう》下編）

天《てん》は長《なが》く地《ち》は久《ひさ》し

天地は長久である。長久は、永遠に続くこと。

また、天地が永遠に変わらないように、物事がいつまでも続くこと。「天長地久」。老子の言葉である。

「天長節」は、天皇誕生日の昭和二十年（一九四五）以前の呼び方。唐の天宝七年（七四八）、玄宗の誕生日をこう呼ぶように定めたことに始まる。

「地久節」は、皇后の誕生日の、昭和二十年以前の呼び方。明治二十年代の前半ころから言われてきた。

天地は、永遠に続く。天地が長く久しく続くことができる理由は、自分から生きようとはしないからである。だから、長く久しく続くことができるのである。

天長《てんハながク》地久《ちハひさシ》。天《てん》地《ちノ》所《ゆゑんノ》二以《よク》能《ながク》長《かツ》且《ひさシキ》久《ものハ》一者、以《もつテナリ》三其《そノ》不《ざルヲ》二自《みづかラハ》生《しょうぜ》一。故《ゆゑニ》能《よク》長久《ちょうきゅうナリ》。（老子、七章）

天網恢恢《てんもうかいかい》、疎《そ》にして失《うしな》わず

天が張る網《あみ》は広大であり、網の目も粗いが、決して悪を見逃さない。

老子の言葉で、善は必ず栄え、悪は必ず滅びることをいう。天の道は、何物とも争わないで、何物にも勝っている。何も言わないで、万物に応《こた》えている。こちらから招かなくとも、自然にやってくる。大まかであっても、よく考えている。こうして、天の網は広大で粗いけれど、万物を網羅して、洩《も》らすものはない。

天《てん》之《の》道《みちハ》不《ず》レ争《シテあらそハ》而善《よク》勝《かチ》、不《ず》レ言《シテいハ》而善《よク》応《おうジ》、不《ず》レ召《シテめサ》而自《みづから》来《きタリ》、繟《せん》然《ぜんトシテ》而善《よク》謀《はかル》。天《てん》網《もう》恢《かい》恢《かい》、疎《そニシテ》而不《ず》レ失《うしなハ》。

（老子、七十三章）

〔注〕繟然＝ゆるい。ゆるやか。おおまか。「たんぜん」とも読む。天網＝万物を網羅している「道」のこと。恢恢＝広大である。

遠《とお》き慮《おもんぱか》り無《な》ければ、必《かなら》ず近《ちか》き憂《うれ》え有《あ》り

将来まで深く考えておかないと、きっと身近に心配ごとが出てくる。

「遠－近」は、時間的な遠さ近さである。同時に、空間的な遠さ近さでもあるだろう。

孔子の言葉で、先々のこと・遠方のことに、よく心配りをしていよう。そうでないと、間もなく・身近なところに、憂えごとが起きるよ、ということ。

子《し》曰《いハク》、「人《ひと》無《なケレバ》二遠《とほキ》慮《おもんぱかり》一、必《かならズ》有《あリト》二近《ちかキ》憂《うれへ》一。」（論語、衛霊《えいれい》公《こう》編）

同病相救《どうびょうあいすく》う

同じ病気の人は、おたがいに助け合う。

好みを同じくする人は、いっしょに同じ方向に（走って）行く、ということ。

兵書の『六韜《りくとう》』（二八〇頁）に載せる話で、周の文王が、太公望・呂尚《りょしょう》に、天下の民を救う方法を質問し、呂尚が答えた言葉の一節。

王は、人民と心を一つにして、同じ病気の人は助け合い、同じ心情の人は心を合わせ、憎しみを同じくする人は協力し、好みを同じくする人はいっしょに進んでいく。

こうすれば、軍隊がなくとも勝つし、武器がなくとも攻撃できるし、塹壕《ざんごう》がなくとも守ることができる（王が人民と心を一つにしていれば、人民も王のために決死の覚悟で戦う、ということ）。

与《と》レ人《ひと》同《どう》病《びょう》相《あひ》救《すくヒ》、同《どう》情《じょう》相《あひ》成《なシ》、同《どう》悪《お》相《あひ》助《たすケ》、同《どう》好《こう》相《あひ》趍《おもむク》。

故《ゆゑニ》無《なクシテ》二甲《こう》兵《へい》一而勝《かチ》、無《なクシテ》二衝《しょう》機《き》一而攻《せメ》、無《なクシテ》二溝《こう》塹《ざん》一而守《まもル》。（六韜《りくとう》、武韜《ぶとう》編・発啓）

〔注〕趍《すう》＝「趨《すう》」の俗字。走って行く。遠く行く。衝機＝突き進む機械で、戦車のような兵器のこと。溝塹＝水のない堀。空堀《からぼり》。身を隠して敵と戦うための堀。塹壕《ざんごう》。

なお、『史記』には、次のように出てくる。

同《どう》悪《お》相《あひ》助《たすケ》、同《どう》好《こう》相《あひ》留《とどメ》、同《どう》情《じょう》相《あひ》成《なシ》、同《どう》欲《よく》相《あひ》趨《おもむキ》、同《どう》利《り》相《あひ》死《しス》。（呉王濞《ごおうび》伝）

「同好相留む」は、好みを同じくする人は引き止め合う。「同利相死す」は、利益を同じくする人は、相手のために死

ぬ。

呉王・濞《び》は、漢王朝を建てた高祖〔劉邦《りゅうほう》〕の兄・劉仲《りゅうちゅう》の子で、呉王に封じられた劉濞《りゅうび》のこと。右は、劉濞の腹臣である応《おう》高《こう》の話。

また、類似の表現として、次のようなものがある。

同舟相救《どうしゅうあいすく》う＝北方の胡《こ》の人と南方の越《えつ》の人とは、おたがいに言葉もわからず、意志も通じないが、同じ舟に乗って波濤《はとう》を越えていく時には、力を合わせて助け合う。（戦国策、燕《えん》策）

同声相応《どうせいあいおう》じ、同気相求《どうきあいもと》む＝同じ声〔意見〕の人は、よく応じ合うし、同じ気質の人は、おたがいに求め合う（易経《えききょう》、乾《けん》封《か》・文言伝）。

同美相妒《どうびあいねた》み、同業相仇《どうぎょうあいあだ》す＝美しい女性はおたがいにねたみ合い、同じ職業の人は仇《かたき》のように憎み合う（通俗編、交際）。

同病相憐《どうびょうあいあわれ》み、同憂相救《どうゆうあいすく》う＝同じ病気の人はおたがいに憐み慰め合うし、同じ悩みを持った人はおたがいに助け合う（呉越春秋、闔閭《こうりょ》内伝）。

同明相照《どうめいあいて》らし、同類相求《どうるいあいもと》む＝同じように光るものはおたがいに照らし合うし、同じ種類のものはおたがいに求め合う。同じ心の人どうしは仲間になりやすいこと（史記、伯夷《はくい》伝）。

徳《とく》は孤《こ》ならず、必《かなら》ず鄰有《となりあ》り

徳のある人〔有徳者〕は、決して孤立することなく、必ず隣人が出てくるものであるという、孔子の言葉。隣人は、有徳者に賛成し共鳴し味方する人。自信を持って進もう。

子《し》曰《いハク》、「徳《とくハ》不《ず》レ孤《こナラ》、必《かならズ》有《あ》レ鄰《リトとなり》。」（論語、里仁《りじん》編）

歳寒《としさむ》くして、然《しか》る後《のち》に松柏《しょうはく》の凋《しぼ》むに後《おく》るるを知《し》るなり

寒い時節になってから、松柏が最後までしぼまないでいることがわかる。松柏は常緑樹で、緑の葉を誇るのである。人の真価は、ふだんはわからない。困難な事柄、重大な事件などに遭遇した時にはじめて、その人の節操の堅さ、実力の有無などの真価がわかるのであるという、孔子の言葉。

「松柏」は、常緑樹。「柏」は檜《ひのき》の一種で、このてがしわ。どんな困難にも節操を曲げないことを「後凋《こうちょう》の節《せつ》」という。

子《し》曰《いハク》、「歳《とし》寒《さむクシテ》、然《しかルのちニ》後知《しル》二松《しょう》柏《はく》之《の》後《おくルルヲ》レ凋《しぼムニ》也《なりト》。」（論語、子罕《しかん》編）

〔注〕後レ凋＝凋《しぼ》み後れる。他の植物が枯れ凋んでも、いつまでも枯れ凋ばないで残る、ということ。「凋」を「彫」とする本もある。

富《とみ》は屋《おく》を潤《うるお》し、徳《とく》は身《み》を潤《うるお》す

富というものは、その家を豊かにするだけだが、徳というものは、その人自身を豊かにしてくれる。

「十目《じゅうもく》の視《み》る所《ところ》、十手《じっしゅ》の指《ゆび》さす所《ところ》、其《そ》れ厳《げん》なるかな」（三四三頁）を参照。

鳥《とり》の将《まさ》に死《し》せんとするや、其《そ》の鳴《な》くや哀《かな》し

鳥が死にかけている時には、ふだんの楽しそうな声と違って、その鳴き声は悲しげである。

これは、これに続く「人が死にそうになっている時には、その言うことは正しい」と対句《ついく》になっており、こちらを強調するために、その前に置かれた句である。いわば枕詞《まくらことば》・序詞《じょことば》のような存在。

曾子《そうし》（四〇九頁）が、病に臥した。魯《ろ》の大夫の孟敬子《もうけいし》が見舞いに来たので、曾子が孟敬子に言った言葉である。従って、次の文章中の「人」は、曾子自身をさしている。

曾《そう》子《し》有《あり》レ疾《やまひ》。孟《もう》敬《けい》子《し》問《と》フレ之《これ》ヲ。曾《そう》子《し》言《い》ヒテ曰《い》ハク、「鳥《とり》之《の》将《まさ》ニレ死《し》セントスルヤ、其《そ》ノ鳴《な》クヤ也哀《かな》シ。人《ひと》之《の》将《まさ》ニレ死《し》セントスルヤ、其《そ》ノ言《い》フヤ也善《よ》シト。」（論語、泰伯《たいはく》編）

曾子は、自分の命は間もなく終わるので、暗に「其の言ふや善し」――正論を言うから聞いて欲しいという気持ちで、孟敬子に「君子の貴ぶ三つの魂」を教えさとしたのである。

呑舟《どんしゅう》の魚《うお》は枝流《しりゅう》に游《あそ》ばず

舟を呑《の》み込むくらいの大魚は、支流のような狭い川では泳がない。

大人物は高い志を抱き、俗事にはこだわらないたとえ。また、大人物は俗世には住まないたとえ。『列子』に載せる、楊朱（四一七頁）の言葉。

「鴻鵠《こうこく》は高《たか》く飛《と》びて、汚池《おち》に集《あつ》まらず」は、右に続く語。鴻も鵠も、大きな白鳥。また、鴻は大雁《おおかり》、鵠はクグイ（コウノトリ）。「鴻鵠」で、大きな鳥。「汚池」は、池や沼などの水たまり。

楊朱が、梁《りょう》の恵王に会見した。

楊朱「天下を治めることは、掌《てのひら》の上で物を転がすくらいに簡単です。」

恵王「あなたは、妻と妾《しょう》（側女《そばめ》）とを一人ずつお持ちだが、それさえ治められない。また、三畝《さんぽ》（一畝は、一・八二アール）の

畑をお持ちだが、草刈りさえしきれない。それなのに、どうして天下を簡単に治められる、というのか。」

楊朱「王は、羊飼いをご存じでしょう。百頭の大群を、十二、三歳の子供が、鞭《むち》を持ってついてゆき、東にも西にも行かせることができます。

しかし、尭帝が一頭の羊を連れたり、舜帝が鞭を持ってついていったりしても、羊を進ませることもできないでしょう。

私はまた、『呑舟の魚は、枝流に游ばず。鴻鵠《こうこく》は高く飛びて、汚池《おち》に集まらず』と聞いています。大魚や大鳥《おおとり》の目ざす所が遠いからです。

また、黄鍾《おうしょう》や大呂《たいりょ》は、激しく舞う時の曲には、ついていけません。その音が粗いからです。

同様にして、『大きなものを治めようとする人は、小さいものは治めない。大きな仕事を成し遂げようとする人は、小さな仕事は成し遂げない』というのは、こういうことを言ったものなのです。」

楊《よう》朱《しゅ》、見《まみエテ》二梁《りょう》王《おうニ》一言《いフ》、「治《をさムルハ》二天《てん》下《かヲ》一、如《ごとシト》レ運《めぐラスガ》二諸《これヲ》掌《たなごころニ》一。」

梁《りょう》王《おう》曰《いハク》、「先《せん》生《せい》有《ありテ》二一《いっ》妻《さい》一《いっ》妾《しょう》一、而《しかモ》不《ず》レ能《あたハ》レ治《をさムル》。三《さん》畝《ぼ》之《の》園《えんニシテ》、而《しかモ》不《ず》レ能《あたハ》レ芸《くさぎル》。而《しかルニ》言《いフハ》下治《をさムルハ》二天《てん》下《かヲ》一如《ごとシト》上レ運《めぐラスガ》二諸《これヲ》掌《たなごころニ》一、何《なんゾや》也《ト》。」

対《こたヘテ》曰《いハク》、「君《きみ》見《みタル》二其《かノ》牧《ぼくスル》レ羊《ひつじヲ》者《ものヲ》一乎《か》。百《ひゃく》羊《ようニシテ》而羣《ぐんスルモ》、使《しムレバ》二五《ご》尺《しゃく》之《の》童《どう》子《じヲシテ》、荷《になヒテ》レ箠《むちヲ》而随《したがハ》レ之《これニ》、欲《ほっスレバ》レ東《ひがしセント》而東《ひがしシ》、欲《ほっスレバ》レ西《にしセント》而西《にしス》。使《しムレバ》下尭《ぎょうヲシテ》牽《ひキ》二一《いち》羊《ようヲ》一、舜《しゅんヲシテ》荷《になヒテ》レ箠《むちヲ》而随《したがハ》上レ之《これニ》、則《すなはチ》不《ざラン》レ能《あたハ》レ前《すすム》矣。

且《かツ》臣《しん》聞《きク》レ之《これヲ》、『呑《どん》舟《しゅう》之《の》魚《うをハ》、不《ず》レ游《あそバ》二枝《し》流《りゅうニ》一。鴻《こう》鵠《こくハ》高《たかク》飛《とビテ》、不《ずト》レ集《あつマラ》二汚《お》池《ちニ》一。』何《なんトナレバ》則《すなはチ》其《そノ》極《きょく》遠《とほケレバなり》也。黄《おう》鍾《しょう》・大《たい》呂《りょハ》、不《ず》レ可《べカラ》レ従《したがフ》二煩《はん》奏《そう》之《の》舞《まひニ》一。何《なんトナレバ》則《すなはチ》其《そノ》音《おん》疎《そナレバなり》也。

『将《まさニ》レ治《をさメントすル》レ大《だい》者《ものハ》、不《ず》レ治《をさメ》レ細《さいヲ》。成《なサントスル》二大《たい》功《こうヲ》一者《ものハ》、不《ずトハ》レ成《なサ》レ小《しょうヲ》。』此《これ》之《の》謂《いヒナリ》矣《ト》。」（列子《れっし》、楊朱《ようしゅ》編）

〔注〕梁王＝梁の恵王（在位、前三六九―前三一九）をさすという。芸《うん》＝草を刈る。「藝」の新字体とは別の字。黄鍾＝十二律〔音階〕の基本の音。陽に属する。大呂＝黄鍾に次ぐ基本の音。陰に属する。煩奏＝手を激しく動かして行う演奏。疎＝粗い。基調の音だから、微妙な音は出せない。

なお『説苑《ぜいえん》』政理《せいり》編にも、ほとんど同じ話が載っている。

雞《にわとり》を割《さ》くに焉《いず》くんぞ牛刀《ぎゅうとう》を用《もち》いんや

小さな鶏を切り割くのに、大きな牛を切り割くのに用いる大きな刀を使うことがあろうか。
小さな事を行う時には、大きな手段や方法は必要ではない、ということ。

孔子が、魯《ろ》国の武城《ぶじょう》という小さな町に行くと、町から音楽が聞こえてきた。孔子は、にっこりと笑って、こう言った、「鶏を殺すのに、どうして牛刀を使うのかね。」

孔子はかねがね、礼楽によって人々を治めることの大切さを説いていた。いま武城は、門人の子游《しゆう》（四〇二頁）が治めている。そして早速、礼楽を普及させていたのである。武城を「鶏」に、礼楽を重要な道であるとして「牛刀」にたとえて言ったもの。孔子は、子游の実践をもちろん喜んでいる。

さて子游は、まじめにお答えして言った、「以前に私は、先生からこう教えられました、『君子が礼楽の道を学ぶと、人々を愛するようになる。治められる人たちが礼楽の道を学ぶと、上に立つ人が使いやすく（従順に）なる』と。」

孔子は、周囲の門人たちにこう言った、「君たち、子游の言葉は正しい。私のさっきの言葉は、子游に冗談《じょうだん》を言ったものなのだ。」

子　游
（『孔門儒教列伝』）

子《し》之《ゆキ》二武《ぶ》城《じょうニ》一、聞《きク》二絃《げん》歌《か》之《の》声《こゑヲ》一。夫《ふう》子《し》莞《かん》爾《じトシテ》而笑《わらヒテ》
曰《いハク》、「割《さク》レ雞《にはとりヲ》焉《いづクンゾ》用《もちキンヤト》二牛《ぎゅう》刀《とうヲ》一。」
子《し》游《ゆう》対《こたヘテ》曰《いハク》、「昔《むかし》者偃《えん》也《や》、聞《きケリ》二諸《これヲ》夫《ふう》子《し》一、曰《いハク》、『君《くん》子《し》学《まなベバ》レ道《みちヲ》則《すなはチ》愛《あいシ》レ人《ひとヲ》、小《しょう》人《じん》学《まなベバ》レ道《みちヲ》則《すなはチ》易《やすキ》レ使《つかヒ》也《なりト》』。」
子《し》曰《いハク》、「二《に》三《さん》子《し》、偃《えん》之《の》言《げんハ》是《ぜ》也《なり》。前《ぜん》言《げんハ》戯《たはむレシ》レ之《これニ》耳《のみト》。」
（論語、陽貨《ようか》編）

〔注〕絃歌之声＝絃楽器や歌声などの音。　莞爾＝にっこりする。ほほえ

む。偃＝子游の名。姓は言《げん》。君子＝ここでは、為政者。もちろん人格的にも君子である。小人＝ここでは、治められる人たち。被治者。二三子＝門人たち。君たち。

子游はまた、武城の町で澹台滅明《たんだいめつめい》という優れた部下を得た。三八一頁の「行《ゆ》くに径《こみち》に由《よ》らず」を参照。

は 行

背水《はいすい》の陣《じん》

川や沼など、水を後ろにして戦う陣立て。退却はできないので、決死の覚悟で戦うことになる。

広く、もし失敗したら滅びる覚悟で、全力を尽くして事に当たること。

漢の功臣・韓信《かんしん》が、張耳《ちょうじ》とともに趙《ちょう》を攻めた時（前二〇四）、趙軍は三十万の兵を率いてこれを迎えた。韓信は一万の兵を先発させ、川を背にして戦った。戦いは結局、韓信の軍が勝利を収め、趙王・歇《あつ》は、捕虜になった。

漢の将軍たちから、この陣立てを問われた韓信は、「之《これ》を死《し》地《ち》に陥《おちい》らしめて、然《しか》る後《のち》に生《い》く」というではないかと、兵法を引用して説明する。

韓 信
（『中国五百名人図典』）

これは『史記』淮陰侯《わいいんこう》伝に載せる話。「背水の陣」という兵法は、『尉繚子《うつりょうし》』にも出てきている。これは、尉繚子が梁《りょう》（魏《ぎ》）の恵王（在位、前三六九－前三三五）に話をしている中の一節。

兵法書『天官』では、「水を背にして布陣するのを絶体絶命の地、坂を正面にして布陣するのを戦いを放棄した地（と言い、これは敗北を招く布陣である）」と、（批判して）記している。

しかし、周の武王が殷《いん》の紂《ちゅう》王を討った時（四二五頁）には、済《せい》水《すい》を背にし、山に面して布陣して、二万二千五百人の兵を率い、紂王の何十万という大軍と戦って、殷を滅した。つまり紂王は

『天官』の（批判する）布陣と戦って破れたのである。〈略〉

黄帝（四二二頁）も「神霊や鬼霊の力を借りる前に、まず自分の知恵を尽くせ」と言っている。だから『天官』にあるからといっても、決定するのは人間だけなのである。

按《あんズルニ》二天《てん》官《かんヲ》一曰《いハク》、「背《せニシテ》レ水《みづヲ》陣《じんスルヲ》、為《なシ》二絶《ぜっ》地《ちト》一、向《むカヒテ》レ阪《さかニ》陣《じんスルヲ》、為《なス》二廃《はい》軍《ぐんト》一。」武《ぶ》王《おう》伐《うツトキ》レ紂《ちゅうヲ》、背《せニシ》二済《せい》水《すいヲ》一、向《むカヒテ》二山《さん》阪《はんニ》一而陣《じんシ》、以《もっテ》二二万二千五百人《ヲ》一、撃《うチテ》二紂《ちゅう》之《の》億《おく》万《まんヲ》一而滅《ほろボス》レ商《しょうヲ》。豈《あニ》紂《ちゅう》不《ざラン》レ得《え》二天《てん》官《かん》之《の》陣《じんヲ》一哉《や》。〈略〉黄《こう》帝《てい》曰《いハク》、『先《さきダチ》レ神《しんニ》先《さきダチ》レ鬼《きニ》、先《まヅ》稽《かんがヘヨト》二我《わガ》智《ちヲ》一。』謂《いフ》二之《これヲ》天《てん》官《かんト》一、人《じん》事《じナルノ》而-已《みト》。」（尉繚子《うつりょうし》、天官編）

〔注〕天官＝この当時あった兵法書とされる。商＝殷《いん》のこと。

謀《はかりごと》は密《みつ》ならんことを欲《ほっ》す

謀略は、秘密のうちに進めるようにする。兵書の『三略』（二八〇頁）に記す、将軍にとって必要な三項のうちの、一番め。続いて、次の二点を挙げる。兵士と人民とは、心を一つに合わせるようにする。敵を攻撃するには、すばやく行動するようにする。

将《しょうノ》謀《はかりごとハ》欲《ほっシ》レ密《みつナランコトヲ》、士《し》衆《しゅうハ》欲《ほっシ》レ一《いつナランコトヲ》、攻《せムルニハ》レ敵《てきヲ》欲《ほっス》レ疾《はやカランコトヲ》。（三略、上編）

藐《は》姑《こ》射《や》の山《やま》

不老不死の仙人の住んでいるという、伝説上の山。姑射山《こやさん》。日本では、上皇の御所を祝って言う。仙洞《せんとう》御所。

『荘子』に載せる話で、楚《そ》国の隠者である接輿《せつよ》が、架空の人物の肩吾《けんご》に話して聞かせたもの。肩吾は、同じく架空の人物の連叔《れんしゅく》に、この話を語っている。

藐姑射《はこや》の山に、神人が住む。神人の肌は氷雪のようであり、なよなよとして処女のようである。五穀を食べず、風を吸い、露を飲み、雲に乗り、竜を御して、天地の外まで遊びに行く。その心が集中すると、人々が傷つかず病気にならないように、穀物がよく実るようにさせることができる、という。

藐《は》姑《こ》射《や》之《の》山《やまニ》、有《ありテ》二神《しん》人《じん》一居《をり》焉。肌《き》膚《ふハ》若《ごとク》二氷《ひょう》雪《せつノ》一、淖《しゃく》約《やくトシテ》若《ごとシ》二処《しょ》子《しノ》一。不《ず》レ食《くラハ》二五《ご》穀《こくヲ》一、吸《すヒ》レ風《かぜヲ》飲《のミ》レ露《つゆヲ》、乗《のリ》二雲《うん》気《きニ》一、御《ぎょシテ》二飛《ひ》竜《りゅうニ》一、而遊《あそブ》二乎四《し》海《かい》之《の》外《そとニ》一。其《そノ》神《しん》凝《こレバ》、使《しム》下物《ものヲシテ》不《ず》二疵《し》癘《らいセ》一、而年《ねん》穀《こくヲシテ》熟《じゅくセ》上。（荘子、逍遥遊《しょうようゆう》編）

〔注〕淖約＝なよなよとしている。柔らかく弱い。五穀＝麻《あさ》・黍《きび》・稷《たかきび》・

麦《むぎ》・豆《まめ》。また、黍の代わりに稲。疵＝傷。癘＝悪病。

白駒《はっく》の隙《げき》を過《す》ぐるがごとし

白い馬が、戸の狭い隙間《すきま》の向こうを、さっと走り抜ける。歳月の過ぎ去るのが早いことのたとえ。また、人生のはかないことのたとえ。

老子が孔子に対して「道」を説明している中の一部。人が天地の間に生きている時間は、白い馬が戸の隙間を通り過ぎるように、忽《たちま》ちのうちに過ぎ去ってしまう。すべての物は、水が流れ芽が生えるように、突然に生まれ出で、そのまま静かに、死んでいくのである。自然の変化に従って生じ、変化に従って死んでいくのである。

人《ひとノ》生《いクルハ》二天《てん》地《ち》之《の》間《かんニ》一、若《ごとク》二白《はく》駒《くノ》過《すグルガ》レ郤《げきヲ》、忽《こつ》然《ぜんタル》而《の》-已《み》。注《ちゅう》然《ぜん》勃《ぼつ》然《ぜんトシテ》、莫《なク》レ不《ざルモノ》レ出《いデ》焉、油《ゆう》然《ぜん》漻《りゅう》然《ぜんトシテ》、莫《なシ》レ不《ざルモノ》レ入《いラ》焉。已《すでニ》化《かシテ》而生《しょうジ》、又《また》化《かシテ》而死《しス》。(荘子、知北遊《ちほくゆう》編)

〔注〕郤《げき》＝「隙《げき》」と同じ。忽然＝たちまちのうちである。注然＝水が注ぎ流れるようす。勃然＝苗が生じるようす。油然＝さからわないようす。漻然＝静かでひっそりするようす。

莫逆《ばくぎゃく》の友《とも》

「莫《なシ》レ逆《さかラフ》」——互いの心に逆らうことなく、意気投合した友。親密な友人。親友。

『荘子』に載せる話。四人の仲間たちが、お互いにこう言った。「誰が無を首とし、生を背骨とし、死を尻《しり》としているだろう。誰が死・生、存・亡が一体であることを、知っているだろう。我々は、これを知っている人と友達になろう。」四人はお互いに顔を見合わせて笑い、めいめいの心に逆らうこともなく、そのままお互いに親友になった。

子《し》祀《し》・子《し》輿《よ》・子《し》犁《り》・子《し》来《らい》、四《よ》人《にん》相《あひ》与《ともニ》語《かたリテ》曰《いハク》、「孰《たれカ》能《よク》以《もつテ》レ無《むヲ》為《なシ》レ首《くびト》、以《もつテ》レ生《せいヲ》為《なシ》レ脊《せきト》、以《もつテ》レ死《しヲ》為《なス》レ尻《しりト》。孰《たれカ》知《しル》二死《し》生《せい》存《そん》亡《ぼう》之《の》一《いつ》体《たいナルヲ》一者《ものゾ》。吾《われ》与《と》レ之《これ》友《ともタラン》矣《ト》。」四《よ》人《にん》相《あひ》視《みテ》而笑《わらヒ》、莫《なク》レ逆《さかラフ》二於心《こころニ》一、遂《つひニ》相《あひ》与《ともニ》為《なル》レ友《ともト》。(荘子、大宗師《だいそうし》編)

〔注〕子祀・子輿・子犁・子来＝四人とも架空の人物。無・生・死＝生前・生存・死後。それぞれを、人体の首・背・尻《しり》に当てている。首・背・尻は、人体の一部で一体となっているし、生前・生存・死後も一続きで一体となっている、という考え方。死生存亡之一体＝死と生、存と亡とも一体である、という考え方。首・背・尻、無・生・死が一体であるという考え方と同じ。

尾生《びせい》の信《しん》

約束を固く守ること。また、約束をきちんと守るだけで、融通のきかないこと。愚直。ばか正直。

『荘子』に載せる話。春秋時代、魯《ろ》国の尾生高《びせいこう》が、橋桁《はしげた》の下で女性と会う約束をした。女性はなかなか来ず、そのうちに水量が増してきた。しかし尾生高は約束の場所を離れず、橋の脚に抱きついたまま、溺れ死んでしまった。「抱柱《ほうちゅう》の信《しん》」ともいう。

尾《び》生《せい》与《と》二女《じょ》子《し》一期《きス》二梁《りょう》下《かニ》一。女《じょ》子《し》不《ず》レ来《きタラ》。水《みづ》至《いたルモ》不《ず》レ去《さラ》、抱《いだキテ》二梁柱《りょうちゅうヲ》一而死《しス》。(荘子、盗跖《とうせき》編)

人一《ひとひと》たびして之《これ》を能《よ》くすれば、己《おのれ》之《これ》を百《ひゃく》たびす

他人が一回やって身につけたのなら、自分はそれを百回やってみる。

他人が十回やって身につけたのなら、自分はそれを千回やってみる。

『中庸』に載せる言葉で、他人の百倍の努力をせよ、ということ。そうすれば、愚かな人であっても必ず賢い人になるし、弱い人であっても必ず強い人になる、と言っている。

人《ひと》一《ひとタビシテ》能《よクスレバ》レ之《これヲ》、己《おのれ》百《ひゃくタビス》レ之《これヲ》。人《ひと》十《とタビシテ》能《よクスレバ》レ之《これヲ》、己《おのれ》千《せんタビス》レ之《これヲ》。果《はタシテ》能《よクスレバ》二此《こノ》道《みちヲ》一矣、雖《いへどモ》レ愚《ぐト》必《かならズ》明《めいニ》、雖《いへどモ》レ柔《じゅうト》必《かならズ》強《きょうナリ》。(中庸、二十章)

百門《ひゃくもん》にして一門《いちもん》を閉《と》ず

百の門があるのに、一つの門を閉じる。それで盗人の侵入を防ごうとすること。

用意や準備が不十分なたとえ。また、考え方が一面的であるたとえ。

話は、二三八頁のコラムに記したので、参照されたい。

子《し》墨《ぼく》子《し》有《あリ》レ疾《やまひ》。跌《てつ》鼻《び》進《すすミテ》而問《とヒテ》曰《いハク》、「先《せん》生《せい》以《もつテ》二鬼《き》神《しんヲ》一為《なシ》レ明《めいト》、能《よク》為《なシ》二禍《か》福《ふくヲ》一、為《なス》レ善《ぜんヲ》者《ものハ》賞《しょうシ》レ之《これヲ》、為《なス》二不《ふ》善《ぜんヲ》一者《ものハ》罰《ばつストス》レ之《これヲ》。今《いま》、先《せん》生《せいハ》聖《せい》人《じん》也《なり》。何故《なんノゆゑニ》有《あルヤ》レ疾《やまひ》。意《おもフニ》-者、先《せん》生《せい》之《の》言《げんニ》有《あル》二不《ふ》善《ぜん》一乎《か》、鬼《き》神《しん》不《ざル》二明《めい》知《ちナラ》一乎《かト》。」子《し》墨《ぼく》子《し》曰《いハク》、「雖《いへどモ》レ使《しムト》二我《われヲシテ》有《あラ》レ疾《やまひ》、鬼《き》神《しん》何-遽《なんゾ》不《ふ》明《めいナランヤ》。」

人《ひと》之《の》所《ところノ》レ得《うル》二於疾《やまひヲ》一者《ものハ》多《た》方《ほうナリ》。有《あリ》レ得《うル》二之《これヲ》寒《かん》暑《しょニ》一、有《あリ》レ得《うル》二之《これヲ》労《ろう》苦《くニ》一。百《ひゃく》門《もんニシテ》而閉《とヅルモ》二一《いち》門《もんヲ》一焉、則《すなはチ》盗《とう》何《な》-遽《んゾ》無《なカランヤト》二従《よリテ》入《いル》一。」（墨子、公孟《こうもう》編）

氷炭《ひょうたん》は器《き》を同《おな》じくせず

氷と炭火とは、一つの容器の中では長くもたない。あい反する意見は、両立できない、ということ。

儒家の漆雕啓《しっちょうけい》（また漆雕開《かい》）を、世の君主は廉直な人物であるとして礼遇する。また、墨家の宋栄子《そうえいし》（宋銒《そうけん》・宋牼《そうけい》ともいうか）を、世の君主は寛大な人物であるとして礼遇する。

しかしそもそも、氷と炭火とは、同じ容器には入れられない。寒さと暑さとは、同じ時期にはやって来ない。それと同じく、あい反する学説は、両立できるものではない。

ところが今の君主は、あい反する学説を共に聞いて、併せて実行しようとしている。これでは、世が混乱するのも当然だ。そして君主のこういう態度は、人民を治める時にも必ず出てくるだろう。

そんな態度では、世はとても治まらない。それよりも、私・韓非子の「信賞必罰《しんしょうひつばつ》」（二七七頁）一本で行こうよ、という主張である。同じ句は『後漢書』傅燮《ふしょう》伝にも出てくる。

夫《そレ》氷《ひょう》炭《たんハ》不《ず》二同《おなジクシテ》レ器《きヲ》而久《ひさシカラ》一。寒《かん》暑《しょハ》不《ず》二兼《かネテ》レ時《ときヲ》而至《いたラ》一。雑《ざっ》反《はん》之《の》学《がくハ》、不《ず》二両《りょう》立《りつシテ》而治《をさマラ》一。今《いま》兼《けん》二聴《ちょうシ》-雑《ざつ》学《がくヲ》一、繆《びゅう》二-行《こうス》同《どう》異《い》之《の》辞《じヲ》一、安《いづクンゾ》得《えン》レ無《なキヲ》レ乱《みだルル》乎《や》。聴《ちょう》行《こう》如《ごとシ》レ此《かクノ》、其《そノ》於《おケル》レ治《をさムルニ》レ人《ひとヲ》、又《また》必《かならズ》然《しかラン》矣。（韓非子、顕学《けんがく》編）

〔注〕雑反＝雑駁《ざっぱく》で矛盾した。繆行＝混ぜ合わせて行う。聴行＝聞き入れて実行する。

氷炭相並《ひょうたんあいなら》ばず

これは、性格が正反対であって、どうしても調和や一致することはできない、というたとえ。

戦国時代の楚《そ》国の屈原《くつげん》と、彼を国から追放した者との関係を言ったもので、『楚辞《そじ》』に収める東方朔《とうぼうさく》の「七諫《しちかん》」中にある句。日本では「氷炭相容《あいい》れず」というが、これは『童子問《どうしもん》』に、「氷炭相入れず」とある句から来ている。

『童子問』は、江戸時代の儒者・伊藤仁斎《じんさい》（一六二七―一七〇五）の著。仏教や老荘と儒家との関係を「氷炭相入れず」と言っている。

故《ふる》きを温《たず》ねて新《あたら》しきを知《し》る

過去のことをじっくりと理解して、現在に対応する方法を知っていく。

過去に学んだことを理解し、現在のこともよく知る。

過去に学んだことをじっくりと学び返して、新しい意味を発見していく。

短い文章なので、幾つかの解釈ができる。そして、右のような態度や方法をとることができる人が、「以《もっ》て師《し》為《た》るべし」——人を導く立場につくことができる、という孔子の言葉。

「温」は「あたたム」と読んでもよい。意味は同じ。「温故知新《おんこちしん》」ともいう。

子《し》曰《いハク》、「温《たづネテ》レ故《ふるキヲ》而知《しレバ》レ新《あたらシキヲ》、可《ベシ》二以《もつテ》為《たル》一レ師《し》矣《ト》。」（論語、為政《いせい》編）

糞土《ふんど》の牆《しょう》は杇《ぬ》るべからざるなり

→朽木《きゅうぼく》は彫《え》るべからざるなり、糞土《ふんど》の牆《しょう》は杇《ぬ》るべからざるなり（三二八頁）

兵《へい》は拙速《せっそく》を聞《き》く

戦いは、方法はまずくても、早く勝ったほうがよい、と聞いている。

「拙速」は、方法は下手でも、結果や結論は速い、ということ。

孫子の言葉。（戦いが長引くと）兵の勢いを鈍《にぶ》らせ、鋭さを挫《くじ》き、力も尽き、貨財も乏しくなる。そうすると諸侯は、その疲弊ぶりにつけ込んで攻めてくる。（こうなると）いくら知恵のある者がいても、その事後処理をうまく行うのは不可能だ。だから戦いは、方法は拙《つたな》くても、速く勝つほうがいい、と聞いている。これまで、戦術は巧みなのに長期戦になった例は、見たことがないのである。

夫《それ》鈍《にぶラシ》レ兵《へいヲ》挫《くじキ》レ鋭《えいヲ》、屈《くつシ》レ力《ちからヲ》殫《つクサバ》レ貨《かヲ》、則《すなはチ》諸侯《しょこう》乗《じょうジテ》二其《その》弊《へいニ》一而起《たタン》。雖《いへどモ》レ有《あリト》二智《ち》者《しゃ》一、不《ず》レ能《あたハ》レ善《よクスル》二其《その》後《のちヲ》一矣。故《ゆゑニ》兵《へいハ》聞《きク》二拙《せっ》速《そくヲ》一。未《いまダ》レ睹《みざル》二巧《こう》之《の》久《ひさシキヲ》一也《なり》。（孫子、作戦編）

墨子《ぼくし》、糸《いと》に泣《な》く

墨子が、糸はどのような色にも染まるのを見て、涙を流す。人は、環境や習慣次第で、どのような人間にもなるから、十分に注意したい、という意味。

本来は、次頁の「墨子、染を悲しむ」の文章がこの語の出典と思われる。また『呂氏春秋《りょししゅんじゅう》』当染《とうせん》編などにも、この話を収めている。

楊子が、枝分かれしている道に来て、声をあげて泣いた。南にも北にも行けるからである。

墨子は、白い練り糸を見て涙を流した。黄色にも黒色にも染められるからである。

楊《よう》子《し》、見《みテ》二逵《き》路《ろヲ》一而哭《こくス》レ之《これニ》。為《ためナリ》下其《そノ》可《べク》二以《もつテ》南《みなみス》一、可《べキガ》中以《もつテ》北《きたス》上。
墨《ぼく》子《し》、見《みテ》二練《れん》糸《しヲ》一而泣《なク》レ之《これニ》。為《ためナリ》下其《そノ》可《べク》二以《もつテ》黄《きニス》一、可《べキガ》中以《もつテ》黒《くろニス》上。（淮南子《えなんじ》、説林訓《せつりんくん》編）

楊子の話は、三八三頁「楊子《ようし》、岐《き》に泣《な》く」を参照。「逵路」は、四方八方に通じる道。「練糸」は、柔かく白くした絹糸。

墨子《ぼくし》、岐道《きどう》を見《み》て之《これ》に哭《こく》す

墨子が、岐道〔分かれ道〕に来て、どちらにでも行けると言って涙を流した。

これも前項と同じく、人は環境や習慣しだいで、善悪のどちらにもなることを嘆いたもの。

国を滅ぼした王は知者に近いし、国を滅ぼした臣も忠義者に近い。近いために、愚か者はなぜかと悩むが、聖人はよく考えてみるべきである（わずかの差から、分かれていく、ということ）。だから墨子は、分かれ道に来ると泣いたのだ。

亡《ぼう》国《こく》之《の》主《しゅハ》似《にタリ》レ智《ちニ》、亡《ぼう》国《こく》之《の》臣《しんハ》似《にタリ》レ忠《ちゅうニ》。相《あひ》似《にタル》之《の》者《ものハ》、此《これ》愚《ぐ》者《しゃ》之《の》所《ところニシテ》二大《おほイニ》惑《まどフ》一、而聖《せい》人《じん》之《の》所《ところ》レ加《くはフル》レ慮《りょヲ》也《なり》。
故《ゆゑニ》墨《ぼく》子《しハ》見《みテ》二岐《き》道《どうヲ》一而哭《こくス》レ之《これニ》。（呂氏春秋、疑似《ぎじ》編）

しかし、三八三頁の「楊子《ようし》、岐《き》に泣《な》く」のとおり、岐路で泣いたのは楊子、とするのがふつう。

墨子《ぼくし》、染《せん》を悲《かな》しむ

墨子が、糸を染めている人を見て、嘆息して言った。「青に染めれば青くなり、黄に染めれば黄になる。糸の入れられる染料が変われば、その色も変わるのだ。五回染めれば、五色になる。

染色は、慎重にしなければいけない。

つまり、国家から天子・諸侯・士庶民にいたるまで、相手をする人の善にも悪にも染められるから、十分に注意したい、ということを述べている。

子《し》墨《ぼく》子《し》言《いフ》、見《みテ》二染《そムル》レ糸《いとヲ》者《ものヲ》一而嘆《たんジテ》曰《いハク》、「染《そムレバ》二於蒼《あをニ》一則《すなはチ》蒼《あをトナリ》、染《そムレバ》二於黄《きニ》一則《すなはチ》黄《きトナル》。所《ところノ》レ入《いル》者《もの》変《へんズレバ》、其《そノ》色《いろモ》亦《まタ》変《へんズ》。五《ご》入《にゅうシテ》必《をハリテ》而已《やメバ》、則《すなはチ》為《なル》二五《ご》色《しょくト》一矣。故《ゆゑニ》染《せんハ》不《ざル》レ可《べカラ》レ

不《ざ》レ慎《ルつつしマ》也《なりト》。」（墨子、所染編《しょせん》）

〔注〕必《ひつ》＝ここでは「畢《ひつ》」と同じで、終わる。

墨子《ぼくし》に煖席《だんせき》無《な》し

墨子は、天下を救うために走り回っていたので、座席の暖まることがなかった。

一庶民が、天下の利益を自分のこととして、すべての人々の損害を除こうとした、その一例。次の六人が挙げられている。

伊尹《いいん》は、鼎《かなえ》〔深い鍋《なべ》〕を背負って（料理人となって）、殷《いん》の湯《とう》王に仕官を求めた（後に宰相となる）。

呂望《りょぼう》〔太公望《たいこうぼう》・呂尚《りょしょう》〕は、刀を叩いて（犬などを殺しながら）、周王朝に入った（周王朝創建の功労者となる）。

百里奚《ひゃくりけい》は、転々と食いつないだ（奴隷《どれい》になりながら、秦《しん》国の穆《ぼく》公の宰相となる）。

管仲《かんちゅう》は、捕虜になって拘束された（結局、斉《せい》国の桓公の宰相となる）。

孔子は、家に黒ずんだ煙突がなかった（天下を回って思想を説く）。

墨子は、席の暖まる暇がなかった。

以上は『淮南子《えなんじ》』修務《しゅうむ》編に載せる話。

ここからは

「孔子《こうし》に黔《けん》突《しん》無《な》く、墨子《ぼくし》に煖席《だんせき》無《な》し」

の成語が生まれた。「黔突」は、「黔突《けんとつ》」とも書く。「黔」は、煤《すす》などで黒くなること。「突」は、煙突。家で食事をとったり煖をとったりしないから、火を焚かない、従って、煤が出ないから煙突も黒くならない。

この『淮南子《えなんじ》』は、前漢の高祖〔劉邦《りゅうほう》〕の孫で、淮南《わいなん》の地の王だった劉安《りゅうあん》（前一七九―前一二二）の編。次も同じ。

「仲尼《ちゅうじ》は栖栖《せいせい》として、突《とつ》黔《くろ》むに暇《いとま》あらず。墨翟《ぼくてき》は遑遑《こうこう》として、席《せき》煖《あたた》むに及《およ》ばず」――孔子は忙しくしていて、煙突の黒くなる暇もない。墨子は慌しくしていて、座席の暖まることもない。（新論、惜時《せきじ》編）

『新論』は、前漢の桓譚《かんたん》（前三三―後三九）の編。

これが、後漢の班固《はんこ》（三二―九二）の「答《フ》二賓《ひんノ》戯《たはむレニ》一」（『文《もん》選《ぜん》』巻四十五）になると、孔子と墨子とが次のように入れ替わる。

孔席《こうせき》は㬉《あたた》まらず、墨突《ぼくとつ》は黔《くろ》まず

「㬉《だん》」は、暖と同じ。「煗《だん》」とも書く。

また、班固のこの作品に対する李善《りぜん》の注によると、『文子《ぶんし》』には

「墨子に黔突《けんとつ》無く、孔子に煖席《だんせき》無し」

とある、という。『文子』は、周代の辛鈃《しんけん》の編になる道家の思想書だが、後世の偽作とされている。

また「孔席《こうせき》は暖《あたた》むるに暇《いとま》あらずして、墨突《ぼくとつ》は黔《くろ》むを得《え》ず」（韓愈《かんゆ》、争臣《そうしん》編）という言い方もある。韓愈（七六八－八二四）は、中唐の大文豪。

＊

以上の数例からもわかるとおり、孔子と墨子とは、わが身をも顧みずに乱世を救おうと天下を奔走する人の代名詞となった。そしてその比喩が「座席が暖まらない」と「煙突が黒くならない」との二つであり、孔子と墨子とに適宜に当てはめられている。

ま　行

苟《まこと》に日《ひ》に新《あら》たに、日日《ひび》に新《あら》たに、又《また》日《ひ》に新《あら》たなり

川柳コーナー――日に新たに

この主《ぬし》湯王と盥《たらひ》へ書きつけ

盥を持って銭湯《せんとう》に行き、毎日洗われるから「日に新た」になる。

湯王の盥ちんぷんかんを書き

「日に新たに」は、素人にはまさに、ちんぷん漢文。

誠意を込めて、一日ごとに新しく、毎日毎日新しく、そしてまた一日ごとに新しくしていく。

毎日努力を続けて、日々に向上進歩していくことを説いたもの。

殷《いん》王朝を開いた湯《とう》王が、自分の盤《ばん》に銘《めい》として刻んだ言葉。「盤」は盥《たらい》で、その水で体を洗い清める。湯王は、水で体を清めながら、この銘を見ては「今日もがんばるぞ」と自分に誓ったのだろう。

湯《とう》之《の》盤銘《ばんノめいニ》曰《いハク》、「苟《まことニ》日《ひニ》新《あらタニ》、日《ひ》日《びニ》新《あらタニ》、又《また》日《ひニ》新《あらタナリト》。」

（大学）

〔注〕苟＝ここでは「誠《まこと》」と同じ。

身《み》を立《た》て道《みち》を行《おこな》ひ、名《な》を後世《こうせい》に揚《あ》ぐ

一人前の立派な人間となり、正しい道を実践し、そして自分の名前を後の世までも知られるようにする。

これこそ終極の孝行である、というのである。前後の文章や原文は、三四六頁の「身体髪膚《しんたいはっぷ》、之《これ》を父母《ふぼ》に受《う》く」の項を参照されたい。

視《み》れども見《み》えず、聴《き》けども聞《き》こえず

↓心焉《こころここ》に在《あ》らざれば、視《み》れども見《み》えず、聴《き》けども聞《き》こえず（三三七頁）

自《みずか》ら反《かえり》みて縮《なお》くんば、千万人《せんまんにん》と雖《いえど》も吾《われ》往《ゆ》かん

自分自身を反省してみて、正しい場合には、たとえ相手が千人万人いたとしても、私は進んでいくだろう。

孔子の門人の曾子《そうし》（四〇九頁）が、その門人の子襄《しじょう》に、自分が以前に孔子から真の勇気について聞いたことがある、と教えてやる言葉。この言葉について、孟子が門人の公孫丑《こうそんちゅう》に語ってやっている、という文脈である。

昔、曾子が子襄にこう言った、「お前は、勇気を好むか。私は以前に、孔子から真の勇気について、こう聞いたことがある。

『自分自身を反省してみて、正しくない場合には、たとえ相手が身分の低い貧しい人だったとしても、私は恐れないではいられない。

自分が正しい場合には、たとえ相手が千人万人いたとしても、私は進んでいくだろう。』と。」

昔-者《むかし》曾《そう》子《し》謂《い》ヒテ二子《し》襄《じょう》ニ一曰《い》ハク、「子《し》好《この》ムレ勇《ゆう》ヲ乎《か》。吾《われ》嘗《かつ》テ聞《き》ケリ二大《たい》勇《ゆう》ヲ於夫《ふう》子《し》ニ一矣。

『自《みづか》ラ反《かへり》ミテ而不《ず》ンバレ縮《なほ》カラ、雖《いへど》モ二褐《かつ》寛《かん》博《ぱく》ト一、吾《われ》不《ざ》ランヤレ惴《おそ》レ焉。

自《みづか》ラ反《かへり》ミテ而縮《なほ》クンバ、雖《いへど》モ二千《せん》万《まん》人《にん》ト一、吾《われ》往《ゆ》カン矣ト。』」（孟子、公孫《こうそん》丑《ちゅう》上編）

〔注〕縮《しゅく》＝正しい。直《なお》し。　褐寛博＝身分の低い、貧しい人の着る、粗末な衣服。また、それを着る貧賤《ひんせん》の人。「褐」は、粗く編んだ粗末な衣服。「寛・博」は、ともに「広い」意味。体に合わず、だぶだぶしている。　惴《ずい》＝おそれる。おびえる。びくびくする。　千万人＝一千人、一万人。「一千万」という言い方は、この時代にはまだない。

矛《む》盾《じゅん》

矛《ほこ》と盾《たて》。前後のつじつまの合わないこと。二つの意見や事柄などがくいちがうこと。矛盾撞着《どうちゃく》。『韓非子』に載せる話。

舜《しゅん》帝は、尭《ぎょう》帝と並んで、「尭舜」として儒家が聖王と仰ぐ人。その舜が、まだ民間にいた時の話。

歴山《れきざん》地方の農民は、互いの畔《あぜ》を侵し合って争っていた。そこに舜が行って畑仕事を始めたところ、みな舜に感化されて、一年後には田畑の境界が正しくなった。

河浜《かひん》地方の漁師は、互いの漁場を奪い合っていた。そこに舜が行って漁労を始めたところ、一年たつと漁場を目上の人に譲

るようになった。

東夷《とうい》地方の職人は、その造る器がみな粗雑だった。そこに舜が行って陶器造りを始めたところ、一年たつと陶器が堅く強くなった。

これらの話について、孔子は感嘆して言う、「畑仕事も魚取りも陶器造りもみな、舜の本職ではない。それなのに、舜が出かけていって、立派にやって見せたのは、人民の欠点を救おうとしたからだ。舜こそ、本当の仁者だなあ。なんと、自分から耕作して苦しんだからこそ、人民も見ならったのだ。だから『聖人の人徳は、周囲を感化するのだなあ』と」。

さて、儒家が礼賛するこのエピソードについて、ある人が儒者に聞いた。「その時、聖人である堯帝《ぎょう》は、どこにいたのか。」

儒者「天子です。」

ある人「それなら、孔子が堯を聖人というのは、おかしい。聖人がすべてを見とおして天子でいるということは、悪事をなくすることだ。いま、農民も漁民も争わず、陶器も粗雑でなかったなら、舜は感化のしようもない。舜が人民の欠点を正したということは、堯帝の政治が不十分だったことになる。

舜を賢者というなら、堯は見とおせない天子だということになる。

堯を聖天子というなら、舜の感化を否定することになる。

この話は、堯は聖天子・舜は徳化の人と、両立させることはできないのだよ。」

――そして、おなじみ「矛盾」のたとえ話を続ける。

「楚《そ》の国に、楯《たて》と矛《ほこ》とを売る人がいた。まず、楯をほめて言うには、『私の楯の堅いことといったら、突き通せる物はないよ。』

続いて、矛をほめて言うには、『私の矛の鋭いことといったら、どんな物でも突き通してしまうよ。』

それを聞いていた、ある一人が言った、『じゃあ、あんたの矛であんたの楯を突いたら、どうなるの?』

その人は、返す言葉もなかった。

さて、突き通す物のない楯と、突き通せない物のない矛とは、同時に存在することはできない。今もし、堯と舜とを、同時にほめることができないのは、この『矛楯《むじゅん》』の話と同じなのだよ。」

歴《れき》山《ざん》之《の》農《のう》者《しゃ》、侵《をかス》レ畔《あぜヲ》。舜《しゅん》往《ゆキテ》耕《たがやス》焉。朞《き》年《ねんニシテ》甽《けん》畝《ぽ》正《ただシ》。河《か》浜《ひん》之《の》漁《ぎょ》者《しゃ》、争《あらそフ》レ坻《ちヲ》。舜《しゅん》往《ゆキテ》漁《ぎょス》焉。朞《き》年《ねんニシテ》而譲《ゆづル》レ長《ちょうニ》。東《とう》夷《い》之《の》陶《とう》者《しゃ》、器《うつは》苦《こ》窳《ゆス》。舜《しゅん》往《ゆキテ》陶《とうス》焉。朞《き》年《ねんニシテ》而器《うつは》牢《かたシ》。

仲《ちゅう》尼《じ》歎《たんジテ》曰《いハク》、「耕《こう》漁《ぎょト》与《とハ》レ陶《とう》、非《あらザル》二舜《しゅんノ》官《かんニ》一也《なり》。而《しかモ》舜《しゅん》往《ゆキテ》為《なス》レ之《これヲ》者《ものハ》、所《ゆゑん》二以救《すくフ》レ敗《はいヲ》也《なり》。舜《しゅんハ》其《そレ》信《まことニ》仁《じんナル》乎《かな》。乃《すなはチ》躬《みヅカラ》耕《たがやシテ》処《をり》レ苦《くるシキニ》、而《しかシテ》民《たみ》従《したがフ》レ之《これニ》。故《ゆゑニ》曰《いハク》、『聖《せい》人《じん》之《の》徳《とくハ》化《かスル》乎《かなト》。』」

或《あルヒト》問《とヒテ》二儒《じゅ》者《しゃニ》一曰《いハク》、「方《あたリテ》二此《こノ》時《ときニ》一也《や》、尭《ぎょうハ》安《いヅクニカ》在《あルト》。」曰《いハク》、「尭《ぎょうハ》為《たリ》二天《てん》子《し》一。」「然《しかラバ》則《すなはチ》仲《ちゅう》尼《じ》之《の》聖《せいトスルハ》レ尭《ぎょうヲ》奈《い》－何《かん》。聖《せい》人《じん》明《めい》察《さつニシテ》在《あルハ》二上《じょう》位《い》一、将《まさニ》レ使《しメント》二天《てん》下《かヲシテ》無《なカラ》一レ姦《かん》也《なり》。今《いま》、耕《こう》漁《ぎょ》不《ず》レ争《あらそハ》、陶《とう》器《き》不《ざレバ》レ窳《ゆせ》、舜《しゅん》又《また》何《なんノ》徳《とくアリテ》而化《かセン》。舜《しゅん》之《の》救《すくフ》レ敗《はいヲ》也《や》、則《すなはチ》是《これ》尭《ぎょうニ》有《あレバ》レ失《しつ》也《なり》。賢《けんトスレバ》レ舜《しゅんヲ》則《すなはチ》去《さラン》二尭《ぎょう》之《の》明《めい》察《さつヲ》一。聖《せいトスレバ》レ尭《ぎょうヲ》則《すなはチ》去《さラン》二舜《しゅん》之《の》徳《とく》化《かヲ》一。不《ざル》レ可《べカラ》二両《ふたツナガラハ》得《う》一也《なりト》。」

「楚《そ》人《ひとニ》有《あり》下鬻《ひさグ》二楯《たてト》与《とヲ》レ矛《ほこ》者《もの》上。誉《ほメテ》レ之《これヲ》曰《いハク》、『吾《わガ》楯《たて》之《の》堅《かたキコト》、莫《なキ》二能《よク》陥《とほスモノ》一也《なりト》。』又《また》誉《ほメテ》二其《その》矛《ほこヲ》一曰《いハク》、『吾《わガ》矛《ほこ》之《の》利《とキコト》、於《おイテ》レ物《ものニ》無《なキ》レ不《ざルモノ》レ陥《とほサ》也《なりト》。』或《あルヒト》曰《いハク》、『以《もつテ》二子《し》之《の》矛《ほこヲ》一、陥《とほサバ》二子《し》之《の》楯《たてヲ》一、如《い》－何《かんト》。』其《そノ》人《ひと》弗《ざル》レ能《あたハ》レ応《こたフルコト》也《なり》。夫《そレ》不《ざル》レ可《べカラ》レ陥《とほス》之《の》楯《たてト》、与《とハ》二無《なキ》レ不《ざル》レ陥《とほサ》之《の》矛《ほこ》一、不《ず》レ可《べカラ》下同《おなジクシテ》レ世《よヲ》而立《たツ》上。今《いま》、尭《ぎょう》・舜《しゅん》之《の》不《ざルハ》レ可《べカラ》二両《ふたツナガラハ》誉《ほム》一、矛《む》楯《じゅん》之《の》説《せつ》也《なりト》。」（韓非子、難《なん》一編）

〔注〕歴山・河浜・東夷＝固有名詞か普通名詞かは不明。歴山という名とこの逸話とを伝える場所が、たくさんある。畎畝《けんぼ》＝畎も畝も、田畑のうね。坻《ち》＝岸。堤防。よく捕れる場所である。苦窳《こゆ》＝粗末で、ゆがむ。「苦」は、粗悪。「窳」は、いびつ。ゆがむ。陶器の焼け損じである。楯《たて》＝『韓非子』の原文では「楯」だが、日本ではふつう「矛盾」と使っている。鬻《いく》＝売る。「粥《しゅく》」は、かゆ。

(1)　この編の名「難」は、非難、批判する意味。その一から四までである。韓非子が、まず古来有名な美談類の逸話を紹介し、次いでそれに対して非難・批判する、という構成。「難一」編には八つほどの話が載っている。その内容は儒家とは限らず、はば広い。

(2)　右の「矛盾」の話の部分とほぼ同じ文章が、難勢《なんぜい》編にも使われている。慎子《しんし》〔慎到《しんとう》のことか〕は、「勢」〔権勢・権力〕こそが政治に必要な第一条件である、と主張する。これに対して、「賢」〔賢人・賢能〕こそ重要である、と反論する人もいる。この対立する「勢」と「賢」とを、「矛」と「盾」とにたとえるのである。夫《そ》れ賢《けん》・勢《せい》の相《あひ》容《い》れざること、亦《ま》た明《あき》らかなり〔難勢編〕。なお韓非子自身は、結局は「勢」を評価している。従って「難勢」は、「『勢』に対する非難に対して」のような意味になるだろう。

寧《むし》ろ鶏口《けいこう》と為《な》るとも、牛後《ぎゅうご》と為《な》ること無《な》かれ

ニワトリの口ばしにはなっても、牛の尻《しり》にはなるな。

大きな者の後ろにつくより、小さな者の頭《かしら》になったほうがよい、というたとえ。

秦《しん》国に採用されなかった蘇秦《そしん》（二四五頁）は、一転して燕《えん》国に行き、趙《ちょう》国を回り、そして韓《かん》国に行って宣王《せんのう》を説得する。蘇秦の言葉、「世間の諺《ことわざ》では、右のように言います。今ここで西方に挨拶して秦国に臣として仕えるのは、牛の尻になるのと同じことです。

かつ、宣王の賢明さで、貴国の強力な軍隊を持っておりながら、それで『牛の尻』などという評判が立ったら、私は内心、宣王のために恥ずかしくなります。」

臣《しん》聞《きク》、「鄙《ひ》諺《げんニ》曰《いハク》、『寧《むしロ》為《なルトモ》二鶏《けい》口《こうト》一、無《なカレト》レ為《なルコト》二牛《ぎゅう》後《ごト》一。』今《いま》、西《せい》面《めんシ》交《まじヘテ》レ臂《ひぢヲ》而臣《しん》二―事《じスルハ》秦《しんニ》一、何《なんゾ》異《ことナラン》二於牛《ぎゅう》後《ごニ》一乎《や》。

夫《そレ》以《もつテ》二大《だい》王《おう》之《の》賢《けんヲ》一、挟《さしはさミテ》二彊《きょう》韓《かん》之《の》兵《へいヲ》一、而有《あルハ》二牛《ぎゅう》後《ご》之《の》名《な》一、臣《しん》窃《ひそカニ》為《ためニ》二大《だい》王《おうノ》一羞《はヅト》レ之《これヲ》。」（史記、蘇秦伝）

〔注〕交レ臂＝腕を組む。「拱手《きょうしゅ》」といって、両手を胸の前に重ね合わせて頭を下げ、敬意を表す。

(1) この諺、次のような文だという説もある。

「寧《むし》ろ鶏尸《けいし》と為《な》るとも、牛従《ぎゅうじゅう》と為《な》ること無《な》かれ。」「尸」は、死体の意味がふつうだが、ここでは「主、司」の意味で、大将。「従」は、後からついてゆく。

また「牛後」は「牛后」で、「后」は、尻の穴、という説もある。

(2) 宣王は、蘇秦のこの言葉を聞くと、「勃然《ぼつぜん》として色《いろ》を作《な》し、臂《ひぢ》を攘《かか》げ目《め》を瞋《いか》らし、剣《けん》を按《あん》じ天《てん》を仰《あふ》ぎ」――はっとして顔色を変え、腕まくりをし目を見開き、剣に手をかけ天を仰ぎ、大きくため息をついて、「国家を挙げて、その意見に従おう」と賛成する。蘇秦は続いて、燕《えん》・趙《ちょう》・韓《かん》の同意を取りつけるのに成功し、合従《がっしょう》策（二四二頁）が成立する。

明鏡止水《めいきょうしすい》

くもりのない鏡と、静止した水。心に少しの曇りもなく、明るく静かに澄んでいること。澄みきって落ち着いた心境のたとえ。

『荘子』に載せる話で、孔子が、魯《ろ》国の賢人である常季《じょうき》に語った言葉。「人は流れる水を鏡とはせず、静止した水を鏡とする。それは、静止だけが多くの静止を止《とど》めるからである。」

仲《ちゅう》尼《じ》曰《いハク》、「人《ひとハ》莫《なクシテ》レ鑑《かんがミルコト》二於流《りゅう》水《すいニ》一、鑑《かんがミル》二於止《し》水《すいニ》一。惟《たダ》止《しノミ》能《よク》止《とどムト》二衆《しゅう》止《しヲ》一。」（荘子、徳充符《とくじゅうふ》編）

物《もの》に本末《ほんまつ》有《あ》り、事《こと》に終始《しゅうし》有《あ》り

物事にはすべて、重要なものと重要でないもの、また、始まりと終わりとがある。『大学』に載せる言葉。

どれを先にし、どれを後にするかをわきまえれば、もうほとんど「道」を身につけたと言ってもいいのである。

物《ものニ》有《あリ》ニ本《ほん》末《まつ》一、事《ことニ》有《あリ》ニ終《しゅう》始《し》一。知《しレバ》レ所《ところヲ》ニ先《せん》後《ごスル》一、則《すなはチ》近《ちかシ》レ道《みちニ》矣。（大学）

〔注〕九七頁の「三綱領」と「八条目」とを結ぶ部分にある文章の一部。

や行

山《やま》は土《つち》を辞《じ》せず、故《ゆえ》に能《よ》く其《そ》の高《たか》きを成《な》す

山は、どんな土でも断らずに受け入れる、だからあのように高くなることができる。『管子』に載せる言葉。

すぐれた人物は、どんな人間をも受け入れる、ということ。

海は、どんな水でも遠慮せずに受け入れるから、あれだけ大きくなることができる。山は、どんな土でも断ることなく受け入れるから、あれだけ高くなることができる。すぐれた君主は、どんな人をも嫌《きら》わずに受け入れるから、国の人口を増やしていくことができる。そして人は、どんな学問でも嫌わずに学んでいくから、すぐれた人物となることができるのである。

海《うみハ》不《ず》レ辞《じセ》レ水《みづヲ》、故《ゆゑニ》能《よク》成《なス》ニ其《そノ》大《だいヲ》一。山《やまハ》不《ず》レ辞《じセ》レ土《つちヲ》、故《ゆゑニ》能《よク》成《なス》ニ其《そノ》高《たかキヲ》一。明《めい》主《しゅハ》不《ず》レ厭《いとハ》レ人《ひとヲ》、故《ゆゑニ》能《よク》成《なス》ニ其《そノ》衆《しゅうヲ》一。士《しハ》不《ず》レ厭《いとハ》レ学《まなブヲ》、故《ゆゑニ》能《よク》成《なス》ニ其《そノ》聖《せいヲ》一。（管子《かんし》、形勢解《けいせいかい》編）

同じような内容の格言を幾つかご紹介。

海《うみ》は水潦《すいろう》を譲《ゆづ》らず、以《もっ》て其《そ》の大《だい》を成《な》す。山《やま》は土石《どせき》を譲《ゆづ》らず、以《もっ》て其《そ》の高《たか》きを成《な》す（淮南子《えなんじ》、秦族訓《しんぞくくん》編）。

「水潦」は、雨水。「譲る」は、辞退する。

太山《たいざん》は土壌《どじょう》を譲《ゆづ》らず、故《ゆゑ》に能《よ》く其《そ》の大《だい》を成《な》す。河海《かかい》は細流《さいりゅう》を択《えら》ばず、故《ゆゑ》に能《よ》く其《そ》の深《ふか》きを成《な》す（史記《しき》、李斯《りし》伝）。

「太山」は、泰山《たいざん》。山東省泰安市の北にあり、一五二四メートルの名山。この部分に続いて、

王者《おうじゃ》は衆庶《しゅうしょ》を卻《しりぞ》けず、故《ゆゑ》に能《よ》く其《そ》の徳《とく》を明《あき》らかにす。

とあり、先の『管子』とまったく同じ趣旨である。

太山《たいざん》は壌石《じょうせき》を辞《じ》せず、江海《こうかい》は小流《しょうりゅう》に逆《さか》らはず。大《だい》を成《な》す所以《ゆゑん》なり（説苑《ぜいえん》、尊賢《そんけん》編）。

「壌石」は、土や石。「所以《ゆゑん》」は、理由。

行《ゆ》くに径《こみち》に由《よ》らず

道を行く時に、小道を通らない。小道はまた近道でもある。

「径」は、小道。正道を歩むこと。言動の公明正大であること。

子游(四〇二頁)が、武城の町の長官となった。この時の逸話は、三六六頁の「雞《にわとり》を割《さ》くに焉《いず》くんぞ牛刀《ぎゅうとう》を用《もち》いんや」を参照。孔子が「お前、いい部下が見つかったかね」と聞くと、子游は次のように言った。

「澹台滅明《たんだいめつめい》という人物がいます。この者は、小道は行きません。また、公務以外のことでは、今まで一度も私の部屋には来ません。」

子《し》游《ゆう》為《たり》二武《ぶ》城《じょうノ》宰《さい》一。子《し》曰《いハク》、「女《なんぢ》得《えタル》レ人《ひとヲ》焉‐爾‐乎《かト》。」曰《いハク》、「有《あり》二澹《たん》台《だい》滅《めつ》明《めいナル》者《もの》一。行《ゆクニ》不《ず》レ由《よラ》レ径《こみちニ》。非《あらザレバ》二公《こう》事《じニ》一、未《いまダ・ざル》三嘗《かつテ》至《いたラ》二於偃《えん》之《の》室《しつニ》一也《なりト》。」(論語、雍《よう》也《や》編)

〔注〕武城＝今の山東省費県の南西。女＝「汝《なんじ》」と同じ。澹台滅明＝四一〇頁参照。偃＝子游の名。室＝部屋。家ととる説もある。

往《ゆ》く者《もの》は追《お》わず、来《き》たる者《もの》は拒《こば》まず

去っていく人は、追いかけない。やって来る人は、拒《こば》まない。

孟子が、「自分が教育しようとする場合、去っていく人は追いかけて引き止めもしないし、やって来る人は拒《こば》まない。学ぼうとして私の所に来る以上は、だれでも引き受ける」と言った言葉に基づく。

夫《それ》予《われ》之《の》設《まうクル》レ科《かヲ》也《や》、往《ゆク》者《ものハ》不《ず》レ追《おハ》、来《きタル》者《ものハ》不《ず》レ拒《こばマ》。苟《いやしクモ》以《もつテ》二是《この》心《こころヲ》一至《いたラバ》、斯《ここニ》受《うクル》レ之《これヲ》而‐已《のみ》矣。(孟子、尽心《じんしん》下編)

〔注〕設レ科＝教科を置いて教える。「科」はたとえば五八頁の「四科」など。是心＝学びたいという心。

この話、次のような流れを受けている。孟子が門人たちとともに滕《とう》の国に行き、宮廷内の屋敷に泊まった。屋敷の窓に作りかけの屨《くつ》が置いてあったところ、いつの間にか無くなっている。屋敷の人が、「あなたの門人は、屨を隠すようなことをするのですか」と嫌味《いやみ》を言った。孟子は、「私たちが屨を盗みに来た、と思っているのですか」と聞き返すと、屋敷の人は「いや、そんなことはありませんが……」と言葉を濁す。

そこで孟子は右のように、私は門人を選ばない、と答えたのである。

となれば、やはり門人の中に屨を盗んだ者がいたか？　まあ、孟子は「いない」と信じているだろうが。

逝《ゆ》く者《もの》は斯《か》くのごときかな

過ぎ行くものは、この川の流れと同じなのだなあ。昼も夜も変わらずに流れ続けている川を見て、孔子が詠嘆した時の言葉。「川上《せんじょう》の嘆《たん》」ともいう（「上」は、ほとり）。月日が経《た》っていくことを惜しんだものか。自分も空しく老いていくなあという、詠嘆の気持ちである。また、川の流れのように不断の努力が大切なのだなあ、という感嘆の言葉とも解せる。

子《し》、在《ありテ》二川《せん》上《じょうニ》一曰《いハク》、「逝《ゆク》者《ものハ》如《ごとキ》レ斯《かクノ》夫《かな》。不《ずト》レ舎《おカ》二昼《ちゅう》夜《やヲ》一。」

（論語、子罕《しかん》編）

〔注〕川上＝川のほとり。どこの川かはわからない。夫＝「か」と読むこともある。この場合も疑問でなく感嘆の意味にとる。

右手《ゆうしゅ》に円《えん》を画《えが》き、左手《さしゅ》に方《ほう》を画《えが》く

右手で円形を描き、同時に左手で四角形を描く。『韓非子』に載せる言葉で、きわめて困難なことのたとえ。君主と臣下とは、桴《ふう》（太鼓を叩くばち）と太鼓とのように、ただちに相応じなければならない。これは「功名」編での意味。

人《じん》臣《しん》之《の》憂《うれへハ》、在《あリ》レ不《ざルニ》レ得《え》レ一《いつヲ》。故《ゆゑニ》曰《いハク》、「右《ゆう》手《しゅニ》画《ゑがキ》レ円《えんヲ》、左《さ》手《しゅニ》画《ゑがケバ》レ方《ほうヲ》、不《ずト》レ能《あたハ》二両《ふたツナガラハ》成《なス》一。」故《ゆゑニ》曰《いハク》、「至《し》治《ち》之《の》国《くに》、君《きみハ》若《ごとク》レ桴《ふうノ》、臣《しんハ》若《ごとシ》レ鼓《こノ》。技《わざハ》若《ごとク》レ車《くるまノ》、事《ことハ》若《ごとシ》レ馬《うまノ》。」（韓非子、功名編）

〔注〕不レ得レ一＝心の一致が得られない点。技・事＝技術と仕事。馬が車を引くことにたとえる。

左《ひだり》に方《ほう》を画《えが》き、右《みぎ》に円《えん》を画《えが》く

これは「外儲《がいちょ》説左下」編にあり、子綽《ししゃく》という人の言葉として出てくる。

こちらは、無理なこと、不可能なことはするな、という戒めの意味。

子綽《ししゃく》の言葉。左手で四角形を、同時に右手で円形を描くことのできる人はいない。肉を置いて蟻《あり》を追い払おうとしても、蟻はどんどん集まってくる。魚を置いて蠅《はえ》を追い払おうとしても、蠅はどんどん集まってくるだろう、という文脈。何かのたとえに使おうと儲《たくわ》えておいた編の中にある。

子《し》綽《しゃく》曰《いハク》、「人《ひと》莫《なキ》二能《よク》左《ひだりニ》画《ゑがキテ》レ方《ほうヲ》、而右《みぎニ》画《ゑがクモノ》一レ円《えんヲ》也《なり》。以《もつテ》レ肉《にくヲ》去《さラバ》レ蟻《ありヲ》、蟻《あり》愈《いよいよ》多《おほク》、以《もつテ》レ魚《うをヲ》駆《かラバ》レ蠅《はへヲ》、蠅《はへ》愈《いよいよ》至《いたルト》。」（韓非子、外儲説《がいちょせつ》左下編）

また『隋《ずい》書』では右とまったく同じ表題を、非常な才能のある人の話に使っている。次の文の劉炫《りゅうげん》は、隋の煬帝《ようだい》に仕えた学者で、天文律暦を学んだ人。

たいへんすぐれた才能のたとえ。

劉炫は、左手で円形を描き、右手で四角形を描き、口では詩文を口ずさみ、目では数え、耳ではよく聞いている。これら五つの事を同時に行って、完全であった、と。

炫《げん》、左《ひだりニ》画《ゑがキ》レ円《えんヲ》、右《みぎニ》画《ゑがキ》レ方《ほうヲ》、口《くちニ》誦《しょうシ》、目《めニ》数《かぞヘ》、耳《みみニ》聴《きク》。五《ご》事《じ》同《おなジク》挙《おこなヒテ》、無《なシ》レ有《あルコト》二遺《い》失《しつ》一。(隋書、劉炫《りゅうげん》伝)

楊子《よう し》、岐《き》に泣《な》く

このエピソードは、三五二頁「多岐亡羊《たきぼうよう》」参照。また原文は三七二頁「墨子《ぼくし》、糸《いと》に泣《な》く」に掲げたので参照されたい。

『蒙求《もうぎゅう》』には、「墨子《ぼくし》糸《いと》を悲《かな》しみ、楊朱《ようしゅ》岐《き》に泣《な》く」とある。短く「岐《き》に哭《こく》し、練《れん》に泣《な》く」ともいう。『論衡《ろんこう》』には「楊子《ようし》は岐道《きどう》に哭《な》き、墨子《ぼくし》は練糸《れんし》に哭《な》く」とある(率性《そっせい》編)など、楊子と墨子とのこの話は、きわめて有名。

また『荀子』では、「揚朱《ようしゅ》、衢涂《くと》に哭《こく》す」と出てくる(王覇《おうは》編)。「揚」は、「楊」の誤りとされる。「衢」は、四方に通じる大通り、四つ辻《つじ》。ちまた。また、道、分かれ道。「涂」も、道。「衢涂」で、分かれ道の意味。

楊子は「足の上げ方を、わずか一歩誤っただけで、気づいた時には千里も隔たってしまっているなあ」と言っている。一身一国の、栄辱・安危・存亡の分かれ道について、たとえたもの。

揚《よう》朱《しゅ》、哭《こくシテ》二衢《く》涂《とニ》一曰《いハク》、「此《こレ》夫《かノ》過《あやまツコト》レ挙《きょヲ》蹞《き》歩《ほニシテ》、而覚《おぼユルコト》レ跌《たがフヲ》千《せん》里《りナル》者《もの》夫《かなト》。」哀《かなシミテ》哭《こくス》レ之《これヲ》。此《こレ》亦《まタ》栄《えい》辱《じょく》・安《あん》危《き》・存《そん》亡《ぼう》之《の》衢《くナルのみ》已。(荀子、王覇《おうは》編)

ら 行

良《りょう》弓《きゅう》は張《は》り難《がた》し

良い弓、つまり強い弓は、弦《つる》を張るのが難しい。

墨子の言葉で、優れた人材は使いこなしにくいが、君主をよく補佐してその尊厳を表すことができる、ということ。任用すれば大きな活躍をするたとえ。

良い弓は弦《つる》を張るのが難しいが、だからこそ、矢は高く遠く飛んでいくことができる。

良い馬は乗りこなすのが難しいが、だからこそ、重い荷に耐えて遠くに行くことができる。

優れた人材は使いこなしにくいが、だからこそ君主に仕えてその偉大さを示すことができる。

良弓《りょうきゅうハ》難《がたシ》レ張《はリ》、然《しかレドモ》可《べシ》二以《もつテ》及《およビ》レ高《たかキニ》入《いル》レ深《ふかキニ》。良《りょう》馬《ばハ》難《がたシ》レ乗《のリ》、然《しかレドモ》可《べシ》二以《もつテ》任《にんジ》レ重《おもキニ》致《いたス》レ遠《とほキヲ》。良《りょう》才《さいハ》難《がたシ》レ令《れいシ》、然《しかレドモ》可《べシ》二以《もつテ》致《いたシ》レ君《きみヲ》見《あらはス》レ尊《そんヲ》。（墨子、親士《しんし》編）

良薬《りょうやく》は口《くち》に苦《にが》し

よく効く薬は、口あたりは苦い。『韓非子』に載せる言葉で、真心のこもった忠告などは、耳は痛いが、本当にその人のためになる、ということ。

良薬は口には苦いが、賢明な人は努力して飲む。体に入って病気を治すことができる、と知っているからである。忠告〔真心のこもった言葉〕は、耳には逆らって聞きずらいが、賢明な君主はそれを聞き入れる。よい効果をもたらすことを知っているからである。

夫《それ》良《りょう》薬《やくハ》苦《にがケレドモ》二於口《くちニ》一、而智《ち》者《しゃハ》勧《つとメテ》而飲《のム》レ之《これヲ》。知《しレバ》二其《その》入《いリテ》而能《よク》已《いやスヲ》レ疾《やまひヲ》也《なり》。忠《ちゅう》言《げんハ》拂《さかラヘドモ》二於耳《みみニ》一、而明《めい》主《しゅハ》聴《きク》レ之《これヲ》。知《しレバ》三其《その》可《べキヲ》二以《もつテ》致《いたス》レ功《こうヲ》也《なり》。（韓非子、外儲説《がいちょせつ》左上編）

『三国志』呉《ご》志・孫奮《そんふん》伝にも、ほぼ同じ句が載っている。

夫《そ》れ良薬《りょうやく》は口《くち》に苦《にが》けれども、惟《た》だ疾《や》む者《もの》のみ能《よ》く之《これ》を甘《うま》しとす。忠言《ちゅうげん》は耳《みみ》に逆《さか》らへども、惟《た》だ達《たっ》する者《もの》のみ能《よ》く之《これ》を受《う》く。

「達する者」は、道理のわかっている人。

良薬《りょうやく》は口《くち》に苦《にが》けれども、病《やまひ》に利《り》あり

『孔子家語《こうしけご》』六本《りくほん》編に、右の形で使われている。殷《いん》代を開いた湯《とう》王や、周代を開いた武王は、直言する部下に囲まれていたから栄えた。夏《か》王朝を滅ぼした桀《けつ》王や、殷《いん》王朝を滅ぼした紂《ちゅう》王は、唯々諾々の部下に囲まれていたから滅んだ、という文脈。

孔《こう》子《し》曰《いハク》、「良《りょう》薬《やくハ》苦《にがケレドモ》二於口《くちニ》一、而利《りアリ》二於病《やまひニ》一。忠《ちゅう》言《げんハ》逆《さかラヘドモ》二於耳《みみニ》一、而利《りアリ》二於行《おこなヒニ》一。湯《とう》・武《ぶハ》以《もつテ》二諤《がく》諤《がくヲ》一而昌《さかエ》、桀《けつ》・紂《ちゅうハ》以《もつテ》二唯《い》唯《いヲ》一而亡《ほろブト》。」（孔子家語《こうしけご》、六本《りくほん》編）

〔注〕諤諤＝正しいことを遠慮なく言う。直言する。唯唯＝はいはいと、言われたとおりに従う。

わ行

和光同塵《わこうどうじん》

光を和らげて、塵《ちり》の中に混じっている。老子の言葉。光は、自分のすぐれた学徳や才能。塵《ちり》は、俗世間のこと。

のち、仏が衆生《しゅじょう》を救うために、その知恵の光を和らげ隠し、姿を変えて、汚れた人間の世に現れることにも言う。

「光《ひかり》を和《やわ》らげ塵《ちり》に同《どう》ず」とも言う。

道は、からっぽな器のようなもので、いくら使っても、いつも一杯にはならない。それは、奥深くて万物の根源に似ている。（その道を体得した人は）自分の鋭さをくじき、もつれを解きほぐす。自分の光を和らげて、世俗の汚れに同化する。（この道は）深くたたえた水のようであり、何かが存在しているようである。私は、これが何から生まれた子であるかを知らない。天帝よりも先にあったもののようである。

道《みちハ》冲《ちゅうニシテ》而用《もちヰルモ》レ之《これヲ》、或《あるイハ》不《ず》レ盈《みタ》。淵《えんトシテ》乎似《にタリ》二万《ばん》物《ぶつ》之《の》宗《そうニ》一。挫《くじキ》二其《その》鋭《えいヲ》一、解《とキ》二其《その》紛《ふんヲ》一、和《やはラゲ》二其《その》光《ひかりヲ》一、同《どうズ》二其《その》塵《ちりニ》一。湛《たんトシテ》兮似《にタリ》レ或《あルニ》レ存《そんスル》。吾《われ》不《ず》レ知《しラ》二誰《たれ》之《の》子《こナルカヲ》一。象《にタリ》二帝《てい》之《の》先《せんニ》一。（老子、四章）

〔注〕冲＝「盅《ちゅう》」と同じ。空っぽの器。なお「挫二其鋭一、解二其紛一、和二其光一、同二其塵一」の部分は、五十六章にも出てくる。

Ⅳ　諸子の人物

諸子百家の中で、「II　諸子の概観」に記した以外の主要人物について、五十音順（電話帳方式）に掲げる。「II　諸子の概観」に出て来た主な思想家は、全部取り上げている。また、それぞれの生涯や思想なども、できるだけ詳述し、諸子百家の中における位置が明らかになるよう配慮した。

あ行

尹《いん》喜《き》（生没年未詳）

周の大夫《たいふ》。人知れず道術を身につけた。関所の役人をしており、老子が近づくとその気を察して、通行人の中から老子を見つける。老子も、尹喜の人柄を感じ取って、乞われるままに著書を作って与えた。

のち二人は砂漠地帯に旅に出て、胡《こ》（西北方）の異民族に帰化した。苣勝《きょしょう》（胡麻《ごま》）の実を服用したという。

『関尹子』九編を著した。（以上は『列仙伝』に基づく。）

『史記』老子伝には「関令尹喜」と出てくる。「関（関所）の令（長官）の尹喜」か、「関の令尹（長官か?）の喜」なのか、姓が関、名が尹なのか（『荘子』天下編に「関尹・老聃《ろうたん》」と出てくる）、不明な点が多い人物。

尹《いん》文《ぶん》（前三六〇頃?－前二八〇頃?）

戦国時代の斉《せい》国の人か。斉の宣王の時に、稷下《しょっか》（六頁）に学んだ。その思想は『荘子』天下編に宋鈃《そうけん》と併せて記されているので、四〇八頁の宋鈃の項も参照されたい。その宋鈃と並んで、宋尹学派（一八九頁）と称されている。

『呂氏春秋』先識覧編には、斉の湣《びん》王との問答が記されている。王が「士」を好むと言うので、尹文が「具体的に、どういう人物を『士』と考えますか」と問うと、王は答えられない。尹文は、具体例を挙げながら王のあいまいさを指摘する。そして『呂氏春秋』では、湣王が「刑名」（二〇六頁）の一致を理解できない暗愚な人物だったために、他国に侵略され、亡命して衛《えい》・鄒《すう》・魯《ろ》の諸国を逃げ回ることになったのだ、と批判されている。なお、同様の話は『公孫竜子』跡府《せきふ》編にも載っている。

この話は、「正名」論（二〇一頁）の重要さを説いた文脈の中でのもの。

「名正しければ則ち治まり、名喪《うしな》はるれば則ち乱る」として、その「名」を失わせるのは「淫説《いんせつ》」でたらめな論である、とするのだ。またその「乱」は、「刑名」が一致しないところから起こるのだ、と断ずる。

正名論は孔子に始まり、刑名論は法家のもの、そして後述のように道家の思想も強く、尹文（及び宋鈃）の思想的な立場が、よく反映されている。

『尹文子』大道上編には、君主が「正名」を実行するには、「法・術・勢」の三つが重要であると述べられており、正名と刑名とが同じレベルで扱われている。これらはまた、大道下編にも強調されている考え方である。

また『説苑《ぜいえん》』君道編には、尹文と斉の宣王〔湣《びん》王の父〕との問答が載っている。宣王が、よい君主の在り方を尹文に尋ねると、尹文はこう答える。「君主は無為、下の者を受け入れるだけでよい。事柄が少なければ従いやすいし、法令が少なければ守りやすい」。そして「聖人、為《な》すこと寡《すく》なくして、天下理《おさ》まる」と。宣王は「善し」と納得する。これは、完全に道家の立場である。

さらに、『尹文子』には、次の「形名」論もある。

名は、形に名づくる者なり。形は、名に応ずる者なり。――言葉は、事物につけた名称である。事物は、言葉に応じて存在するものである。

だから、形と名とはイコールではない。言葉は、事物や実態の一部分しか言い表せないし、また事物や実態も、言葉で表現された一部分しかわからない。

これは、道家でいう「大道」には形はないが、それを言い表すために「名」つまり「大道」という言葉があるのだ、と説明した中の一つである。

現存する『尹文子』は、大道編の上下二編のみだが、この編名とともに、内容にも、老子〔道家〕の思想が強く表れている。

一方では「五帝・三王の治世の術」として、次の八項を挙げている。

仁。仁によって世を導く。

義。義によって秩序をたもつ。

礼。礼によって実践する。

楽。楽によって和やかにする。

名。名によって正しくする。

法。法によって整える。

刑。刑によって恐れおどす。

賞。賞によって勧め励ます。

五帝は、上古の五人の帝王〔四二三頁〕、三王は、それに続く夏《か》王朝の禹《う》王・殷《いん》王朝の湯《とう》王・周王朝の文王または武王で、いずれもそれぞれの王朝を建てた人。その五帝三王の治世の術として、儒家・名家・法家などの術が総合されている。

なお『漢書』芸文志《げいもんし》は、『尹文子』一編として名家に置いている。現存のものは、後人の偽作かとされている。

尉《うつ》繚《りょう》（生没年未詳）

兵法家で、斉《せい》の人・魏《ぎ》の人、鬼谷子《きこくし》（二四三頁）の門人などというが、不明。その著とされている兵書『尉繚子』では、梁《りょう》（魏）の恵王（在位、前三六九－前三一九）と問答している。また『史記』始皇本紀では、梁からやってきて秦王に説いたとあるが、恐らく恵王の時代の人であろうとされる。

か行

甘《かん》茂《も》（生没年未詳）

「茂」は、「戊《ぼ》」と書くこともある。戦国時代、楚《そ》の下蔡《かさい》の人。「かんぼう」とも読む。『史記』甘茂伝に、その活動が記されている。蘇代（四〇七頁）と同時代の人。

生涯　下蔡で、史挙《しきょ》先生からさまざまな学問を学んだ。史挙については、後で范蜎《はんけん》が甘茂を秦国に帰すのを反対した時、「甘茂はこんなにひどい先生に学んだのに従順に仕え、以後も従順であり、つまり賢明すぎる人物だ」と言った中に、史挙の人物が語られている。

それによると、史挙は下蔡の町の門番。君主にも仕えず、家庭も持たず、貧賤《ひんせん》に甘んじている。かつ、苛酷《かこく》な人柄として知られている——というのである。なお、これとほぼ同じ内容の文章が、『韓非子』内儲説《ないちょせつ》下編や、『戦国策』楚策にも載っている。

やがて甘茂は、張儀（二五〇頁）や樗里子《ちょりし》の紹介で秦国の恵王に採用される。早速、魏章《ぎしょう》を部下として戦いに赴き、漢中の地をおおかた平定する。

恵王が死んで武王が即位すると、張儀と魏章は、魏国に去っていった。武王の二年（前三〇九）、左右の丞相《じょうしょう》（天子の最高の補佐役）が新設され、甘茂が左丞相となった。右丞相は、樗里子《ちょりし》。

同三年、甘茂は自分の悪評は気になさらぬようにと故事を引いて武王を説得し、韓の宜陽《ぎよう》を攻めて、六万の首を取って陥落させた。

一方、楚《そ》の国では、前に秦に攻められた時に助けに来なかったと韓を怨んでおり、この時とばかりに韓に出兵した。韓は、甘茂を頼って秦に援軍を要請してきた。秦は軍隊を出して楚の軍を韓から追い払う。しかし甘茂は、その後の対策をめぐって同僚たちと対立し、武王に讒言《ざんげん》され、身の危険を感じて斉《せい》国に亡命する。

途中で、斉国からの使者として秦国に向かう蘇代と出会い、秦王へのとりなしを頼んだ。秦は、すぐに斉に甘茂を迎えにやったが、斉でも湣《びん》王が手放さない。実はこれも、甘茂が斉で優遇されるようにとの、蘇代の作戦だった。

甘茂が、斉からの使者として楚に行った時、それを秦王が知って、楚の懐王に「甘茂を秦に返してほしい」と言ってきた。懐王は、甘茂を秦に送って大臣とし、楚のためにも便宜を図ってもらおうと考えた。しかし、臣下の范蜎《はんけん》に反対され、代わりに向寿《しょうじゅ》を秦に送って大臣にしてもらった。

范蜎の反対理由は、甘茂は賢明すぎるから、秦国に入れると結局は楚国のためにならない、というのである。

甘茂はそのまま秦に帰ることなく、後に魏国で没した。

甘茂は、張儀や蘇代とも縁があり、遊説家のように弁舌もふるったので、縦横家の中に加えられる。しかしまた、優秀な将軍でもあった点、公孫衍《こうそんえん》（三九七頁）らとともに、遊説家としては異色の存在である。

甘羅《かんら》（生没年未詳）

甘茂《かんも》（前頁）の孫。出身も甘茂と同じ。『史記』甘茂伝の附伝として、甘羅の活動が記されている。

生涯 祖父・甘茂の死後、十二歳で秦国の大臣・呂不韋《りょふい》に仕えた。

秦王の政《せい》〔後の始皇帝〕は、燕《えん》国に人質を要求し、燕王・喜《き》は、太子の丹《たん》を差し出す。秦は続いて張唐《ちょうとう》を派遣して燕の大臣とし、燕と協力して、秦の河間《かかん》の地に隣接する趙《ちょう》の土地を奪おうと計画する。しかし張唐は、燕に赴くには趙を通らなければならないが、自分は趙に怨まれているので通れない、従って、燕には行けないと断る。

甘羅は、張唐を説得して、燕に行く決心をさせる。そして、張唐の出発が迫った時、大臣の呂不韋に頼んで、自分が先発隊として趙国に行くことにする。

そして趙の襄《じょう》王に会うと、甘羅はこう提案した。秦は燕の太子を帰して燕と断絶する。趙は河間に隣接する町を五つ、秦に献上する。そうしておいて、趙は燕を攻めて土地を奪う。以上、いかがですか？

襄王は喜び、右の条件を整えてから燕国を攻めた。そして三十城を奪うと、うち十一城を秦に献上したのだった（『戦国策』秦策では、三十六県を手に入れ、その十分の一を秦に贈った、とある）。

ともかくも甘羅の口先一つで、いやがる張唐は趙に行かずに済み、秦は河間地方を拡大し、趙は燕の土地を奪い、そして秦はそのおこぼれにあずかるという結果になったのである。それも、わずか十二歳の少年のアイデアで……。秦国では、さっそく上卿《じょうけい》〔上級の家老〕の地位を与えた。

評価　甘羅は若いのに、右の一つの奇策によって、後世に名を残した。まじめに行動する君子とは言えないが、戦国時代の策士ではある。秦国が強大になるにつれて、天下はもっぱら権謀術数にのみ走るようになったのだ（史記、樗里子《ちょりし》・甘茂列伝、論賛）。

桓《かん》団《だん》（生没年未詳）

『列子』仲尼《ちゅうじ》編には、韓檀《かんだん》と出てくる。桓と韓、団と檀は、それぞれ通用する。戦国時代の趙《ちょう》国の人か。公孫竜《こうそんりゅう》とほぼ同時代の人。一九〇頁の「桓団学派」を参照。

『荘子』天下編では、弁論家の桓団と公孫竜について、次のように批評している。

「人の心を飾り立て、人の考え方を混乱させた。他人の弁説には勝てても、他人を心服させることはできない。これが、弁論家の限界である。」

また『列子』仲尼編には、魏《ぎ》国の公子で中山の地に封ぜられた公子牟《ぼう》が、公孫竜の論を喜んで受け入れているのを知った楽《がく》正子輿《せいしよ》が、公孫竜と韓檀とを批判する話が載っている。公孫竜の二〇一頁に掲げておいた。

このように桓団は、公孫竜と並んで批判されるが、名家としては、一九四頁以降に記した二十一の命題のうちの七つは桓団派のものであるとされており、桓団が名家の中に占める存在は大きい。

管《かん》仲《ちゅう》（前七三〇？―前六四五）

春秋時代の斉《せい》国の政治家、思想家。

名は夷吾《いご》、字《あざな》は仲《ちゅう》。贈り名は敬《けい》。管敬仲とも呼ばれる。潁《えい》上《じょう》の人。なお二六五頁も参照。

生涯　父は管厳《かんげん》。斉国の大夫を勤めたこともある。しかし、管仲の若いころに没落し、貧困のうちに育った。

三十五歳ころ、斉の襄公《じょうこう》の臣となり、その公子糾《こうしきゅう》に仕えた。しかし、内乱のため糾とともに魯《ろ》国に逃れ、斉では糾の弟の桓《かん》公《こう》が即位した。

桓公は、臣下の鮑叔牙《ほうしゅくが》の推薦によって、管仲を魯から呼び戻し、宰相に任じた。管仲と鮑叔牙との交流は、「管鮑《かんぽう》の交わり」（三二四頁）として有名。

管仲は、桓公を助けて富国強兵の策を実行する。まず国内では、行政区分を改めて人民の定住を図り、管理体制を強化する。地方官には優れた人材を登用させる。人材を隠したら地方長官を処罰する。また、管内に親不孝者や命令を聞かない者がいたら報告させ、それを怠った地方長官は処罰する。

製鉄、製塩、採銅及び山林資源などは、国家の管理とする。

しかし、実際には人民の仕事となるから「民《たみ》は其《そ》の七を得《え》、君《きみ》は其《そ》の三を得《う》」（管子・軽重乙）るようにする。

農業を推奨するとともに、「商無《しょうな》ければ則《すなは》ち民乏《たみとぼ》し」の主義から、商業や貿易を活発にし、蓄財を勧める。

軍事では、まず政治と経済とを密着させる。国内で採れる塩を、内陸の各国に売っては、銅や鉄に換え、これで武器を造るなどして軍備を増強するのも、その現れの一つである。また、農民を兵士とするとともに、半ば職業軍人的な制度を始める。「地《ち》は大《だい》に国《くに》は富《と》み、人《ひと》は衆《おほ》く兵《へい》は彊《つよ》し、此《こ》れ覇王《はおう》の本《もと》なり」（管子・重令編）という主義である。

対外的には、兵力を背景に諸国と会盟を結ぶことによって、勢力を誇示し、特に葵丘《ききゅう》の会（前六五一）によって、桓公を天下の覇者とさせた。

管 仲
（『画説陰陽家』）

管仲が桓公を補佐すること四十年余、宰相としては中国史上最長であり、これほどの改革に成功したのも史上稀にみる偉業である、と評価されている。孔子も管仲を賞賛している（八頁）。しかし管仲の死後は、桓公の政治力は内外ともに弱まっていった。

思想　農業や経済に努め、人本思想——人民の生活を安定させることを第一とした。人間は天と地との精気によって生じたもので、神が造ったものではないとの無神論を唱え、従って、神意を問う亀筮《きぜい》〔占い〕などを迷信として退けている。

管仲はまた、法の権威によって道徳——仁・義・礼・楽が成り立つ、という立場をとる。これは、道徳を否定する韓非子と大きく異なる特色である。『管子』には、随所に「法」が登場している。『漢書《かんじょ》』芸文志《げいもんし》（三二頁）では道家に置かれているが、『隋書《ずいしょ》』経籍志（三六頁）以後は、法家に属している。

以下、『管子』の中から法について述べている部分を幾つか挙げておく。

1　所謂仁義礼楽《いはゆるじんぎれいがく》なる者《もの》は、皆法《みなほう》より出《い》づ。——世に言う仁・義や礼・楽は、すべて法から出ている（任法《にんぽう》編）。

2　法《ほう》を置《お》き令《れい》を出《い》だし、衆《しゅう》に臨《のぞ》み民《たみ》を用《もち》ゐる。——法律を定め、命令を出し、大衆に臨み、人民を使う（八観《はちかん》編）。

3　法禁立《ほうきんた》たざれば、則《すなは》ち姦邪繁《かんじゃしげ》し。——法律による禁制が確立していなければ、悪者がはびこる（正世《せいせい》編）。

4　法《ほう》は天下《てんか》の程式《ていしき》なり、万事《ばんじ》の儀表《ぎひょう》なり。――法は、天下に通用する法則であり、万事に適用する規範である（明法編）。

5　明主《めいしゅ》は法度《ほうど》の制有《せいあ》り。故《ゆゑ》に羣臣皆方正《ぐんしんみなほうせい》の治《ち》に出《い》でて、敢《あ》へて姦《かん》を為《な》さず。百姓《ひゃくせい》は主《しゅ》の法《ほう》に従事《じゅうじ》するを知《し》るなり。故《ゆゑ》に吏《り》の使《つか》ふ所《ところ》の者《もの》、法有《ほうあ》れば則《すなは》ち民之《たみこれ》に従《したが》ひ、法無《ほうな》ければ則《すなは》ち止《とど》まる。――賢明な君主は、法律の制度を持っている。だから臣下たちはみな、きちんとした政治を行って、決して悪事を行わないのである。

人民は、為政者が法に従って事を行っていることを知っている。だから、役人が人民を使役する場合、それが法律に即していればその仕事に従事するが、即していなければ従事しない（明法編）。

なお三四〇頁の名言も参照。

著書　『管子』八十六編。現存するのは七十六編。ただし、管仲の死後のことまで書かれている。

関尹《かんいん》

→尹喜《いんき》（三八八頁）

韓非子《かんぴし》

→一七五頁

顔淵《がんえん》（前五二一－前四九〇？）

孔門の十哲（五八頁）の一人。姓は顔、名は回《かい》、字《あざな》は子淵《しえん》。孔子より三十歳（一説には三十七歳）若く、また孔子よりずっと早く死んだ。

孔子は顔回を「学問好きで、やつ当たりをせず、同じ誤ちは繰り返さない人物だったが、不幸にして若死にしてしまった。あれほどの学問好きを私は知らない」と評している（論語、雍也《ようや》編）。

二十九歳ですでに白髪だったと言われ、顔淵が死ぬと、孔子は「噫《ああ》、天《てん》予《われ》を喪《ほろ》ぼせり、天　予を喪ぼせり」と、深く慨嘆した（論語、先進《せんしん》編）。

顔回《がんかい》

→顔淵《がんえん》（前項）

顔路《がんろ》（生没年未詳）

姓は顔、名は無繇《むよう》（ブユウとも読む）、また由《ゆう》。路は字《あざな》。孔子より六歳若いともいう。顔淵《がんえん》の父。孔子が最初に教えた時の門人の一人だったらしい。顔淵が死んだ時、その椁《かく》（棺《かん》の外側を囲う外棺）を造ってほしいと孔子に願い出た（論語、先進《せんしん》編）ほど、貧しかった。

弃《き》（棄）　→后稷《こうしょく》（二六四頁）

己《き》　歯《し》（生没年未詳）

墨家に属する。『荘子』天下編に、名前だけ登場する。四〇九頁の「相里勤《そうりきん》」の項を参照。

季《き》　路《ろ》　→子路《しろ》（四〇二頁）

許《きょ》　行《こう》　→二六六頁

禽滑釐《きんかつり》（前五〇七？―前四四四？）

戦国時代初期の魏《ぎ》国の人。墨子（二二二頁）の第一の門人。田子方《でんしほう》・段干木《だんかんぼく》・呉起《ごき》（三〇五頁）たちとともに、魏の西河《せいか》で孔子の門人の子夏《しか》（四〇〇頁）に教えを受けた。のち禽滑釐は、諸侯の師となった、という（史記、儒林《じゅりん》伝）。

なお『呂氏《りょし》春秋』には、禽滑釐は墨子に学ぶ（田子方は子貢《しこう》に学び、段干木は子夏に学び、呉起は曾子《そうし》に学ぶ）、とある（当染《とうせん》編）。

『漢書』儒林伝では禽滑氂《り》、『列子』楊朱編では禽骨釐《こつ》と表記されるほか、禽滑黎《り》・禽滑棃《り》・禽屈釐《くつ》などとも書かれる。

人物　禽滑釐は墨子に三年仕え、手や足に胼胝《へんち》ができ、顔色は黧黒《れいこく》になるまで、身を粉にして墨子のために働いた（墨子、備梯《びてい》編）。（胼胝は、たこ。まめ。黧黒は、やつれて黒ずむ。）守城のための作業の結果である。

墨子は、その労をねぎらって泰山《たいざん》に連れてゆき、酒肉でもてなした。

墨子にうながされた禽滑釐は「再拝再拝《さいはいさいはい》して曰《い》はく、敢《あ》へて問ふ」と丁重な態度で、守禦《しゅぎょ》の道〔城を守り抜く方法〕などの教えを乞うた。

また、禽滑釐たち門人三百人が、楚《そ》国の攻撃に備えて宋《そう》国の城を守った（二二九頁）。

墨子は、門人の高石子《こうせきし》（三九八頁）は衛《えい》国の高祿を断って義を守った人物だとして喜び、禽滑釐を呼んでこの話をする（耕柱《こうちゅう》編）。墨子の禽滑釐への親しみぶりがうかがえる。

『荘子』天下編などでは、「墨翟《ぼくてき》・禽滑釐」と並称されている（二一四頁）。

苦《く》　獲《かく》（生没年未詳）

墨家に属する。『荘子』天下編に、名前だけ登場する。四〇九頁の「相里勤《そうりきん》」の項を参照。

恵《けい》　施《し》　→一九二頁

兒《げい》　説《えつ》（生没年未詳）

戦国時代の宋国の弁論家。『韓非子』外儲説《がいちょ》左上編に、次のように記されている。

兒説は「白馬《はくば》は馬《うま》に非《あら》ず」という論（一九八頁）によって、斉《せい》国の稷下《しょっか》（六頁）の弁論家たちを抑えていた。

しかし、白馬に乗って、ある関所を通った時、ちゃんと白馬に通行税をかけられてしまった。

だから、空しい議論によって都のすべての弁論家に勝っても、実体を具体的に検討することになれば、一人の役人を言いくるめることさえできないのだ。

「白馬は馬に非ず」は、一九八頁に記すとおり公孫竜《こうそんりゅう》の命題。あまりにも有名になって、名家の代名詞、引いては詭弁《きべん》の代表として、随所に出てくる。『韓非子』の右の記述によって、これは兒説が唱えたものとされることも多い。（原文は「『白馬は馬に非ず』を持するや、斉《せい》の稷下《しょっか》の弁者《べんしゃ》を服《ふく》す。」）公孫竜が、これを受け継いだ、とするのである。

言《げん》　偃《えん》　→子游《しゆう》（四〇二頁）

原《げん》　憲《けん》（前五二五―？）

姓は原、名は憲、字《あざな》は子思《しし》。原思《げんし》とも呼ばれる。魯《ろ》国の人、また宋《そう》の人、斉《せい》の人という。孔子の家の宰（家老）となり、孔子は俸祿として穀物九百（単位は不明）を与えようとした。しかし原憲は、多すぎると辞退した（論語、雍也《ようや》編）。

孔子が死ぬと、原憲は草沢の中に隠棲した。衛《えい》国の宰相だった子貢《しこう》（四〇〇頁）が、四頭立ての馬車に乗り、騎馬を従えて、原憲のあばら家を訪れた。粗末な衣服の原憲を見た子貢は軽蔑《けいべつ》して「ご病気か？」と言った。原憲は「財がないのが貧。道を学んでも行為に移せないのが病。私は貧で、病ではない」と答えた。子貢は、この時の問いかけを、生涯の恥としたという（史記、仲尼弟子《ちゅうじていし》列伝）。

呉起《ごき》　→三〇五頁

孔伋《こうきゅう》　→子思《しし》（四〇一頁）

孔子《こうし》　→五〇頁

公輸盤《こうしゅばん》（生没年未詳）

公輸般・公輸班《はん》とも書き、公輸子ともいう。戦国時代の魯《ろ》の人で、魯班《ろはん》ともいう。

新しい機器類を作るのに巧みで、楚《そ》の国のために雲梯《うんてい》（二二九頁）を造り、墨子と模擬戦争をした話（二二八頁）は有名。

その他、戦争用具や種々の工具を造ったり、建築に工夫を凝らしたりしたので、後世は建築や木工の技師たちの祖と仰がれている。

公孫衍《こうそんえん》（生没年未詳）

戦国時代、魏《ぎ》国の陰晋《いんしん》の人。姓は公孫、名は衍。犀首《さいしゅ》と号した。（犀首は、魏の官名だが、公孫衍の通称となった。）

『史記』蘇秦伝には、公孫衍は秦国の将軍として登場するが、『戦国策』魏策などでは、魏の将軍にもなっている。そのまとまった伝記としては、同じく『史記』張儀伝の最後の部分に、張儀のライバルとして、三百余字で記されている。また『戦国策』にも、何度か姿を見せている。それらを合わせて、公孫衍の活躍ぶりをまとめておく。

生涯　秦の恵王の五年（前三三三）に秦に仕えたという。しかし、秦の大臣を勤める張儀とは仲が悪かった。

張儀が、斉《せい》・楚《そ》両国の大臣と会談して、連衡《れんこう》策を勧めている（前三二三）のを知った公孫衍は、燕《えん》・趙《ちょう》・中山《ちゅうざん》・韓《かん》・魏《ぎ》の五か国がお互いに尊重し合って「王」を称しつつ秦国に対抗しようという合従《がっしょう》策をとって、これに対立する。

この時、中山国は小国であるために、他の国より遅れて王を称した。それでも、大国である斉は、趙・魏の両国に諮って「あんな小国と並んで『王』と称するのは、恥ずかしい。我々三大国で、中山国を攻め、『王』の称号を取り消させよう」などという事件もあった（『戦国策』宋・衛・中山策）。すったもんだの末に、中山国も王を称することになるのだが、このように、合従策と一口に言っても、内情はいつもごたごたしているのである。

さて、その翌年（前三二二）、魏《ぎ》国が秦《しん》国に威圧されたので、魏では急いで張儀を呼んで大臣に任じ、秦との連衡を図った。そこで公孫衍は、再び右の五か国を回って合従を確認し、彼はその共通大臣になる。

その後（前三一八）、公孫衍は楚の懐《かい》王を長として、趙・魏・韓・燕との計五か国で秦国を攻めたりしている。

公孫衍は、張儀が死ぬと、ちゃっかり秦国に戻って、大臣となった。秦に仕えれば、連衡策である。

こうして、公孫衍と張儀とは「一縦一横《いちじゅういちおう》」、口先ひとつで天下の諸国を右往左往させたのだった。

評価　『孟子』滕文公《とうぶんこう》下編で、縦横家の一人、景春《けいしゅん》が次のように言っている。

「公孫衍・張儀は、豈《あ》に誠《まこと》の大丈夫《だいじょうふ》ならずや。一《ひと》たび怒《いか》りて諸侯懼《おそ》れ、安居《あんきょ》して天下熄《や》む」――公孫衍や張儀は、なんと真に優れた人物ではないか。彼らが一たび怒ると諸侯は恐れおびえるし、じっとしていると天下の兵乱も終息する。

「諸侯懼れ」は、「この人達が一度怒ると、他の諸侯に説きまわって、怒らせた諸侯を攻めさせるので、天下の諸侯はこの人達を怒らせる事をおそれている」と説明されている（内野熊一郎、新釈漢文大系『孟子』明治書院）。

「丈夫《じょうふ》」は、身長一丈（二・二五メートル）の男性。長身で頼りがいがある。それに「大」がついて、真に優れた男性。

これに対して孟子は「順《じゅん》を以《もっ》て正《せい》と為《な》す者は、妾婦《しょうふ》の道なり」――従順であることを正道とするのは、これは妻妾の生き方である、と批判している。「公孫衍・張儀などは、諸侯の気に入るようにこびへつらい、自分の利益を得よう、としているものであって、そのやり方は毒婦のやり方と同じであり、大丈夫などといえるものではない」（同）、というのである。

当時の縦横家の人たちの姿が、よくわかるだろう。

公孫丑《こうそんちゅう》（生没年未詳）

戦国時代の斉《せい》の人。孟子の門人であり、しばしば孟子と対話し議論している。『孟子』に登場し、また「公孫丑編」があるので知られている。

公孫竜《こうそんりゅう》　→一九八頁

后稷《こうしょく》　→二六四頁

高石子《こうせきし》（生没年未詳）

戦国時代初期の人。墨子《ぼくし》の門人。墨子は、管黔敖《かんけんごう》という人物を通して、高石子を衛《えい》国に仕官させた。衛国では、高給をもって遇し、卿《けい》の地位につけた（卿は、臣下としての最高位）。

高石子は「三《み》たび朝《ちょう》して必ず言を尽くすも、言、行はるる者無し」――何度も朝廷に参内し、言葉を尽くして進言したが、実行されなかった。そこで、衛国を去った。

　墨子は、この話を聞くと喜び、門人の禽滑釐《きんかつり》（三九五頁）を呼んで、こう言った。

「夫《そ》れ義に倍《そむ》きて禄《ろく》に郷《むか》ふ者《もの》は、我常《われつね》に之《これ》を聞《き》けり。禄《ろく》に倍《そむ》きて義《ぎ》に郷《むか》ふ者《もの》は、高石子《こうせきし》に於《お》いて之《これ》を見《み》るなり」――いったい、禄義に背いて禄を求める人は、私はいつも見ている。しかし、禄に背いて義を求める人は、高石子によって初めて見たよ（墨子、耕柱《こうちゅう》編）。

耕柱子《こうちゅうし》（生没年未詳）

戦国時代初期の人。墨子《ぼくし》（二二二頁）の門人。

墨子に「お前は、叱りがいがあるから責めるのだよ」と言われている（墨子、耕柱編）。

　また、墨子の推薦で楚《そ》国に仕官した。友人たちが耕柱子を訪問したが、わずか稷《きび》三升（一升は、〇・一九リットル）しか寄付してくれなかった。

　友人たち「ちっとも厚遇してくれません。楚国に仕官しても、何の利益にもなりません。」

　墨子「まだ、わからないよ。」

　間もなく耕柱子は「十金（二百両ほどか）をお贈りします。先生、ご自由にお使いください」と届けてきた（同）。倹約を重んじる墨家にとっては、十金は大金であるという。また「千金」の誤りともいう。

黄石公《こうせきこう》（生没年未詳）

下邳《かひ》老人・圯上《いじょう》老人ともいう。秦末漢初の人とされる兵法家。

　張良《ちょうりょう》は秦の始皇帝の暗殺に失敗し、下邳に身を隠した。圯上（圯は、土橋）を通った時に一老人に会い、老人は自分の履物を橋の下に落として、張良に拾ってこいと命じる。これを三度繰り返したのち、老人は張良に太公望《たいこうぼう》（二八〇頁）の兵法書を授けた。

　その時老人は「十三年後に、済北《せいほく》の穀城《こくじょう》山の麓に来れば、黄色い石があるだろう。それが私である」と張良に言い残して、どことも知れずに去っていってしまった。

　張良は、この兵法を用いて劉邦《りゅうほう》（漢の高祖）の天下統一を助

川柳コーナー――張良

寝坊めがと張良は叱《しか》られる
　黄石公から、また寝坊して遅れたな、と叱られる。
三度目は張良空《す》きっ腹で行き
　今度こそはと、朝食を抜いて駆けつける。

け、十三年後に穀城山に行ってみると、老人の言葉どおり、黄色い石があったという（史記、留侯《りゅうこう》世家編）。

　ここから、この老人を黄石公などと呼ぶようになった。いま、道教で信仰する神になっている。

『黄石公三略』三巻が残されているが、『漢書』芸文志《げいもんし》にはその名がなく、『隋書』経籍志に初めて現れるので、後世の偽作とされている。老子（一一五頁）の思想に基づいたものが多く、中国の兵法に大きな影響を与えてきている。

さ行

宰《さい》我《が》（前五二二—前四八九。一説に前四五八）

孔門の十哲（五八頁）の一人。姓は宰、名は予《よ》、字《あざな》は子我《しが》。魯《ろ》の人。昼寝をしてしまって、孔子からひどく叱られ、「今後は人の言葉をよく聞き、行動をよく見てから、人を信じることにする」と、孔子を嘆かせた（三二八頁）。のち、斉《せい》国の臨淄《りんし》の大夫《たいふ》となり、田常《でんじょう》（陳成子《ちんせいし》）の反乱に加わって、一族が皆殺しにされ、孔子はこれを恥としたという（史記、仲尼《ちゅうじ》弟子《ていし》列伝）。

宰《さい》予《よ》

→宰《さい》我《が》

子《し》夏《か》（前五〇七？—前四二〇？）

孔門の十哲（五八頁）の一人。姓は卜《ぼく》、名は商《しょう》、子夏は字《あざな》。衛《えい》の人。孔子より四十四歳ほど若い。消極的な人柄で、子張（四〇二頁）がやり過ぎであるのに対して、子夏は「及ばない」（やり足りない）と評されている（論語、先進《せんしん》編。また三四八頁）。孔子に「君子の儒と為《な》れ、小人の儒と為ること無《な》かれ」（六一頁）と教えられたのも、子夏である。

孔子の死後は門人を教え、また魏《ぎ》の文侯《ぶんこう》の師となった。自分の息子が死んだ時には号泣し、そのため失明してしまった（史記、仲尼弟子列伝）。

子《し》貢《こう》（前五二〇？—前四五六？）

孔門の十哲（五八頁）の一人。姓は端木《たんぼく》、名は賜《し》、子貢は字《あざな》で、子贛《しこう》とも書く。衛の人。孔子より三十一歳ほど若い。斉《せい》国の田常《でんじょう》（陳成子《ちんせいし》）が、国内で反乱を起こす前に魯《ろ》国を攻めようとしていることを知った孔子は、子貢の希望で斉に行かせて、田常を説得する。そして作戦を案じた子貢は、呉《ご》国から越《えつ》国、また呉国に戻って晋《しん》国に行き、魯に帰った。

その結果、呉が斉を攻めて破り、晋と戦うが大敗する。これを知った越が呉を攻め、呉王・夫差《ふさ》を殺して、覇者となった。

これが十年間のことで、子貢はこの間に五つの国を戦わせたことになる。子貢の弁舌の巧みさを示す逸話でもある。『史記』仲尼《ちゅうじ》弟子《ていし》列伝の「端木賜」（子貢）の項は、かなりの長文だが、その八十五%は右の遊説を中心にした話が占めている。

子貢はまた、雄弁であるほかに、蓄財の才能があり、時機を見ての商品の買いだめと売り出しとが巧みで、「家、千金を累《かさ》ぬ」——億万長者になった（史記、仲尼弟子列伝）。

財産があれば権力もついてくる。諸侯は、子貢と対等の礼で応対した。

孔子の名声が天下に知れわたるようになったのも、子貢が孔子に付いていたからである、というが（史記、貨殖《かしょく》列伝）、まさにそのとおり、子貢は孔子のスポンサーであり、パトロンであった。

「これこそ、財産家は権勢も手に入れて、ますます有名になる」ということだろう（同）。

子《し》産《さん》 →一七一頁

子《し》思《し》（前四八三―前四〇二）

戦国時代初期の魯《ろ》の人。姓は孔《こう》、名は伋《きゅう》、子思は字《あざな》。孔子の子・伯魚《はくぎょ》の子で、孔子の孫にあたる。曾子《そうし》（四〇九頁）に学んだとされている。子思は、魯の穆公《ぼくこう》の師となったという。

「誠」と「中庸《ちゅうよう》」とを重んじて、『子思子《ししし》』二十三編を著したとされる（『子思《しし》』ともいう）。現在は失われているが、また『中庸』（一〇〇頁）の著者とされ、この「中庸」とともに『礼《らい》記《き》』（九三頁）に収められている「表記《ひょうき》・緇衣《しい》・坊記《ぼうき》」などの編を中心とした『子思子』七巻があり、岩波文庫に入っている。後世「述聖」と尊ばれる。

ただし、同じく儒家に属する荀子《じゅんし》は、子思を次のように評している。「子思は、粗雑な論を言葉を飾って展開し、これぞ祖師・孔子の思想であると称している。孟子が、これに同調し、世俗の愚かで暗い儒者たちは、この邪説を受け広めた。かつ、子思や孟子のおかげで、孔子や子游《しゆう》が後世に尊ばれるようになった、と思っている。これこそ、子思・孟子の罪である」（荀子、非十二子編）。なお、一八頁を参照。

原憲（三九六頁）の字《あざな》も子思《しし》であり、『史記』仲尼《ちゅうじ》弟子《ていし》列伝編に出てくる子思は、原憲のほうである。

子《し》張《ちょう》（前五〇三？―？）

姓は顓孫《せんそん》、名は賜《し》、また師《し》。顓孫師。子張は字《あざな》。陳《ちん》の人。孔子より四十八歳ほど若い。孔子に「干祿《かんろく》」祿を干《もと》める――俸祿を求める、仕官を望むこと――の方法を問うたりしている（論語、為政《いせい》編）。

孔子に「辟《へき》」――態度はもの慣れているが、誠実さに欠ける（同、先進《せんしん》編）、「過ぎたり」――やり過ぎで、「過ぎたるは猶《な》ほ及ばざるがごとし」――やり過ぎと及ばないのとは、似たようなものだ（同、先進編。また三四八頁）、などと注意されている。

子《し》游《ゆう》（前五〇六―？）

孔門の十哲（五八頁）の一人。姓は言《げん》、名は偃《えん》、子遊は字《あざな》。呉《ご》の人、また衛《えい》の人という。孔子より四十五歳若い。

魯の武城《ぶじょう》の宰《さい》〔長官〕を勤め、音楽によって人々を教化して、孔子を喜ばせた（論語、陽貨《ようか》編。また三六六頁）。また、澹台滅明《たんだいめつめい》（四一〇頁）は、この時の部下。

子《し》路《ろ》（前五四二―前四八〇）

孔門の十哲（五八頁）の一人。姓は仲《ちゅう》、名は由《ゆう》、子路は字《あざな》。また季路《きろ》ともいう。魯《ろ》の卞《べん》の人。孔子より九歳若く、孔子門人中の年長者の一人。『論語』には、その四十章に登場して、門人中もっとも回数が多い。

若い時は、野鄙《やひ》で一本気、武勇を好んで、孔子に「私以上に勇気を好み、役立てようがない」（論語、公冶長《こうやちょう》編）とからかわれている。

孔子の護衛役として生涯を尽くした。子路が孔子に仕えて以後、孔子の悪口を言う者がいなくなった（史記、仲尼弟子列伝）。子路の仕返しが恐いからである。

魯《ろ》の大夫《たいふ》・季《き》氏の宰《さい》〔長官〕や、衛《えい》国の蒲《ほ》の町の大夫を勤めた。衛では仕えていた孔悝《こうかい》が反乱を起こした時、孔悝を助けようとして、二人の敵に切りかかられた。冠《かんむり》の紐《ひも》を切り落とされた時、「君子は死んでも冠を脱がない」と、紐を結び直して死んでいった。かつて孔子は、「子路は安らかには死ねないだろう」と案じていた（論語、先進編）。

司《し》馬《ば》穰《じょう》苴《しょ》（生没年未詳）

春秋時代の斉《せい》国の将軍。姓は田《でん》、名は穰苴。斉の景公（在位、前五四七―前四九〇）に仕えて大司馬〔軍事を管理する長官〕となったので、司馬穰苴と称する。

晋《しん》と燕《えん》との連合軍が斉に侵入した時、晏嬰《あんえい》（九頁）の推薦によって、司馬穰苴が将軍となり、景公は臣の荘賈《そうか》にこれを監督させることにした。

翌日、司馬穰苴は正午に軍門で荘賈と会って打ち合わせる約束をした。ところが荘賈は、側近の者や親戚の人たちと送別会を開き、やっと夕方になってやって来た。司馬穰苴は、期限に遅れるとは軍人ではないと、軍規に照らして荘賈の首を切り、兵士たちに見せて回って、軍規の徹底を図った。この時「将たる者、君命も受けざる所在り」と言ったというが、この話は『孫子』九変編にも出てくる。

『史記』には「司馬穰苴伝」があり、その「論賛」で、司馬遷はこう批評している。「私は、司馬穰苴の兵法を読み、その広さと深さとを知って、夏《か》・殷《いん》・周の三代の天子の軍隊でも、この秩序の厳格さを徹底できないだろうと思った。しかしその言い伝えは、少し褒めすぎであるとも思う。穰苴は、斉《せい》という小さな国のために軍隊を動かしたのであり、司馬の兵法のきまりなどを用いる余裕もなかったはずである。

司馬の兵法は、この世に多く出回っているので、ここでは論じない。穰苴の伝記だけを記しておく。」

漆彫開《しっちょうかい》（前五四〇―？）

姓は漆彫〔漆雕〕、名は開、また啓《けい》。字《あざな》は子啓《しけい》、また子開《しかい》、また子若《しじゃく》。魯《ろ》の人、また蔡《さい》の人。孔子より十一歳若い。孔子が仕官を勧めたが、まだ自信がありませんと断り、孔子を喜ばせた（論語、公冶長《こうやちょう》編）。

荀《じゅん》子《し》 →八一頁

淳于髠《じゅんうこん》（前三八六？―前三一〇？）

戦国時代の斉《せい》の人。『史記』孟子・荀卿《じゅんけい》列伝の附伝として登場し、「学、主とする所無し」（中心とする学問はない）、とある。また、同じく『史記』滑稽《こっけい》列伝の冒頭にも登場する。「滑稽」とは、笑いのうちに諷刺《ふうし》して諫《いさ》め、相手を説得することを言う。その滑稽列伝には、次のように紹介されている。

「淳于髠は、斉《せい》国のある家の婿《むこ》養子である。身長は七尺〔約一六〇センチ〕、話術に巧みで多弁であり、しばしば諸侯のもとに使者に立ったが、ばかにされ恥ずかしめを受けたことは一度もなかった。」

これらのことから、淳于髠を縦横家に加えることも多い。なお「髠」は「髡」の俗字。

彼は、斉《せい》の威《い》王（在位、前三五六―三二〇）に仕え、威王はその機知に富んだ話術を評価して、諸侯の接待役にしていた。ただし右に挙げた附伝には、魏《ぎ》〔梁《りょう》〕の恵王（在位、前三七〇－三三六）に気に入られて、大臣に取り立てようとしたが、辞退して立ち去り、一生仕官しなかった、とある。淳于髡も結局は、半ば伝説的な人物か。

商鞅《しょうおう》（前三九〇？－前三三八）

戦国時代中期の政治家、思想家。法家に属する。姓は公孫《こうそん》、名は鞅。衛《えい》国の君主の末裔なので、衛鞅とも呼ばれる。のち秦《しん》国の孝公から商に封ぜられたので、商君、商鞅とも呼ばれる。

生涯　はじめ魏《ぎ》国の大臣・公叔痤《こうしゅくざ》に仕えた。秦国の孝公が賢者を求めているのに応じて、孝公と四回にわたって政治を論じ、強国の術を説いて孝公の共感を得て任用された。

商鞅は、時代に即した法に変えるべきだという「変法」を主張し、早速「変法の令」（後出）を公布する。そして、後世「移《い》木《ぼく》の信《しん》」（三一六頁）と呼ばれるエピソードによって、人民の信頼を得た。

その後、太子が法を犯す。商鞅は「法《ほう》の行《おこな》はれざるは、上《かみ》より之《これ》を犯《をか》せばなり」として、しかし太子を罰するわけにはいかないから、太子の傅《ふ》〔守《も》り役〕の公子虔《けん》を処刑し、太子の師の公孫賈《か》を黥《げい》〔額に入れ墨する刑〕に処した。それまで、法令に不満だった人々もみな、法令に従うようになった。十年たつと「秦《しん》の民大《たみおほ》いに説《よろこ》び、道《みち》に遺《お》ちたるを拾《ひろ》はず、山《やま》に盗賊《とうぞく》無《な》し」という世相となった。

人々の生活も豊かになり、また、戦闘を恐れなくなった。以後商鞅は、魏《ぎ》の安邑《あんゆう》を降伏させ、咸陽《かんよう》に宮殿を建て、地方の小都市を集めて三十一の県に編成し、農地を改革し、賦税を公平にし、度量衡を定めるなど、大活躍だった。

この間、公子虔《けん》がまた法を犯したので、商鞅はこれを劓《げつ》〔鼻そぎの刑〕に処している。

商鞅が大臣となってから十年。王族や外戚の中に商鞅への恨みが高まっていった。孝公が没して、恵王が即位すると、公子虔《けん》は商鞅は謀反《むほん》をたくらんでいると告発した。商鞅は、王の追っ手を逃れて函谷関《かんこくかん》の近くの宿屋に泊まろうとした。しかし宿屋では、「商君の法律では、手形を持たない人を泊めたら同罪、となっています」と断る。自分の作った法に、自分が束縛される羽目に陥ったのである。

商鞅は魏の国に逃げたが、ここでも恨みを買っており、亡命を受け入れないばかりか、秦に送り帰した。商鞅は部下とともに秦の鄭《てい》県を攻めた。秦は軍隊を派遣して、鄭の黽池《びんち》で商鞅を殺してしまった。秦の恵王は、商鞅の死体を車裂きの刑に処して、謀反《むほん》の戒めとした。

司馬遷は「商鞅は生まれつき残酷で薄情な人だった」と評し

ている。

思想　孝公の面前で、大臣の甘竜《かんりゅう》と杜摯《とし》とを相手に「変法」——法律を変えることの重要性を説き、ついに孝公を説得してしまう。法や礼の伝統を重んじようと主張する二人の大臣に対する、商鞅の意見の一端を挙げておこう。

「文《ぶん》・武《ぶ》に至《いた》るに及《およ》び、各《おのおの》時《とき》に当《あ》たりて法《ほう》を立《た》て、事《こと》に因《よ》りて礼《れい》を制《せい》す。……臣故《しんゆゑ》に曰《い》はく、『世《よ》を治《をさ》むるには、道《みち》を一《いち》にせず。国《くに》に便《べん》ならば、必《かなら》ずしも古《いにしへ》に法《のっと》らず』と。……君疑《きみうたが》ふこと無《な》かれ」——周の始祖・文王や武王の世となると、それぞれ時勢に応じて法律を定め、事情に応じて礼制を定めたのです。……私はだから『世を治めるには、方法は一つではない。国に都合がよければ、必ずしも昔を手本にしなくてもよい』と言うのです。……王よ、疑ってはいけません」（商君書、更法編）。

また「国《くに》を治《をさ》むる所以《ゆゑん》の者《もの》は三《さん》。一《いち》に曰《い》はく法《ほう》。二《に》に曰《い》はく信《しん》。三《さん》に曰《い》はく権《けん》」——国を治める手段は三つ。法律、信義、権力（商君書、修権編）と言う。そして、法律は、君臣とともに守り、信義は君臣とともに立てるが、権力は君主だけが持つもの、としている。いわゆる「勢」の重視である。

変法の令

1　人民に、十戸・五戸の隣組を編制させ、お互いに監視させる。

悪事を報告しない場合は、腰斬《ようざん》の刑。報告した場合は、敵の首を取ったのと同じ賞を与える。悪者をかくまった場合は、敵に降伏したのと同じ罰を与える。

2　男の子が二人以上いるのに分家しない場合は、課税を二倍とする。

3　軍功ある者は、その程度に応じて上の爵位を授ける。私闘をした者は、その軽重に応じて処刑する。

4　大人と子供は協力して耕作と機織《はたお》りに努める。穀物や絹布を多く納めた者は、夫役《ふえき》〔労働力の提供〕を免除する。工業や商業に従事したり、怠けて貧しくなったりした者は、検挙して官の奴隷とする。

5　王族でも軍功がない場合は、調査の上で除籍する。

6　身分の尊卑や、官位・俸禄の等級を明確にして、それぞれ段階を設ける。

7　身分に応じて所有する田地や宅地の広さ、臣や妾の数を定め、衣服は、家柄によって定める。

8　功績のある者は栄誉をたたえる。功績のない者は、富裕であっても贅沢を許さない（以上『史記』商君列伝。なお1や4は、それぞれ二分することもできる）。

1の前半の密告制、３５８などの信賞必罰制、２４などの生産力の増強、そして６７などの身分制、それぞれ徹底したものである。

商鞅は、自分の作った法に縛られて非業の死を遂げたが、秦国では商鞅の法を守ることによって発展し、やがて天下を統一することになる。「商鞅は法家の祖である」と称される理由も、ここにある。

著書　『商子』二十九編。ただし、商鞅の著かどうかは疑問視されている。現存するものは二十六編、かつ十六と二十一とは、本文が欠けている。

申不害《しんふがい》　→一七三頁

神農《しんのう》　→二六三頁

慎《しん》到《とう》　(前三九五?―前三一五)

戦国時代の趙《ちょう》国の思想家で、『漢書』芸文志《げいもんし》では法家に置いている。

生涯　斉《せい》国に行って、淳于髠《じゅんうこん》・環淵《かんえん》・接子《せっし》・田駢《でんべん》・騶奭《すうせき》たちとともに稷下《しょっか》（六頁）に学び、教えた（史記、孟子荀卿《じゅんけい》列伝）。斉の上大夫《じょうたいふ》となり、のち韓《かん》国に行って大夫となった。

思想　稷下では「黄老道徳」〔老荘思想〕を学び、「知《ち》を棄《す》て己《おのれ》を去《さ》り……天下《てんか》の尚賢《しょうけん》〔すぐれた賢人〕を笑《わら》ひ……天下《てんか》の大聖《たいせい》を非《そし》る」（荘子、天下編）という態度だった。

政治家としては、統治のためには「法《ほう》は善《ぜん》ならずと雖《いへど》も、猶《な》ほ法無《ほうな》きに愈《まさ》る」として、法を重視する立場を取っている。

特に、「飛竜《ひりゅう》は雲《くも》に乗《の》り、騰蛇《とうだ》〔空を飛ぶ、竜に似た蛇〕は霧《きり》に遊《あそ》ぶ」が、もし「雲や霧に乗ずる」働きが失われれば、蚓《みみず》や蟻《あり》と同じになってしまう。そして、この「乗」こそが、為政者の「勢」であるとして重視した。つまり「権勢」である。「勢」の概念は、韓非子にも大きな影響を与えた。

こうして慎到は、道家から法家に移行する過渡期の人物としても、重要な位置を占めている。

著書　『慎子』四十二編があったが、今は五編のみ。『群書治要』には、他に残編二編がある。

鄒《すう》奭《せき》　(生没年未詳)

戦国時代、斉国の人で、騶衍《すうえん》（次項）よりやや後の人。騶衍の広大で深遠な論を、竜の模様を雕《きざ》むように美しく飾って文章化したので、「天を論ずるは衍《えん》、竜を雕《ちょう》するは奭《せき》」と称され、雕竜奭とも呼ばれた。

ここから「雕竜」という語も生まれた。竜の模様を刻むように、文章を巧みに飾ること。

『鄒奭子』十二編を著したが、早く亡んで伝わらない。

騶《すう》衍《えん》　→一六四頁

冉　求《ぜんきゅう》　→冉有《ぜんゆう》

冉伯牛《ぜんはくぎゅう》（前五四四―？）

孔門の十哲（五八頁）の一人。姓は冉、名は耕《こう》、伯牛は字《あざな》。魯《ろ》の人で、孔子より七歳若い。魯の中都《ちゅうと》の町の宰《さい》〔長官〕を勤めたという。悪病におかされて死んだが、ハンセン病かと言われている。

冉　有《ぜんゆう》（前五二二―前四八九？）

孔門の十哲（五八頁）の一人。姓は冉、名は求《きゅう》、また有《ゆう》。字《あざな》は子有《しゆう》。魯《ろ》の人。孔子より二十九歳若い。

消極的な人柄のようで、孔子に「退く」〔遠慮がちである〕と評されたり（論語、先進《せんしん》編）、「画《かぎ》れり」〔自分自身を見限っている〕と喩《さと》されたり（同、雍也《ようや》編）している。

また孔子は、冉有は大きな町や卿大夫《けいたいふ》の領地の宰《さい》〔長官〕となる力を持っている、とも言って、その政治力を認めており（同、公冶長《こうやちょう》編）、事実、魯の大夫・季氏の宰となった。ただし、季氏が租税を厳しく取り立てて財産を増やしているのを、諫《いさ》めるどころかそれに協力したので、孔子は「もう私の門人ではない、軍隊に攻撃させてもよい」と怒った（同、先進《せんしん》編）。

冉　雍《ぜんよう》　→仲弓《ちゅうきゅう》（四一〇頁）

蘇　秦《そしん》　→二四五頁

蘇　代《そだい》（生没年未詳）

戦国時代の洛陽乗軒里《らくようじょうけんり》の人。蘇秦《そしん》の弟。その弟は蘇厲《それい》（四〇八頁）。

生涯　蘇秦の成功したのを見て、蘇厲とともに遊説の術を学んだ。そして蘇代は、蘇秦が死ぬと燕《えん》の国に出かけていって、自分を売り込んだ。

斉《せい》の国に怨みを買っている燕の国では「斉に勝てるのなら、すべてを蘇代にお任せしよう」と言う。蘇代は、全知を傾けて燕の噲《かい》王を説得し、とうとう王に「私は、あなたのおかげで、天下の王となるべき天命を受けたのだ」とまで言わせることに成功する。

燕では、人質を斉に送る。蘇厲のほうは、その人質を介して斉に売り込んで、斉国の臣になってしまった。

また燕では、大臣の子之《しし》にすべてを任せ、王位まで譲ってしまった。その隙に斉は燕を攻め、子之と、元の王・噲《かい》とを殺してしまった。燕では、昭王を立てたが、この間に蘇代も斉に行ってしまい、弟の蘇厲とともに、斉国に仕えることになる（この間、史実としての順序が疑問視されている）。

燕の昭王は、のちに「斉国に復讐できる案を持つ者は、蘇代しかいない」と考え直して蘇代を呼び寄せる。そして斉を攻め、湣《びん》王を追放することに成功する。

なお三二九頁の「漁父《ぎょほ》の利」は、蘇代が主役。

評価　以下、司馬遷の評価。

「蘇代は再び燕国で重く用いられるようになった。燕では、蘇秦の時のように、諸侯と従親《しょうしん》しようとした。諸侯によっては賛成し、または賛成しなかった。しかしこれ以来、諸侯の間では合従《がっしょう》策が主流となった。

蘇代も蘇厲も、天寿を全うして死し、その名声は諸侯に知れわたったのだった」（史記、蘇秦伝、附伝・蘇代）。

蘇《そ》 厲《れい》　（生没年未詳）

蘇秦《そしん》の弟・蘇代《そだい》の弟。『史記』では、蘇代の項に名前だけ登場する。蘇代の項（四〇七頁）を参照。

宋《そう》 銒《けん》　（前三七〇頃？―前二九〇頃？）

『荘子』天下編に「宋銒」と出てくるほか、『孟子』告子上編や『荀子』非十二子編に「宋牼《そうけい》」、『韓非子』顕学編や『荘子』逍遥遊《しょうようゆう》編に「宋栄子」などと記される。戦国時代の宋国の人で、斉の宣《せい》王の時に稷下《しょっか》（六頁）で学んだ一人である。『荘子』天下編には、尹文《いんぶん》と並んで登場し、宋尹学派（一八九頁）とも称される。その箇所を参照されたい。

その『荘子』天下編によって、宋銒（及び尹文）の立場を見てみよう。

万物に接するのに、それぞれが独立して侵し合うことがない、とする「別宥《べつゆう》」。これは名家的。

「侮《あなど》らるるも辱《はぢ》とせずして、民の闘ひを救ふ」は、道家的。この命題は二〇三頁も参照。

「攻（攻撃）を禁じ、兵（武力）を寝《や》めて、世の戦ひを救はんとす」は、右と並んで墨家的。

「此《これ》（右の二文）を以て天下に周行して、上に説き下に教ふ」は、縦横家的。

また、一八九頁に記したように、『管子』中の四編は宋銒が著したものかとされ、ここには道家と名家に近い思想が述べられている。『荀子』非十二子編（一七頁）の次の表現も、宋銒が墨家と名家的であることを示しているだろう。

「功利主義、倹約至上を唱え、上下の差別を軽視するくせに、発言は筋道にかなっており、『以《もっ》て愚衆《ぐしゅう》（愚かな大衆）を欺《あざむ》き惑《まど》はすに足る』人物は、墨翟《ぼくてき》と宋鈃である。」

以上のように、宋鈃の思想は多方面に及んでおり、『漢書』芸文志《げいもんし》では、彼の著とされる『宋子』十八編を、小説家に分類している。この本は、現在は失われている。

相里勤《そうりきん》 （生没年未詳）

姓は相里、名は勤。墨家に属し、『韓非子』顕学編では、墨《ぼく》翟《てき》以後、墨家は三派に分かれたとするが、その一派であると記している（二一六頁）。

『荘子』天下編では、次のように述べている。「相里勤の門人たち、五侯《ごこう》の仲間たち、南方の墨者である苦《く》獲《かく》・己歯《きし》・鄧陵子《とうりょうし》といった連中は、みな墨子の書物を学んでいるくせに、お互いに対立し、お互いに墨家の別派と呼び合っている。」なお、一九〇頁の「後期墨家派」も参照。

荘《そう》子《し》 →一二三頁

曾《そう》子《し》 （前五〇五？―前四三五）

姓は曾、名は参《しん》、字《あざな》は子輿《しよ》。魯《ろ》の武城《ぶじょう》の人。孔子より四十六歳ほど若い。

孔子は、曾子は孝の道に通じているとして、彼に『孝経《こうきょう》』（二〇六頁）を書かせた（史記、仲尼弟子列伝《ちゅうじていし》）。『論語』には、曾子と孝が直接に結びついた章はないが、曾子が孔子から聞いた言葉として、次のように言っている。「我を忘れるということは、まずないが、あるとすれば、親の喪《も》だろうな」（論語、子張《しちょう》編）。

孔子の道を後代に伝えた第一人者であり、また、孔子の孫の子思《しし》（四〇一頁）を教えている。

曾《そう》参《しん》 →曾子《そうし》（前項）

孫《そん》臏《ぴん》 →二九八頁

孫《そん》武《ぶ》 →二八五頁

た行

端木賜《たんぼくし》 →子貢《しこう》（四〇〇頁）

澹台滅明《たんだいめつめい》（前五一二―？）

姓は澹台、名は滅明、字《あざな》は子羽《しう》。魯《ろ》の武城の人。容貌が醜かったので、はじめ孔子は信頼しなかったが、その人柄を知ってからは、「言葉だけで人を見て、宰予《さいよ》（四〇〇頁）の場合に失敗し、容貌だけで人を見て、子羽《しう》（澹台滅明の字《あざな》）の場合に失敗した」と言ったという（史記、仲尼弟子列伝《ちゅうじていしれつでん》）。

「行くに径《こみち》に由《よ》らず」（三八一頁）の人柄として有名で、門人も多く、江南地方に旅した時には、門人が三百人も従ったという（同）。

仲弓《ちゅうきゅう》（前五二二―？）

孔門の十哲（五八頁）の一人。姓は冉《ぜん》、名は雍《よう》、仲弓は字《あざな》。魯《ろ》の人で、孔子より二十九歳若い。魯の大夫《たいふ》・季《き》氏の宰《さい》（長官）を勤めた。父の身分が賤《いや》しかったが、孔子は、本人次第といって励まし（論語、雍也《ようや》編）、また「君主にしてもよい人物だ」と褒めている（同）。

張《ちょう》儀《ぎ》

→二五〇頁

陳《ちん》軫《しん》（生没年未詳）

戦国時代の人。斉《せい》の人かとされる。『史記』張儀伝の後半に附伝として記されている。

生涯　張儀とともに秦《しん》の恵王に仕えていたが、互いに仲が悪かった。張儀は、王に「陳軫は楚《そ》に行きたがっている」と、告げ口をしたので、王が陳軫を呼んで真意をただしたところ、陳軫は巧みに言いのがれ、かえって王に厚遇されることになる。

しかし一年後、張儀が秦国の大臣になったので、陳軫は楚国に行く。

楚ではある時、陳軫を秦に派遣する。秦に行く途中、陳軫は魏国に立ち寄って、公孫衍《こうそんえん》（三九七頁）に面会する。そして、閑職について酒ばかり飲んでいた公孫衍に知恵を借して、燕《えん》・趙《ちょう》・斉《せい》の三国の大臣の仕事を公孫衍が決裁する、という地位につけてしまう。

秦の恵王は、楚に行ってしまった陳軫を信用しなかったが、陳軫はここでは巧みな比喩《ひゆ》を使って、王の信頼を取りもどす。

この時、韓《かん》と魏《ぎ》の両国が一年余も争っていた。恵王は、どちらの国を援助したらよいか、決断がつかない。陳軫に相談すると、陳軫はこんな話をした。

「春秋時代の魯の勇者・卞荘子《べんそうし》が、二頭の虎が争っているのを見て、しとめようとしました。すると若者が『二頭が激しく嚙《か》み合えば、一方は死に、もう一方も大きく傷つきます。それをしとめれば、一撃で二頭の虎を倒したことになりますよ。』状況はそのとおりになり、卞荘子は二頭の虎を一撃で倒すという手柄を立てたのです。

韓と魏との争いも、まったく同じことです。」

恵王は感心し、大国が傷つき、小国が滅んだ所に出兵して、大勝利をえた。

ただし、どちらが勝ったのかはわからず、『史記』韓世家《かんせいか》編では、韓が敗れている。また『戦国策』秦策では、韓と魏との争いではなく、斉《せい》が楚《そ》を攻めたことになっている。ここでは陳軫は、いま自分がいる楚が有利になるように、恵王に説いているのである。

田《でん》鳩《きゅう》（生没年未詳）

田求子《でんきゅうし》・田俅子《でんきゅうし》ともいう。戦国時代初期の斉《せい》国の人。

秦《しん》国の恵王に会見したいと、秦に滞在していたが、三年間待たされていた。ある遊説家《ゆうぜいか》がこれを聞いて、田鳩を楚国の王に推薦した。楚王は、田鳩を呼んで会見し、その意見に感心した。そこで、将軍として秦国に派遣したので、秦の恵王は田鳩に会見し、田鳩は、やっと念願がかなった。田鳩は、友人にこう述懐した。

「秦に之《ゆ》くの道は、乃《すなは》ち楚に之《ゆ》くか。物《もの》は固《まこと》に之《これ》に近《ちか》くして遠《とほ》く、之《これ》に遠《とほ》くして近《ちか》き者有《ものあ》り」――秦に行く道は、なんと楚に行くことだったのか。物事、近くにいるとかえって遠く、遠くにいるとかえって近いものなのだなあ（呂氏春秋、首時《しゅじ》編）。

これと同旨の話が『淮南子《えなんじ》』道応訓《どうおうくん》編にも載っている。

また、この時だろうか、楚王に墨子の話下手の理由を説明した逸話は、二二六頁のコラムに掲げておいた。

『漢書』芸文志《げいもんし》には『田俅子』三編がある、と記しているが、早く失われている。

田襄子《でんじょうし》（生没年未詳）

戦国時代初期の宋国の人。墨子の門人で、陽城での事件（二一七頁）のあと、孟勝《もうしょう》（四一六頁）に次の鉅子《きょし》（二一四頁）に任じられた。これ以外については、未詳。

田穰苴《でんじょうしょ》

→司馬穰苴《しばじょうしょ》（四〇二頁）

田《でん》駢《べん》（生没年未詳）

戦国時代の思想家。斉《せい》の人（史記、孟子荀卿《じゅんけい》列伝）。斉国の宣《せん》王・湣《びん》王の時期（前三二〇―前二八三ころ）に活躍した。陳駢《ちんべん》ともいう。

生涯　彭蒙《ほうもう》（四一六頁）の門人。のち稷下《しょっか》（六頁）に学び、教授クラスだったという。よく慎到《しんとう》と並んで扱われており、四〇六頁の「慎到」も参照。

思想　稷下では「黄老道徳」（老荘思想）を学んだ。斉国の宣王に政治の方法を問われると、こう答えている。

「私は政治に関しては直接に発言しないが、その中に政治の心得を見つけることができるでしょう。ちょうど、林に行っても材木は見つからないが、しかし材木を手に入れることができるのと同じです」（呂氏春秋、執一《しゅういつ》編）。

そして「性《せい》に因《よ》り物《もの》に任《まか》せて、宜《ぎ》当《あ》たらざること莫《な》し」――自然の本性に基づき、万物の変化に任せてゆけば、必ず「義」〔宜《よろ》しき〕に合致するのです（同）。

そして、「貴斉《きせい》――斉《ひと》しきを貴《たっと》ぶ」を主張する。

また荀子《じゅんし》は、田駢と慎到とを「尚法《しょうほう》――法《ほう》を尚《たっと》ぶ」と言っているが、「法を尚びて法を無《な》みす」――尊びながら無視している、と評するのである（荀子、非十二子編）。

田駢は、慎到とともに道家から法家に移ってゆく過渡期の、重要な人物といえよう。

著書　『田子』二十五編があったが、今は失われている。

鄧《とう》析《せき》（前五四五？―前五〇一）

鄭《てい》国の大夫で、宰相の子産《しさん》（二七一頁）と同時代の人。

『列子』力命編は、鄧析を次のように紹介する。まず「両可の説」と「無窮の辞」とを得意とする、という。「両可の説」とは、相反すること・矛盾することも、同時に成り立つのだ、ということ。『荀子』の挙げる「山淵《さんえん》平らかなり」（二〇三頁）が、その例。また「無窮の辞」とは、窮まりのない・果てしのない議論。

なお、『荀子』非十二子編における鄧析に対する批判は、一九七頁を参照。

『呂氏春秋』離謂《りい》編では、鄧析の雄弁ぶりを三つほど紹介しているが、その前に「弁なれども理に当たらざれば則ち詐《さ》なり。知なれども理に当たらざれば則ち偽《ぎ》なり」――いくら雄弁で知恵があっても、道理に合わなければ、それは詐偽《さぎ》だ、と記し、「詐偽の民は、先王の誅《ちゅう》する〔罪を責めて殺す〕ところなり」と断じている。

これらの記述から見れば、鄧析は名家に属すると言えよう。

また、『呂氏春秋』離謂編では、次のように言う。
子産の法治に反対した鄧析は、訴訟を起こした人と契約して、大きな訴訟なら一衣〔衣服一揃い〕、小さな訴訟なら襦袴《じゅこ》〔上着と、ズボン〕の謝礼で、訴訟に勝つ弁論術を教えた。そのため、数えきれぬ人々が鄧析に衣や襦袴を献じた――と。
『淮南子《えなんじ》』詮原訓《せんげんくん》でも、「鄧析は巧みな弁舌によって法を乱した」と記している。

これらから見ると、鄧析は法治に反対する立場をとっているようだが、『春秋左氏伝』定公九年の条には「鄭国の執政である駟歂《しせん》〔子然《しぜん》〕が鄧析を殺し、その『竹刑《ちくけい》』を採用した」とある。「竹刑」は、竹簡に書いた刑法で、鄧析が子産の鼎《かなえ》に鋳た法（一七二頁）を不満として自分で作った法律、とされている。そこで鄧析は、子産と並んで法家の先駆者、とも言われるのである。

なお、『列子』力命編や『呂氏春秋』離謂編では、鄧析が自分流に法を解釈するので国内が乱れ、思い余って子産が鄧析を殺した、としている。また『列子』では、「竹刑」も子産が作ったもの、としている。

鄧析の著とされる『鄧析子』は、「無厚」と「転辞」の二編から成る。「無厚」は刑罰を厳しくするべきことを、「転辞」は弁説の難しさなどを述べている。法家と名家あるいは縦横家として分類することもできるほか、道家の思想もまじる。『漢書』芸文志《げいもんし》では、これを名家に置いている。現存のものは、後人の編とされている。

鄧陵子《とうりょうし》（生没年未詳）

墨家に属する。『荘子』天下編に、名前だけ登場する。四〇九頁の「相里勤《そうりきん》」の項を参照。また『韓非子』顕学編では、墨《ぼく》翟《てき》以後、墨家は三派に分かれたとするが、その一派であると記している（二一六頁）。

は行

范雎《はんしょ》（？―前二五五）

戦国時代の魏《ぎ》の人。字《あざな》は叔《しゅく》。范且《はんしょ》・范睢《はんすい》と出てくることもある。『史記』に范雎伝があり、「世にいう弁士」で「諸侯に説いて回った」と記すので、縦横家の一人に挙げられることが多い。

誤解 雄弁を学び、魏国の大夫・須賈《すか》に仕えた。須賈とともに斉国に使者に行った。斉の襄《じょう》王は范雎の能弁を知ると、黄金十斤と牛肉や酒とを賜った。須賈は、范雎が魏国の秘密を斉国に漏らしたことへの謝礼かと邪推し、国に戻ると、宰相の魏《ぎ》斉《せい》にそう話した。

魏斉は怒り、部下に范雎を笞《むち》打たせ、范雎は肘《ひじ》と歯を折って半死半生の目に遭った。死んだふりをしていると、簀《すのこ》巻きにされ、厠《かわや》〔便所〕に置かれ、宴席の客たちにかわるがわる小便をかけられた。秘密を漏らした見せしめである。范雎は、厠の番人に「たっぷりお礼をするから」と、かつぎ出してもらい、やっとのことで逃亡した。四六一頁を参照。

こうなると、才能を認められ、褒められるのも、考えものである。

変名　范雎は、張祿《ちょうろく》と名を変えた。この時、秦国の使者・王《おう》稽《けい》が魏国に使者として来たので、范雎は友人の鄭安平《ていあんへい》の計らいで、王稽について秦国に入る。

しかし秦国では、一年あまり無視されていた。秦が斉の地を攻めようと計画した時に、范雎はやっと意見書を奉る機会を得た。秦の昭王はたいへん感心して、范雎を呼びにやった。

作戦　離宮に呼ばれた范雎は、中でわざと迷ったふりをして、大奥に入り込んだ。昭王が来たので、仕える者たちがいそいで范雎を連れもどすと、范雎は、わざと言った。

「秦《しん》、安《いづ》くんぞ王を得ん」——秦国には、どこに王がいるというのか。ただ、母の太后と宰相の穰侯《じょうこう》が実権を握っているだけではないか、と続けたのである。

しかし、昭王も偉い。范雎をそばに呼んで人払いをすると、膝をついて范雎に意見を聞かせてくれと頼んだ。范雎は、側近の者たちが盗み聞きしているのを恐れつつ、有名な「遠交近攻《えんこうきんこう》の策」を説く。これは、「諸子の名言」の三二〇頁を参照。王は感心して、范雎を客卿《かくけい》〔他国から来た人の大臣の地位〕とし、軍事顧問とした。

ついで、四年かかって、実権を持っていた太后と穰侯《じょうこう》、それを補佐する高陵《こうりょう》君・華陽《かよう》君・涇陽《けいよう》君の三人、いわゆる「四貴」を追放するのに成功する（前二六六）。范雎は、応《おう》の地に封じられたので、応侯とも呼ばれた。

復讐　さて、秦国が韓《かん》と魏《ぎ》の国を攻めるらしいと聞いた魏では、あの須賀《すか》を秦への使者に立てた。范雎が最初に仕え、かつ、最大の恥ずかしめを受けた人物である。

それを知った范雎は、わざと粗末な服装で一人で須賀の客舎を訪れた。須賀は「范叔《はんしゅく》、生きていたか」と驚き、食事や衣服を与えた。そして「宰相の張祿《ちょうろく》を知っているか」と問う。范雎は、秦国では偽名の張祿で通っていたのだ。范雎は、須賀に乞われるままに四頭立ての馬車を与え、自分はその御者になって、張祿の官舎、つまり自分の家に乗り込んだ。

范雎は「張祿に取り次いで来ます」と須賀を待たせたまま、迎えに来ない。須賀は、しびれをきらして門番に聞いた。

須賀「范叔は、どうした？」

門番「そんな男は、いないね。」
須賀「さっき中に入っていった御者だ。」
門番「あの人こそ、宰相の張祿だ。」
須賀は、多くの者を従えて座っている范雎のもとに、肌《はだ》を脱ぎ膝《ひざ》をついて進み出ると、頭を地面にすりつけながら詫びた。范雎は、須賀の罪を挙げて責めたが、衣服を与えてくれた気持ちに免じて、そのまま帰国させることにした。

別れの宴席では、范雎は諸侯からの使者たち全員を、豪華な飲食物でもてなした。須賀だけは庭に座らせ、馬の餌である刻み豆を、両わきから馬飼い二人に支えさせて、馬のような姿勢で食わせたのだった。

最後 昭王の四十八年（前二五九）、戦いに敗れた王稽《おうけい》の罪に連座して、范雎も処刑されそうになった。しかし、昭王の信頼が厚く、范雎は病気を理由に宰相を辞した。大活躍をして権力を振るった遊説家にしては、ともかくも生命を全うしたのである。

閔子騫《びんしけん》（前五三六―前四八七）

孔門の十哲（五八頁）の一人。姓は閔、名は損《そん》、子騫は字《あざな》。魯《ろ》の人という。孔子より十五歳若い。孔子は「孝なるかな閔子騫」と、手放しで褒めている。

魯《ろ》の大夫《たいふ》の季氏《きし》が、閔子騫を領地内の費《ひ》の宰《さい》（長官）にしようとした。閔子騫はこれを丁重に断り、「また勧めに来たら、私は斉《せい》の国の汶《ぶん》水（山東省を流れる川）のほとりに逃げます」と答えた（論語、雍也《ようや》編）。

腹䵍《ふくとん》（生没年未詳）

戦国時代の人。墨家に属し、鉅子《きょし》（二一四頁）であったという（呂氏春秋、去私《きょし》編）。

秦《しん》国の恵王に仕えていた時、腹䵍の子が人を殺した。恵王は、老いた腹䵍に同情して、その子を死刑にしないように手配した。しかし腹䵍はお答えした、「墨家の法律では、人を殺したら死刑に処し、人を傷つけたら刑罰に処するのです。これは、人の殺傷を禁じるためであり、これはまた、天下の『大義』です。」

そして、私情に背いて大義を行った。鉅子（腹䵍）は、「公《こう》と謂《い》ふべし」――公正な人と言うことができる、と評されている（同）。

彭《ほう》蒙《もう》（前三七〇？―前三一〇？）

戦国時代の思想家。斉《せい》の人。

生涯　稷下《しょっか》（六頁）に学んだこと、田駢《でんべん》（四一二頁）の師だったこと（一説に、田駢の門人）以外は、未詳。稷下では、尹文子《いんぶんし》・宋鈃《そうけん》・田駢《でんべん》らとともに公孫竜《こうそんりゅう》（一九八頁）に学んだ、という。

思想　田駢・慎到《しんとう》とともに「黄老道徳」（老荘思想）を学んだ。三人とも、次のように記されている。

「選《えら》べば則《すなは》ち遍《あまね》からず、教《をし》ふれば則《すなは》ち至《いた》らず。道《みち》は則《すなは》ち遺《のこ》すこと無き者《もの》なり」――選んでいればすべてに行きわたらないし、教えればすべてを尽くすこともできない。道は、何物をも余すことはないのである（荘子、天下編）。

これは、明らかに道家の思想。別に、名家に属する尹文子《いんぶんし》の『尹文子』では、名家のように、また法家のように扱っている。

田子「尭帝の世は、太平だった。」

宋子「聖人の治政は、すばらしいなあ。」

彭蒙「優れた法による政治の結果であって、優れた人による政治ではないよ。」

宋子「優れた人（聖人）と、優れた法（聖法）とは、どう違うの？」

彭蒙「君は、ひどく言葉を乱す人だなあ。いいかい、聖人とは、その人間から出たもの、聖法とは、道理から出たものだ。その人間が道理なのではなく、その人間が道理を生み出すのであって、つまり道理は人間ではない。

だから聖人による政治は、その人一人の政治なのだ。一方、聖法による政治なら、道理なのだから、すべてに行きわたる政治なのだ。これこそ、永遠の真理なのだよ。」（尹文子《いんぶんし》、大道《たいどう》下編）

「名」（言葉）の問題と、「聖法」の問題とを、同時に扱っている。

卜《ぼく》商《しょう》　→子夏《しか》（四〇〇頁）

墨《ぼく》子《し》　→二二一頁

ま行

孟《もう》子《し》　→七五頁

孟《もう》勝《しょう》（生没年未詳）

戦国時代初期の人。墨子《ぼくし》の門人で、墨家三代目の鉅子《きょし》（二一四頁）。墨家の「義」を守って、門人百八十人とともに、楚国の陽城に自決した（二一七頁）。これ以外については、未詳。

や行

楊《よう》朱《しゅ》（生没年未詳）

戦国時代初期の人。陽生《ようせい》ともいう。字《あざな》は子居《しきょ》。『荘子』寓言《ぐうげん》編には、老子と会って同宿し、老子に教えを乞う話が載っており、『列子』黄帝《こうてい》編も同旨の話がある。また『列子』楊朱《ようしゅ》編では、墨子と同時代の墨子の門人である禽滑釐《きんかつり》と問答している。なお『韓非子』説林《ぜいりん》下編に、揚布《ようふ》という弟が出てくる。

楊子に関する記事は、その『列子』楊朱編にまとまっているが、これらを含めてすべてが断片的である。楊子には、著書はない。

孟子が、墨子と楊子とを並べて非難攻撃したこと（八〇頁）から、楊墨と並称されることが多い。楊子も相当な論客だったのだろう。

為我《いが》　孟子は、「楊氏《ようし》は我《わ》が為《ため》にす、是《こ》れ君《きみ》を無《な》みするなり。墨氏《ぼくし》は兼愛《けんあい》す、是《こ》れ父《ちち》を無《な》みするなり。父《ちち》を無《な》みし君《きみ》を無《な》みするは、是《こ》れ禽獣《きんじゅう》なり」（滕文公《とうぶんこう》下編）と批判する（二一五頁）。以後、墨子の「兼愛」に対して、楊子の主張は「為我《いが》」と呼ばれる。

また「兼愛」に対して「自愛」、墨子の「交利」（二二四頁）に対して「利己」とも呼ばれる。さらに『呂氏春秋』に「陽生《ようせい》は、己《おのれ》を貴《たふと》ぶ」（不二《ふに》編）とあるところから、楊子の思想を「貴《き》己《こ》」とも言う。

「為我」について『孟子』では、具体的に次のように記す。

「楊《よう》子《し》ハ取《と》ルレ為《ため》ニスルヲレ我《わ》ガ。抜《ぬ》イテ二一《いち》毛《もう》ヲ一而利《り》スルモ二天《てん》下《か》ヲ一、不《ざ》ルレ為《な》サ也《なり》。」——楊子は、自分のためにすることを主張した。たとえ自分の一本の毛を抜けば天下に利益を与えるような場合でも、（自分のためにならなければ）それをしなかったのである（尽心《じんしん》上編）。

『列子』では、これを尭・舜《しゅん》時代の伯成子高《はくせいしこう》という人物の行為であるとして、楊子が、

「伯成子高《はくせいしこう》は、一毫《いちごう》を以《もっ》て物《もの》を利《り》せず、国《くに》を舎《す》てて隠《かく》れ耕《たがや》す。（略）人人《ひとびと》一毫《いちごう》を損《そん》せず、人人《ひとびと》天下《てんか》を利《り》とせざれば、天下《てんか》治《をさ》まる」と言った、と記している（楊朱編）。

伯成子高は、尭帝の時に諸侯となったが、夏《か》王朝の禹《う》王が立つと辞職して隠棲《いんせい》し、耕作にいそしんだとされる人物。「毫《ごう》」は、細い毛。なお、右の（略）の部分には、墨子が手本とした禹王（二一二頁）の話が入っている。

そしてこの後、楊子は墨家の禽滑釐《きんかつり》（三九五頁）と問答する。

禽滑釐「あなたの毛を一本抜けば、天下が救われるという時、あなたは抜きますか。」

楊子「世の中、毛一本では救えないよ。」

禽滑釐「もし救えるとしたら、抜きますか。」

楊子は、返事をしないので、禽滑釐は退出してしまう。代わって孟孫陽《もうそんよう》が禽滑釐に教える。「身体は、一本の毛のように微細なものが集まっているのだから、一本の毛だって粗末にはできないのだ。」

禽滑釐「それは、老子や関尹《かんいん》の考え方だね。私のは、禹王や墨子の考え方だ。」

すると孟孫陽は、話題をそらせてしまう。

楊子は、ばかばかしいから禽滑釐に説明しなかったのか。孟孫陽は、禽滑釐とはしょせん立場が違うとして、それ以上は話をしなかったのか。どうも、歯切れの悪い話ではある。

全性保真《ぜんせいほしん》　『淮南子《えなんじ》』は、楊子は「全性保真」――本性を全うして、真の自分を保つことを主張した、と記す。

「全《ぜん》性《せい》保《ほ》真《しん》、不《ざルハ》二以《もつテ》レ物《ものヲ》累《わづらハサ》一レ形《かたちヲ》、楊《よう》子《し》之《の》所《ところ》レ立《たツル》也《なり》。」――全性保真して、外物によって本体を煩わされることがないというのは、楊子の立場である（氾論《はんろん》編）。

しかし「全性保真」的な考え方は、むしろ荘子の思想の一つである。『荘子』にいう、「可《ベク》二以《もつテ》保《たもツ》一レ身《みヲ》、可《ベシ》二以《もつテ》全《まつたウス》一レ生《せいヲ》。」（養生主《ようじょうしゅ》編）――善いことをしても評判が立たないようにし、悪いことをするなら刑罰に触れないようにして、中央を常の道としていくなら、身を保っていくことができ、命を全うすることができる。また、親を養っていくこともでき、天寿を尽くすこともできるのである。

先の、楊子が老子に教えを乞うたことを、墨家の禽滑釐《きんかつり》に「老子や関尹《かんいん》」の考え方だと言われたことなどと合わせて、楊子は老荘思想に近い人物とされていることがわかる。

なお、右の『淮南子』氾論編では、これに続けて「孟子はこれ（全性保真）を否定した」と記している。

しかし、孟子は楊子の「為我」を批判したのであって、「全性保真」には触れてもいない。孟子が「為我」を否定したために、「全性保真」まで否定した、と見られたのだろう。

至楽《しらく》　ただし『列子』楊朱編などに見られる楊子の逸話は、多く「全性保真」的な内容である。

楊子は言う。人間の寿命は百歳が限度で、千人に一人もいない。もしいたとしても、①幼児期と老年期とがその半分。②夜に眠っている時間と昼に無駄遣いしている時間とが、その半分。③痛み・悲しみ・苦しみ、ぼんやり、憂え・恐れている時間が、その半分。

残った十数年間でも「逌然《ゆうぜん》とし自得《じとく》し、介焉《かいえん》の慮《おもんぱか》り亡《な》き」――ゆったりくつろいで満ちたりており、少しも悩みがない、という時間は、三か月間もないだろう。

せめて、衣食をりっぱにし、音楽や美人を楽しもうとしても、そうもいかない。世間の名声も、法律による刑罰も、恐ろしい。かくて、いたずらに「当年《とうねん》の至楽《しらく》」――壮年期の最高の楽しみまで、失ってしまうのである。

太古の人は「性《せい》に従《したが》ひて遊《あそ》び、万物《ばんぶつ》に逆《さか》はず」、刑罰も名声も寿命も、まったく気にしなかったのだ（以上、楊朱編）。

順民《じゅんみん》と遁民《とんみん》　また楊子は言う。

人民がのんびりできないのは、次の四つを望み願うからである。

一は長寿。二は名声。三は地位。四は財貨。

この四つの願望を持っている人は、死霊・他人・権力・刑罰を恐れる。

こういう人を「遁民」――逃げ隠れる人、というのである。こういう人は、死ぬも生きるも、すべて外部に「命」を支配されているのである。

しかし「命」に逆らわなければ、長寿を羨むことはない。「貴」を誇らなければ、名声を羨むことはない。「勢」を欲しがらなければ、地位を羨むことはない。「富」を貪《むさぼ》らなければ、財産を羨むことはない。

こういう人を「順民」――天命に従う人、というのである。こういう人は、天下に対立するものもなく、自分自身で「命」を支配しているのである。

そして、次の諺《ことわざ》を引いてまとめる。

「人《ひと》、不《ざレバ》二婚《こん》宦《かんせ》一、情《じょう》欲《よく》失《うしなフ》レ半《なかバヲ》。人《ひと》、不《ざレバ》二衣《い》食《しょくせ》一、君《くん》臣《しんノ》道《みち》息《やム》。」――人は、結婚したり仕官したりしなければ、情欲は半減する。また人は、着たり食べたり（の贅沢《ぜいたく》を求めたり）しなければ、君臣の在り方などはなくなる（楊朱編）。

なお孟孫陽が楊子に質問した言葉の中に、「貴生愛身《きせいあいしん》」――生命を貴び、身体を愛《いつく》しむ、とある（楊朱《ようしゅ》編）。

ら行

李悝《りかい》（前四五五？―前三九五）

戦国時代初期の、魏《ぎ》の国の政治家、思想家。『漢書』芸文志《げいもんし》では、次のように二分されている。

法家類の最初に『李子』三十二編。注に「名は悝《かい》。魏《ぎ》の文侯の大臣で、富国強兵に努めた」とある。

儒家類に『李克《りこく》』七編。注に「子夏《しか》〔孔子の門人。四〇〇頁〕の門人で、魏の文侯の大臣となる」とある。

ここから見ると、李悝は李克《りこく》とも言ったか、とされている。

生涯　魏《ぎ》国の文侯に仕えた、または、その師となった（晋書、刑法志による）。「魏《ぎ》の文侯《ぶんこう》の時《とき》、李克《りこく》務《つと》めて地力《ちりょく》を尽《つ》くす」（史記、貨殖列伝）とある。土地の生産力を最大限に活かす努力をする、ということ。この方針によって、富国強兵の策を進めた。

また、兵家の呉起《ごき》（三〇五頁）が魏の文侯は賢明であると聞き、文侯に仕えたいと申し出た時、文侯は李克に「呉起《ごき》は何如《いか》なる人《ひと》ぞや」と尋ねている（史記、孫子呉起列伝）。李克は「欲張りで女好きだが、用兵は巧みな人物」と答えたので、呉起は文侯に採用される。従って、李克と呉起は同じ職場で働いたことになる。

思想　『晋書《しんじょ》』に「三国・魏の明帝は、秦《しん》・漢時代の法律を用いていた」とし、続いて次のように言う。

「其《そ》の文《ぶん》（秦漢の法律）、魏《ぎ》の文侯《ぶんこう》の師《し》・李悝《りかい》より起《お》こる。悝《かい》、諸国《しょこく》の法《ほう》を撰次《せんじ》（選定し順序立てて配列する）して、『法経《ほうけい》』を著《あらわ》す」（刑法志）。

李悝は諸国の法を集めて整理し、『法経』を著した。これは、秦・漢から三国時代にも（その一部分だろうが）用いられていた、ということがわかる。まず、商鞅《しょうおう》（四〇四頁）がこれを受けついで秦《しん》国の大臣となり、法治の基礎を固めた。それが以後にも受けつがれていったのである。李悝のこの業績は、中国の法制史上、特筆すべきものである。

なお『法経』は六編から成り、内容は次のとおり。

「一、盗法。二、賊法。三、囚法。四、捕法。五、雑法。六、具法」。

こうして李悝は、法家の事実上の祖、と評価されている。

【列《れっ》子《し》】　→一三二頁

【老《ろう》子《し》】　→一一五頁

【魯《ろ》班《はん》】　→公輸盤《こうしゅばん》（三九七頁）

V

戦いの歴史

人類の歴史は、見方によっては戦争の歴史である、ということもできる。世界の神話伝説は、ギリシア・ローマも、日本も、もちろん中国でも、そのほとんどが〝戦い〟を軸として展開している。有史時代に入ってから今日まで、戦いこそが人類の歴史を特徴づけてきたのである。

ここでは、中国の古代から秦《しん》帝国の統一に至るまでの歴史を、戦いという面から整理しながら、概観することにする。

1　五帝から殷《いん》王朝

1　黄《こう》帝《てい》

『史記』の冒頭「五帝本紀」の最初は、黄帝〔名は軒轅《けんえん》〕。ここには既に「諸侯は互いに侵略し攻撃し合い、人民を苦しめていた」とある。

そこで黄帝は、干戈《かんか》〔干《たて》と戈《ほこ》。また広く、武器〕を利用することを学んで、諸侯を服従させた、という。

2　阪泉《はんせん》の戦い

黄帝以前に、炎帝《えんてい》・神農氏《しんのう》〔二六三頁〕がいて、その子孫が諸侯を侵略しようとした。そこで黄帝は、軍備を整えて、阪泉《はんせん》で炎帝の軍と三たび戦い、鎮圧した。この時黄帝は、熊《ゆう》・羆《ひ》〔ひぐま〕・貔《ひ》〔豹《ひょう》の類〕・貅《きゅう》〔猛獣の一種〕・貙《ちゅ》〔虎の類〕・虎などの猛獣を飼い馴らして、戦争に使ったという。

蚩《し》尤《ゆう》
（『図説中国図騰』）

3　涿鹿《たくろく》の戦い

ところが、蚩尤《しゆう》に率いられる八十一の部族が反乱を起こした。黄帝は、諸侯から師〔軍隊〕を招集してこれを攻め、涿鹿の麓に戦って、蚩尤を捕虜にし、処刑した。

黄帝はこの戦いで、指南車《しなんしゃ》を用いたという。指南車は磁石の応用で、車に載せた木製の人形が挙げている右手の指が、いつも南を指すようになっている。周王朝創建期の周公・旦が作ったともいう。以後、教え導いたり案内したりすることを「指南」というようになった。

4　夏《か》・殷《いん》

黄帝以後、顓頊《せんぎょく》・帝嚳《ていこく》・帝尭《ぎょう》・帝舜《しゅん》（二六四頁）と続き、これが五帝（下段）で、帝舜は禹《う》に帝位を譲る。禹は、その地位を世襲制としたので、ここに夏《か》王朝が成立する。

5　鳴条《めいじょう》の戦い

夏王朝は、十六代の桀《けつ》王の時に、商《しょう》〔のちの殷《いん》〕の湯《とう》王に討たれて滅亡する。桀王が人民を搾取して贅《ぜい》を尽くし、諸侯や家臣たちにも暴虐を振るったためとされる。

商の湯王は、諸侯を率いて夏《か》の桀王を攻め、鳴条《めいじょう》で決戦し、桀王は南巣《なんそう》に逃げて、結局は病死したという。この時、湯王の

指南車
（『古今図書集成図』）

顓《せん》　頊《ぎょく》

帝《てい》　嚳《こく》

◆五　帝

中国古代、伝説上の五人の帝。まず『史記』五帝本紀では、次の五人を挙げる。①黄帝《こうてい》・顓頊《せんぎょく》・帝嚳《ていこく》・帝《てい》尭《ぎょう》・帝舜《ていしゅん》。

なお、次の数説がある。②黄帝の代わりに、少《しょう》昊金天《こうきんてん》氏を置く（孔安国《こうあんこく》・尚《しょう》書《しょ》序）。③大皞《たいこう》・炎帝《えんてい》・黄帝・少《しょう》皞《こう》・顓頊（礼記《らいき》、月令《がつりょう》。孔子家語、五帝）。④包犧《ほうぎ》（伏犧《ふくぎ》）・神農《しんのう》・黄帝・尭・舜（皇王大紀）。⑤大昊・炎帝・少昊・顓頊・黄帝（漢書、魏相伝）（皞・昊は、ともに「天」の意味）。

上・夏の桀王／下・殷の湯王
（『絵画本・中国古代史』上巻）

率いる兵は六千人、兵車は七十台だったとされる。紀元前一六〇〇年ころのことか。

6　周辺民族

湯王に始まる商（殷《いん》）王朝は、三十一代・約六百五十年続いた。

周辺の民族は、王朝として君臨している殷の民族と、しばしば戦っている。特に、二十三代・武丁《ぶてい》のころには、西北方の土《ど》方《ほう》や鬼方《きほう》（薫育《くんいく》とも）などの民族が強力だった。

殷では、すでに輻《ふく》（車輪の矢）のついた車輪をつけ、二頭の馬に引かせた戦車を用いている。戦車には、弓矢や戈《ほこ》を持った歩兵がついて戦っている。

◆夷《い》・蛮《ばん》・戎《じゅう》・狄《てき》

中国には、中央と周辺とを合わせて、五方に民族がいる。それぞれ異なる性質を持っており、変えることはできない。

東方《ヲ》曰《フ》レ夷《いト》。被《かうむリ》レ髪《かみヲ》文《いれずみシ》レ身《みヲ》、有《リ》下不《ル》二火《か》食《しょクセ》一者上矣。
南方《ヲ》曰《フ》レ蛮《ト》。雕《きざミ》レ題《ひたひヲ》交《まじへ》レ趾《あしゆびヲ》、有《リ》下不《ル》二火食《セ》一者上矣。
西方《ヲ》曰《フ》レ戎《ト》。被《リ》レ髪《ヲ》衣《きテ》レ皮《ヲ》、有《リ》下不《ル》二粒《りゅう》食《しょくセ》一者上矣。
北方《ヲ》曰《フ》レ狄《ト》。衣《きテ》二羽《う》毛《もうヲ》一穴《けっ》居《きょシ》、有《リ》下不《ル》二粒食《セ》一者上矣。

——東方の人たちを「夷」と呼ぶ。彼らは、髪を結わず（ざんばら髪）、身体に入れ墨をし、火を通さずに食べる人もいる。

南方の人たちは「蛮」。額《ひたい》を雕《きざ》（刻）み（入れ墨をすること）、両足の指を交差させ（るように歩き）、やはり、火食しない人もいる（歩く時に両足が並行せず、足指が交差するような格好で歩く。いわゆるガニ股《また》か。これは、何かの誤解による言い伝えだろう。前漢の武帝は、今のベトナムのトンキン地方に「交趾郡《こうしぐん》」を置いた。十世紀にベトナムが独立してからも、中国ではこの地方を安南または交趾と呼んだ。交趾は、交阯とも書き、また「こうち」とも言う）。

西方の人たちは「戎」。髪を結わず、毛皮を着て、穀物類を食べない人もいる。

北方の人たちは「狄」。鳥の羽や獣の毛皮を衣服として、穴に住み、やはり、穀物類を食べない人もいる。

なお、彼らとの通訳を、それぞれ、東方の人たちについては「寄《き》」、南方には「象《しょう》」、西方には「狄鞮《てきてい》」、北方については「訳《えき》」と呼ぶ（礼記《らいき》、王制編）。

7　牧野《ぼくや》の戦い

殷《いん》の最後の王・三十一代の紂《ちゅう》王は、夏《か》の桀《けつ》王と並ぶ、暴虐な王の代名詞にされている。

その暴政を見かねた周族の文王は、犬戎《けんじゅう》や密須《みっしゅ》などの族を配下にして足元を固め、また諸侯にも紂王討伐を呼びかけていた。

もっとも『韓非子』では、文王は盂《う》・莒《きょ》・酆《ほう》などの民族を侵略したので紂王に憎まれ、肥沃の土地一千里四方を紂王に献上して、重刑を免れた、という（難二編）。また文王は、紂王に羑《きょう》里《り》に幽閉されていた、という。それなら、半分は文王の紂王への復讐である。

さて、文王の子の武王は、諸侯に「殷に重罪あり」と訴えて、みずから軍を率いて孟津《もうしん》を渡り、殷の地である牧野《ぼくや》に至る。

この時の勢力は、兵車三百台、虎賁《こほん》〔勇猛な兵〕三千人、甲士《こうし》〔武装した兵。甲は、よろい〕四万五千人、という。そして、ここに

◆国と城邑《じょうゆう》

国　夏《か》・殷《いん》・周は、それぞれ政治的・文化的などの面において、もっとも強力な〝国〟だった。しかしそれ以外にも、多数の国が存在していたのである。清《しん》代の学者・顧祖禹《こそう》（一六二四―一六八〇）は、その著『読史《どくし》方輿紀要《ほうよきよう》』において、次の数を挙げている。

夏王朝の初めは、一万。殷王朝の初めは、三千余り。周王朝の武王のころには、千八百。そして、東周（前七七〇）の初めには、千二百。春秋時代の後半（前四八一）には、百余国、うち大国は、十四。

城邑《じょうゆう》　また、それぞれの国の中には、人々が集団で生活している邑《まち》が、幾つもある。それが城壁で囲まれていれば、「城《まち》」である。囲まれていない邑も、当然に存在する。

国の中に城邑がたくさんあり、その規模も大きければ、大国である。殷《いん》代後半には、記録されている城邑の名だけでも、一千を超えている。そして、国の支配者が常駐している城邑が、都である。

所属　国と国との間に線が引かれているわけではないのだから、ある城邑がどちらの国に所属するのかは、判断の難しいこともある。

まず、祖先を同じくする所。祀《まつ》る霊が共通している。次に、支配者どうしが同じ氏族である所。同族支配である。

次に、政治力が及ぶ所。租税の負担などに現れる。労働・戦争などへの協力・徴発も、その一つ。また文化経済面でも、交易や婚姻などが容易に行われる。その他、種々の要素が考えられるだろう。

戦い　従って、春秋戦国時代の戦いは、ほとんどがこの城邑の奪い合いである。それは、城邑の周辺の土地も含んでいることが多い。A国がB国を攻めたといっても、国どうしというより、A国がB国の中にある城邑を攻めた、という意味である。国全体の支配者が捕虜になり、あるいは殺された時に、はじめて国が敗れたことになる。全部の国を破ったのが、秦国の天下統一である。

殷の紂王
（『絵画本・中国古代史』上巻）

加わった諸侯は約八百、その兵車は合わせて四千台、という。

紂王は、七十万の兵を集めて、これを迎え討つ。しかし、紂王が他民族の人方《じんぽう》と戦っている背後から、武王の連合軍に攻められ、牧野で敗退する。

また、ほとんどの兵は紂王のために戦う意志もなく、武器を逆さに持っており、民衆も連合軍を歓迎した、という。

紂王は、宮殿内の鹿台《ろくだい》〔宝物庫〕に逃げ、宝石類で飾りたてた衣服を身につけて、燃えさかる火中に飛び込んで、命を断った。

武王は、紂王の遺体から首を切り取り、大きな白旗の端に縛りつるして、民衆にさらしたという。

2　西周

1　武王

周王朝は、封建制をとった。これは、天子が諸侯に土地を分け与えて、領地として治めさせること。「封」は、諸侯の領地の意味。周王朝公認の諸侯である。また諸侯の地位は、世襲とする。

武王は、古代の聖王の子孫や、功臣たちを諸侯に任じた。その主なものは、次のとおり。

焦《しょう》〔河南省〕＝神農の子孫。
祝《しゅく》〔同〕＝黄帝の子孫。
薊《けい》〔河北省〕＝帝尭《ぎょう》の子孫。
陳《ちん》〔河南省〕＝帝舜《しゅん》の子孫。
杞《き》〔同〕＝禹《う》王の子孫。
斉《せい》〔山東省の営丘〕＝呂尚。
魯《ろ》〔山東省の曲阜《きょくふ》〕＝弟の周公旦。
燕《えん》〔河北省〕＝功臣の召公奭《せき》。
管《かん》〔同〕＝弟の叔鮮《しゅくせん》。
蔡《さい》〔同〕＝弟の叔度《しゅくど》。

その他の者には、功労に応じて封土を賜る。

2　成　王

武王の跡を継いだ成王は、さらに次の国を置いている。

宋《そう》〔殷の後〕＝微《び》子《し》開《かい》〔微子啓《けい》とも〕。紂《ちゅう》王の義兄。のち武王に仕え、微国を与えられていた。

衛《えい》〔河南省〕＝武王の弟の封《ほう》〔康叔《こうしゅく》〕。殷の遺民を集めた。

（以上『史記』周本紀による）

こうして、封建制度が確立してからも、内乱は続いていたが、武王・成王・康王三代の四十余年は、周王朝の全盛期であった。『史記』は「この四十余年は、刑罰を用いたことがなかった」（同）という。

3　昭王・穆《ぼく》王

四代の昭王は、南方の𠬝《ふく》族を平定。𠬝は、南夷・東夷の二十六か国の首長とともに、昭王に拝謁した。『史記』は「昭王の時、王道微《すこ》しく欠く」（同）と記している。

五代の穆王は、西北の犬戎《けんじゅう》を平定した。

十一代の宣王は、北方の戎にも南方の夷《い》にも敗れた。

4　幽　王

十二代の幽王は、愛妃の褒姒《ほうじ》に溺れて、正妃の申后《しんこう》を顧みなかった。

申后の父・申侯はこれを恨み、犬戎などを誘って周都の鎬京《こうけい》に侵入。幽王は殺されて、周王朝は途絶える（三頁）。

3　春秋時代

太子の平王は、都を東方の洛邑《らくゆう》に遷《うつ》す。これを周室の東遷と呼び、紀元前七七〇年のこととされる。これ以前は西周と呼んでいる。

1　春秋の諸国

東遷以後の東周は、その前半を春秋時代と呼ぶ。紀元前四〇三年に晋《しん》国が韓《かん》・魏《ぎ》・趙《ちょう》の三国に分裂してから、紀元前二二一年に秦《しん》国が天下を統一するまでの百八十三年間を、戦国時代と呼ぶ。なお四四九頁の「(5)三晋」を参照。

春秋時代の初期には、百四十余の国があったという。魯《ろ》国の歴史を基に、孔子が執筆したとされる『春秋』には、周王朝のほかに、次の主要十二か国が登場する。

魯《ろ》　斉《せい》　晋《しん》　宋《そう》　鄭《てい》　衛《えい》　陳《ちん》　蔡《さい》　楚《そ》　秦《しん》　呉《ご》　越《えつ》

他に「邾《ちゅ》・莒《きょ》・許《きょ》」などの国も登場する。

また「斉・晋・楚・秦」のような大国はもとより、その他の国でも、その領土の内にさらに「属邑《ぞくゆう》」を多く抱えている。邑《まち》がそのまま一つの国だった所を、それより大きな国が支配して、自分の領土に属させてしまうのである。属邑でない邑も、当然に多く存在する。他の、いわゆる少数民族も「邑」を構えることもあり、構えなくとも、広大な土地を勢力範囲としていることもある。後出の、南方の呉《ご》・楚《そ》・越《えつ》などはその大国で、首長はみずから「王」と称するようになる。なお四二五頁のコラム「国と城邑」を参照。

2　繻葛《じゅかつ》の戦い

遷都によっても周王室の権威は回復せず、諸侯は何かの折りには「錦の御旗」として周王室を持ち出すが、実際にはこれを軽視して、互いに勢力を争うようになる。

前七〇七年、鄭《てい》国の荘公（在位、前七四三－前七〇一）は、勢力の拡大を図った。周の桓王（在位、前七一九－前六九七）は、陳《ちん》・蔡《さい》・衛《えい》などの諸侯と連合軍を結成し、「上に逆らう」との罪名で荘公を攻めていた。

両軍は、鄭《てい》の地の繻葛《じゅかつ》で対陣した。鄭軍の巧みな攻撃で、連合軍はあえなく敗退、桓王も負傷する。

荘公は「深追いすると、他の諸侯の反発を受ける」として追撃せず、また、部下に桓王の見舞いに行かせた。

この戦い以後、周王室の権威は、完全に失墜してしまう。その滅亡は四六四頁を参照。

管仲と斉の桓公
（絵画本・中国古代史、上巻）

3　領土の合併

『史記』は、大要次のように記している。

歴史書『春秋』には、あらゆる離合集散の事項が記されている。その中で、君主を弑《しい》したもの三十六、国を滅ぼしたもの五十二、諸侯が亡命して国家を保持し続けられなかったものは、数えきれない（太史公自序）。

では、強国が弱国を併合していく様子を、幾つか掲げておこう。

(1)　斉《せい》国の桓公（在位、前六八五－前六四三）

斉国は「邾《ちゅ》を詐《いつは》り莒《きょ》を襲ひ、国を弁《あは》すること三十五」（荀子、仲尼《ちゅうじ》編）。邾も莒も国名で、斉国は、これらを合わせて三十五国を併呑したという。

また『韓非子』には、「斉の桓公は国を并《あは》すること三十、地を啓《ひら》くこと三千里」（有度《ゆうど》編）、とある。「地を啓く」は、領土を拡大すること。所属の明確でない土地が、広大に存在していた。そうした土地に進駐して、勢力範囲とすること。

(2)　晋《しん》国の献公（在位、前六七六－前六五一）

「国を并《あは》すること十七、国を服すること三十八、戦ひて十有二勝す」（韓非子、難二《なんに》編）。「十有二」は、十と二、つまり十二。

(3)　秦《しん》国の穆《ぼく》公（在位、前六五九－前六二一）

「国を兼ぬること十二、地を開くこと千里」（韓非子、十過《じっか》編）。

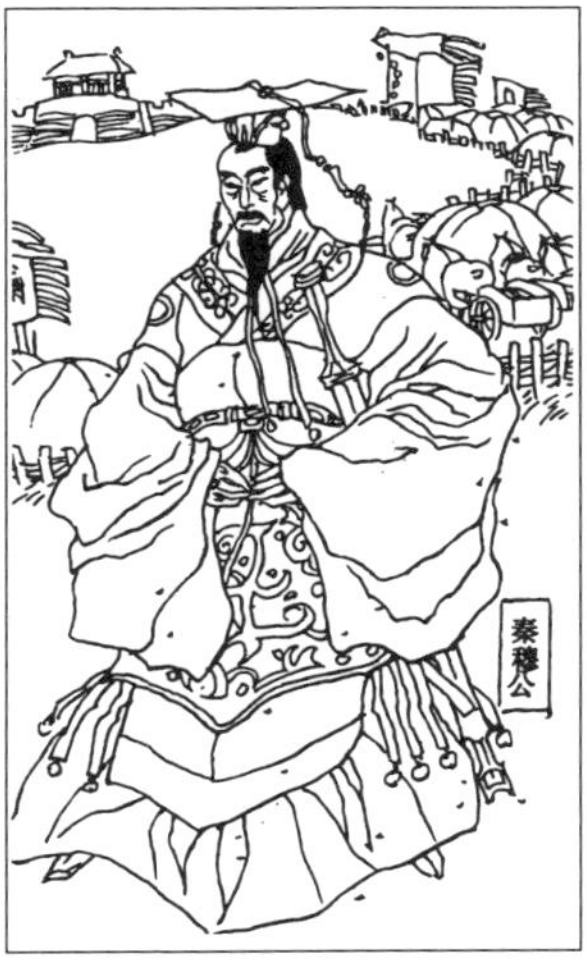

秦の穆公
（『絵画本・中国古代史』上巻）

また『史記』では、繆《ぼく》公（穆公と同じ）は「国を并《あは》すること二十、遂に西戎《せいじゅう》に覇たり」（李斯《りし》伝）、と記す。「戎」は、民族の名。また広く、異民族をさすことも多い（なお「李斯伝」では、穆公に続く孝公・恵王・昭王の領土拡大ぶりをも記している）。

(4)　楚《そ》〔荊《けい》〕国の荘王（在位、前六一三－前五九一）

「国を并《あは》すること二十六、地を開くこと三千里」（韓非子、有度《ゆうど》編）。

以上の四例は、いずれも紀元前七世紀ころから同六世紀にかけて、まだ春秋時代の初期の状況である。こうして、小国は次々に大国に併合されていって、間もなく「春秋の五覇」（四頁）と呼ばれる五大国を中心にして、歴史が展開していくことになる。

周代の戦車
（『五経図彙』）

4　春秋の四大会戦

『春秋左氏伝』などを見ると、毎年どこかで戦争をしている。詳細はそちらに譲ることにして、ここでは、いわゆる「春秋の四大会戦」について、それぞれの大略を紹介しよう。

諸国間のかけひきの様子や、戦争の状況などの一端を見ていただきたい。

(1)　城濮《じょうぼく》の戦い（前六三二）

晋《しん》国と楚《そ》国とが中心となった戦い。晋側には、宋《そう》・斉《せい》・秦《しん》がつき、楚側だった曹《そう》・衛《えい》も仲間につけた。一方の楚側は、陳《ちん》・蔡《さい》・鄭《てい》などがついた。

直接の発端は、はじめ宋の襄《じょう》公が斉《せい》国の内乱を治めたとして自信を持ったことにある。その時、鄭《てい》国の文公が、南方の大国である楚の成王を訪問した。襄公は、プライドを傷つけられたとして、鄭国を攻撃する。楚はこれを黙視できず、鄭国に援軍を派遣した。

こうして、宋と楚との直接対決となり、紀元前六三八年、両軍は泓水《おうすい》で戦った。楚軍が圧勝し、宋の襄公は負傷、左右の者も全員が戦死してしまった（下段を参照）。

敗れた宋国は、急速に晋《しん》国に近づいて、楚国への復讐を図る。晋では、公子の重耳《ちょうじ》が即位して文公となり（前六三六）、国勢を

◆宋襄《そうじょう》の仁《じん》

紀元前六三八年十一月、まず宋の僖公の軍が、泓水《おうすい》のほとりに布陣した。楚軍は、まだ川を渡っている途中である。僖公の義兄・目夷《もくい》（字《あざな》は子魚《しぎょ》）は「敵軍は多く、わが軍は少ない。全員が川を渡りきらぬうちに、攻撃しましょう」と進言した。しかし、僖公は許さない。

やがて楚軍は、全員が川を渡った。目夷はまた「敵軍の陣列が整わぬうちに、攻撃しましょう」と進言した。しかし僖公は、まだ許さない。

楚軍の布陣が整ったところで、宋軍は攻撃を開始した。しかし宋軍は大敗し、僖公も股《もも》に負傷してしまう。僖公は、この傷がもとになって、翌年の五月に亡くなる。

宋国の人々はみな、僖公を批判した。僖公は「列《れつ》を成《な》さざるに鼓《こ》せず」（陣列が整わないうちは、進撃の合図である太鼓は打たない）と言い、目夷に「戦いというのは、そういうものではない」とさとされる（春秋左氏伝、僖《き》公二十二年）。

『十八史略』には「世の人々は僖公の態度を笑って、宋襄の仁と言った」とある（春秋戦国・宋）。無用の情けをかけること。愚かな情け。

宋襄の仁
（『絵画本・中国古代史』上巻）

拡大していた。

楚は、裏切った宋に怒り、陳《ちん》・蔡《さい》・鄭《てい》の諸国の軍とともに、宋の都・商丘《しょうきゅう》を囲んだ。

晋は、楚との直接対決は避けたかったが、宋国の依頼を受けて、斉・秦の二国を味方につけ、曹《そう》・衛《えい》の二国も楚側から寝返らせた。

楚軍は、晋軍を攻めた。しかし晋軍は「三舎《さんしゃ》を避《さ》く」（下段のコラム参照）と、いったんは軍を退却させた。

前六三二年四月二日、晋・宋・斉・秦の連合軍は、城濮《じょうぼく》において、楚・陳・蔡の連合軍と対決した。まず、晋の将軍・胥臣《しょしん》は、馬に虎の皮をかぶせて、陳・蔡の陣に乱入させた。この奇襲によって、陳・蔡は総くずれとなった。

一方、晋軍の大半は、引き返すと見せて楚軍をおびき寄せ、挟撃してこれを壊滅した。晋軍の戦車は、七百台だったという。

戦いそのものは、一日で終わった。二頭の馬に引かせた戦車に三人ずつが乗って戦うので、ほとんどの戦いは一対一、一日たらずで終わるのが、この時代の戦争である。

晋の文公は、周王朝の襄王を招き、戦利品としての馬四百頭と兵士一千人とを献上した。襄王は喜んで、文公を覇者に任命する。覇者は、四頁のコラムを参照。

◆三舎《さんしゃ》を避《さ》く

晋国の公子・重耳《ちょうじ》は、国の内乱を避けて、狄《てき》から曹《そう》・宋《そう》を経て、楚《そ》に滞在しており、楚の成王に厚遇されていた。

ある時、成王は重耳に聞いた。

「あなたがもし晋国に帰れたら、私にどんなお礼をしてくれるか。」

重耳「もし晋国に帰ることができ、またもし、晋国と楚国とが戦うことになったら、私は楚国の軍から三日の行程ぶんだけ退却しましょう。それでも楚軍が戦いを中止しなかったら、今度は私は、左手に弓、右手に矢を持って戦場を駆け回り、あなたと戦います。」

成王は感心して、重耳を殺そうとする部下を抑え、重耳を秦国に送った。秦では、その翌年（前六三六）に、重耳を晋国に送りとどけた（春秋左氏伝、僖《き》公二十三年）。

「三舎を避く」は、相手には及ばないとして遠慮すること。はばかる、恐れ避ける、一目おく、などの意味に使われる。

「一舎」は、軍隊の一日の行程・三十里をいう。当時の一里は、約四百五メートルだから、一舎は約十二キロとなる。

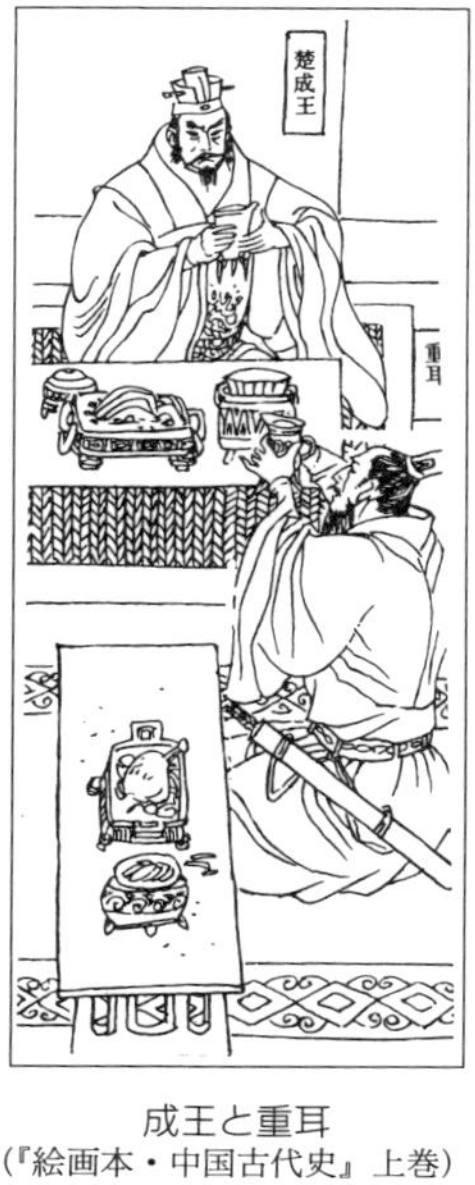

成王と重耳
（『絵画本・中国古代史』上巻）

(2) 邲《ひつ》の戦い（前五九七）

晋《しん》国と楚《そ》国との戦い。

鄭《てい》国は、この両大国に挟まれた小国。晋が南下して勢力を延ばすためにも、楚が北上して中原に進出するためにも、鄭国が大きな役割を果たす。

紀元前五九七年、楚の荘王は鄭を攻めた。晋の景公は、鄭を救う軍を派遣した。晋軍が南下して黄河を渡ろうとした時、鄭は楚に降伏したという知らせが入った。晋軍はここで、軍を返そうとする撤退派と、このまま進もうという進撃派とが対立する。

一方の楚も、晋軍が南下してくるから、鄭を得た以上は引き返そうとする撤退派と、晋を迎え撃とうという進撃派とが対立する。

両国とも、結局は進撃派が勝って、晋軍は黄河を渡って邲《ひつ》に進む。楚軍はこれを迎え撃ち、晋軍は大敗してしまう。

この間、楚の荘王は晋軍に和議を申し入れ、晋の将軍・荀林《じゅんりん》父《ほ》もこれを受け入れた。しかし、承諾の返事を持った晋の使者はこれを握りつぶして、反対に挑戦状を叩きつけた。そのために楚軍の戦意は高揚しており、反面、晋軍は準備も心構えも十分ではなかったので、楚軍に大敗したのである。

なお、浮足だった晋軍の兵は、必死に船で逃げようとする。泳いで追いついたり、船が転覆して水中に投げだされたりした仲間は、乗せてくれと船べりにつかまる。その力のために、船が傾いてしまう。それを防ごうと、乗っている兵は舟べりにかけた手を、刀で切り払う。船中には、血まみれの指が山のようになった、という。

◆殽《こう》の戦い

紀元前六二七年の、晋《しん》国と秦《しん》国との戦い。四大会戦（四三〇頁）にこれを加えて「春秋の五大会戦」ということもある。

秦《しん》国は、中国の西方に位置しており、しばしば中央への進出を図っていた。穆《ぼく》公が即位する（前六五九）と、その将軍・杞《き》子《し》の勧めで、鄭《てい》国を攻めようとした。そして、途中の滑《かつ》国を滅ぼす。

滑国は、晋国と同姓の国。晋国は、姜戎《きょうじゅう》族の兵を借りて、報復のため秦に向かった。

秦軍は、晋国の文公が死んで襄公が即位（前六二八）、国内が喪に服している間に、大軍を派遣して鄭国を攻めようとした。襄公はこれを殽《こう》に迎え撃った。紀元前六二七年四月十三日のことで、この時は秦軍は大敗し、三人の将が晋国の捕虜になってしまった。

なおこの戦いの時、晋の襄公は喪服である白衣を着ていたが、喪服で戦うわけにはいかないと、これを墨で黒く染めて戦場に赴いた。これ以後晋国では、喪服は黒い色、ということになった。

(3) 鞍《あん》の戦い（前五八九）

晋《しん》国と斉《せい》国との戦い。晋側には、魯《ろ》と衛《えい》との二国がついた。

右の邲《ひつ》の戦いに大敗した晋国に代わって、斉国が勢力を強めてきた。斉は、莒《きょ》国を攻め、衛《えい》と魯《ろ》の国にも圧力を加えてきた。斉の頃《けい》公は、紀元前五八九年に魯《ろ》に侵略する。その隙《すき》に、衛国は斉の地を攻めたが、斉国は、魯を破った帰りに衛をも破った。

衛と魯とは、ともに晋に行って援軍を頼む。晋の景公は、八百台の戦車を出し、晋・衛・魯の連合軍は、斉軍に迫る。

六月十七日、両軍は鞍《あん》〔鞌とも書く〕で対戦した。斉の頃公は「朝食の前に片づけてこよう」と出ていったが、連合軍の攻撃は激しく、頃公も危うく捕虜になるところを、やっと逃げ帰った。

晋の景公は大勝利を収め、七月に斉と同盟を結んで、晋国の威信は回復したのである。

(4) 鄢陵《えんりょう》の戦い（前五七五）

城濮《じょうぼく》の戦い・邲《ひつ》の戦いに続く、晋《しん》国対楚《そ》国の第三ラウンド。

このころ、中原の地帯では晋国が、南方では楚国が超大国だった。紀元前五七九年には、両国は宋で会盟を結んで、しばらくは停戦状態だった。

前五七七年、鄭《てい》国が許《きょ》国に侵攻した。許国は楚国の属国だったので、その翌年に楚国は鄭国を攻め、降伏させる。

これを知った晋国は、衛《えい》・斉《せい》・魯《ろ》の諸国に援軍を頼んで、鄭国に向かう。前五七五年四月十二日のことである。鄭国は楚国に救援を仰ぎ、その六月、鄭の地の鄢陵《えんりょう》で対戦する。二十九日のことである。

晋の厲《れい》公と楚の共王には、それぞれ相手国からの亡命者がおり、相手国の弱点を知っていた。晋軍は戦車千余台、兵士十二万。対する楚軍は戦車五百三十台、兵士八万余という。

戦いは、早朝に始まった。晋の呂錡《りょき》は、弓で楚の共王を射て負傷させる。共王の傍にいた弓の名人・養由基《ようゆうき》は、呂錡の頭を射抜く。楚軍は、王が傷ついたために意気があがらず、養由基らの活躍で、辛うじて夜まで持ちこたえ、翌日に備えた。晋軍

鄢陵の戦い
（『絵画本・中国古代史』上巻）

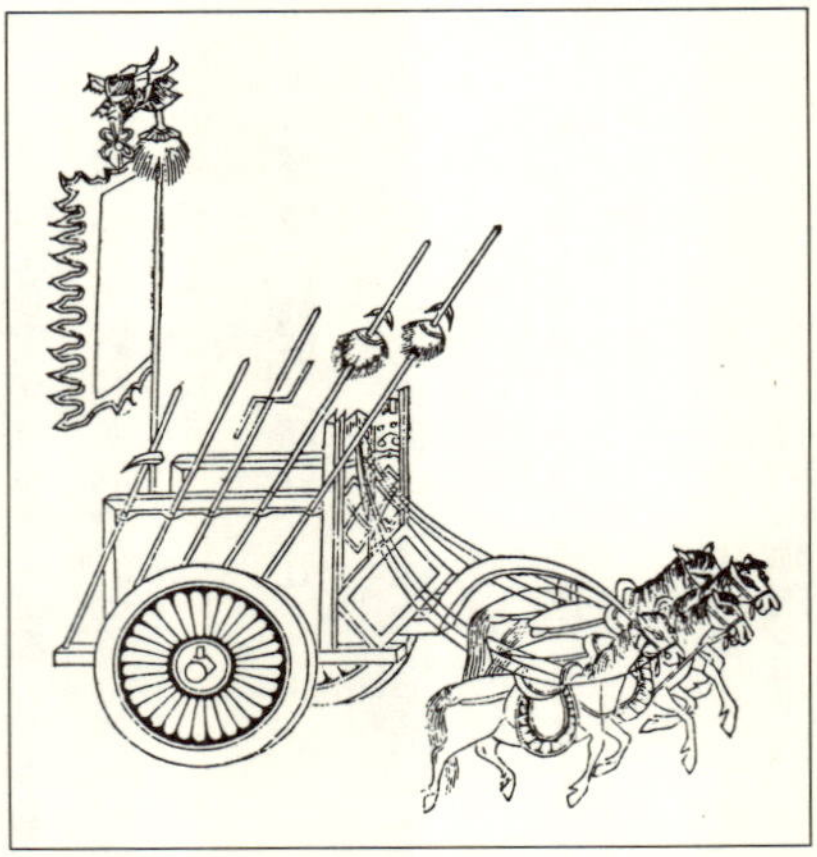

兵　車
(『礼器図』)

では、楚軍の捕虜をわざと逃がして、晋軍も翌日の準備は十分であると、楚軍に伝わるようにした。

　これを知った楚の共王は、将軍の子反《しはん》と対策を練ろうとしたが、あろうことか、子反は酒に酔いつぶれてしまっている。共王はやむをえず、部下を率いて暗闇に紛れて逃走する。子反は、後に責任をとって自殺した。

　晋軍は、翌朝に楚の陣に攻め入ったが、もはや戦いというほどの状況ではなく、あっけなく勝利を収めて、晋国のプライドを保持したのだった。

　この戦いは、少なくとも二日間に及んだという意味で、これまでの戦争の中では、特筆されるものでもある。

4　呉《ご》・越《えつ》・楚《そ》

　南方には、呉・越・楚の三大国が互いに争い、あるいは北方に進出して、中国の歴史を大きく動かしていた。また、秦《しん》王朝の天下統一以後も、その地域一体をさす名称として、後世に残っている。

　そこで、「呉と楚」及び「呉と越」の争いを中心に、三国の興亡の跡をたどっていくことにする。

1　三国の概要

(1)　呉《ご》

姫《き》姓で、周の文王の伯父である太伯《たいはく》と仲雍《ちゅうよう》との二人が封ぜられたという、南方の地。二人は、断髪《だんぱつ》〔髪を結わず、ざんばら髪にする〕・文身《ぶんしん》〔入れ墨〕をして、この地の習俗に合わせたという。

　初め楚《そ》国の属国だったようだが、十九代の寿夢《じゅぼう》王〔在位、前五八五－前五六一〕の時に、国力を増強する。都を無錫《むしゃく》に置き、楚国と争っていた晋《しん》国と結んで、楚国を脅すようになった。前五八四年には、楚国に攻め入っている。

　その五代のちに、闔閭《こうりょ》〔在位、前五一四－前四九六〕が登場する。

(2)　越《えつ》

呉の南方にあり、夏《か》王朝の五代・少康《しょうこう》の子の無余《むよ》が、会稽《かいけい》に封ぜられた地とされる。しかし、系図も不明であり、呉と同じく、沿海の断髪文身の異民族。

呉と越との戦いは、以下に見るように、直接には三十年ほど続き、結局は、越が呉を滅ぼす。余勢を駆った越は、前四六八年に山東半島の瑯邪《ろうや》〔琅邪《ろうや》とも〕に遷都して、中原の諸侯の仲間入りをする。

前四二五年、魏国の文侯が中原の指導者となると、それまで勢力をふるっていた越国が弱まって、前三七九年にはふたたび南方に戻り、舞台から急速に消えてゆく。前三三四年に滅亡したとされる。

(3)　楚《そ》

帝顓頊《せんぎょく》（四二三頁）の子孫の熊繹《ゆうえき》が、周王朝の成王から丹陽《たんよう》に封ぜられたのに始まるという。苗《びょう》族とも呼ばれ、荊蛮《けいばん》の地とも称されていた。「荊」は、楚《そ》。荊楚ともいう。「蛮」は、越《えつ》。「荊蛮」で、南方の異民族、南蛮の意味。

武王（在位、前七四一―前六九〇）の時に王を称し、荘王（在位、前六一四―前五九一）の時には、斉《せい》の桓公、晋《しん》の文公に次いで、覇者となった。覇者は、四頁のコラムを参照。

呉《ご》国との戦いには敗れたが、呉・越の衰亡に伴って勢力を拡大し、戦国の七雄（六頁）の一つとなる。前二二三年に秦《しん》国に滅ぼされるまで続いた（四七〇頁）。

2　呉楚の争い

(1)　伍《ご》員《うん》

伍員の父の伍奢《ごしゃ》（？―前五二二）は、楚の平王に仕え、太子の建《けん》の太傅《たいふ》〔主たる守り役〕を務めて、信任が厚かった。その少傅《しょうふ》〔副守り役〕で、丈夫でもある費無忌《ひむき》はこれをねたんで、伍奢は反乱を企てていると平王に讒言《ざんげん》する。

平王は、伍奢とその二人の子とを呼び寄せようとしたが、次男の伍員《ごうん》〔字《あざな》は子胥《ししょ》。？―前四八四〕は身の危険を感じて、呉に亡命する。平王は、伍奢と長男の伍尚《ごしょう》とを処刑してしまった

伍員《ごうん》
（『中国神仙画像集』）

（前五二二）。

(2) 闔《こう》閭《りょ》

呉と楚との両国は、これまでもたびたび小競り合いをしていた。近くは、楚の平王が没した翌年（前五一六）の春に、楚国の喪中につけ込んで攻撃している。

紀元前五一四年に闔閭が呉王に即位すると、ただちに子胥《ししょ》を重用し、同じく楚から亡命してきた伯嚭《はくひ》を大夫に取り立てた。また、斉《せい》国から亡命してきた孫武《そんぶ》（二八五頁）は、将軍として仕えている。

闔閭は、紀元前五一二年とその翌年とに楚国を攻め、その翌年には越国を攻めて大勝した。前五〇九年、楚軍が呉に攻めてきたが、その翌年、呉は予章《よしょう》で楚を破り、さらに巣《そう》まで追いつめて破った。

(3) 柏挙《はくきょ》の戦い（前五〇六）

呉は、楚の属国である唐《とう》と蔡《さい》との両国を味方につけ、闔閭《こうりょ》みずから三万数千の兵を率いて、楚を攻めた。

呉軍は柏挙に布陣する。その十一月、闔閭の弟の夫槩《ふがい》は、兄が止めるのも聞かず、精兵五千人を率いて楚軍に突入し、五戦五勝して、後からの援軍とともに、楚の都の郢《えい》を占拠した。

楚の昭王は、郢《えい》から属国の鄖《うん》に逃げ、さらに鄖公とともに属国の随《ずい》に亡命した。

闔閭と夫差
（『絵画本・中国古代史』上巻）

(4) 子胥《ししょ》の復讐

郢《えい》の都に入った子胥は、伯嚭《はくひ》とともに平王の墓を掘り起こしてその死体を取り出し、鞭《むち》で三百回打って、父の復讐を果たす。

(5) 呉楚の休戦

紀元前五〇五年、呉王闔閭が郢《えい》にいるのを知った越国は、呉を急襲する。

楚国も、秦《しん》国に援軍を頼んで呉国に反撃し、呉の軍を破った。呉の夫槩《ふがい》は、兄の闔閭より先に国に戻ると、呉王と称してしまった。これを聞いた闔閭は急いで郢《えい》を離れて夫槩を攻めたので、敗れた夫槩は、楚国に亡命する。

楚の昭王は、この間に郢に戻った。しかしその翌年、闔閭は太子の夫差に楚を攻めさせ、楚は都を北方の鄀《じゅく》県に遷す。呉楚の戦いは、いちおう終止符を打った。

楚は、南方の大国として、また南方文化の担い手として諸侯に臨んでいた。しかし、前二七八年に秦《しん》国の名将・白起《はくき》によって郢を占拠され、前二二三年には秦に滅ぼされる（四七〇頁）。

3　呉越の争い

(1)　越の急襲

越王の允常《いんじょう》は、呉が楚との戦い（四三五頁）に集中している隙を突いて、呉の都・姑蘇《こそ》を攻撃した。闔閭《こうりょ》は、急いで帰国して、これを防ぐ。

越の允常が死んで、子の句践《こうせん》（勾践《こうせん》とも。在位、前四九六－前四六五）が王位を継いだ。

(2)　檇李《すいり》の戦い（前四九六）

呉王闔閭は、十年前に急襲されたことに対する復讐として越国を攻め、檇李《すいり》で対陣する。

強力な呉軍に対して、越王句践は、決死の兵を三組に分け、三組縦隊で呉軍に迫らせた（『春秋左氏伝』定公十二年には、決死の兵でなく「罪人」とある）。

そして、呉軍の眼前でいっせいに剣を抜き、自分の首を切らせたのである。この奇策に呉軍が茫然としている間に、越軍は大挙して呉軍を攻め、以後の戦いでも大勝利を収めた。

闔閭は、この戦いの間に矢で射られて負傷し、呉軍も急いで退却する。

しかし、闔閭はその途中で死んでしまう。その折、子の夫差《ふさ》（在位、前四九五－前四七三）を王位に就けて、後事を嘱する。

(3)　臥《が》薪《しん》

闔閭は夫差に「お前は、越の王がお前の父を殺したことを忘れるな」と言い残し、夫差は、三年以内に復讐することを誓った。

国に戻った夫差は、父の時から仕えている子胥《ししょ》や伯嚭《はくひ》たちとともに、軍備の充実に力を注いだ。

また自分は、薪の上で寝起きしては身を苦しめて、復讐心を新たにする。そして、自分の部屋に臣下が出入りするたびに、「夫差《ふさ》、而《なんぢ》は越人《えつひと》の而《なんぢ》の父《ちち》を殺《ころ》ししを忘《わす》れたるか」と言わせたという（十八史略、春秋戦国）。「而」は「汝《なんじ》」と同じ。

(4)　夫椒《ふしょう》の戦い（前四九四）

越王句践は、呉王夫差が軍備を整えて越に復讐しようとしているのを知ると、先制攻撃をかけようとした。しかし、参謀の范蠡《はんれい》は、これを諫《いさ》めて言った。

句践と范蠡
（『絵画本・中国古代史』上巻）

「臣《しん》聞《き》く、兵《へい》は凶器《きょうき》なり、戦《たたか》ひは逆徳《ぎゃくとく》なり、争《あらそ》ひは事《こと》の末《すゑ》なり、と」――軍隊は凶器、戦争は徳に逆うもの、争奪は末梢のこと、と聞いています（史記、越世家）。

しかし句践は「もう、決めてしまった」と、そのまま出兵する。これを知った呉王夫差は、精兵を選んで迎え撃ち、越軍を夫椒《ふしょう》山で大破した。

(5) 会稽《かいけい》の恥

句践は、残兵五千人を連れて、会稽山に立てこもった。夫差は、その周りを包囲する。

句践は、范蠡の忠告を聞かなかったことをわび、今後の対策を相談した。そして、大夫の種《しょう》〔文種《ぶんしょう》とも〕を呉軍に遣わし、次の条件で夫差に講和を申し出た。

「句践はあなたの臣となり、句践の妻はあなたの下女となります。」

しかし子胥《ししょ》は、「許してはいけません」と、夫差に進言する。種は戻ってこれを句践に報告すると、句践はやむをえず、最後の一戦を挑もうと決意する。

しかし種は「呉国の宰相の伯嚭《はくひ》は貪欲《どんよく》ですから、賄賂《わいろ》を贈って買収しましょう」と申し出て、こっそりと伯嚭に美女や宝器を献上した。そうしておいて、種《しょう》はふたたび夫差に面会し、伯嚭の口添えもあって、夫差に講和を受け入れさせた。

子胥は「いま越を滅ぼしておかないと、必ず後悔します」と夫差を諫めたが、夫差は包囲を解いてしまった。

石淋《せきりん》　ところがこの時、越王句践は、呉王夫差の捕虜となり、呉の都・姑蘇《こそ》の土牢《どろう》に閉じ込められてしまった、という話がある。四四二頁の『太平記』の逸話を参照されたい。

ここで夫差は、石淋という病気にかかった。腎臓または膀胱《ぼうこう》に石のような物質が生じるもので、淋病の一種、大きくなると尿道を障《ふさ》ぐという（大漢和辞典、巻八）。

他の国から名医が招かれた。「その味が、五味〔甘・酸・鹹《かん》・苦・辛〕のどれに近いかがわかれば、治療できる」と言う。しかしさすがに、夫差の取り巻きの臣も、夫差の「泄便《せつべん》」〔尿のことか?〕を嘗める勇気はない。

この噂を聞いた、牢中の句践は、夫差には会稽山で命を助けてもらった恩があると、泄便を嘗める役を買って出る。そして、その味を医者に告げたので、医者は適切な治療をすることができ、夫差の病気は、すっかり良くなる。夫差は、喜んで句践を釈放してやった――『太平記』では、こういう話になっている。いやはや。

(6) 夫差の権勢

夫差は、句践から贈られた美女の西施《せいし》（三四九頁）を溺愛したり、豪華な宮殿を造ったりする。一方では斉《せい》国の内乱につけ込んで攻め、艾陵《がいりょう》に破り、前四八八年には魯《ろ》国を攻めて脅し、前四八四年には、魯とともに斉を攻めて、斉が講和を求めてくる、という勢いだった。

前四八二年には、黄池《こうち》で諸侯と会盟し（黄池の会盟）、晋《しん》国の定公と覇者の地位を争った。『史記』呉太伯世家では、定公が覇者となったとする。夫差が盟主となった、ともいう（同、晋世家）。

川柳コーナー

下心《したごころ》あって越王膿《うみ》を吸ひ ――句践《こうせん》

川柳では、石淋を淋病《りんびょう》のことだとして、呉王・夫差をからかう。淋病なら、膿が出る。越王・句践は、この機会に借りを返し、うまくいけば釈放、という下心。

越王はふさふさしくも拝味《はいみ》する

「ふさふさ」は、房のように垂れ下がる様子。「夫差」に掛けている。その垂れ下がっている〝房〟から、滴《しずく》をうやうやしく拝味。

越王はあとで茶碗《ちゃわん》で酒を飲み

越王の句践を、香煎《こうせん》に掛けた。香煎なら茶碗だが、この場合は酒でぐっと口直し。香煎は、こがし・むぎこがし・香煎湯《とう》。

---

(7) 范《はん》蠡《れい》

平治《へいじ》物語 保元の乱（一一五六）に続く平治の乱（一一五九）を題材とした軍記物語。保元の乱を記した『保元物語』とともに作者不明で、両書ともに鎌倉時代前期までに成立か。両書成立の前後関係も未詳。

また両書とも、十三世紀末ころには、琵琶《びわ》法師によって語られている。流布本の成立は、ともに室町時代の文安三年（一四四六）以降とされている。

西　施
（『中国五百名人図典』）

太平記《たいへいき》　後醍醐《ごだいご》天皇（一二八八―一三三九）から、南北朝（一三三六―一三九二）の内乱に至る歴史を、南朝側からの目で記した軍記物語。小島法師の作とも言われる。何度も補正されながら、南朝の建徳二年（一三七一）ころ成立か。

江戸時代の初め、「太平記」を門口や道路で読んで聞かせては銭をもらう、いわゆる「太平記」読みが広まり、これらの芸能が、のちの講釈師となっていく。

源　頼朝《みなもとのよりとも》　『平治物語』下編には「頼朝遠流《おんる》に宥《なだ》めらる事。付けたり呉越戦ひの事」として、平　清盛《たいらのきよもり》が源頼朝の流罪を、なだめおく〔ゆるめる〕話の「付けたり」として、越王・句践《こうせん》と、呉王・夫差《ふさ》との会稽山での逸話が載っている。この話は、全文の十五％ほど。しかし、『史記』などには記していない、ユニークな逸話である。

児島高徳《こじまたかのり》　一方『太平記』四巻にも「備後《びんご》三郎高徳《たかのり》ガ事。付《つけたり》呉越ノ軍《いくさ》ノ事」と、児島高徳の話の後に、句践と夫差との話が載っている。こちらは、全文の九〇％を占めるという、どちらが本題かわからない長さになっている。

越の范蠡《はんれい》から始まり、『平治物語』に載せる逸話も収め、美女の西施も詳しく描かれるという、波瀾《はらん》万丈の物語になっている。

天莫レ空二句践一　児島高徳は、備前《びぜん》の人。南北朝時代の武将で、通称は備後《びんご》三郎。

川柳コーナー――児島高徳

落書きをしたで高徳《たかのり》名を残し
児島高徳は、『太平記』などのこの故事だけで有名。実在性さえ疑われる人物。

天句践は落書きの元祖なり
元祖なら、三〇〇頁の孫臏《そんぴん》だろう。

巡礼《じゅんれい》のやうに高徳書いてゐる
武士のすがたのままに、院　庄《いんのしょう》に近づいたら、怪しまれてしまう。

時に范蠡桜の木不慮《ふりょ》な怪我《けが》
桜の木から見れば、突然に肌を削られて、思いがけない怪我。

後醍醐《ごだいご》天皇が隠岐島《おきのしま》に遷《うつ》されると知った児島高徳は、途中で天皇を奪回し救出しようとして後を追ったが、その機会もないまま、天皇の宿泊する院　庄《いんのしょう》の庭の桜の幹を削って、次の詩句を書き記した。

天莫《な》カレレ空《むな》シウスルコト二句《こう》践《せん》ヲ一。
時ニ非《あら》ズレ無キニシモ二范《はん》蠡《れい》一。

――天よ、（幽囚された）句践のように（捕らわれている後醍醐天皇を）空しく（殺してしまっては）いけない。

時として、（句践を救出して会稽の恥をそそいだ）范蠡（のような忠臣）が、いないわけではないのだから。

警備の武士たちはこの意味がわからなかったが、天皇は快くお笑いになった、という。『太平記』の前記の項にある話だが、真偽のほどは不明。しかしこの逸話のおかげで、児島高徳は一躍有名になってしまった。

下段は、明治四十四年から小学校の唱歌科のために編集された教科書『尋常小學唱歌』第六学年用に収められている歌詞。初出は大正三年六月という（大和淳二「新訂尋常小學唱歌のすべてと思い出に殘《ママ》る国民學校唱歌」）。これは、大正七年の『新訂尋常小學唱歌』では五学年用に引き継がれる。

十歳にやっととどいた子どもたちが、三十年間以上も「〽天、

小学唱歌の楽譜

兒島高徳

一、船坂山《ふなさかやま》や杉坂《すぎさか》と、
御《み》あと慕《した》ひて院《ゐん》の庄《しやう》、
微衷《びちゆう》をいかで聞《きこ》えんと、
櫻《さくら》の幹《みき》に十字《じふじ》の詩《し》。
『天勾踐《てんこうせん》を空《むな》しうする莫《なか》れ、
時范蠡《ときはんれい》無《な》きにしも非《あら》ず。』

二、御心《みこころ》ならぬいでましの
御袖露《みそでつゆ》けき朝戸出《あさとで》に、
誦《ずん》じて笑《ゑ》ますかしこさよ、
櫻《さくら》の幹《みき》の十字《じふじ》の詩《し》。
『天勾踐《てんこうせん》を空《むな》しうする莫《なか》れ、
時范蠡《ときはんれい》無《な》きにしも非《あら》ず。』

范《はん》　蠡《れい》
（『中国神仙画像集』）

句践《こうせん》を空しうする莫《なか》れ……」と歌っていた時代があったのである。

范蠡《はんれい》の変装　『太平記』は、この句践と范蠡という人名を受けて、以下に延々と呉越の抗争について語るのである。語り物の面目躍如として、たいへん面白いストーリー仕立てになっているが、ここでは、次の二つの逸話を紹介する。

句践　会稽の戦いに敗れた越王・句践は、呉の都・姑蘇《こそ》に送られ、杻械《ちゅうかい》〔手かせ・足かせ〕をつけられて、土牢に入れられた。窓もないから、月日の経つのもわからなかった、という。

魚商人　これを聞いた范蠡は、句践を何とか救出したいと、魚を売る商人に変装し、簣《あじか》に魚を入れて荷ない、姑蘇の町に出て行った。

あちこちをこっそり聞いて回った結果、句践のいる土牢の場

川柳コーナー——范蠡《はんれい》①

范蠡は一疋《いっぴき》売るに一荷《いっか》買ひ
句践《こうせん》への連絡用に一匹だけあればいいのだが、行商のふりをするのだから、一荷ないとおかしい。

范蠡も時化《しけ》には困る忠義なり
いくら忠義の勇士でも、海が荒れて魚が捕れなければ、どうしようもない。

范蠡は干物《ひもの》は売らぬ男なり
といって干物では、腹に手紙は入れられない。

范蠡は恥づかしさうに魚を呼び
行商といっても、どんな声で、どんな言葉で売り歩いたらいいのか。

時に范蠡鰹《かつを》はいくらするな
「時に范蠡」は、児島高徳《たかのり》が桜の幹に書き記した言葉。初鰹は、旧暦四月ころ初めて捕れる、旬《しゅん》の鰹。珍重されて憧《あこが》れの的だった。もちろん高価だから、まず値段を聞いて。

唐《から》の詰番《つめばん》魚屋だ入れてやれ
城門を守る番人たち。魚屋ならいいじゃないか、中に入れてやれ。
「唐」は、広く中国のことをいう。

范蠡は魚の腹で意見する
どうやら句践が閉じ込められる牢が見つかり、魚の腹に手紙を入れて牢の窓から投げ込んで、句践を励ます。

所がわかった。ところが、宮中の警備が厳重で、牢にはとても近づけない。そこで、魚の腹の中に手紙を入れて、牢の中に投げ込んだ。――牢には窓もないはずだが、このへんが「語り物」のいいところ。

西《せい》伯《はく》囚《とら》ハレ二羑《ゆう》里《り》ニ一、重《ちょう》耳《じ》走《はし》ルレ翟《てき》ニ。
皆《みな》以《もっ》テ為《た》リ二王《おう》覇《は》一、莫《な》カレ二死《し》ヲ許《ゆる》スコトレ敵《てき》ニ一。

――西伯（周の文王）は（殷《いん》の紂《ちゅう》王のために）羑里に閉じ込められ、晋国の重耳（後に晋の文公）は、（継母の殺意を恐れて）他国に逃げた。（しかし後に）みな、王としての覇業を成し遂げたのだから、（句践も）死を敵に許してはいけない。

句践は、生きているのもつらい、と思ってきたこれまでの命も、かえって大切に考えるようになった、という。

なお、この話は『平治物語』には載っていない。

(8)　嘗《しょう》胆《たん》

さて、越王句践は、人質として三年間呉国に留められてから、帰国した。呉への復讐の念に燃え、苦い胆《きも》をいつも座右に置いて、起居のたびにこれを嘗《な》め、飲食するたびにもこれを嘗めては、「女《なんぢ》、会稽《かいけい》の恥《はぢ》を忘《わす》れたるか」と、復讐心をかき立てた（十八史略、春秋戦国）。

四三七頁の、夫差の「臥薪《がしん》」と、この句践の「嘗胆《しょうたん》」とを合わせて、「臥薪嘗胆」という成語が生まれた。自分の身を苦しませながら、志を励ます意味。

句践は、政治はすべて大夫の種《しょう》に任せ、自身は参謀の范蠡《はんれい》とともに軍備を充実させて、呉国への雪辱《せつじょく》の機会を、じっとうかがっていた。

(9)　泓上《おうじょう》の戦い（前四八二）

呉王夫差が、先の黄池《こうち》の会盟（四三九頁）に臨んだ時には、大軍を従え諸侯を威圧していた。

呉では、太子の友《ゆう》がわずかな兵で守っているだけである。子胥《しし》は、四四六頁以降に記す事件で、自殺させられていた。国内は、老幼と女性とだけ、という状況である。

范蠡《はんれい》は、絶好の機会と見て、四万九千の兵を二隊に分けて出陣する。一隊は、范蠡が率いて淮河《わいが》に布陣して夫差の帰路を防ぐ。他の一隊は句践が率いて呉の都・姑蘇《こそ》を攻める。

呉の太子・友《ゆう》は、泓上《おうじょう》に出兵したが、あっけなく敗れ、捕虜にされてしまった。姑蘇の都も占領されて、越軍の大勝利で終わる。

黄池にいて大敗の報告を受けた夫差は、諸侯の手前もあり、

◆狡兎《こうと》死《し》して走狗《そうく》烹《に》らる

すばしこい兎《うさぎ》が死ぬと、それを追いかけて役に立っていた犬は、もう用済みと、煮て食われてしまう。

敵が滅びると、功績のあった忠臣は殺される、というたとえ。役に立つ間は使われるが、用がなくなると捨てられてしまう、というたとえ。

『史記』越世家編では、范蠡《はんれい》が大夫の種《しょう》に宛てた手紙（次頁）の中の一節とする。

蜚鳥《ひちょう》尽きて　良弓《りょうきゅう》　蔵《をさ》められ、
狡兎死して　走狗烹らる。

前半の句は「空を飛ぶ鳥がすっかりいなくなると、それを射落とすのに役立った良い弓も蔵《しま》われてしまう」意味で、内容的には、後半の句と同じことを言っている。「蜚」は、「飛」と同じ。この二句は、多少の変形をしながら、よく使われている。

飛鳥尽きて　良弓蔵められ、
狡兎死して　走犬《そうけん》烹らる。　（論衡《ろんこう》、骨相《こっそう》編）

これは、范蠡が斉国に着いてから、大夫種《しょう》に宛てた手紙とされ、その冒頭の部分。この後にすぐ「長頸烏喙《ちょうけいうかい》……」（次頁）と続く。

以下、幾つかの例を挙げよう。

狡兎尽くれば則ち良犬烹られ、
敵国滅べば則ち謀臣《ぼうしん》亡《ほろ》ぶ。　（韓非子、内儲説《ないちょせつ》下編）

呉王夫差《ふさ》が、越王句践《こうせん》に降伏し、句践はこれを許そうとした（四四八頁）。しかし、范蠡《はんれい》と大夫種《しょう》とは、反対する。この時に范蠡が、大夫の種に手紙を贈った、その中の言葉である。

呉国が滅びると、功臣であるあなた（種）も不要になるぞ。呉国を存立させておき、越王の悩みの種を残しておいてこそ、あなたの立場も安全――という、脅迫状みたいな嘆願書である。

狡兎死して良狗烹られ、
高鳥尽きて良弓蔵められ、
敵国破れて謀臣亡ぶ。　（史記、淮陰侯《わいいんこう》伝）

漢王朝を創建するのに貢献した韓信《かんしん》（淮陰侯《わいいんこう》）が、のち高祖（劉邦《りゅうほう》）に謀反《むほん》の疑いによって捕らえられた時の言葉。韓信は「この諺《ことわざ》のように、私も烹《に》られるのだろう」と言っており、諺のように定着していたことがわかる。

他にも、次のような言い方がある。

狡兎得《え》られて猟犬《りょうけん》烹られ、
高鳥尽きて強弩《きょうど》蔵めらる。　（淮南子《えなんじ》、説林訓《せつりんくん》編）

「弩」は、強い弓。大《おお》弓。

高鳥死して良弓蔵められ、
狡兎得られて良犬烹らる。　（論衡《ろんこう》、定賢編）

狡兎以《もっ》て死して良犬烹《ほう》に就《つ》き、
敵国如《も》し滅ばば謀臣必ず亡ぶ。　（呉越春秋、夫差内伝）

秘密にしておくように厳重に言い渡した。そして、この秘密を他にしゃべってしまった部下七人を、みずから膝もとで切り殺したという。

しかし夫差は、今は越国にはかなわないと講和を申し出た。越国も、これを受け入れる。

⑽ 陶朱公《とうしゅこう》

長頸《ちょうけい》にして烏喙《うかい》　呉国が降伏したので、范蠡は越国を去り、川を利用して船で海を通って、斉国に渡った。范蠡は、越国再興の最大の功労者なのだが、越王句践の人柄を見限ったのだろうか。国を離れる時に、大夫の種《しょう》にこういう手紙を遣《おく》っている。「越王の句践の人物は、『長頸《ちょうけい》にして烏喙《うかい》なり』――頸《くび》が長く、口は烏《からす》の喙《くちばし》のように尖《とが》っている〔残忍で貪欲《どんよく》な人相のこと〕。苦難を共にすることはできるが、安楽を共にすることはできない人だ。あなたも、国を離れたほうがいい」（前頁のコラムを参照）。

種《しょう》はそれ以後、病気と称して朝廷に出ないようにし、様子を見ていた。すると、ある人が「種は反乱をたくらんでいる」と、句践に讒言《ざんげん》した。句践は怒って、種に剣を賜り、自殺を命じた。やはり、范蠡に先見の明があったか。

鴟夷子皮《しいしひ》　范蠡《はんれい》には、もう一つの考えがあった。かつて、会稽の恥（四三八頁）をそそぐために国力を充実していた時、范蠡は計然《けいぜん》の計画を用いて、国の経済力を豊かにしたのである。計然は、晋国から越国に来た経済学者で、計研とも言い、范蠡は師と仰いでいた。

范蠡《はんれい》は、計然が国家の経済力を増強するために用いた方法を、自分個人にも用いてみよう、と考えた。

斉国に着くと、范蠡は名を鴟夷子皮《しいしひ》と改めた。「鴟夷」は、呉王夫差に自殺を命じられた子胥《ししょ》が、その遺体を詰め込まれたのと同じ類の袋。四四七頁を参照。自分も、うっかりしていると子胥と同様の運命になるぞと、自分を戒めるための呼び名である。そして親子で財産づくりに励み、数千万の富を蓄えた。

斉の国では、范蠡の賢明さを聞いて、宰相に登用した。しばらくしてから、范蠡は嘆息してこう言った、「家では千金の富、官にあっては宰相の地位。平民にとって最高の出世である。次に来るのは不幸であろう。」

そして、宰相の地位を辞し、財産をすべて人々に分け与えてしまい、重要な宝物だけを持って、斉国を去っていった。

陶朱公《とうしゅこう》　范蠡は、山東省の陶に行く。ここは天下の中央にあたり、交通・交易の要所である、と判断したのである。

ここでは陶朱公と名乗り、店を開いて巨万の富を得た。今でいう、億万長者である。

范蠡の蓄財のコツは、『史記』では「能《よ》く人を択《えら》んで時に任ず」――相手をよく選び、時機を見定めること、という（貨殖《かしょく》列伝）。

同じく『史記』では、彼は十九年間に千金を三度もうけたが、うち二度は、貧しい友人や遠い親族に分け与えた、とする(同)。だからこそ「富んで徳義を施す」として、良い意味での金持ちの代表に挙げられるのである。

猗頓《いとん》　魯《ろ》国の人か。猗は山西省猗氏県にある地名。この地域の塩池で採れる塩の売買によって巨利を得たので、その地名で呼ばれたのだろう(史記、貨殖列伝)。

また『十八史略』では、猗頓《いとん》が金持ちになる方法を范蠡《はんれい》(陶朱公)に聞きに来た、とする。范蠡は「五頭の牝牛《めうし》を飼うこと」と勧めた。牡《お》牛一頭に対して牝牛を五頭、ということである。猗頓は早速、牛や羊を盛んに飼い育てた。十年の間に、王公に並ぶ財産を得たという。

今も、陶朱《とうしゅ》と猗頓とは、大富豪の代名詞に使われている。

(11)　属鏤《しょくる》の剣

その二年前の紀元前四八四年、呉《ご》国が斉《せい》国を攻めようとしている時に、越王句践が大勢の部下を連れて、呉国に挨拶に来た。そして、呉王から臣下たちにまで、多くの贈り物をした。

皆は喜んだが、子胥《ししょ》だけは「これは、越が呉に豢《かん》しているのだ」と、王の夫差を諫《いさ》めた。「豢」は、生けにえに飼を与える意味で、いずれは殺すぞ、という意味を含んでいる。子胥は、越を速く討て、というのだが、夫差は聞き入れない。使者として斉《せい》国に出向いた子胥は、自分の子を斉の大夫の鮑《ほう》氏にあずけて、王孫氏と称させた。

川柳コーナー——范蠡《はんれい》②

足元の明かるいうちに陶朱公《とうしゅこう》

越国の危難は救ったが、王の句践とは、しょせん合わないとして、斉国に去った。「陶朱公」に「逃避行」をかけている。この時の名は范蠡《はんれい》。

勝ち逃げで品のいいのは陶朱公

斉国では大富豪となり、宰相ともなった陶朱公だが、それらを捨て陶に。斉では鴟夷子皮《しいしひ》と名乗った。

陶朱公見切って銭をつなぐなり

越国における自分の将来を見切って——見限って。蓄財に専念するのが、銭をつなぐ。「見切る——つなぐ」としゃれている。自分の蓄財能力を確かめるためか。

陶朱公もと呉服屋の支配人

陶に来て陶朱公と称する。もと越の国の重臣だから、つまり支配人。そして越を、江戸一の呉服店である越後屋に掛けたもの。越後屋と三井呉服店とが合併して、今の三越デパートとなった。

范蠡は度々《たびたび》欠落した男

范蠡(陶朱公)は、猗頓《いとん》と並んで大富豪の代名詞だが、見方を変えれば、越から斉から陶へと移り歩き、欠落——欠陥人間の代表か。いや、妬《ねた》み羨《うらや》みから?

これを聞いて怒った夫差は、子胥に「属鏤の剣」を与えて、自殺を命じた。子胥は呉国を見捨てた、と思ったのである。

『春秋左氏伝』哀公十一年の記事は、右のように述べており、『史記』呉太伯世家編も、ほぼ同じ内容である。

一方、『史記』越世家編では、夫差が越国を先に攻めずに斉《せい》国を攻めたことに対して子胥が忠告し、二人の意見が割れていることを知った伯嚭《はくひ》が、「子胥は反乱をたくらんでいる」と夫差に讒言《ざんげん》した話を挙げている。伯嚭は、しばしば子胥と対立していたのである。

ここで、子胥が斉国の大夫に自分の子を託したことがきっかけになって、夫差も「子胥は反旗をひるがえそうとしている」と、信じてしまったのである。

属鏤の剣は、鋼鉄製の鋭利な名剣。

伍子胥と属鏤の剣
（『絵画本・中国古代史』上巻）

(12) 子胥《ししょ》の遺言

子胥は、こう言い残す。

「吾《わ》が墓《はか》の上《うへ》に樹《う》うるに、梓《し》を以《もっ》てせよ。器《き》を為《つる》るべからしめよ。吾《わ》が眼《め》を抉《ゑぐ》りて、之《これ》を呉《ご》の東門《とうもん》に置《お》け。以《もっ》て越《えつ》の呉《ご》を滅《ほろ》ぼすを観《み》ん」――私の墓の上に、梓《あずさ》の木を植えよ。（梓は成長が早いから、夫差の）棺を造るようにさせよ。（また）私の目玉をえぐり取って、呉の都の東門に置いてくれ。この目で、越が呉を滅ぼすところを、よく見たい（史記、呉太伯世家）。

『春秋左氏伝』では、この後に、呉は三年後には弱くなって、いずれ滅びるだろうとし、「盈《み》つれば必《かなら》ず毀《やぶ》るるは、天《てん》の道《みち》なり」――満ちれば必ず欠けるのは、天の法則であると、子胥に言わせている（哀公十一年）。

また『十八史略』などでは、「梓《し》」を「檟《か》」としている。檟《ひさぎ》は、棺の材料とする木。

夫差は、子胥の遺言を聞くとさらに怒り、その死体を鴟夷《しい》〔馬の革で作った袋〕に詰めて、揚子江に投げ捨てた（鴟夷は、ふつうは酒を入れる袋）。

呉の人々は子胥を悼んで、揚子江のほとりに祠《ほこら》を建て、胥山と名づけて子胥の霊を慰めた。

⒀　**笠沢《りゅうたく》の戦い**（前四七八）

しかしその四年後、越国はふたたび呉国を攻める。兵士が疲れ果てている上に、災害に見舞われて極度の食糧不足に陥った、その隙を突こうという、種《しょう》の句践《こうせん》への進言の結果である。

その三月、両軍は笠沢《りゅうたく》を挟んで対陣した。

句践は、呉軍を左右から攻めると見せかけておいて、中央から攻撃して呉軍を大いに打ち破った。越軍はそのまま三年間にわたって呉の都・姑蘇《こそ》を包囲して、呉国の自滅を待った。そして、前四七五年十一月、越軍は総攻撃をかけ、呉王夫差は、会稽山に逃れる。

夫差は、句践に使者を遣わして、「以前はこの会稽山で、私はあなたを苦しめたが、あなたを自由にしました。今は、あなたが私を苦しめていますが、今度は私を許していただけませんか。」

句践は、これを受け入れようとしたが、范蠡《はんれい》は「これまで二十二年間、あなたは呉国を滅ぼすために、早朝から深夜まで努力してきたのです」と言って、使者を追い返させた。

⒁　**夫差の自殺**

句践は夫差に「せめて百戸の邑《むら》を与えよう」と伝えたが、夫差は「もう年老いて、あなたにお仕えすることはできません」と、その場で自殺した。その時「吾《われ》、面《めん》の以《もっ》て子胥《ししょ》を見《み》る無《な》きなり」――子胥に合わせる顔もない（史記、越世家）と、詫びたという。また「吾《われ》、子胥《ししょ》の言《げん》を用《もち》ゐずして、自《みずか》ら此《ここ》に陥《おちい》らしむるを悔《く》ゆ」――子胥の進言を採用しないで、自分からこんな目に落とし入れてしまったことを後悔している（同、呉太伯世家）と言ったともいう。

句践は、夫差の遺体を手厚く葬った。また、伯嚭《はくひ》を不忠の臣として処刑した。

呉の国は、ここに幕を閉じる。

5　戦国時代

戦国時代、と呼ぶくらいで、この時代に記録されている戦いだけでも、二百三十回に及ぶという。

ここでは、その中の主要なものを取りあげて紹介することにする。まず、戦国時代の幕開けである、晋《しん》国の分裂から。

1　晋国の盛衰

⑴　**晋《しん》国**

周王朝の成王の弟である虞《ぐ》が、唐に封ぜられて、唐叔虞《とうしゅくぐ》と称した。晋国は、その子の燮《しょう》が、近くを流れる晋水の名を取って、晋侯と称したのにはじまる。

十一代・文侯は、周室の東遷（四二七頁）を助けたとされる。その弟・成師《せいし》の孫の武公は、本家の緡《びん》侯を滅ぼし（前六七八）、周の僖《き》王から晋侯として承認される。

(2) 文公〔重耳《ちょうじ》〕

武公の子の献公（四二九頁）が没してからは、晋国に内乱が続く。太子の重耳は、十九年間にわたって諸国に亡命していたが、秦《しん》の穆《ぼく》公（四五八頁）の助力で帰国し（前六三六）、懐王を殺して、文公（在位、前六三六―前六二八）として即位した。

文公は、国内を充実し国外に発展して、春秋の五覇（四頁）の一人に数えられるようになる。

(3) 晋の戦い

「春秋の四大会戦」または「五大会戦」と称される、城濮《じょうぼく》の戦い（四三〇頁）・殽《こう》の戦い（四三二頁）・邲《ひつ》の戦い（四三二頁）・鞍《あん》の戦い（四三三頁）、そして鄢陵《えんりょう》の戦い（四三三頁）は、いずれも晋国がからんでいる。それぞれ、その項を参照されたい。

(4) 分　裂

その間に晋国では、大臣クラスの豪族、智《ち》（伯《はく》〔知〕とも）・范《はん》・中行《ちゅうこう》・趙《ちょう》・韓《かん》・魏《ぎ》が、強い力を持ってきていた。

中でも智氏がもっとも強力で、まず韓・魏・趙と組んで、范と中行との土地を、計四家で分割してしまった。晋国の出《しゅつ》公は、斉《せい》と魯《ろ》との両国に援軍を求めて、四家を攻めようとした。しかし反対に四家に攻められ、出公は斉国に亡命する途中で、死んでしまった（前四五二）。

(5) 三　晋

出公の亡くなる前の年（前四五三）、趙襄子《ちょうじょうし》・韓康子《かんこうし》・魏《ぎ》桓子《かんし》が協力して智伯氏を殺して、土地を分割してしまった。以後の晋侯は、わずかな土地を持つだけになり、反対に趙・韓・魏の三家に朝貢するようになってしまった。この三家を三晋と呼ぶ。

周の威烈《いれつ》王二十三年（前四〇三）に、王はこの三家をそれぞれ諸侯に任命する。

右の、三晋の分立（前四五三）以後を戦国時代と呼ぶ。また、周王室が趙・韓・魏を諸侯に公認した年（前四〇三）以後を戦国時代と称することも多い。

2　斉国の盛衰

(1) 宣王（在位、前三一九―前三〇一）

稷下《しょっか》の学　宣王は、学者や遊説《ゆうぜい》の士を好んだ。都・臨淄《りんし》の稷

張儀と斉の宣王
（『絵画本・中国古代史』上巻）

門近くに彼らを集めて優遇し、学術の振興を図った（六頁）。騶衍《すうえん》（四〇六頁）・淳于髡《じゅんうこん》（四〇三頁）・田駢《でんべん》（四一二頁）・慎到《しんとう》（四〇六頁）・接予《しょうよ》・環淵《かんえん》たち七十六人がそれぞれ邸宅を与えられ、上大夫に任じられて、政治には関与せず、議論だけに専念した。そこで、さらに学者が集まってきて、数百人から一千人に達した（史記、田敬仲完伝）（同じく『史記』孟子荀卿列伝では、鄒衍の代わりに鄒奭《すうせき》（四〇六頁）を挙げている）。孟子（七五頁）や荀子（八一頁）も、ここに学んでいる。この学者たちを「稷下先生」と呼び、その学問を「稷下の学」（六頁）と言っている。

宣王のこの行為は、斉王の学問好きの証明であると同時に、これが諸侯や賓客たちの目にとまって、斉国には優れた人物が天下から集まっている、と評価されるためでもあった、という。

蘇　代
（『絵画本・中国古代史』上巻）

蘇秦《そしん》　燕《えん》の文公（在位、前三六一－前三三三）の時、蘇秦《そしん》（二四五頁）は文公の夫人と密通していた。文公の跡を継いだ易王（在位、前三三二－前三二一）の時、密通の露見を恐れた蘇秦は、わざと斉国に赴いて燕国の偽《にせ》情報を流して、斉国を混乱させようとした。孫武（二八五頁）の言う、反間《はんかん》（二重スパイ。二九四頁）である。

蘇秦はまた、燕国の宰相の子之《しし》（？－前三一四）と姻戚関係を結んで、身の安全を図っていた。従って、蘇秦の弟の蘇代《そだい》（四〇七頁）も、子之と親しかった（これは『史記』燕召公世家編の記述。『戦国策』の燕策編では、子之と蘇代とが姻戚関係にあった、と記す）。

易王が死んで噲《かい》王（在位、前三二〇―前三一二）が即位すると、蘇秦の二重スパイが発覚して、斉の宣王の刺客に殺された（三四六頁）が、斉では代わって蘇代を重用した。

蘇代《そだい》　蘇代は、斉国のために燕国に行き、燕の噲王に「斉王は部下を信頼しないから、覇者にはなれません」と、宰相の子《し》之《し》に実権を任せるようにしむける。噲王は、国事のすべてを子之に譲った。

内乱　三年の間に国内の秩序が乱れ、人々も子之を怨みはじめた。

燕の将軍の市被《しひ》は、太子の平《へい》と謀り、民衆を味方にして、子之を攻めた。

しかし勝ち目がないので、市被はなんと寝返って、民衆とともに太子を攻め、しかも、戦死してしまった。太子は、市被の死体を町のさらしものにして、見せしめとした。

今度は、子之《しし》と太子との争い。数か月間も続き、死者も数万に及び、民衆は国をすっかり見放してしまった。

孟子　孟子（七五頁）が、斉の宣王に進言する。「今《いま》、燕《えん》を伐《う》つは、文《ぶん》・武《ぶ》の時《とき》なり。失《うしな》ふべからざるなり」――いま燕国を討つのは、周の文王や武王が殷《いん》の紂《ちゅう》王を討った時と同じ、正義を発揮する機会です。チャンスを逃してはいけません（史記、燕召公世家）。

斉の宣王は、軍隊をさし向ける。しかし、燕国は戦いもせずにあっさり敗れ、噲王は死に、子之は亡命してしまう（前三一五）。

昭王　その三年後、燕では昭王（在位、前三一二―前二七九）が即位する。そして、斉国に復讐するための方策を、遊説家の郭《かく》隗《かい》（次頁）に相談する。

郭隗は、「まずこの私を優遇してごらんなさい。そうすれば、私より賢明な人たちが、自分ならもっと優遇されるだろうと、全国から集まってくるでしょう」と、アイデアの提供とともに、自分を売り込んでしまった（次頁のコラムを参照）。

昭王は、郭隗のために豪華な邸宅を新築してやり、みずから郭隗に師事した。

郭隗の計画どおり、魏《ぎ》から楽毅《がくき》、斉《せい》から騶衍《すうえん》（鄒衍とも）、趙《ちょう》から劇辛《げきしん》など、そうそうたるメンバーが、燕に集まってきた。

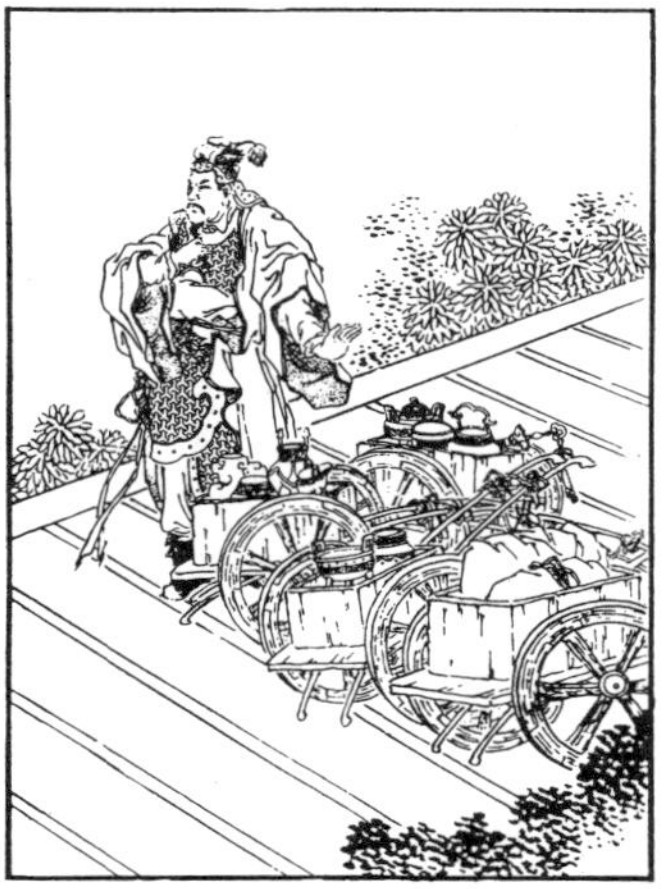

楽　毅
（『中国五百名人図典』）

◆隗《かい》より始めよ

燕の昭王の問いに、郭隗は、次のような話をする。

昔、ある国の君主が、庶務係の者に一千金を持たせて、一日に千里を走る駿馬《しゅんめ》を探して買ってくるように命じた。

男は、死んだ駿馬の骨を、五百金で買って帰って来たので、君主はたいへん怒った。

すると、男は言った。

「死んだ駿馬の骨でさえ、五百金で買ったのです。まして、生きている駿馬なら、いくらで買ってくれるかわからない――と、きっと駿馬を売り込みに来るでしょう。」

その言葉どおり、一年もたたないうちに、駿馬の売り込みが三件もあった。

そして郭隗は、有能な人を招きたかったら、まずこの私を優遇してごらんなさい。そうすれば、私より有能な人たちが、どんどん売り込みにくるでしょうと、まず自分を厚遇させてしまう。

「先ず隗より始めよ」は、こうして、

①賢者を招くには、まず身近な者から優遇しなさい。

という意味だが、今はふつうには、

②事を始めるには、まず言い出した人から実行しなさい。

という意味に使われている。

隗《かい》曰《いハク》、古《いにしへノ》君《きみニ》、有《あリ》下以《もつテ》二千《せん》金《きんヲ》一使《しムル》三涓《けん》人《じんヲシテ》求《もとメ》二千《せん》里《りノ》馬《うまヲ》一者《もの》上。買《かヒテ》二死《し》馬《ばノ》骨《ほねヲ》五《ご》百《ひゃく》金《きんニ》一而返《かへル》。君《きみ》怒《いかル》。涓《けん》人《じん》曰《いハク》、「死《し》馬《ば》且《すラ》買《かフ》レ之《これヲ》。況《いはンヤ》生《い》者《ケルものヲ》乎《や》。馬《うま》今《いまニ》至《いたラン》矣《ト》。不《ず》二期《シテき》年《ねんナラ》一、千《せん》里《りノ》馬《うま》至《いたル》者《もの》三《さんアリ》。今《いま》、王《おう》必《かならズ》欲《ほつセバ》レ致《いたサント》レ士《しヲ》、先《まヅ》従《より》レ隗《かい》始《はじメヨ》。況《いはンヤ》賢《けんナル》二於隗《かい》一者《ヨリもの》、豈《あニ》遠《とほシトセン》二千《せん》里《りヲ》一哉《やト》。」於《おイテ》レ是《ここニ》、昭《しょう》王《おう》為《ためニ》レ隗《かいノ》改《あらたメテ》築《きづキ》レ宮《きゅうヲ》、師《し》二事《じス》之《これニ》一。

（十八史略、春秋戦国）

こうして昭王は、二十八年間にわたって国力の充実を図る。その間、楽毅を趙国に派遣して同盟を結び、続いて秦国や韓《かん》・魏《ぎ》・楚《そ》の国々とも同盟を結んで、斉国の孤立化を進めていった。

(2)　**滑王**《びん》**〔閔王**《びん》**〕**（在位、前三〇〇―前二八四）

済西《せいせい》**の戦い**　紀元前二八四年、楽毅《がくき》を将軍とした燕国と、秦・趙・韓・魏・楚との連合軍は、大挙して斉国を攻めた。

滑王は、触子《しょくし》を将軍として、済西《せいせい》に迎え撃つ（『戦国策』燕策では、この時の斉の将軍は蘇代だったとする）。しかし斉軍は、あっけなく敗れてしまい、触子は逃走し、滑王は莒《きょ》に亡命したが、楚の淖歯《たくし》に殺されてしまった。斉軍は、計五万人以上を失う。

楽毅は、一挙に斉の都・臨淄《りんし》に入城して、その宝物をすべて奪い、宮殿や宗廟を焼き払った。

斉国で残ったのは、莒《きょ》と即墨《そくぼく》との二城のみ。他の七十余城は、すべて燕国の支配するところとなった。

(3)　火牛《かぎゅう》の計

田単《でんたん》　斉《せい》国の田単は、若いころから兵法を学んでいた。臨淄《りんし》の役人をしていたが、済西《せいせい》の戦いでは即墨《そくぼく》の町を守り抜いた。そこで即墨の人たちは、田単を将軍に推薦した。

田単は、みずから城壁の修築に従事し、また、妻や妾《しょう》〔第二以下の妻〕も兵士とした。

また、即墨の町じゅうから、一千頭の牛を集めておいた。

反間《はんかん》の策　燕国では、昭王の没後、子の恵王《けい》〔在位、前二七八―前二七二〕が即位していた。恵王は、太子の時代から、将軍の楽毅《がくき》とは仲が良くなかった。

そこで田単は、反間〔回し者。二九四頁〕を燕国に送って、こう言い触らさせた。

田　単
（『中国五百名人図典』）

「楽毅は、恵王とはソリが合わないからと言って、即墨の地を離れず、燕に帰らない。斉国の再攻に備えていると言ってはいるが、いつ敗れるかばかり心配している。」

恵王は、この噂にまんまと乗せられて、楽毅を呼び戻し、代わって騎劫《ききょう》を将軍に送り込んだ。楽毅は、処罰されるのを恐れて、趙《ちょう》国に亡命する。田単の、作戦勝ちである。

即墨《そくぼく》の戦い（前二七九）　済西の戦いでの致命的な敗北から五年間、準備万端ととのえた田単は、燕国への猛反撃を開始する。これも、奇襲作戦である。

まず、集めておいた一千頭の牛に、竜の模様を五色に描いた絳繒《こうそう》〔赤い絹〕の衣服をまとわせる。その角には刀を結びつけ、尾には油をしみこませた葦《あし》を縛りつける。

城壁に無数の穴をあけておいてから、夜の暗闇に乗じ、尾の葦に火をつけて、穴からいっせいに燕軍の陣中に追い立てた。牛は、火に驚き、また尻尾から熱くなってきて、燕軍の中に乱入する。その後からは、五千人の精兵が突進していく。

城壁の上では、太鼓を鳴らし歓声を挙げて、牛をおどし兵を励ます。その音は、天地をゆるがしたという。

牛の角の「触るる所、尽《ことごと》く死傷す」〔十八史略、春秋戦国〕という次第で、燕軍は斉国との国境まで敗走し、将軍の騎却《ききょう》も戦死する。

この結果、斉国は燕国に奪われた七十余城を取り戻した。

しかし、この程度の戦いで、七十余りの城〔町〕が占拠されたり奪回したりするというからには一つ一つの城〔町〕はわりに小規模であり、人々も統治者の交代による生活の変化はあまりなかったのではないか、とも見られよう。

さて、湣《びん》王の跡を継いだ斉《せい》の襄《じょう》王（在位、前二八三―前二六五）は、このおかげで、どうやら莒《きょ》の町に帰ることができた。

しかし、以後はまったく意気あがらず、辛うじて余命を保つ状態だった。そのせいで、秦国も斉国を問題にせず、結局は他の国より最後まで生き残っていた。

(4) 斉国の滅亡

最後の抵抗　紀元前二二一年、斉王の建《けん》（在位、前二六四―前二二一）は、宰相の后勝《こうしょう》とともに軍隊を率いて、秦国との国境に行き、守りを固めた。

秦国では、后勝に賄賂を贈り（四六七頁）、また、斉国の食客（四六五頁）たちを招いて接待し、斉国を裏切るようにさせておいた。

そして、将軍・王賁《おうほん》に、防備の手薄な北方から、斉の都・臨《りん》淄《し》に一挙に攻め込ませた。臨淄はあっさり陥落し、秦国は斉王を共《きょう》に幽囚、松や柏《はく》〔ヒノキの類〕の林の中に閉じ込めて、餓死させてしまった。

松《しょう》か柏《はく》か　斉国の人々は、こんな歌を歌って、身の悲運を嘆いたという。

「松《しょう》か柏《はく》か　建《けん》を共《きょう》に住《す》ましむる者《もの》は、客《かく》か」――松なのか、柏なのか。建王を共に住まわせるようにしたのは、（賄賂をもらった）食客たちなのか（結局は、王自身が招いた禍なのだ）（十八史略、春秋戦国）。

3　趙国の盛衰

(1) 趙襄子《ちょうじょうし》（？―前四二五）

晋国を三分して（四四九頁）独立した国。周の威烈《いれつ》王から諸侯と認められた時（前四〇三）には、都を晋陽《しんよう》に置いていたが、のち邯鄲《かんたん》に移った。

(2) 秦国との戦い

修魚の戦い　趙国は、韓・魏・燕・斉の諸国と連合して、魏の地・修魚で秦国と戦った（前三一八。四五九頁）が、大敗してしまう。この戦いで、趙の兵が八万二千人も戦死したという。

しかし、澠《べん》池《ち》の会（前二七九。四六〇頁）では秦国と対等にわたり合い、閼与《あつよ》の戦い（前二七〇。四六一頁）では秦国に大勝して、諸侯に一目置かれる存在であった。

ところが、長平の戦い（前二六〇。四六一頁）では秦国に大敗し、続いて都の邯鄲も攻められて（四六三頁）国力は衰えていく。

(3) 武霊王《ぶれいおう》（在位、前三二六－前二九九）

三胡《さんこ》の脅威　趙国の北方には燕国、西方には秦や韓の国。加えて、東方の東胡《とうこ》、西方の林胡《りんこ》と楼煩《ろうはん》という「三胡」と呼ばれる異民族の侵攻にも対抗しなくてはならない。

しかし趙国には、援軍を頼むことのできる強い味方はない。このままでは、滅ぼされてしまう。

悩んだ武霊王は、ふと、すばらしいアイデアを思いついた。そこで、その十九年（前三〇七）の春正月、自分の考えを重臣の肥義《ひぎ》に打ちあけた。

胡服騎射
（『中国漢画図典』）

胡服騎射《こふくきしゃ》　世に鳴り響くような業績を挙げた人は、そのためにこれまでの習慣を捨てたという批判も覚悟しなければならない。また、独特のアイデアを出した人は、傲慢《ごうまん》な人々から怨まれる重さを担わなければならない。

私はみずから「三胡」の風習に倣って「胡服騎射」し、その方法を人民に教えたいと思う。しかし、世間では必ず私を非難するであろう。どうしたらよいものか（史記、趙世家）。

「胡服」は、胡（西方北方の遊牧騎馬民族）の着る衣服。短いコートに皮帯を巻き、ゆったりとしたズボンに、皮の長靴をはく。今日の乗馬服にも近い。

「騎射」は、馬を走らせながら弓を射ること。

武霊王は、中華民族が、文化的にさげすむべき異民族の習慣を取り入れる、そのことへの官民あげての大反対を恐れたのである。

肥義《ひぎ》の賛成　相談を受けた肥義は、こう答えて賛成する。「疑っている物事は、成功しない。疑ってする行動は、名声を得られない」、ためらわずに実行しなさい。

疑《ぎ》事《じ》ハ無《な》クレ功《こう》、疑《ぎ》行《こう》ハ無《な》シレ名《な》。

親族や重臣たちは、こぞって反対したが、武霊王は意を尽くして皆を説得し、ついに「胡服騎射」を採用する。次は、公子・成《せい》を納得させる言葉。

「諺《ことわざ》に言う、『書物にあるとおりに馬を御そうとする人は、馬の心は十分に理解できない。（また）昔の方法で今に当てはめようとする人は、物事の変化に十分に対処できない』と。

以《もつテ》レ書《しよヲ》御《ぎよスル》者《ものハ》、不《ず》レ尽《つクサ》二馬《うま》之《の》情《じようヲ》一。
以《もつテ》レ古《いにしヘヲ》制《せいスル》レ今《いまヲ》者《ものハ》、不《ず》レ達《たつセ》二事《こと》之《の》変《へんニ》一。

だから、『法令のままに実施して得られた功績というものは、世の中を進歩させていくには不十分である。（また）昔からの方法に従っている学問というものは、現代に適用していくには不十分である』と。

循《したがフ》レ法《ほうニ》之《の》功《こうハ》、不《ず》レ足《たラ》二以《もつテ》高《たかクスルニ》一レ世《よヲ》。
法《のっとル》レ古《いにしヘニ》之《の》学《がくハ》、不《ず》レ足《ラ》二以《テ》制《スルニ》一レ今《ヲ》。」

騎馬戦術　これまでの戦いは、馬に引かせた戦車の上から、槍《やり》によって、相手の戦車上の兵や、地上の歩兵を突いて殺す方法か、矢を射て相手を倒す方法しかなかった。これは、世界のどこの戦争でも同様である。

ところが、紀元前一千年ころ、遊牧民族が青銅で轡《くつわ》を作る工夫が始まった。今度は、人が馬に直接に乗って、轡に結んだ手《た》綱《づな》を操ることによって、馬を自由に走らせることができる。

その、疾走する馬の上から弓を射たなら、これにまさる〝兵器〟はない。この騎馬戦術は、第一次世界大戦（一九一四—一九一八）で戦車や飛行機が用いられるようになるまで、〝兵器〟の中心に位置してきたのである。

⑷　趙《ちょう》国の滅亡

趙の衰退　武霊王が採用した「胡服騎射」の戦法は、以後の中国に広まって、戦史に大きな影響を与えてきた。

しかし、採用した当時は小規模だったようで、あまり効果を発揮しなかったようである。長平《ちょうへい》の戦い（前二六〇。四六一頁）では趙国は秦国に大敗し、続いて都の邯鄲《かんたん》も攻められて（四六三頁）、致命的なダメージを受けてしまう。

秦将・桓騎《かんき》　秦王政の十三年（前二三四）には、秦の将軍・桓騎が趙国を攻め、趙の将軍・扈輒《こちょう》を殺し、十万の兵の首を取っている。桓騎は、その年にもう一度、そしてその翌年にも、趙国を攻撃している。

秦将・王翦《おうせん》　同十八年（前二二九）、秦の王翦たちが大挙して趙を攻め、秦の端和《たんわ》は趙の都・邯鄲《かんたん》城を包囲する。そして、その翌年には、王翦たちは趙の領土をすべて占領し、趙王・遷《せん》を捕虜にした。これで、趙の国は滅亡する。

趙国・代王　しかし趙国の公子・嘉《か》は、同族の数百人とともに代《だい》の地に逃れ、代王と称した。そして、近くの燕《えん》国と組んで、なお秦国に抵抗していた。

結局、燕国の滅亡（前二二五。四六八頁）の時に、燕から遼東《りょうとう》に亡命してきた燕王・喜《き》の捕虜となり、紀元前二二二年には、喜と代王はともに秦国に捕らわれて、燕国とともに趙国も滅んだ。

戦闘（『金石索』）

6　秦国の台頭

紀元前二二一年、戦国時代に終止符を打って、秦国が天下を統一する。そこで以下には、その統一までの主要な足跡をたどってゆく。

1　先　祖

顓頊《せんぎょく》（四二三頁）にさかのぼる。その孫の女脩《じょしゅう》が機《はた》を織っていると、燕《つばめ》が飛んできて、卵を産み落とした。女脩がその卵を飲むと妊娠して、子を産んだ。大業《たいぎょう》と名づけた。

大業は、少典《しょうてん》国の女華《じょか》と結婚し、大費《たいひ》を産んだ。大費は、禹《う》に協力して、黄河の治水に成功した。舜《しゅん》帝はたいへん喜んで、嬴《えい》という姓を賜った。

主として、中国の西北部に住んでおり、夏《か》の桀《けつ》王を滅ぼす（四二三頁）のを助けたりして勢力を広げ、殷《いん》代には諸侯となったという。

2　襄《じょう》公（在位、前七七七―前七六六）

周王朝の幽《ゆう》王が殺された時（四二七頁）、秦の襄公は幽王を守って戦った。また、幽王の西周が滅び、その子の平王が都を移して東周を建てた時（四二七頁）、襄公はこれを護衛した。

平王はたいへん喜んで、襄公に岐山《きざん》以西の地を賜り、襄公を諸侯に封じる。

3　穆《ぼく》公（在位、前六五九－前六二一）

秦国に限らず、諸侯は絶えず小ぜりあいを続けている。秦では、穆公(四二九頁)以降、次々に領土を拡大していく。穆公の時の城濮《じょうぼく》の戦い(四三〇頁)は、「春秋の四大会戦」の幕開けである。

4　孝《こう》公（在位、前三六一－前三三八）

(1)　六　国

このころ、中国の中央部には、六つの強国があった(史記、秦本紀)。斉《せい》の威王。楚《そ》の宣王。魏《ぎ》の恵王。燕《えん》の悼《とう》公。韓《かん》の哀侯。趙《ちょう》の成侯。

また、淮《わい》水と泗《し》水との間には、十余りの諸国があった（宋《そう》・魯《ろ》・邾《ちゅ》・滕《とう》・薛《せつ》など）。

(2)　夷《い》　狄《てき》

秦国は、雍《よう》州にあり、右の六諸侯の会盟にも関係なく、夷狄〔異民族〕扱いされていた。

長城　楚と魏との両国は、秦国と境界を接していた。魏は、秦の侵入を警戒して、国境に長城を築いている。

これが「万里の長城」のはじまり。秦の始皇帝《しこうてい》が造ったことになっているが、その最初は、その秦の侵攻を防ぐためのものだったのだ。

商　鞅
(『絵画本・中国古代史』上巻)

(3)　商鞅《しょうおう》（前三九〇？－前三三八）

孝公は、国力を強大にするために、人材を広く募った。これに応じて魏国からやってきたのが、商鞅(四〇四頁)である。

新法　孝公の三年、商鞅は法律を改訂し、刑法を整理し、農業を振興し、賞罰を明らかにする、いわゆる「商鞅の新法」を提示する。三年後には、国内は一新された。

咸陽《かんよう》　孝公の十二年（前三五〇）、都を咸陽に置き、高大な楼門を造った。のちに楚《そ》の項羽に焼かれるが、三か月間燃え続けたという。

十九年には、周の顕王が孝公を覇者と認め、二十年には、諸侯がみな挨拶に来る。

5　恵文王《けいぶん》（在位、前三三七―前三一一）

⑴　**修魚《しゅうぎょ》の戦い**

恵文王は、しばしば魏《ぎ》国を攻めており、その七年には、魏の兵士八万の首を切っている。紀元前三一八年、韓《かん》・趙《ちょう》・魏《ぎ》・燕《えん》・斉《せい》の連合軍が匈奴《きょうど》の兵も併せて、秦を攻撃した。秦はこれを迎え撃ち、魏の邑《まち》の修魚〔修沢とも〕で戦って大勝利を収め、八万二千の兵の首を切った（四五四頁）。

⑵　**勢力の拡大**

秦は、紀元前三一五年には韓や趙を攻め、翌年には魏を攻め、また韓を攻めてその将の犀首《さいしゅ》を敗走させ、一万の兵の首を切る。

前三一二年には、楚を攻めて八万の兵の首を切る。

恵文王が死んで、武王が跡を継いだ時（前三一〇）には、韓・魏・斉・楚・趙の五か国が挨拶に来て、みな秦に服従を誓った。

6　武王（在位、前三一〇―前三〇七）

⑴　**周室を窺《うかが》う**

武王の三年、武王は丞相《じょうしょう》の甘茂《かんも》（三九〇頁）に相談した。「兵車を率いて、周室を窺いたい。それができたら死んでもいい。」――周王朝を滅ぼして天下を取りたい、というのである。

宜陽《ぎよう》の戦い　その年の秋、周に進軍する途中にある、韓《かん》の国の宜陽《ぎよう》を甘茂に攻めさせ、翌年には宜陽を攻め落として、六万の兵の首を切った。

⑵　**力競べ**

武王は、たいへんな力持ちだった。そこで、大力の持ち主を高官として優遇もしていた。

ある時、高官の一人孟説《もうせつ》と、鼎《かなえ》を持ち挙げる力比べをした。重量挙げの勝負である。ところが武王、膝《ひざ》の蓋骨を折ってしまい、それが原因となって、死んでしまった。孟説の一族は責任をとらされて、全員が殺される。

7　昭襄王《しょうじょう》（在位、前三〇六―前二五一）

武王には子がいなかったので、異母弟を王位に即けた。これが昭襄王〔昭王〕で、在位五十六年に及んでいる。

(1)　反乱

その二年には、大臣・諸侯・公子たちが反乱を企てたが、全員が殺されてしまう。昭王治世の、波乱のスタートである。

また六年には楚《そ》国を攻めて、二万の兵の首を切るなど、あいかわらず戦いが続いていた。

(2)　塩氏《えんし》の戦い

昭王十一年（前二九六）、斉《せい》・韓《かん》・魏《ぎ》・趙《ちょう》・宋《そう》・中山《ちゅうざん》の諸国が連合して、秦を攻めてきた。塩氏まで来たところで和睦し、秦は韓や魏に土地を分け与えている。

8　白起《はくき》（?―前二五七）

公孫起《こうそんき》ともいう。戦略家で、昭王に仕えて大活躍をする。

昭王の十三年（前二九四）、韓《かん》の新城を攻める。

十四年（前二九三）、韓《かん》と魏《ぎ》とを伊闕《いけつ》に攻め、二十四万の兵の首を切る。

十五年（前二九二）、魏《ぎ》と楚《そ》とを攻める。

以後の十年余りは、司馬錯《しばさく》らが中心になって他国を攻めている。

(1)　澠池《べんち》の会（前二七九）

白　起
（『中国五百名人図典』）

昭王は、楚への攻撃に力を入れるため、趙の恵文王《けいぶん》（在位、前二九八―前二六六）と同盟を結んでおこうと、澠池で会見した。

恵文王は恐れをなして参加を渋ったが、臣の廉頗《れんぱ》や藺相如《りんしょうじょ》に励まされ、藺相如とともに会談に出席する。

宴会が始まった。

秦・昭王「趙王は音楽がお好きと聞く。ひとつ、瑟《しつ》（二十五絃の大琴《おおごと》）を弾いて聞かせてくれ。」

瑟は、主として女性用。趙王に恥をかかせようとしたのである。しかし趙王は、やむをえず瑟を弾く。

藺相如「ところで秦王は、秦の民謡がお好きと聞いています。盆缻《ぼんぷ》（ともに瓦製の皿と壺《つぼ》）を叩いて、いっしょに楽しみませんか。」

秦の民謡は、下品とされて、王の宴席向きではない。昭王は当然に、怒って断る。

藺相如は、缻《ふ》を持って秦王の前に進み出てひざまづき、「五歩以内で、私の首の血を大王に注ぎかけることができます」と申し上げる。私の命を賭けて秦王を殺すぞ、と脅迫したのである。

秦王、しかたなく缻《ふ》をポンと叩いた。

結局、秦は宴席が終わるまで、趙に優位に立つことはできなかった（史記、廉頗・藺相如列伝）。

(2) 鄢《えん》の戦い（前二七九）

澠池の会で趙国に牽制された秦国では、白起を遣わして、楚国の別都・鄢に攻め込んだ。楚軍も、激しく反撃する。

そこで白起は、鄢城の西に堤防を築き、水を十分にためておいてからこれを決潰して、鄢城を水攻めにした。鄢城の兵士や人民の数十万が溺死する。

その翌年には、簡単に楚の都の郢《えい》と鄢とを占拠、楚の頃襄《けいじょう》王は陳に亡命する。

この年、周の赧《たん》王が秦国に挨拶に来ている。またこの年、白起は武安君に封ぜられている。

三十一年（前二七六）白起は魏国を攻める。翌年には、丞《じょう》相《しょう》の穣《じょう》侯が魏を攻めて、四万の首を切った。さらに三十三年には、胡傷《こしょう》が魏を攻めて、首を切ること十五万にも及んだ。

三十四年、白起は魏を攻め、三晋〔韓・魏・趙〕の将たちを捕らえ、首を切ること十三万、という。

三十五年（前二七二）、韓・魏・楚を助けて、燕国を攻める。

(3) 閼与《あつよ》の戦い（前二七〇）

秦では、胡陽《こよう》の率いる軍に、趙《ちょう》国の閼与を攻めさせた。今や、趙が秦に対抗できる唯一の強国である。

翌年、趙は趙奢《ちょうしゃ》を将軍として閼与に向かわせた。しかし趙奢は、都・邯鄲《かんたん》を三十里ほど進んだだけで、駐屯してしまった。二十八日間、動こうともしない趙軍を見て、戦意を失っているなと、秦軍は油断した。その隙《すき》に、一万の鋭兵を率いた趙奢は、閼与の近くの北山を占拠する。秦軍は、あわてて反撃しようとしたが、山の上から攻めてくる趙軍に大敗し、閼与を捨てて逃げ戻った。

趙国の勢力が拡大し、天下制覇を目ざす秦国が惨敗するという戦いだった。

(4) 長平《ちょうへい》の戦い（前二六一―前二六〇）

遠交近攻《えんこうきんこう》　昭王の四十一年（前二六六）、昭王は范雎《はんしょ》（四一三頁。范且とも。？―前二五五）を宰相とした。

范雎は、魏国に仕えていたが、無実の罪によって殺されようとしたので、張祿《ちょうろく》と名を変え、折から魏に来ていた秦の使者

昭王と范雎
(『絵画本・中国古代史』上巻)

たちに紛れて、秦に入ったのである。

范雎は、昭王に「遠交近攻」(三二〇頁)の策を提案して受け入れられた。遠方の国々と親しくしておいて、近隣の諸国を攻撃する、という戦略である。

この策の採用で、まず韓が攻撃の対象にされた。

四十三年(前二六四)　白起は、軍を率いて韓を攻め、その九城を落とし、五万の兵の首を切る。その翌年と翌々年にも韓を攻めて、新たに十城以上を落としている。

韓は、上党《じょうとう》郡を秦に献上することで、ひとまず決着した。ところが、上党郡の太守・馮亭《ふうてい》は、上党郡を趙に渡して、趙軍が上党郡に進駐してくるように仕向けた。そうすれば、秦は怒って趙を攻める。趙は韓と結んで秦に対抗することになる。これなら秦と対抗することができるだろう、という考えである。

廉頗《れんぱ》将軍　翌年の紀元前二六一年、怒った昭王は王齕《おうこつ》を将として上党に兵を派遣した。趙軍は戦うことなく、長平に撤退した。

趙の孝成《こうせい》王(在位、前二六五―前二四五)は、廉頗を将として長平に軍隊を送った。しかし廉頗は、三戦して三敗したので、腰をすえて長期戦に持ち込むことにする。

趙括《ちょうかつ》将軍　秦は、たびたび出撃するが、趙は応じてこない。趙の孝成王は「なぜ応戦しないのか」と、使者を何度も出しては、廉頗を責める。

ここで秦の宰相、范雎《はんしょ》は、趙国に反間《はんかん》(スパイ。二九六頁)を送り、千金をばらまきながら、噂を流させた。

「秦国が恐れるのは、趙括《ちょうかつ》が将軍となることだ。廉頗などは問題にならない。間もなく降伏するだろう。」

趙王はこの噂を聞くと、廉頗を更迭して、趙括を将軍に送った。

白起《はくき》の活躍　秦ではすぐに、白起を上将軍、王齕《おうこつ》を副将軍として、長平に派遣する。

趙では、趙括が着任すると、ただちに秦軍を攻めた。秦軍は、わざと退却して趙軍に深追いさせた。そして、二万五千の兵を趙軍の後方に回して退路を断ち、五千の騎兵隊で趙軍の連絡を断った。

こうしておいて、秦軍の精兵が趙軍を襲撃した。

秦の昭王は、みずから河内《かだい》地方に赴き、十五歳以上の男子をみな長平に行かせて、趙の本国からの援軍と食糧との輸送路をふさがせた。

趙軍の大惨敗　趙軍は、もう四十六日間も、食糧が届かない。「皆《みな》、内《うち》に陰《ひそ》かに相殺《あひころ》して食《く》らふ」――軍中ではみな、こっそり殺し合ってはその肉を食べた（史記、白起伝）、という。

趙軍は、四隊に分かれ、四度、五度と秦軍に出撃したが、いずれも失敗した。将軍の趙括《ちょうかつ》は、精兵を率いて出撃したが、射殺されてしまった。

こうして、趙兵四十万は、みな秦の范雎に降伏した。この戦いは、「流血《りゅうけつ》、川《かは》を成《な》し、沸声《ふつせい》、雷《らい》の如《ごと》し」――流れる血は川となり、泣き叫ぶ声は雷鳴のようだった、という（戦国策、秦策）。また、上党郡の人たちは結局は趙側について反乱を起こすだろうと、全員を穴埋めにしてしまう。ただし、年の若い二百四十人は、趙に帰してやった。

この戦いで、秦軍が首を切り捕虜にした趙国の人は、前後合わせて四十五万人。趙は大惨敗を喫し、秦は天下統一を決定づけた戦いであった。

(5)　邯鄲《かんたん》の戦い（前二五九―前二五七）

秦国から、東北に長平《ちょうへい》・閼与《あつよ》、そして趙の都、邯鄲に続いている。

昭王四十八年（前二五九）、秦軍は邯鄲を攻めたが、趙軍も必死に持ちこたえる。秦の宰相・范雎《はんしょ》は、趙・韓から派遣された遊説家の蘇代《そだい》（四〇七頁）の進言を受け入れて、しばし休戦となった。

しかしその二年後、秦はまた邯鄲を攻める。秦の昭王は、白起を将軍としようとしたが、白起はいま大軍を遠征させて戦うのは無理と、王命を断る。

そこで昭王は、王齕《おうこつ》を派遣し、八、九か月の間邯鄲を包囲したが、攻め落とせない。

一方、趙の宰相である平原君《へいげんくん》（趙勝《ちょうしょう》）は、家財を投げうって決死隊三千人を集める。また、魏《ぎ》の公子である信陵君《しんりょうくん》（無忌《むき》）も、八万の魏軍を励まして邯鄲に向かう。さらに、楚《そ》の宰相である春申君《しゅんしんくん》（黄歇《こうけつ》）も、兵を率いて応援に来た。

紀元前二五七年十二月、昭王みずからも出陣して、包囲陣を励ましたが、結局は秦軍二万が連合軍に降伏してしまった。秦軍も大打撃を受けたが、趙国も国力をほとんど消費し尽くしてしまう。

(6) 始皇帝

ところで、昭王の太子の子の一人・子楚《しそ》（のちの秦の荘襄《そうじょう》王）は、この趙都・邯鄲に人質として送り込まれていた（四六六頁）。

子楚の子が、秦王・政《せい》、つまり始皇帝である。政もこの時、邯鄲城内にいたわけであり、もし邯鄲が落城していたら、政の命もわからなかった。

秦王政の軍隊は、この約三十年後（前二二八）に邯鄲を占領し、趙は滅亡する。

まさに、運命の巡り合わせである。

(7) 杜郵《とゆう》の戮《りく》

白起は、王命に反抗したという罪で、将軍から一兵士に降格され、甘粛《かんしゅく》省の陰密《いんみつ》に左遷された（前二五七）。そこで、都の咸陽《かんよう》を出て十里ほど行き、杜郵《とゆう》まで来た時、昭王は「白起はまだ不平を言っている」という罪で、使者に剣を持って白起を追わせて、自殺を命じた。

白起は「我《われ》、天《てん》に何《なん》の罪《つみ》ありてか此《ここ》に至《いた》るや」——私は、天に対してどんな罪があって、自殺を命じられるのか、と自問するが、間もなくして「我《われ》、固《もと》より当《まさ》に死《し》すべし」——私は、死んで当然なのだ、と納得し、次のように述懐する。

「あの長平《ちょうへい》の戦い（四六一頁）では、趙の兵士が数十万人も降伏してきた。私は、彼らをだまして、全員を生き埋めにしてしまったのだ。これで十分に死罪に相当する。」

白起が自殺したのは、紀元前二五七年十一月。秦の人々は、罪なくして死んだ白起を悼み、村や町のすべてが、彼を祀《まつ》った。

このことから、忠義・まごころを尽くした人が、罪もないのに殺される・罰せられることを「杜郵《とゆう》の戮《りく》」というようになった。

昭王五十年（前二五七）秦の王齕《おうこつ》は晋《しん》軍を攻めて、六千の兵の首を切る。晋と楚の兵の死体が、黄河を二万体流れた。

翌年には、将軍の摎《きゅう》が韓を攻めて四万の首を切り、また、趙を攻めて、殺したり捕虜にしたりした兵が九万を数えた。

9　周王室の最期

周の赧《たん》王は、諸侯と同盟して秦を攻めた（前二五六）。

秦では、将軍の摎《きゅう》が周を攻撃する。赧王は恐れて秦にやってきて降伏し、支配下の邑《まち》三十六のすべてと、その人民三万とを、秦の昭王に献上した。

昭王はこれを受け入れて、赧王を周の地に帰す。しかし、周の人々は秦に従うのを恥として、みな東方に逃亡した。

周王朝が受け継いできた宝器と九鼎《きゅうてい》とは、すべて秦の所有となり、ここに周王朝は滅亡する。

10　孝文王《こうぶん》（在位、前二五〇）

秦では、紀元前二五一年の秋に昭王が死に、翌年の十月に、子の孝文王が即位したが、在位三日にして急死してしまった。

11　荘襄王《そうじょう》（在位、前二五〇―前二四七）

代わって、その子の荘襄王が即位する。その年、周が諸侯と謀って秦に謀反を起こしたが、秦の宰相・呂不韋《りょふい》の率いる軍に討たれて、土地をすべて没収される。

また、荘襄王四年には、魏の将・無忌《むき》〔信陵君《しんりょうくん》〕が、燕・趙・韓・楚と計五国の連合軍を率いて秦を攻め、ここでは秦は敗れて、いったん退却している。

その年の五月に荘襄王は死し、子の政《せい》が王位を継ぐ。

なお、四五八頁の孝公からこの荘襄王までの約百二十年間に、秦国は他の六国と五十回以上も戦っている。

7　戦国の四君

1　四　君

戦国時代、諸侯の近親者で領地をもらい、うちに多くの食《しょっ》客《かく》（下段）を抱えて、強い発言力や政治力を持つ者がいた。その中で、特に勢力の強かった次の四人を四君と言う（「君」は、土地を所有している王侯貴族を称する言葉）。

斉国の孟嘗君《もうしょうくん》・田文《でんぶん》
趙《ちょう》国の平原君《へいげんくん》・趙　勝《ちょうしょう》
魏《ぎ》国の信陵君《しんりょうくん》・無忌《むき》
楚《そ》国の春申君《しゅんしんくん》・黄歇《こうけつ》

2　食《しょっ》客《かく》

地方の有力者のもとに集まってきて、衣食住の世話を受ける人。

諸侯の賓客から、学者、有名人、一芸に秀でた者、無頼の者、放浪者、犯罪者に至るまで、あらゆる人々が、それぞれの事情を持って食客になっている。

頼られる有力者は、王の近親者が多く、従って領地を持っており、また時には、国を動かす政治力も持っている。右の戦国の四君が、特に有名。

その一人・孟嘗君《もうしょうくん》は、来る者はこばまず、かつ、来た者はみな平等に厚遇したので、食客は三千人にも達したという。そのために、費用が足りなくなって、金貸し業をやったりもしている。

また、その領地の薛《せつ》には、孟嘗君が天下の任侠の徒を好んで集めたので、彼らの家が六万軒もあった。それから約二百年の後、司馬遷が薛を訪ねたところ、まだ乱暴な若者が多かったという。

食客は、機会があれば〝親分〟のために命も投げ出し、〝一芸〟を発揮してその恩に報いようとする。「鶏鳴狗盗《けいめいくとう》」の特技で孟嘗君の脱走を助けたり、刺客を引き受けたり、馮驩《ふうかん》のように宰相を罷免された孟嘗君を復職させたりと、一芸も多彩である。

しかし、孟嘗君が地位を失うと、馮驩以外の食客は、みな去っていってしまったというから、食客たちが「命も投げ出す」のも、しょせんは乱世を生き抜いていくための飾り言葉か。

8　天下統一

1　秦王・政《せい》〔始皇帝〕（在位、前二四六－前二一〇）

(1)　政の父

荘襄《そうじょう》王が子楚《しそ》と呼ばれていた時、秦国からの人質として、趙《ちょう》国の都・邯鄲《かんたん》に送られていた（四六四頁）。

邯鄲には、大商人の呂不韋《りょふい》（二六一頁）が滞在していた。そして、何かと不便な生活をしている子楚に同情して、金品を与えていた。さらには、自分の愛人をも子楚に提供した。この時、

呂不韋と子楚
（『絵画本・中国古代史』上巻）

この女性は妊娠していたとされ、まもなく、子楚の子として生まれたのが、政（後の始皇帝）だった――とされている。

やがて子楚は秦国に戻り、父の孝文王が在位わずか三日で死んでしまうと、荘襄王として即位する。そして、邯鄲で世話になった呂不韋を、丞相《じょうしょう》に任じる。

この荘襄王も、即位して三年で没し、邯鄲で生まれていた政が、秦王となるのである。この時、政は十三歳だった。在位二十六年にして天下を統一し（前二二一）、始皇帝と号することになる（四七一頁）。

(2)　人　柄

秦王政の十年（前二三七）、兵法家の尉繚《うつりょう》（三九〇頁）が会見にやってきて、こう説いた。「秦国が今いちばん心配なのは、

諸侯が合従《がっしょう》（二四二頁）して攻めてくることだけです。諸侯の重臣たちに賄賂《わいろ》を贈って、秦を攻めようとする謀略を防ぎましょう。三十万金を使うだけで、諸侯はみな、秦国の支配下に入ります。」

秦王は賛成し、宰相の李斯《りし》にこれを実行させる。そして以後は、尉繚を尊んで、衣服も飲食もすべて、尉繚と対等にした。

その尉繚が、秦王の人柄について、こう語っている。

「彼の外観は、鼻柱が蜂《はち》のように高く（蜂準《ほうじゅん》）、目は切れ長で（長目）、胸は猛鳥のように突き出ている（鷙鳥《しちょう》の膺《むね》）。声は豺《さい》のよう。

その心には、恩愛の感情が少なく、虎《とら》や狼《おおかみ》のような残忍さがある。

困窮している時は、すぐ相手の下に出るが、権勢を持った時には、相手を軽蔑して残虐に振る舞う。私は無位無官なのに、私に会う時には、私の下に出てくる。

彼が天下を取ったら、天下の人々はみな、捕虜のように扱われるだろう。とても長くはつき合えない人だ。」

尉繚が、秦国を離れようとしているのに気づいた秦王は、彼を将軍の地位につけた（史記、秦始皇帝本紀）。

なお、賄賂を受け取った「諸侯の重臣」は、斉国の宰相・后勝のことであり（四五四頁）、合従策に乗らなかったのは、斉王の建（在位、前二六四－前二二一）だったともされる。従って、秦の天下統一を早めたのは、斉王に人物を見る目がなかったため、とも言われる。

(3) 韓《かん》の滅亡

秦王政の三年（前二四四）、将軍の蒙驁《もうごう》が韓を攻めて、十三城を落とす。またその五年にも蒙驁が攻めて、二十城を落とした。

十年には、宰相の李斯《りし》が「まず韓を滅ぼして、諸侯を脅かしましょう」と進言し、みずから韓に向かう。韓王・安《あん》は、おおいに恐れて、韓非子（一七五頁）と対策を講じたりしている。前項の尉繚《うつりょう》が魏から秦に来たのも、この時である。

韓非子と秦王政
（『絵画本・中国古代史』上巻）

韓非子　こうした背景によって、秦王十四年（前二三三）、韓の公子・韓非子が秦王に面会に来る。しかし、秦の李斯の画策によって、韓非子は自殺を命じられてしまう（一七六頁）。

　これを知った韓王は、国ももはやこれまでと、秦王の臣下になりたいと申し出た。

　結局、秦王十七年（前二三〇）、秦軍が韓を攻撃して韓王を捕らえ、韓の領土をすべて秦国のものとして、韓は滅亡する。

(4)　燕《えん》の滅亡

暗殺計画　燕国は、趙や斉の国からも侵略されていて、国力は弱まっていた。そこに、趙国が秦国に滅ぼされ、趙の公子・嘉《か》が亡命してきて、代《だい》の地に拠って代王と称する。燕は、秦が次に攻めてくるのは時間の問題と考え、何と、秦王暗殺計画を立てて、実行に移した。次頁のコラムを参照。しかし、残念ながら、文字どおりあと一歩のところで失敗してしまう。

易水《えきすい》の戦い（前二二七）　その仕返しとして、秦の将軍の王《おう》翦《せん》と辛勝《しんしょう》とは、大軍を率いて燕国を攻めた。燕と代との両国はこれを迎え撃ったが、易水《えきすい》の西での戦いに大敗した。

薊城《けいじょう》陥落　翌年（前二二六）、王翦と辛勝との軍は、燕の都・薊城を攻めて陥落させた。燕王・喜《き》と、その太子・丹《たん》とは、遼《りょう》東《とう》の地に逃げ、秦の将軍・李信《りしん》がこれを追った。

　もはやこれまでと、燕王は太子の首を切って秦に差し出し、降伏を願い出た。

　秦は、降伏は許さなかったが、追撃は中止する。燕国は、事実上はこの時に滅亡した。

燕・代の最期（前二二二）　この間、魏を攻めて滅ぼしていた秦は、最後に残った燕と代との国を攻めた。秦将の王賁《おうほん》は、秦王政《せい》の二十五年、大軍を率いて遼東《りょうとう》を攻撃、燕王喜《き》を捕虜にし、併せて代王・嘉も捕らえた。

　これで、燕国は完全に滅亡、趙国の公子だった代王も捕らえられて、趙国も滅亡した。

(5)　魏《ぎ》の滅亡

水攻　秦の名将・白起《はくき》に攻められて（四六一頁）以後、魏国の

川柳コーナー——荊軻《けいか》

首と絵図知らぁん顔で持って出る

　荊軻が、樊於期《はんおき》の首と燕《えん》国の土地の地図を持って、始皇帝の前に進み出る。巻いた地図の中には、短刀が。

片袖を持って屏風《びょうぶ》を睨《ね》めつける

　荊軻、始皇帝の片袖を切っただけで、暗殺に失敗。始皇帝は、七尺の屏風を飛び越えて逃げ、銅の柱の陰に隠れた。

銅《あかがね》の柱のそばでくやしがり

　始皇帝を追った荊軻、銅の柱のそばで、足を切りつけられる。

国力は衰えていた。

燕国の滅亡が確定的になった紀元前二二五年、秦将の王賁《おうほん》が魏を攻めた。

王賁は、魏の都・大梁《たいりょう》を包囲した。しかし、魏の抵抗は強い。そこで王賁は、黄河の水を堀割に引いて、大梁を水攻めにし、そして攻撃を加えて、三か月後に大梁を陥落させた。

魏王の仮《か》（在位、前二二七−前二二五）は、ついに秦軍に降伏し、魏の土地はすべて秦国のものとなり、魏は滅亡した。

ここで、三晋と称された韓・趙・魏は、そろって幕を閉じることになる。

この時、魏王の子が逃げたので、秦王・政は魏国に「皇子を捕らえた者には一千斤を賜る。かくまった者は、十族に至るまで処罰する」と命じたという（韓氏外伝《かんしがいでん》、九）。「十族」は、高祖〔祖父の祖父〕から玄孫〔孫の孫〕までの九代〔九族〕に、本人の友

◆風《かぜ》蕭蕭《しょうしょう》として易水寒《えきすいさむ》し

甘羅《かんら》（三九一頁）の話では、秦国は甘茂《かんも》（三九〇頁）の策に従って、趙国に燕国を攻めさせるために、燕からの人質である太子の丹《たん》を帰す、ということになっている。

しかし『十八史略』春秋戦国編では、太子・丹は、秦王・政の待遇が悪いので燕に逃げ帰った、となっている。前二三二年のこと。

そして燕では、何とか秦に復讐しようとする。そのうち秦は、燕の易《えき》水《すい》の対岸まで領土を拡大してきた。

そこで丹は、衛《えい》国の民間人・荊軻《けいか》の評判を聞き、礼を尽くして招く。荊軻は、秦から逃げて燕にかくまわれている将軍・樊於期《はんおき》の首と、燕の督亢《とくこう》の地図とを秦王に献上し、その隙《すき》に秦王を刺し殺す、という策を立てた。

樊於期には、秦から千斤の金と一万戸の土地、という懸賞金がかかっていた。それだけ重視されていた人物。また督亢の地は、燕ではもっとも肥沃な土地で、地図を献上することはつまり、土地を献上すること。

太子・丹は、さすがに樊於期に首をくれとは言えない。そこで荊軻が、秦王暗殺の計画をそれとなく樊於期に話すと、樊於期は、荊軻のあまりに無謀な、そして勇気ある計画に感嘆し、みずからの首を刎《は》ねる。

荊軻は、鋭利な短剣を地図で巻いて潜ませ、樊於期の首を箱に入れて、秦国に向かう。国境の易水に着いた。白い虹が、太陽をつらぬいている。白い虹は兵、太陽は君の象徴。大乱、大戦争の兆候である。荊軻はうたう。

風《かぜ》蕭蕭《しょうしょうトシテ》兮易《えき》水《すい》寒《さむシ》
壮士一《タビ》去《リテ》兮不《ず》㆓復《まタ》還《かへラ》㆒

風は蕭々とものさびしく吹き、易水の流れも寒々としている。勇気あるこの男は、一たびこの地を去って秦に行ったなら、もう二度と生きてはもどらない。

前二二七年のことであった。悲壮感あふれる詩として、古来知られている。

人や門人など親密な関係にある人を加えたもの。秦の魏に対する警戒心の強さが、よくわかる。

(6)　楚《そ》の滅亡

鄢《えん》の戦い　楚の別都・鄢は、秦将・白起《はくき》に攻められ、紀元前二七八年には、都の郢《えい》を占拠されている（四六一頁）。

秦軍二十万　楚は、これ以後は国力が弱まっていた。秦では、これを一挙に攻めようと、必要な兵力を将に尋ねた。王翦《おうせん》は六十万と答えたのに対して、李信は二十万と答える。

そこで秦王は、王翦を帰郷して休養させるとともに、紀元前二二五年、李信と蒙恬《もうてん》とに二十万の兵を与えて、楚国を攻めさせた。

不意討ち　李信と蒙恬とは、二手に分かれて楚を攻め、次々に楚の地を奪っていった。

ところが、楚の将軍・項燕《こうえん》は、李信の軍を三日三晩尾行してから不意に襲撃した。李信の軍は大敗して、秦に退却していく。

秦軍六十万　翌年（前二二四）、秦王は王翦を呼び戻し、六十万の兵を与えて、ふたたび楚国を攻撃させた。

王翦は、幾つかの土地を占領すると、じっくりと待つ体勢に移った。兵は、陣営の塁《とりで》の中で休養している。楚が攻めかけてきても、秦は応じない。

何度かこれを繰り返しているうちに、楚軍はいったん対陣を解いて引き揚げようとした。この隙《すき》を突いた王翦は、一挙に攻撃を開始して、楚王の負芻《ふすう》（在位、前二二七－前二二三）を捕虜にした。

ところが、楚将の項燕は、楚の公子・昌平君《しょうへいい》を楚王として、秦に抵抗する。

楚の滅亡　翌年（前二二三）、秦の王翦《おうせん》と蒙武（蒙恬《もうてん》の子）は楚を攻め、公子の昌平君は戦死し、将軍の項燕もついに自殺する（王翦が討ち取った、ともいう）。こうして、大国だった楚も、その歴史を閉じていった。

その翌年には、燕と代との二国も滅んで、楚を中心とした江南の地も、すべて秦国の領土となった。

項梁《こうりょう》　しかし楚には、「家が三軒になっても、必ず秦を滅ぼす」という復讐心が、強く残っていた。

紀元前二〇九年、陳渉《ちんしょう》や呉広《ごこう》が打倒・秦の旗印のもとに、あい次いで挙兵すると、楚・趙・燕・斉・魏の諸国も、次々に独立宣言をする。

しかし、その翌年には、秦の名将・章邯《しょうかん》は、陳渉の軍と戦って陳渉を殺し、魏と斉の両国も打ち敗った。

楚の項梁は、名将・項燕の子。この年（前二〇八）七月、項梁の軍は秦軍を破る。

また、項梁の甥《おい》の項羽《こうう》と、沛〔漢〕の劉邦《りゅうほう》も、それぞれ秦の章邯《しょうかん》の軍と戦って破る。

しかし章邯は、項羽や劉邦と戦う一方、不意を突いて項梁の軍を夜襲する。項梁の楚軍は大敗し、項梁も戦死してしまう。九月のことだった。

項羽や劉邦も、やむをえず本拠地である楚の彭城《ほうじょう》に撤退する。

項羽　秦将・章邯の率いる軍は、趙に攻め込み、その都の邯《かん》鄲《たん》を落とす。趙王・歇《けつ》と、宰相・張耳《ちょうじ》は、鉅鹿《きょろく》に逃げた。

項羽は、鉅鹿を助けるべく「一人で十人の敵に当たる」楚兵を率いて馳せ参じ、秦軍を逆包囲して戦って、大勝利を収めた。

紀元前二〇七年七月、章邯の軍二十余万は、項羽に降伏する。この時の戦いで、圧倒的な強さを見せられた諸国の軍も、自然に項羽に従うことになった。

項　羽
（『中国五百名人図典』）

2　称　号

(1)　皇　帝

天下を統一したのは、秦王・政。その二十六年、紀元前二二一年のことである。

政は、宰相の王綰《おうかん》、御史《ぎょし》〔秘書官〕長官の馮劫《ひょうきょう》、廷尉《ていい》〔裁判官〕の李斯《りし》らに命じて、「わが天下統一の功績を、後世に伝えていくのにふさわしい称号を議せよ」と諮らせた。

みなは、学者たちと相談して、次のように答申した。

「昔、天皇《てんこう》・地皇・泰《たい》皇〔人皇〕という三皇があり、泰皇がもっとも貴い王でした。これこそ、ふさわしい称号です。」過程はともかくも、結果としては、安易な答申である。

「また、王の政令を『制』、王の命令を『詔』、そして王ご自身は『朕《ちん》』と自称されますように。」

王は、こう言った。「泰皇の泰を除き、『帝』を用い、合わせて『皇帝』と称することにしよう。その他の名称は、それでよろしい。」

なお、続けて言った。「朕を始皇帝とし、以後は二世皇帝、三世皇帝……と称して、千世、万世に至るまで、永遠に伝えることにしよう。」七三頁のコラムを参照。

(2) 偉大なる神

「皇帝」は、「三皇五帝」から採った、とする説もある。

また「皇」は、「煌々《こうこう》と輝く」などという時の「煌」と同じで、光り輝く・きらめく・美しい、盛んな・大きな・偉大な、などの意味。

そして「帝」は、天の〝神〟。宇宙の万物を支配する、絶対的な存在で、上帝・天帝とも言い、単に「天」と言うこともある。

従って「皇帝」とは、光り輝いて偉大な、絶対的な〝神〟、という意味になる。これまでの「天子」は、天帝の子、という意味だったのに対して、「皇帝」は、天帝そのものの意味となったのである。

ヨーロッパでは、ローマのアウグストゥス（在位、前二七－後一四）以降、「皇帝」と呼ばれるが、これはkaiser, emperorの訳語であり、「天子、君主」と訳されることもある。要は「絶対的な支配者」の意味で、この始皇帝の「皇帝」を当てたもの。

中国でももちろん、清《しん》朝滅亡までこの称号が使われていた。

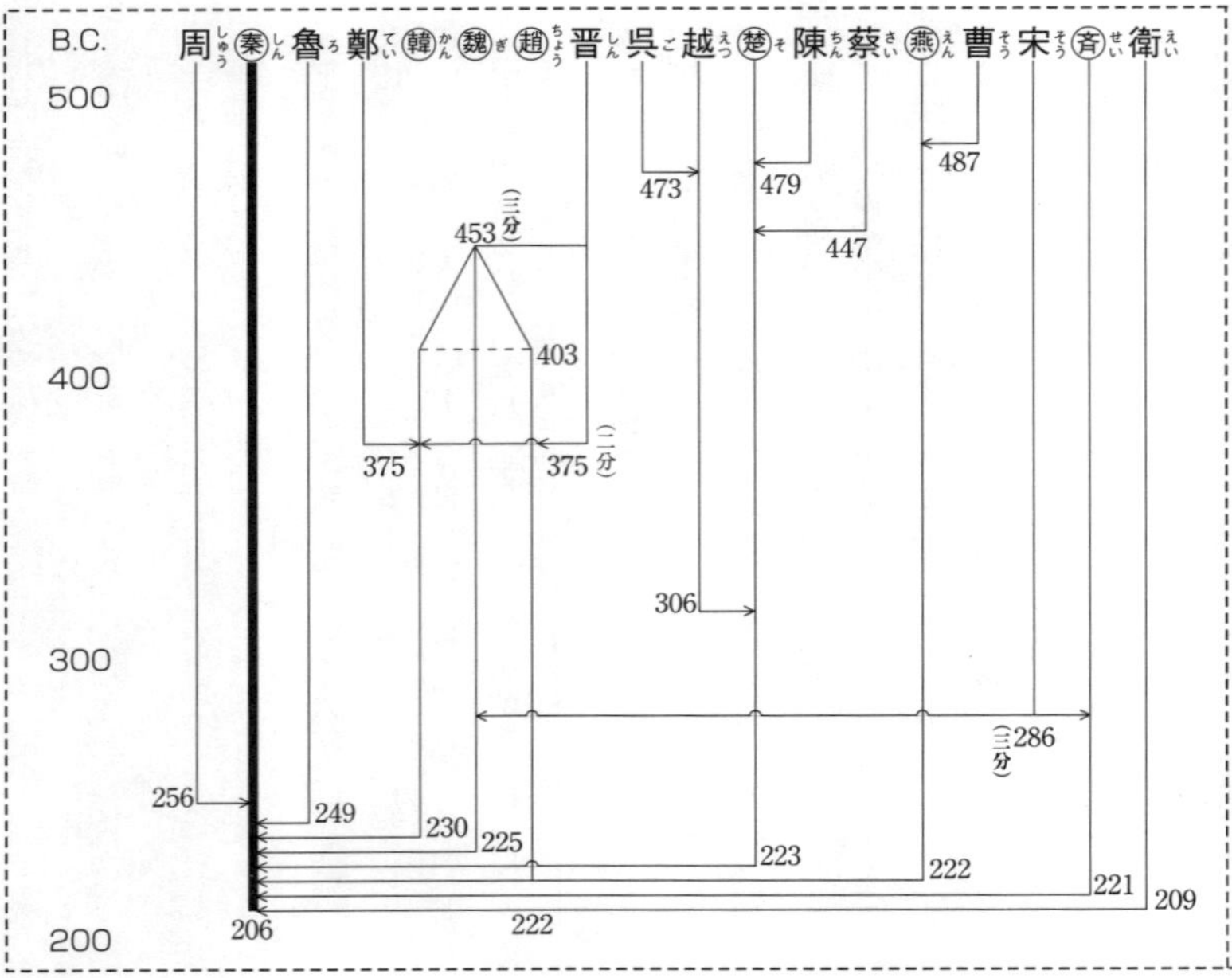

主要国の興亡図
〈○は戦国の七雄〉

付録

文献案内

1　本文中に登場した諸子に関する文献を出典別に五十音順に掲げる。
2　ここでは、原則として現在日本の出版社に在庫しているもの、書店で入手可能なものを中心に掲げた。
3　学習参考書や教科書類は、省略した。

【晏子春秋】

『晏子春秋』（漢文大系21）　冨山房・一九七五、普及版　一九八四

山田琢　『晏子春秋』（中国古典新書）　明徳出版社・一九六九

【易経・周易、易学】

公田連太郎　『易経講話』（全五巻）　明徳出版社・一九五八

本田済　『易学―成立と展開』（サーラ叢書13）　平楽寺書店・一九六〇

鈴木由次郎　『易経』（明徳全書）　明徳出版社・一九六四

高田真治・後藤基巳『易経』（上下）（岩波文庫）　岩波書店・一九六九

丸山松幸　『易経』（中国の思想7）　徳間書店・一九七三　増補改訂版一九九六

赤塚忠　『易経』（中国古典新書）　明徳出版社・一九七四

鈴木由次郎　『易経』（上下）（全釈漢文大系9 10）　集英社・一九七四

松田定象　『易学小筌』　神宮館・一九七四

『周易・伝習録』（漢文大系16）　冨山房・一九七五、普及版一九八四

加藤大岳　『易学発秘』　紀元書房・一九七五

加藤大岳　『易占法秘解』　紀元書房・一九七五

加藤大岳　『易の理論』　紀元書房・一九七五

山下静雄　『周易十翼の成立と展開』　風間書房・一九七五

武市雄図馬　『易と自然科学・運命の研究』　東明社・一九七六

山本唯一　『易占と日本文学』（教養シリーズ）　清水弘文堂・一九七六

加藤大岳　『易学通変』　紀元書房・一九七七

鈴木由次郎　『周易参同契』（中国古典新書）　明徳出版社・一九七七

鹿島秀峰『易経精義』神宮館・一九七八
安岡正篤『易学入門』明徳出版社・一九八〇
平木場泰義『易学』（上下）秋山書店・一九八一
森脇皓州『周易釈話』（全二巻）龍渓書舎・一九八一
加藤大岳『易法口訣』紀元書房・一九八三
山蔭基央『易経と決断力―意志決定のための実用占術入門』マネジメント社・一九八三
吉野裕子『易と日本の祭祀―神道への一視点』人文書院・一九八四
加地伸行（編）『易の世界』新人物往来社・一九八六、中央公論社文庫一九九四
今井宇三郎『易経』（上）（新釈漢文大系23）明治書院・一九八七
今泉久雄『易経の謎―二〇〇〇年目に解けた「八卦」の秘密』（カッパ・ブックス）光文社・一九八八
加藤大岳『易学大講座』（全八巻）紀元書房・一九八八
三浦国雄『易経』（鑑賞中国の古典1）角川書店・一九八八
安岡正篤『易と人生哲学』（致知選書）致知出版社・一九八八
加藤大岳『易学病占』紀元書房・一九八九
蔡恒息（著）、中村璋八・武田時昌（訳）『易のニューサイエンス―八卦・太極図とコンピュータ』東方書店・一九八九
平岩満雄『周易演義』日正社・一九九一
井沢彌男『易の世界―占い・社会・思想』創造社・一九九二
中村璋八・古藤友子『周易本義』（中国古典新書続編）明徳出版社・一九九二
平木場泰義（編）『易学大事典』東京堂・一九九三
楊力（著）・伊藤美重子（訳）『周易と中医学』医道の日本社・一九九三
河村真光『易経入門』光村推古書院・一九九四
桜左近『易経新釈』近代文芸社・一九九四
永淵三郎・永淵道彦・仙田美智子『周易試論―原型と活用』明徳出版社・一九九五
河村真光『易経実践―変化の書』光村推古書院・一九九五
西晋一郎（著）・木南卓一（編）『易・近思録講義』渓水社・一九九七
平木場泰義『易経の知識』神宮館・一九九七
大阪大学懐徳堂文庫復刻刊行会（監）『周易雕題』吉川弘文館・一九九七
本田済『易』（中国古典選・朝日選書）朝日新聞社・一九九七

【淮南子】

楠山春樹『淮南子』（中国古典新書）明徳出版社・一九七一
『淮南子・孔子家語』（漢文大系20）冨山房・一九七七、普及版一九八四
楠山春樹『淮南子』（上中下）（新釈漢文大系54～56）明治書院・

一九七九、一九八二、一九八八
金谷治『淮南子の思想』（講談社学術文庫）講談社・一九九二
有馬卓也『淮南子の政治思想』汲古書院・一九九八

【管　子】
柿村峻『管子』（中国古典新書）明徳出版社・一九七〇
松本一男『管子』（中国の思想8）徳間書店・一九七三、増補改訂版一九九六
金谷治『管子の研究』岩波書店・一九八七
遠藤哲夫『管子』（上中下）（新釈漢文大系42 43 52）明治書院・一九八九、一九九一、一九九二

【韓非子】
竹内照夫『韓非子』（上下）（新釈漢文大系11 12）明治書院・一九六〇、一九六四
西野広祥・市川宏『韓非子』（中国の思想1）徳間書店・一九六四、増補新訂版一九九六
金谷治・町田三郎『韓非子』（世界の名著10）中央公論社・一九六六
柿村峻（他）『韓非子・墨子抄』（中国古典文学大系5）平凡社・一九六八
小野沢精一『韓非子』（中国古典新書）明徳出版社・一九六八
常石茂『韓非子』（上下）（角川文庫）角川書店・一九六八
本田済『韓非子』（筑摩叢書）筑摩書房・一九六九、ちくま学芸文庫（上下）一九九六
岡本隆三『韓非子入門』（トクマ・ブックス）徳間書店・一九七二
『韓非子翼毳』（漢文大系8）冨山房・一九七三、普及版一九八四
阿部幸夫『韓非子入門―人心把握と統率の基礎』（ダルマブックス）日本文芸社・一九七四
小野沢精一『韓非子』（上下）（全釈漢文大系20 21）集英社・一九七五、一九七八
長沢規矩也・米山寅太郎『韓非子校注』（全三巻）汲古書院・一九八〇
内山俊彦『韓非子』（中国の古典9）学研・一九八二
貝塚茂樹『韓非』（人類の知的遺産11）講談社・一九八二
千田九一『韓非子を読む』勁草書房・一九八二
高畠穣『韓非子帝王学―中国五千年の英智に学ぶ』三笠書房・一九八五
狩野直禎『韓非子の知恵』（講談社現代新書）講談社・一九八七
西野広祥『韓非子』（中国古典百言百話2）ＰＨＰ研究所・一九八七
片倉望・西川靖二『荀子・韓非子』（鑑賞中国の古典5）角川書店・一九八八

加地伸行『韓非子―「悪」の論理』（中国の古典）講談社・一九八九
守屋洋『韓非子の人間学―吾が為に善なるを恃まず』（中国古典シリーズ）プレジデント社・一九九一
町田三郎『韓非子』（上下）（中公文庫）中央公論社・一九九二
茂沢方尚『韓非子の思想的研究』近代文芸社・一九九三
金谷治『韓非子』（1～4）（岩波文庫）岩波書店・一九九四
蔡志忠（画）・和田武司（訳）・野末陳平（監）『マンガ孫子・韓非子の思想』（講談社＋α文庫）講談社・一九九五
安能務『韓非子』（上下）文藝春秋・一九九七

【孝　経】

林秀一『孝経』（中国古典新書）明徳出版社・一九七九
栗原圭介『孝経』（新釈漢文大系35）明治書院・一九八六

【公孫竜子】

天野鎮雄『公孫龍子』（中国古典新書）明徳出版社・一九六七

【詩経・毛詩】

目加田誠『新釈詩経』（岩波新書）岩波書店・一九五四
吉川幸次郎『詩経国風』（上下）（中国詩人選集12）岩波書店・一九五八
高田真治『詩経』（上下）（漢詩大系12）集英社・一九六八、新装版一九九六
白川静『詩経―中国の古代歌謡』（中公新書）中央公論社・一九七〇
『毛詩・尚書』（漢文大系12）冨山房・一九七五、普及版一九八四
田所義行『毛詩の歌物語』（秋山叢書）秋山書店・一九七六
加納喜光『詩経』（上下）（中国の古典18 19）学研・一九八二
中島みどり『詩経』（中国詩文選2）筑摩書房・一九八三
石川忠久『詩経』（中国古典新書）明徳出版社・一九八四
岡村繁『毛詩正義訳注』（一）中国書店・一九八六
海音寺潮五郎『詩経』（中公文庫）中央公論社・一九八九
牧角悦子・福島吉彦『詩経・楚辞』（鑑賞中国の古典11）角川書店・一九八九
白川静『詩経国風』（東洋文庫）平凡社・一九九〇
高橋公麿『詩経字典―国風全訳・小雅・大雅・頌』万葉学舎・一九九〇
目加田誠『詩経』（講談社学術文庫）講談社・一九九一
米山寅太郎・筑島裕（解題）『毛詩鄭箋』（1～3）（古典研究会叢書）汲古書院・一九九二～九三
清原宣賢（講述）、倉石武四郎・小川環樹（他、校訂）『毛詩抄・詩経』（全四冊）岩波書店・一九九六

【春　秋】

鎌田正『左伝の成立と其の展開』大修館書店・一九六三

鎌田正『春秋左氏伝』（中国古典新書）明徳出版社・一九六八

鎌田正『春秋左氏伝』（1～4）（新釈漢文大系30～33）明治書院・一九七一～一九八一

竹内照夫『春秋左氏伝』（中国の古典シリーズ）平凡社・一九七二

松枝茂夫『左伝』（中国の思想11）徳間書店・一九七三、増補改訂版一九九七

『春秋左氏会箋』（上下）（漢文大系10 11）冨山房・一九七四、普及版一九八四

清水茂『書経・春秋』（中国詩文選3）筑摩書房・一九七五

『春秋公羊伝』（上下）（和刻本経書）菜根出版・一九七五

日原利国『春秋公羊伝の研究』（東洋学叢書）創文社・一九七六

大島利一（他）『春秋左氏伝』（世界古典文学全集13）筑摩書房・一九八二

公羊注疏研究会編『公羊注疏訳注稿』（1～6）汲古書院・一九八三～九二

加藤大岳『春秋左伝占話考』紀元書房・一九八四

常石茂・稲田孝『春秋を読む』勁草書房・一九八七

山田琢『春秋学の研究』明徳出版社・一九八七

江頭広『左伝民俗考』二松学舎大学出版部・一九八八

小倉芳彦『春秋左氏伝』（上中下）（岩波文庫）岩波書店・一九八八～一九八九

安本博『春秋左氏伝』（鑑賞中国の古典6）角川書店・一九八九

濱久雄『公羊学の成立とその展開』国書刊行会・一九九二

狩野直喜『春秋研究』みすず書房・一九九四

【商　子】

清水潔『商子』（中国古典新書）明徳出版社・一九七〇

【書経・尚書】

野村茂夫『書経』（中国古典新書）明徳出版社・一九七四

『毛詩・尚書』（漢文大系12）冨山房・一九七五、普及版一九八四

清水茂『書経・春秋』（中国詩文選3）筑摩書房・一九七五

加藤常賢・小野沢精一『書経』（上下）（新釈漢文大系25 26）明治書院・一九八三、一九八五

【荀　子】

金谷治『荀子』（上下）（岩波文庫）岩波書店・一九六一、一九六二

藤井専英『荀子』（上下）（新釈漢文大系5 6）明治書院・一九六六、一九六九

杉本達夫『荀子』（中国の思想4）徳間書店・一九七三、増補改

訂版一九九六
内山俊彦『荀子―古代思想家の肖像』（東洋人の行動と思想14）評論社・一九七六
『荀子』（漢文大系15）冨山房・一九七五、普及版一九八四
原富男『荀子（現代語訳）』春秋社・一九七八
藤川正数『荀子注釈史上における邦儒の活動』風間書房・一九八〇、続編一九九〇
木全徳雄『荀子』（中国古典新書）明徳出版社・一九八三
片倉望・西川靖二『荀子・韓非子』（鑑賞中国の古典5）角川書店・一九八八
竹村健一『「荀子」私はこう読む―わが心の師に学ぶ生き方の知恵』経済界・一九八六
戸川芳郎・大島晃(他)『荀子』（上下）（中国の古典7 8）学研・一九八六
村瀬裕也『荀子の世界』（散歩道シリーズ）日中出版・一九八六
児玉六郎『荀子の思想―自然・主宰の両天道観と性朴観』風間書房・一九九二

【戦国策】

常石茂『戦国策』（1 2 3）（東洋文庫64 74 86）平凡社・一九六六、一九六七
沢田正熙『戦国策』（上下）（中国古典新書）明徳出版社・一九六八、一九六九
守屋洋『戦国策』（中国の思想2）徳間書店・一九七三、増補改訂版一九九六
『戦国策正解』（漢文大系19）冨山房・一九七六、普及版一九八四
林秀一『戦国策』（上中下）（新釈漢文大系47～49）明治書院・一九七七、一九八一、一九八八
近藤光男(編)『戦国策』（中国の古典）講談社・一九八七
寺尾善雄『戦国策をよむ』東方書店・一九八七
市川宏『「戦国策」の知恵』（講談社現代新書）講談社・一九八九
真藤建郎『「戦国策」の人間学―人を動かし、人を活かす知恵』プレジデント社・一九八九、ＰＨＰ文庫一九九七
佐藤武敏（他、編）『戦国策縦横家書』（朋友学術叢書）朋友書店・一九九二

【荘 子】

福永光司『荘子―古代中国の実存主義』（中公新書）中央公論社・一九六四
大浜皓『荘子の哲学』勁草書房・一九六六
市川安司・遠藤哲夫『荘子』（上下）（新釈漢文大系7 8）明治書院・一九六六、一九六七
阿部吉雄『荘子』（中国古典新書）明徳出版社・一九六八

森三樹三郎『老子・荘子』（世界の名著4）中央公論社・一九六八、中公バックス一九七八
金谷治『荘子』（1〜4）（岩波文庫）岩波書店・一九七一、一九七五、一九八二、一九八三
岸陽子『荘子』（中国の思想12）徳間書店・一九七三、増補新訂版一九九六
『老子翼・荘子翼』（漢文大系9）冨山房・一九七四、普及版一九八四
赤塚忠『荘子』（上下）（全釈漢文大系16 17）集英社・一九七四、一九七七
鈴木修次『荘子』（人と思想シリーズ38）清水書院・一九七四
森三樹三郎『荘子』（内篇・外篇・雑篇）（中公文庫）中央公論社・一九七四
福永光司『荘子』（内篇・外篇・雑篇、全六冊）（文庫版中国古典選12〜17）朝日新聞社・一九七八
森三樹三郎『老子・荘子』（人類の知的遺産5）講談社・一九七八、講談社学術文庫一九九四
原田憲雄『荘子伝』木耳社・一九七九
池田知久『荘子』（上下）（中国の古典5 6）学研・一九八三、一九八六
後藤基巳『荘子を読む』勁草書房・一九八三
沢田多喜男『荘子のこころ』（有斐閣新書）有斐閣・一九八三
竹村健一『「荘子」の読み方―〝遊〟精神のすすめ』プレジデント社・一九八四
中嶋隆蔵『荘子―俗中に俗を超える』（中国の人と思想5）集英社・一九八四
野村茂夫『荘子』（中国の古典）講談社・一九八七
守屋洋『老子・荘子』（中国古典百言百話6）PHP研究所・一九八七
神田秀夫『荘子の蘇生―今なぜ荘子か』明治書院・一九八八
野村茂夫『老子・荘子』（鑑賞中国の古典4）角川書店・一九八八
諸橋轍次『荘子物語』（講談社学術文庫）講談社・一九八八
千葉宗雄（編）『荘子寓話選―ビジネスマンの「胡蝶の夢」八〇編』致知出版社・一九八九
諸橋轍次『荘子物語』（諸橋轍次選書4）大修館書店・一九八九
守屋洋『荘子の人間学―自在なる精神、こだわりなき人生』（中国古典シリーズ）プレジデント社・一九九六
［注］「老荘思想」は、【老子】の項も参照。

【孫子・呉子、兵法】

金谷治『孫子』（岩波文庫）岩波書店・一九六三
安藤亮『孫子の兵法―商略・商戦に打ち勝つ企業作戦』日本文芸社・一九六二

田所義行『孫子』(中国古典新書) 明徳出版社・一九七〇
天野鎮雄『孫子・呉子』(新釈漢文大系36) 明治書院・一九七一
松井武男『呉子』(中国古典新書) 明徳出版社・一九七一
宇田礼『呉子の兵法入門』(ダルマブックス) 日本文芸社・一九七三
村山吉廣・金谷治『孫子・呉子』(中国古典文学大系4) 平凡社・一九七三
高畠穣『孫子の兵法入門―新しい組織と掌握の原典』(ダルマブックス) 日本文芸社・一九七三
村山孚『孫子・呉子』(中国の思想10) 徳間書店・一九七三、増補改訂版一九九六
海音寺潮五郎『孫子』(講談社文庫) 講談社・一九七四
立間祥介『乱世を生きる―孫子』(現代人のための中国思想叢書4) 新人物往来社・一九七四
町田三郎『孫子』(中公文庫) 中央公論社・一九七四
天野鎮雄『孫子』(講談社文庫) 講談社・一九七五
山井湧『孫子・呉子』(全釈漢文大系22) 集英社・一九七五
金谷治『孫臏兵法』 東方書店・一九七六
村山孚『孫臏兵法』(現代人の古典シリーズ20) 徳間書店・一九七六
遠藤健児『孫子に学ぶ発想法』 日本コンサルタントグループ出版部・一九七九
守屋洋『孫子の兵法』 産能大学出版部・一九七九
大橋武夫『兵法孫子―戦わずして勝つ』 マネジメント伸社・一九八〇
守屋洋『呉子・尉繚子の兵法』 産能大学出版部・一九八〇
海音寺潮五郎『孫子(新装版)』 毎日新聞社・一九八一
重沢俊郎『孫子の兵法―科学は謀略に勝てるか』(散歩道シリーズ) 日中出版・一九八一
村山孚『呉起と孫臏』(人物中国の歴史2) 集英社・一九八一
細川一敏『孫子・呉子』(中国の古典3) 学研・一九八二
阿部幸夫『孫子の読み方(定本・孫子の兵法)―現代に生きる中国二五〇〇年の英知』 日本文芸社・一九八三
加地伸行(編)『孫子の世界』 新人物往来社・一九八三、中央公論社中公文庫一九九三
常石茂『孫子を読む』 勁草書房・一九八三
井門満明『「孫子」入門』 原書房・一九八四
立間祥介『孫子』 新人物往来社・一九八四
立間祥介『孫子―戦わずして勝つ』(中国の人と思想3) 集英社・一九八四
守屋洋『孫子の兵法―ライバルに勝つ知恵と戦略』(知的生きかた文庫) 三笠書房・一九八四
佐々克明『孫子のビジネス訓―〝必勝の兵法〟に学ぶ男の闘い方』(ビジネス選書) 永岡書店・一九八五

浅野裕一『孫子』（中国の古典）講談社・一九八六、講談社学術文庫一九九七
赤塚不二夫『孫子―ライバルに勝つ兵法』ダイヤモンド社・一九八六
河野守宏『孫子の商法』ロングセラーズ・一九八六
陳舜臣、手塚治虫（監）『戦国の兵法家―孫子と戦国時代』（中国の歴史1・中公コミックス）中央公論社・一九八六
大場青令『孫子に学ぶ株の兵法』東洋経済新報社・一九八七
尾崎秀樹『呉子』（中国古典兵法書）ニュートンプレス・一九八七
中谷孝雄『孫子』（中国古典兵法書）ニュートンプレス・一九八七
村山孚『孫子』（中国百言百話4）ＰＨＰ研究所・一九八七
守屋洋『孫子の読み方（入門）―〝戦い〟に必ず勝つための法則と戦略・戦術』（エスカルゴ・ブックス）日本実業出版社・一九八七
海音寺潮五郎『孫子』（新装版）毎日新聞社・一九八八、愛蔵版一九九七
今枝二郎『孫子の兵法がわかる本―中国古典に学ぶ』日東書院・一九八八
郭化若（訳注）、立間祥介（監訳）『孫子訳注』東方書店・一九八八
西之江水『「孫子の兵法」がわかるキーワード事典―必勝の戦略 発想編』ソーテック社・一九九〇
松本一男『「孫子」を読む―自分に克ち、人生に勝つための行動哲学』（ＰＨＰ文庫）ＰＨＰ研究所・一九九〇
孟偉哉（著）・孟慶江（絵）・宮岸雄介（訳）『孫子兵法物語』童牛社（影書房）・一九九一
板川正吾『孫子 名将の条件』日中出版・一九九二
重沢俊郎『孫子の兵法』（散歩道シリーズ）日中出版・一九九二
浅野裕一『「孫子」を読む』（講談社現代新書）講談社・一九九三
北浜流一郎『「孫子」に学ぶ弱者の勝利法』プレジデント社・一九九三
武岡淳彦『孫子一日一言』経営書院・一九九四
蔡志忠（画）、和田武司（訳）、野末陳平（監）『マンガ孫子・韓非子の思想』（講談社＋α文庫）講談社・一九九五
武岡淳彦『孫子の経営学』経営書院・一九九五
加来耕三『「孫子の兵法」の使い方―この〝最高のバイブル〟を知る者に、人生の負けはない！』三笠書房・一九九六
柘植久慶『実践 孫子の兵法』（中公文庫）中央公論社・一九九六
守屋洋『「孫子の兵法」がわかる本―〝生きる知恵〟の最高バイブル』（知的生きかた文庫）三笠書房・一九九六

ツォンシャオロン『孫子はこう読む』総合法令出版・一九九六
武岡淳彦（監）・尤先端（画）・鈴木博（訳）『まんが孫子の兵法』集英社・一九九八
木下栄蔵『孫子の兵法の数学モデル―最適戦略を探る意志決定法ＡＨＰ』（ブルーバックス）講談社・一九九八
水野実『故事ことわざで読む孫子・呉子』（日本アートセンター編）小学館・一九九八

＊

立間祥介『兵法六韜三略入門―人を制する六つの知謀・三つの策略』（ダルマブックス）日本文芸社・一九七四
大橋武夫『兵法三国志―これが中国人だ』マネジメント伸社・一九七九
村山孚『中国兵法の発想』（トクマ・ブックス）徳間書店・一九七九
守屋洋『兵法三十六計―古典が教える人生訓』竹井出版・一九八二
大橋武夫『兵法経営塾―兵法は経営のソフトウェア』マネジメント伸社・一九八四
守屋洋『兵法三十六計―勝ち残りの戦略戦術』（知的生きかた文庫）三笠書房・一九八五
松本一男『中国兵法の読み方』日本文芸社・一九八六
武岡淳彦（監）・尤先端（画）・鈴木博（訳）『まんが兵法三十六計』集英社・一九九八

【大学・中庸】

赤塚忠『大学・中庸』（新釈漢文大系２）明治書院・一九六七
俣野太郎『大学・中庸』（中国古典新書）明徳出版社・一九六八
島田虔次『大学・中庸』（上下）（中国古典選６７）朝日新聞社・一九七八
宇野哲人『大学』（講談社学術文庫）講談社・一九八三
宇野哲人『中庸』（講談社学術文庫）講談社・一九八三
守屋洋『大学・中庸』（中国古典百言百話14）ＰＨＰ研究所・一九八九
金谷治『大学・中庸』（岩波文庫）岩波書店・一九九八
蔡志忠（画）・和田武司（訳）・野末陳平（監）『マンガ孟子・大学・中庸の思想』（講談社＋α文庫）講談社・一九九八

【墨　子】

森三樹三郎『墨子』（世界古典文学全集19）筑摩書房・一九六五
高田淳『墨子』（中国古典新書）明徳出版社・一九六七
藪内清（他）『韓非子・墨子抄』（中国古典文学大系５）平凡社・一九六八
谷口清超『墨子に光をあてる』日本教文社・一九七三

和田武司『墨子』（中国の思想5）徳間書店・一九七三　増補改訂版一九九六
渡辺卓・新田大作『墨子』（上下）（全釈漢文大系18 19）集英社・一九七四、一九七七
『墨子間詁』（漢文大系14）冨山房・一九七五、普及版一九八四
山田琢『墨子』（上下）（新釈漢文大系50 51）明治書院・一九七五、一九八七
駒田信二『墨子を読む』勁草書房・一九八二
酒見賢一『墨攻』新潮社・一九九一、文庫版一九九四
酒見賢一（原作）・森秀樹（作画）『墨攻』（全十一巻）（ビッグコミックス）小学館・一九九二〜一九九六
藪内清『墨子』（東洋文庫）平凡社・一九九六
浅野裕一『墨子』（講談社学術文庫）講談社・一九九八

【孟子】

内野熊一郎『孟子評解』有精堂出版・一九五三
内野熊一郎『孟子』（新釈漢文大系4）明治書院・一九六二
福原龍蔵『孟子－現代に生きるヒューマニズム』（講談社現代新書）講談社・一九六四
貝塚茂樹『孔子・孟子』（世界の名著3）中央公論社・一九六六、中公バックス一九七六
金谷治『孟子』（岩波新書）岩波書店・一九六六
小島祐馬『社会思想史上における「孟子」』（カルピス文化叢書）三島学術財団・一九六七
小林勝人『孟子』（上下）（岩波文庫）岩波書店・一九六八、一九七二
猪口篤志『孟子伝』大東文化大学東洋研究所・一九七〇
渡辺卓『孟子』（中国古典新書）明徳出版社・一九七〇
西岡市祐『孟子－評註』笠間書院・一九七一
原富男『孟子（現代語訳）－付・毛沢東「矛盾論」「実践論」』春秋社・一九七二
今里禎『孟子』（中国の思想3）徳間書店・一九七三
伊東倫厚『孟子－その行動と思想』（東洋人の行動と思想6）評論社・一九七三
宇野精一『孟子』（全釈漢文大系2）集英社・一九七三
諸橋轍次『孟子の話－王道の学を現代に生かす』広池学園出版部・一九七五
狩野直喜『論語孟子研究』みすず書房・一九七七
猪口篤志『孟子研究』（笠間叢書）笠間書院・一九七八
金谷治『孟子』（上下）（文庫版中国古典選8 9）朝日新聞社・一九七八
加賀栄治『孟子』（人と思想シリーズ37）清水書院・一九八〇
穂積重遠『新訳孟子』（講談社学術文庫）講談社・一九八〇
野口定男『孟子を読む』勁草書房・一九八二

大島晃『孟子』（中国の古典4）学研・一九八三
広論社出版局（編）『孟子の教え―名筆による』広論社・一九八三
重沢俊郎『孟子―聖人君子の笑いが目にうかぶ』（散歩道シリーズ）日中出版・一九八三
鈴木修次『孟子―民を貴しと為す』（中国の人と思想2）集英社・一九八四
貝塚茂樹『孟子』（人類の知的遺産9）講談社・一九八五
久米旺生『孟子・荀子』（中国古典百言百話13）ＰＨＰ研究所・一九八八
浅野裕一・島森哲男『孟子・墨子』（鑑賞中国の古典3）角川書店・一九八九
諸橋轍次『孟子の話』（諸橋轍次選書）大修館書店・一九八九
安岡正篤『孟子―混迷の世紀末だからこそ』黙出版・一九九七
蔡志忠（画）・和田武司（訳）・野末陳平（監）『マンガ孟子・大学・中庸の思想』（講談社＋α文庫）講談社・一九九八

【礼記・周礼・儀礼】

竹内照夫『礼記』（上中下）（新釈漢文大系27〜29）明治書院・一九七一、一九七七、一九七九
池田末利『儀礼』（Ⅰ〜Ⅴ）（東海大学古典叢書）東海大学出版会・一九七三〜一九七七
下見隆雄『礼記』（中国古典新書）明徳出版社・一九七三
『礼記、礼記図』（漢文大系17）冨山房・一九七六、普及版一九八四
『周礼』（上下）（和刻本経書）菜根出版・一九七六
『儀礼』（上下）（和刻本経書）菜根出版・一九七六
蜂屋邦夫『儀礼士昏疏』（東京大学東洋文化研究所叢刊8）汲古書院・一九八六
野間文史『周礼索引』中国書店・一九八九

【呂氏春秋】

内野熊一郎・中村璋八『呂氏春秋』（中国古典新書）明徳出版社・一九七六
町田三郎『呂氏春秋』（中国の古典）講談社・一九八七
楠山春樹『呂氏春秋』（上中下）（新編漢文選、思想・歴史シリーズ1〜3）明治書院・一九九六〜一九九八
沼尻正隆『呂氏春秋の思想的研究』汲古書院・一九九七

【列　子】

遠藤哲男『列子』（東洋思想3）東京大学出版会・一九六七
小林信明『列子』（新釈漢文大系22）明治書院・一九六七
穴沢辰雄『列子』（中国古典新書）明徳出版社・一九六九

奥平卓・大村益夫『老子・列子』（中国の思想6）徳間書店・一九七三
福永光司『列子』（中国古典文学大系4）平凡社・一九七三
『列子・七書』（漢文大系13）冨山房・一九七五、普及版一九八四
山口義男『列子研究』風間書房・一九七七
小林勝人『列子の研究―老荘思想研究序説』明治書院・一九八一
麦谷邦夫『老子・列子』（中国の古典2）学研・一九八三
小林勝人『列子』（上下）（岩波文庫）岩波書店・一九八七
福永光司『列子』（1 2）（東洋文庫）平凡社・一九九一
蔡志忠（画）・和田武司（訳）・野末陳平（監）『マンガ史記・列子の思想』（講談社＋α文庫）講談社・一九九七

【老子・老荘】

木村英一『老子の新研究』創文社・一九五九
五井昌久『老子講義』（上中下）白光真宏会出版局・一九六三～一九六六
阿部吉雄・山本敏雄・市川安司・遠藤哲夫『老子・荘子（上下）』（新釈漢文大系7 8）明治書院・一九六六～一九六七
山室三良『老子』（中国古典新書）明徳出版社・一九六七
小川環樹・森三樹三郎『老子・荘子』（世界の名著4）中央公論社・一九六八、中公バックス一九七八
森三樹三郎『「無」の思想―老荘思想の系譜』（講談社現代新書）講談社・一九六九
五井昌久『老子講義』白光真宏会出版本部・一九七〇
高橋進『老子』（人と思想シリーズ1）清水書院・一九七〇
小川環樹『老子』（中公文庫）中央公論社・一九七三、改版一九九六
奥平卓・大村益夫『老子・列子』（中国の思想6）徳間書店・一九七三、増補改訂版一九九六
島邦男『老子校正』汲古書院・一九七三
福永光司『老子』（上下）（文庫版中国古典選10 11）朝日新聞社・一九七八、朝日選書一九九七
『老子翼・荘子翼』（漢文大系9）冨山房・一九七四、普及版一九八四
大浜皓『老子の哲学』勁草書房・一九七五
森三樹三郎『老子・荘子』（人類の知的遺産5）講談社・一九七八、講談社学術文庫一九九四
楠山春樹『老子伝説の研究』（東洋学叢書）創文社・一九七九
斎藤晌『老子』（全釈漢文大系15）集英社・一九七九
安岡正篤『老荘思想』明徳出版社・一九七九
秋庭久嘉『老子』開成出版・一九八二
月洞譲『老子の読み方―〝無為自然〟強力に生きる哲学』（ノンブック）祥伝社・一九八二

稲田孝『老子を読む』勁草書房・一九八二
諸橋轍次『孔子・老子・釈迦「三聖会談」』（講談社学術文庫）講談社・一九八二
麦谷邦夫『老子・列子』（中国の古典2）学研・一九八三
木村英一・野村茂夫『老子』（講談社学術文庫）講談社・一九八四
楠山春樹『老子―柔よく剛を制す』（中国の人と思想4）集英社・一九八四
稲田孝『老子の発想65の知恵―乱世を生き抜く無と回帰の思想』日本文芸社・一九八五
森三樹三郎『老荘と仏教』（法蔵選書36）法蔵館・一九八五
野末陳平『老荘思想入門』（徳間文庫）徳間書店・一九八六
加地伸行（編）『老子の世界』新人物往来社・一九八七
張鏡元（著）・上野浩道（訳）『老子の思想』（講談社学術文庫）講談社・一九八七
月洞譲『老荘思想入門』（ＰＨＰ文庫）ＰＨＰ研究所・一九八七
蜂屋邦夫『老荘を読む』（講談社現代新書）講談社・一九八七
守屋洋『老子・荘子』（中国古典百言百話6）ＰＨＰ研究所・一九八七
守屋洋『老荘思想の読み方』（徳間文庫）徳間書店・一九八七
金谷治『老荘を読む』（朝日カルチャーブックス79）大阪書籍・一九八八
高畠穣『老荘思想に学ぶ逆発想の思考術―あるがままに生きる処世訓』ＨＢＪ出版局・一九八八
野村茂夫『老子・荘子』（鑑賞中国の古典4）角川書店・一九八八
長谷川晃『老子と現代物理学の対話―21世紀の哲学を求めて』ＰＨＰ研究所・一九八八
安岡正篤『老荘のこころ』福村出版・一九八八
諸橋轍次『老子の講義〔新装版〕』大修館書店・一九八九
金子知太郎『老子との対話』致知出版社・一九九二
葛栄晋（他・編）、徐海・石川泰成（訳）『老子は生きている―現代に探る道《タオ》』地湧社・一九九二
福永光司『老荘に学ぶ人間学―ビジネスマンの道の哲学』富士通経営研修所・一九九二
許抗生（著）・徐海（訳）『老子・東洋思想の大河―道家・道教・仏教』地湧社・一九九三
大星光史『老荘神仙の思想』プレジデント社・一九九三
境野勝悟『老荘思想に学ぶ人間学』（致知選書）致知出版社・一九九三
大野桂『老子―神話から哲学へ　伝説から史実へ』日本図書刊行会（近代文芸社）・一九九四
蔡志忠（画）・和田武司（訳）・野末陳平（監）『マンガ老荘の思想』（講談社＋α文庫）講談社・一九九四

任継愈（訳注）、坂出祥伸・武田秀夫（訳）『老子訳注』東方書店・一九九四

大野透『老子新考―つくられた老子』中国書店・一九九五

真崎守『老子』（古典コミックシリーズ）徳間書店・一九九五

池田知久『老荘思想』（放送大学教材）放送大学教育振興会（NHK出版）・一九九六

蔡志忠（画）・和田武司（訳）・野末陳平（監）『マンガ老荘三〇〇〇年の知恵』（講談社＋α文庫）講談社・一九九六

瀬尾信蔵『老子―よく生きるための81章』（現代教養文庫）社会思想社・一九九六

西晋一郎（著）・本間日出男（筆記）・木南卓一（校訂）『老子講義』渓水社・一九九六

加地伸行（編）『老荘思想を学ぶ人のために』世界思想社・一九九七

金谷治『老子―無知無欲のすすめ』（講談社学術文庫）講談社・一九九七

【論語・孔子】

［本文］

武内義雄『論語』（岩波文庫）岩波書店・一九三三

吉田賢抗『論語』（新釈漢文大系1）明治書院・一九六〇、改訂再版一九七六

金谷治『論語』（岩波文庫）岩波書店・一九六三

武内義雄『論語』（筑摩叢書）筑摩書房・一九六三

久米旺生『論語』（中国の思想9）徳間書店・一九六五、増補改訂版一九九六

魚返善雄『「論語」新釈［愛蔵版］』学生社・一九六六

貝塚茂樹『孔子・孟子』（世界の名著3）中央公論社・一九六六、中公バックス一九七六

宇野哲人『論語』（上下）（中国古典新書12）明徳出版社・一九六七

下村湖人『現代訳論語』（角川文庫）角川書店・一九六七

倉石武四郎『口語訳論語』筑摩書房・一九七〇

貝塚茂樹『論語』（中公文庫）中央公論社・一九七三

諸橋轍次『論語の講義』大修館書店・一九七三、新装版一九八八

桑原武夫『論語』（中国詩文選4）筑摩書房・一九七四、ちくま文庫一九八五

木村英一『論語』（講談社文庫）講談社・一九七五

合山究『論語発掘―通釈への疑問と解明』明治書院・一九七五

真田但馬・吹野安『論語集註』笠間書院・一九七五

渋沢栄一『論語講義』（全七冊）（講談社学術文庫）講談社・一九七七

平岡武夫『論語』（全釈漢文大系1）集英社・一九七八
吉川幸次郎『論語』（上中下）（文庫版中国古典選）朝日新聞社・一九七八、朝日選書（上下）一九九六
漢文講読課本編集部『論語集解』（漢文講読課本）朋友書店・一九七九
宇野哲人『論語新釈』（講談社学術文庫）講談社・一九八〇
藤堂明保『論語』（中国の古典1）学研・一九八一
穂積重遠『新釈論語』（講談社学術文庫）講談社・一九八一
新島淳良『論語・全訳と吟味―自由思想家孔丘』新地書房・一九八四
加地伸行・宇佐美一博・湯浅邦弘『論語』（鑑賞中国の古典2）角川書店・一九八七
小沢正明『朱熹集註論語全訳』白帝社・一九八八
森野繁夫『論語註疏』白帝社・一九九〇
荻生徂徠（著）・小川環樹（訳注）『論語徴』（1 2）（東洋文庫）平凡社・一九九四
『論語』（新書漢文大系1）明治書院・一九九六

【研究・解説等】

貝塚茂樹『孔子』（岩波新書）岩波書店・一九五一
吉川幸次郎『中国の知恵―孔子について』（新潮文庫）新潮社・一九五八
H・G・クリール（著）・田島道治（訳）『孔子―その人とその伝説』岩波書店・一九六一
安岡正篤『朝の論語』明徳出版社・一九六二
貝塚茂樹『論語―現代に生きる中国の知恵』（講談社現代新書）講談社・一九六四
福原龍蔵『論語―この不滅の人生訓』講談社・一九六四
堀秀彦『論語は生きている』（潮文社新書）潮文社・一九六七
内野熊一郎・西村文夫・鈴木総『孔子』（人と思想2）清水書院・一九六九
諸橋轍次『如是我聞　孔子伝』（上下）（諸橋轍次選書）大修館書店・一九七〇
吉川幸次郎『「論語」のために』筑摩書房・一九七一
木村英一『孔子と論語』（東洋学叢書）創文社・一九七一
白川静『孔子伝』（中公叢書）中央公論社・一九七二、中公文庫一九九一
岡田晃『孔子の思想―科学者としての孔子像』広池学園出版部開発シリーズ・一九七四
桑原武夫『論語』（中国詩文選4）筑摩書房・一九七四
鈴木三八男『日本の孔子廟と孔子像』斯文会・一九七四、一九八八
宮崎市定『論語の新研究』岩波書店・一九七四
川瀬一馬・加賀栄治・貝塚茂樹（他）『論語』（大東急記念文庫公開講座講演録）大東急記念文庫・一九七四

阿部幸夫『論語入門』（ダルマブックス）日本文芸社・一九七四
諸星大二郎『孔子暗黒伝』（1 2）（集英社ジャンプスーパーコミック）創美社・一九七六、一冊本一九八八
吉川幸次郎『論語について』（講談社学術文庫）講談社・一九七六
狩野直喜『論語孟子研究』みすず書房・一九七七
重沢俊郎『論語の散歩道』（散歩道シリーズ）日中出版・一九七九
鈴木修次『文学としての論語』（東書選書）東京書籍・一九七九
李長之（著）・守屋洋（訳）『人間孔子』徳間書店・一九七九、一九八九
金谷治『孔子』（人類の知的遺産4）講談社・一九八〇、講談社学術文庫一九九〇
合山究『論語解釈の疑問と解明』明徳出版社・一九八〇
阿川弘之『論語知らずの論語読み』（講談社文庫）講談社・一九八一
内田智雄『論語私感』創文社・一九八一
下村湖人『論語物語』（講談社学術文庫）講談社・一九八一
常石茂『論語を読む』勁草書房・一九八一
趙紀彬（著）・高橋均（訳）『論語新探—論語とその時代』大修館書店・一九八一
山本七平『論語の読み方—いま活かすべきこの人間知の宝庫』（知的サラリーマンシリーズ13）（ノンブック）祥伝社・一九八一、新装版一九八六
堀秀彦『論語のことば—人間としての考え方・生き方』大和出版・一九八二
村山孚『論語の読み方（入門）』日本実業出版社・一九八二
諸橋轍次『孔子・老子・釈迦「三聖会談」』（講談社学術文庫）講談社・一九八二
仁田敏男『論語に学ぶ部課長学』日本経営社団体連盟広報部・一九八三
村山孚『新編論語—孔子が説くものの見方・考え方』PHP研究所・一九八三
林復生『孔子新伝—「論語」の新しい読み方』新潮社・一九八三
林復生『孔子のことば—現代語訳の「論語」』グラフ社・一九八三
加地伸行『「論語」を読む』（講談社現代新書）講談社・一九八四
加地伸行『孔子—時を越えて新しく』（中国の人と思想1）集英社・一九八四、文庫補訂版一九九一
加藤富一『論語のこころ』近代文芸社・一九八四
鈴木修次『論語と孔子—人間関係論のエッセンス「論語」の

新しい読み方』 PHP研究所・一九八四
花田博『論語への招待』 文化総合出版・一九八四
加地伸行（編）『論語の世界』（中国の人と古典の世界） 新人物往来社・一九八五、補訂版（中公文庫）一九九二
桑原武夫『論語』（ちくま文庫） 筑摩書房・一九八五
渋沢栄一（述）『論語と算盤』 国書刊行会・一九八五
渋沢栄一（述）・草柳大蔵（解説）『論語と算盤―創業者を読む』 大和出版・一九八五
庭山慶一郎『論語経営論』 未来社・一九八五
野末陳平『論語&老子入門』（徳間文庫） 徳間書店・一九八五
孔徳懋（口述）・柯蘭（筆記）・和田武司（訳）『孔子の末裔』 筑摩書房・一九八六
服部武『論語の人間学―孔子学園の人びととその思想』 冨山房・一九八六
赤塚不二夫『論語―究極の自己啓発術』（ダイヤモンドコミックス） ダイヤモンド社・一九八七
金子知太郎『論語との対話』 竹井出版・一九八七
久米旺生『論語』（中国古典百言百話7） PHP研究所・一九八七
安岡正篤『論語の活学―人間学講話』 プレジデント社・一九八七
善川三郎『孔子の霊言―心の中の理想郷』 潮文社・一九八七
青柳洋次郎『「論語」から見たビジネス生活の方法―もう一つの人生観・仕事観』 マネジメント社・一九八八
並木俊守『「論語」の知恵―株式投資の要諦』 実業之日本社・一九八八
半頭大雅・山田邦男『論語と禅』 春秋社・一九八八
藤塚鄰『論語総説』 国書刊行会・一九八八
井上靖『孔子』 新潮社・一九八九、文庫一九九六
孔徳懋（口述）・柯蘭（筆記）・相川勝衛（訳）『孔家秘話―孔子七十七代の子孫が語る』 大修館書店・一九八九
駒田信二『「論語」その裏おもて』（徳間文庫） 徳間書店・一九八九
村山吉廣『論語名言集』（ビジネス選書） 永岡書店・一九八九
守屋洋『論語の人間学―人間と知恵とを語り尽す』 プレジデント社・一九八九
山本七平・渡部昇一・谷沢永一（他）『孔子―日本人にとって「論語」とは何か』（歴史と人間学シリーズ） プレジデント社・一九八九
伊藤利郎『論語を読む―現代の人間学を求めて』 かんき出版・一九九〇
加地伸行『儒教とは何か』（中公新書） 中央公論社・一九九〇
孔健『素顔の孔子』 大陸書房・一九九〇
孔健『孔子家の極意―孔子の知恵の活かし方』 KKベストセ

ラーズ・一九九〇
孔健『わが祖・孔子と「論語」のこころ』日本文芸社・一九九〇
俵木浩太郎『孔子と教育―「好学」とフィロソフィア』みすず書房・一九九〇
村山孚『論語の読み方（入門）』（エスカルゴ・ブックス）日本実業出版社・一九九〇
加地伸行『孔子画伝―聖蹟図に見る孔子流浪の生涯と教え』集英社・一九九一
福永光司（監）『時空《とき》を越えて―孔子と現代』財団法人「孔子の里」・一九九一
酒見賢一『陋巷に在り』（1～10…）新潮社・一九九二～一九九九
村松瑛『儒教の毒』ＰＨＰ研究所・一九九二、文庫一九九四
陳舜臣『儒教三千年』朝日新聞社・一九九二、文庫一九九五
金谷治『論語の世界』ＮＨＫ出版・一九九三
孔健『「論語」と日本企業―ビジネスに活きる孔子の人間学』実業之日本社・一九九三
孔祥林『孔子家の家訓』文藝春秋・一九九三
駒田信二『論語―聖人の虚像と実像』（同時代ライブラリー）岩波書店・一九九三
渋沢栄一（著）・竹内均（解説）『孔子―人間、一生の心得』三笠書房・一九九三、文庫一九九六
清水熙『論語と警察』展転社・一九九三
塚越喜一郎『「論語」の教育論』筑波書林（茨城図書）・一九九三
山本豊昭『論語に学ぶ』（祈りの経営Ｂｏｏｋｓ10）ダスキン祈りの経営研究所・一九九三
赤根祥道『「論語」を活かすビジネス人間学』日本経営協会総合研究所・一九九四
遠藤鎮雄『現代に生かす論語辞典』東京堂・一九九四
孔祥林『真説・人間孔子』河出書房新社・一九九四
渋沢栄一『論語講義』明徳出版社・一九九四
松川健二（編）『論語の思想史』汲古書院・一九九四
蔡志忠（画）・和田武司（訳）・野末陳平（監）『マンガ孔子の思想』（講談社＋α文庫）講談社・一九九四
Ｈ・フィンガレット（著）・山本和人（訳）『孔子―聖としての世俗者』（平凡社ライブラリー）平凡社・一九九四
加地伸行『沈黙の宗教―儒教』筑摩書房・一九九四
江連隆『論語と孔子の事典』大修館書店・一九九六
孔祥林『孔子家の心』扶桑社・一九九六
千徳広史『儒家の道徳論―孔子・孟子・易の道』（中国古代の思想）ペリカン社・一九九六
深沢賢二『渋沢論語をよむ』明徳出版社・一九九六

宮崎市定（著）・礪波護（編）『論語の新しい読み方』（同時代ライブラリー）岩波書店・一九九六
村山孚『論語一日一言』（PHP文庫）PHP研究所・一九九六
浅野裕一『孔子神話―宗教としての儒教の形成』岩波書店・一九九七
中田昭栄『孔子』たま出版・一九九七
蜂屋邦夫『孔子―中国の知的漂流』（講談社現代新書）講談社・一九九七
福島久雄『孔子の見た星空―古典詩文の空を読む』大修館書店・一九九七
森田琢夫『論語で仕事が生きる』広済堂出版・一九九七
山本七平『論語の読み方』（山本七平ライブラリー10）文藝春秋・一九九七
渋沢栄一（述）『論語を活かす』明徳出版社・一九九八
大久保智弘『勇者は懼れず―孔子英雄伝』祥伝社・一九九八

＊　　＊

【諸子百家】

貝塚茂樹『諸子百家―中国古代の思想家たち』（岩波新書）岩波書店・一九六一
金谷治（編）『諸子百家』（世界の名著10）中央公論社・一九六六、中公バックス一九七八
今鷹真（編著）『諸子百家』（中国詩文選5）筑摩書房・一九七五
大塚伴鹿『諸子百家』（歴史新書〈東洋史〉）教育社・一九八〇
常石茂（編）『諸子百家の時代』（人物中国の歴史2）集英社・一九八一、文庫一九八七
貝塚茂樹（編）『諸子百家』（世界古典文学全集19）筑摩書房・一九八二
張少康（著）・釜谷武志（訳）『諸子百家の文芸観』汲古書院・一九八五
井沢彌男『春秋戦国の経済思想―諸子百家にみる経済と道徳』創造社・一九八七
渡辺精一『諸子百家』（地球人ライブラリー）小学館・一九九六

地名対照表

本文中に出てくる地名が、現在のどの地に相当するかを対照させたものである。主に、魏嵩山・主編『中国歴史地名大辞典』（広東教育出版社、一九九五）を参考にした。

あ　行

阿《あ》　山東省陽谷県の東北、阿城鎮。東阿、柯《か》ともいう。

安邑《あんゆう》　山西省夏県の西北。

鞍《あん》　山東省済南市の西北。鞍山。

伊闕《いけつ》　河南省洛陽市の南。闕口、竜門ともいう。

猗《い》　山西省臨猗《りんい》県の南。

殷墟《いんきょ》　殷の盤庚《ばんこう》が都を置いた墟《あと》。今の河南省安陽市西北の小屯《しょうとん》村。

陰晋《いんしん》　陝西《せんせい》省華陰市の東。華陰ともいう。

陰密《いんみつ》　甘粛省霊台県の西南。

雲陽《うんよう》　陝西《せんせい》省淳化県の西北。

郢《えい》　湖北省江陵県の西北の紀南城。紀郢、南郢ともいう。

潁上《えいじょう》　安徽《あんき》省潁上県。

易水《えきすい》　河北省易県の西から東南に流れる川。中易水、瀑河。地名としては、河北省雄県の西北。

塩氏《えんし》　山西省運城市。

鄢《えん》　鄢陵（次項）と同じ。

鄢陵《えんりょう》　河南省鄢陵県の西北。安陵ともいう。

応《おう》　河南省魯山県の東。

泓上《おうじょう》　江蘇省呉《ご》県の西。

泓水《おうすい》　河南省柘 城《しゃじょう》の西北。

か　行

下蔡《かさい》　安徽《あんき》省鳳台《ほうだい》県。

下邳《かひ》　江蘇省睢寧《すいねい》県の西北。

河間《かかん》　河北省献県の東南。

華山《かざん》　陝西《せんせい》省華陽市の南。華岳。大華山。他に各地に華山がある。

嘉峪関《かよくかん》　甘粛省嘉峪関市の西、嘉峪山の南東麓。

会稽《かいけい》　浙江《せっこう》省紹興市。その東南に会稽山がある。

艾陵《がいりょう》　山東省菜蕪《さいぶ》県の東北。また山東省泰安市の東南ともいう。

邯鄲《かんたん》　河北省邯鄲市の西南。

咸陽《かんよう》　陝西《せんせい》省咸陽《かんよう》市。

岐山《きざん》　陝西《せんせい》省岐山県の東北にある山。天柱山、鳳凰山ともいう。

鬼谷《きこく》　①河南省登封県の東南。②陝西《せんせい》省三原県の西北。③陝西省韓城市の東境。

葵丘《ききゅう》　河南省民権県の東北。

宜陽《ぎよう》　河南省宜陽県の西、福昌鎮。

九原《きゅうげん》　山西省新絳《しんこう》県の北。

居延《きょえん》　居延塔拉《タル》。内蒙古自治区の北部。澣海《かんかい》盆地の一部。噶《ガ》順塔拉《シュンタル》、嘎順《ガシュン》塔拉ともいう。

莒《きょ》　山東省莒県。

共《きょう》　河南省輝県市。

美里《きょうり》　河南省湯陰県の西北。

曲仁里《きょくじんり》　河南省鹿邑《ろくゆう》県付近一帯。

曲阜《きょくふ》　山東省曲阜市の東北。

虞《ぐ》　河南省虞城《ぐじょう》県の北。

桂陵《けいりょう》　河南省長垣《ちょうえん》県の西北、桂陽。一説に、山東省菏沢《かたく》市の東北。

涇渭《けいい》　陝西《せんせい》省咸陽《かんよう》市以東の地。また、涇水と渭水。

薊城《けいじょう》　北京《ペキン》城の西南。

鄄《けん》　山東省鄄城県の北。甄とも書く。

姑蘇《こそ》　江蘇省蘇州市、姑蘇城。

姑蘇台《こそだい》　江蘇省呉県の西南、姑蘇山上にある台。蘇台ともいう。姑蘇山は、姑余山、姑胥《こしょ》山、胥台山ともいう。

高陽《こうよう》　河北省高陽県の東。

黄池《こうち》　河南省封丘県の西南。黄亭ともいう。

殽《こう》　河南省洛寧《らくねい》県の西北。

鎬京《こうけい》　陝西《せんせい》省長安県の西北。

穀城山《こくじょうさん》　山東省平陰県の西南。黄山ともいう。

さ　行

左氏《さし》　山東省定陶県の西の左城。

沙丘《さきゅう》　河北省広宗県の西北。

蔡《さい》　河南省長垣《ちょうえん》県の東北。また、河南省新蔡県。

山海関《さんかいかん》　河北省秦皇島市の東。

尼丘山《じきゅうさん》　山東省泗水《しすい》県の西南にある山。尼山ともいう。

首陽山《しゅようざん》　山西省永済県の西南にある山。雷首山、首山、歴山、蒲山ともいう。

繻葛《じゅかつ》　河南省長葛県の北。

修魚《しゅうぎょ》　河南省原陽県の西南。

春申《しゅんしん》　江蘇省無錫《むしゃく》市西恵山白石塢《う》。

郇国《しゅんこく》　山西省臨猗《りんい》県の西南。荀国とも書く。

商《しょう》　河南省商丘県の南。また、陝西《せんせい》省商州市の東南。

商丘《しょうきゅう》　河南省商丘県の東南。また、河南省濮陽《ぼくよう》県の西南ともいう。

葉《しょう》　河南省葉県の西南。

上郡《じょうぐん》　陝西《せんせい》省楡林《ゆりん》市の東南。

上党《じょうとう》　山西省長子県の西南。

城濮《じょうぼく》　山西省鄄城《いんじょう》県の西南。一説に、河南省陳留県付近。

稷門《しょくもん》　斉《せい》国の都・臨淄《りんし》城西の南門。今の山東省淄博市東北の臨淄鎮の西北。

信陵《しんりょう》　河南省開封市に、信陵君の食客がいたという信陵館がある。

晋陽《しんよう》　山西省太原市の別称。

檇李《すいり》　浙江《せっこう》省嘉興市の南。酔李、就李ともいう。

陬《すう》**（郰・鄹）邑**　山東省曲阜《きょくふ》市の東南。孔子の生まれた所。

鄒《すう》**（騶）**　国名で、邾《ちゅ》国ともいう。都の邾は山東省曲阜《きょくふ》市の東南。

西河《せいが》　魏《ぎ》国内の黄河流域。他に幾つかの説がある。

薛《せつ》　山東省滕州《とうしゅう》市。

巣《そう》　河南省睢《すい》県の南。また、河南省南陽市の南。

即墨《そくぼく》　山東省平度市の東南。

た　行

大梁《たいりょう》　河南省開封市の西北。

泰山《たいざん》　山東省泰安市の北にある名山。岱山。東岳。

代《だい》　河北省蔚《うつ》県の東北部。

涿鹿《たくろく》　河北省涿鹿《たくろく》県の東南にある山。

丹陽《たんよう》　陝西《せんせい》省と河南省との間の丹江より北の地。

邾《ちゅ》　山東省曲阜《きょくふ》市の東南。

中山《ちゅうざん》　河北省定州市付近。

中都《ちゅうと》　山東省梁山《りょうざん》県の東南。

中牟《ちゅうぼう》　河南省鶴壁市の西。

長平《ちょうへい》　山西省高平県の西北。

鄭《てい》　陝西《せんせい》省華県。また、河南省新鄭県。

杜郵《とゆう》　陝西《せんせい》省咸陽《かんよう》市の東北。

東陵山《とうりょうさん》　山東省章丘県の境にある山。また、泰山（山東省泰安市の北）ともいう。

唐《とう》　殷《いん》代、山西省太原市の西南。春秋時代、山東省金郷県の東。

陶《とう》　山東省定陶県の西北。また、山東省肥城県西北にある陶山。

督亢《とくこう》　河北省涿州《たくしゅう》市の東南。

敦煌《とんこう》　甘粛省敦煌市の西部。新疆《しんきょう》ウイグル自治区に隣接する。

な　行

南巣《なんそう》　安徽《あんき》省巣湖市の東北。

は　行

馬陵《ばりょう》　山東省臨沂《りんき》市の東南、郯城《たんじょう》県との境。

柏挙《はくきょ》　湖北省麻城市の境。伯莒ともいう。その他幾つかの説がある。

亳《はく》　河南省鄭州《ていしゅう》市二里岡《にりこう》、河南省商丘県の西南、その他幾つかの説がある。

博浪沙《はくろうさ》　河南省原陽県の東南。浪は狼とも書く。

阪泉《はんせん》　河北省涿鹿《たくろく》県の東南。また、山西省運城市塩池ともいう。

費《ひ》　山東省費県の西北。

夫椒山《ふしょうさん》　浙江《せっこう》省紹興市の西北にある山。また、江蘇省太湖の中の洞庭にある西山、あるいは馬迹《ばせき》山ともいう。別に、夫山、夫湫《ふしゅう》山、椒山ともいう。

武城《ぶじょう》　山東省費県の西南という。

平原《へいげん》　山東省平原県の西南。

澠池《べんち》　河南省澠池県の西。黽池とも書く。

圃田《ほでん》　河南省中牟《ちゅうぼう》県の西。

蒲《ほ》　河南省長垣《ちょうえん》県内。

彭城《ほうじょう》　江蘇省徐州市。

豊《ほう》　江蘇省豊県。

北杏《ほくきょう》　山東省東阿付近。

牧野《ぼくや》　河南省淇《き》県の南、衛輝市の北の地。

濮水《ぼくすい》　山東省内を流れていた川。

ま行

無錫《むしゃく》　江蘇省無錫市。

鳴条《めいじょう》　河南省封丘県の東。また、山西省運城市の東北ともいう。

孟津《もうしん》　河南省孟津県の東北、黄河のほとりにある。盟津とも書く。

蒙《もう》　河南省商丘市の東北。蒙沢《もうたく》。

や行

陽城《ようじょう》　安徽《あんき》省界首市。その他幾つかの説がある。

雍門《ようもん》　陝西《せんせい》省鳳翔《ほうしょう》県の西北。

ら行

洛邑《らくゆう》　河南省洛陽市の東北。洛は雒とも書く。

蘭陵《らんりょう》　山東省蒼山県の西南、蘭陵鎮。

笠沢《りゅうたく》　江蘇省呉江県の一帯。太湖をさすか。

遼東《りょうとう》　遼寧省遼陽市。

臨淄《りんし》　山東省淄博市の東北。淄は、甾・菑とも書く。

臨洮《りんとう》　甘粛省岷《みん》県。

琅邪《ろうや》　山東省膠南《こうなん》市西南の夏河城。瑯邪とも書く。

わ行

淮水《わいすい》　淮河のこと。江（長江）・河（黄河）・済《せい》（済水）とともに、四瀆《しとく》（四大河川）と呼ばれた。

中国歴史地図

春秋時代

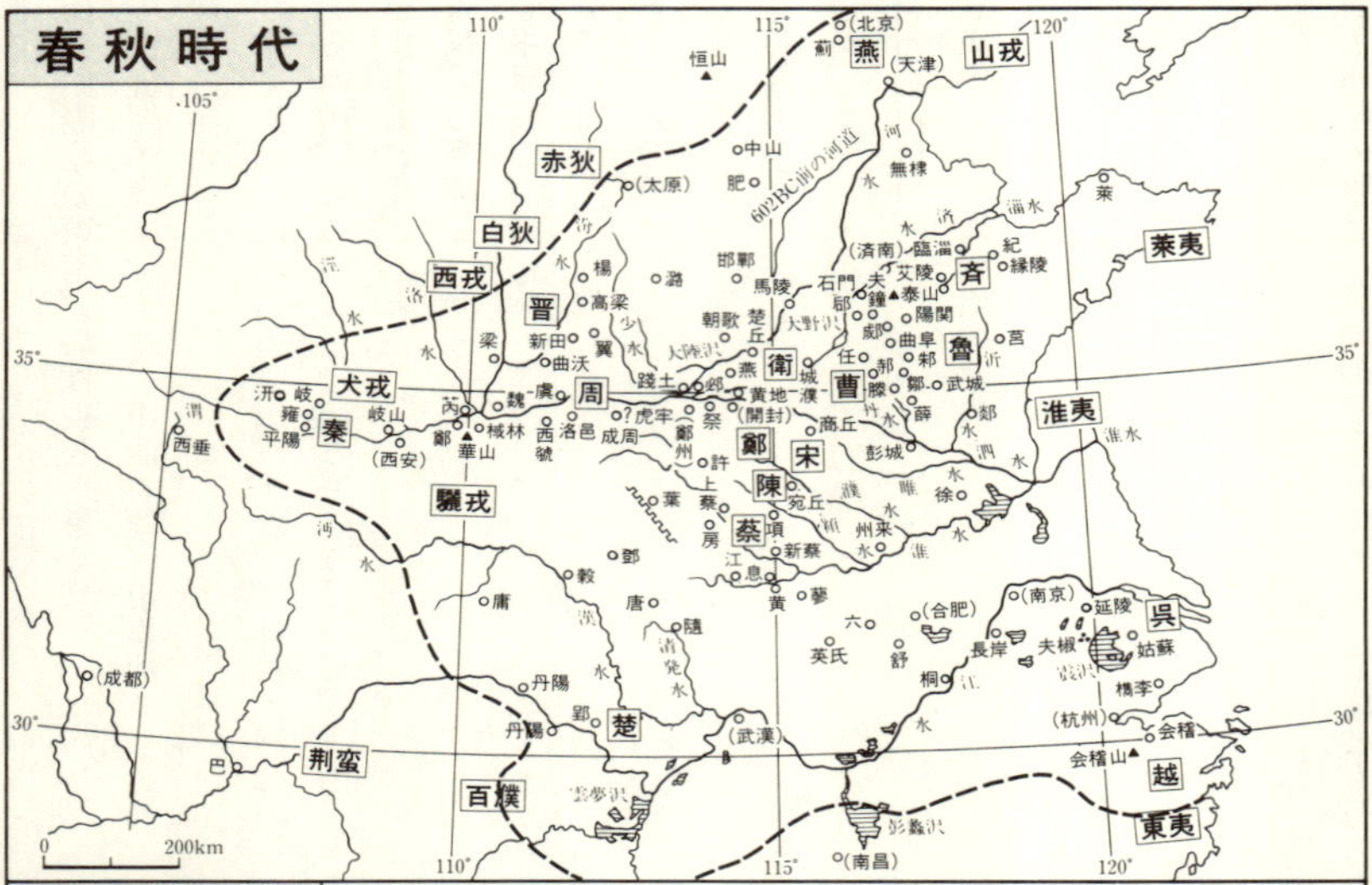

戦国時代

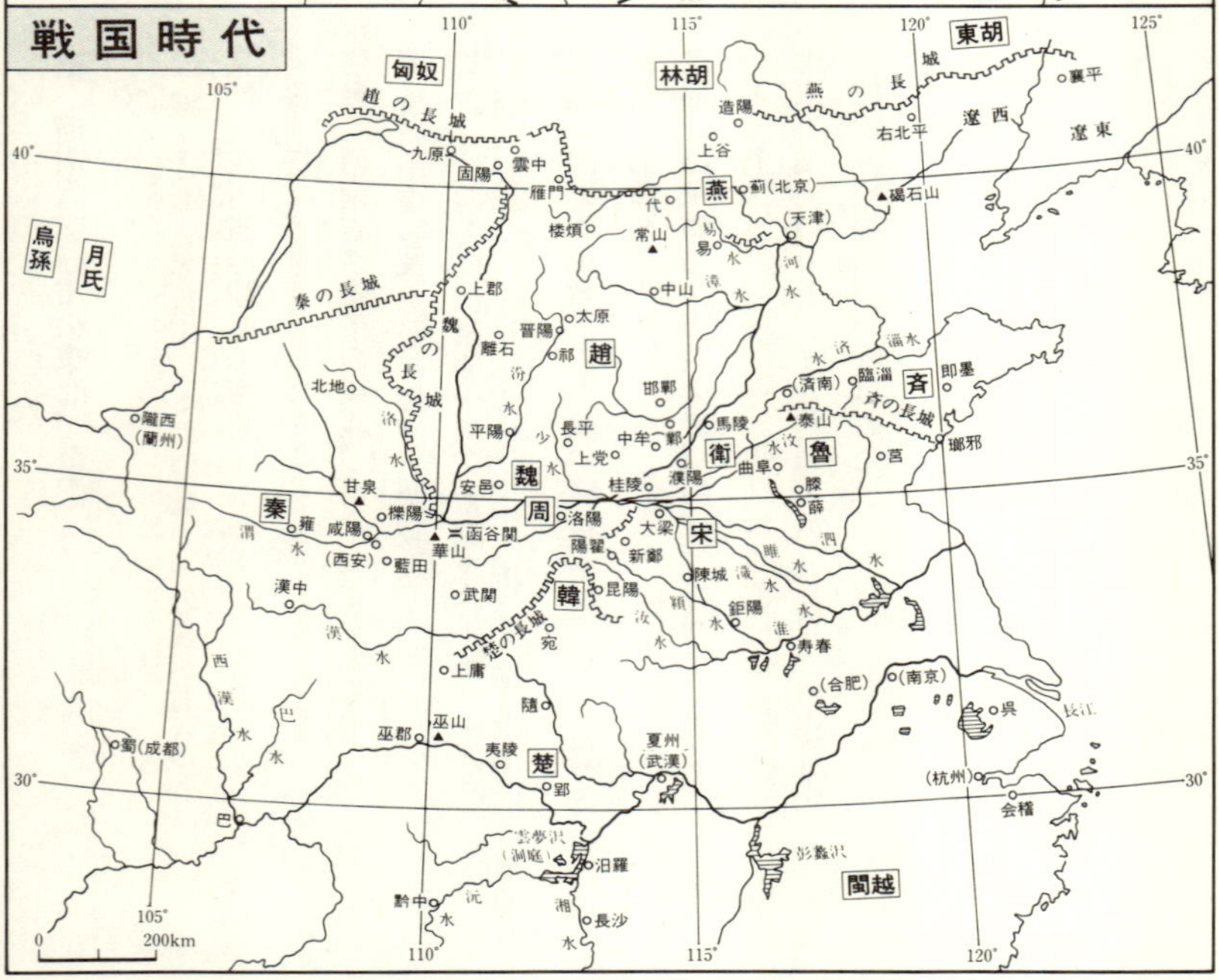

あとがき

一　中国の春秋戦国時代には、諸子百家のさまざまな思想がいっせいに花開いて、中国思想史上の黄金時代を迎えた――と言われています。ただ、知識としてそう知っているだけで、その実際の様相はとなると、諸子百家の世界を一冊にまとめて簡潔に紹介した書物は、きわめて少ない。

幸い、既刊の拙著『論語と孔子の事典』（大修館書店）がたいへん好評で、版を重ねています。そこで、大修館書店編集部のベテランたち曰わく、これに倣った姉妹編として、高校生にも大学生にも、また高校の先生がたにも、そして成人学校などで学んでいる人たちにも、さらに社会人で諸子百家に興味関心を持っている人たちにも持っていない人たちにも、おもしろくわかりやすく読め、そして何らかの形で参考にもなり役にも立つ、そんな諸子百家の本を書いてみませんか……と。

そこで、お互いに検討を重ねた結果、以下のような構成によって、諸子百家の世界を描くことにしました。

一　Ⅰの「諸子百家の歴史」では、いわゆる諸子百家という名称と分類が成立し変遷していく過程をたどります。戦国時代の書物には、個人や数名ずつの思想家が取り上げられ、司馬遷の『史記』に至って、これらが「六家」として六つの思想家グループに分類されるのです。そして『漢書』芸文《げいもん》志では、思想書を「諸子十家」に分類します。これが、現在ふつうに言われる「諸子百家」です。なお、儒家の主要な経《けい》典だけは「六《りく》芸」として別扱いです。

『隋書』になると、書物を「経史子集《けいしししゅう》」に四分類するようになります。「経」が六芸、「子」が諸子で、以後はこの「子」の中の分類、つまり名称が変化しつつ、現在では十四分類に落ち着いています。

一　Ⅱの「諸家の概観」では、諸子百家の十家――儒家・道家・陰陽家・法家・名家・墨家・縦横家・雑家・農家・小説家と、十家には入らない兵家とについて、『漢書』芸文志の掲げる順に、それぞれを解説しました。各家の歴史、主要な人物やその思想、書物、また後世の評価などを中心とし、例文を豊富に引用しながら、各家の特徴を詳述します。さらに、芸文志の掲げるその他の諸子、すなわち数術略（天文・暦譜・五行・蓍亀《しき》・雑占・形法）と方技略（医経・経方・房中・神僊《しんせん》）とについても、簡単に紹介しておきました。この章が、本書の中心となる部分です。

一　IIIの「諸子の名言」では、本書に登場する諸子の人柄や思想がよく表れている名言や、現在でもよく用いられている成句などを、一二七句収めました。そして、その名言や成句を含む前後の部分も原文で掲げました。原文には総振り仮名をつけ、解釈と語釈もつけたので、読み物として利用することもできます。

なお他の章にも多くの名言や成句を収めています。巻末の「章句索引」も、ぜひ利用してください。

一　IVの「諸子の人物」では、本文中で詳しく紹介することのできなかった思想家たちを取り上げて、それぞれの生涯や思想の特徴などを解説しました。II章の諸家ごとに分類してもよいのですが、どのグループに属するか分類できない思想家も少なくないので、五十音順に配列しました。

一　Vの「戦いの歴史」は、ユニークな章です。II章で取り上げた諸子百家ごとの特徴や、IV章で取り上げた人物が、どういう時代を背景にしていたかを理解するためには、春秋戦国時代の歴史を知っておく必要があります。その通史をこの章では、戦いの歴史という立場から見てみよう、というのです。本書の性格上、秦が天下を統一するまで、としました。

この立場から整理してみると、諸子百家の時代が、いかに戦乱に明け暮れていたか、諸国間の権謀術数のかけひきや、戦争の実態などが、よくわかります。また、この間に生まれた成語や逸話なども、できるだけ紹介して、読み物としても楽しめるように配慮しました。

一　付録として、まず二十頁に及ぶ「文献案内」を置きました。現在入手できる書物を諸家ごとにまとめましたので、さらに深く知りたい時にご利用ください。次の「地名対照表」は、本文中に出てくる地名が現在のどの地に当たるかを対照させたものです。併せて「中国歴史地図」を付しました。

一　大修館書店編集部の前田八郎氏と今城啓子氏には、本書のアイデアから完成まで、細部のすみずみにいたるまで、お世話になりました。こんなにいい本になったのも、すべてお二人の賜物です。

江連　隆

良薬《りょうやく》は口《くち》に苦《にが》けれども、惟《た》だ疾《や》む者《もの》のみ能《よ》く之《これ》を甘《うま》しとす(三国志) 384
良薬《りょうやく》は口《くち》に苦《にが》けれども、病《やまひ》に利《り》あり(孔子家語) 384
良薬《りょうやく》は口《くち》に苦《にが》し(韓非子) 384

れ

礼《れい》は節《せつ》を踰《こ》えず(管子) 341
連環《れんかん》は解《と》くべきなり(荘子) 194
廉《れん》は悪《あく》を蔽《おほ》はず(管子) 341

ろ

労《ろう》する者《もの》は息《そく》を得《え》ず(墨子) 234
老耽《ろうたん》は、柔《じゅう》を貴《たふと》ぶ(呂氏春秋) 20
六十《ろくじゅう》にして耳順《みみしたが》ふ(論語) 63
祿《ろく》に倍《そむ》きて義《ぎ》に郷《むか》ふ者《もの》は、高石子《こうせきし》に於《お》いて之《これ》を見《み》るなり(墨子) 399
論語《ろんご》は、孔子《こうし》の弟子《ていし》・時人《じじん》に応答《おうとう》し、及《およ》び弟子《ていし》相与《あひとも》に言《い》ひて、夫子《ふうし》に接聞《せつぶん》する語《ご》なり(漢書) 101

わ

吾《わ》が舌《した》を視《み》よ、尚《な》ほ在《あ》りや不《いな》や(史記) 250
吾《わ》が墓《はか》の上《うへ》に樹《う》うるに、梓《し》を以《もつ》てせよ(史記) 447
吾《わ》が眼《め》を抉《ゑぐ》りて、之《これ》を呉《ご》の東門《とうもん》に置《お》け。以《もつ》て越《えつ》の呉《ご》を滅《ほろ》ぼすを観《み》ん(史記) 447
和光同塵《わこうどうじん》(老子) 385
輪《わ》は地《ち》を踐《ふ》まず(荘子) 196
吾《われ》豈《あ》に匏瓜《ほうか》ならんや。焉《いづ》くんぞ能《よ》く繫《か》かりて食《く》らはれざらんや(論語) 64
我一挙《われいっきょ》にして、名実両《めいじつふた》つながら附《つ》き、而《しか》して又暴《またぼう》を禁《きん》じ乱《らん》を正《ただ》すの名《な》あり(戦国策) 205
吾《われ》、子胥《ししょ》の言《げん》を用《もち》ゐずして、自《みづか》ら此《ここ》に陥《おちい》らしむるを悔《く》ゆ(史記) 448
吾十有五《われじゅうゆうご》にして学《がく》に志《こころざ》す(論語) 53,63
我強《われつよ》くして敵弱《てきよは》く、我衆《われおほ》くして敵寡《てきすく》なし(孫臏兵法) 303
我天下《われてんか》の中央《ちゅうおう》を知《し》る。燕《えん》の北《きた》、越《えつ》の南《みなみ》、是《こ》れなり(荘子) 194
我《われ》、天《てん》に何《なん》の罪《つみ》ありてか此《ここ》に至《いた》るや(史記) 464
吾《われ》、面《めん》の以《もつ》て子胥《ししょ》を見《み》る無《な》きなり(史記) 448
我《われ》、固《もと》より当《まさ》に死《し》すべし(史記) 464
吾《われ》、従《よ》りて之《これ》を知《し》る無《な》し。惟《た》だ無為《むい》以《もつ》て之《これ》を規《うかが》ふべし(韓非子) 174
我《われ》を知《し》る者《もの》は其《そ》れ惟《た》だ春秋《しゅんじゅう》か、我《われ》を罪《つみ》する者《もの》も其《そ》れ惟《た》だ春秋《しゅんじゅう》か(孟子) 92

ならん(墨子)　225
如《も》し我《われ》を用《もち》ゐる者有《ものあ》らば、吾《われ》は其《そ》れ東周《とうしゅう》を為《な》さんか(論語)　64
以《もつ》て韓《かん》を脅《おびや》かし、魏《ぎ》を弱《よは》め、燕《えん》・趙《ちょう》を破《やぶ》り、斉《せい》・楚《そ》を夷《たひら》げ、卒《つひ》に六国《りっこく》を兼《か》ね、其《そ》の王《おう》を虜《とりこ》とし、秦《しん》を立《た》てて天子《てんし》と為《な》す(史記)　243
以《もつ》て文《ぶん》と為《な》せば則《すなは》ち吉《きつ》、以《もつ》て神《しん》と為《な》せば則《すなは》ち凶《きょう》なり(荀子)　143
本《もと》を強《つよ》くして用《よう》を節《せっ》す(管子)　266
物《もの》に本末《ほんまつ》有《あ》り、事《こと》に終始《しゅうし》有《あ》り(大学)　380
物《もの》は指《し》に非《あら》ざるもの莫《な》し(公孫竜子)　199
物《もの》は固《まこと》に之《これ》に近《ちか》くして遠《とほ》く、之《これ》に遠《とほ》くして近《ちか》き者有《ものあ》り(呂氏春秋)　411
物《もの》は方《まさ》に生《しょう》ずれば方《まさ》に死《し》す(荘子)　193

や

約定《やくさだ》まりて俗成《ぞくな》る(荀子)　202,203
山《やま》は口《くち》を出《い》だす(荘子)　195
山《やま》は土《つち》を辞《じ》せず、故《ゆえ》に能《よ》く其《そ》の高《たか》きを成《な》す(管子)　380
山《やま》は土石《どせき》を譲《ゆづ》らず(淮南子)　380

ゆ

右手《ゆうしゅ》に円《えん》を画《えが》き、左手《さしゅ》に方《ほう》を画《えが》く(韓非子)　382
有道者《ゆうどうしゃ》の妻子《さいし》は、皆佚楽《みないつらく》を得《う》(荘子)　132
故《ゆゑ》に其《そ》の言《げん》を書《しょ》して、以《もつ》て後世《こうせい》に遺《のこ》す(墨子)　227
故《ゆゑ》に善《よ》く兵《へい》を用《もち》ゐる者《もの》は、手《て》を攜《たづさ》へて一人《ひとり》を使《つか》ふが若《ごと》くす(孫子)　293
行《ゆ》くに径《こみち》に由《よ》らず(論語)　381,410
往《ゆ》く者《もの》は追《お》わず、来《き》たる者《もの》は拒《こば》まず(孟子)　381
逝《ゆ》く者《もの》は斯《か》くのごときかな(論語)　382
夢《ゆめ》に蝴蝶《こちょう》となる(荘子)　127,134

よ

陽失《ようしな》ひて陰《いん》に在《あ》り(国語)　141
楊子《ようし》、岐《き》に泣《な》く(荀子)　383
楊子《ようし》は岐道《きどう》に哭《な》き、墨子《ぼくし》は練糸《れんし》に哭《な》く(論衡)　383
楊氏《ようし》は我《わ》が為《ため》にす。是《こ》れ君《きみ》を無《な》みするなり(孟子)　11
楊氏《ようし》は我《わ》が為《ため》にす(孟子)　417
楊子《ようし》は我《わ》が為《ため》にするを取《と》る。一毛《いちもう》を抜《ぬ》いて天下《てんか》を利《り》するも、為《な》さざるなり(孟子)　11
楊子《ようし》は、我《わ》が為《ため》にするを取《と》る(孟子)　215
揚朱《ようしゅ》、衢涂《くと》に哭《こく》す(荀子)　383
楊朱《ようしゅ》・墨翟《ぼくてき》の言《げん》、天下《てんか》に盈《み》つ(孟子)　11,215
陽生《ようせい》は、己《おのれ》を貴《たふと》ぶ(呂氏春秋)　20,417
用《よう》に蔽《おほ》はれて文《ぶん》を知《し》らず(荀子)　19
陽伏《ようふ》して出《い》づる能《あた》はず、陰迫《いんせま》りて烝《のぼ》る能《あた》はず(国語)　141
楊《よう》・墨《ぼく》の道《みち》息《や》まずんば、孔子《こうし》の道著《みちあらは》れず(孟子)　11
善《よ》き哉《かな》。兵勢《へいせい》を言《い》ひて窮《きは》まらず(孫臏兵法)　304
善《よ》く戦《たたか》ふ者《もの》は、之《これ》を勢《せい》に求《もと》めて、人《ひと》を責《せ》めず(孫子)　289
欲《よく》に蔽《おほ》はれて得《とく》を知《し》らず(荀子)　19
能《よ》く人《ひと》を択《えら》んで時《とき》に任《にん》ず(史記)　445
世異《よこと》なれば則《すなは》ち事異《ことこと》なる(韓非子)　180
世《よ》を治《をさ》むるには、道《みち》を一《いち》にせず(商君書)　405

ら

乱臣《らんしん》・賊子《ぞくし》、懼《おそ》る(孟子)　92

り

六芸《りくげい》の科《か》、孔子《こうし》の術《じゅつ》に在《あ》らざる者《もの》は、皆其《みなそ》の道《みち》を絶《た》ち、並《なら》び進《すす》めしむること勿《な》かれ(漢書)　29
六国従親《りっこくしょうしん》して以《もつ》て秦《しん》を賓《しりぞ》くれば、則《すなは》ち秦《しん》の甲《こう》、必《かなら》ず敢《あ》へて函谷《かんこく》を出《い》でて以《もつ》て山東《さんとう》を害《がい》せざらん(史記)　248
六国《りっこく》の従《しょう》を散《さん》じ、之《これ》をして西面《せいめん》して秦《しん》に仕《つか》へしむ(史記)　243
流血《りゅうけつ》、川《かは》を成《な》し、沸声《ふつせい》、雷《らい》の如《ごと》し(戦国策)　463
良弓《りょうきゅう》は張《は》り難《がた》し(墨子)　383

外《ほか》を藉《か》りて之《これ》を論《ろん》ずるなり(荘子)　271
墨子《ぼくし》、糸《いと》に泣《な》く(淮南子)　372
墨子《ぼくし》糸《いと》を悲《かな》しみ、楊朱《ようしゅ》岐《き》に泣《な》く(蒙求)　383
墨子《ぼくし》、岐道《きどう》を見《み》て之《これ》に哭《こく》す(呂氏春秋)　373
墨子《ぼくし》、染《せん》を悲《かな》しむ(墨子)　373
墨子《ぼくし》に黔突《けんとつ》無《な》く、孔子《こうし》に煖席《だんせき》無《な》し(文子)　374
墨子《ぼくし》に煖席《だんせき》無《な》し(淮南子)　374
墨子《ぼくし》の非楽《ひがく》や、則《すなは》ち天下《てんか》をして乱《みだ》れしむ(荀子)　234
墨子《ぼくし》は兼愛《けんあい》す。頂《いただき》を摩《ま》して踵《きびす》に放《いた》るも、天下《てんか》を利《り》するは之《これ》を為《な》す(孟子)　11,215
墨氏《ぼくし》は兼愛《けんあい》す。是《こ》れ父《ちち》を無《な》みするなり(孟子)　11
墨氏《ぼくし》は兼愛《けんあい》す(孟子)　417
墨翟《ぼくてき》は遑遑《こうこう》として、席《せき》煖《あたた》むに及《およ》ばず(新論)　374
墨翟《ぼくてき》は、廉《れん》を貴《たふと》ぶ(呂氏春秋)　20

ま

実《まこと》に国家《こっか》を治《をさ》め、万民《ばんみん》を利《り》する所以《ゆゑん》の道《みち》なり(墨子)　236
忠実《まこと》に天下《てんか》の為《ため》を欲《ほっ》して其《そ》の貧《ひん》を悪《にく》み、天下《てんか》の治《ち》を欲《ほっ》して其《そ》の乱《らん》を悪《にく》む(墨子)　239
苟《まこと》に日《ひ》に新《あら》たに、日日《ひび》に新《あら》たに、又日《またひ》に新《あら》たなり(大学)　375
誠《まこと》は、天《てん》の道《みち》なり(中庸章句)　101
当《まさ》に兼《か》ねて相愛《あひあい》し、交《こもごも》相利《あひり》するべし(墨子)　225
跨《また》ぐ者《もの》は行《ゆ》かず(老子)　360
亦《ま》た将《まさ》に以《もつ》て吾《わ》が国《くに》を利《り》する有《あ》らんとするか(孟子)　77
先《ま》づ迂直《うちょく》の計《けい》を知《し》る者《もの》は勝《か》つ(孫子)　291
学《まな》びて時《とき》に之《これ》を習《なら》ふ、亦《ま》た説《よろこ》ばしからずや(論語)　53

み

自《みずか》ら反《かえり》みて縮《なお》くんば、千万人《せんまんにん》と雖《いえど》も吾《われ》往《ゆ》かん(孟子)　376
三《み》たび朝《ちょう》して必《かなら》ず言《げん》を尽《つ》くすも、言《げん》、行《をこな》はるる者《もの》無《な》し(墨子)　398
三日《みっか》朝《ちょう》せず。孔子《こうし》行《さ》る(論語)　65
水《みづ》の形《かたち》は高《たか》きを避《さ》けて下《ひく》きに趨《はし》り、兵《へい》の形《かたち》は実《じつ》を避《さ》けて虚《きょ》を撃《う》つ(孫子)　290
盈《み》つれば必《かなら》ず毀《やぶ》るるは、天《てん》の道《みち》なり(左伝)　447
皆《みな》、内《うち》に陰《ひそ》かに相殺《あひころ》して食《く》らふ(史記)　463
皆《みな》、衡《こう》に畔《そむ》きて復《ま》た合従《がっしょう》す(史記)　252
視《み》れども見《み》えず、聴《き》けども聞《き》こえず(大学)　376
身《み》を立《た》て道《みち》を行《おこな》ひ、名《な》を後世《こうせい》に揚《あ》ぐ(孝経)　375

む

昔《むかし》の墨翟《ぼくてき》の守《まも》りに比《ひ》すべし(史記)　221
昔《むかし》の善《よ》く戦《たたか》ふ者《もの》は、先《ま》づ勝《か》つべからざるを為《な》して、以《もつ》て敵《てき》に勝《か》つべきを待《ま》つ(孫子)　289
無厚《むこう》は積《つ》むべからざるも、其《そ》の大《おほ》いさは千里《せんり》(荘子)　192
矛盾《むじゅん》(韓非子)　376
寧《むし》ろ雞口《けいこう》と為《な》るとも、牛後《ぎゅうご》と為《な》ること無《な》かれ(史記)　248,378

め

明鏡止水《めいきょうしすい》(荘子)　379
名実《めいじつ》を後《あと》にする者《もの》は、自《みづか》らの為《ため》にするなり(孟子)　205
名実《めいじつ》を先《さき》にする者《もの》は、人《ひと》の為《ため》にするなり(孟子)　205
明主《めいしゅ》の其《そ》の臣《しん》を導制《どうせい》する所《ところ》の者《もの》は、二柄《にへい》のみ(韓非子)　176
明主《めいしゅ》は法度《ほうど》の制《せい》有《あ》り(管子)　394
命《めい》を知《し》らざれば、以《もつ》て君子《くんし》為《た》ること無《な》きなり(論語)　239
目《め》は見《み》ず(荘子)　196

も

若《も》し天下《てんか》をして兼《か》ねて相愛《あひあい》せしめば、国《くに》と国《くに》とは相攻《あひせ》めず、家《いへ》と家《いへ》とは相乱《あひみだ》さず、盗《とう》・賊《ぞく》有《あ》ること無《な》し。君《くん》・臣《しん》、父《ふ》・子《し》、皆能《みなよ》く孝慈《こうじ》

人《ひと》に大命《たいめい》有《あ》り(韓非子) 185
人《ひと》に治《をさ》めらるる者《もの》は人《ひと》を食《やしな》ひ、人《ひと》を治《をさ》むる者《もの》は人《ひと》に食《やしな》はる(孟子) 267
人《ひと》の性《せい》は悪《あく》なり(荀子) 80
人《ひと》の性《せい》は悪《あく》なり、其《そ》の善《ぜん》なる者《もの》は偽《ぎ》なり(荀子) 82
人《ひと》の性《せい》は善《ぜん》なり(孟子) 80
人《ひと》の学《まな》ぶ者《もの》は其《そ》の性善《せいぜん》なればなり(孟子) 80
人人《ひとびと》一毫《いちごう》を損《そん》せず、人人《ひとびと》天下《てんか》を利《り》とせざれば、天下《てんか》治《をさ》まる(列子) 417
人一《ひとひと》たびして之《これ》を能《よ》くすれば、己《おのれ》之《これ》を百《ひゃく》たびす(中庸) 370
火《ひ》は熱《あつ》からず(荘子) 195
日《ひ》は方《まさ》に中《ちゅう》すれば方《まさ》に睨《かたむ》く(荘子) 193
百姓《ひゃくせい》は主《しゅ》の法《ほう》に従事《じゅうじ》するを知《し》るなり(管子) 394
百戦《ひゃくせん》殆《あや》ふからず(孫子) 288
百戦《ひゃくせん》して百勝《ひゃくしょう》するは、善《ぜん》の善《ぜん》なる者《もの》に非《あら》ざるなり(孫子) 288
百門《ひゃくもん》にして一門《いちもん》を閉《と》ず(墨子) 370
百里《ひゃくり》にして利《り》に趣《おもむ》く者《もの》は、上将《じょうしょう》を蹶《たふ》さる(史記) 300
百家《ひゃっか》を罷黜《はいちゅつ》し、六経《りくけい》を表章《ひょうしょう》す(漢書) 29, 169
氷炭《ひょうたん》相並《あいなら》ばず(楚辞) 371
冰炭《ひょうたん》は器《き》を同《おな》じくせず(韓非子) 371
飛竜《ひりゅう》は雲《くも》に乗《の》り、騰蛇《とうだ》は霧《きり》に游《あそ》ぶ(韓非子) 406
博《ひろ》くして要寡《ようすく》なし(隋書) 75
汎《ひろ》く万物《ばんぶつ》を愛《あい》すれば、天地《てんち》は一体《いったい》なり(荘子) 194

ふ

富貴《ふうき》天《てん》に在《あ》り(論語) 239
夫子《ふうし》の道《みち》は、忠恕《ちゅうじょ》のみ(論語) 56
夫婦《ふうふ》別《べつ》有《あ》り(孟子) 358
伏寇《ふくこう》側《かたはら》に在《あ》り(管子) 323
夫差《ふさ》、而《なんぢ》は越人《えつひと》の而《なんぢ》の父《ちち》を殺《ころ》ししを忘《わす》れたるか(十八史略) 437
父子《ふし》親《しん》有《あ》り(孟子) 358
富人《ふじん》に喪《そう》有《あ》れば、乃《すなは》ち大《おほ》いに説喜《えつき》して曰《い》はく、「此《こ》れ衣食《いしょく》の端《たん》なり」(墨子) 49
故《ふる》きを温《たず》ねて新《あたら》しきを知《し》る(論語) 371
触《ふ》るる所《ところ》、尽《ことごと》く死傷《ししょう》す(十八史略) 453
文質彬彬《ぶんしつひんぴん》(論語) 343
糞土《ふんど》の牆《しょう》は杇《ぬ》るべからざるなり(論語) 372

へ

兵《へい》、大患《たいかん》に勝《た》ふ能《あた》はざるは、民心《みんしん》を合《がっ》する者《こと》能《あた》はざればなり(孫臏兵法) 302
兵《へい》に常勢《じょうせい》無《な》く、水《みづ》に常形《じょうけい》無《な》し(孫子) 290
兵《へい》は詭道《きどう》なり(孫子) 287
兵《へい》は凶器《きょうき》なり(史記) 438
兵《へい》は国《くに》の大事《だいじ》にして、死生《しせい》の地《ち》、存亡《そんぼう》の道《みち》なり(孫子) 287
兵《へい》は詐《き》を以《もつ》て立《た》つ(孫子) 287
兵《へい》は拙速《せっそく》を聞《き》く(孫子) 372
弁《べん》なれども理《り》に当《あ》たらざれば則《すなは》ち偽《ぎ》なり(呂氏春秋) 412

ほ

法《ほう》の行《おこな》はれざるは、上《かみ》より之《これ》を犯《をか》せばなり(史記) 404
匏瓜《ほうか》ならんや(論語) 64
龐恭《ほうきょう》、邯鄲《かんたん》より反《かへ》るに、竟《つひ》に見《まみ》ゆることを得《え》ず(韓非子) 187
法禁《ほうきん》立《た》たざれば、則《すなは》ち姦邪《かんじゃ》繁《しげ》し(管子) 393
龐涓《ほうけん》、此《こ》の樹《き》の下《もと》に死《し》せん(史記) 300
妄取《ぼうしゅ》して身《み》を活《い》かす(墨子) 9,10
抱柱《ほうちゅう》の信《しん》(荘子) 370
法《ほう》なる者《もの》は、衆異《しゅうい》を斉《ひと》しくする所以《ゆゑん》、亦《ま》た名《めい》分《ぶん》を生《しょう》ずる所以《ゆゑん》なり(尹文子) 204
法《ほう》に蔽《おほ》はれて賢《けん》を知《し》らず(荀子) 19
法《ほう》は善《ぜん》ならずと雖《いへど》も、猶《な》ほ法《ほう》無《な》きに愈《まさ》る(慎到) 406
法《ほう》は天下《てんか》の程式《ていしき》なり、万事《ばんじ》の儀表《ぎひょう》なり(管子) 394
朋友《ほうゆう》信《しん》有《あ》り(孟子) 358
法《ほう》を置《お》き令《れい》を出《い》だし、衆《しゅう》に臨《のぞ》み民《たみ》を用《もち》ゐる(管子) 393
法《ほう》を尚《たつと》びて法《ほう》を無《な》みす(荀子) 412

362
遠《とお》く交《まじ》わりて近《ちか》く攻《せ》む(史記)　**320**
徳《とく》は孤《こ》ならず、必《かなら》ず鄰有《となりあ》り(論語)　**363**
徳《とく》は、得《とく》なり(釈名)　209
徳《とく》を務《つと》めずして法《ほう》を務《つと》む(韓非子)　343
徳《とく》を以《もっ》て怨《うら》みに報《むく》ゆ(論語)　320
歳寒《としさむ》くして、然《しか》る後《のち》に松柏《しょうはく》の凋《しぼ》むに後《おく》るるを知《し》るなり(論語)　**363**
富《とみ》は屋《おく》を潤《うるお》し、徳《とく》は身《み》を潤《うるお》す(大学)　**364**
鳥起《とりた》つは、伏《ふく》なり(孫子)　292
鳥《とり》の数飛《しばしばと》ぶなり(朱熹)　53
鳥《とり》の将《まさ》に死《し》せんとするや、其《そ》の鳴《な》くや哀《かな》し(論語)　**364**
呑舟《どんしゅう》の魚《うお》は枝流《しりゅう》に游《あそ》ばず(列子)　**364**
富《と》んで徳義《とくぎ》を施《ほどこ》す(史記)　446

な

名正《なただ》しければ則《すなは》ち天下治《てんかをさ》まる(申子)　174
名正《なただ》しければ則《すなは》ち治《をさ》まり、名喪《なうしな》はるれば則《すなは》ち乱《みだ》る(呂氏春秋)　388
名《な》は実《じつ》の謂《い》ひなり(公孫竜子)　200
名《な》を争《あらそ》ふ者《もの》は朝《ちょう》に於《お》いてし、利《り》を争《あらそ》ふ者《もの》は、市《し》に於《お》いてす(戦国策)　205
女《なんぢ》、会稽《かいけい》の恥《はぢ》を忘《わす》れたるか(十八史略)　443
女《なんぢ》、君子《くんし》の儒《じゅ》と為《な》れ、小人《しょうじん》の儒《じゅ》と為《な》ること無《な》かれ(論語)　61
南方窮《なんぽうきは》まり無《な》くして窮《きは》まり有《あ》り(荘子)　193

に

走《に》ぐるを上《じょう》と為《な》す(三十六計)　283, 284
二千年来《にせんねんらい》の学《がく》は、乃《すなは》ち荀学《じゅんがく》なり(譚嗣同)　169
駆《には》かにして形名《けいめい》・賞罰《しょうばつ》を語《かた》るは、此《こ》れ治《ち》の具《ぐ》を知《し》る有《あ》るも、治《ち》の道《みち》を知《し》るに非《あら》ず(荘子)　207
鶏《にはとり》の足《あし》は三《さん》なり(公孫竜子)　199
鶏《にはとり》は三足《さんそく》(荘子)　195
二柄《にへい》とは刑《けい》と徳《とく》なり(韓非子)　176
雞《にわとり》を割《さ》くに焉《いず》くんぞ牛刀《ぎゅうとう》を用《もち》いんや(論語)　**366**

ね

願《ねが》はくは大王《だいおう》、趙《ちょう》と従親《しょうしん》せんことを。天下《てんか》、一《いつ》とならば、則《すなは》ち燕国《えんこく》必《かなら》ず患《うれ》へ無《な》からん(史記)　248

の

後《のち》に見《み》る有《あ》りて、先《さき》に見《み》る無《な》し(荀子)　18

は

背水《はいすい》の陣《じん》(史記・尉繚子)　367
謀《はかりごと》は密《みつ》ならんことを欲《ほっ》す(三略)　**368**
莫逆《ばくぎゃく》の友《とも》(荘子)　**369**
白駒《はくく》の隙《げき》を過《す》ぐるがごとし(荘子)　**369**
白狗《はくく》は黒《くろ》し(荘子)　197
伯成子高《はくせいしこう》は、一毫《いちごう》を以《もっ》て物《もの》を利《り》せず、国《くに》を舎《す》てて隠《かく》れ耕《たがや》す(列子)　417
白馬《はくば》は馬《うま》に非《あら》ざるなり(公孫竜子)　203
白馬《はくば》は馬《うま》に非《あら》ず(公孫竜子)　198, 396
白馬《はくば》は馬《うま》に非《あら》ずとは、形名離《けいめいかか》ればなり(列子)　206
藐姑射《はこや》の山《やま》(荘子)　**368**
始《はじ》めは処女《しょじょ》の如《ごと》く、後《のち》は脱兎《だっと》の如《ごと》し(孫子)　294
万事《ばんじ》、義《ぎ》より貴《たふと》きものは莫《な》し(墨子)　214
万物畢《ばんぶつことごと》く同《おな》じく畢《ことごと》く異《こと》なる、此《これ》を之《こ》れ大同異《だいどうい》と謂《い》ふ(荘子)　193
万物《ばんぶつ》と我《われ》とは一《いつ》たり(荘子)　126
万物《ばんぶつ》を斉《ひと》しくして以《もっ》て首《はじめ》と為《な》す(荘子)　170

ひ

光《ひかり》を和《やわ》らげ塵《ちり》に同《どう》ず(老子)　385
卑《ひく》くして広《ひろ》きは、徒来《とき》たるなり(孫子)　292
尾生《びせい》の信《しん》(荘子)　**370**
左《ひだり》に方《ほう》を画《えが》き、右《みぎ》に円《えん》を画《えが》く(韓非子)　382
飛鳥《ひちょう》の景《かげ》は、未《いま》だ嘗《かつ》て動《うご》かざるなり(荘子)　196
必罰《ひつばつ》して威《い》を明《あき》らかにす(韓非子)　177

つ

て

と

篇《ぺん》を道《い》ふ(史記) 279
是非《ぜひ》の心《こころ》無《な》きは、人《ひと》に非《あら》ざるなり(孟子) 79
是非《ぜひ》の心《こころ》は、智《ち》の端《たん》なり(孟子) 79
千秋万歳《せんしゅうばんざい》(韓非子) **350**
千丈《せんじょう》の隄《つつみ》も、螻蟻《ろうぎ》の穴《あな》を以《もっ》て潰《つい》ゆ(韓非子) **350**
先王《せんのう》、天下《てんか》を兼愛《けんあい》し、則《すなは》ち民《たみ》を視《み》ること父母《ふぼ》のごとし(韓非子) 21
先王《せんのう》、以《もっ》て罰《ばつ》を明《あき》らかにし、法《ほう》を敕《ととの》ふ(周易) 171
千里《せんり》の行《こう》も、足下《そっか》より始《はじ》まる(老子) 328
千里《せんり》の隄《つつみ》も螻螘《ろうぎ》の穴《あな》を以《もっ》て漏《も》れ、百尋《ひゃくじん》の屋《おく》も突隙《とつげき》の煙《けむり》を以《もっ》て焚《や》く(淮南子) 351
潜龍《せんりょう》なり。用《もち》ゐること勿《な》かれ(周易) 91

そ

荘子《そうし》に先《さき》だち、荘子《そうし》之《これ》を称《たた》ふ(漢書) 132
倉廩《そうりん》実《み》ちて囹圄《れいご》空《むな》し(管子) **352**
倉廩《そうりん》実《み》ちて礼節《れいせつ》を知《し》る(管子) 317
惻隠《そくいん》の心《こころ》無《な》きは、人《ひと》に非《あら》ざるなり(孟子) 79
惻隠《そくいん》の心《こころ》は、仁《じん》なり(孟子) 80
惻隠《そくいん》の心《こころ》は、仁《じん》の端《たん》なり(孟子) 79
鏃矢《ぞくし》の疾《と》きも、行《ゆ》かず止《とど》まらざるの時《とき》有《あ》り(荘子) 196
蘇秦《そしん》は合縦《がっしょう》し、張儀《ちょうぎ》は連横《れんこう》す(淮南子) 242
卒《そつ》を視《み》ること愛子《あいし》の如《ごと》し(孫子) 292
卒《そつ》を視《み》ること嬰児《えいじ》の如《ごと》し(孫子) 292
其《そ》の首《くび》を撃《う》てば則《すなは》ち尾《を》至《いた》り、其《そ》の尾《を》を撃《う》てば則《すなは》ち首《くび》至《いた》り、其《そ》の中《なか》を撃《う》てば則《すなは》ち首尾《しゅび》倶《とも》に至《いた》る(孫子) 293
其《そ》の実《じつ》は行《おこな》ひ易《やす》く、其《そ》の辞《じ》は知《し》り難《がた》し(史記) 114
其《そ》の無備《むび》を攻《せ》め、其《そ》の不意《ふい》に出《い》づ(孫臏兵法) 304
夫《そ》れ迹《あと》は、履《くつ》の出《い》だす所《ところ》にして、迹《あと》は豈《あ》に履《くつ》ならんや(荘子) 28
夫《そ》れ学《がく》は載籍極《さいせききは》めて博《ひろ》きも、猶《まさ》に信《しん》を六芸《りくげい》に考《かんが》ふべし(史記) 29
夫《そ》れ雑乱紛糾《ざつらんふんきゅう》を解《と》く者《もの》は、控捲《こうけん》せず(史記) 299
其《そ》れ周《しゅう》を継《つ》ぐ者《もの》或《あ》らば、百世《ひゃくせい》と雖《いへど》も知《し》るべきなり(論語) 54
夫《そ》れ楚《そ》の彊《つよ》きと王《おう》の賢《けん》なるとを以《もっ》てすれば、天下《てんか》能《よ》く当《あ》たるもの莫《な》きなり(史記) 249
夫《そ》れ大王《だいおう》の賢《けん》なると斉《せい》の彊《つよ》きとを以《もっ》てすれば、天下《てんか》能《よ》く当《あ》たるもの莫《な》し(史記) 248
夫《そ》れ天《てん》は、林谷幽間《りんこくゆうかん》も人《ひと》無《な》しと為《な》すべからず、明《めい》必《かなら》ず之《これ》を見《み》る(墨子) 235
夫《そ》れ兵《へい》の形《かたち》は水《みづ》に象《かたど》る(孫子) 290
夫《そ》れ六経《りくけい》は先王《せんのう》の陳迹《ちんせき》なり(荘子) 28
孫臏《そんぴん》は、勢《せい》を貴《たふと》ぶ(呂氏春秋) 20

た

大器晩成《たいきばんせい》(老子) **353**
大巧《たいこう》は拙《せつ》なるがごとし(老子) **354**
太山《たいざん》は壌石《じょうせき》を辞《じ》せず、江海《こうかい》は小流《しょうりゅう》に逆《さか》らはず(説苑) 380
太山《たいざん》は土壌《どじょう》を譲《ゆづ》らず(史記) 380
大同《だいどう》にして小同《しょうどう》と異《こと》なる、此《これ》を之《こ》れ小同異《しょうどうい》と謂《い》ふ(荘子) 193
代《だい》・厲《れい》、皆寿《みなじゅ》を以《もっ》て死《し》し、名《な》は諸侯《しょこう》に顕《あら》はる(史記) 244
高《たか》きに登《のぼ》るに卑《ひく》きよりす(中庸) **354**
多岐亡羊《たきぼうよう》(列子) **352**
戦《たたか》はずして人《ひと》の兵《へい》を屈《くつ》するは、善《ぜん》の善《ぜん》なる者《もの》なり(孫子) 288
戦《たたか》ひは逆徳《ぎゃくとく》なり(史記) 438
闘《たたか》ひを救《すく》ふ者《もの》は、搏撠《はくげき》せず(史記) 299
卵《たまご》に毛《け》有《あ》り(荘子) 194, 195
民《たみ》の義《ぎ》を務《つと》め、鬼神《きしん》を敬《けい》して之《これ》を遠《とほ》ざくるは、知《ち》と謂《い》ふべし(論語) 236
民《たみ》の財《ざい》足《た》れば、則《すなは》ち君《きみ》焉《これ》に賦斂《ふれん》するも窮《きは》まらず(管子) 266
民《たみ》は其《そ》の七《しち》を得《え》、君《きみ》は其《そ》の三《さん》を得《う》(管子) 393
孰《たれ》か汝《なんぢ》を知多《ちおほ》しと為《な》すや(列子) 135
断機《だんき》の戒《いまし》め(列女伝) **354**

ち

知音《ちいん》(列子) **356**
知恵《ちえ》有《あ》りと雖《いへど》も、勢《いきお》いに乗《じょう》ずるに如《し》かず(孟子) **356**

柔弱《じゅうじゃく》は剛強《ごうきょう》に勝《か》つ(老子) 344
衆草障《しゅうそうさは》り多《おほ》きは、疑《うたが》はしむるなり(孫子) 291
周《しゅう》は殷《いん》の礼《れい》に因《よ》る(論語) 54
柔《じゅう》は能《よ》く剛《ごう》を制《せい》す、弱《じゃく》は能《よ》く強《きょう》を制《せい》す(三略) **344**
十目《じゅうもく》の視《み》る所《ところ》、十手《じっしゅ》の指《ゆび》さす所《ところ》、其《そ》れ厳《げん》なるかな(大学) **343**
儒者《じゅしゃ》は師《し》を一《いつ》にするも、俗異《ぞくい》なり(史記) 68
主《しゅ》に夸《ほこ》りて以《もつ》て名《な》と為《な》し、取《おもむき》を異《こと》にして以《もつ》て高《たか》しと為《な》し、羣下《ぐんか》を率《ひき》ゐて以《もつ》て謗《そし》りを造《な》す(李斯) 71
儒《じゅ》は濡《じゅ》なり(説文解字) 48
儒《じゅ》を非《そし》る(墨子) 9
春秋《しゅんじゅう》に義戦《ぎせん》なし(孟子) 275
舜《しゅん》、歴山《れきざん》に耕《たがや》し、雷沢《らいたく》に漁《ぎょ》し、河浜《かひん》に陶《とう》し、什器《じゅうき》を寿丘《じゅきゅう》に作《つく》り、時《とき》に負夏《ふか》に就《つ》く(史記) 264
順《じゅん》を以《もつ》て正《せい》と為《な》す者《もの》は、妾婦《しょうふ》の道《みち》なり(孟子) 398
松《しょう》か柏《はく》か建《けん》を共《きょう》に住《す》ましむる者《もの》は、客《かく》か(十八史略) 454
衆樹動《しゅうじゅうご》くは、来《き》たるなり(孫子) 291
小人間居《しょうじんかんきょ》して不善《ふぜん》を為《な》す(大学) 332, **345**
小人《しょうじん》の過《あやま》つや、必《かなら》ず文《かざ》る(論語) **346**
小説《しょうせつ》を飾《かざ》りて以《もつ》て県令《けんれい》を干《もと》むるは、其《そ》の大達《だいたつ》に於《お》けるや亦《ま》た遠《とほ》し(荘子) 269
将《しょう》たる者《もの》、君命《くんめい》も受《う》けざる所在《ところあ》り(孫子) 403
小知《しょうち》は大知《だいち》に及《およ》ばず(荘子) 125
上同《じょうどう》して下比《かひ》せず(墨子) 240
従《しょう》とは、衆弱《しゅうじゃく》を合《あ》はせて以《もつ》て一強《いっきょう》を攻《せ》むるなり(韓非子) 242
商無《しょうな》ければ則《すなは》ち民乏《たみとぼ》し(管子) 393
少《しょう》に見《み》る有《あ》りて、多《た》に見《み》る無《な》し(荀子) 19
諸侯《しょこう》を九合《きゅうごう》し、天下《てんか》を一匡《いっきょう》(管子) 168
諸子十家《しょしじっか》、其《そ》の観《み》るべき者《もの》は、九家《きゅうか》のみ(漢書) 33
女子《じょし》と小人《しょうじん》とは、養《やしな》い難《がた》しと為《な》す(論語) **344**
助長《じょちょう》(孟子) **345**
子列子《しれっし》は、虚《きょ》を貴《たふと》ぶ(呂氏春秋) 20
辞《じ》を析《せき》して擅《ほしいまま》に名《な》を作《つく》り、以《もつ》て正名《せいめい》を乱《みだ》る(荀子) 203
信言《しんげん》は美《び》ならず(老子) **347**
信賞《しんしょう》して能《のう》を尽《つ》くさしむ(韓非子) 177
信賞《しんしょう》、以《もつ》て能《のう》を尽《つ》くし、必罰《ひつばつ》、以《もつ》て邪《じゃ》を禁《きん》ず(韓非子) 177
身体髪膚《しんたいはっぷ》、之《これ》を父母《ふぼ》に受《う》く(孝経) 336, **346**
信立《しんた》ちて覇《は》たるなり(荀子) 4
人道《じんどう》の大《だい》なる者《もの》なり(礼記) 233
秦《しん》に之《ゆ》くの道《みち》は、乃《すなは》ち楚《そ》に之《ゆ》くか(呂氏春秋) 411
神《しん》に治《をさ》むる者《もの》は、衆人《しゅうじん》、其《そ》の功《こう》を知《し》らず。明《めい》に争《あらそ》ふ者《もの》は、衆人《しゅうじん》、之《これ》を知《し》る(墨子) 229
秦《しん》の民大《たみおほ》いに説《よろこ》び、道《みち》に遺《お》ちたるを拾《ひろ》はず、山《やま》に盗賊無《とうぞくな》し(史記) 404
仁《じん》は人《ひと》の安宅《あんたく》なり、義《ぎ》は人《ひと》の正路《せいろ》なり(孟子) **347**
親《しん》を親《しん》とし、尊《そん》を尊《そん》とし、長《ちょう》を長《ちょう》とし、男女《だんじょ》の別《べつ》あり(礼記) 233

す

過《す》ぎたるは猶《な》お及《およ》ばざるがごとし(論語) **348,** 402
少《すく》なくして往来《おうらい》するは、軍《ぐん》を営《いとな》むなり(孫子) 292

せ

井蛙《せいあ》には以《もつ》て海《うみ》を語《かた》るべからず(荘子) 316
噬嗑《ぜいこう》は、亨《とほ》る。獄《ごく》を用《もち》ゐるに利《よろ》し(周易) 171
西施《せいし》の顰《ひそ》みに効《なら》う(荘子) **349**
聖人《せいじん》、為《な》すこと寡《すく》なくして、天下理《てんかをさ》まる(説苑) 389
埶《せい》に蔽《おほ》はれて知《ち》を知《し》らず(荀子) 19
性《せい》に従《したが》ひて遊《あそ》び、万物《ばんぶつ》に逆《さから》はず(列子) 419
斉《せい》に見《み》る有《あ》りて、畸《き》に見《み》る無《な》し(荀子) 19
性《せい》に因《よ》り物《もの》に任《まか》せて、宜当《ぎあ》たらざること莫《な》し(呂氏春秋) 412
性《せい》は相近《あいちか》きなり、習《なら》い相遠《あいとお》きなり(論語) **350**
正《せい》を以《もつ》て国《くに》を治《をさ》め、奇《き》を以《もつ》て兵《へい》を用《もち》ゐ、無事《ぶじ》を以《もつ》て天下《てんか》を取《と》る(老子) 276
世俗《せぞく》に師旅《しりょ》と称《しょう》せらるるは、皆《みな》『孫子《そんし》』十三《じゅうさん》

尽《ことごと》く兵《へい》を用《もち》ゐるの害《がい》を知《し》らざる者《もの》は、尽《ことごと》く兵《へい》を用《もち》ゐるの利《り》を知《し》ること能《あた》はざるなり（孫子）　288
事異《ことこと》なれば則《すなは》ち備《そな》へ変《へん》ず（韓非子）　180
事《こと》は世《よ》に因《よ》り、備《そな》へは事《こと》に適《かな》ふ（韓非子）　180
子《こ》は自《みづか》らを愛《あい》して父《ちち》を愛《あい》せず、故《ゆゑ》に父《ちち》を虧《か》きて自《みづか》ら利《り》す（墨子）　224
夸父日影《こほにちえい》を追《お》う（列子）　**333**
此《こ》れ、義《ぎ》と不義《ふぎ》との別《べつ》を知《し》ると謂《い》ふべけんや（墨子）　226
之《これ》に令《れい》するに文《ぶん》を以《もつ》てし、之《これ》を斉《ととの》ふるに武《ぶ》を以《もつ》てする、是《これ》を必《かなら》ず取《と》ると謂《い》ふ（孫子）　291
是《こ》れ陽《よう》其《そ》の所《ところ》を失《うしな》ひて、陰《いん》に鎮《とざ》さるるなり（国語）　141
之《これ》を死地《しち》に陥《おちい》らしめて、然《しか》る後《のち》に生《い》く（史記）　367
之《これ》を尋常《じんじょう》に置《お》けども塞《ふさ》がらず、之《これ》を天下《てんか》に布《し》けども窕《くつろ》がず（淮南子）　25

さ

歳《さい》、星紀《せいき》に在《あ》りて、玄枵《げんきょう》に淫《いん》して、以《もつ》て時菑《じさい》有《あ》り（左伝）　157
詐偽《さぎ》の民《たみ》は、先王《せんおう》の誅《ちゅう》するところなり（呂氏春秋）　412
鑿《さく》は枘《ぜい》を囲《かこ》まず（荘子）　196
殺戮之《さつりくこれ》を刑《けい》と謂《い》ひ、慶賞之《けいしょうこれ》を徳《とく》と謂《い》ふ（韓非子）　176
山淵《さんえん》は平《たひ》らかなり（荀子）　203
散《さん》じて条達《じょうたつ》するは、樵採《しょうさい》するなり（孫子）　292
三十《さんじゅう》にして立《た》つ（論語）　55, 63
三十六計《さんじゅうろっけい》、遁《に》ぐる（逃《に》ぐる）に如《し》かず（三十六計）　338
三十六計《さんじゅうろっけい》、走《に》ぐるを上計《じょうけい》と為《な》す（南斉書）　**338**
三遷《さんせん》の教《おし》え（列女伝）　**339**

し

四維《しい》張《は》らざれば、国《くに》乃《すなわ》ち滅亡《めつぼう》す（管子）　317, **340**
子夏《しか》・子游《しゆう》・子張《しちょう》は、皆《みな》、聖人《せいじん》の一体《いったい》有《あ》り（孟子）　69
至言《しげん》は言《げん》を去《さ》り、至為《しい》は為《な》す無《な》し（列子）　134
司寇刑《しこうけい》を行《おこ》なふときは、君《きみ》、之《これ》が為《ため》に楽《がく》を挙《あ》げず、死刑《しけい》の報《ほう》を聞《き》くときは、君《きみ》、為《ため》に流涕《りゅうてい》す（韓非子）　22
子産我《しさんわれ》を去《さ》りて死《し》せる乎《か》、民将《たみまさ》に安《いづ》くに帰《き》せんとする（史記）　172
時日《じじつ》を用《もち》ゐ、鬼神《きしん》に事《つか》へ、卜筮《ぼくぜい》を信《しん》じて、祭祀《さいし》を好《この》む者《もの》は、亡《ほろ》ぶ可《べ》きなり（韓非子）　186
四十《しじゅう》にして惑《まど》はず（論語）　63
辞譲《じじょう》の心無《こころな》きは、人《ひと》に非《あら》ざるなり（孟子）　79
辞譲《じじょう》の心《こころ》は、礼《れい》の端《たん》なり（孟子）　79
至小《ししょう》は内無《うちな》し、之《これ》を小一《しょういつ》と謂《い》ふ（荘子）　192
至誠《しせい》にして動《うご》かざる者《もの》は、未《いま》だ之有《これあ》らざるなり（孟子）　**342**
死生命有《しせいめいあ》り（論語）　239
至大《しだい》は外無《そとな》し、之《これ》を大一《たいいつ》と謂《い》ふ（荘子）　192
七十《しちじゅう》にして心《こころ》の欲《ほつ》する所《ところ》に従《したが》へども、矩《のり》を踰《こ》えず（論語）　63, 67
枝《し》とは、月《つき》の霊《れい》なり（広雅）　153
詩《し》に興《おこ》り、礼《れい》に立《た》ち、楽《がく》に成《な》る（論語）　55
辞《じ》に蔽《おほ》はれて実《じつ》を知《し》らず（荀子）　19
指《し》は至《いた》らず、物《もの》は絶《た》たず（荘子）　196
詩《し》は、志《し》の之《ゆ》く所《ところ》なり（詩経）　235
駟馬《しば》も追《お》ふ能《あた》はず（説苑）　342
詩《し》は以《もつ》て志《こころざし》を道《い》ひ、書《しょ》は以《もつ》て事《こと》を道《い》ひ、礼《れい》は以《もつ》て行《おこな》ひを道《い》ひ、楽《がく》は以《もつ》て和《わ》を道《い》ひ、易《えき》は以《もつ》て陰陽《いんよう》を道《い》ひ、春秋《しゅんじゅう》は以《もつ》て名分《めいぶん》を道《い》ふ（荘子）　203
蓍《し》は固《もと》より是《こ》れ易《えき》なり（伝習録）　89
姑《しばら》く学《まな》べ。吾《われ》、将《まさ》に子《し》を仕《つか》へしめんとす（墨子）　214
子墨子《しぼくし》、勝綽《しょうしゃく》をして項子牛《こうしぎゅう》に事《つか》へしむ（墨子）　214
子墨子《しぼくし》、人《ひと》をして衛《えい》に仕《つか》へしむ（墨子）　214
慈母《じぼ》に敗子有《はいしあ》り（韓非子）　**343**
駟《し》も舌《した》に及《およ》ばず（論語）　**342**
獣駭《じゅうおどろ》くは、覆《ふく》なり（孫子）　292
羞悪《しゅうお》の心無《こころな》きは、人《ひと》に非《あら》ざるなり（孟子）　79
羞悪《しゅうお》の心《こころ》は、義《ぎ》の端《たん》なり（孟子）　79
柔弱《じゅうじゃく》なる者《もの》は生《せい》の徒《と》なり（老子）　344

君臣《くんしん》義《ぎ》有《あ》り(孟子) 358
君王《くんのう》は、大王《だいおう》なり。乃《すなは》ち賤人《せんじん》の為《な》す所《ところ》と曰《い》ひて、用《もち》ゐざらんか(墨子) 222

け

恵施《けいし》死《し》して、荘子《そうし》説言《せつげん》を寝《や》む(淮南子) 192
形勢《けいせい》とは、雷動風挙《らいどうふうきょ》、後《のち》に発《はっ》して先《さき》に至《いた》る。離合背郷《りごうはいきょう》、変化《へんか》常《つね》無《な》く、軽疾《けいしつ》を以《もっ》て敵《てき》を制《せい》する者《もの》なり(漢書) 277
形名《けいめい》は古人《こじん》にこれ有《あ》るも、先《さき》んずる所以《ゆゑん》に非《あら》ざるなり(荘子) 207
兒良《げいりょう》は、後《のち》を貴《たふと》ぶ(呂氏春秋) 20
逆鱗《げきりん》に触《ふ》る(韓非子) **333**
今日《けふ》越《えつ》に適《ゆ》きて昔《きのふ》来《き》たる(荘子) 193
毛《け》を吹《ふ》いて疵《きず》を求《もと》む(韓非子) **332**
厳家《げんか》に悍虜《かんりょ》無《な》し(韓非子) 343
賢者《けんじゃ》は民《たみ》と並《なら》び耕《たがや》して食《しょく》し、饔飧《ようそん》して治《をさ》む(孟子) 267
厳《げん》にして恩少《おんすく》なし(史記) 171
堅白石《けんはくせき》は三《さん》なり(公孫竜子) 200
権謀《けんぼう》とは、正《せい》を以《もっ》て国《くに》を守《まも》り、奇《き》を以《もっ》て兵《へい》を用《もち》ゐ、計《けい》を先《さき》にして戦《せん》を後《のち》にす。形勢《けいせい》を兼《か》ね、陰陽《いんよう》を包《つつ》み、技巧《ぎこう》を用《もち》ゐる者《もの》なり(漢書) 276

こ

行雲《こううん》を遏《とど》む(列子) **336**
剛毅朴訥《ごうきぼくとつ》は仁《じん》に近《ちか》し(論語) 335, **337**
巧言令色《こうげんれいしょく》、鮮《すく》なきかな仁《じん》(論語) **335**, 337
鴻鵠《こうこく》は高《たか》く飛《と》びて、汚池《おち》に集《あつ》まらず(列子) 364
恒産《こうさん》無《な》ければ、因《よ》りて恒心《こうしん》無《な》し(孟子) 78
孔子《こうし》、詩《し》・書《しょ》・礼《れい》・楽《がく》を以《もっ》て教《をし》ふ(史記) 29
孔子《こうし》春秋《しゅんじゅう》を成《な》して、乱臣《らんしん》・賊子《ぞくし》懼《おそ》る(孟子) 204
孔子《こうし》は、仁《じん》を貴《たふと》ぶ(呂氏春秋) 20
孔子《こうし》、晩《ばん》にして易《えき》を喜《この》み、序《じょ》・彖《たん》・繫《けい》・象《しょう》・説卦《せつか》・文言《ぶんげん》あり(史記) 88
后稷《こうしょく》は民《たみ》に稼穡《かしょく》を教《をし》へ、五穀《ごこく》を樹芸《じゅげい》す(孟子) 265
後生《こうせい》畏《おそ》るべし(論語) **336**
孔席《こうせき》は暖《あたた》まらず、墨突《ぼくとつ》は黔《くろ》まず(文選) 374
孔席《こうせき》は暖《あたた》むるに暇《いとま》あらずして、墨突《ぼくとつ》は黔《くろ》むを得《え》ず(韓愈) 375
公孫衍《こうそんえん》・張儀《ちょうぎ》は、豈《あ》に誠《まこと》の大丈夫《だいじょうふ》ならずや(孟子) 398
後凋《こうちょう》の節《せつ》(論語) 363
孝弟《こうてい》なる者《もの》は、其《そ》れ仁《じん》の本為《もとた》るか(論語) 56
黄帝《こうてい》は百物《ひゃくぶつ》を正《ただ》しく名《な》づけて、以《もっ》て民《たみ》を明《あき》らかにし財《ざい》を共《とも》にす(礼記) 201
狡兎《こうと》死《し》して走狗《そうく》烹《に》らる(史記) 444
衡《こう》とは、一強《いっきょう》に事《つか》へて以《もっ》て衆弱《しゅうじゃく》を攻《せ》むるなり(韓非子) 242
功《こう》成《な》り名《な》遂《と》げて身退《みしりぞ》くは、天《てん》の道《みち》なり(老子) **335**
孝《こう》は徳《とく》の本《もと》なり(孝経) **336**, 346
黄馬《こうば》と驪牛《りぎゅう》とは三《さん》(荘子) 197
合抱《ごうほう》の木《き》も、毫末《ごうまつ》より生《しょう》ず(老子) 328
攻《こう》を禁《きん》じ、兵《へい》を寝《や》めて、世《よ》の戦《たたか》ひを救《すく》はんとす(荘子) 408
亢《こう》を批《さ》け、虚《きょ》を擣《う》ち、形格《かたちそむ》き勢《いきほ》ひ禁《きん》ずれば、則《すなは》ち自《おのづか》ら解《と》くるを為《な》さんのみ(史記) 299
呉起《ごき》の兵法《へいほう》、世《よ》に多《おほ》く有《あ》り(史記) 279
孤駒《こく》は未《いま》だ嘗《かつ》て母《はは》有《あ》らず(荘子) 197
刻暴《こくぼう》・少恩《しょうおん》を以《もっ》て、其《そ》の軀《み》を亡《うしな》ふ(史記) 306
五穀《ごこく》熟《じゅく》して、民人《みんじん》育《いく》す(孟子) 265
寒《こご》ゆる者《もの》は衣《い》を得《え》ず(墨子) 234
心《こころ》焉《ここ》に在《あ》らざれば、視《み》れども見《み》えず、聴《き》けども聞《き》こえず(大学) **337**
心《こころ》に在《あ》るを志《し》と為《な》し、言《げん》に発《はっ》するを詩《し》と為《な》す(詩経) 235
心《こころ》広《ひろ》ければ体胖《たいゆた》かなり(大学) **337**
心《こころ》誠《まこと》に之《これ》を求《もと》むれば、中《あ》たらずと雖《いえど》も遠《とお》からず(大学) **338**
心《こころ》を労《ろう》する者《もの》は人《ひと》を治《をさ》め、力《ちから》を労《ろう》する者《もの》は人《ひと》に治《をさ》めらる(孟子) 267
五十歩《ごじっぽ》百歩《ひゃっぽ》(孟子) **334**
五十《ごじゅう》にして天命《てんめい》を知《し》る(論語) 63, 239
五十里《ごじゅうり》にして利《り》に趣《おもむ》く者《もの》は、軍《ぐん》半《なか》ば至《いた》る(史記) 300
孤犢《ことく》未《いま》だ嘗《かつ》て母《はは》有《あ》らずとは、孤犢《ことく》に非《あら》ざればなり(列子) 206

髪千鈞《かみせんきん》を引《ひ》くとは、勢至等《せいしとう》なればなり(列子)　206
亀《かめ》は蛇《へび》よりも長《なが》し(荘子)　196
関尹《かんいん》は、清《せい》を貴《たふと》ぶ(呂氏春秋)　20
桓公《かんこう》、諸侯《しょこう》を九合《きゅうごう》するに、兵車《へいしゃ》を以《もつ》てせざりきは、管仲《かんちゅう》の力《ちから》なり(論語)　8
桓団《かんだん》・公孫竜《こうそんりゅう》は弁者《べんしゃ》の徒《と》なり(荘子)　190
管仲《かんちゅう》、桓公《かんこう》に相《しょう》として、諸侯《しょこう》に覇《は》たらしめ、天下《てんか》を一匡《いっきょう》す(論語)　8
管仲微《かんちゅうな》かりせば、吾其《われそ》れ被髪左衽《ひはつさじん》せん(論語)　8
幹《かん》とは、日《ひ》の神《かみ》なり(広雅)　153
管鮑《かんぽう》の交《まじ》わり(史記)　**324**
管《かん》を用《もっ》て天《てん》を窺《うかが》う(荘子)　**325**

き

飢寒凍餓《きかんとうが》は、必《かなら》ず農《のう》・女《じょ》より起《お》こる(管子)　266
技巧《ぎこう》とは、手足《しゅそく》を習《なら》はし、器械《きかい》を便《べん》にし、機《き》関《かん》を積《つ》みて、以《もつ》て攻守《こうしゅ》の勝《か》ちを立《た》つる者《もの》なり(漢書)　278
亀筴鬼神《きさくきしん》、以《もつ》て挙《あ》げて勝《か》つに足《た》らず(韓非子)　185, 186
弃《き》、稷《しょく》を主《つかさど》り、百穀時《ひゃっこくとき》に茂《しげ》る(史記)　265
鬼神《きしん》の物《もの》を見《み》、鬼神《きしん》の声《こゑ》を聞《き》くこと有《あ》り(墨子)　236
吉凶《きつきょう》は人《ひと》に由《よ》る(左伝)　142, 143
木強《きつよ》ければ則《すなは》ち折《を》る(老子)　120, **326**
木《き》に縁《よ》りて魚《うお》を求《もと》む(孟子)　**326**
魏《ぎ》の文侯《ぶんこう》の時《とき》、李克務《りこくつと》めて地力《ちりょく》を尽《つ》くす(史記)　420
義《ぎ》は天下《てんか》の良宝《りょうほう》なり(墨子)　214
義《ぎ》は自《みづか》らは進《すす》まず(管子)　341
規《き》は以《もつ》て円《えん》を為《な》すべからず(荘子)　196
君君《きみきみ》たり、臣臣《しんしん》たり(論語)　225
亀《き》も亦《ま》た是《こ》れ易《えき》なり(伝習録)　89
九層《きゅうそう》の台《だい》も、累土《るいど》より起《お》こる(老子)　**328**
丘《きゅう》は詩《し》・書《しょ》・礼《れい》・楽《がく》・易《えき》・春秋《しゅんじゅう》の六経《りくけい》を治《をさ》め、自《みづか》ら以《もつ》て久《ひさ》しく、其《そ》の故《ゆゑ》を熟知《じゅくち》すと為《な》す(荘子)　28
朽木《きゅうぼく》は彫《え》るべからざるなり、糞土《ふんど》の牆《しょう》は杇《ぬ》るべからざるなり(論語)　**328**
杞憂《きゆう》(列子)　**326**
郷校《きょうこう》を毀《こぼ》たば如何《いかん》(左伝)　172
境内皆兵《きょうないみなへい》を言《い》ひ、孫《そん》・呉《ご》の書《しょ》を蔵《ぞう》する者《もの》、家《いへ》ごとにこれ有《あ》り(韓非子)　279
郷《きょう》に掠《かす》めて衆《しゅう》に分《わ》かち、地《ち》を廓《ひろ》めて利《り》を分《わ》かち、権《けん》を懸《か》けて動《うご》く(孫子)　291
虚言《きょげん》は治《ち》を成《な》す所以《ゆゑん》に非《あら》ざるなり(韓非子)　23
巨鐘《きょしょう》を撞《つ》き、鳴鼓《めいこ》を撃《う》ち、琴瑟《きんしつ》を弾《だん》じ、竽笙《うしょう》を吹《ふ》き、干戚《かんせき》を揚《あ》ぐ(墨子)　234
漁父《ぎょほ》の利《り》(戦国策)　**329**, 408
魏《ぎ》を囲《かこ》みて趙《ちょう》を救《すく》ふ(三十六計)　283
木《き》を斲《き》りて耜《し》と為《な》し、木《き》を揉《たわ》めて耒《らい》と為《な》し、耒耨《らいどう》の用《よう》、以《もつ》て万人《ばんじん》に教《をし》へ、始《はじ》めて耕《こう》を教《をし》ふ(史記)　263
義《ぎ》を見《み》て為《な》さざるは、勇無《ゆうな》きなり(論語)　**327**

く

愚公山《ぐこうやま》を移《うつ》す(列子)　**330**
愚《ぐ》、焉《これ》より大《だい》なるは莫《な》し(韓非子)　186
詘《くつ》に見《み》る有《あ》りて、信《しん》に見《み》る無《な》し(荀子)　19
愚《ぐ》に非《あら》ざれば則《すなは》ち誣《ふ》ならん(韓非子)　68
国《くに》に便《べん》ならば、必《かなら》ずしも古《いにしへ》に法《のっと》らず(商君書)　405
国《くに》を治《をさ》むる所以《ゆゑん》の者《もの》は三《さん》(商君書)　405
矩《く》は方《ほう》ならず(荘子)　196
食《く》らふときは語《かた》らず。寝《い》ぬるときは言《ものいは》ず(論語)　55
車《くるま》の中《なか》にては、内顧《ないこ》せず、疾言《しつげん》せず、親指《しんし》せず(論語)　55
君子《くんし》の過《あやま》つや、日月《じつげつ》の食《しょく》のごとし(論語)　346
君子《くんし》の儒《じゅ》と為《な》れ、小人《しょうじん》の儒《じゅ》と為《な》ること無《な》かれ(論語)　400
君子《くんし》の交《まじ》わりは、淡《あわ》きこと水《みず》のごとし(荘子)　**331**
君子《くんし》は必《かなら》ず其《そ》の独《ひと》りを慎《つつし》む(大学)　**332**
君子《くんし》は義《ぎ》に喩《さと》り、小人《しょうじん》は利《り》に喩《さと》る(論語)　225
君子《くんし》は其《そ》の独《ひと》りを慎《つつし》む(中庸)　324
君子《くんし》は庖厨《ほうちゅう》を遠《とお》ざく(孟子)　**332**

殷《いん》は夏《か》の礼《れい》に因《よ》る(論語)　54
陰陽合和《いんようごうわ》す(淮南子)　139
陰陽錯行《いんようさくこう》す(荘子)　141
陰陽《いんよう》とは、時《とき》に順《したが》ひて発《はっ》し、刑徳《けいとく》を推《お》し、斗撃《とげき》に随《したが》ひ、五勝《ごしょう》に因《よ》り、鬼神《きしん》を借《か》りて助《たす》けと為《な》す者《もの》なり(漢書)　277
陰陽并《いんようなら》びに毗《ひ》す(荘子)　140
陰陽《いんよう》の事《こと》なり、吉凶《きつきょう》の生《しょう》ずる所《ところ》に非《あら》ざるなり(左伝)　142
陰陽《いんよう》の和《わ》に慎《したが》ふ(韓非子)　140
陰《いん》を負《お》ひて陽《よう》を抱《いだ》く(老子)　138

う

飢《う》うる者《もの》は食《しょく》を得《え》ず(墨子)　234
魚《うお》を得《え》て筌《せん》を忘《わす》る(荘子)　**319**
中《うち》に誠《まこと》あれば、外《そと》に形《あらわ》る(大学)　**320**
上《うへ》は天《てん》を利《り》せず、中《なか》は鬼《き》を利《り》せず、下《した》は人《ひと》を利《り》せず(墨子)　239
馬《うま》に卵有《たまごあ》り(荘子)　195
海《うみ》は水潦《すいろう》を譲《ゆず》らず(淮南子)　380
怨《うら》みに報《むく》ゆるに徳《とく》を以《もっ》てす(老子)　**320**

え

郢《えい》は天下《てんか》を有《たも》つ(荘子)　195
選《えら》べば則《すなは》ち遍《あまね》からず、教《をし》ふれば則《すなは》ち至《いた》らず。道《みち》は則《すなは》ち遺《のこ》すこと無《な》き者《もの》なり(荘子)　416
遠交近攻《えんこうきんこう》(史記)　**320**

お

王者《おうじゃ》の名《な》を制《せい》するや、名《な》定《さだ》まりて実弁《じつべん》じ、道《みち》行《おこな》はれて志通《こころつう》じ、則《すなは》ち慎《つつし》みて民《たみ》を率《ひき》ゐて焉《これ》を一《いつ》にす(荀子)　191
王者《おうじゃ》は衆庶《しゅうしょ》を卻《しりぞ》けず(史記)　380
王寥《おうりょう》は、先《さき》を貴《たふと》ぶ(呂氏春秋)　20
行《おこな》ひを偽《いつは》りて自《みづか》ら飾《かざ》る(墨子)　10
己《おのれ》に克《か》ちて礼《れい》に復《かへ》るを仁《じん》と為《な》す(論語)　55
己《おのれ》に如《し》かざる者《もの》を友《とも》とすること無《な》かれ(論語)　**321**
元《おほ》いに亨《とほ》る。貞《ただ》しきに利《よろ》し(周易)　91
親《おや》を愛《あい》する者《もの》は、敢《あ》えて人《ひと》を悪《にく》まず(孝経)　**321**
凡《およ》そ戦《たたか》ひは正《せい》を以《もつ》て合《あ》ひ、奇《き》を以《もつ》て勝《か》つ(孫子)　276
温故知新《おんこちしん》(論語)　372

か

悝《かい》、諸国《しょこく》の法《ほう》を撰次《せんじ》して、「法経《ほうけい》」を著《あらは》す(晋書)　420
外人皆夫子弁《がいじんみなふうしべん》を好《この》むと称《しょう》す(孟子)　80
隗《かい》より始《はじ》めよ(十八史略)　452
顧《かえり》みて他《た》を言《い》う(孟子)　**322**
河海《かかい》は細流《さいりゅう》を択《えら》ばず(史記)　380
牆《かき》に耳有《みみあ》り(管子)　**323**
蝸牛角上《かぎゅうかくじょう》の争《あらそ》い(荘子)　**322**
楽行《がくおこな》はれて志清《しきよ》く、礼脩《れいをさ》まりて行成《こうな》る(荀子)　235
学者《がくしゃ》の其《そ》の意《い》に達《たっ》せずして、師《し》に悖《まど》ふを愍《あはれ》む(史記)　26
学《がく》、主《しゅ》とする所無《ところな》し(史記)　403
楽《がく》を為《な》すは非《ひ》なり(墨子)　234
楽《がく》なる者《もの》は楽《らく》なり(荀子)　235
隠《かく》れたるより見《あらわ》るるは莫《な》し(中庸)　**323**
楽《がく》を好《この》みて人《ひと》を淫《いん》す(墨子)　10
賈生《かせい》、年少《としわか》くして、頗《すこぶ》る諸子百家《しょしひゃっか》の書《しょ》に通《つう》ず(史記)　26
風蕭蕭《かぜしょうしょう》として易水寒《えきすいさむ》し(史記)　469
形有《かたちあ》れば名《な》有《あ》り(荘子)　207
夏虫《かちゅう》には以《もつ》て氷《こほり》を語《かた》るべからず(荘子)　316
勝《か》つべからざるは己《おのれ》に在《あ》り(孫子)　289
勝《か》つべきは敵《てき》に在《あ》り(孫子)　289
悲《かな》しいかな、百家《ひゃっか》往《ゆ》きて反《かへ》らず、必《かなら》ず合《がっ》せず(荘子)　12
必《かなら》ず攻《せ》めて守《まも》らざるは、兵《へい》の急《きゅう》なる者《もの》なり(孫臏兵法)　303
必《かなら》ず人《ひと》に取《と》りて、敵《てき》の情《じょう》を知《し》る者《もの》なり(孫子)　294
必《かなら》ず法令《ほうれい》を同《おな》じくするは、心《こころ》を一《いつ》にする所以《ゆゑん》なり(呂氏春秋)　21
必《かなら》ずや名《な》を正《ただ》さんか(論語)　202
兼《か》ねて相愛《あひあい》し、交相利《こもごもあひり》す(墨子)　224, 225

章句索引

1　書き下し文と訓読みの振り仮名とは、本文に倣って歴史的仮名遣いを用いているが、配列は現代仮名遣いの順になっている。

2　「諸子の名言」で見出しの立つ語句については、その掲載ページを太数字で示した。「諸子の名言」の見出しは、現代仮名遣いを用いているので、それに従った。

3　出典は、各章句の後に（　）で示した。

あ

嗟乎《ああ》、寡人此《かじんこ》の人《ひと》を見《み》、之《これ》と游《あそ》ぶを得《え》ば、死《し》すとも恨《うら》みじ(史記)　175
噫《ああ》、天予《てんわれ》を喪《ほろ》ぼせり(論語)　394
仰《あお》いで天《てん》に愧《は》じず、俯《ふ》して人《ひと》に怍《は》じず(孟子)　**314**
麻《あさ》を蓺《う》うるには之《これ》を如何《いかん》せん、其《そ》の畝《あぜ》を衡《よこ》にし従《たて》にす(詩経)　242
朝《あした》に道《みち》を聞《き》かば、夕《ゆう》べに死《し》すとも可《か》なり(論語)　**314**
中《あ》たらずと雖《いえど》も遠《とお》からず(大学)　**314**
侮《あなど》らるるも辱《はぢ》とせずして、民《たみ》の闘《たたか》ひを救《すく》ふ(荘子)　408
侮《あなど》らるるも辱《はぢ》とせず(荘子)　203
危《あや》うきこと累卵《るいらん》のごとし(韓非子)　**315**
過《あやま》ちて改《あらた》めざる、是《これ》を過《あやま》ちと謂《い》う(論語)　**315**
過《あやま》ちては則《すなわ》ち改《あらた》むるに憚《はばか》ること勿《な》かれ(論語)　**315**, 321
争《あらそ》ひは事《こと》の末《すゑ》なり(史記)　438

い

衣食足《いしょくた》りて栄辱《えいじょく》を知《し》る(管子)　**317**, 352
一日之《いちじつこれ》を暴《あたた》め、十日之《じゅうじつこれ》を寒《ひ》やす(孟子)　**317**
一女《いちじょ》織《お》らざれば、民之《たみこれ》が為《ため》に寒《こご》ゆる者有《ものあ》り(管子)　266
一人《いちにん》を殺《ころ》さば、之《これ》を不義《ふぎ》と謂《い》ひ、必《かなら》ず一《いつ》の死《し》罪《ざい》あり(墨子)　227
一年《いちねん》の計《けい》は、穀《こく》を樹《う》うるに如《し》くは莫《な》し(管子)　**317**
一農耕《いちのうたがや》さざれば、民之《たみこれ》が為《ため》に飢《う》うる者有《ものあ》り(管子)　266
一毛《いちもう》を抜《ぬ》いて天下《てんか》を利《り》するも、為《な》さざるなり(孟子)　215
一《いち》を聞《き》いて以《もっ》て十《じゅう》を知《し》る(論語)　**318**
一《いち》を持《もつ》て十《じゅう》を撃《う》つに、道有《みちあ》りや(孫臏兵法)　304
一尺《いっしゃく》の捶《すい》、日《ひ》に其《そ》の半《なか》ばを取《と》れば、万世竭《ばんせいつ》きず(荘子)　197
一《いつ》なれば則《すなは》ち安《やす》く、異《い》なれば則《すなは》ち危《あやふ》し(呂氏春秋)　21
一《いつ》なれば則《すなは》ち治《をさ》まり、異《い》なれば則《すなは》ち乱《みだ》る(呂氏春秋)　21
狗《いぬ》は犬《いぬ》に非《あら》ず(荘子)　197
犬《いぬ》は以《もつ》て羊《ひつじ》と為《な》すべし(荘子)　195
寿《いのちなが》ければ辱多《はじおお》し(荘子)　**319**
井《い》の中《なか》の蛙大海《かわずたいかい》を知《し》らず(荘子)　**316**
所謂仁義礼楽《いはゆるじんぎれいがく》なる者《もの》は、皆法《みなほう》より出《い》づ(管子)　393
韋編三《いへんみ》たび絶《た》つ(史記)　88
移木《いぼく》の信《しん》(史記)　**316**, 404
今《いま》、燕《えん》を伐《う》つは、文《ぶん》・武《ぶ》の時《とき》なり(史記)　451
今《いま》、申不害《しんふがい》は術《じゅつ》を言《い》ひ、公孫鞅《こうそんおう》は法《ほう》を為《な》す(韓非子)　174
今《いま》、先王《せんのう》の政《まつりごと》を以《もつ》て、当世《とうせい》の民《たみ》を治《をさ》めんと欲《ほつ》するは、皆《みな》株《くひぜ》を守《まも》るの類《るい》なり(韓非子)　181
未《いま》だ生《せい》を知《し》らず、焉《いづ》くんぞ死《し》を知《し》らんや(論語)　237
未《いま》だ人《ひと》に事《つか》ふること能《あた》はず、焉《いづ》くんぞ能《よ》く鬼《き》に事《つか》へんや(論語)　237
殷鑑遠《いんかんとお》からず(孟子)　**319**

李善《りぜん》(人)　374
劉安《りゅうあん》(人)　23, 24, 149, 160, 262, 263, 374
劉基《りゅうき》(人)　281
劉熙《りゅうき》(人)　209
『劉向所序《りゅうきょうしょじょ》』　32
劉向《りゅうきょう》(人)　7, 28, 34, 81, 94, 355
劉勰《りゅうきょう》(人)　33, 34, 35, 36
劉歆《りゅうきん》(人)　28, 31, 94, 276
劉昫《りゅうく》(人)　39
劉炫《りゅうげん》(人)　382, 383
劉敞《りゅうしょう》(人)　85
笠沢《りゅうたく》(地)　448
笠沢《りゅうたく》の戦《たたか》い　**448**
劉仲《りゅうちゅう》(人)　363
劉濞《りゅうび》(人)　363
劉邦《りゅうほう》(人)　399, 470, 471
梁丘拠《りょうきゅうきょ》(人)　24
『遼史《りょうし》』　40
遼東《りょうとう》(地)　456, 468
呂錡《りょき》(人)　433
『力牧《りょくぼく》』　34
力牧《りょくぼく》(人)　34
呂后《りょこう》(人)　284
『呂氏春秋《りょししゅんじゅう》』　20, 21, 33, 35, 132, 170, 215, 222, 229, 260, **261**, 262, 356, 372, 388, 395, 412, 413
呂尚《りょしょう》(人)　280, 281, 362
呂不韋《りょふい》(人)　20, 21, 244, 261, 262, 391, 465, 466
呂望《りょぼう》(人)　374
『呂覧《りょらん》』　20, 262
臨沂県《りんきけん》(地)　279, 301
林胡《りんこ》　455
臨淄《りんし》(地)　6, 248, 400, 449, 452, 453, 454
藺相如《りんしょうじょ》(人)　460, 461

れ

礼《れい》　50, 51, 53, **54**, 55, 56, 60, 67, 68, 83, 93, 393
厲王《れいおう》(周)　2, 146
礼楽《れいがく》　50, 55, 62, 65, 234, 239
厲公《れいこう》(晋)　433
霊公《れいこう》(斉)　9
麗水《れいすい》(地)　178
霊帝《れいてい》(後漢)　30
礼《れい》に立《た》つ　55
暦数家《れきすうか》　136
『歴代字書与常用字数《れきだいじしょとじょうようじすう》』　117
暦譜《れきふ》　**308**
歴物十事《れきぶつじゅうじ》　17, 192
列禦寇《れつぎょこう》(人)　20, 132
『列子《れっし》』　32, 35, 133, 135, 167, 190, 201, 206, 271, 333, 336, 352, 356, 359, 364, 392, 395, 412, 413, 417, 418
列子《れっし》(人)　**132**, 206, 420
『烈女伝《れつじょでん》』　339, 355
『列仙伝《れつせんでん》』　115
連衡《れんこう》　242, 243, 258
連衡策《れんこうさく》　240, 243, 247, 249, 251, 252, 254, 257, 397, 398
連叔《れんしゅく》(人)　368
廉頗《れんぱ》(人)　460, 462

ろ

魯《ろ》　426, 427, 433, 439, 446, 449, 458
臘祭《ろうさい》　264
『老子《ろうし》』　32, 109, 111, 114, 117, 124, 276, 344, 351
『老子五千言《ろうしごせんげん》』　117
『老子道徳経《ろうしどうとくきょう》』　20, 34, 111, 117
『老子《ろうし》』帛書《はくしょ》　118
老子《ろうし》(人)　16, 28, 34, 56, 109, 111, 112, 113, **115**, 116, 117, 118, 119, 121, 122, 132, 134, 138, 170, 174, 278, 320, 326, 328, 335, 347, 353, 354, 361, 369, 385, 388, 400, 417, 418, 420　→老聃《ろうたん》
老荘《ろうそう》　109
老耽《ろうたん》(人)　20
老聃《ろうたん》(人)　15, 16, 19, 20, 109, 110, 115　→老子《ろうし》
楼煩《ろうはん》　455
瑯邪《ろうや》(地)　435
『老萊子《ろうらいし》』　32, 116
老萊子《ろうらいし》(人)　116
六十四卦《ろくじゅうしか》　88, **90**
『魯詩《ろし》』　85
魯城《ろじょう》　67
盧生《ろせい》(人)　72
魯般雲梯《ろはんうんてい》　229
魯班《ろはん》(人)　397, 420
『魯論《ろろん》』　102
『論語《ろんご》』　8, 9, 29, 32, 53, 54, 56, 57, 61, 63, 65, 76, 86, 100, **101**, 103, 104, 106, 108, 146, 202, 225, 236, 239, 272, 275, 281, 284, 402, 409
『論衡《ろんこう》』　154, 218, 238, 383
『論語義疏《ろんごぎそ》』　**102**
『論語集解《ろんごしっかい》』　**102**
『論語集注《ろんごしっちゅう》』　96, 102
『論語《ろんご》の講義《こうぎ》』　102

わ

淮河《わいが》(地)　443
淮水《わいすい》(地)　124, 458
『淮南《わいなん》』　263
『淮南鴻烈《わいなんこうれつ》』　263
淮南《わいなん》(地)　262, 374
『淮南内《わいなんない》』　33, 260

267, 275, 302, 332, 334, 398, 408, 417
孟子《もうし》(人)　6, 9, 11, 12, 13, 18, 69, 70, **75**, 76, 77, 78, 79, 80, 96, 103, 104, 123, 124, 169, 189, 205, 215, 216, 218, 224, 233, 267, 314, 317, 319, 322, 340, 342, 345, 347, 355, 356, 358, 361, 376, 381, 398, 401, 416, 417, 450, 451　→孟軻《もうか》
『毛詩《もうし》』 85, 86
孟氏《もうし》　68
『孟子集注《もうししっちゅう》』 96, 104
『孟子題辞《もうしだいじ》』 **103**, 339
『毛詩鄭箋《もうしていせん》』 85
孟嘗君《もうしょうくん》(人)　465, 466
孟勝《もうしょう》(人)　215, 217, 411, **416**
毛嬙《もうしょう》(人)　129
孟津《もうしん》(地)　425
孟説《もうせつ》(人)　459
孟孫氏《もうそんし》　5
孟孫陽《もうそんよう》(人)　352, 418, 419
蒙《もう》(地)　124
毛萇《もうちょう》(人)　85
蒙恬《もうてん》(人)　73, 74, 470
毛被《もうひ》(人)　262
蒙武《もうぶ》(人)　470
孟母三遷《もうぼさんせん》　339
孟母《もうぼ》(人)　339, 340
目夷《もくい》(人)　430
孟敬子《もうけいし》(人)　364
諸橋轍次《もろはしてつじ》(人)　43, 102, 156

や

山田勝美《やまだかつみ》(人)　156
『野老《やろう》』 33
野老《やろう》(人)　35

ゆ

熊繹《ゆうえき》(楚)　435
幽王《ゆうおう》(周)　3, 141, 142, **427**, 457
有虞氏《ゆうぐし》　150
『輶軒使者絶代語釈別国方言《ゆうけんししゃぜつだいごしゃくべつこくほうげん》』 210
有若《ゆうじゃく》(人)　18
遊説家《ゆうぜいか》　23
『遊仙窟《ゆうせんくつ》』 252
羑里《ゆうり》(地)　425, 443
兪拊《ゆふ》(人)　311
夢《ゆめ》に蝴蝶《こちょう》となる　**127**, 134

よ

陽貨《ようか》(人)　64
姚賈《ようか》(人)　176
陽虎《ようこ》(人)　5
楊子《ようし》(人)　11, 216, 352, 364, 373, 383, 417, 418, 419
雍州《ようしゅう》(地)　331, 458
楊朱《ようしゅ》(人)　6, 11, 12, 20, 70, 80, 215, 216, **417**
陽城君《ようじょうくん》(人)　217
陽城《ようじょう》(地)　411, 417
揚子江《ようすこう》(地)　447
『揚子方言《ようすほうげん》』 210
陽生《ようせい》(人)　20, 417
煬帝《ようだい》(隋)　153, 382
容肇祖《ようちょうそ》(人)　21
陽翟《ようてき》(地)　261
揚布《ようふ》(人)　417
楊僕《ようぼく》(人)　284
養由基《ようゆうき》(人)　433
揚雄《ようゆう》(人)　210
楊倞《ようりょう》(人)　81
翼《よく》　**88**
予章《よしょう》(地)　436

ら

『礼《らい》』 29, 32, 130
『礼記《らいき》』 28, 30, **94**, 96, 100, 201, 203, 232, 233, 401
『礼記正義《らいきせいぎ》』 94
『礼記中庸伝《らいきちゅうようでん》』 100
厲郷《らいきょう》(地)　115
雷被《らいひ》(人)　262
楽安《らくあん》(地)　285
洛水《らくすい》(地)　141, 142
洛邑《らくゆう》(地)　3, 142, 427
洛陽《らくよう》(地)　245, 407
蘭陵《らんりょう》(地)　81

り

『李衛公問対《りえいこうもんたい》』 281
李延寿《りえんじゅ》(人)　282
李淵《りえん》(唐)　111
釐王《りおう》(周)　4
李悝《りかい》(人)　67, 168, 169, 206, **419**, 420
麗姫《りき》(人)　129
六気《りくき》　**147**
六義《りくぎ》　**86**
六経《りくけい》　27, **28**, 74, 75, 84, 203
六芸《りくげい》　28, **29**, 49, 57, 60, 61, 74, 340
六芸略《りくげいりゃく》　**32**
陸錫熊《りくしゃくゆう》(人)　41
六書《りくしょ》　211
六説十二子《りくせつじゅうにし》　17
『六韜《りくとう》』 **280**, 281, 301, 304, 362
李賢《りけん》(人)　84
李翱《りこう》(人)　100
『李克《りこく》』 419
李克《りこく》(人)　305, 419, 420
『李子《りし》』 32, 419
李斯《りし》(人)　27, 71, 73, 81, 169, 175, 176, 208, 467, 468, 471
李耳《りじ》(人)　115
李尚《りしょう》(人)　262
李信《りしん》(人)　468, 470
李靖《りせい》(人)　281

澠池《べんち》(地)　257
澠池《べんち》の会《かい》　454, **460**, 461
変法《へんぽう》　316, 404, 405
変法《へんぽう》の令《れい》　404, **405**

ほ

法《ほう》　22, 83, 393
法家《ほうか》　**168**
匏瓜《ほうか》ならんや　**64**
包犠氏《ほうぎし》　149
龐恭《ほうきょう》(人)　186, 187
方技略《ほうぎりゃく》　45, **311**
『法経《ほうけい》』　168, 420
『方言《ほうげん》』　**210**
龐涓《ほうけん》(人)　282, 298, 300, 301
『保元物語《ほうげんものがたり》』　439
茅坤《ぼうこん》(人)　220
褒姒《ほうじ》(人)　3, 427
鮑叔牙《ほうしゅくが》(人)　324, 392
法術《ほうじゅつ》　187
方丈《ほうじょう》　167
彭城《ほうじょう》(地)　471
彭祖《ほうそ》(人)　125, 126
豊《ほう》(地)　262
法治主義《ほうちしゅぎ》　169
房中《ぼうちゅう》　**312**
抱柱《ほうちゅう》の信《しん》　370
彭蒙《ほうもう》(人)　14, 15, 109, 170, 412, **416**
奉陽君《ほうようくん》(人)　248
蓬萊《ほうらい》　167
卜偃《ぼくえん》(人)　308
穆王《ぼくおう》(周)　**427**
穆賀《ぼくが》(人)　222
北杏《ほくきょう》(地)　4
穆公《ぼくこう》(秦)　86, 226, 374, **429**, 432, 449, **458**
穆公《ぼくこう》(鄭)　171
穆公《ぼくこう》(魯)　401
『墨子《ぼくし》』　9, 33, 35, 49, 69, 190, 204, 213, 214, 220, 224, 226, 227, 232, 233, 235, 236, 239, 260, 301
墨子《ぼくし》(人)　6, 10, 11, 20, 22, 23, 80, 115, 189, 199, 200, 204, 211, 212, 213, 214, 215, 216, 218, 219, **221**, 222, 224, 225, 226, 227, 228, 229, 231, 232, 234, 236, 238, 239, 372, 373, 374, 375, 383, 395, 397, 398, 399, 411, 416, 417, 418　→墨翟《ぼくてき》
墨守《ぼくしゅ》　214, 218, 221, **227**, 228
卜商《ぼくしょう》(人)　416
濮水《ぼくすい》(地)　128
卜筮《ぼくぜい》　**89**, 310
墨翟《ぼくてき》(人)　11, 12, 14, 18, 19, 20, 35, 68, 110, 190, 211, 218, 219, 221, 409, 413　→墨子《ぼくし》
北冥《ほくめい》の大鵬《たいほう》　**124**
牧野《ぼくや》(地)　425, 426
牧野《ぼくや》の戦《たたか》い　**425**
濮陽《ぼくよう》(地)　261
蒲《ほ》(地)　402
墨家《ぼっか》　**211**
渤海《ぼっかい》(地)　330
圃田《ほでん》(地)　132
蒲陽《ほよう》(地)　254

ま

馬王堆三号墓《まおうたいさんごうぼ》　250
馬王堆《まおうたい》(地)　118
誠《まこと》　**101**, 401
『万葉集《まんようしゅう》』　125

み

水上静夫《みずかみしずお》(人)　48, 62
道《みち》　109, **118**, 122, 135, 138, 139, 187, 263, 380
源頼朝《みなもとのよりとも》(人)　440
『明史《みんし》』　**40**, 41, 43
『明史《みんし》』芸文志《げいもんし》　97
『明史稿《みんしこう》』　40

む

無為《むい》　113, **120**, 121, 134, 174, 175, 263
無為自然《むいしぜん》　120
無為《むい》を為《な》す　**120**
無何有《むかう》の郷《さと》　**125**, 129, 130
無忌《むき》　465
無錫《むしゃく》(地)　434
無名《むめい》の指《ゆび》　256
無用《むよう》の用《よう》　126, **129**, 130
無余《むよ》(越)　435

め

名《めい》　174, 187, 191, 389
名家《めいか》　**187**
明鬼《めいき》　213, **236**, 238
名実《めいじつ》　**187**, 191, 200, 204
鳴条《めいじょう》(地)　423
鳴条《めいじょう》の戦《たたか》い　**423**
明帝《めいてい》(魏)　206
明帝《めいてい》(南朝宋)　111
名分《めいぶん》　**203**, 204, 225
明明徳《めいめいとく》　97

も

孟懿子《もういし》(人)　53
孟軻《もうか》(人)　18, 34, 75, 339　→孟子《もうし》
孟釐子《もうきし》(人)　53
『蒙求《もうぎゅう》』　229, 383
孟卿《もうけい》(人)　94
毛亨《もうこう》(人)　85
蒙驁《もうごう》(人)　467
『孟子《もうし》』　9, 11, 32, 35, 70, 76, 78, 80, 86, **103**, 104, 123, 204, 205, 218, 232, 256, 265, 266,

肥義《ひぎ》(人)　455
非攻《ひこう》　212, 213, 214, **226**, 227
尾生高《びせいこう》(人)　370
備前《びぜん》(地)　440
裨竈《ひそう》(人)　173, 308
費《ひ》(地)　64, 415
佛肸《ひつきつ》(人)　64
必攻不守《ひっこうふしゅ》　303
筆誅《ひっちゅう》　**92**
鄴《ひつ》(地)　432
鄴《ひつ》の戦《たたか》い　**432**, 433, 449
人《ひと》に忍《しの》びざるの心《こころ》　79
丙午《ひのえうま》　**161**
費無忌《ひむき》(人)　435
非命《ひめい》　213, **238**
百戦殆《ひゃくせんあや》ふからず　288
『百戦奇法《ひゃくせんきほう》』　281
『百戦奇略《ひゃくせんきりゃく》』　**281**
百里奚《ひゃくりけい》(人)　374
百花斉放《ひゃっかせいほう》　**6**
百家争鳴《ひゃっかそうめい》　**7**, 239
百家《ひゃっか》の学《がく》　**12**, 16
白虎観《びゃっこかん》　30, 152
『白虎通《びゃっこつう》』　30
『白虎通義《びゃっこつうぎ》』　30
繆筌孫《びゅうせんそん》(人)　41
馮劫《ひょうきょう》(人)　471
汶山《びんざん》(地)　256
閔子騫《びんしけん》(人)　58, **415**
黽池《びんち》(地)　404
湣王《びんのう》(斉)　246, 247, 257, 388, 391, 408, 412, **452**, 454

ふ

賦《ふ》　86
風《ふう》　86
馮驩《ふうかん》(人)　466
馮喜《ふうき》　258
『風后《ふうこう》』　34
風后《ふうこう》(人)　34
馮亭《ふうてい》(人)　462
風林火山《ふうりんかざん》　**290**
武王《ぶおう》(周)　2, 50, 53, 74, 75, 103, 131, 150, 166, 218, 284, 302, 367, 384, 389, 405, 425, **426**, 426, 427, 451
武王《ぶおう》(秦)　251, 252, 257, 258, 390, **459**
武王《ぶおう》(楚)　435
夫槩《ふがい》(人)　436
武関《ぶかん》(地)　255
伏義氏《ふくぎし》　88
『復性書《ふくせいしょ》』　100
伏生《ふくせい》(人)　87
腹𦾔《ふくとん》(人)　215, **415**
『武経《ぶけい》』　281, 287, 289
武侯《ぶこう》(魏)　306
武公《ぶこう》(晋)　449
武公《ぶこう》(鄭)　183
富国強兵《ふこくきょうへい》　77, 168, 169, 265, 266, 419, 420
夫差《ふさ》(呉)　285, 401, 437, 438, 439, 440, 443, 445, 446, 447, 448
巫祝《ふしゅく》　49, 61
夫椒山《ふしょうざん》(地)　438
武城《ぶじょう》(地)　366, 367, 381, 402, 409, 410
夫椒《ふしょう》の戦《たたか》い　**437**
負芻《ふすう》(楚)　470
扶蘇《ふそ》(人)　73
武丁《ぶてい》(殷)　424
武帝《ぶてい》(前漢)　27, 29, 30, 74, 84, 92, 111, 151, 156, 169, 263, 284
武帝《ぶてい》(梁)　100
武霊王《ぶれいおう》(趙)　198, **455**, 456
不老長生《ふろうちょうせい》　112
不老不死《ふろうふし》　312
不惑《ふわく》　**63**
轒轀《ふんうん》　231
文王《ぶんおう》(周)　2, 34, 50, 53, 74, 75, 88, 103, 166, 212, 218, 280, 362, 389, 405, 425, 434, 451
文景《ぶんけい》の治《ち》　111
文侯《ぶんこう》(魏)　67, 168, 305, 306, 307, 400, 419, 420, 435
文公《ぶんこう》(燕)　247, 248, 450
文公《ぶんこう》(晋)　430, 431, 432, 435, **449**　→重耳《ちょうじ》
文公《ぶんこう》(秦)　166
文公《ぶんこう》(鄭)　430
文公《ぶんこう》(滕)　79, 267
『文子《ぶんし》』　35, 374
焚書《ふんしょ》　**70**, 71, 87, 101
文種《ぶんしょう》(人)　177
焚書坑儒《ふんしょこうじゅ》　27
『文心雕龍《ぶんしんちょうりゅう》』　33
汶水《ぶんすい》(地)　415
文帝《ぶんてい》(前漢)　26, 27, 111

へ

兵陰陽家《へいいんようか》　**277**, 278
平王《へいおう》(周)　3, 142, 457, 458
平王《へいおう》(楚)　435, 436
兵家《へいか》　**275**
兵技巧家《へいぎこうか》　**278**, 278
兵形勢家《へいけいせいか》　**277**, 278
平原君《へいげんくん》(人)　165, 198, 463, 465
兵権謀家《へいけんぼうか》　**276**, 278
平公《へいこう》(晋)　147
『平治物語《へいじものがたり》』　439, 440, 443
兵書略《へいしょりゃく》　45
平天下《へいてんか》　98
兵《へい》は詭道《きどう》なり　287
兵法七書《へいほうしちしょ》　281
汨羅《べきら》(地)　256, 271
『別国方言《べっこくほうげん》』　210
『別録《べつろく》』　**28**, 29
扁鵲《へんじゃく》(人)　311
弁者二十一事《べんしゃにじゅういちじ》　17, 194
卞荘子《べんそうし》(人)　410
卞《べん》(地)　402

湯《とう》王《おう》(殷) 34,75,103,166,218,284,302,374,375,384,389,423,424
悼王《とうおう》(楚) 168,217,306
道家《どうか》 **108**
道観《どうかん》 **111**,112
道教《どうきょう》 **112**
唐虞三代《とうぐさんだい》 86
東胡《とうこ》 455
悼公《とうこう》(燕) 458
東昏侯《とうこんこう》(人) 338
道士《どうし》 **132**
『童子問《どうしもん》』 371
東周《とうしゅう》 3,6,7,142,275,425,427,457
東周《とうしゅう》を為《な》さんか **64**
唐叔虞《とうしゅくぐ》(人) 448
陶朱公《とうしゅこう》(人) **445** →范蠡《はんれい》
道術《どうじゅつ》 12,14,15,16,109,189
陶朱《とうしゅ》(人) 446 →陶朱公《とうしゅこう》
『唐書《とうしょ》』 39,40
『鄧析《とうせき》』 32
『鄧析子《とうせきし》』 413
盗跖《とうせき》(人) 131,132
鄧析《とうせき》(人) 18,197,203,**412**,413
同族封建《どうぞくほうけん》 **2**
唐代《とうだい》の五経《ごきょう》 31
唐《とう》(地) 448
陶《とう》(地) 445
董仲舒《とうちゅうじょ》(人) 29,30,74,148,166
唐帝《とうてい》 149
藤堂明保《とうどうあきやす》 48
陶唐氏《とうとうし》 150
『道徳経《どうとくきょう》』 116,117
唐都《とうと》(人) 308
東方朔《とうぼうさく》(人) 371
東陵山《とうりょうざん》(地) 131
鄧陵氏《とうりょうし》 216
鄧陵子《とうりょうし》(人) 14,190,216,217,409,**413**
督亢《とくこう》(地) 469
『読史方輿紀要《どくしほうよきよう》』 425
杜摯《とし》(人) 405
杜郵《とゆう》の戮《りく》 **464**
遁民《とんみん》 **419**

な

夏目漱石《なつめそうせき》(人) 99
『南史《なんし》』 282
南巣《なんそう》(地) 423

に

走《に》ぐるを上《じょう》と為《な》す 283,**284**
二十八宿《にじゅうはっしゅく》 160,308
二程子《にていし》 **95**,96,97,100,104
二柄《にへい》 **176**,177
『日本国語大辞典《にほんこくごだいじてん》』 203
任宏《にんこう》(人) 284

の

農家《のうか》 **263**

は

沛郡《はいぐん》(地) 262
沛公《はいこう》(人) 73
梅賾《ばいさく》(人) 88
梅膺祚《ばいようそ》(人) 211
萩原朔太郎《はぎわらさくたろう》(人) 119
伯夷《はくい》(人) 131,132
伯禹《はくう》 150
『博学篇《はくがくへん》』 208
伯牙《はくが》(人) 356
白起《はくき》(人) 437,**460**,461,462,463,464,468,470
伯牛《はくぎゅう》(人) 239
柏挙《はくきょ》(地) 436
柏挙《はくきょ》の戦《たたか》い **436**
伯魚《はくぎょ》(人) 53 →孔鯉《こうり》
帛書《はくしょ》 250
伯成子高《はくせいしこう》(人) 417
薄葬《はくそう》 218,219,231,238
白馬寺《はくばじ》 111
白馬《はくば》は馬《うま》に非《あら》ず 198,396
白馬非馬《はくばひば》 164
伯嚭《はくひ》(人) 436,437,438,444,447,448
伯陽父《はくようほ》(人) 141
八条目《はちじょうもく》 **98**
八卦《はっか》 88,**89**,90,159
バビロニヤ 156,157
原田種成《はらだたねしげ》(人) 42
馬陵《ばりょう》(地) 300
馬陵《ばりょう》の戦《たたか》い 282,301
范《はん》 449
樊於期《はんおき》(人) 469
反間《はんかん》 246,453,462
范蜎《はんけん》(人) 390,391
班固《はんこ》(人) 6,30,31,374
班昭《はんしょう》(人) 31
万章《ばんしょう》(人) 76,103
『凡将篇《はんしょうへん》』 209
范雎《はんしょ》(人) 244,320,321,**413**,414,415,461,462,463 →范睢《はんすい》
范睢《はんすい》(人) 244 →范雎《はんしょ》
阪泉《はんせん》(地) 422
阪泉《はんせん》の戦《たたか》い **422**
樊遅《はんち》(人) 236
万物斉同《ばんぶつせいどう》 126,128,129
万里《ばんり》の長城《ちょうじょう》 458
范蠡《はんれい》(人) 437,438,**439**,440,442,443,444,445,446,448 →陶朱公《とうしゅこう》

ひ

比《ひ》 86
裨海《ひかい》 167
非楽《ひがく》 212,218,219,231,232,**234**

中世《ちゅうせ》ヨーロッパ　157
中都《ちゅうと》(地)　65, 407
中牟《ちゅうぼう》(地)　64
『中庸《ちゅうよう》』　96, 97, **100**, 101, 104, 324, 332, 354, 370, 401
中庸《ちゅうよう》　75, **101**, 348, 401
仲雍《ちゅうよう》(呉)　434
『中庸広義《ちゅうようこうぎ》』　97
『中庸講疏《ちゅうようこうそ》』　100
『中庸章句《ちゅうようしょうく》』　96, 100
『中庸説《ちゅうようせつ》』　100
仲良氏《ちゅうりょうし》　68
趙《ちょう》　427, 449, 452, 453, **454**, 455, 456, 457, 459, 460, 461, 462, 464, 465, 466, 468, 469, 470, 471
張禹《ちょうう》(人)　102
趙王《ちょうおう》・歇《けつ》　471
張角《ちょうかく》(人)　112
趙括《ちょうかつ》(人)　462, 463
張儀《ちょうぎ》(人)　24, 205, 240, 241, 242, 243, 244, 245, 249, **250**, 251, 252, 253, 254, 255, 256, 257, 258, 390, 391, 397, 398, 410
趙岐《ちょうき》(人)　103, 205, 339
趙軍《ちょうぐん》　463
長江《ちょうこう》(地)　212, 256
張衡《ちょうこう》(人)　113
趙高《ちょうこう》(人)　73, 208
『張侯論《ちょうこうろん》』　102
長沙《ちょうさ》(地)　118, 250
『張子《ちょうし》』　33
趙爾巽《ちょうじそん》(人)　41
重耳《ちょうじ》(人)　226, 430, 431, 443, **449**　→文公《ぶんこう》(晋)
張耳《ちょうじ》(人)　367, 471
趙奢《ちょうしゃ》(人)　461
長城《ちょうじょう》　458
趙襄子《ちょうじょうし》(人)　449, **454**
長孫無忌《ちょうそんむき》(人)　36
張廷玉《ちょうていぎょく》(人)　40, 97
張唐《ちょうとう》(人)　391
長平《ちょうへい》(地)　462, 463
長平《ちょうへい》の戦《たたか》い　454, 456, **461**, 464
雕竜奭《ちょうりゅうせき》(人)　406
張良《ちょうりょう》(人)　280, 284, 399
張陵《ちょうりょう》(人)　112, 113
張祿《ちょうろく》(人)　414, 415, 461
張魯《ちょうろ》(人)　113
褚少孫《ちょしょうそん》(人)　151
樗里子《ちょりし》(人)　390
陳《ちん》　426, 427, 428, 430, 431, 461
陳蔡《ちんさい》の厄《やく》　9, 10, **60**, 66
陳渉《ちんしょう》(人)　470
陳相《ちんしょう》(人)　267
陳辛《ちんしん》(人)　267
陳軫《ちんしん》(人)　244, 254, **410**, 411
陳荘《ちんそう》(人)　254
陳仲《ちんちゅう》(人)　18
陳駢《ちんぺん》(人)　20, 412
陳良《ちんりょう》(人)　267

つ

『徒然草《つれづれぐさ》』　319

て

悌《てい》　56
鄭《てい》　427, 428, 430, 431, 432, 433
鄭安平《ていあんへい》(人)　414
程頤《ていい》(人)　38, 95
帝尭《ていぎょう》　423　→尭帝《ぎょうてい》
鄭県《ていけん》(地)　404
定公《ていこう》(晋)　439
定公《ていこう》(魯)　65
程顥《ていこう》(人)　38, 95
帝嚳《ていこく》　149, 264, 423
程子《ていし》　96
程朱《ていしゅ》　96
鄭袖《ていしゅう》(人)　255
程朱《ていしゅ》の学《がく》　96
帝舜《ていしゅん》　423　→舜帝《しゅんてい》
『鄭注論語《ていちゅうろんご》』　102
定命《ていめい》　238, 239
狄《てき》　431
跌鼻《てつび》(人)　238
天下国家《てんかこっか》　**5**
天下《てんか》の豪士《ごうし》　**20**
天下《てんか》を取《と》る　**121**
『天官《てんかん》』　367, 368
田忌《でんき》(人)　298, 299, 300, 303
『田俅子《でんきゅうし》』　33, 411
田俅子《でんきゅうし》(人)　411　→田求子《でんきゅうし》
田求子《でんきゅうし》(人)　411　→田俅子《でんきゅうし》
田鳩《でんきゅう》(人)　215, 226, **411**
天皇氏《てんこうし》　159
天行《てんこう》常《つね》有《あ》り　83
『田子《でんし》』　412
天志《てんし》　213, **235**, 238
田子方《でんしほう》(人)　395
『伝習録《でんしゅうろく》』　89
田襄子《でんじょうし》(人)　215, 217, **411**
田穣苴《でんじょうしょ》(人)　280, 281, 411
田常《でんじょう》(人)　176, 177, 400, 401
田単《でんたん》(人)　453
天長節《てんちょうせつ》　361
天人感応《てんにんかんのう》　165, 166
天人《てんにん》の分《ぶん》　83
田文《でんぶん》(人)　306
田駢《でんぺん》(人)　6, 14, 15, 18, 20, 109, 110, 170, 406, **412**, 416, 450
天武天皇《てんむてんのう》　136
天命《てんめい》　50, 64, 238, 308, 419
天文《てんもん》　**308**
田由《でんゆう》(人)　262

と

唐《とう》　436
滕《とう》　458

惻隠《そくいん》の心《こころ》　78
即墨《そくぼく》(地)　452, 453
即墨《そくぼく》の戦《たたか》い　**453**
狙公《そこう》(人)　359
『楚辞《そじ》』　371
楚辞《そじ》　271
『蘇子《そし》』　33
蘇秦《そしん》(人)　24, 240, 241, 242, 243, 244, **245**, 246, 247, 248, 249, 250, 251, 252, 253, 254, 257, 258, 330, 379, 407, 408, 450, 451
蘇代《そだい》(人)　244, 245, 329, 330, 390, 391, **407**, 408, 450, 451, 463
蘇飛《そひ》(人)　262
蘇厲《それい》(人)　244, 245, 407, **408**
『孫卿子《そんけいし》』　32, 81
孫卿《そんけい》(人)　81　→荀卿《じゅんけい》
『孫子《そんし》』　227, 276, 278, 279, 281, 282, 283, 287, 290, 294, 296, 301, 304, 307, 403
孫氏《そんし》　68
孫士毅《そんしき》(人)　41
孫子《そんし》の兵法《へいほう》　298
孫子《そんし》(人)　76, 280, 291, 301, 372
『孫子兵法《そんしへいほう》』　287, 296
孫臏《そんぴん》(人)　20, 276, 279, 282, 283, **298**, 299, 300, 301, 302, 303, 304, 409
『孫臏兵法《そんぴんへいほう》』　279, **301**, 303
孫武《そんぶ》(人)　276, 278, 279, 281, **285**, 286, 287, 293, 296, 298, 301, 409, 436, 450

た

代《だい》　470
太一《たいいつ》　15
大瀛海《だいえいかい》　167
代王《だいおう》・嘉《か》　468
代王《だいおう》(趙)　456, 457
『大学《だいがく》』　**96**, 97, 98, 100, 104, 324, 337, 338, 345, 380
大学《だいがく》　30
『大学広義《だいがくこうぎ》』　97
『大学章句《だいがくしょうく》』　62, 96, **97**
『大漢和辞典《だいかんわじてん》』　203, 243
大業《たいぎょう》　457
戴顒《たいきょう》(人)　100
大橈《たいこう》　159
太行山《たいこうさん》(地)　330
太昊帝《たいこうてい》　149
太公望《たいこうぼう》(人)　2, 362, 399
太歳紀年法《たいさいきねんほう》　**158**
太山《たいざん》(地)　126, 380
泰山《たいざん》(地)　356, 380, 395
『太史記《たいしき》』　25
『太史公《たいしこう》』　25, 32
太史公《たいしこう》　25
『太史公記《たいしこうき》』　25
太史公自序《たいしこうじじょ》　**25**
『太史公書《たいしこうしょ》』　25
太史儋《たいしたん》(人)　116
太上玄元皇帝《たいじょうげんげんこうてい》　111
太上老君《たいじょうろうくん》　113, 116
太史令《たいしれい》　25
大秦国《たいしんこく》　116
戴聖《たいせい》(人)　94
太宗《たいそう》(唐)　31, 84, 281
『大戴記《だいたいき》』　94
代《だい》(地)　456, 468
大道《たいどう》　122, 389
戴徳《たいとく》(人)　94
太伯《たいはく》(呉)　434
大費《たいひ》　457
太武帝《たいぶてい》(北魏)　113
『太平記《たいへいき》』　438, 439, 440, 441, 442
太平道《たいへいどう》　**112**, 113
平　清盛《たいらのきよもり》(人)　440
大梁《たいりょう》(地)　469
托克托《たくこくたく》(人)　40
淖歯《たくし》(人)　452
涿鹿《たくろく》の戦《たたか》い　**422**
武田信玄《たけだしんげん》(人)　290
它囂《たごう》(人)　18
『大戴礼《だたいれい》』　**94**
赧王《たんおう》(周)　461, 464
段干木《だんかんぼく》(人)　395
譚嗣同《たんしどう》(人)　169
澹台滅明《たんだいめつめい》(人)　367, 381, 402, **410**
談天《だんてん》の衍《えん》　**165**
檀道済《だんどうさい》(人)　338
端木賜《たんぼくし》(人)　409
丹陽《たんよう》(地)　435
端和《たんわ》(人)　456

ち

智《ち》　449
地久節《ちきゅうせつ》　361
竹簡《ちくかん》　**301**
治国《ちこく》　98
治人《ちじん》　62
致知《ちち》　98
知命《ちめい》　**64**
邾《ちゅ》　427, 428, 429, 458
忠《ちゅう》　23
紂王《ちゅうおう》(殷)　131, 319, 367, 384, 425, 426, 451　→紂王《ちゅうおう》(商)
紂王《ちゅうおう》(商)　150　→紂王《ちゅうおう》(殷)
仲弓《ちゅうきゅう》(人)　58, **410**
『冲虚真経《ちゅうきょしんきょう》』　133
冲虚真人《ちゅうきょしんじん》　132
『中経新簿《ちゅうけいしんぼ》』　36
中原《ちゅうげん》　432, 433, 435
中行《ちゅうこう》　449
『注好選《ちゅうこうせん》』　252
中山《ちゅうざん》　460
中山《ちゅうざん》(地)　201, 392
仲尼《ちゅうじ》(人)　18, 51
忠恕《ちゅうじょ》　**56**, 57, 67

成王《せいおう》(周)　23, **427**, 435, 448
成王《せいおう》(楚)　430, 431
斉家《せいか》　98
西河《せいか》(地)　395
成侯《せいこう》(趙)　458
『斉詩《せいし》』　85
正史《せいし》　25
西施《せいし》(人)　349, 439, 440
青史《せいし》(人)　35
西周《せいしゅう》　3, 6, 7, 50, 56, 62, 64, 142, **426**
正心《せいしん》　98
済水《せいすい》(地)　367
済西《せいせい》(地)　452
済西《せいせい》の戦《たたか》い　**452**, 453
性善《せいぜん》　**79**
性善説《せいぜんせつ》　79, 80, 169
『斉孫子兵法《せいそんしへいほう》』　279
筮竹《ぜいちく》　89, 309
成帝《せいてい》(前漢)　28, 210, 284
井田法《せいでんほう》　**79**
成湯《せいとう》　150
説難《ぜいなん》　**181**
西伯《せいはく》(人)　443
勢法家《せいほうか》　169
済北《せいほく》(地)　399
『斉民要術《せいみんようじゅつ》』　268
正名《せいめい》　84, 187, 191, **201**, 203
正名論《せいめいろん》　114, 202, 388, 389
『斉論《せいろん》』　102
赤県神州《せきけんしんしゅう》　**167**
石申夫《せきしんふ》(人)　308
世宗《せそう》(清)　40
薛《せつ》　458
接子《せっし》(人)　406
節葬《せっそう》　212, 219, **231**
薛譚《せったん》(人)　336
薛《せつ》(地)　465, 466
『説文《せつもん》』　210
『説文解字《せつもんかいじ》』　48, 49, **210**
節用《せつよう》　212, 218, **231**
接輿《せつよ》(人)　368
先王《せんおう》の道《みち》　48
『山海経《せんがいきょう》』　**271**, 311
冉求《ぜんきゅう》(人)　407
顓頊《せんぎょく》　423, 435, 457
顓頊帝《せんぎょくてい》　149
『戦国策《せんごくさく》』　6, **7**, 32, 132, 205, 227, 247, 250, 255, 390, 397, 411
戦国時代《せんごくじだい》　**6**, 448
『戦国縦横家書《せんごくじゅうおうかしょ》』　250
戦国《せんごく》の七雄《しちゆう》　**6**, 435
川上《せんじょう》の嘆《たん》　382
占筮《せんぜい》　88
占星術《せんせいじゅつ》　162
陝西《せんせい》(地)　3
全性保真《ぜんせいほしん》　**418**
遷《せん》(趙)　456
宣王《せんのう》(韓)　248, 379
宣王《せんのう》(周)　146, 427
宣王《せんのう》(斉)　6, 76, 78, 123, 246, 248, 249, 322, 326, 388, 389, 408, 412, **449**, 450, 451
宣王《せんのう》(楚)　458
冉伯牛《ぜんはくぎゅう》(人)　57, 58, **407**
然明《ぜんめい》(人)　172
冉有《ぜんゆう》(人)　58, **407**
冉雍《ぜんよう》(人)　407

そ

楚《そ》　427, 428, 430, 431, 432, 433, 434, **435**, 436, 437, 452, 458, 459, 460, 461, 464, 465, 470
宋《そう》　427, 430, 431, 433, 458, 460
曹《そう》　430, 431
相愛《そうあい》　224
宋栄子《そうえいし》(人)　371
荘王《そうおう》(楚)　**429**, 432, 435
荘賈《そうか》(人)　403
『蒼頡篇《そうけつへん》』　**208**, 209
宋銒《そうけん》(人)　6, 14, 18, 19, 109, 110, 189, 203, 388, **408**, 409, 416
荘公《そうこう》(斉)　9
荘公《そうこう》(鄭)　428
倉公《そうこう》(人)　311
『曾子《そうし》』　32
『宋史《そうし》』　39, **40**
『宋子《そうし》』　33, 409
『荘子《そうし》』　12, 13, 17, 28, 32, 109, 111, 115, 123, 124, 126, 132, 133, 170, 188, 189, 190, 192, 194, 203, 207, 218, 232, 269, 271, 331, 349, 359, 368, 369, 370, 379, 388, 392, 395, 396, 408, 409, 413, 417, 418
荘子《そうし》(人)　12, 13, 14, 15, 16, 17, 109, 110, 111, **123**, 124, 125, 126, 127, 128, 129, 130, 132, 140, 141, 170, 174, 189, 192, 194, 197, 207, 217, 269, 270, 271, 320, 409, 418　→荘周《そうしゅう》
曾子学派《そうしがくは》　67
『宋司星子韋《そうしせいしい》』　32
曾子《そうし》(人)　56, 58, 60, 67, 97, 100, 106, 107, 221, 305, 336, 343, 346, 364, 376, 395, 401, **409**　→曾参《そうしん》
荘周《そうしゅう》(人)　16, 19, 35, 81, 109, 110　→荘子《そうし》
荘襄王《そうじょうおう》(秦)　261, **465**, 466
宋襄《そうじょう》の仁《じん》　**430**
曾参《そうしん》(人)　18, 106, 305, 409　→曾子《そうし》
曾申《そうしん》(人)　305
曹操《そうそう》(魏)　113
巣《そう》(地)　436
相夫氏《そうふし》　216, 217
相里勤《そうりきん》(人)　14, 190, 216, 217, **409**
相里氏《そうりし》　216

徐弱《じょじゃく》(人) 217
女脩《じょしゅう》 457
諸子略《しょしりゃく》 **32**, 45
庶人《しょじん》 5
胥臣《しょしん》(人) 431
徐朝龍《じょちょうりゅう》(人) 272
食客《しょっかく》 198, **465**
稷下先生《しょっかせんせい》 450
稷下《しょっか》(地) 76, 164, 388, 396, 406, 408, 412, 416
稷下《しょっか》の学《がく》 **6**, 81, 449, 450
稷下《しょっか》の学士《がくし》 6
『士礼《しらい》』 93, 94
白川静《しらかわしずか》(人) 48, 49, 62, 159
至楽《しらく》 **418**
子蘭《しらん》(人) 256
而立《じりつ》 **63**
子列子《しれつし》(人) 20
子路《しろ》(人) 9, 10, 57, 64, 202, 237, 238, **402**
晋《しん》 427, 430, 431, 432, 433, 434, **448**, 449, 454, 464
神《しん》 **138**
秦《しん》 425, 427, 430, 431, 432, 436, 437, 452, 454, 455, 456, **457**, 458, 459, 460, 461, 462, 464, 465, 466, 467, 468, 469, 470
仁《じん》 22, 23, 55, **56**, 57, 67, 225, 393
讖緯説《しんいせつ》 144, **152**, 153
秦王《しんおう》・政《せい》 175, 261, 391, 464, **466**, 469, 471
秦王朝《しんおうちょう》 148, 434
秦和《しんか》(人) 311
仁義《じんぎ》 11, 12, 74, 75, **77**, 78, 285
秦軍《しんぐん》 463, 468, 469
辛釿《しんけん》(人) 374
申侯《しんこう》(人) 3, 427
申后《しんこう》(人) 3, 427
真古文尚書《しんこぶんしょうしょ》 87
『慎子《しんし》』 32, 35, 406
『申子《しんし》』 32, 169, 174
『清史稿《しんしこう》』 38, 40, **41**
慎子《しんし》(人) 378
申繻《しんじゅ》(人) 310
『晋書《しんじょ》』 420
『尋常小學唱歌《じんじょうしょうがくしょうか》』 441
新城《しんじょう》(地) 460
信賞必罰《しんしょうひつばつ》 171, **177**, 371
晋昌《しんしょう》(人) 262
辛勝《しんしょう》(人) 468
搢紳先生《しんしんせんせい》 13
梓慎《しんしん》(人) 308
晋水《しんすい》(地) 448
秦青《しんせい》(人) 336
神仙《しんせん》 312
神僊《しんせん》 **312**
神仙説《しんせんせつ》 **112**
仁宗《じんそう》(北宋) 96
新注《しんちゅう》 102
清朝《しんちょう》 472
『新訂尋常小學唱歌《しんていじんじょうしょうがくしょうか》』 441
『新唐書《しんとうじょ》』 **39**
慎到《しんとう》(人) 6, 14, 15, 18, 19, 109, 110, 168, 169, 170, **406**, 412, 416, 450
慎独《しんどく》 324, 332
心都子《しんとし》(人) 352
『神農《しんのう》』 33
神農《しんのう》 **263**, 406
神農氏《しんのうし》 88, 149, 264, 422
申不害《しんふがい》(人) 19, 24, 35, 110, 168, 169, 170, 171, **173**, 174, 191, 406
親民《しんみん》 97
晋陽《しんよう》(地) 454
信陵君《しんりょうくん》(人) 463, 465
『新論《しんろん》』 83, 374

す

随《ずい》 436
水火木金土《すいかもくきんど》 **144**, 145
『隋書《ずいしょ》』 37, 38, 39, 40, 42, 75, 136, 163, 164, 221, 275, 285, 307, 382
『隋書《ずいしょ》』経籍志《けいせきし》 25, **36**, 243, 274, 393, 400
『隋巣子《ずいそうし》』 33, 35
檇李《すいり》(地) 437
檇李《すいり》の戦《たたか》い 437
数《すう》 60
騶衍《すうえん》(人) 136, **164**, 165, 166, 167, 186, 189, 198, 309, 406, 450, 451
騶忌《すうき》(人) 164
鄒国公《すうこくこう》 76
『鄒子《すうし》』 166
『騶子《すうし》』 35
『鄒子終始《すうししゅうし》』 32, 166
騶子《すうし》(人) 35
数術略《すうじゅつりゃく》 46, **308**
鄹城《すうじょう》(地) 51
『鄒奭子《すうせきし》』 406
鄒奭《すうせき》(人) **406** →騶奭《すうせき》
騶奭《すうせき》(人) 164, 406 →鄒奭《すうせき》
鄒《すう》(地) 13, 76, 339
騶《すう》(地) 75
陬邑《すうゆう》(地) 51
鄒魯《すうろ》の士《し》 **13**
須賀《すか》(人) 413, 414, 415

せ

斉《せい》 426, 427, 429, 430, 431, 433, 436, 439, 445, 446, 447, **449**, 449, 450, 451, 452, 454, 459, 460, 468, 470
性悪《せいあく》 **82**
性悪説《せいあくせつ》 82, 169
西安《せいあん》(地) 296
誠意《せいい》 98
『説苑《ぜいえん》』 342, 389
斉王《せいおう》・建《けん》 467

首尾《しゅび》、倶《とも》に至《いた》る　**292**
寿夢王《じゅぼうおう》(呉)　434
儒法兼治《じゅほうけんち》　169
首陽山《しゅようざん》(地)　131
『周礼《しゅらい》』　28, **94**, 311
『周礼注疏《しゅらいちゅうそ》』　94
淳于越《じゅんうえつ》(人)　70, 71
淳于髡《じゅんうこん》(人)　6, 205, 244, **403**, 404, 406, 450
荀勗《じゅんきょく》(人)　36
『荀卿新書《じゅんけいしんしょ》』　81
荀卿《じゅんけい》(人)　75, 81　→孫卿《そんけい》
『荀子《じゅんし》』　4, 17, 19, 35, 68, 70, 80, 81, 82, 83, 109, 110, 115, 197, 202, 203, 218, 234, 383, 408, 412
『荀子集解《じゅんししっかい》』　81
『荀子注《じゅんしちゅう》』　81
荀子《じゅんし》(人)　6, 17, 18, 19, 68, 69, 70, **81**, 82, 83, 110, 143, 144, 169, 175, 189, 191, 202, 203, 401, 403, 412, 450
『春秋《しゅんじゅう》』　3, 28, 29, 32, **90**, 91, 92, 93, 203, 204, 427, 428
『春秋公羊伝《しゅんじゅうくようでん》』　**92**
『春秋穀梁伝《しゅんじゅうこくりょうでん》』　**93**
『春秋左氏伝《しゅんじゅうさしでん》』　**92**, 147, 226, 281, 310, 413, 430, 437, 447
春秋三伝《しゅんじゅうさんでん》　**92**
春秋時代《しゅんじゅうじだい》　**3**, 427
春秋《しゅんじゅう》の五覇《ごは》　3, **4**, 168, 429, 449
春秋《しゅんじゅう》の筆法《ひっぽう》　**92**
『春秋繁露《しゅんじゅうはんろ》』　148
春申君《しゅんしんくん》(人)　81, 463, 465
『雋水八十一首《しゅんすいはちじゅういっしゅ》』　24
舜帝《しゅんてい》　18, 69, 86, 103, 236, **264**, 265, 376, 457　→帝舜《ていしゅん》
順民《じゅんみん》　**419**
荀林父《じゅんりんほ》(人)　432
『書《しょ》』　28, 29, **86**, 164
書《しょ》　60
焦《しょう》　426
頌《しょう》　86
焦延寿《しょうえんじゅ》(人)　152
昭王《しょうおう》(燕)　165, 257, 408, **451**, 452, 453
昭王《しょうおう》(周)　**427**
昭王《しょうおう》(秦)　244, 320, 321, 414, 460, 461, 462, 463, 464, 465
昭王《しょうおう》(楚)　60, 436
襄王《じょうおう》(韓)　256
襄王《じょうおう》(魏)　248, 249, 254, 258
襄王《じょうおう》(周)　5, 431
襄王《じょうおう》(斉)　414, 454
襄王《じょうおう》(趙)　391
商鞅《しょうおう》の新法《しんぽう》　458
商鞅《しょうおう》の法《ほう》　24
商鞅《しょうおう》(人)　24, 35, 76, 79, 168, 206, 316, **404**, 405, 406, 420, 458
商於《しょうお》(地)　254
『小学《しょうがく》』　32
蕭何《しょうか》(人)　206
章邯《しょうかん》(人)　470, 471
常季《じょうき》(人)　379
商丘《しょうきゅう》(地)　431
『商君書《しょうくんしょ》』　168
上郡《じょうぐん》(地)　74
商君《しょうくん》(人)　404
尚賢《しょうけん》　213, **239**
鄭玄《じょうげん》(人)　85, 94, 102
少康《しょうこう》(夏)　435
昭侯《しょうこう》(韓)　169, 173, 179
襄公《じょうこう》(晋)　432
襄公《じょうこう》(秦)　**457**, 458
襄公《じょうこう》(斉)　4, 392
襄公《じょうこう》(宋)　142, 430
少昊帝《しょうこうてい》　149
穰侯《じょうこう》(人)　321, 414, 461
昭公《しょうこう》(魯)　64
招魂《しょうこん》　**232**
常山《じょうざん》(地)　293
常山《じょうざん》の蛇勢《だせい》　**293**
『商子《しょうし》』　32, 406
鍾子期《しょうしき》(人)　356
衝車《しょうしゃ》　229
勝綽《しょうしゃく》(人)　214
向寿《しょうじゅ》(人)　391
『尚書《しょうしょ》』　32, 87, 88
昭襄王《しょうじょうおう》(秦)　**459**
『尚書正義《しょうしょせいぎ》』　88
従親《しょうしん》　247, 254
小数家《しょうすうか》　309
小説家《しょうせつか》　**269**
上善《じょうぜん》　120
『小戴記《しょうたいき》』　94
『小戴礼《しょうたいれい》』　**94**
嘗胆《しょうたん》　**443**, 443
葉《しょう》(地)　357
小知《しょうち》は大知《だいち》に及《およ》ばず　**125**
章帝《しょうてい》(後漢)　30, 152
尚同《しょうどう》　213, **239**
上党郡《じょうとうぐん》(地)　462, 463
子陽《しよう》(人)　132
昌平郷《しょうへいきょう》(地)　51
昌平君《しょうへいくん》(人)　470
城濮《じょうぼく》(地)　431
城濮《じょうぼく》の戦《たたか》い　**430**, 433, 449, 458
常無有《じょうむゆう》　15
接予《しょうよ》(人)　6, 450
女華《じょか》　457
諸葛亮《しょかつりょう》(人)　281
諸子九家《しょしきゅうか》　272
『書経《しょきょう》』　19, 87, 88, 114, 144, 148, 150, 203, 284, 309
触子《しょくし》(人)　452
稷門《しょくもん》(地)　6
属鏤《しょくる》の剣《けん》　**446**, 447
諸侯《しょこう》　5, 6, 62
胥山《しょざん》(地)　447
処士横議《しょしおうぎ》　11
諸子九流《しょしきゅうりゅう》　**33**
諸子十家《しょしじっか》　45, 276
徐摯《じょし》(人)　172

子綽《ししゃく》(人) 382
史鰌《ししゅう》(人) 18
耳順《じじゅん》 **65**
四書《ししょ》 **38**, 84, 95, 96
四象《ししょう》 **89**
子襄《しじょう》(人) 376
『四書集注《ししょしっちゅう》』 38, **96**, 104
『四書章句集注《ししょしょうくしっちゅう》』 96, 97, 100
子胥《ししょ》(人) 436, 437, 438, 443, 445, 446, 447
至人《しじん》 83
泗水《しすい》(地) 67, 458
死生一如《しせいいちじょ》 **130**
子桑雽《しそうこ》(人) 331
子楚《しそ》(人) 464, 466
四端《したん》 **79**
七緯《しちい》 **152**
七経《しちけい》 84, 85, 105
『史籀《しちゅう》』 32
『史籀篇《しちゅうへん》』 **208**, 209
子張氏《しちょうし》 69
子張《しちょう》(人) 18, 54, 57, 58, 68, 69, 400, **402**
『七略《しちりゃく》』 **28**, 31, 32, 34, 45
『七略別録《しちりゃくべつろく》』 28
実《じつ》 187
十干《じっかん》 **153**, 154, 156, 159
漆彫開《しつちょうかい》(人) **403**
漆雕啓《しつちょうけい》(人) 371
漆雕氏《しつちょうし》 68
十哲《じってつ》 **58**, 60
『字統《じとう》』 48
指南車《しなんしゃ》 423
詩《し》に興《おこ》る 55
司馬桓魋《しばかんたい》(人) 236
司馬牛《しばぎゅう》(人) 239
司馬光《しばこう》(人) 96
司馬錯《しばさく》(人) 205, 254, 460
司馬穰苴《しばじょうしょ》(人) 276, 305, **402**, 403
司馬遷《しばせん》(人) 3, 7, 25, 26, 27, 151, 171, 174, 176, 181, 244, 249, 250, 254, 258, 306, 403, 404, 408, 466
司馬談《しばたん》(人) 25, 26, 171
『司馬法《しばほう》』 **280**, 281, 284
子反《しはん》(人) 434
市被《しひ》(人) 451
四部《しぶ》 39
子墨子《しぼくし》(人) 214
揣摩《しま》 246
射《しゃ》 60
釈迦如来《しゃかにょらい》(人) 116
『釈名《しゃくみょう》』 **209**
儒《じゅ》 **48**, 49, 50, 52, 53, 56, 61
周《しゅう》 465
『拾遺記《しゅういき》』 246
『周易《しゅうえき》』 88, 91, 111
『周易正義《しゅうえきせいぎ》』 91
縦横家《じゅうおうか》 **240**
周王朝《しゅうおうちょう》 **50**, 148
縦横長短《じゅうおうちょうたん》の術《じゅつ》 24
『周官《しゅうかん》』 94
修魚《しゅうぎょ》(地) 454
修魚《しゅうぎょ》の戦《たたか》い **454**, 459
充虞《じゅうぐ》(人) 233
周公旦《しゅうこうたん》(魯) 2, 13, 19, 50, 53, 93, 94, 107, 208, 212, 423
→周公《しゅうこう》
周公《しゅうこう》(魯) 23, 103, 216, 218
→周公旦《しゅうこうたん》
修己治人《しゅうこちじん》 55, **62**, 99
十三経《じゅうさんぎょう》 85, 94, **104**, 105
十三経注疏《じゅうさんぎょうちゅうそ》 104, **106**
『十三篇《じゅうさんぺん》』 287
子游氏《しゆうし》 70
子游《しゆう》・子夏学派《しかがくは》 67
終始五徳《しゅうしごとく》 166
『終始大聖《しゅうしたいせい》』 166
周室《しゅうしつ》の東遷《とうせん》 **3**, 449
柔弱《じゅうじゃく》 **119**
修身《しゅうしん》 98
従心《じゅうしん》 **66**
周道《しゅうどう》 19
周敦頤《しゅうとんい》(人) 95
十二経《じゅうにけい》 105
十二支《じゅうにし》 **154**, 156, 158, 159, 162
『十二支物語《じゅうにしものがたり》』 156
重農主義《じゅうのうしゅぎ》 266
『十八史略《じゅうはちしりゃく》』 430, 446, 447, 469
史游《しゆう》(人) 209
子游《しゆう》(人) 18, 58, 60, 68, 69, 366, 367, 381, 401, **402**
蚩尤《しゆう》(人) 422
十翼《じゅうよく》 88
儒家《じゅか》 **48**
繻葛《じゅかつ》(地) 428
繻葛《じゅかつ》の戦《たたか》い **428**
朱熹《しゅき》(人) 38, 53, 62, 76, 96, 97, 98, 100, 101, 102, 104, 107
儒教《じゅきょう》 29
祝《しゅく》 426
粛王《しゅくおう》(楚) 217, 306
粛綺《しゅくき》(人) 246
郰県《じゅくけん》(地) 437
粛侯《しゅくこう》(趙) 246, 247, 248, 251, 252
叔興《しゅくこう》(人) 142
叔斉《しゅくせい》(人) 131
叔孫氏《しゅくそんし》 5
叔梁紇《しゅくりょうこつ》(人) 5, 51, 52
朱元璋《しゅげんしょう》(明) 281
朱子《しゅし》 96
朱子学《しゅしがく》 96
濡弱謙下《じゅじゃくけんか》 15
守株《しゅしゅ》 181
術《じゅつ》 174, 187
出公《しゅつこう》(晋) 449
術士《じゅつし》 49
述聖《じゅつせい》 401
術法家《じゅつほうか》 169
出藍《しゅつらん》 **82**, 83
出藍《しゅつらん》の誉《ほま》れ 82

古注《こちゅう》　102
蝴蝶《こちょう》の夢《ゆめ》　127
扈輒《こちょう》(人)　456
克己復礼《こっきふくれい》　55
五帝《ごてい》　263, 264, 422, **423**
五徳《ごとく》　**146**
五徳終始《ごとくしゅうし》　146, 148, **166**
五徳終始説《ごとくしゅうしせつ》　309
五徳転移《ごとくてんい》　166
五斗米道《ごとべいどう》　**112**, 113
伍被《ごひ》(人)　262
胡服騎射《こふくきしゃ》　**455**, 456
『古文儀礼《こぶんぎらい》』　**94**
『古文尚書《こぶんしょうしょ》』　**87**
『古文論語《こぶんろんご》』　102
胡母敬《こぼけい》(人)　208
胡母子都《こぼしと》(人)　92
胡陽《こよう》(人)　461
五倫《ごりん》　358
『古論語《ころんご》』　32
今野達《こんのとおる》(人)　252

さ

蔡《さい》　426, 427, 428, 430, 431, 436
西域《さいいき》　156
宰我《さいが》(人)　58, **400**
採詩官《さいしかん》　270
犀首《さいしゅ》(人)　459
歳星紀年法《さいせいきねんほう》　**156**, 157, 158
宰予《さいよ》(人)　328, 400, 410
沙丘《さきゅう》(地)　73, 74
左丘明《さきゅうめい》(人)　92
朔北《さくほく》(地)　331
左呉《さご》(人)　262
蜡祭《ささい》　264
『左氏伝《さしでん》』　92
雑家《ざつか》　**260**
雑占《ざつせん》　**310**
『左伝《さでん》』　92
三王《さんおう》　19
三革《さんかく》　**160**
三患《さんかん》　**234**
三桓氏《さんかんし》　5
散関《さんかん》(地)　116
三胡《さんこ》　455
三孔《さんこう》　67
三皇《さんこう》　471
三皇五帝《さんこうごてい》　349, 472
三綱領《さんこうりょう》　**97**
『三国志《さんごくし》』　320, 384
三猿《さんざる》　**162**
三舎《さんしゃ》を避《さ》く　**431**
三十《さんじゅう》にして立《た》つ　55
三十六計《さんじゅうろっけい》　**282**, 283
三晋《さんしん》　306, **449**, 461, 469
三聖人《さんせいじん》　12
三星堆遺跡《さんせいたいいせき》　271
『三星堆《さんせいたい》・中国古代文明《ちゅうごくこだいぶんめい》の謎《なぞ》』　272
三礼《さんらい》　**94**
『三略《さんりゃく》』　**280**, 281, 344, 368

し

『詩《し》』　28, 29, 55, **85**, 130
士《し》　5
『字彙《じい》』　211
鴟夷子皮《しいしひ》(人)　**445**
子韋《しい》(人)　308
子羽《しう》(人)　410
子嬰《しえい》(秦)　73
『爾雅《じが》』　103, 107, **208**, 209
四科《しか》　58, 60, 111
子家噲《しかかい》(人)　24
志学《しがく》　**63**
子夏氏《しかし》　69
四科十哲《しかじってつ》　58
泗河《しが》(地)　67
子夏《しか》(人)　18, 58, 60, 61, 67, 68, 69, 346, 395, **400**, 419
子罕《しかん》(人)　177
『史記《しき》』　3, 24, 25, 26, 27, 29, 30, 31, 53, 57, 68, 74, 81, 85, 86, 88, 91, 103, 106, 110, 113, 115, 116, 117, 124, 132, 150, 151, 163, 165, 166, 170, 171, 174, 181, 188, 191, 206, 220, 221, 227, 244, 247, 250, 252, 256, 258, 275, 279, 280, 282, 286, 299, 301, 307, 362, 367, 388, 390, 391, 397, 401, 403, 408, 410, 411, 413, 422, 427, 428, 429, 439, 440, 444, 445, 446, 447
蓍亀《しき》　**309**
尼丘《じきゅう》(地)　51, 52
子弓《しきゅう》(人)　18
『詩経《しきょう》』　32, 136, 203, 235, 242, 245, 265, 310, 319
史挙《しきょ》(人)　390
尼谿《じけい》(地)　10
四庫《しこ》　**38**
始皇帝《しこうてい》(秦)　27, 70, 71, 72, 73, 74, 87, 101, 144, 165, 166, 169, 399, 458, 464, 466, **471**, 472
子貢《しこう》(人)　10, 18, 58, 60, 178, 318, 342, 348, 395, 396, **400**, 401
尸佼《しこう》(人)　35
『四庫全書《しこぜんしょ》』　7, **41**
『四庫全書総目提要《しこぜんしょそうもくていよう》』　**41**, 42, 97, 260, 268
『四庫提要《しこていよう》』　**41**, 42, 43
子産《しさん》(人)　8, 168, **171**, 172, 173, 401, 412, 413
『子思《しし》』　32
『尸子《しし》』　33, 35
『子思子《ししし》』　401
四子書《ししとしょ》　38
止至善《ししぜん》　98
子思《しし》(人)　18, 60, 68, 75, 76, 100, 115, **401**, 409　→孔伋《こうきゅう》
子之《しし》(人)　450, 451

公輸盤《こうしゅばん》(人)　228, **397**
后勝《こうしょう》(人)　454, 467
后稷《こうしょく》　137, **264**, 265, 398
庚申《こうしん》　**162**
高辛氏《こうしんし》　149
孝成王《こうせいおう》(趙)　462
広政石経《こうせいせきけい》　**105**
『黄石公三略《こうせきこうさんりゃく》』　280, 400
黄石公《こうせきこう》(人)　280, 281, **399**, 400
高石子《こうせきし》(人)　214, 395, **398**
句践《こうせん》(越)　177, 437, 438, 439, 440, 442, 443, 445, 446, 448
浩然《こうぜん》の気《き》　345
孔穿《こうせん》(人)　198
厚葬久喪《こうそうきゅうそう》　49, 233, 239
高宗《こうそう》(唐)　111
后蒼《こうそう》(人)　94
高祖《こうそ》(前漢)　150, 280, 363, 374, 444
公孫衍《こうそんえん》(人)　242, 244, 391, **397**, 398, 410
公孫鞅《こうそんおう》(人)　174
公孫起《こうそんき》　460
公孫僑《こうそんきょう》(人)　171
公孫弘《こうそんこう》(人)　29
『公孫渾邪《こうそんこんや》』　32
公孫丑《こうそんちゅう》(人)　9, 69, 345, 356, 376, **398**
『公孫竜子《こうそんりゅうし》』　32, 198, 260, 388
公孫竜《こうそんりゅう》(人)　16, 17, 58, 164, 189, 190, 194, 197, **198**, 200, 201, 203, 204, 207, 325, 392, 396, 398, 416
黄池《こうち》(地)　439, 443
黄池《こうち》の会盟《かいめい》　443
耕柱子《こうちゅうし》(人)　**399**
『公檮生終始《こうちゅうせいしゅうし》』　32
『黄帝《こうてい》』　32
黄帝《こうてい》　34, 75, **110**, 113, 131, 133, 134, 142, 149, 166, 201, 302, 368, **422**, 423
孝悌《こうてい》　56, 57
黄道十二宮《こうどうじゅうにきゅう》　156, **157**
高堂生《こうどうせい》(人)　93, 94
公都子《こうとし》(人)　80
江南《こうなん》(地)　410, 470
殽《こう》(地)　432
殽《こう》の戦《たたか》い　**432**, 449
洪範九疇《こうはんきゅうちゅう》　144
孔廟《こうびょう》　67
孔府《こうふ》　67
光武帝《こうぶてい》(後漢)　152
孝文王《こうぶんおう》(秦)　**465**, 466
孔壁古文《こうへきこぶん》　87
孔門《こうもん》の十哲《じってつ》　394, 400, 402, 407, 410, 415
公冶長《こうやちょう》(人)　53
高誘《こうゆう》(人)　242
高陽氏《こうようし》　149
交利《こうり》　224, 239
孔鯉《こうり》(人)　67　→伯魚《はくぎょ》
公劉《こうりゅう》(周)　137
高陵君《こうりょうくん》(人)　414
項梁《こうりょう》(人)　**470**, 471
闔閭《こうりょ》(呉)　285, 286, 287, 434, **436**, 437
孔林《こうりん》　67
『鴻烈《こうれつ》』　263
黄老《こうろう》　110, 111, 175
黄老思想《こうろうしそう》　134
黄老道徳《こうろうどうとく》　406, 412, 416
黄老《こうろう》の学《がく》　108, 111, 113, 174
五運《ごうん》　**146**
伍員《ごうん》(人)　**435**
呉越同舟《ごえつどうしゅう》　**293**
胡亥《こがい》(秦)　73
『後漢書《ごかんじょ》』　84, 371
『呉起《ごき》』　279
呉起《ごき》(人)　76, 168, 169, 217, 276, 278, 279, 280, 281, **305**, 306, 307, 395, 397, 420
五経《ごきょう》　27, 29, 75, **84**, 88, 95, 204
五行《ごぎょう》　**144**, 150, 161, 309
五行易《ごぎょうえき》　**152**
五行始生《ごぎょうししょう》　**148**
『五経正義《ごきょうせいぎ》』　31, 84, 88, 91
五行説《ごぎょうせつ》　136, 140, 144, 150, 151, 152, 165, 166
五行相剋《ごぎょうそうこく》　146, 148
五行相勝《ごぎょうそうしょう》　146, **148**, 150, 166, 277
五行相生《ごぎょうそうしょう》　146, **148**, 150, 166, 263
五経博士《ごきょうはかせ》　29, **30**, 74, 103
五行六気《ごぎょうりくき》　**147**
『古今和歌集《こきんわかしゅう》』　237
轂過《こくか》を炙《あぶ》る　242
『国語《こくご》』　32
穀城山《こくじょうさん》(地)　399, 400
穀梁赤《こくりょうせき》(人)　93
『穀梁伝《こくりょうでん》』　93
五刑《ごけい》　**223**
苦県《こけん》(地)　115
五侯《ごこう》(人)　217
呉広《ごこう》(人)　470
『呉子《ごし》』　278, 279, 281, 305, 307
五事《ごじ》　309
『伍子胥《ごししょ》』　33
児島高徳《こじまたかのり》(人)　440, 441, 442
小島法師《こじまほうし》(人)　440
伍奢《ごしゃ》(人)　435
五常《ごじょう》　75, 309
胡傷《こしょう》(人)　461
伍尚《ごしょう》(人)　435
五星《ごせい》　308, 309
顧祖禹《こそう》(人)　425
姑蘇《こそ》(地)　437, 438, 442, 443, 448
『呉孫子兵法《ごそんしへいほう》』　279
古代《こだい》オリエント　157
古代《こだい》ギリシア　200
後醍醐天皇《ごだいごてんのう》　440

『恵子《けいし》』　17, 32, 192
経史子集《けいししじゅう》　**36**, 38, 40, 41, 42
恵子《けいし》(人)　129, 130
恵施《けいし》(人)　16, 17, 18, 19, 110, 125, 189, 190, **192**, 194, 197, 199, 203, 396
景春《けいしゅん》(人)　70, 398
経書《けいしょ》　84
頃襄王《けいじょうおう》(楚)　256, 271, 461
薊城《けいじょう》(地)　468
涇水《けいすい》(地)　141
計然《けいぜん》(人)　445
荆楚《けいそ》(地)　435
卿大夫《けいたいふ》　5, 6, 62
景帝《けいてい》(前漢)　111
刑徳《けいとく》　**176**
荆南《けいなん》(地)　178
荆蛮《けいばん》　435
恵文王《けいぶんおう》(秦)　**459**
恵文王《けいぶんおう》(趙)　198, 257, 460
形法《けいほう》　**311**
経方《けいほう》　**311**
刑法《けいほう》の爪角《そうかく》　206
京房《けいぼう》(人)　152
刑名《けいめい》　110, 174, 187, **206**, 207
刑名学《けいめいがく》　206
鶏鳴狗盗《けいめいくとう》　466
刑名審合《けいめいしんごう》　**179**, 206
刑名《けいめい》の書《しょ》　24
刑名法術《けいめいほうじゅつ》　175
刑名法術《けいめいほうじゅつ》の学《がく》　206
刑名論《けいめいろん》　389
涇陽君《けいようくん》(人)　414
桂陵《けいりょう》の戦《たたか》い　299, 301
兒良《げいりょう》(人)　20
劇辛《げきしん》(人)　451
逆鱗《げきりん》に触《ふ》る　182
桀王《けつおう》(夏)　150, 174, 319, 384, 423, 425, 457
齧欠《げっけつ》(人)　128
兼愛《けんあい》　11, 212, 216, 218, **224**, 225, 239
兼愛説《けんあいせつ》　80
軒轅氏《けんえんし》　149
言偃《げんえん》(人)　396
顕王《けんおう》(周)　247, 459
玄学《げんがく》　**111**
幵官氏《けんかんし》(人)　53
献恵王《けんけいおう》(楚)　222
原憲《げんけん》(人)　**396**, 401
献公《けんこう》(晋)　**429**, 449
献公《けんこう》(秦)　116
肩吾《けんご》(人)　368
原儒《げんじゅ》　61, 62
犬戎《けんじゅう》　3, 427
『元尚篇《げんしょうへん》』　209
建《けん》(斉)　454
玄宗《げんそう》(唐)　38, 58, 74, 111, 112
鄄《けん》(地)　298
黔中《けんちゅう》(地)　255, 256
弦唐子《げんとうし》(人)　222
乾隆帝《けんりゅうてい》(清)　41

こ

呉《ご》　427, 428, **434**, 435, 436, 437, 443, 445, 446, 447, 448
孝《こう》　23, **56**, 107
孔安国《こうあんこく》(人)　87, 88
項羽《こうう》(人)　73, 459, 470, **471**
項燕《こうえん》(人)　470
康王《こうおう》(周)　23, 427
『広雅《こうが》』　153
孔悝《こうかい》(人)　402
黄河《こうが》(地)　24, 142, 212, 307, 333, 432, 457, 464, 469
『康熙字典《こうきじてん》』　211
康熙帝《こうきてい》(清)　85
孔丘《こうきゅう》(人)　68　→孔子《こうし》
孔伋《こうきゅう》(人)　67, 100, 397　→子思《しし》
『孝経《こうきょう》』　32, 103, **106**, 107, 409
『孝経刊誤《こうきょうかんご》』　107
黄巾軍《こうきんぐん》　112
黄巾《こうきん》の乱《らん》　112
鎬京《こうけい》(地)　3, 427
寇謙之《こうけんし》　113
孝公《こうこう》(秦)　24, 168, 404, 405, **458**, 459, 465
『甲骨金文辞典《こうこつきんぶんじてん》』　48
『甲骨文《こうこつぶん》の世界《せかい》』　159
恒産恒心《こうさんこうしん》　**78**
公山弗擾《こうざんふつじょう》(人)　64
孝慈《こうじ》　225
爻辞《こうじ》　88, 91
公子糾《こうしきゅう》(人)　392
項子牛《こうしぎゅう》(人)　214
『孔子家語《こうしけご》』　384
公子虔《こうしけん》(人)　404
公子発《こうしはつ》(人)　171
孔子《こうし》(人)　2, 3, 5, 8, 9, 10, 11, 12, 13, 18, 19, 20, 22, 23, 28, 29, 34, 50, **51**, 52, 53, 54, 55, 56, 57, 58, 60, 61, 62, 63, 64, 65, 66, 67, 68, 69, 74, 75, 76, 77, 83, 85, 87, 88, 89, 90, 91, 92, 93, 96, 99, 100, 101, 103, 104, 106, 107, 108, 115, 117, 135, 172, 173, 178, 191, 198, 202, 204, 208, 211, 212, 213, 214, 216, 218, 219, 221, 236, 237, 238, 239, 245, 272, 274, 284, 312, 314, 315, 318, 327, 328, 331, 335, 336, 337, 341, 343, 344, 346, 348, 349, 350, 357, 362, 363, 366, 369, 372, 374, 375, 376, 377, 379, 381, 382, 389, 393, 394, 395, 396, 397, 400, 401, 402, 403, 407, 409, 410, 415, 427　→孔丘《こうきゅう》
公子牟《こうしぼう》(人)　201, 207, 392
坑儒《こうじゅ》　70, **72**, 73
公叔痤《こうしゅくざ》(人)　404
公叔《こうしゅく》(人)　306
坑儒谷《こうじゅこく》　74

470
紀昀《きいん》(人) 41
魏王《ぎおう》・仮《か》 469
僖王《きおう》(周) 449
魏桓子《ぎかんし》(人) 449
弃《き》(棄《き》)(人) 395
葵丘《ききゅう》(地) 4
葵丘《ききゅう》の会《かい》 393
騎劫《ききょう》(人) 453
『鬼谷子《きこくし》』 35, 243, 260
鬼谷子《きこくし》(人) **243**, 298, 390
鬼谷先生《きこくせんせい》(人) 245, 247, 250
鬼谷《きこく》(地《ち》) 243
鬼谷《きこく》(人) 35
偽古文尚書《ぎこぶんしょうしょ》 87, 88
岐山《きざん》(地) 142, 458
己《き》歯《し》(人) 14, 190, 217, 395, 409
杞子《きし》(人) 432
冀州《きしゅう》(地) 331
魏章《ぎしょう》(人) 390
鬼神《きしん》 236, 238
魏斉《ぎせい》(人) 414
季孫氏《きそんし》 5
魏徴《ぎちょう》(人) 36
紀貫之《きのつらゆき》(人) 237
岐伯《きはく》(人) 311
熹平石経《きへいせきけい》 **104**, 105
魏牟《ぎぼう》(人) 18, 325
九経《きゅうけい》 105
九州《きゅうしゅう》 167, 212
『急就篇《きゅうしゅうへん》』 **209**
九鼎《きゅうてい》 464
許《きょ》 427, 433
御《ぎょ》 60
莒《きょ》 427, 428, 429, 433
興《きょう》 86
共王《きょうおう》(楚) 433, 434
共王《きょうおう》(魯) 102, 106
恭王《きょうおう》(魯) 87
姜嫄《きょうげん》 264, 265
尭《ぎょう》・舜《しゅん》 74, 96, 149, 358, 376
尭《ぎょう》・舜《しゅん》・禹《う》 75, 218, 221
尭《ぎょう》・舜《しゅん》の道《みち》 22, 220
挟書《きょうしょ》の律《りつ》 27
宜陽《ぎよう》(地) 390
共《きょう》(地) 454
尭帝《ぎょうてい》 86, 103, 114, 125, 174, 236, 319, 376, 377, 417 → 帝尭《ていぎょう》
匈奴《きょうど》 459
宜陽《ぎよう》(地) 459
宜陽《ぎよう》の戦《たたか》い 459
棘子《きょくし》成《せい》(人) 342
曲仁《きょくじん》里《り》(地) 115
曲阜《きょくふ》市《し》(地) 13, 51, 67
曲阜《きょくふ》(地) 57
許《きょ》行《こう》(人) 70, 265, 266, 267, 395
巨子《きょし》 **214**, 215
鉅子《きょし》 **214**, 217, 411, 415, 417
許慎《きょしん》(人) 210, 211
莒《きょ》(地) 452, 454
漁父《ぎょほ》の利《り》 408
鉅鹿《きょろく》(地) 471
『儀礼《ぎらい》』 30, **93**, 94, 232
『儀礼注疏《ぎらいちゅうそ》』 94
ギリシア 157
季路《きろ》(人) 58, 395, 402
魏《ぎ》を囲《かこ》みて趙《ちょう》を救《すく》ふ **283**, 299
禽滑釐《きんかつり》(人) 14, 215, 218, 229, **395**, 399, 417, 418
『金史《きんし》』 40
銀雀山《ぎんじゃくざん》(地) 279, 301
禽獣《きんじゅう》の道《みち》 11
靳尚《きんしょう》(人) 255
『近世偉人伝《きんせいいじんでん》』 203
金天氏《きんてんし》 149
『今文儀礼《きんぶんぎらい》』 93, 94
『今文尚書《きんぶんしょうしょ》』 **87**
『今文論語《きんぶんろんご》』 102

く

株《くいぜ》を守《まも》る 181
孔穎達《くえいだつ》(人) 31, 84, 88, 94
苦獲《くかく》(人) 14, 190, 217, **396**, 409
愚公《ぐこう》(人) 330
屈原《くつげん》(人) 217, **251**, 256, 371
虞帝《ぐてい》 150
『旧唐書《くとうじょ》』 36, **39**
公羊高《くようこう》(人) 92
公羊寿《くようじゅ》(人) 92
『公羊伝《くようでん》』 92
君《くん》 **62**
君子《くんし》 **61**, 62
『群書治要《ぐんしょちよう》』 174, 406
『訓點本四庫提要《くんてんぼんしこていよう》』 42

け

経《けい》 **88**
薊《けい》 426
羿《げい》 302
兒説《げいえつ》(人) 199, **396**
敬遠《けいえん》 237
恵王《けいおう》(燕) 453
恵王《けいおう》(魏) 298, 322, 458 → 恵王《けいおう》(梁)
恵王《けいおう》(秦) 205, 215, 251, 253, 254, 255, 257, 390, 397, 410, 411, 415
恵王《けいおう》(趙) 329
恵王《けいおう》(梁) 77, 123, 165, 192, 367, 390, 404 →恵王《けいおう》(魏)
荆王《けいおう》(楚) 222
荆軻《けいか》(人) 468, 469
邢丘《けいきゅう》(地) 321
景公《けいこう》(晋) 432, 433
景公《けいこう》(斉) 9, 10, 24, 63, 280, 402, 403
頃公《けいこう》(斉) 433

楽正子輿《がくせいしよ》(人)　201, 207, 392
楽《がく》に成《な》る　55
郭璞《かくはく》(人)　208, 210
格物《かくぶつ》　98
賈公彦《かこうげん》(人)　94
夏后氏《かこうし》　150
下蔡《かさい》(地)　390
華山《かざん》(地)　319
卦辞《かじ》　88, 91
賈思勰《かしきょう》(人)　268
柯劭忞《かしょうびん》(人)　41
華胥《かしょ》の国《くに》　**133**, 134
臥薪《がしん》　**437**, 443
臥薪嘗胆《がしんしょうたん》　443
河内《かだい》(地)　463
滑《かつ》　432
『鶡冠子《かつかんし》』　32, 35
葛洪《かっこう》(人)　111
合従《がっしょう》　242, 243, 258, 467
合縦策《がっしょうさく》　192, 240, 243, 246, 247, 249, 251, 252, 257, 379, 397, 408
加藤常賢《かとうじょうけん》　49
下邳《かひ》(地)　399
下邳老人《かひろうじん》(人)　399
竈《かまど》を減《へ》らす　**300**
華陽君《かようくん》(人)　414
管《かん》　426
韓《かん》　427, 449, 452, 454, 455, 459, 460, 461, 462, 464, 465, 467, 468, 469
『関尹子《かんいんし》』　32, 388
関尹子《かんいんし》(人)　132
関尹《かんいん》(人)　15, 16, 20, 109, 394, 418　→尹喜《いんき》
環淵《かんえん》(人)　6, 406, 450
顔淵《がんえん》(人)　55, 57, 58, 318, 349, **394**　→顔回《がんかい》
韓王《かんおう》・安《あん》　467
桓王《かんおう》(周)　428
漢王朝《かんおうちょう》　148
顔回《がんかい》(人)　394　→顔淵《がんえん》
勧学《かんがく》　**82**
関其思《かんきし》(人)　183
桓騎《かんき》(人)　456
管敬仲《かんけいちゅう》(人)　392
管黔敖《かんけんごう》(人)　398
管厳《かんげん》(人)　392
韓康子《かんこうし》(人)　449
桓公《かんこう》(斉)　4, 5, 8, 24, 168, 265, 324, 325, 374, 392, 393, **428**, 429, 435
桓公《かんこう》(鄭)　146
簡公《かんこう》(斉)　176
甘公《かんこう》(人)　308
函谷関《かんこくかん》(地)　116, 248, 404
『管子《かんし》』　35, 168, 189, 301, 340, 380, 393, 394, 408
管子《かんし》(人)　266, 352
『韓子《かんし》』　32
干支《かんし》　**159**　→干支《えと》
顔氏《がんし》　68
『漢字語源辞典《かんじごげんじてん》』　48
『漢字《かんじ》の起源《きげん》』　49
『漢書《かんじょ》』　30, 32, 38, 74, 114, 149, 163, 171, 191, 220, 221, 244, 261, 268, 274, 275, 278, 284, 285, 395
『漢書《かんじょ》』芸文志《げいもんし》　23, **31**, 33, 34, 36, 43, 45, 100, 101, 103, 106, 124, 132, 166, 174, 189, 192, 198, 208, 239, 243, 260, 268, 270, 272, 276, 277, 278, 279, 307, 308, 389, 393, 400, 406, 409, 411, 413, 419
韓信《かんしん》(人)　284, 367, 444
漢水《かんすい》(地)　331
桓潭《かんたん》(人)　374
邯鄲《かんたん》(地)　186, 187, 299, 454, 456, 461, 463, 464, 466, 471
邯鄲《かんたん》の戦《たたか》い　**463**
桓団《かんだん》(人)　16, 17, 190, 194, **392**　→韓檀《かんだん》
桓檀《かんだん》(人)　201
桓譚《かんたん》(人)　83
韓檀《かんだん》(人)　392　→桓団《かんだん》
漢中《かんちゅう》(地)　390
管仲《かんちゅう》(人)　4, 8, 9, 24, 168, 265, 266, 318, 324, 325, 374, **392**, 393, 394
顔徴在《がんちょうざい》(人)　51, 52
桓帝《かんてい》(後漢)　111
『韓非子《かんぴし》』　21, 22, 35, 68, 70, 114, 132, 174, 181, 183, 190, 206, 215, 218, 242, 271, 279, 376, 382, 384, 390, 396, 408, 409, 413, 417, 425, 429
韓非子《かんぴし》(人)　21, 22, 23, 68, 81, 83, 110, 169, 170, 171, 174, **175**, 177, 178, 180, 181, 182, 183, 185, 186, 191, 200, 206, 216, 217, 225, 226, 315, 333, 343, 350, 351, 357, 371, 378, 393, 394, 406, 467, 468
韓非《かんぴ》(人)　176
管鮑《かんぽう》の交《まじ》わり　392
甘戊《かんぼ》(人)　244　→甘茂《かんも》
甘茂《かんも》(人)　244, **390**, 391, 459, 469　→甘戊《かんぼ》
韓愈《かんゆ》(人)　76, 96, 100, 103, 375
咸陽《かんよう》(地)　72, 73, 257, 261, 404, **459**, 464
甘羅《かんら》(人)　244, **391**, 392, 469
甘竜《かんりゅう》(人)　405
還暦《かんれき》　**160**
顔路《がんろ》(人)　57, **394**

き

気《き》　263
偽《ぎ》　82
義《ぎ》　23, 393, 417
杞《き》　426
魏《ぎ》　427, 449, 452, 454, 458, 459, 460, 461, 467, 468, 469,

雲梯《うんてい》 229, 397

え

衛《えい》 427, 428, 430, 431, 433
郢《えい》 437
衛鞅《えいおう》(人) 404
瀛州《えいしゅう》 167
穎上《えいじょう》(地) 392
郢《えい》(地) 228, 285, 436, 461, 470
『易《えき》』 28, 29, **88**, 164, 285
易《えき》 109, 136, 137, 138, 144, 150, 152, 159, 166
『易経《えききょう》』 32, 88, 114, 142, 149, 171, 186, 203, 284, 308, 309, 310
易水《えきすい》(地) 329, 468, 469
易水《えきすい》の戦《たたか》い **468**
『易伝《えきでん》』 88
埃及《エジプト》 156
越《えつ》 427, 428, 434, **435**, 436, 445, 446, 447, 448
干支《えと》 144, **159**, 160, 162 → 干支《かんし》
兄弟《えと》 153
干支紀日法《えときにちほう》 159
『淮南子《えなんじ》』 8, 9, 23, 25, 36, 139, 160, 211, 213, 215, 229, 242, **262**, 263, 277, 351, 374, 411, 413, 418
燕《えん》 426, 450, 451, 452, 454, 455, 456, 457, 459, 461, 465, 468, 469, 470
燕王《えんおう》・喜《き》 457, 468
遠交近攻《えんこうきんこう》 244, 283, **320**, 461, 462
遠交近攻《えんこうきんこう》の策 414
『燕詩《えんし》』 85
塩氏《えんし》(地) 460
塩氏《えんし》の戦《たたか》い 460
鄢《えん》(地) 461
炎帝《えんてい》 149, 422
炎帝神農氏《えんていしんのうし》 263
『塩鉄論《えんてつろん》』 32
鄢《えん》の戦《たたか》い **461**, 470
鄢陵《えんりょう》(地) 433
鄢陵《えんりょう》の戦《たたか》い **433**, 449
『爰歴篇《えんれきへん》』 208

お

王屋山《おうおくさん》(地) 330
王綰《おうかん》(人) 471
皇侃《おうがん》(人) 102
王詡《おうく》(人) 243
王敬則《おうけいそく》(人) 338
王稽《おうけい》(人) 414, 415
王倪《おうげい》(人) 128
王鴻緒《おうこうしょ》(人) 40
応高《おうこう》(人) 363
王齕《おうこつ》(人) 462, 463, 464
王充《おうじゅう》(人) 154, 218, 238
泓上《おうじょう》(地) 443
泓上《おうじょう》の戦《たたか》い **443**
泓水《おうすい》(地) 430
王先謙《おうせんけん》(人) 81
王翦《おうせん》(人) 456, 468, 470
応《おう》(地) 414
王道《おうどう》 **78**, 218, 326
王弼《おうひつ》(人) 91, 111
王賁《おうほん》(人) 454, 468, 469
欧陽脩《おうようしゅう》(人) 39
王陽明《おうようめい》(人) 89
王寥《おうりょう》(人) 20
大野峻《おおのたかし》(人) 142
隠岐島《おきのしま》(地) 440
温故知新《おんこちしん》 372
陰陽師《おんみょうし》 **144**
陰陽道《おんみょうどう》 163
陰陽寮《おんみょうりょう》 136
陰陽《おんよう》 89, **136**, 137, 139, 140, 141, 166
陰陽家《おんようけ》 **136**
陰陽五行説《おんようごぎょうせつ》 112, 136, 144, **150**
陰陽説《おんようせつ》 136, 144, 150, 152

か

雅《が》 86
何晏《かあん》(人) 102, 111
噲王《かいおう》(燕) 407, 451
懐王《かいおう》(晋) 449
懐王《かいおう》(楚) 251, 254, 256, 271, 391, 398
懐王《かいおう》(魏) 255
会稽山《かいけいざん》(地) 438, 440, 448
会稽《かいけい》(地) 435, 442
会稽《かいけい》の恥《はじ》 **438**, 445
『蒯子《かいし》』 33
外儒内法《がいじゅないほう》 169
開成石経《かいせいせきけい》 104, **105**
懐《かい》(地) 321
蒯通《かいとう》(人) 24
会盟《かいめい》 **5**
隗《かい》より始《はじ》めよ **452**
艾陵《がいりょう》(地) 439
夏《か》・殷《いん》・周《しゅう》 86, 403, 425
夏王朝《かおうちょう》 148, 150
渦河《かか》(地) 124
河間献王《かかんけんおう》(人) 94
河間《かかん》(地) 391
賈漢復《かかんふく》(人) 105
『賈誼《かぎ》』 32
賈誼《かぎ》(人) 26
瑕丘蕭奮《かきゅうしょうふん》(人) 94
火牛《かぎゅう》の計《けい》 **453**
学《がく》 **57**
楽《がく》 50, 55, 60, 393
郭隗《かくかい》(人) 165, 451, 452
『楽記《がくき》』 28, 32, 203
楽毅《がくき》(人) 451, 452, 453
客卿《かくけい》 246, 414
『楽経《がくけい》』 203
楽正氏《がくせいし》 68

事　項　索　引

1　人名

(1)　帝王・天子・公には、その治めた国名などを括弧内に付した。ただし、中国古代の伝説的な帝王については、これを省いた。

(2)　その他の人名には（人）を付した。

(3)　本文中には「重耳、文公(晋)」のように、同一人（同一項目）が異なった呼び方で出てくることもあるので、必要度に応じてそれぞれの項の後に「→」を付して参照項目を記した。

2　地名

地名には（地）を付した。国名には付していない。

3　書名

書名には『　』を付した。

4　本文中で見出しの立つ語句及び詳しい説明のある語句については、その掲載ページを太数字で示した。

あ

哀王《あいおう》(魏)　254
哀侯《あいこう》(韓)　458
哀公《あいこう》(魯)　9, 10
哀帝《あいてい》(前漢)　28
アウグストゥス(人)　472
亜聖《あせい》　77　→孟子《もうし》
阿《あ》(地)　298
閼与《あつよ》(地)　463
閼与《あつよ》の戦《たたか》い　454, **461**
晏嬰《あんえい》(人)　**9**, 10, 24, 63, 403
『晏子《あんし》』　32, 301
『晏子春秋《あんししゅんじゅう》』　35
鞍《あん》(地)　433
鞍《あん》の戦《たたか》い　**433**, 449
安邑《あんゆう》(地)　404

い

『伊尹《いいん》』　32, 34
『伊尹説《いいんせつ》』　33, 34
伊尹《いいん》(人)　34, 374
易王《いおう》(燕)　246, 450
威王《いおう》(斉)　164, 244, 280, 299, 303, 304, 403, 458
威王《いおう》(楚)　124, 128, 249
為我《いが》　11, 216, **417**, 418
為我説《いがせつ》　80
『鬻子《いくし》』　34
『鬻子説《いくしせつ》』　34
鬻熊《いくゆう》(人)　34
医経《いけい》　**311**
伊闕《いけつ》(地)　460
猗氏県《いしけん》(地)　446
夷子《いし》(人)　70
圯上老人《いじょうろうじん》(人)　399
伊水《いすい》(地)　142
渭水《いすい》(地)　141, 333
猗《い》(地)　446
一縦一横《いちじゅういちおう》　398
一曲《いっきょく》の士《し》　**12**
逸礼《いつらい》　94
夷狄《いてき》　458
伊藤仁斎《いとうじんさい》(人)　371
猗頓《いとん》(人)　**446**
移木《いぼく》の信《しん》　**316**, 404
威烈王《いれつおう》(周)　454
『尹佚《いんいつ》』　33
殷王朝《いんおうちょう》　148
尹喜《いんき》(人)　116, **388**　→関尹《かんいん》
隠者《いんじゃ》　**132**
允常《いんじょう》(越)　437
陰晋《いんしん》(地)　397
インド　116, 156
『尹文子《いんぶんし》』　35, 189, 204, 389, 416
尹文子《いんぶんし》(人)　416
尹文《いんぶん》(人)　14, 35, 109, 189, 203, 204, **388**, 389, 408
陰密《いんみつ》(地)　464
陰陽《いんよう》　→陰陽《おんよう》
陰陽家《いんようか》　→陰陽家《おんようけ》

う

禹《う》　457　→禹王《うおう》
禹王《うおう》(夏)　18, 24, 103, 144, 166, 167, 212, 213, 216, 222, 236, 302, 389, 417, 418　→禹《う》
迂直《うちょく》の計《けい》　291
『尉繚《うつりょう》』　35
『尉繚子《うつりょうし》』　33, 277, 278, **280**, 281, 301, 367, 390
尉繚《うつりょう》(人)　280, 281, **390**, 466, 467
鄖《うん》　436

江連　隆（えづれ　たかし）
昭和10年（1935），栃木県の生まれ。
東京教育大学大学院修士課程修了。弘前大学教授（平成12年3月31日退官）。放送大学客員教授。
『大漢和辞典』『大漢語林』（ともに大修館書店），『大辞林』（三省堂）の編集，及び高等学校用国語教科書（大修館書店）の編集に携わる。主な著書に『漢文教育の理論と実践』，『なっとく「国語科教育法」講義』，『漢文語法ハンドブック』，『漢文名作選・思想』（共著），『社会人のための漢詩漢文小百科』（共著），『論語と孔子の事典』，『漢文名作選第２集・古代の思想』（共著）（以上大修館書店），『文章表現論の研究』（近代文藝社），『戦後国語教育実践記録集成・東北編』全16巻（編著）（明治図書），『みちくさ文章講座』（津軽書房）などがある。

諸子百家の事典　©Takashi Ezure　2000

2000年５月１日　初版発行

著者　江連　隆
発行者　鈴木荘夫

発行所　株式会社　大修館書店
101-8466　東京都千代田区神田錦町3-24
電話03(3294)2354(編集)　03(3295)6231(販売)
振替　00190-7-40504
[出版情報] http://www.taishukan.co.jp

組版・印刷／横山印刷　製本／三水舎
装幀／鳥居　満
Printed in Japan　ISBN 4-469-03210-7

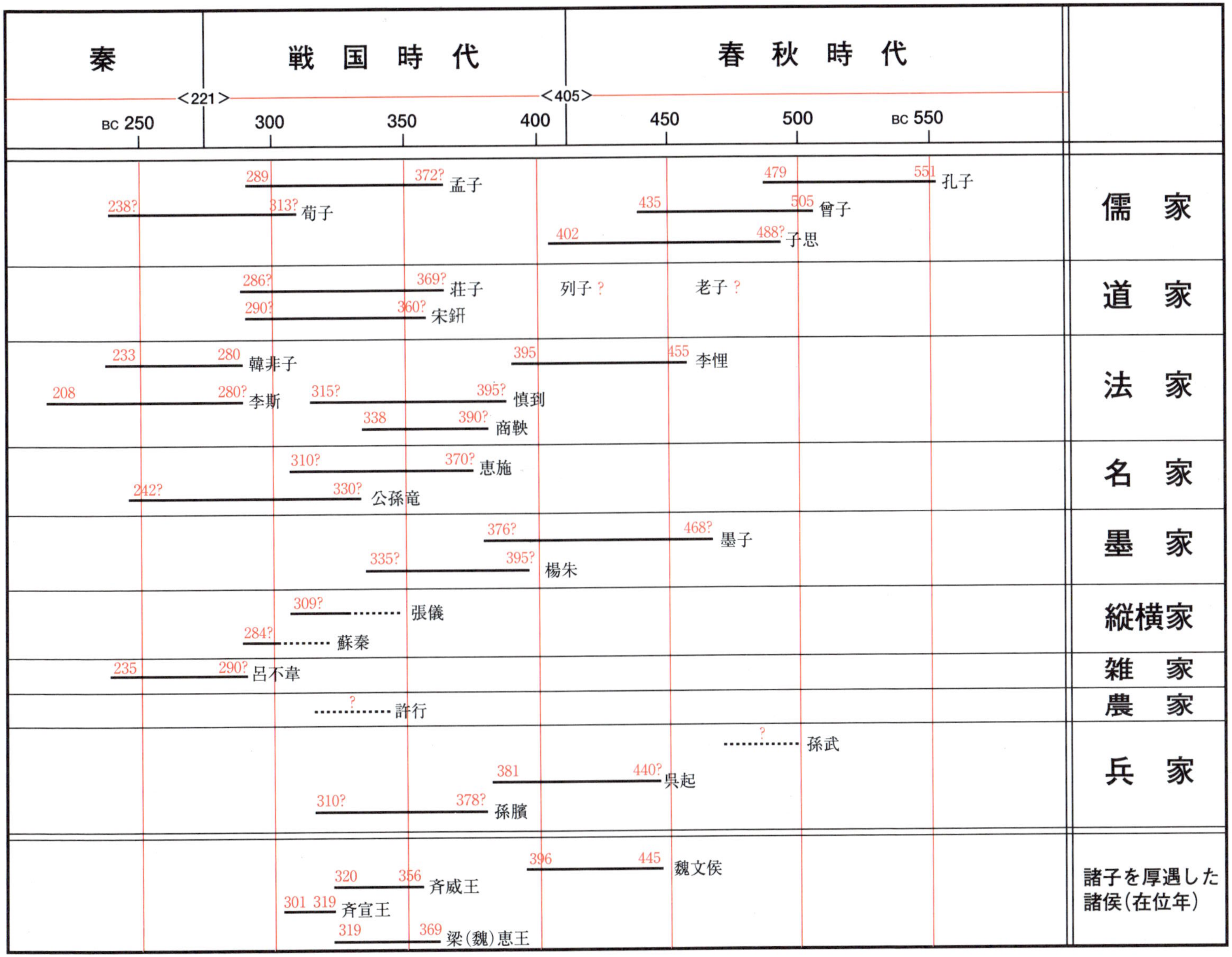

諸子百家の活躍した時代

(生卒年は主として李学勤主編『中国歴史大辞典・先秦史巻』(上海辞書出版社，1996. 12)による)